BERICHTE UND FORSCHUNGEN

JAHRBUCH
DES BUNDESINSTITUTS FÜR
KULTUR UND GESCHICHTE DER DEUTSCHEN
IM ÖSTLICHEN EUROPA

16/2008

BERICHTE UND FORSCHUNGEN

JAHRBUCH
DES BUNDESINSTITUTS FÜR
KULTUR UND GESCHICHTE
DER DEUTSCHEN IM ÖSTLICHEN EUROPA

BAND 16
2008

R. OLDENBOURG VERLAG MÜNCHEN 2009

Redaktion:
Detlef Haberland
Jens Stüben

Bibliografische Information der Deutschen Nationalbibliothek
Die Deutsche Nationalbibliothek verzeichnet diese
Publikation in der Deutschen Nationalbibliografie;
detaillierte bibliografische Daten sind im Internet über
<http://dnb.d-nb.de> abrufbar.

© 2009 Bundesinstitut für Kultur und Geschichte der Deutschen im östlichen Europa

Das Werk einschließlich aller Abbildungen ist urheberrechtlich geschützt.
Jede Verwendung außerhalb der Grenzen des Urheberrechtsgesetzes ist ohne Zustimmung
des Verlages unzulässig und strafbar. Das gilt insbesondere für Vervielfältigungen,
Mikroverfilmungen und die Einspeicherung und Bearbeitung in elektronischen Systemen.

Satz und Layout: TZ-Verlag & Print GmbH, Roßdorf
Druck und Bindung: TZ-Verlag & Print GmbH, Roßdorf

ISBN 978-3-486-58949-8
ISSN 1865-5696

Inhalt

Tomasz Kałuski: Die rechtliche Bedeutung der Zunftsiegel im Fürstentum Glogau vom 14. Jahrhundert bis zur Mitte des 19. Jahrhunderts 7

Anna Poczobutt, Piotr Korduba: Das Schloss der Grafen von Lehndorff in Steinort im Lichte neuer Quellen 25

Joachim J. Scholz: Felix Fürst Lichnowsky im Carlistenkrieg. Eine Neubewertung aus dem Nachlass 49

Maik Schmerbauch: Die deutschen Katholiken in der polnischen Diözese Kattowitz 1922 bis 1939 75

Heinke M. Kalinke: Briefe aus dem Forschungsfeld. Gewährsleute aus Ungarn schreiben an Rudolf Hartmann (1926 bis 1948) 99

Marek Podlasiak: Die Geschichte des deutschen Theaters in Thorn/Toruń. Ergebnisse einer Untersuchung 115

Hedvig Ujvári: Literaturvermittlung im ungarländischen deutschsprachigen Pressewesen in der zweiten Hälfte des 19. Jahrhunderts – Möglichkeiten der Erforschung. Eine Projektskizze 125

Silke Göttsch-Elten: Heimatsammlungen in Deutschland. Überlegungen zu ihrer heutigen Bedeutung 135

Cornelia Eisler: Historisch-ostdeutsche Heimatsammlungen in Deutschland. Eine interdisziplinäre Untersuchung zur Erinnerungskultur von Flüchtlingen und Vertriebenen nach 1945 143

Józef Borzyszkowski: Geschichte und Erfolge des Kaschubischen Instituts (Instytut Kaszubski) in Danzig/Gdańsk 163

Magdalena Lemańczyk: Einrichtungen der deutschen Minderheit im Gebiet der ehemaligen Provinz Westpreußen nach 1989. Bericht über ein Forschungsprojekt 183

Barbara Breysach: Die Gesellschaft für europäisch-jüdische Literaturstudien e. V. 191

Péter Varga: Die Errichtung des Zentrums für Deutschsprachig-jüdische Kultur Mitteleuropas in Budapest 193

Manfred Engel, Ritchie Robertson: Kafka in Oxford.
Das neue *Oxford Kafka Research Centre* 195

Jochen Stollberg: Wegweiser zum Werk Arthur Schopenhauers 197

Sandro Barbera †: Die Editionen des handschriftlichen Nachlasses
von Arthur Schopenhauer und das Projekt *SchopenhauerSource* 205

Gunther Hirschfelder: Ethnologische Nahrungsforschung im östlichen
Europa – Esskultur und kulturelle Identität. Bericht über eine
gemeinsame Tagung des Bundesinstituts für Kultur und Geschichte
der Deutschen im östlichen Europa und der Fachkommission
Volkskunde des Johann Gottfried Herder-Forschungsrates 221

Karoline Riener: August Sauer – ein Intellektueller in Prag im Spannungsfeld
von Kultur- und Wissenschaftspolitik. Ein Tagungsbericht 225

Immanuel-Kant-Stipendien. Berichte über aktuelle Forschungen 231

Julia Derzsi: Schuld und Sühne. Zur Strafgerichtsbarkeit in den
siebenbürgischen Städten des 16. Jahrhunderts 232

Ilka Waßewitz: Motive und Modi höfischer Repräsentation in den
Bauprojekten Albrechts von Waldstein 239

Svetlana Korzun: Grenzgänger in der Epoche der Frühaufklärung:
Heinrich Freiherr von Huyssen zwischen Deutschland und Russland 244

Kristina Wiethaup: Die ‚Kantkrise' – ein altes Problem aus neuer Sicht.
Kants Philosophie und Kleists Dichtung im Spannungsfeld ihrer Zeit 251

Thomas Miltschus: Die westböhmischen Porzellanfabriken in der zweiten
Hälfte des 19. Jahrhunderts. Beziehungen und Wechselwirkungen
zwischen künstlerischer Orientierung, unternehmerischen Strategien
und öffentlicher Rezeption 260

Marco Zimmermann: Rudolf Lodgman von Auen:
ein Volkstumspolitiker zwischen Wien, Prag und München 269

Detlef Henning (Redaktion): Annotationen. Neuerscheinungen
aus Ostmitteleuropa 277

Mitarbeiterinnen und Mitarbeiter 379

Tomasz Kałuski

Die rechtliche Bedeutung der Zunftsiegel im Fürstentum Glogau vom 14. Jahrhundert bis zur Mitte des 19. Jahrhunderts

1. Einleitung

Die Funktion des Siegels veränderte sich im Laufe des Mittelalters und in der Neuzeit; das ist als Folge von Entwicklungsprozessen im Bereich des Dokumentenwesens anzusehen. Die Verknüpfung der sphragistischen Forschung mit jener auf dem Gebiet der Diplomatik ist somit eine Voraussetzung für die Bestimmung der Funktion, die das Siegel in den hier genannten Epochen hatte.[1] Der vorliegende Beitrag konzentriert sich darauf aufzuzeigen, welche Regeln bei der Anwendung der Zunftsiegel in der Kanzleipraxis im ehemaligen Fürstentum Glogau als verbindlich galten. Eine derartige Untersuchung erlaubt es, einige wichtige Fragen zur neuzeitlichen Diplomatik zu beantworten.

Gegenstand der Analyse sind Zunftsiegel, und zwar bis zu dem Zeitpunkt, als ihre Statuten (Satzungen) kraft preußischer Gewerbegesetze in den Jahren 1845 und 1849 revidiert wurden. Die Untersuchung erfasst alle Zunftorganisationen, die in den königlichen Städten des ehemaligen Fürstentums Glogau, d. h. in Freystadt/Kożuchów, Glogau/Głogów, Grünberg/Zielona Góra, Guhrau/Góra, Neusalz/Nowa Sól, Polkwitz/Polkowice, Schwiebus/Świebodzin und Sprottau/Szprotawa, tätig waren. Berücksichtigt wurden auch Privatstädte wie Beuthen an der Oder / Bytom Odrzański, Köben/Chobienia, Kontopp/Konotop, Neustädtel/Nowe Miasteczko, Saabor/Zabór und Schlawa/Sława. Die hier aufgezählten Orte befanden sich im Herrschaftsgebiet des 1251 gegründeten Fürstentums Glogau,[2] das im 14. Jahrhundert der tschechischen Krone einverleibt wurde. Später, d. h. seit 1526, war es im Besitz der Habsburger und nach 1740 der Hohenzollern.[3] Im 19. Jahrhundert wurde der größte Teil des untersuchten Gebietes dem Regierungsbezirk Liegnitz, das Schwiebuser Weichbild hingegen dem Regierungsbezirk Frankfurt an der Oder (Provinz Brandenburg) zugeordnet.[4]

---

1 Stefan Krzysztof Kuczyński: Pieczęcie książąt mazowieckich [Siegel der masowischen Fürsten]. Wrocław 1978, S. 26.
2 Tomasz Jurek: Geneza księstwa głogowskiego [Die Entstehung des Fürstentums Glogau]. In: Przegląd Historyczny 78 (1987), H. 1, S. 79–92, hier S. 79; Ders.: Dziedzic Królestwa Polskiego książę głogowski Henryk (1274–1309) [Der Erbe des polnischen Königreichs Herzog Heinrich von Glogau (1274–1309)]. Kraków 2006 (Prace Komisji Historycznej 45), S. 15.
3 Marian Ptak: Zgromadzenia i urzędy stanowe księstwa głogowskiego od początku XIV w. do 1742 r. [Ständeversammlungen und ständische Organe im Fürstentum Glogau vom Anfang des 14. Jh.s bis 1742]. Wrocław 1991, S. 19–24; Kazimierz Orzechowski: Historia ustroju Śląska 1202–1740 [Geschichte des Herrschaftssystems Schlesiens 1202–1740]. Wrocław 2005 (Acta Universitatis Wratislaviensis 2806), S. 103f., 227.
4 Ernst Birke, Ludwig Petry: Politische Geschichte 1815–1848. In: Josef Joachim Menzel (Hg.): Geschichte Schlesiens. Bd. 3. Stuttgart 1999, S. 26–33, hier S. 26.

2. Forschungsstand

Die vorhandenen Arbeiten zu den Zunftsiegeln in den europäischen Ländern (Tschechien, Slowakei,[5] Deutschland[6]) waren nur in geringem Umfang bemüht, die prak-

---

5 Vlad[imír] J[an] Sedlák: O počátcích erbů pražských cechů [Über die Anfänge der Wappen der Prager Zünfte]. Praha 1945; Jan Chaloupka: Cechovní pečetidla ve sbírkách historického oddělení Moravského muzea v Brně [Zunftsiegel in den Sammlungen der historischen Abteilung des Mährischen Museums in Brünn]. In: Časopis Moravského muzea 56 (1971) (Vědy společenské II), S. 127–137; Mojmír Chromý: Cechovní heraldika [Zunftheraldik]. In: Heraldická ročenka 1980, S. 45–61; Jarmila Krejčíková, Tomáš Krejčík: Úvod do české sfragistiky [Einführung in die tschechische Sphragistik]. Ostrava 1989, S. 55–58; Jan Diviš: Pražské cechy [Prager Zünfte]. Praha 1992 (Acta Musei Pragensis 91–92), S. 16–19; Jakub Hrdlička: Pražská heraldika. Znaky pražskych měst, cechů a měšťanů [Prager Heraldik. Zeichen der Prager Städte, Zünfte und Bürger]. Praha 1993; Jaroslav Jásek: Bečváři a bednáři [Fassbinder und Böttcher]. In: Heraldická ročenka 1994, S. 111–116; Alfred Zeischka: Neznámé cechovní pečeti [Unbekannte Zunftsiegel]. In: Historický sborník Karlovarska 3 (1995), S. 168–177; Jaroslav Jásek: Cechovní symbolika před rokem 1400 [Zunftzeichen vor 1400]. In: Heraldická ročenka 1997, S. 41–44; Renáta Růžičková: Nejvzácnější sfragistické památky Státního okresního archivu v Chrudimi [Die kostbarsten sphragistischen Denkmäler im Staatlichen Gebietsarchiv in Chrudim]. Chrudim 1997 (Archa 3), passim; Jakub Hrdlička, Jaroslav Jásek, Vladimír Hrubý: Pět století řemeslné symboliky ve sbírce pečetidel a razítek Archivu hlavního města Prahy [Fünf Jahrhunderte Handwerkszeichen in den Siegel- und Stempelsammlungen des Archivs der Hauptstadt Prag]. Praha 1999 (Documenta Pragensia, Monographia 10); Ladislav Vrteľ: Osem storočí slovenskej heraldiky. Eight centuries of Slovak heraldry. Martin 1999, S. 164–169. Weitere Literatur siehe: Martin Myšička: Řemeslná symbolika na pečetích, znacích a korouhvích na příkladu cechů města Mostu [Handwerkersymbolik auf Siegeln, Wappen und Fahnen am Beispiel der Zünfte der Stadt Brüx/Most]. In: Sborník Archivních Prací 58 (2008), S. 320–402, hier S. 322–335. – Nicht ausreichend sind die Forschungen zum Zunftsiegel im tschechischen Schlesien. Siehe Karel Müller: Heraldika a sfragistika českého Slezska – současný stav a úkoly dalšího výzkumu [Heraldik und Sphragistik im tschechischen Schlesien – Stand und Aufgaben der Forschung]. In: Mečislav Borák (Hg.): Slezsko v dějinách českého státu. Sborník příspěvků z vědecké konference, pořádané pod záštitou prezidenta České republiky Václava Havla u příležitosti 50. výročí Slezského ústavu SZM v Opavě. Opava 1998, S. 145–149, hier S. 147; Ders.: Heraldik und Sphragistik im ehemaligen Österreichisch-Schlesien. Stand der Forschung und künftige Aufgaben. In: Matthias Weber, Carsten Rabe (Hg.): Silesiographia. Stand und Perspektiven der historischen Schlesienforschung. Festschrift für Norbert Conrads zum 60. Geburtstag. Würzburg 1998 (Wissenschaftliche Schriften des Vereins für Geschichte Schlesiens 4), S. 329–335, hier S. 334. Siehe auch: Ders.: Pečeti krnovských cechů v roce 1630 [Siegel der Jägerndorfer Zünfte aus dem Jahr 1630]. In: Sborník Bruntálského Muzea 2000, S. 51–58.

6 Von den vielen Arbeiten dazu seien hier genannt: Alfred Grenser: Zunft-Wappen u. Handwerker-Insignien. Eine Heraldik der Künste und Gewerbe. Frankfurt a. M. 1889; W. Stengel: Handwerkssiegel im Germanischen Museum. In: Mitteilungen aus dem Germanischen Nationalmuseum 1910, S. 15–35; Berthold Marcus: Die Siegel des Kölner Verbundbriefes vom Jahre 1396. In: Jahrbuch des Kölnischen Geschichtsvereins 6/7 (1925), S. 141–154; Verzeichnis der städtischen Zunftaltertümer in Schleswig-Holstein. In: Schleswig-Holsteinisches Jahrbuch für 1925/1926, S. 123–140, Tf. IV; Paul Larisch: Die Kürschner und ihre Zeichen. Beiträge zur Geschichte der Kürschnerei. Berlin 1928, S. 83–85; Fritz Rollberg: Thüringer Handwerkersiegel. In: Das Thüringer Fähnlein 4 (1935), H. 8, S. 472–477; Hans Bütow: Märkische Bürger und Zunftsiegel vornehmlich aus den neumärkischen Stadtarchiven und dem Stadtarchiv zu Frankfurt a. d. O. In: Erich Kittel (Hg.): Brandenburgische Siegel und Wappen. Festschrift des Vereins für Geschichte der Mark Brandenburg zur Feier des hundertjährigen Bestehens 1837–1937. Berlin 1937, S. 141–160; Wilhelm Engel: Würzburger Zunftsiegel aus fünf Jahrhunderten. In: Mainfränkische Hefte 1950, H. 7, S. 37–62, Abb. nach S. 63; Wilhelm Wegener: Göttinger Gilden- und Innungssiegel aus fünf Jahrhunderten. In: Göttinger

tische Anwendung der Siegel in der Kanzleipraxis zu beleuchten. Man konzentrierte sich vor allem auf die ikonographische Beschreibung der Siegel, auf ihre formale Seite (Material, Form, Größe) und auf die Siegelumschrift; nur gelegentlich wurden sie in die Überlegungen zur Heraldik der Zunftzeichen einbezogen. Die Forschungen zu den Zunftsiegeln wurden auch auf polnische Gebiete ausgedehnt, was vor mehr als hundert Jahren bereits von Leonard Lepszy und dann von Marian Haisig gefordert worden war.[7] Daraufhin entstanden Arbeiten zur Sphragistik der Regionen Klein- und Großpolen sowie der Gebiete im Norden und Osten des heutigen Polen.[8]

Jahrbuch 1952, S. 57–64; Hellmuth Gensicke: Wormser Zunftsiegel. In: Der Wormsgau 3 (1956), H. 5, S. 317–326; Margarete Pieper-Lippe: Westfälische Zunftsiegel. Münster 1963 (Veröffentlichungen der Historischen Kommission Westfalens 22, Geschichtliche Arbeiten zur westfälischen Landesforschung 8); Erich Kittel: Siegel. Braunschweig 1970, S. 346–360 (Bibliothek für Kunst- und Antiquitätenfreunde 11); Wilfried Reininghaus: Sachgut und handwerkliche Gruppenkultur. Neue Fragen an die „Zunftaltertümer". In: Otto Gerhard Oexle, Andrea von Hülsen-Esch (Hg.): Die Repräsentation der Gruppen. Texte – Bilder – Objekte. Göttingen 1998 (Veröffentlichungen des Max-Planck-Instituts für Geschichte 141), S. 429–463, hier S. 436–440. Weitere Literatur siehe: Bibliographie zur Sphragistik. Schrifttum Deutschlands, Österreichs und der Schweiz bis 1990. Bearb. v. Eckart Henning, Gabriele Jochums. Mit einem Geleitwort v. Toni Diederich. Köln 1995 (Bibliographie der historischen Hilfswissenschaften 2), S. 140–143.

7 Leonard Lepszy: O potrzebie publikowania pieczęci miejskich i cechowych oraz stanowisko i ważność numizmatyki i sfragistyki dla historii ogólnej, a zwłaszcza w dziejach sztuki [Über die Notwendigkeit einer Veröffentlichung von Stadt- und Zunftsiegeln sowie Stellung und Bedeutung der Numismatik und Sphragistik für die allgemeine Geschichte und besonders in der Kunstgeschichte]. In: Pamiętnik drugiego zjazdu historyków polskich we Lwowie. Bd. 1. Lwów 1890, S. 1–8, hier S. 2; Marian Haisig: Osiągnięcia i postulaty w zakresie sfragistyki polskiej [Leistungen und Desiderate auf dem Gebiet der polnischen Sphragistik]. In: Studia Źródłoznawcze IV (1959), S. 153–166, hier S. 161.

8 Klemens Koehler: Dawne cechy i bractwa strzeleckie [Alte Zünfte und Schützenbruderschaften]. Poznań 1899, S. 128, 155, 247–254; Adam Chmiel: Godła rzemieślnicze i przemysłowe krakowskie od połowy XIV w. aż do XX w. [Krakauer Handwerker- und Gewerbezeichen von der Mitte des 14. bis zum 20. Jh.]. Kraków 1922; Ders.: Rzeźnicy krakowscy [Krakauer Fleischer]. Kraków 1930, S. 133–135; Franciszek Kotula: Cechowe znaki i tłoki pieczętne w Muzeum w Rzeszowie [Zunftzeichen und Siegelstempel im Museum in Rzeszów]. Warszawa 1951; Jerzy Wisłocki: Cechowe tłoki pieczętne jako źródło kultury materialnej [Zunftsiegelstempel als Quelle der Sachkultur]. In: Studia i materiały do dziejów Wielkopolski i Pomorza 2 (1956), H. 1, S. 235–242; Roman Buczek: Pieczęcie cechów zachodniopomorskich od XV do XIX wieku [Hinterpommersche Zunftsiegel vom 15. bis 19. Jh.]. Tl. 1. In: Materiały zachodniopomorskie 6 (1960), S. 419–453, Tf. I–XXI; Marian Haisig: Sfragistyka Kalisza [Sphragistik von Kalisch]. In: Osiemnaście wieków Kalisza. Studia i materiały do dziejów miasta Kalisza i regionu kaliskiego. Bd. I. Kalisz 1960, S. 230–236; Zygmunt Lietz: Tłoki pieczętne cechów rzemieślniczych w zbiorach województwa olsztyńskiego [Siegelstempel der Handwerkerzünfte in den Sammlungen der Woiwodschaft Allenstein]. In: Rocznik Olsztyński 5 (1963 [1965]), S. 353–365; Marian Kowalski: Tłok międzyrzeckiego cechu kowalskiego z roku 1636 [Der Siegelstempel der Meseritzer Schmiedezunft aus dem Jahr 1636]. In: Rocznik Międzyrzecki 6 (1974), S. 211–214; Kazimierz Bobowski: Dawne pieczęcie na Pomorzu Zachodnim [Alte Siegel in Hinterpommern]. Szczecin 1989, S. 134–137, Abb. 46; Tomasz Kałuski: Pieczęcie międzyrzeckich cechów rzemieślniczych [Siegel der Meseritzer Handwerkerzünfte]. In: Bogusław Mykietów, Marceli Tureczek (Hg.): Ziemia Międzyrzecka. Śladami Historii. Międzyrzecz, Zielona Góra 2005, S. 147–164; Marcin Majewski: Odciski stargardzkich pieczęci cechowych w archiwum książąt szczecińskich [Abdrucke Stargarder Zunftsiegel im Archiv des Herzogtums Stettin]. In: Agnieszka Chlebowska, Agnieszka Gut (Hg.): Wokół znaków i symboli. Herby, pieczęcie i monety na Pomorzu, Śląsku i Ziemi Lubuskiej do 1945 roku. Warszawa 2008, S. 91–105; Agnieszka Tomaszewska: Ikonografia pieczęci

Marian Gumowski versuchte als erster, die Zunftsiegel auf dem gesamten Gebiet Polens vorzustellen.[9] Die meisten Beiträge konzentrierten sich jedoch auf die Zunftsiegel in Schlesien.[10] Dies ist vor allem Damian Tomczyk[11] und Beata Marcisz[12] zu verdanken. Obwohl die entsprechende Literatur einigermaßen umfangreich ist, hat

---

cechowych (XV–XIX w.) w zbiorach Muzeum Narodowego w Szczecinie [Ikonographie der Zunftsiegel (15.–19. Jh.) in den Sammlungen des Stettiner Nationalmuseums]. In: Wokół znaków i symboli, S. 107–121.

9 Marian Gumowski: Pieczęcie cechów polskich [Siegel der polnischen Zünfte] (Zakład Narodowy im. Ossolińskich we Wrocławiu, Dział rękopisów [Handschriftenabteilung], Nr. 12552; Muzeum Narodowe w Krakowie. Biblioteka Książąt Czartoryskich, Dział Starych Druków i Rękopisów [Abteilung alte Drucke und Handschriften], Sign. MNK 1518, 1519). Siehe auch Marian Gumowski, Marian Haisig, Sylwiusz Mikucki (Bearb.): Sfragistyka [Sphragistik]. Warszawa 1960, S. 244f., Tf. IX, XXV, XLVIII; Marian Gumowski: Handbuch der polnischen Siegelkunde. Graz 1966, S. 106–108, Tf. LXIIf.; Ders.: Handbuch der polnischen Heraldik. Graz 1969, S. 67–69, Tf. LIX.

10 Von zahlreichen kleineren Arbeiten seien hier vor allem genannt: Franz Heinvetter: Schlesische Zunftsiegel. In: Schlesische Monatshefte 3 (1926), Nr. 2, S. 49–52; Władysław Fabijański: Dawne pieczęcie na Dolnym Śląsku [Alte Siegel in Niederschlesien]. Wrocław 1980, S. 32–35.

11 Damian Tomczyk: Ze studiów nad pieczęcią cechową miast ziemi oleskiej (do XVIII w.) [Aus Forschungen über Zunftsiegel der Städte des Oelser Landes (bis zum 18. Jh.)]. In: Głos Olesna 3 (1968), S. 26–32; Ders.: Rzemiosło cechowe Gliwic, Pyskowic, Toszka i Sośnicowic w świetle źródeł sfragistycznych XVI do XVIII wieku [Das Zunfthandwerk von Gleiwitz, Peiskretscham, Tost und Kieferstädtel im Lichte der sphragistischen Quellen aus dem 16. bis 18. Jh.]. In: Zeszyty Gliwickie 10 (1973), S. 17–38; Ders.: Nyskie pieczęcie cechowe od XV do XVIII wieku [Neisser Zunftsiegel aus dem 15. bis 18. Jh.]. In: Szkice nyskie 1 (1974), S. 153–189; Ders.: Pieczęcie górnośląskich cechów rzemieślniczych z XV–XVIII w. i ich znaczenie historyczne [Siegel der oberschlesischen Handwerkszünfte aus dem 15. bis 18. Jh. und ihre geschichtliche Bedeutung]. Opole 1975; Ders.: Dawna pieczęć cechowa jako źródło do dziejów rzemiosła miejskiego [Ein altes Zunftsiegel als Quelle für die Geschichte des städtischen Handwerks]. In: Acta Universitatis Wratislaviensis, Historia 30 (1978), S. 103–119; Ders.: Organizacje cechowe Namysłowa w świetle źródeł sfragistycznych XVI–XVIII wieku [Zunftorganisationen in Namslau im Lichte sphragistischer Quellen des 16. bis 18. Jh.s]. In: Studia Śląskie, seria nowa 42 (1983), S. 443–467; Ders.: Organizacje cechowe Grodkowa w świetle źródeł sfragistycznych XVI–XVIII wieku [Zunftorganisationen in Grottkau im Lichte sphragistischer Quellen des 16. bis 18. Jh.s]. In: Sobótka 43 (1988), Nr. 2, S. 255–270; Ders.: Pieczęcie cechów rzemieślniczych Paczkowa z XV–XVIII wieku i ich znaczenie historyczne [Siegel der Handwerkerzünfte in Patschkau aus dem 15. bis 18. Jh. und ihre geschichtliche Bedeutung]. In: Kwartalnik Opolski 35 (1989), Nr. 2, S. 46–56; Ders.: Rzemiosło Głuchołaz w świetle pieczęci cechowych z XVII–XVIII w. [Das Handwerk von Ziegenhals im Lichte der Zunftsiegel aus dem 17. und 18. Jh.]. In: Studia Śląskie, seria nowa 50 (1991), S. 269–280; Ders.: Organizacje cechowe Brzegu w świetle źródeł sfragistycznych XVI–XVIII wieku [Zunftorganisationen in Brieg im Lichte sphragistischer Quellen des 16. bis 18. Jh.s]. In: Prace naukowe Wyższej Szkoły Pedagogicznej w Częstochowie. Zeszyty historyczne (1994), H. 2, S. 207–227.

12 Beata Marcisz: Ikonografia pieczęci cechowych miasta Wrocławia (XV–XIX w.) [Ikonographie der Zunftsiegel der Stadt Breslau (15.–19. Jh.)]. In: Piotr Dymmel (Hg.): Pieczęć w Polsce średniowiecznej i nowożytnej. Lublin 1998, S. 227–250; Dies.: Pieczęcie cechowe [Zunftsiegel]. In: Jan Harasimowicz (Hg.): Encyklopedia Wrocławia. Wrocław 2000, S. 629f.; Dies.: Cechowe pieczęcie i tłoki pieczętne [Zunftsiegel und Siegelstempel]. In: Małgorzata Korżel-Kraśna (Hg.): Zabytki cechów śląskich. Wrocław 2002, S. 11–145; Dies.: Rzemiosło cechowe miasta Wrocławia w świetle źródeł sfragistycznych (XIV–XIX w.) [Das Zunfthandwerk der Stadt Breslau im Lichte sphragistischer Quellen (14.–19. Jh.)]. In: Halina Okólska (Hg.): Mieszczaństwo wrocławskie. Wrocław 2003, S. 20–24.

man rechtliche Fragen nur recht selten erörtert. Die bisher einzige Studie, die sich eingehender damit auseinandersetzte, ist die Arbeit von Janusz Tandecki.[13] Beachtenswert ist auch die unlängst erschienene Arbeit von Elżbieta Bimler-Mackiewicz, die – außer einer Darstellung der Siegel im Vergleich zu diversen anderen Innungszeichen in polnischen Gebieten[14] – ebenfalls eine Beschreibung ausgewählter Zunftdokumente enthält.[15]

Diese Bemerkungen lassen sich auch auf das spezielle Thema der Zunftsiegel im Fürstentum Glogau beziehen. Die Forschung beschäftigte sich hauptsächlich mit der Ikonographie der Siegel. Bis in die zweite Hälfte des 20. Jahrhunderts hinein riefen diese jedoch kein größeres Interesse hervor. Eine der wenigen vor 1945 veröffentlichten Arbeiten war den schlesischen Goldschmieden gewidmet und behandelt die Siegel der Goldschmiedezunft in Glogau und Beuthen an der Oder.[16] Hugo Schmidt bietet in seiner Monographie über Grünberg Abbildungen von Siegeln der vier wichtigsten Innungen, die in dieser Stadt tätig waren.[17] In der zweiten Hälfte des 20. Jahrhunderts wurden erste Arbeiten veröffentlicht, die sich eingehender mit Zunftsiegeln befassen. Der kleine Artikel von Aleksander Fudalej[18] kann hier kaum genannt werden. Umfangreicheres sphragistisches Material brachten erst die Beiträge von Wojciech Strzyżewski in die Forschung ein.[19] Dieses benutzte dann Joachim Benyskiewicz in seinem Buch zur Geschichte Grünbergs.[20] Weitere Ergebnisse brachten letz-

---

13 Janusz Tandecki: Kancelarie toruńskich korporacji rzemieślniczych w okresie staropolskim [Kanzleien Thorner Handwerkerzünfte in altpolnischer Zeit]. Warszawa, Poznań, Toruń 1987.
14 Elżbieta Bimler-Mackiewicz: Znaki cechowe i ich funkcje na ziemiach polskich. Studium źródłoznawcze [Zunftzeichen und ihre Funktion in den polnischen Landen. Eine quellenkundliche Studie]. Warszawa 2004.
15 Elżbieta Bimler-Mackiewicz: Rzemieślnicze dokumenty zawodowe – treść, kształt, wyraz graficzny, funkcje użytkowe i estetyczne [Dokumente der Handwerksberufe – Inhalt, Gestalt, grafischer Ausdruck, Gebrauchsfunktionen, ästhetische Bedeutung]. In: Studia Archiwalne II. Lublin 2006, S. 137–144.
16 Erwin Hintze: Schlesische Goldschmiede. In: Schlesiens Vorzeit in Bild und Schrift. N. F. VI (1912), S. 94f., 107. Abdruck des Siegels dann bei Julius Blaschke: Geschichte der Stadt Glogau und des Glogauer Landes. Glogau 1913, S. 249.
17 Hugo Schmidt: Geschichte der Stadt Grünberg in Schlesien. Grünberg 1922, S. 271f. Eine der Zeichnungen wurde dann in der Festschrift der Grünberger Fleischer veröffentlicht: Festschrift aus Anlaß des 46. Bezirkstages der schlesischen Fleischer-Innungen. Grünberg 1922, S. 45. Das einzige mir bekannte Exemplar befindet sich im Staatsarchiv der Stadt Grünberg (Archiwum Państwowe w Zielonej Górze, im Folgenden: APZG), Akta miasta Zielona Góra [Akten der Stadt Grünberg] (im Folgenden: AmZG), Sign. 2570, nach S. 106.
18 Aleksander Fudalej: Pieczęcie księstw głogowskiego i żagańskiego [Siegel der Fürstentümer Glogau und Sagan]. Nowa Sól 1973, S. 94–96.
19 Wojciech Strzyżewski: Pieczęcie cechów rzemieślniczych Środkowego Nadodrza (XVI–XIX wiek) [Siegel der Handwerkerzünfte des mittleren Oderlandes (16.–19. Jh.)]. Zielona Góra 1984 (Magisterarbeit, nicht veröffentlicht); Ders.: Pieczęcie zielonogórskich cechów rzemieślniczych [Siegel der Grünberger Handwerkerzünfte]. In: Przegląd Lubuski (1985), Nr. 1–2, S. 3–15.
20 Joachim Benyskiewicz, Hieronim Szczegóła: Zielona Góra. Zarys dziejów [Grünberg. Abriss der Geschichte]. Poznań 1991, nach S. 64 und Abb. 2–4.

tens die Forschungen von Tomasz Kałuski. In einer seiner Arbeiten wird die rechtliche Seite der Thematik der Zunftsiegel im Fürstentum Glogau ausführlich dargestellt.[21]

3. Quellen

Für die Forschungen, die dem vorliegenden Beitrag zugrunde liegen, wurden hauptsächlich Dokumente, Zunft- und Stadtakten herangezogen, die im Staatsarchiv von Grünberg/Zielona Góra mit Sitz in Polnisch Kessel/Stary Kisielin und in dessen Abteilung in Wilkau/Wilkowo aufbewahrt werden.[22] Ebenso wichtig war es, die Akten des Fürstentums Glogau zu untersuchen, genauso wie die Klosterakten, die Akten der Stadt Breslau/Wrocław, die Deposite der schlesischen Städte Guhrau, Freystadt, Deutsch Wartenberg/Otyń, Raudten/Rudna und Grünberg sowie weitere Dokumente und ungebundene Akten der Stadt Breslau, die im Staatsarchiv Breslau/Wrocław einzusehen sind. Es ist gelungen, eine Reihe von Siegeln in der sphragistischen Abteilung dieses Archivs wie auch im Nationalmuseum der Stadt Breslau aufzufinden. Wichtige Ergänzungen bilden Zunftdokumente aus den Staatsarchiven in Liegnitz/Legnica, Posen/Poznań und Thorn/Toruń sowie aus dem Geheimen Staatsarchiv Preußischer Kulturbesitz in Berlin, wo auch der Nachlass des Sphragistikers Erich Kittel einzusehen ist.

4. Anfänge des Zunftsiegels

Vor 1300 waren in Westeuropa keine Zunftsiegel[23] bekannt. Im 14. Jahrhundert wurde diese Art Siegel, wie die deutschen Wissenschaftler einmütig feststellen, noch selten verwendet.[24] Das älteste uns bekannte Siegel aus den dem Fürstentum Glogau benachbarten Gebieten war das Sigillum der Fleischerzunft in Berlin aus dem Jahre

---

21 Tomasz Kałuski: Pieczęcie cechowe miasta Świebodzina (XVI–XIX wiek) [Zunftsiegel der Stadt Schwiebus (16.–19. Jh.)]. In: Studia Zachodnie 8 (2006), S. 91–119; Ders.: Pieczęcie cechów na ziemiach księstwa głogowskiego do końca XVIII wieku. Geneza i treści symboliczne [Siegel der Zünfte in den Landen des Fürstentums Glogau bis zum Ende des 18. Jh.s. Entstehung und symbolische Inhalte]. Zielona Góra 2008 (Diss., nicht veröffentlicht), Kapitel I.
22 Eine Quellenzusammenstellung aus diesem Archiv siehe Tomasz Kałuski: Źródła do sfragistyki cechów na ziemiach księstwa głogowskiego do połowy XIX wieku w zasobie Archiwum Państwowego w Zielonej Górze [Quellen zur Sphragistik der Zünfte in den Landen des Fürstentums Glogau bis zur Mitte des 19. Jh.s im Bestand des Staatsarchivs Grünberg]. In: Chlebowska, Gut (Hg.): Wokół znaków i symboli (Anm. 8), S. 123–134.
23 Pieper-Lippe: Westfälische Zunftsiegel (Anm. 6), S. 2; Andrea Stieldorf: Siegelkunde. Basiswissen. Hannover 2004 (Hahnsche historische Hilfswissenschaften 2), S. 49.
24 Theodor Ilgen: Sphragistik. In: Ders., E[rich] Gritzner, F[erdinand] Friedensburg: Sphragistik. Heraldik. Deutsche Münzgeschichte. Leipzig 1912 (Grundriss der Geschichtswissenschaft. Hg. v. Aloys Meister. Bd. I, Abt. 4), S. 47; Egon Frhr. von Berchem: Siegel. Berlin 1918 (Bibliothek für Kunst- und Antiquitätensammler 11), S. 117; Bütow: Märkische Bürger und Zunftsiegel (Anm. 6), S. 142; Kittel: Siegel (Anm. 6), S. 356.

1311.²⁵ Im 14. Jahrhundert wurden auch die Siegel der Schneider- und der Bäckerzunft dieser Stadt angefertigt.²⁶ Aus dieser Zeit sind ebenfalls Siegel der Tuch- und Leinweber aus Kyritz und Stendal bekannt. In der letztgenannten Stadt gab es auch Sigilla der Kürschner, Metzger, Bäcker, Krämer, Schneider, Gerber und Schuster.²⁷ Aus Stettin/Szczecin ist ein Siegel der Schmiede erhalten.²⁸ Aus dem 14. Jahrhundert stammen ferner die Zunftsiegel der Gürtelmacher und der Metzger in Krakau/Kraków.²⁹ Obwohl Aktivitäten ihrer Zunftorganisationen im Fürstentum Glogau nachgewiesen sind,³⁰ sind in den archivalischen Materialien keine Siegel aus jener

---

25 Grenser: Zunft-Wappen (Anm. 6), S. 50, Tf. XII. Das erwähnte Siegel wurde wohl an das Dokument aus dem Jahre 1442 angehängt. Siehe das Faksimile des Dokuments in: Friedrich Beck, Manfred Unger (Hg.): ... mit Brief und Siegel. Dokumente aus Archiven der Deutschen Demokratischen Republik. Leipzig 1979, S. 61. Informationen zu diesem Siegel befinden sich auch im Nachlass von Erich Kittel im Geheimen Staatsarchiv Preußischer Kulturbesitz (im Folgenden: GStA PK), VIII. HA Siegel, Wappen, Genealogie, Heraldische und genealogische Sammlungen B 43, Slg. Kittel, Teil III.
26 F[riedrich] A[ugust] Vossberg: Die Siegel der Mark Brandenburg nach Urkunden des Koenigl. Geh. Staatsarchivs, des Staatsarchivs zu Magdeburg so wie Staedtischer und anderer Archive. Lief. I. Berlin 1868, S. 20, F. 1, Nr. 6, 10. Zur frühesten Verwendung der Zunftsiegel müssen auch sechs Siegel aus Halle von 1316 gezählt werden. Siehe Gustav A[dalbert] Seyler: Geschichte der Siegel. Leipzig 1894 (Illustrierte Bibliothek der Kunst- und Kulturgeschichte 6), S. 334. Aus dem Jahre 1327 bekannt sind 13 Siegel aus Speyer. An das bis in unsere Zeit nicht erhaltene Dokument aus Worms (1360) wurden hingegen 26 Siegel angehängt und an das Dokument aus Würzburg (1373) 37 Siegel. An einem anderen Dokument aus Köln (1396) finden sich 22 Siegel. Siehe Gensicke: Wormser Zunftsiegel (Anm. 6), S. 317f.; Marcus: Die Siegel des Kölner Verbundbriefes (Anm. 6), S. 142; Engel: Würzburger Zunftsiegel (Anm. 6), S. 37; Kittel: Siegel (Anm. 6), S. 346–350, 356–358.
27 Vossberg: Die Siegel der Mark Brandenburg (Anm. 26), S. 20f., F. 1, Nr. 1–4, 8–9, 12–14, 16. In Stendal soll die Tuchzunft bereits 1233 entstanden sein. Siehe Dora Grete Hopp: Die Zunft und die Nichtdeutschen im Osten, insbesondere in der Mark Brandenburg. Marburg/Lahn 1954 (Wissenschaftliche Beiträge zur Geschichte und Landeskunde Ost-Mitteleuropas 16), S. 115, Anm. 225.
28 Bobowski: Dawne pieczęcie (Anm. 8), S. 136.
29 Franciszek Piekosiński [unter Beteiligung von E. Diehl]: Pieczęcie polskie wieków średnich. Doba piastowska [Polnische Siegel des Mittelalters. Die Piastenzeit]. Tl. 1. Kraków 1899, S. 256f., Fig. 310f.; Chmiel: Godła rzemieślnicze (Anm. 8), S. 15, 18, Tf. VI, Fot. 73, Tf. VII, Fot. 91; Ders.: Rzeźnicy (Anm. 8), S. 133–135; Gumowski: Handbuch der polnischen Siegelkunde (Anm. 9), Tf. LXII; Władysław Fabijański: Odlewy metalowe pieczęci w zbiorze sfragistycznym Zakładu Narodowego im. Ossolińskich we Wrocławiu (Katalog) [Metallgüsse von Siegeln in den sphragistischen Sammlungen des Nationalen Ossolinski-Instituts in Breslau (Katalog)]. Wrocław 1999, S. 73, Tf. XLIX, Nr. 217.
30 Direkte Informationen über die Existenz der Zünfte im Fürstentum Glogau kommen aus Freystadt im Dokument von 1352. Siehe Staatsarchiv Breslau (Archiwum Państwowe we Wrocławiu, im Folgenden: APWr), Rep. 135, Zbiór rękopisów archiwalnych, Nr. 275, K. 3 = Die Inventare der nichtstaatlichen Archive Schlesiens. I. Die Kreise Grünberg und Freystadt. In: Codex Diplomaticus Silesiae. Bd. 24. Hg. v. Konrad Wutke. Breslau 1908, S. 162, Nr. 6. In Glogau zeugt von der Arbeit der Zünfte ein Verzeichnis (im Dokument von 1360) über eine bestimmte Anzahl von Verkaufsständen (Brotbänke, Schuhbänke und Fleischbänke) auf dem Markt. Siehe Lehns- und Besitzurkunden Schlesiens und seiner einzelnen Fürstenthümer im Mittelalter. Hg. v. C[olmar] Grünhagen, H[ermann] Markgraf. Bd. 1. Leipzig 1881, S. 174. Weitere Erwähnungen dieser Art stammen aus Guhrau von 1375. Siehe Lehns- und Besitzurkunden, S. 190. Aus Sprottau ist uns eine Notiz über

Zeit erhalten. Dies ist wohl auf den Zustand der vorhandenen Quellen sowie auf einen geringen Bedarf an Zunftdokumenten im 14. Jahrhundert zurückzuführen. Aus dem Gebiet des Fürstentums Glogau ist lediglich das Siegel der Tuchmacher in Freystadt bekannt, das – der Schriftform nach – Ende des 14. oder Anfang des 15. Jahrhunderts angefertigt worden sein dürfte (Abb. 1).[31] Trotz einer schmalen Quellenbasis kann man annehmen, dass die Zunftsphragistik des Fürstentums Glogau keineswegs anders war als in den benachbarten Gebieten.

5. Differenzierte Bedeutung der Zunftsiegel

Sowohl im Mittelalter als auch später in der Neuzeit waren die Zünfte meistens im Besitz nur eines Siegels. Im 17. Jahrhundert setzt eine Differenzierung des Zunftsiegels ein: Man begann zwischen einem großen und einem kleinen Siegel zu unterscheiden. Ursache dieser Differenzierung waren ohne Zweifel neue Aufgabenteilungen und Benennungen in der Stadtkanzlei seit dem 14. Jahrhundert.[32] Diese Aufgabenteilung wurde praktiziert zum Beispiel in Prag/Praha in der Metzger-

---

    die Zunftältesten von 1384 erhalten und aus Schwiebus eine von 1397. Siehe Die Inventare der nichtstaatlichen Archive Schlesiens. Kreis Sprottau. In: Codex Diplomaticus Silesiae. Bd. 31. Hg. v. Erich Graber. Breslau 1925, S. 16, Nr. 8; Samuel Gotthilf Knispel: Geschichte der Stadt Schwiebus von Ihrem Ursprung an bis auf das Jahr 1763. Züllichau [1765], S. 269f.; Tomasz Kałuski: Dzieje rzemiosła cechowego w Świebodzinie (XIV–XIX w.) [Geschichte des Zunfthandwerks in Schwiebus (14.–19. Jh.)]. In: Wojciech Strzyżewski (Hg.): Dzieje Świebodzina. Świebodzin, Zielona Góra 2007, S. 133–161, hier S. 134. Es ist sehr wahrscheinlich, dass bereits 1292 in Glogau die Tuchhandwerker als Zunft organisiert waren, 1304 hingegen in Guhrau und Freistadt. Siehe Regesten zur Schlesischen Geschichte. Bd. 3. In: Codex Diplomaticus Silesiae. Bd. 7. Hg. v. Colmar Grünhagen. Breslau 1886, S. 169, Nr. 2232; APWr, Akta miasta Góra [Akten der Stadt Guhrau] (im Folgenden: AmGóra), Sign. 15/1, S. 15f.; Gustav Croon: Ein Tuchmacherprivileg für Guhrau vom Jahre 1304. In: Zeitschrift des Vereins für Geschichte Schlesiens 44 (1910), S. 254–256, hier S. 256.

31 Die Datierung wird durch die Tatsache erschwert, dass die einzigen Abdrücke dieses Siegels erst in den Dokumenten aus den Jahren 1613–1665 erhalten geblieben sind. Siehe APZG, Akta miasta Szprotawa [Akten der Stadt Sprottau] (im Folgenden: AmSzpr), Sign. 1148, S. 36, Sign. 1149, S. 8, Sign. 166, K. 61 v.; Akta miasta Kożuchów [Akten der Stadt Freystadt in Schlesien] (im Folgenden: AmK), Sign. 7, S. 216, 234, Sign. 44, S. 7, Sign. 58, S. 11.

32 Im 14. Jahrhundert treten größere Siegel und kleinere Räte z. B. in Krakau auf. Siehe Adam Chmiel: Pieczęcie m. Krakowa, Kazimierza, Kleparza i jurydyk krakowskich do końca XVIII w. [Siegel der Städte Krakau, Kazimierz, Kleparz und der Krakauer Gerichtsbarkeit bis zum Ende des 18. Jh.s]. In: Rocznik Krakowski 11 (1909), S. 77–183, hier S. 95–98; Bożena Wyrozumska: Kancelaria miasta Krakowa w średniowieczu [Die Kanzlei der Stadt Krakau im Mittelalter]. Kraków 1995, S. 29–31. Mit Vorsicht verschiebt die Verfasserin das Anfertigungsdatum des Siegels sogar auf das Ende des 13. Jahrhunderts – auch wenn das eher als unwahrscheinlich angesehen werden muss. In den westeuropäischen Städten (z. B. im Rheinland) gibt es zuerst Ende des 13. Jahrhunderts – neben dem Hauptsiegel – ein Siegel für bestimmte Aufgaben (Geschäftssiegel). Es hatte ähnliche Funktionen wie das kleine Siegel und wurde oft auch in den korroboratorischen Formeln als Klein- oder Sekretsiegel angekündigt. Siehe Stieldorf: Siegelkunde (Anm. 23), S. 22; Wolfhard Vahl: Ein Geschäftssiegel der Stadt Wetter aus dem 14. Jahrhundert. In: Hessisches Jahrbuch für Landesgeschichte 45 (1995), S. 255–268, hier S. 256.

zunft im 17. Jahrhundert und im 18. Jahrhundert in den Zünften der Glasmacher, der Posamentenmacher und der Flaschner.³³ Die Chirurgenzunft in Danzig/Gdańsk benutzte seit 1663 gleichzeitig zwei unterschiedlich große Siegel.³⁴ Für die meisten Zünfte lässt sich jedoch die gleichzeitige Verwendung von zwei unterschiedlichen Siegeln kaum nachweisen. Die ungenügende diplomatische Forschung in Bezug auf Zunftdokumente erlaubt uns nicht festzustellen, ob die Benutzung des Siegels von der Dokumentenart abhängig war. Die Bürger – Mitglieder der Zunft – verfügten auch über eigene Siegel, die sie nicht nur in privaten Angelegenheiten benutzten, sondern auch um rechtliche Handlungen der Zunft zu beglaubigen. Es scheint somit notwendig, ihre Rolle im Vergleich zum Hauptsiegel näher zu beleuchten.

Ein sphragistisches System bei der Verwendung von Siegeln durch die Zünfte, das als ein gewissen Normen folgendes, an eine bestimmte historische Zeit gebundenes Siegelsystem zu verstehen ist, lässt sich in den Quellen des Fürstentums Glogau erst zu Beginn des 17. Jahrhunderts nachweisen.³⁵ Hier findet man zugleich Zunft- und Meistersiegel.

6. Zunftsiegel

In Dokumenten und Zunftbüchern des Fürstentums Glogau wurde das Zunftsiegel – laut erhaltener Quellen – vom 16. bis zum 18. Jahrhundert unter anderem als *Zechen Insiegel*,³⁶ *gewöhnlichen Insiegel*,³⁷ *Mittels Innsiegel*,³⁸ und seit dem 19. Jahrhundert als *Gewerkssiegel*³⁹ bezeichnet. Man kann auch einem präziseren Terminus be-

---

33 Hrdlička, Jásek, Hrubý: Pět století řemeslné symboliky (Anm. 5), S. 72f., Nr. 18, S. 227; S. 104f., Nr. 58f., S. 234; S. 150f., Nr. 122f., S. 245; S. 183–185, Nr. 166f., S. 252.
34 Stanisław Sokół: Chirurgia okresu cechowego [Die Chirurgie in der Zunftzeit]. In: Ders.: Historia chirurgii w Polsce. Tl. 1. Wrocław 1967 (Monografie z Dziejów Nauki i techniki 37), S. 97–101, hier S. 100, Abb. nach S. 120.
35 Den Terminus „sphragistisches System" benutzten: Kuczyński: Pieczęcie książąt (Anm. 1), S. 43; Kazimierz Bobowski: Ze studiów nad pieczęciami i systemami sfragistycznymi stosowanymi na Pomorzu Zachodnim do końca XIII w. [Aus Forschungen über in Hinterpommern bis zum Ende des 18. Jh.s gebräuchliche Zunftsiegel und sphragistische Systeme]. In: Przegląd Zachodniopomorski 30 (1986), H. 1, S. 117–135, hier S. 129–133; Zenon Piech: Średniowieczne pieczęcie tynieckie [Mittelalterliche Siegel aus Tyniec]. In: Klementyna Żurowska (Hg.): Benedyktyni tynieccy w średniowieczu. Materiały z sesji naukowej. Wawel-Tyniec, 13–15 października 1994. Tyniec, Kraków 1995, S. 121–140, hier S. 123; Piotr Dymmel: System sfragistyczny średniowiecznego Lublina. Próba rekonstrukcji [Das sphragistische System des mittelalterlichen Lublin. Ein Rekonstruktionsversuch]. In: Ders.: Pieczęć w Polsce średniowiecznej (Anm. 12), S. 193–216; Paweł Stróżyk: Pieczęcie cysterskie z opactwa w Łęknie-Wągrowcu [Zisterziensersiegel der Abtei Łękno-Wągrowiec]. Tl. 1. In: Andrzej Marek Wyrwa (Hg.): Studia i materiały do dziejów Pałuk. Bd. IV. Poznań 2003, S. 179–202, hier S. 180f.
36 APZG, Akta miasta Bytom Odrzański [Akten der Stadt Beuthen an der Oder] (im Folgenden: AmB), Sign. 683, S. 1.
37 Staatsarchiv Posen (Archiwum Państwowe w Poznaniu, im Folgenden: APPozn), Cechy miasta Leszno [Zünfte der Stadt Lissa], Sign. 202, K. 19.
38 APZG, Akta miasta Głogów [Akten der Stadt Glogau] (im Folgenden: AmG), Sign. 77, S. 54.
39 APZG, Cech rzeźników miasta Świebodzin [Fleischerzunft der Stadt Schwiebus], Sign. 24 D.

gegnen, der die über das Siegel verfügende Person angibt, zum Beispiel *handtwercks der tuchmacher Siegel*.[40] Manchmal wurde es als größeres Siegel bezeichnet; davon zeugt die Notiz in der Sigillumformel in einem Dokument der Glogauer Bäcker aus dem Jahre 1652[41] bzw. einem der Tischler von 1767.[42] Unbekannt bleiben hingegen kleinere Siegel in diesen Zünften. Das kraft eines kaiserlichen Sonderdokumentes verliehene Zunftwappen wurde in das Siegel geprägt, die Verleihung dann durch die Formel *Kaÿ(ser)l(iches) verliehenes Zunfft Innsiegel*[43] auf dem Siegel dokumentiert. Meistens wurde jedoch der allgemeine Name für das wichtigste Siegel der jeweiligen Zunft gebraucht.

Dem Zunftsiegel muss größte Bedeutung im rechtlichen Bereich beigemessen werden. Der Umfang seiner Nutzung war, beispielsweise in Thorn, vom Stadtrat nicht eingeschränkt.[44] Bei Dokumenten mit diesem Siegel handelt es sich zumeist um Lehrbriefe und deren Kopien.[45] Ein großer Teil wurde nach einem Muster angefertigt, das durch einen Erlass des preußischen Königs Friedrich II. aus dem Jahre 1747[46] eingeführt wurde. Gesiegelt wurden auch Zeugnisse wie Gesellenlehrbriefe,[47]

---

40 APZG, AmSzpr, Sign. 1149, S. 8.
41 APZG, Cech piekarzy miasta Zielona Góra [Bäckerzunft der Stadt Grünberg], Sign. 1 D. Das Verzeichnis der Sprottauer Siegel aus der Vorkriegszeit zeigt, dass auch die Schuhmacherzunft dieser Stadt sich im 17. Jahrhundert zweier Siegel unterschiedlicher Größe bediente. Siehe APWr, Rep. 135, Zbiór rękopisów archiwalnych, Nr. 343, S. 1.
42 APWr, Akta miasta Wrocławia [Akten der Stadt Breslau] (im Folgenden: AmWr), Sign. 11. 719, K. 200.
43 APZG, Cech mydlarzy i świecarzy miasta Wschowa [Seifensieder- und Kerzenmacherzunft der Stadt Fraustadt], Sign. 35 D.
44 Die Überwachung der Zunftkanzleien im Fürstentum Glogau wird in Sprottau im 16. Jahrhundert sowie in Beuthen an der Oder im 16. und 17. Jahrhundert bestätigt. Siehe APZG, AmSzpr, Sign. 128, K. 9 v.; APZG, AmB, Sign. 683, S. 1, 13, Sign. 685, S. 6. Vgl. die Situation in Thorn: Tandecki: Kancelarie toruńskich korporacji (Anm. 13), S. 45–48, 61, 80f.
45 Beispielsweise: APZG, Cech bednarzy miasta Żary [Böttcherzunft der Stadt Sorau], Sign. 4 D; APPozn, Cechy miasta Leszno [Zünfte der Stadt Lissa], Sign. 202, K. 19, APZG, Cech szewców miasta Zielona Góra [Schuhmacherzunft der Stadt Grünberg], Sign. 3 D; Staatsarchiv Liegnitz (Archiwum Państwowe w Legnicy, im Folgenden: APLegn), Listy nauki rzemiosła, Sign. 13; APPozn, Cechy miasta Śmigiel [Zünfte der Stadt Schmiegel], Sign. 9, S. 4; Cechy miasta Bojanowo [Zünfte der Stadt Bojanowo], Sign. 20, S. 5; APWr, AmWr, Materiały Luźne (im Folgenden: Mat. Luźne), Sign. 278, S. 11, 11 a; Sign. 291, S. 11, 11 a; Staatsarchiv Thorn (Archiwum Państwowe w Toruniu, im Folgenden: APTor), Kat. III, Nr. 5698; APZG, Cech rzeźników miasta Świebodzin [Fleischerzunft der Stadt Schwiebus], Sign. 24 D-38 D. Ein Teil der Lehrbriefe wurde einige Jahre bzw. Jahrzehnte nach dem Abschluss der Lehre ausgestellt. Siehe APZG, Cech kuśnierzy miasta Zielona Góra [Kürschnerzunft der Stadt Grünberg], Sign. 3 D; GStA PK, XVII, HA Schlesien, Rep. 4 b Fürstentum Glogau Nr. 962; APPozn, Cechy miasta Rydzyna [Zünfte der Stadt Reisen], Sign. 15, S. 9; APZG, Cech garncarzy miasta Bytom Odrzański [Töpferzunft der Stadt Beuthen an der Oder], Sign. 1 D; APZG, Cech mydlarzy i świecarzy miasta Wschowa [Seifensieder- und Kerzenmacherzunft der Stadt Fraustadt], Sign. 35 D; AmWr, Mat. Luźne, Sign. 290, S. 23–27.
46 Sammlung aller [...] Ordnungen, Edicten, Mandaten, Rescripten [...] vom 9. Jan. 1745. bis zu Ende 1747. Hg. von Johann Jakob Korn. Breßlau, S. 406–412.
47 APZG, AmG, Sign. 77, S. 134.

Zeugnisse des ‚ehrlichen Benehmens' der Gesellen (*Kundschaft*)[48] und der Meister[49] sowie Meisterbriefe,[50] außerdem Verzeichnisse,[51] unter anderem Finanz-[52] und Steuerverzeichnisse der Zunft,[53] Quittungen,[54] Kauf- und Verkaufsverträge,[55] sonstige Verträge,[56] unterschiedliche Aussagen,[57] Schuldenreverse,[58] Statute (Satzungen) für andere Zünfte,[59] Benachrichtigungen über Vierteljahresversammlungen der Zunft.[60] Eine getrennte Gruppe bilden Dokumente, die mit religiösen Aktivitäten der Zunft verbunden sind und etwa die Schirmherrschaft über Altäre und Kirchen betreffen.[61] Die Siegel wurden auch als Briefverschluss verwendet.[62] Nur ausnahmsweise wurde das Siegel für die Legalisierung der Eintragung ins Zunftbuch der Sprottauer Tuchmacher[63] benutzt. Gelegentlich borgten die Zunftorganisationen das Siegel den Stadträten zur Abstempelung von Geburtsurkunden oder auch anderen Zünften zur Beglaubigung von Lehrbriefen.[64]

---

48 APZG, Cech rzeźników miasta Żary [Fleischerzunft der Stadt Sorau], Sign. 24 D; APPozn, Cechy miasta Poznania [Zünfte der Stadt Posen], Cech cieśli [Zimmererzunft], Sign. 53, S. 7; APZG, Cech krawców miasta Wschowa [Schneiderzunft der Stadt Fraustadt], 21 D; APLegn, Listy nauki rzemiosła, Sign. 99.
49 APPozn, Cechy miasta Rydzyna [Zünfte der Stadt Reisen], Sign. 15, S. 1.
50 APWr, AmWr, Sign. 11. 719, K. 142; APPozn, Cechy miasta Poznania [Zünfte der Stadt Posen], Cech postrzygaczy [Schafschererzunft], Sign. 362, S. 33; APPozn, Cechy miasta Leszno [Zünfte der Stadt Lissa], Sign. 22, S. 1.
51 APZG, AmK, Sign. 58, S. 1–27; APWr, Księstwo głogowskie, Rep. 24, Nr. 566, S. 66, Nr. 580, S. 3f., 6f., 9f., 15f., 18f., 21f., 24f.
52 APZG, AmG, Sign. 67, S. 11f., Sign. 74, S. 67f., Sign. 126, S. 43–49; APWr, Księstwo głogowskie, Rep. 24, Nr. 637, S. 1–11 (14).
53 APZG, AmSzpr, Sign. 964, S. 1–21.
54 APWr, Klasztor magdalenek w Szprotawie, Rep. 120, Nr. (312 b) 142, S. 1f.
55 APZG, AmZG, Sign. 1713, S. 326–331, 333–339; S. 341–346, 349–356, 358–363, 365–370.
56 APZG, AmG, Sign. 55, S. 63–68.
57 APZG, AmB, Sign. 683, S. 1; APZG, AmSzpr, Sign. 1147, S. 65; APWr, Zerstreutes Material in der sphragistischen Abteilung.
58 APWr, Księstwo głogowskie, Rep. 24, Nr. 567, S. 1, 3.
59 APZG, AmB, Sign. 688, S. 2–9.
60 APZG, Wilkowo, Akta miasta Świebodzin [Akten der Stadt Schwiebus] (im Folgenden: AmŚ), Sign. 1010, K. 9, 22, 23, 48, 60, 72, 81, 86.
61 APZG, AmSzpr, Sign. 1125, S. 54–56 (Codex Diplomaticus Silesiae, Bd. 31, S. 97), 60–68; APWr, Księstwo głogowskie, Rep. 24, Nr. 157, S. 230–234.
62 APWr, Dep. Rudna, Rep. 132 a, Nr. 9; APZG, Wilkowo, AmŚ, Sign. 979, ohne Paginierung; APZG, AmSzpr, Sign. 1148, S. 33–35; APZG, Wilkowo, AmŚ, Sign. 1000, K. 7–8 v.; APZG, AmG, Sign. 496, S. 268–275; APZG, AmB, Sign. 235, nach S. 30, nach S. 40, nach S. 102; APZG, Wilkowo, AmŚ, Sign. 984, K. 22.
63 APZG, Cech sukienników miasta Szprotawa [Tuchmacherzunft der Stadt Sprottau], Sign. 1, S. 86–88.
64 Bekannt ist mir ein Fall aus Neustädtel, wo das Zunftsigillum entgegen dem in der Sigillformel angekündigten Stadtsiegel benutzt wurde. Siehe APZG, Cech bednarzy miasta Żary [Böttcherzunft der Stadt Sorau], Sign. 6 D. Ein anderes Beispiel liefert das Zunftsiegel aus Glogau, das einen Lehrbrief beglaubigte, der von der anderen Zunft dieser Stadt ausgestellt wurde. Siehe APTor, Kat. III, Nr. 5698.

Dokumente mit Zunftsiegel werden in den damaligen Quellen als *Attestatum*,[65] *schreiben*,[66] *brieff*,[67] *Consignation*,[68] *reverß*,[69] *Specification*[70] bezeichnet. Der Name wurde somit modifiziert, und zwar je nach Art und Inhalt des Dokumentes, dem unterschiedliche Formulare zugrunde lagen. Oft besaßen sie keine Sigillformel, was in der Korrespondenz eine recht allgemeine Erscheinung war. Ein meist umfangreiches Formular war, außer in den Statuten, in den Berufsbriefen zu finden. Diese wurden zum Beispiel als *Zeugniß*,[71] *Lehr-Zeugnüß*[72] und seit 1747 schließlich als *Lehr-Brief*[73] bezeichnet. Sie besaßen volle Titulatur, Promulgation und Korroborationsformel. Sichtbar ist das vor allem in den Druckformularen seit Ende der ersten Hälfte des 18. Jahrhunderts. Die Briefe wiesen eine feierliche Form mit Zierinitialen und breitem Rand auf.[74] Die Siegel wurden auf das Dokument aufgedrückt, wobei ein Papier auf das Wachs bzw. den Siegellack gelegt wurde (Abb. 2); manchmal waren sie an das Dokument angehängt.[75]

Sigilla wurden auch benutzt, um Dokumente mitsiegeln zu können, die gemeinsam mit anderen Zunftorganisationen erstellt wurden.[76] Sie wurden ebenfalls in Verbindung mit Stadtsiegeln verwendet (unter anderem gleichzeitig mit dem Sekret- und Gerichtssiegel in Glogau,[77] dem Gerichtssiegel in Guhrau,[78] dem Stadtsiegel in Neustädtel[79] und in Sprottau[80]), mit kirchlichen Siegeln (zum Beispiel der Äbtissin des Magdalenenklosters in Sprottau und des Pfarrers in dieser Stadt)[81] und schließlich auch mit Adelssiegeln (Abb. 3).[82]

---

65 APZG, AmG, Sign. 77, S. 54.
66 APZG, Wilkowo, AmŚ, Sign. 979, ohne Paginierung.
67 APZG, Cech piekarzy miasta Zielona Góra [Bäckerzunft der Stadt Grünberg], Sign. 1 D.
68 APWr, Księstwo głogowskie, Rep. 24, Nr. 566, S. 68.
69 APWr, Księstwo głogowskie, Rep. 24, Nr. 567, S. 1, 3.
70 APWr, Księstwo głogowskie, Rep. 24, Nr. 580, S. 3f., 6f., 9f., 15f., 18f., 21f., 24f.
71 APZG, Cech bednarzy miasta Żary [Böttcherzunft der Stadt Sorau], Sign. 5 D.
72 APZG, Cech garncarzy miasta Bytom Odrzański [Töpferzunft der Stadt Beuthen an der Oder], Sign. 1 D.
73 Zum Beispiel: APWr, AmWr, Mat. Luźne, Sign. 278, S. 11, 11 a.
74 Zum Beispiel: APZG, Cech ciesielski miasta Zielona Góra [Zimmererzunft der Stadt Grünberg], Sign. 54 D, 75 D, 78 D. Eine Besprechung des Formulars für den Lehrbrief eines Gesellen im 19. und in der ersten Hälfte des 20. Jahrhunderts sowie eine Schilderung der ikonographischen Schicht finden wir bei Bimler-Mackiewicz: Rzemieślnicze dokumenty zawodowe (Anm. 15), S. 137–144.
75 APZG, Cech piekarzy miasta Zielona Góra [Bäckerzunft der Stadt Grünberg], Sign. 1 D.
76 APWr, Księstwo głogowskie, Rep. 24, Nr. 157, S. 230–234.
77 APZG, AmG, Sign. 496, S. 268–275.
78 APWr, AmGóra, Sign. 16/1, S. 22–37.
79 APWr, Zerstreutes Material aus der sphragistischen Abteilung.
80 APZG, AmSzpr, Sign. 1149, S. 99–103.
81 APZG, AmSzpr, Sign. 1125, S. 60–68.
82 APZG, AmZG, Sign. 1737, S. 1–10.

7. Gesellensiegel

Nur eine Kopie des Gesellensiegels der Tuchmacher in Schwiebus ist für das Fürstentum Glogau erhalten geblieben; sie wurde mit Hilfe eines Stempels angefertigt, der wahrscheinlich aus dem 17. Jahrhundert stammt.[83] Es ist dagegen nicht bekannt, dass derartige Siegel von anderen Gesellenorganisationen benutzt wurden. Dies ist wohl auf den Zustand erhaltener Quellen zurückzuführen, ebenso wie auf die Annullierung dieser Siegel kraft des Generalhandwerkspatentes von 1731 und der Generalzunftartikel von 1739.[84] Diese Entscheidung verlor auch in der preußischen Zeit nach 1740 ihre Rechtsgültigkeit nicht.[85] Dieser Umstand erlaubt uns nicht, genauer zu bestimmen, welche Rolle dieses Siegel im Vergleich zum Hauptsiegel der Zunft und zum Siegel der Zunftmeister gespielt hat.

8. Privatsiegel der Zunftmeister

Im untersuchten Quellenmaterial lässt sich eine recht große Anzahl von Bürgersiegeln beobachten. Aus diesem Material wurden jene berücksichtigt, die ohne Zweifel im Besitz der Zunftmeister waren. Sie hatten Gemerke aus Elementen, die mit dem vom Stempelinhaber ausgeübten Beruf in Verbindung standen.[86] Das älteste von mir gefundene Privatsiegel aus dem Fürstentum Glogau, dessen Inhaber der Fleischermeister in Guhrau war, befindet sich auf einem Brief aus dem Jahre 1605.[87] Weitere

---

83 Nationalmuseum Breslau (Muzeum Narodowe we Wrocławiu), Gabinet Numizmatyczno-Sfragistyczny XIV, Zbiór odcisków, ohne Inventarnummer; Marcisz: Cechowe pieczęcie (Anm. 12), S. 58, Nr. 108. Die fehlende Bestätigung im diplomatischen Material macht es unmöglich, das genannte Siegel genauer zu betrachten und zu besprechen.
84 Sammlung aller [...] Ordnungen, Edicte, Mandate, Rescripte [...]. Bd. 17. Breslau 1786, S. 314, 340.
85 Das fand seine Widerspiegelung z. B. in den Statuten der Zimmerleute von 1770 und der Maurer von 1790, die für Schlesien und die Grafschaft Glatz herausgegeben wurden. Siehe Drucke in: APLegn, Akta miasta Legnica [Akten der Stadt Liegnitz], Sign. III/243, K. 186 v., 189 v.–190; APZG, Wilkowo, AmŚ, Sign. 1367, ohne Paginierung.
86 Zur Problematik der Gemerke siehe vor allem C[arl] G[ustav] Homeyer: Haus- und Hofmarken. Berlin 1870; Wiktor Wittyg: Znaki pieczętne (gmerki) mieszczan w Polsce w XVI i zaraniu XVII wieku [Siegelzeichen (Gemerke) der Bürger in Polen im 16. und am Anfang des 17. Jh.s]. Kraków 1906; Marian Gumowski: Herbarz patrycjatu toruńskiego [Das Wappenbuch des Thorner Patriziats]. Toruń 1970 (Roczniki Towarzystwa Naukowego w Toruniu 74 [1969], H. 3); Hans Horstmann: Wappen, Fahnen, Bürgersiegel. Beiträge zur Liegnitzer Heraldik. Lorch 1976 (Beiträge zur Liegnitzer Geschichte, hg. v. der Historischen Gesellschaft Liegnitz, 6); Kamila Folprecht: Gmerki mieszczan krakowskich [Gemerke Krakauer Bürger]. In: Krakowski Rocznik Archiwalny 9 (2003), S. 46–61; Ders.: Pieczęcie mieszczan krakowskich [Siegel Krakauer Bürger]. In: Zenon Piech, Jan Pakulski, Jan Wroniszewski (Hg.): Pieczęcie w dawnej Rzeczypospolitej. Stan i perspektywy badań. Warszawa 2006, S. 339–354; Iwona Grzelczak Miłoś: Gmerki mieszczan poznańskich w okresie staropolskim [Gemerke der Posener Bürger in altpolnischer Zeit]. Poznań 2006 (Magisterarbeit, nicht veröffentlicht, Archiv der Adam-Mickiewicz-Universität Posen [Uniwersytet im. Adama Mickiewicza w Poznaniu]).
87 APWr, AmGóra, Sign. 20/2, S. 715–718.

uns bekannte Siegel gehörten dem Stellmacher in Glogau (1615)[88] und dem Bäckermeister in Schwiebus (1618).[89] Die Siegel dieser Art wurden im diplomatischen Material als *mein insiegel*[90] oder *Pettschafft*[91] bezeichnet. Nicht bekannt ist, ob ein Meister im Besitz von zwei oder mehreren Siegeln gewesen sein kann.[92]

Privatsiegel wurden in der Kanzleipraxis dazu benutzt, verschiedenartige Rechenschaftsberichte,[93] Finanzverzeichnisse,[94] Kauf- und Verkaufsverträge[95], Pachtverträge,[96] Testamente[97] und Schuldenbriefe[98] zu beglaubigen (Abb. 4). Daraus ergibt sich, dass ihre Anwendung weitaus begrenzter war als die der Hauptzunftsiegel.

Mit Privatsiegeln wurden auch Dokumente mitgesiegelt, die gemeinsam mit anderen Bürgern ausgestellt wurden.[99] In den Fällen, wo die Stadt Rechtspartei war, wurden die Dokumente auch mit dem Stadtsiegel beglaubigt.[100] Eine verbreitete Praxis war es, dass der Stempel anderen Personen geliehen wurde, darunter auch Frauen.[101] Das Privatsiegel beglaubigte zudem Dokumente mit Zunftsigillien. Es wurde anstelle eines anderen Siegels benutzt, was neben dem Siegel auch vermerkt ist.[102]

9. Zusammenfassung

Zusammenfassend lässt sich aufgrund des untersuchten Quellenmaterials somit feststellen, dass das sphragistische Zunftsystem des Fürstentums Glogau im Vergleich zu der Praxis der Stadtkanzlei weniger kompliziert erscheint. Die Hauptrolle fiel sicherlich immer dem Siegel zu, das die größte rechtliche Geltung hatte. In weniger wichtigen Angelegenheiten konnte stattdessen das kleinere Siegel benutzt werden; dies konnte jedoch im untersuchten Material nicht bestätigt werden. Da nur wenige Gesellensiegel erhalten sind, lässt sich ihre rechtliche Funktion nicht bestimmen. Die

---

88 APWr, Klasztor klarysek w Głogowie, Rep. 79, Nr. (94) 86, S. 1–3.
89 APZG, Wilkowo, AmŚ, Sign. 993, S. 25.
90 APZG, AmSzpr, Sign. 507, S. 1.
91 APZG, AmG, Sign. 397, S. 31; APZG, AmG, Sign. 398, S. 8.
92 Mehrerer Siegel gleichzeitig bedienten sich die Bürger in Thorn sowie in Posen. Siehe Gumowski: Herbarz (Anm. 86), S. 14; Grzelczak Miłoś: Gmerki mieszczan (Anm. 86), S. 33, 46f. Es ist durchaus möglich, dass eine genealogische Untersuchung der Bürgerfamilien in den Städten des Fürstentums Glogau uns erlauben würde, eine ähnliche Situation zu beobachten. Nur wenn man die Gemerke innerhalb einer Familie vergleicht, kann es konkrete Festlegungen bringen.
93 APZG, AmK, Sign. 155, S. 3–6.
94 APZG, AmK, Sign. 155, S. 7–12; APWr, Księstwo głogowskie, Rep. 24, Nr. 637, S. 170–173.
95 APZG, AmG, Sign. 126, S. 145–149; AmZG, Sign. 1713, S. 333–339, 349–356; AmSzpr, Sign. 2077, K. 2–13 v.
96 APZG, AmZG, Sign. 1774, S. 2–17.
97 APZG, AmSzpr, Sign. 153, K. 1–4; AmG, Sign. 408, S. 106–113.
98 APZG, AmSzpr, Sign. 507, S. 1, 2, 5; AmG, Sign. 397, S. 28, 31; AmG, Sign. 398, S. 8.
99 APZG, AmK, Sign. 81, S. 70f.; AmG, Sign. 408, S. 106–113.
100 APZG, AmZG, Sign. 1774, S. 2–17; AmZG, Sign. 1713, S. 333–339.
101 APZG, AmSzpr, Sign. 152, S. 2.
102 APZG, AmK, Sign. 7, S. 234.

Privatsiegel der Zunftmeister besaßen eine nur begrenzte rechtliche Geltung, auch wenn sie manchmal das Hauptsiegel der Zunft vertreten durften. Einen wesentlichen Einfluss auf die Benutzung des Siegels in der Kanzleipraxis hatten Verordnungen der Stadt und die staatliche Gesetzgebung des 18. Jahrhunderts, die verfügte, dass es den Gesellen verboten sei, eigene Siegel zu führen.

Abb. 1: Tuchmachersiegel aus Freystadt (14./15. Jh.), Staatsarchiv Grünberg (Archiwum Państwowe w Zielonej Górze), Akta miasta Kożuchów [Akten der Stadt Freystadt in Schlesien], Sign. 7, S. 234. Foto: Autor.

Abb. 2: Lehrbrief, ausgestellt von der Töpferzunft in Beuthen an der Oder (1731), Staatsarchiv Grünberg (Archiwum Państwowe w Zielonej Górze), Cech garncarzy miasta Bytom Odrzański [Töpferzunft der Stadt Beuthen an der Oder], Sign. 1 D. Foto: Autor.

Abb. 3: Dokument (1747), mitgesiegelt von Zünften, Pfarrer und Stadtbehörden der Stadt Grünberg sowie vom Adel, Staatsarchiv Grünberg (Archiwum Państwowe w Zielonej Górze), Akta miasta Zielona Góra [Akten der Stadt Grünberg], Sign. 1737, S. 10. Foto: Autor.

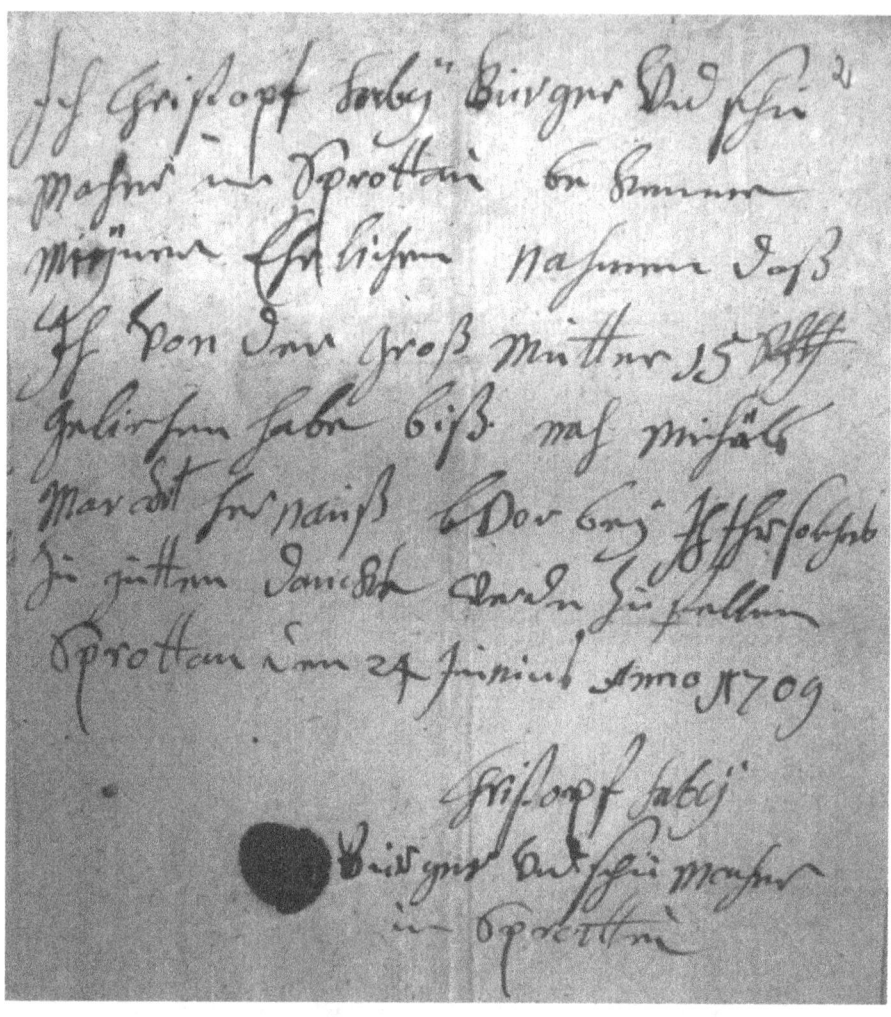

Abb. 4: Schuldenbrief, ausgestellt vom Schuhmachermeister in Sprottau (1709), Staatsarchiv Grünberg (Archiwum Państwowe w Zielonej Górze), Akta miasta Szprotawa [Akten der Stadt Sprottau], Sign. 507, S. 2. Foto: Autor.

Anna Poczobutt, Piotr Korduba

Das Schloss der Grafen von Lehndorff in Steinort im Lichte neuer Quellen

1. Forschungsstand und Quellenlage

Unser heutiges Wissen über das Schloss der Grafen von Lehndorff in Groß Steinort/ Sztynort bei Angerburg/Węgorzewo stützt sich im Wesentlichen auf Untersuchungen und Einschätzungen aus der Vorkriegszeit, die sich nicht immer verifizieren lassen[1] (Abb. 1). Ist der Bau heute auch einsturzgefährdet[2] und gilt fast seine gesamte Ausstattung als verschollen, so haben sich dank glücklicher Zufälle dennoch zahlreiche für seine Geschichte bedeutsame Dokumente sowie einige Gegenstände, die aus Steinort stammen und einst den Lehndorffs gehörten, erhalten.

Carl von Lorck hat die Geschichte des Familiensitzes Steinort untersucht und das Ergebnis seiner Forschungen 1937 in einer umfassenden Darstellung veröffentlicht.[3] Seitdem wurde Steinort noch mehrfach wissenschaftlich bearbeitet, jedoch ausschließlich im breiteren Kontext der regionalen Schlossarchitektur und nicht als eigenständiges Thema.[4] Weil es keine Einzeluntersuchungen aus späterer Zeit gibt,

---

1 Die Recherchen zu diesem Thema erfolgten im Rahmen des internationalen Forschungsprojekts „Im Schatten von Berlin und Warschau. Adelsresidenzen im Herzogtum Preußen und in Nordpolen vom Ende des 17. bis zum Anfang des 19. Jahrhunderts / W cieniu Berlina i Warszawy. Architektura rezydencjonalna w Prusach Książęcych i północnej Polsce od końca XVII do początku XIX w.", das am Kunstgeschichtlichen Seminar der Universität Hamburg und am Kunstgeschichtlichen Institut der Adam-Mickiewicz-Universität (Instytut Historii Sztuki Uniwersytetu im. Adama Mickiewicza), Posen/Poznań, angesiedelt war und dessen Ergebnisse 2009 veröffentlicht werden. Wir danken Herrn Dr. Kilian Heck für den Hinweis, im Sächsischen Staatsarchiv in Leipzig nach den Steinorter Archivmaterialien zu suchen, sowie den Herren Dr. Arnold Bartetzky und Dr. Guido Hinterkeuser für ihre Hilfe bei der Organisation der Recherche und dem Auffinden einiger Bücher und Dokumente. Frau Sybille Fischer (Schlossbergmuseum in Chemnitz) und Herr Ingolf Gräßler (Staatliche Schlösser, Burgen und Gärten Sachsen) haben uns freundlicherweise sämtliche Informationen bezüglich der Gegenstände aus Steinort, die sich in ihren Sammlungen befinden, zur Verfügung gestellt.
2 Es ist zu hoffen, dass eine deutsch-polnische Initiative zur Rettung des Schlosses beitragen kann. Vgl. Steinort – verlorenes Erbe oder eine Chance zur Rettung? Die Restaurierung und Nutzung der Schlossanlage Steinort als gemeinsame polnisch-deutsche Initiative. Eine Veranstaltung der Deutsch-Polnischen Stiftung Kulturpflege und Denkmalschutz, des Förderkreises Steinort und der Kulturgemeinschaft Borussia in Kooperation mit der Polnisch-Deutschen Stiftung Kulturpflege und Denkmalschutz, 5.–6. November 2008, Allenstein/Olsztyn (im Druck).
3 Carl von Lorck: Groß Steinort. Der Bauvorgang eines Barockschlosses im deutschen Osten. Pillkallen 1937.
4 Vgl. Tadeusz Chrzanowski: Pałac w Sztynorcie na tle architektury pałacowej XVI i XVII w. na obszarze Pomorza [Das Schloss Steinort und die Schlossarchitektur des 16. und 17. Jh.s in Ost- und Westpreußen und Pommern]. In: Biuletyn Historii Sztuki 18 (1956), Nr. 2, S. 305f.; Ursula Gräfin zu Dohna: Gärten und Parks in Ostpreußen. 400 Jahre Gartenkunst. Herford 1993, S. 59–64; Adam Żywiczyński: Sztynort – konserwatorskie studium architektoniczno-historyczne [Steinort – eine architekturhistorische Studie für die Denkmalpflege]. In: Acta Angerburgica 1 (1996), S. 10–21;

ist Lorcks Abhandlung bis heute die wichtigste Quelle zum Steinorter Schloss. Lorck rekonstruiert und interpretiert seine Baugeschichte unter besonderer Berücksichtigung der Umbauphase im 17. Jahrhundert. Dabei stützt er sich im Wesentlichen auf Dokumente aus dem Schlossarchiv, das sich bis 1944 in Steinort befand. Anhand der Verträge und der Korrespondenz mit den Handwerkern sowie der Baupläne kann er mehrere Bauphasen unterscheiden und das Gebäude stilistisch einordnen. Lorck untermauert seine Thesen, indem er ausführlich aus den Archivalien zitiert. Die Originaldokumente blieben jedoch anderen Wissenschaftlern, die sich mit diesen Fragen beschäftigten, jahrelang unbekannt, obwohl sich die Steinorter Archivalien teilweise erhalten haben. So werden die familiengeschichtlichen Urkunden der Lehndorffs im Staatlichen Archiv (Archiwum Państwowe) in Allenstein/Olsztyn[5] aufbewahrt. Die von Lorck erwähnte Korrespondenz befindet sich im Nationalinstitut „Ossolineum" (Zakład Narodowy im. Ossolińskich) in Breslau/Wrocław.[6] Einige von Lorck herangezogene Dokumente aber fehlen im Allensteiner Archiv, darunter die Baupläne, die Verträge und die genealogischen Tafeln. Diese Urkunden sind im Lehndorffschen Familienarchiv im Sächsischen Staatsarchiv in Leipzig[7] zu finden; bislang wurden sie lediglich für familiengeschichtliche Forschungen verwendet.[8] Weitere Dokumente

---

Andrzej Rzempołuch: Architektura dworska w Prusach Książęcych i na Warmii. Studium genezy i odrębności [Die höfische Architektur im Herzogtum Preußen und im Ermland. Studien zur Genese und Besonderheiten]. In: Roczniki Humanistyczne 50 (2002), H. 4, S. 197–226.

5 Sammlung der Dokumente zum Schloss der Familie von Lehndorff in Steinort (Kreis Angerburg), Staatliches Archiv (Archiwum Państwowe), Allenstein/Olsztyn (im folgenden APO), Sign. XXV/3. Die hier aufbewahrten Unterlagen wurden nach dem Zweiten Weltkrieg im Steinorter Schloss gefunden. Bei deren Archivierung zeigte sich, dass sie den Zeitraum 1715–1929 umfassen, wobei Materialien aus dem 19. Jahrhundert überwiegen und der inhaltliche Schwerpunkt auf wirtschaftlichen und finanziellen Dokumenten liegt.

6 Briefe von Anna von Lehndorff an Wojciech Kętrzyński 1859–1889, Nationalinstitut „Ossolineum" (Zakład Narodowy im. Ossolińskich), Breslau/Wrocław, Sign. 6218/II.

7 Familienarchiv von Lehndorff, Sächsisches Staatsarchiv Leipzig (im folgenden StAL), Sign. 21950. Aus Steinort waren die Dokumente zunächst auf die sächsische Burg Kriebstein gekommen (vgl. Anm. 42), später wurden sie in einem Gutshof im Kreis Döbeln gelagert und dann 1966 an die Zentralstelle für Genealogie in Leipzig übergeben. Von dort wurden sie ins Sächsische Staatsarchiv Leipzig gebracht, wo sie bis in die 1990er Jahre ungeordnet verblieben; erst 2001 wurden sie zugänglich gemacht. Die Dokumente, die im Archiv gegenwärtig 6 laufende Meter einnehmen, stammen aus den Jahren 1535 bis 1931, überwiegend aus dem 17. bis 19. Jahrhundert. Sie umfassen Texte in neun verschiedenen Sprachen. Sie wurden geordnet und in Gruppen eingeteilt: politische und militärische Aktivitäten der Lehndorffs (vor allem von Ahasverus Gerhard von Lehndorff), Regionalverwaltung (Gerichtswesen, philanthropische Tätigkeit, Schul- und Kirchenwesen), Grundstücks- und Familienangelegenheiten (unter anderem Wappen, Stammbäume, Geburts- und Heiratsurkunden, Grabreden), Vermögensfragen, darunter die mit der Bautätigkeit zusammenhängenden Dokumente (Sign. StAL 21950/248–21950/256), Eheverträge, Testamente, Gerichtsdokumente, Briefwechsel (vor allem von Ahasverus Gerhard und Ernst Ahasverus Heinrich von Lehndorff), Bücher, Tagebücher (18./19. Jahrhundert), ein Inventarverzeichnis der Siegelsammlung sowie ein Verzeichnis der Gebäude mit verschiedenen Karten und Plänen. Ausführlich zu dieser Sammlung, ihrer Geschichte und den einzelnen Dokumenten: Das Familienarchiv der Grafen von Lehndorff. Findbuch zum Bestand 21950 im Sächsischen Staatsarchiv/Staatsarchiv Leipzig. Bearb. v. Hans Christian Herrmann. In: Herold Jahrbuch 12 (2007), S. 61–112.

8 Um genealogischen Fragestellungen nachzugehen und das Tagebuch des Grafen Ernst Ahasverus

zu Steinort befinden sich ebenfalls in Sachsen, auf Burg Kriebstein.[9] Bezieht man die Leipziger Sammlungen in die Untersuchungen zur Geschichte des Steinorter Schlosses ein, so lassen sich einige Angaben verifizieren, die Lorck aus seinen Quellen herleitet. Zieht man von ihm unbeachtet gelassene Archivalien hinzu, so können neue Erkenntnisse gewonnen werden.

2. Der Sitz der Familie von Lehndorff bis zum Ende des 17. Jahrhunderts

Fabian von Lehndorff (1468–1545) war das erste Mitglied der Familie, das sich auf der Halbinsel Steinort nachweisen lässt und mit dem dortige Bautätigkeiten in Verbindung zu bringen sind. Er ließ einen Wohn- und Wehrturm[10] errichten, der allerdings nicht vollendet werden konnte, weil die Baustelle vom Dargainensee (jezioro Dargiń) überflutet wurde. Der Wasserspiegel des Mauersees (jezioro Mamry) war infolge von Aufstaumaßnahmen bei Angerburg gestiegen; daher kam es zu einem Hochwasser, und das Seeufer verschob sich um etwa 700 Meter landeinwärts.[11] Ein großer Teil der Lehndorffschen Güter lag mitsamt den unvollendeten Gebäuden unter Wasser.

Ein Nachfolgebau entstand bereits unter Fabians Erben Caspar von Lehndorff (1522–1576). Er wurde noch zu seinen Lebzeiten, um 1554, vollendet. In dieser Zeit erhielten die Lehndorffs eine Urkunde, die ihren Besitz bestätigte und ihnen weitere Güter zusprach.[12] Der Grundriss des damaligen Palastes war nahezu qua-

---

Heinrich von Lehndorff (1727–1811) zu finden, wurde ein großer Teil der Dokumente geordnet: Detlev Schwennicke: Zur Herkunft, Geschichte und Genealogie der heutigen Grafen von Lehndorff. In: Herold Jahrbuch 3 (1998), S. 183–196; vgl. auch Dietlind Gentsch, Starthilfe für einen Reichsgrafen. Aus dem Archiv der Familie von Lehndorff aus Steinort. In: Sächsisches Archivblatt 2 (2002), S. 15f.

9 Die Steinorter Archivalien (1652–1797) auf Burg Kriebstein sind ungeordnet. Sie umfassen unter anderem den Stammbaum von Christian Friedrich Carl Ludwig von Lehndorff, einen mit den Initialen A. H. C. L. (Ahasverus Heinrich Carl Lehndorff) versehenen Beleuchtungsplan für Steinort (1783), Grundrisse und Fassadenansichten eines Gutshauses (bezeichnet als „Fundament von Sr. Excell: den Herrn General Major von Schlieben Haus") sowie 29 Bücher mit dem Exlibris der Lehndorffs. Diese Information verdanken wir Herrn Ingolf Gräßler. Zur Geschichte der Steinorter Sammlungen auf Burg Kriebstein siehe Anm. 43.

10 Lorck: Groß Steinort (Anm. 3), S. 17f. Andeutungen eines kleinen, annähernd quadratischen Gebäudes mit starken Mauern und des zu ihm führenden steinernen Damms, eines befestigten Zufahrtswegs, bemerkte Lorck auf Wirtschafts- und Fischereikarten aus dem frühen 20. Jahrhundert, die er im Steinorter Familienarchiv gefunden hatte.

11 Max Toeppen: Geschichte Masurens. Ein Beitrag zur preußischen Landes- und Kulturgeschichte. Leipzig 1870. Polnische Ausgabe: Historia Mazur. Übers. v. Małgorzata Jasińska, bearb. v. Grzegorz Jasiński. Olsztyn 1995, S. 35.

12 Wojciech Kętrzyński: O ludności polskiej w Prusiech niegdyś krzyżackich. Lwów 1882, S. 533, erwähnt in seinem Buch dieses älteste bekannte Dokument (6. April 1554), eine Bestätigung der Lehndorffschen Besitztümer. Kętrzyński zitiert daraus: „Steinorter Wildnis, die 120 Hufen umfasste, und seit undenklichen Zeiten ihr [Lehndorffs] Eigentum gewesen war, sowie die Hälfte des Dorfs Taberlack (Tarławki)". Zitiert nach Jacek Kowalkowski: Badania genealogiczne Wojciecha

dratisch. Der Hauptbau gliederte sich in drei längliche Teile von unterschiedlicher Breite; diese Grundform weist das Schloss bis heute auf. Im Erdgeschoss befanden sich nachweislich mehrere überwölbte Räume, der östliche hat sich trotz zahlreicher späterer Umbauten erhalten. Die Gestalt des Baukörpers ist weitgehend unbekannt, da es weder Dokumente noch ikonografische Hinweise dazu gibt. Lorck betrachtet nur den Verlauf der Außenmauern und die Grundzüge der Raumaufteilung. Er versucht zu zeigen, dass das Steinorter Schloss im Hinblick auf seine Architektur dem in Nordeuropa vorherrschenden Typus des Herrenhauses entsprach, der sich im Spätmittelalter herausgebildet hatte. Es habe sich um ein Gebäude mit drei Raumfolgen und drei querliegenden Satteldächern gehandelt. Auch der Palast in Tolksdorf/Tołkiny soll diesem Bautyp entsprochen haben.[13] Das Schloss der Lehndorffs entstand also im 16. Jahrhundert auf der Halbinsel Steinort, in der Nähe der zum Familienbesitz gehörenden Ortschaften sowie ihrer land- und forstwirtschaftlich genutzten Ländereien. Es bildete für lange Zeit den Stammsitz der Familie. Auf den Fundamenten des ältesten Gebäudes wurde hundert Jahre später das noch heute erhaltene Schloss errichtet.

Nachdem Caspar 1576 ohne männliche Nachkommen gestorben war, erbte sein Neffe Sebastian von Lehndorff (1564–1602) das Landgut und den Familiensitz. Sebastians Nachfolger Meinhard (1590–1639)[14] konnte die Besitztümer deutlich erweitern und die Bedeutung der Familie Lehndorff in Ostpreußen stärken. Nach seinem Tod waren seine Frau Elisabeth zu Eulenburg aus der in Preußen ansässigen Linie Prassen und ihre zwölf Kinder gut abgesichert. Meinhards jüngster Sohn Ahasverus Gerhard (1637–1688)[15] erbte eines der größten ostpreußischen Güter, das zudem zahlreiche Vorwerke umfasste. Ohne Zweifel war Ahasverus von Lehndorff der bedeutendste Vertreter der Familie im 17. Jahrhundert. Er stand als Diplomat und Staatsmann im Dienst des brandenburgischen Kurfürsten, des dänischen und des französischen Königs sowie dreier aufeinanderfolgender polnischer Könige. Ahasverus war vielseitig gebildet; er lebte an verschiedenen Höfen und verbrachte zunächst nur wenig Zeit in Steinort. Seine Reisen in den Jahren 1651 bis 1664 fielen in die Zeit, als im Herzogtum Preußen Krieg herrschte und viele ostpreußische Güter,

---

Kętrzyńskiego (1838–1918). Poznań, Wrocław 2002, S. 77. Uns ist nicht bekannt, wo das Original oder eine Kopie des von Kętrzyński erwähnten Dokuments aufbewahrt werden könnte.

13 Zur Beliebtheit der nordeuropäischen Architektur im Herzogtum Preußen: Carl von Lorck: Landschlösser und Gutshäuser in Ost- und Westpreußen. Frankfurt/M. 1972, S. 29; Rzempołuch (Anm. 4), S. 201.

14 Meinhard von Lehndorff nahm als Untertan des polnischen Königs am Kriegszug zur Eroberung von Smolensk (13. Juni 1611) teil. Nach der Kapitulation Polens angesichts des zweiten anti-polnischen Aufstands in Moskau (7. November 1612) wurde er für sieben Jahre gefangen genommen. Als er schließlich freikam, übertrug ihm der polnische König Sigismund III. Wasa (Zygmunt III. Waza) zahlreiche Güter.

15 Die wichtigste Informationsquelle zu Ahasverus von Lehndorff ist die Biografie, die Wilhelm Hosäus, Hauslehrer in Steinort, auf Wunsch der Eigentümerin des Anwesens Anna von Lehndorff zu Hahn im 19. Jahrhundert verfasst hat. Hosäus stützte sich auf die persönlichen Notizen des Grafen, Teile seiner Tagebücher, Briefwechsel und Reiseberichte. Wilhelm Hosäus: Der Oberburggraf Ahasverus von Lehndorff 1634–1688. Dessau 1866.

Das Schloss der Grafen von Lehndorff in Steinort 29

darunter auch Steinort, erhebliche Verluste erlitten.[16] Auch später stand Ahasverus in diplomatischen Diensten und hielt sich an europäischen Höfen auf, während er seinen zerstörten Palast in Ostpreußen vernachlässigte. Erst um 1680 beendete er seine Hof- und Diplomatenlaufbahn und ließ sich auf dem Familiensitz nieder. Bald darauf wurde ihm der Titel eines preußischen Oberburggrafen verliehen (1683). Dieses neue Amt bestimmte fortan sein Leben, denn es verlangte seine ständige Anwesenheit im Herzogtum Preußen. Sicherlich förderte auch seine dritte Ehe die neue Sesshaftigkeit: 1683 hatte er Marie Eleonore Gräfin Dönhoff aus dem Hause Schwiegstein (1664–1723) geheiratet. Die Verbindung mit dieser im Königreich Polen und im Herzogtum Preußen führenden Adelsfamilie stärkte die ohnehin gute Stellung der Lehndorffs. In Anerkennung seines jahrelangen politischen Engagements wurde Ahasverus von Lehndorff als Höhepunkt seiner Karriere von Kaiser Leopold (1640–1705) im Jahre 1687 der Erbtitel eines Reichsgrafen verliehen (Abb. 11).

Nach Ahasverus' Tod (14. Februar 1688) ging der Besitz Steinort an seine Frau, die damals erst 24-jährige Gräfin Marie Eleonore, über. Bereits im April des folgenden Jahres begann sie, dem Familiensitz wieder ein würdevolles Aussehen zu verleihen. Darüber gibt das älteste bekannte Dokument[17] zur Schlossgeschichte Auskunft, ein Vertrag mit dem Baumeister Baltzer Fröbe aus Königsberg. Vor dem Vertragsabschluss hatte die Gräfin den Baumeister beauftragt, den Zustand des stark beschädigten Gebäudes einzuschätzen. Fröbe stellte fest, dass der Palast weitgehend zerstört sei und sich bereits neige; seine Mauern seien instabil und wiesen zahlreiche Risse und Ausbeulungen auf, der Zustand der Giebelwand sei besonders bedenklich. Das Gebäude müsse folglich abgerissen werden, nur die Fundamente der Außen- und Zwischenmauern könnten wiederverwendet werden. Auf Wunsch der Bauherrin wurden jedoch die bereits erwähnten Räume mit den Kreuzgratgewölben im östlichen Gebäudeteil nicht abgetragen, sondern in den Neubau einbezogen. Außerdem sollten

---

16 Als Reaktion auf die Haltung des preußischen Kurfürsten im Konflikt mit Schweden verwüsteten polnische und tatarische Einheiten das Herzogtum Preußen aufs schlimmste. Obwohl Friedrich Wilhelm I. versprochen hatte, der polnischen Krone gegenüber loyal zu bleiben, nahm er am 17. Januar 1656 das Herzogtum Preußen als schwedisches Lehen an. Das Steinorter Schloss wurde daraufhin, wie es Anfang 1658 in einem Brief des Barons Tyzenhauzen an Ahasverus von Lehndorff hieß, zerstört. Die Zerstörung des Palastes von Steinort, im dem die pro-polnisch gesinnten Lehndorffs lebten (Bogusław von Lehndorff, Bruder von Ahasverus, war ein bekannter Anhänger des polnischen Königs), war die Antwort der Einheimischen auf frühere Gewalttaten polnischer und tatarischer Truppen, vgl. Toeppen (Anm. 11), S. 223–230. Zahlreiche Bewohner wurden bei diesen Überfällen gefangen genommen, entführt und schließlich in Istanbul auf Sklavenmärkten verkauft, so auch Marianne von Lehndorff (geborene Schlichting) aus Steinort. Wir kennen ihr Schicksal, weil sie ihrem Vater und ihrem Ehemann Briefe geschrieben hat, von denen sich einige im Leipziger Archiv befinden (StAL 21950/355, Fol. 24) und auszugsweise veröffentlicht wurden: Ein Frauenschicksal aus der Tatarenzeit. Briefe der Gräfin von Lehndorff aus der Sklaverei <http://freenet-homepage.de/helmut.ramm/tataren.htm> (Zugriff 01.02.2007).
17 Verdingzettel des Meister Mäurers Baltzer Fröbe vom 22. März 1689. Nachdruck des Originals in Lorck: Groß Steinort (Anm. 3), S. 32–35. Unter den bekannten Archivalien fehlt leider das von Lorck beschriebene 250-seitige, in schwarzes Lammleder gebundene Buch mit den Ausgaben, Rechnungen und Verträgen aus der Bauzeit. Womöglich sind aber die erhaltenen Dokumente Teil der von Lorck erwähnten Textsammlung.

die Unterkellerung des nordwestlichen Gebäudeteils und die schmale Treppe zwischen Keller und Parterre erhalten bleiben.[18] Der Vertrag mit dem Baumeister enthält genaue Angaben über sämtliche Arbeiten, die die Gräfin in Auftrag gegeben hatte, und gibt auch eine Vorstellung von den ökonomischen Aspekten des Vorhabens. Ein strenges Sparsamkeitsgebot musste beachtet werden. So sollten nicht nur die erhaltenen Partien des Vorgängerbaus in den Neubau einbezogen, sondern auch die abgetragenen Baustoffe wiederverwendet werden. Mehrfach wird in den Verträgen erwähnt, das Gebäude solle vorsichtig und „wirtschaftlich" abgebaut werden („behutsam abbrechen"), insbesondere in Bezug auf Ziegelsteine, Dachziegel, Decken- und Dielenbretter sowie die hölzernen Tür- und Fensterlaibungen.

Noch während der alte Palast abgetragen wurde, engagierte die Gräfin bereits Handwerker für die Bauarbeiten. Aus den in Leipzig aufbewahrten und von Lorck teilweise veröffentlichten Verträgen geht hervor, dass die Aufträge ausschließlich an Personen aus der näheren Umgebung von Steinort gingen. Einige Handwerker werden namentlich erwähnt: der Brettschneider Peter Torowski aus Beynuhnen/Bejnuny, der Schmied und Nagelmacher Andreas Przydomski aus Angerburg, der Glaser Joachim Lamprecht aus Drengfurth/Srokowo, der Zimmermann Peter Niedtke, der Schmied Barthel Schlütter aus Gerdauen/Żeleznodorożnyj und der Ofenbauer Martin Powolny aus Rastenburg/Kętrzyn.[19] Die Handwerker wurden meist in Form von Naturalien aus den Steinorter Gütern und Wäldern entlohnt; sie erhielten Milch, Butter, Käse, Eier, Wild. Aus späteren Abmachungen und Verträgen, die heute in Leipzig aufbewahrt werden, geht hervor, dass die Bauarbeiten schnell und effektiv vorbereitet wurden. Bereits am 28. März 1689 beauftragte die Gräfin einen Zimmermann, das „Sparwerk auff holländischer Art"[20] anzufertigen.

Die Aufnahme der eigentlichen Bauarbeiten kann genau datiert werden, da ein Schriftstück vom 13. April 1689 die Anlieferung von Baukalk erwähnt. In einem späteren Dokument vom 10. Mai 1689 heißt es, dass mehrfach Kalk nachbestellt wurde; die Arbeiten wurden also rasch fortgesetzt.[21] Auch die Verträge über die abschließenden dekorierenden Arbeiten bestätigen, dass der Bau zügig verlaufen war und bald vollendet wurde. So wurde am 4. Februar 1691 bei dem Bildhauer Peter Reiwenschu aus Gerdauen der Bauschmuck bestellt: eine plastische Darstellung des Familienwappens in einem dreieckigen Giebelfeld über dem Mittelrisalit und die bildhauerische Gestaltung der Eingangstüren mit zwei Putten.[22] Um 1695 wurden

---

18 Denkmalpfleger konnten nachweisen, dass lediglich der nordwestliche Teil des Gebäudes unterkellert war, von diesen Kellern ist in den Verträgen die Rede. Vgl. Zespół Pałacowo Parkowy w Sztynorcie. Wstępne wnioski pobadawcze [Der Schloss- und Parkkomplex Steinort. Erste Forschungsergebnisse]. Wojewódzki Urząd Ochrony Zabytków, Olsztyn (undatiert, wahrscheinlich aus den 1970er Jahren).
19 StAL, 21950/248; vgl. auch Lorck: Landschlösser und Gutshäuser (Anm. 13), S. 2.
20 Verdingzettel des Meister Zimmermann Georg Riebel aus Königsberg, 28. III. 1689, StAL 21950/248; Nachdruck in Lorck: Groß Steinort (Anm. 3), S. 49.
21 Ebd., S. 22, 39–41.
22 „Verdingzettel des Meister Bildhauer Peter Reiwenschu aus Gerdauen 4 Febr 1691: […] ein Frontispieß, gemäß dem Abriß auff das netteste und beste machen; Auch eine doppelte Haustür auff Bildhauer art verfertigen, und außen umher verkleiden […] Seine Aufgabe umfaßt: den Giebel mit

Verträge mit Malern, Stuckateuren, Schnitzern und Schmieden unterzeichnet und damit die Innenarbeiten abgeschlossen.²³

Der bereits erwähnte Vertrag zwischen der Gräfin und dem Baumeister enthält einen weiteren, entscheidenden Aspekt, der für unsere Untersuchung von großer Bedeutung ist. Diesem Vertrag zufolge sollten sämtliche Arbeiten gemäß einem Bauplan ausgeführt werden.²⁴ Lorck bezieht sich in seiner Untersuchung auf zwei Pläne, die bis zum Zweiten Weltkrieg im Steinorter Archiv aufbewahrt wurden.²⁵ Der eine Entwurf, den Lorck als „ideal" bezeichnet, besteht aus mehreren Zeichnungen, einem Plan der Gesamtanlage mit den Grundrissen der Erdgeschosse des Hauptgebäudes und der Hofbebauung sowie einer Ansicht der Palastfassade und der Hofbebauung (Abb. 2, 3).²⁶ Der zweite Entwurf wird im Leipziger Archiv aufbewahrt und von Lorck als „Projekt" bezeichnet. Er zeigt Grundrisse des Erdgeschosses und Fassadenansichten (Abb. 4).²⁷ Bereits Lorck war aufgefallen, dass die beiden kürzeren Seiten des mit festem Leinen unterklebten Bogens Reihen kleiner rostiger Löcher aufweisen. Vermutlich wurde der Bauplan an Holzleisten genagelt, sodass er zusammengerollt werden konnte. Auf beiden Entwürfen ist die Gesamtanlage von Palast und Hofbebauung streng symmetrisch. Der Grundriss des Schlosses ist fast quadratisch. Im Vergleich zum Vorgängerbau weist er auf beiden Entwurfszeichnungen an der Frontseite Eckrisalite und in der Mitte der Fassade einen flachen Risalit auf. Dieser Risalit hat nur die Tiefe eines Ziegelsteins, er ist daher lediglich auf den Grundrisszeichnungen zu bemerken. Auf beiden Plänen ist in der Fassadenansicht über der Hauptpartie des Gebäudes ein sehr hohes und steiles Walmdach zu sehen,²⁸ während die Risalite unter

---

Wappen, [...] zwey liegende nackende Kinder [...] die Haustür und ihre Umkleidung, zwei Putten darüber und an der Treppe: unden 2 ‚Romanische' Bilder oben 2 Löwenfiguren", Familienarchiv (Anm. 7), StAL 21950/248; vgl. Lorck: Groß Steinort (Anm. 3), S. 73; Ders.: Landschlösser und Gutshäuser (Anm. 13), S. 92.

23 Der Ofensetzer Martin Powolny aus Rastenburg erhielt in einem Vertrag vom 13. Juli 1690 den Auftrag, 21 Öfen zu bauen, davon 14 im eigentlichen Palast und 7 in anderen Gebäuden. Aus dem Abschlussbericht kann gefolgert werden, dass die Arbeiten 1696 beendet wurden, vgl. Lorck: Groß Steinort (Anm. 3), S. 77–80.

24 „... alles gemaess dem Abriß, Verdingzettel des Meister Mäurer", nach Lorck: Groß Steinort (Anm. 3), S. 12.

25 Im Leipziger Archiv befindet sich ein Verzeichnis, in dem die Baupläne für den Palast und die Wirtschaftsbauten sowie Wirtschafts- und Grundbuchkarten aufgelistet sind. Nur ein Plan (Entwurf, Abb. 4) ist vorhanden, die anderen sind nicht bekannt. In diesem Verzeichnis wird auch ein Grund- und Aufrissplan für einen Gartenpavillon nach einem Entwurf von Carl Gotthard Langhans (1732–1808) erwähnt, Inhaltsverzeichnis zu einer „Mappe mit Plänen und Rissen" 1689–1860, StAL 21950/256.

26 Lorck: Groß Steinort (Anm. 3), S. 12f. (Tab. 4 und 5).

27 Projekt Steinort, StAL 21950/522. Eine fotografische Reproduktion des Originalentwurfs befindet sich in der Sammlung topografischer Fotografien und Zeichnungen im Kunstinstitut der Polnischen Akademie der Wissenschaften (Instytut Sztuki PAN) sowie in digitaler Form auf der CD-ROM Prusy Wschodnie – dokumentacja historycznej prowincji. Zbiory fotograficzne dawnego Urzędu Konserwatora Zabytków w Królewcu. Ostpreußen – Dokumentation einer historischen Provinz. Die photographische Sammlung des Provinzialdenkmalamtes in Königsberg. Warszawa 2006. Die Fotografie ist spiegelverkehrt.

28 In der in Leipzig aufbewahrten Version des Entwurfs befinden sich im Dach Lukarnen, es sollte also

Mansardendächern liegen. Keiner der Entwürfe wurde vollständig umgesetzt. Lorck zufolge seien vor allem die Risalite nicht gebaut worden. Dabei beruft er sich auf die archäologischen Arbeiten, die 1937 der letzte Besitzer von Steinort, Graf Heinrich von Lehndorff (1909–1944), durchführen ließ. Die Grabungen vor der Schlossfassade förderten keine Spuren von Grundmauern zutage, die auf die Existenz von Risaliten hingewiesen hätten. Lorck folgert daraus, dass der damalige Palast äußerst schlicht und beinahe ohne Bauschmuck gewesen sei, fast würfelförmig und unter einem hohen Walmdach gelegen. Allerdings unterschlägt Lorck wichtige Aspekte, die für die Frage nach den Risaliten von Bedeutung sind. Er schließt nämlich die Möglichkeit aus, dass der erste Entwurf in einer nur geringfügig modifizierten Variante erbaut worden sein könnte. Die Risalite könnten als rechteckige Anbauten in Form kleiner „Flügel" entstanden sein, die sich vorn an die kürzeren Seiten des Gebäudes anschließen. Ohne den Grundrissplan von 1807 aus dem Steinorter Archiv einzubeziehen, auf dem eine seitliche Erweiterung zu erkennen ist (Abb. 5),[29] geht Lorck von der Annahme aus, dass die Seitenpartien erst 1829 entstanden seien. Viel wahrscheinlicher ist aber, dass dieser Plan einen deutlich älteren baulichen Zustand wiedergibt. Auf einem Plan von 1770, den Lorck ebenfalls nicht einbezogen hat, weist das Schloss unserer Meinung nach zwei kleine „Seitenflügel" auf.[30] Zwar kann ohne weitere archäologische Untersuchungen nicht sicher bestimmt werden, wann sie errichtet wurden, doch darf man angesichts der heute bekannten ikonografischen Quellen annehmen, dass diese „Flügel" bereits in der Hauptphase des Baus entstanden waren.

3. Die Innenräume des Schlosses und ihre Ausstattung

Versucht man die genaue Raumaufteilung des Steinorter Palastes zur Zeit des Umbaus im 17. Jahrhundert oder auch zu späterer Zeit zu rekonstruieren, so stößt man unvermeidlich auf das Problem, dass sich aus dieser Epoche keine Dokumente oder Zeugnisse erhalten haben. Will man dennoch Vermutungen über die ursprünglichen Nutzungsweisen und die Einteilung der Räume anstellen, muss man auf historische und literarische Quellen aus mehreren Epochen zurückgreifen: die bereits erwähnten Pläne und Handwerkerverträge, das im Todesjahr von Ernst Ahasverus von Lehndorff (1688–1727) erstellte Vermögensinventar,[31] die Tagebücher seines Sohnes Ernst Ahasverus Heinrich von Lehndorff (1727–1811)[32] sowie Teile des drei Jahr-

---

genutzt werden.
29 Spezieller Plan von denen zu dem hofgräflichen Hof Gross Steinorth gehörigen Ländereien. Vermessen im Monath October 1807 durch den Königlichen Bau- und LandschaftsConducteur Kuegler. Familienarchiv (Anm. 7), StAL, 21950/525, Fol. 4.
30 Lorck: Groß Steinort (Anm. 3), S. 13.
31 Inventarverzeichnis des Gutes Steinort aus der Nachlassregulierung für den 1727 verstorbenen Ernst Ahasverus von Lehndorff, Familienarchiv (Anm. 7), StAL 21950/320. Zur Ausstattung von Steinort vgl. auch APO 380/7 und APO 380/8 – Inventare nach Gen. Gerhard Ernest von Lehndorff aus Steinort von 1742.
32 Karl Eduard Schmidt-Lötzen: Dreißig Jahre am Hof Friedrichs des Großen. Aus den Tagebüchern des Reichsgrafen Ernst Ahasverus Heinrich von Lehndorff, Kammerherr der Königin Elisabeth

zehnte umfassenden Briefwechsels zwischen letzterem und dem ermländischen Bischof Ignacy Krasicki (1735–1801).³³ Eine Vorstellung vom Zustand der Innenräume und der Ausstattung des Schlosses vor dem Zweiten Weltkrieg geben außerdem Lorcks Darstellung und die Erinnerungen Hans von Lehndorffs (1910–1987).³⁴

Das Innere des Palastes war symmetrisch angelegt. Auf der Achse befand sich die Diele, dahinter lag an der Gartenseite der Salon.³⁵ Die doppelläufige Eichentreppe von Georg Riebel prägt bis heute das Aussehen der Diele³⁶ (Abb. 6). Die beiden seitlichen Bereiche des Gebäudes sind wie Wohnungen angelegt. Nördlich befanden sich – wie Lorck bestätigt – die Zimmer von Marie Eleonore. An die Diele schloss sich ein Vorzimmer an, von dem aus ein Gemach zugänglich war, das Lorck zufolge von der Gräfin Lehndorff genutzt wurde. Dieses kleine Zimmer war mit einem Kamin und einem Kachelofen (Abb. 7)³⁷ ausgestattet; es führte direkt in den Salon. An der Gartenseite lag in diesem Gebäudeteil ein weiterer kleiner Raum, der von dem sogenannten Zimmer der Marie Eleonore aus zugänglich war. Die eine Hälfte dieses Raums lag unter einer geraden Zimmerdecke, die andere unter dem bereits beschriebenen Gewölbe aus dem 16. Jahrhundert. Eine Formulierung in einem Brief Krasickis an den Grafen Lehndorff lässt vermuten, dass dieses Zimmer als Schlafraum genutzt wurde. Der Bischof plant seinen nächsten Besuch in Steinort und schreibt: „teile mir mit […], ob ich mein überwölbtes Zimmerchen haben werde, oder nicht".³⁸ Unklar bleibt jedoch, welches der „überwölbten Zimmerchen" der Bischof im Sinn hatte.³⁹

Die Anlage der Räume im ersten Stockwerk entsprach ungefähr der Einteilung im Erdgeschoss. Auch hier befand sich mittig eine Diele, die über der Diele im Parterre lag (Abb. 8/9). In dem weiter hinten eingerichteten Salon hingen sieben Bildteppiche mit Darstellungen der Samson-Geschichte, daher wurde er auch Samsonstube genannt. Auf der nördlichen Seite befand sich die Ahnengalerie der Königsfamilie, dahinter die sogenannte Dönhoffstube. Schmuckstück des großen Gemachs auf der Südseite war ein Ofen mit dem Allianzwappen der Familien Lehndorff und Eulenburg, der in Erinnerung an die Verbindung beider Geschlechter (1604) entstan-

---

Christine von Preußen. 2 Bde. Gotha 1910–13.
33 Korespondencja Ignacego Krasickiego 1743–1801 [Ignacy Krasicki: Briefwechsel 1743–1801]. Hg. v. Tadeusz Mikulski, bearb. v. Zbigniew Goliński, Mieczysław Klimowicz, Roman Wołoszyński. 2 Bde. Wrocław 1958.
34 Hans von Lehndorff: Menschen, Pferde, weites Land. Kindheits- und Jugenderinnerungen. München 1980.
35 Lorck bezeichnet den Salon als Fliesensaal, da sein Fußboden aus grau-blauen Kalkplatten bestand, die an Marmor erinnerten. Lorck: Groß Steinort (Anm. 3), S. 43.
36 Ebd., S. 49.
37 Ebd., S. 92.
38 Brief vom 18.3.1779, Korespondencja (Anm. 33), Bd. 1 (1743–1780), S. 348.
39 Im zum Nordteil spiegelsymmetrischen Südteil des Gebäudes lagen analoge Räume mit Gewölben aus dem 16. Jahrhundert. Spuren eines Gewölbes sind aber nur auf der nördlichen Seite erhalten. Womöglich diente auch eines dieser Zimmer (vielleicht auch beide) als Schlafgemach. Über die südliche Palastseite gibt es keine Informationen außer dem Hinweis, dass die Räume der Nordseite entsprochen hätten.

den war und noch aus der Zeit vor dem Umbau stammte.[40] Mehrere Generationen haben die Ausstattungsstücke des Schlosses zusammengetragen, darunter zahlreiche künstlerische und kunsthandwerkliche Meisterstücke: Tapisserien, Ölgemälde (insbesondere die Sammlung von Porträts königlicher Familien und der Lehndorffs), Stiche, Aquarelle, Zeichnungen, italienische und holländische Möbel, Silber- und Kupferarbeiten, holländisches Porzellan, orientalisches Kunsthandwerk,[41] eine wertvolle Bibliothek und eine Siegelsammlung.[42] Die meisten Ausstattungsstücke wurden im Dezember 1944 verpackt und anschließend ausgelagert, wahrscheinlich auf Anordnung Joachim von Ribbentrops,[43] damals Außenminister im nationalsozialistischen Deutschland, der bei der Familie Lehndorff in Steinort wohnte. Vermutlich wurden die Möbel und anderen Gegenstände aus diesem Anlass mit einem Herkunftsstempel versehen und kamen auf die Burg Kriebstein. Der Wert der Steinorter Sammlungen wurde geschätzt, und sie gelangten mit Ausnahme der Danziger Schränke[44] (Abb. 9) 1947/48 als Reparationsleistungen in die UdSSR. Doch 1986 wurde auf der sächsischen Burg eine faszinierende Entdeckung gemacht: Einige Stücke aus Steinort waren in den Wohnturm eingemauert. Heute werden sie in einer kleinen Ausstellung auf Burg Kriebstein präsentiert: silberne und vergoldete Gefäße, Porzellan, einige Bücher und Archivalien sowie die monumentale Tapisserie mit dem Samson-Zyklus (Abb. 10). Im Schlossbergmuseum in Chemnitz befinden sich die bereits erwähnte Urkunde über die Verleihung des Reichsgrafentitels (Abb. 11) und ein Kabinettschrank (Abb. 12) aus dem Steinorter Schloss.[45] Auch eine vor kurzem zum Verkauf angebotene Kommode aus der Mitte des 18. Jahrhunderts[46] stammt aus Steinort. In polnischen Sammlungen haben sich einige Porträts erhalten, die nach

---

40 Lorck: Groß Steinort (Anm. 3), S. 92f.; vgl. Lehndorff (Anm. 34), S. 187.
41 Udo von Alvensleben: Besuche vor dem Untergang. Adelssitze zwischen Altmark und Masuren. Aus Tagebuchaufzeichnungen. Hg. v. Harald von Koenigswald. Frankfurt/M. 1968, S. 43–45.
42 Inventarverzeichnis des Gutes Steinort, StAL 21950/320, Inhaltsverzeichnis zu einer Siegelsammlung, StAL 21950/519.
43 Ribbentrop bewohnte seit 1941 den nördlichen Teil des Schlosses. Die Geschichte der Auslagerung der Kunstwerke und der wertvollsten Steinorter Archivalien, die sich heute in Leipzig befinden, ist weitgehend unbekannt und noch nicht erforscht. Heinrich von Lehndorff war am Attentat auf Hitler im Juli 1944 beteiligt; im Dezember desselben Jahres wurden die Wertgegenstände aus dem Schloss gebracht, vgl. Bernd Wippert: Ein „vergessenes" Gewölbe – zu neuem Leben erweckt. Das Schatzgewölbe auf Burg Kriebstein. In: Jahrbuch der Staatlichen Schlösser, Burgen und Gärten in Sachsen, 1995, S. 179–183; Ders.: Das Inventar von Schloss Steinort auf Burg Kriebstein/Sachsen – Referat auf der Tagung Steinort, November 2008 (Anm. 2).
44 Auf Burg Kriebstein befinden sich sieben Barockschränke aus Steinort, darunter drei Danziger Schränke.
45 Die Urkunde und der Schrank kamen von Burg Kriebstein über Dresden ins Schlossbergmuseum in Chemnitz. Dies ist ein Beweis, dass das Steinorter Inventar zerstreut ist und sich möglicherweise weitere Gegenstände und Kunstwerke aus dem Schloss noch in verschiedenen Museen in Deutschland befinden.
46 Die Kommode wurde wahrscheinlich von Johann Michael Hoppenhaupt d. J. entworfen und 1750–55 in Potsdam in der Werkstatt des Kunstschnitzers Schlinsky angefertigt. Die Autoren danken der Firma Seidel u. Sohn Kunsthandel (Berlin), die sie 2007 zum Verkauf angeboten hat, für diese Information und ihr Einverständnis zum Abdruck der Fotografie. Die Geschichte des Möbelstücks kann nicht mehr rekonstruiert werden.

dem Zweiten Weltkrieg sichergestellt wurden. Sie werden im Museum für das Ermland und Masuren (Muzeum Warmii i Mazur) in Allenstein ausgestellt.[47]

Im Steinorter Schloss sind von der ursprünglichen Ausstattung lediglich 1.500 Quadratmeter polychrome Holzbalkendecken – das ist für einen Adelssitz im ehemaligen Ostpreußen einmalig – erhalten (Abb. 13, 14).[48] Sie wurden von dem Zimmermann Georg Riebel angefertigt und haben eine ungewöhnlich große Spannweite. Die Decken bestehen aus Eichenbrettern und benötigen keine zusätzlichen Stützen oder Verstrebungen. Noch vor 1695 dekorierte sie ein Maler aus Rastenburg[49] mit bunten Girlanden aus Blumen und Früchten, die sich um die Balken zu winden scheinen, aber auch mit Tieren, phantastischen Gestalten, Waffen und Rüstungen. Allein hinsichtlich der Wandbehänge, Gemälde und Möbel, mit denen das Schloss einst ausgestattet war, können heute sichere Aussagen getroffen werden. Das wertvollste textile Kunstwerk war die Serie von sieben Bildteppichen mit der Samson-Geschichte. Daneben schmückten fünf Gobelins aus Wundlacken die Wände, in der sogenannten Jungen-Herrschaft-Stube befanden sich fünf weitere Wandteppiche. Außerdem gab es in der sogenannten Roten Stube flämische Tuche sowie einen Gobelin mit dem Familienwappen.

Das Steinorter Inventarverzeichnis von 1727 führt 41 Ölgemälde auf, darunter Porträts von Königen und ihren Angehörigen, z. B. die Bildnisse des preußischen Königs Friedrich Wilhelm I., des englischen Königs Wilhelm III. von Oranien und des dänischen Königs Christian V. und seiner Ehefrau.[50] Diese Gemälde wurden in der Ahnengalerie des preußischen Königshauses im ersten Geschoss ausgestellt.[51] Die Lehndorffschen Familienporträts hingen an den Seitenwänden der beiden Dielen. Besonders interessant ist ein Bildnis der Gräfin Marie Eleonore von 1699, auf dem sie auf ein Porträt ihres Ehemanns Ahasverus von Lehndorff zeigt. Heute kennen wir nur eine Reproduktion dieses Gemäldes, ein Foto aus der Sammlung des Königsberger Konservators. Lorck zufolge soll ein lateinischer Sinnspruch das Bildnis ergänzt haben: *quos par iunxit amor nunquam solvuntur amores*.[52] Im Steinorter Palast befanden sich im 18. Jahrhundert zahlreiche Sitzmöbel (unter anderem sogenannte englische Kanapees und Sessel) und Tische (unter anderem kleine Teetische und Ausschanktische).[53] Außerdem sind auf Abbildungen der unteren

---

47 Eine Recherche im Nationalmuseum (Muzeum Narodowe) in Warschau/Warszawa ergab, dass dort keine Kunstwerke aus Steinort aufbewahrt werden.
48 Die meisten Deckenbalken waren nicht sachgerecht geschützt, so dass sie 2001 und 2006 entfernt werden mussten und nun in einem Nebengebäude gelagert werden. Nur ein kleiner Teil der Balken hat sich im Schloss selbst erhalten.
49 „Meister Maler aus Rastenburg", vgl. Lorck: Groß Steinort (Anm. 3), S. 75.
50 Inventarverzeichnis des Gutes Steinort, StAL 21950/320, 24. Als das Inventarverzeichnis erstellt wurde, war das Haus völlig ausgestattet, später sind nur wenige Kunstwerke hinzugekommen. Lorck beschreibt in der Vorkriegszeit die damals 46 Gemälde umfassende Kunstsammlung. Vgl. Lorck: Groß Steinort (Anm. 3), S. 92.
51 Lorck: Groß Steinort (Anm. 3), S. 92.
52 „Diejenigen, die einst die Liebe verband, verlassen die Gefühle nie mehr", vgl. Lorck: Groß Steinort 1937 (Anm. 3), S. 16.
53 Inventarverzeichnis des Gutes Steinort, StAL 21950/320, 15 und 22.

und der oberen Diele große Schränke zu sehen (Abb. 6, 8, 9), darunter Danziger Schränke. Im Inventarverzeichnis wird ein besonders interessantes Möbelstück erwähnt, ein holländisches Bett mit geschnitzten Verzierungen. Vielleicht handelt es sich um das berühmte Bett von Botho Albrecht Freiherr zu Eulenburg, das 1604 in das Steinorter Inventar eingetragen worden war – zeitgleich mit dem Bildnis Elisabeths, der Tochter des Freiherrn, die Meinhard von Lehndorff geheiratet hatte.[54] Im 19. Jahrhundert ergänzten Empire-Möbel die Ausstattung des Schlosses.[55]

Aus dem Briefwechsel zwischen Ernst Ahasverus Heinrich von Lehndorff (1727–1811)[56] und Bischof Krasicki geht hervor, dass die Steinorter Kunstwerke Interesse weckten und Gesprächsthema, sogar Tauschobjekte waren. In dem bereits zitierten Brief, in dem von der Übernachtung im „überwölbten Zimmerchen" die Rede ist, fragt der Bischof weiter: „Sage mir, ob du mich bei dir haben willst, oder nicht? Werde ich im weißen Bett schlafen, oder nicht? Werde ich meinen Sessel haben, einst das ‚justaucorps' deines verschiedenen Großvaters? Sind die Stiche des Herrn in Ordnung, oder nicht? Kann man ein paar Portraits mitgehen lassen, oder nicht?"[57] Etwas später schreibt er: „Wir werden uns streiten und versöhnen und umso besser werde ich in meinem Bett unter Spitzen aus Marseille schlafen."[58] Im gleichen Brief schlägt der ermländische Bischof einen Tausch vor, möglicherweise um Bilder zu kopieren: Ölgemälde aus Steinort gegen Stiche aus seinem Besitz. „Drei Hagen und zwei Vartensleben gegen neunzehn Könige und Königinnen, Heilige und Helden, gib zu, ein solcher Tausch ist vorteilhaft, ein großartiges Verfahren",[59] schrieb Krasicki an seinen Freund. An einer anderen Stelle heißt es: „Wenn du in Steinort bist, sorg dafür, daß mir ein Portrait vom Bischof Legendorff[60] geschickt wird sowie die beiden anderen, die ich deiner Großzügigkeit zu verdanken habe."[61]

Die großen ostpreußischen Adelsresidenzen Schlobitten/Słobity, Schlodien/Gładysze, Friedrichstein/Kamenka, Dönhoffstädt/Drogosze und Finckenstein/Ka-

---

54 StAL 21950/320, 22. Das Möbelstück befand sich zuvor im Familiensitz der Eulenburgs in Prassen/Prosna, vgl. Lorck: Landschlösser und Gutshäuser (Anm. 13), S. 37.
55 Lehndorff (Anm. 34), S. 188.
56 Dieser war 1747–1775 Kammerherr der Königin Elisabeth, der Frau Friedrichs des Großen. Er schied 1775 aus dem Dienst aus und war seitdem wohl vornehmlich in Steinort ansässig. Vgl. Wieland Giebel (Hg.): Die Tagebücher des Grafen Lehndorff. Die geheimen Aufzeichnungen des Kammerherrn der Königin Elisabeth Christine. Berlin 2007. Diese Ausgabe umfasst mehrere Essays zu historischen, sprach- und kulturwissenschaftlichen Fragen. Der Text basiert auf den teilweise in Leipzig gefundenen Tagebüchern des Grafen und auf einer älteren Bearbeitung von Schmidt-Lötzen (Anm. 32).
57 Brief vom 18.3.1779, Korespondencja (Anm. 33), Bd. 1 (1743–1780), S. 348.
58 Brief vom 20.4.1779, ebd., S. 354.
59 Brief vom 29.5.1774, ebd., S. 254.
60 Der Herausgeber der Briefe von Ignacy Krasicki erwähnt unter Berufung auf einen Artikel von K. Kolberg, dass im Katalog von Krasickis Porträtsammlung (Sign. V.II. 449) ein Bildnis des ermländischen Bischofs Paul Legendorff erwähnt wird. Vgl. K. Kolberg: Die Porträtsammlung des ermländischen Bischofes Krasicki. In: Zeitschrift für die Geschichte und Altertumskunde Ermlands 8 (1880), S. 75, zitiert nach Mikulski in: Korespondencja (Anm. 33), Bd. 1 (1743–1780), S. 284.
61 Brief vom 30.8.1776, ebd., S. 284.

mieniec Suski übertrafen das Steinorter Schloss in Bezug auf die Schönheit ihrer Gesamtanlagen, vor allem aber ihrer Architektur. Doch scheinen sich hinsichtlich der Art und Qualität ihrer Ausstattungen alle sehr ähnlich gewesen zu sein. Diese Gutshäuser und Paläste haben sich bis zum Zweiten Weltkrieg in der Form von Barockresidenzen erhalten. Ihre Einrichtungen bestanden aus bestimmten repräsentativen Grundelementen (Tapisserien, Familien- und Königsporträts, Möbeln, orientalischem Kunsthandwerk). Diese Tradition war so tief verankert, dass sie auch trotz späterer Erweiterung der Ausstattungen sichtbar blieb. Als in der ersten Hälfte des 20. Jahrhunderts zahlreiche Adelsresidenzen saniert wurden, hob man diese repräsentativen Merkmale deutlich hervor.[62] Auch im Palast von Steinort nahm nach langer Vernachlässigung, insbesondere unter Carol Meinhard von Lehndorff (gest. 1936),[63] sein Nachfolger Heinrich von Lehndorff schließlich die notwendigen Erneuerungsarbeiten in Angriff.[64]

Aus dem Polnischen übersetzt von Katrin Adler

---

62 Untersuchungen liegen bereits zu zwei Schlössern vor: Carl Grommelt, Christine von Mertens: Das Dohna'sche Schloss Schlobitten in Ostpreußen. Stuttgart 1962; Kilian Heck, Christian Thielemann (Hg.): Friedrichstein. Das Schloss der Grafen von Dönhoff in Ostpreußen. München, Berlin 2006.

63 Carol von Lehndorff stellte eine beeindruckende Sammlung von 280.000 Münzen zusammen, die heute im Besitz der Deutschen Bank in Frankfurt/Main ist. Hierzu gibt es einen Versteigerungskatalog: Münzenhandlung Otto Helbing Nachf. (Hg.): Versteigerungs-Katalog 88: Preußen-Spezialsammlung des Grafen Lehndorff-Steinort sowie Nebengebiete, auch Ausland, München, Münzauktion 4. Mai 1943.

64 Alvensleben (Anm. 41), S. 43–45; Lehndorff (Anm. 34), S. 186; Alexander Fürst zu Dohna-Schlobitten: Erinnerungen eines alten Ostpreußen. Berlin 2000, S. 153f.

Abb. 1: Schloss Steinort, 2006, Fotografie von Witold Kanicki.

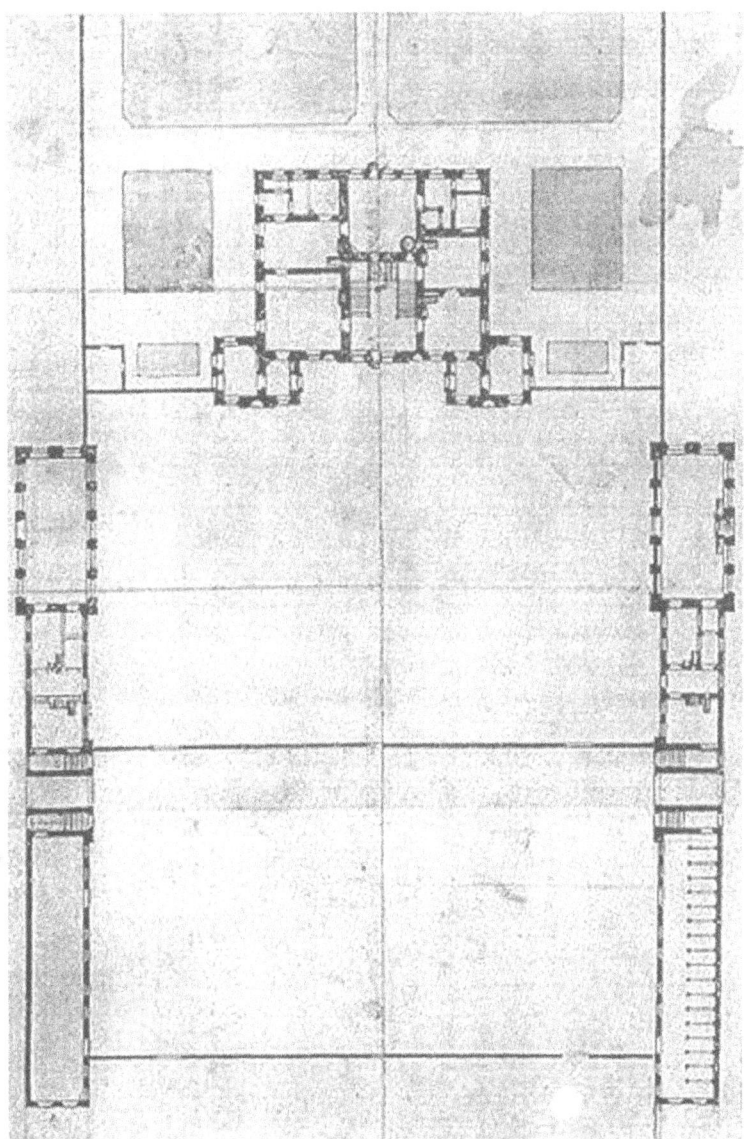

Abb. 2: Plan des Schlosses in Steinort, Grundriss des Erdgeschosses, vor 1689, nach einer Abb. aus Lorck: Groß Steinort. Der Bauvorgang eines Barockschlosses im deutschen Osten. Pillkallen 1937.

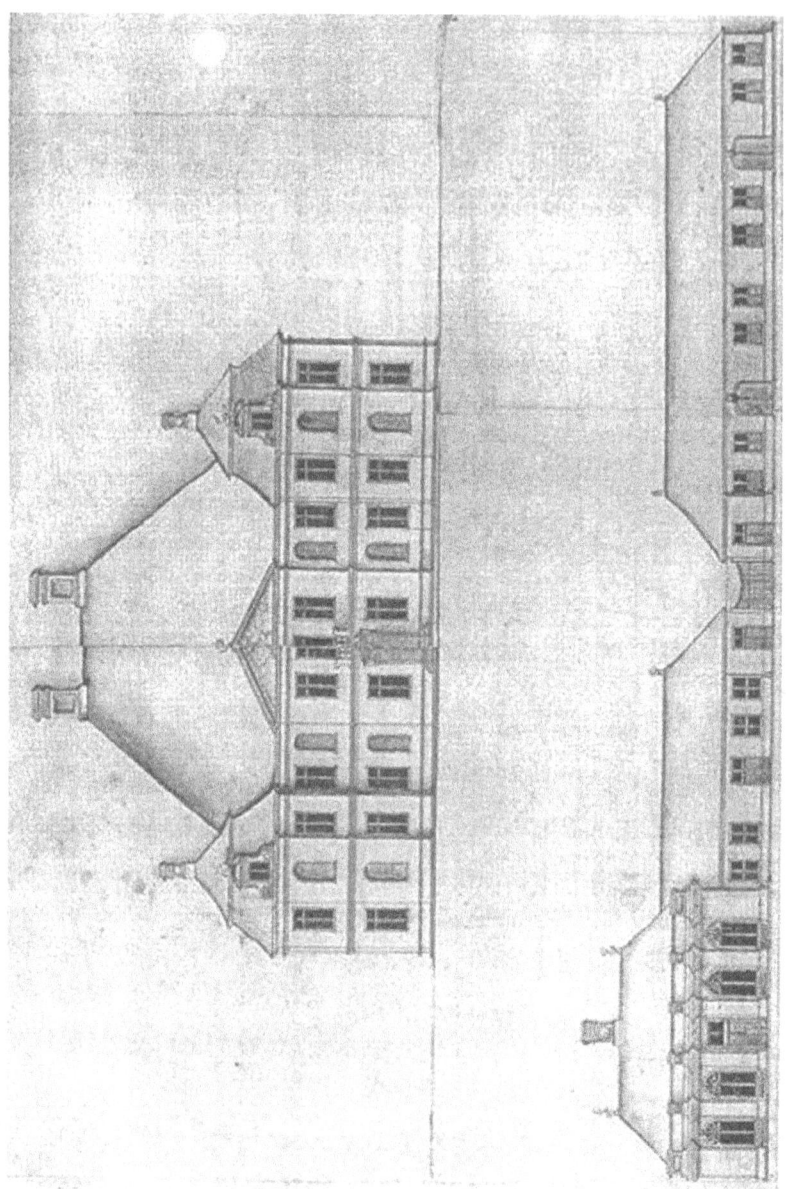

Abb. 3: Plan des Schlosses, Ansicht der Fassaden, vor 1689, nach einer Abb. aus Lorck: Groß Steinort. Der Bauvorgang eines Barockschlosses im deutschen Osten. Pillkallen 1937.

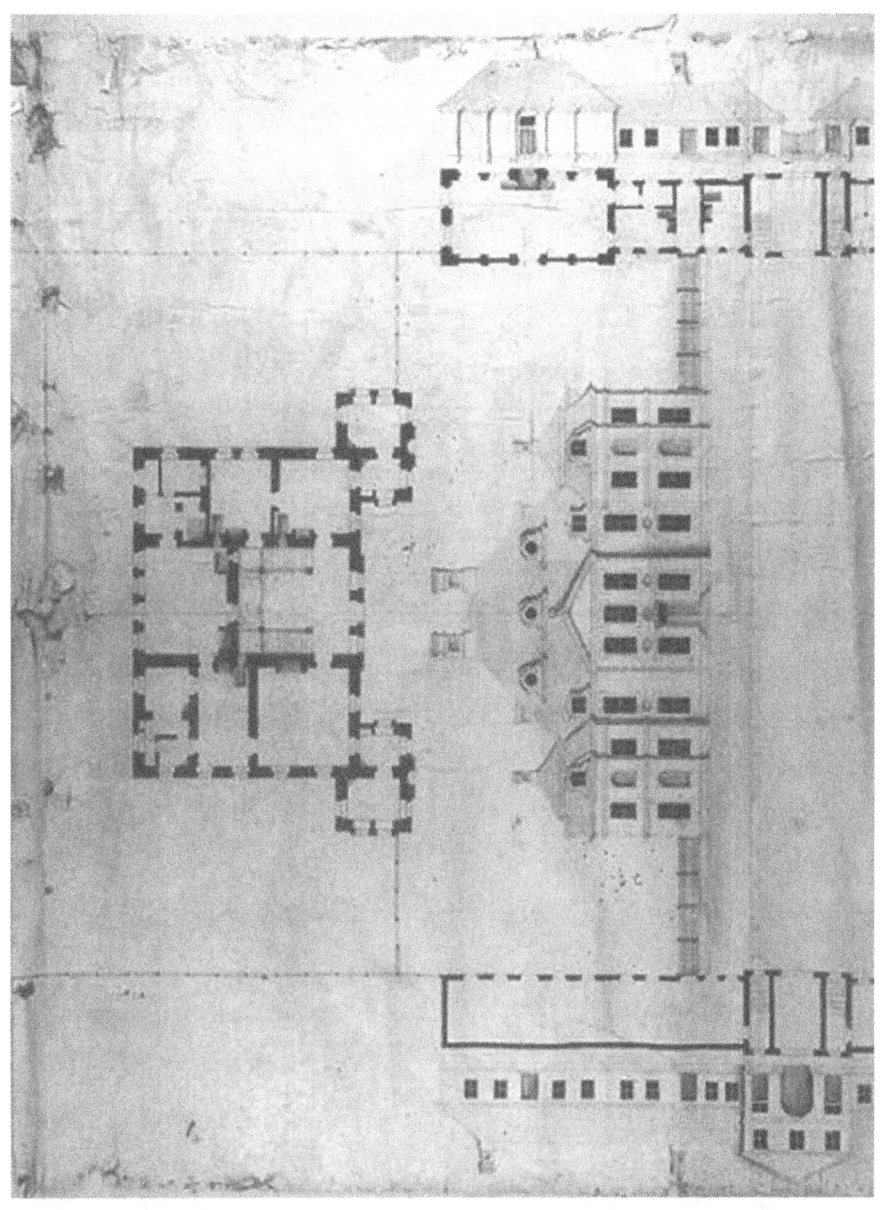

Abb. 4: Plan des Schlosses, vor 1689 (Ausschnitt), Sächsisches Staatsarchiv Leipzig.

Abb. 5: Topografische Karte der Steinorter Güter,
Oktober 1807, Ausschnitt, Sächsisches Staatsarchiv Leipzig.

Abb. 6: Steinort, untere Diele, vor 1945, Fotografie aus der Sammlung des Kunstinstituts der Polnischen Akademie der Wissenschaften (Instytut Sztuki PAN).

Abb. 7: Steinort, sog. Zimmer der Marie Eleonore, vor 1937, nach einer Abb. aus Lorck: Groß Steinort. Der Bauvorgang eines Barockschlosses im deutschen Osten. Pillkallen 1937.

Abb. 8: Steinort, obere Diele, vor 1945. Die Abbildung wurde freundlicherweise von Herrn Dr. Kilian Heck zur Verfügung gestellt.

Das Schloss der Grafen von Lehndorff in Steinort   45

Abb. 9: Danziger Schrank aus Schloss Steinort, um 1700, Foto der oberen Diele aus der Vorkriegszeit, Burg Kriebstein in Sachsen.

Abb. 10: Tapisserien aus Schloss Steinort, um 1680, Burg Kriebstein in Sachsen.

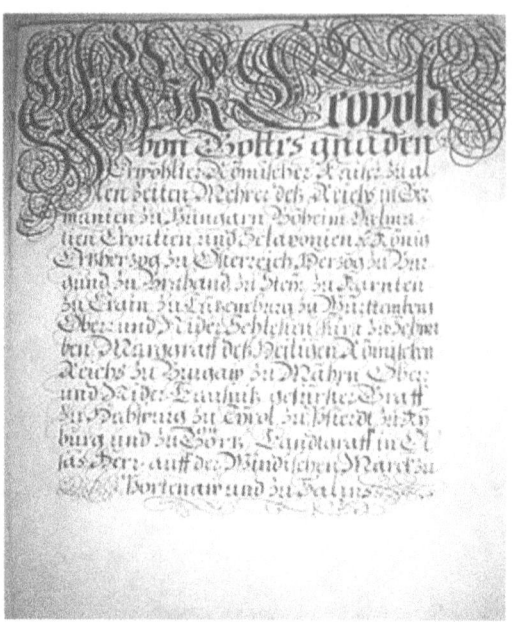

Abb. 11: Verleihungsurkunde des Titels eines Reichsgrafen an die Familie von Lehndorff, 20. Februar 1687, Schlossbergmuseum in Chemnitz.

Abb. 12: Kabinettschrank aus Schloss Steinort, 1730–1750, Schlossbergmuseum in Chemnitz.

Abb. 13: Decke der oberen Diele im Schloss Steinort, vor 1945, nach einer Abb. aus Lorck: Groß Steinort. Der Bauvorgang eines Barockschlosses im deutschen Osten. Pillkallen 1937

Abb. 14: Erhaltene Teile der Decken im Steinorter Palast, 2006,
   Fotografie von Witold Kanicki.

Joachim J. Scholz

Felix Fürst Lichnowsky im Carlistenkrieg.
Eine Neubewertung aus dem Nachlass

1. Nachruhm und Nachlass

Dem Literaturkenner ist Felix Lichnowsky hauptsächlich als Herr Schnapphahnski aus Heinrich Heines *Atta Troll* (1841) bekannt. Dieses „Freie Waldlied der Romantik" (Caput XXVII) hatte in zwei scharfzüngigen Seitenhieben Lichnowskys unrühmlichen Rückzug aus Spanien belacht (Caput I und XXIII). Dem satirischen Verriss des eleganten Frauenhelden und erfolglosen Glücksritters Lichnowsky fügte dann der Karl Marx nahestehende Georg Weerth in seinem bösen Schlüsselroman *Leben und Taten des berühmten Ritters Schnapphahnski* (1848/49) eine ganze Lebensgeschichte hinzu. Für den historisch-politisch Versierten dagegen ist Lichnowsky vor allem als reaktionäres Mitglied des Frankfurter Parlaments ein Name, der dann endgültig mit Lichnowskys spektakulärer Ermordung in den Frankfurter Septemberunruhen des Jahres 1848 verbunden blieb. Wenn dieser Tod Lichnowsky auch vor weiterer literarischer Verunglimpfung bewahrt hat, so scheint das so plötzliche und – wie mancher vermeinte – nicht ganz unerwartete Ende dieses aristokratischen Abenteurers sein Werk auf einen Schlag der allgemeinen Vergessenheit anheimgegeben zu haben. Da hat es wenig geholfen, dass Lichnowsky der Autor zweier Werke gewesen ist, deren bei weitem beachtenswerteres, seine *Erinnerungen aus den Jahren 1837, 1838 und 1839*, von den Zeitgenossen als literarische Leistung von erheblicher Bedeutung eingeschätzt worden war. Sogar seine Nähe zu den literarischen Anliegen des Jungen Deutschlands war trotz seiner konservativen Gesinnungen und seiner schon damals anachronistisch anmutenden Adelsallüren wiederholt anerkannt worden. Dass man diese Leistungen trotzdem so schnell ad acta legen konnte, mag sicherlich mit Heines und Weerths verheerenden Karikaturen zu tun gehabt haben, mag aber teilweise auch in der Geschichte des Nachlasses eine Erklärung finden.

Lichnowsky hatte seinen Nachlass seiner letzten großen Freundin, der um fast zwanzig Jahre älteren Herzogin Dorothea von Sagan, hinterlassen. Diese in die Geschichte durch ihr eigenes reichlich skandalumwittertes Leben eingegangene Frau übergab den Nachlass dann einige Jahre später der Familie Lichnowsky. Das Lichnowskysche Familienarchiv war als Privatarchiv in den folgenden hundert Jahren Wissenschaftlern nur sehr begrenzt zugänglich. In den unmittelbaren Nachkriegswirren des Jahres 1945 hat es dann leider erhebliche Verluste erlitten. Selbst Teile der erhaltenen Bestände wurden stark beschädigt und sind heute nur noch schwer lesbar. Der Großteil dieses trotzdem noch immer sehr reichen Familienarchivs kam nach der Verstaatlichung der Lichnowskyschen Besitzungen an das Landesarchiv (Zemský archiv) der Stadt Troppau/Opava, wo es als Rodinny archiv a Ústrední správa Lichnowskych 1403–1945 (RAUSL) seitdem vorliegt und in den 1950er Jahren von tschechischen Archivaren neu erfasst worden ist. Die Felix Lichnowsky betreffenden Materialien befinden sich weitgehend in den Kartons 10–18, sind innerhalb dieser Kartons aber weder streng chronologisch noch thematisch geordnet. Sie enthalten nicht nur handschriftliche Materialien, die von frühen Schulheften bis zu einer großen Anzahl von Briefen reichen, sondern auch – was für das Verständnis des Autors Lichnowsky von ungemeinem Wert ist – ausgedehnte Sammlungen und Mappen von auf ihn bezüglichen Zeitungsausschnitten und Karikaturen.[1]

Im folgenden Beitrag geht es darum, Lichnowskys bedeutendstes zeitgeschichtliches und literarisches Werk, seinen zweibändigen Erlebnisbericht aus dem spanischen Bürgerkrieg, in seiner Entstehung und Bedeutung aus dem Nachlass vorzustellen und neu zu interpretieren, seine Rolle im literarischen Umfeld seiner Zeit zu klären und dabei das historische und literarische Interesse an diesem zu Unrecht vergessenen Gratwanderer zwischen altadligem Standesdenken und jungdeutscher Journalistik neu zu wecken. Wenn in diesem Zusammenhang auch Interesse am Familienarchiv der Lichnowskys in Troppau/Opava geweckt werden kann, so mag das als ein zusätzlicher Gewinn betrachtet werden.

2. Deutsches Vorspiel

Innerhalb des preußischen und österreichischen Adels ist die Familie Lichnowsky vergleichsweise jungen Ursprungs.[2] Johann Karl Lichnowsky erlangte die preußische Fürstenwürde im Jahre 1773. Der zweite Fürst, Carl Lichnowsky, ging durch seine vielfältigen Beziehungen zu Mozart und Beethoven als bedeutender Mäzen in die Musikgeschichte ein. Sein einziger Sohn, Eduard, der Vater des Felix, trat als dritter Fürst Lichnowsky 1814 das Erbe seines kunstfreudigen Vaters an. Dieser genusssüchtige und gleichzeitig zur Eigenbrötelei neigende dritte Fürst zerrüttete in jungen Jahren die finanziellen Verhältnisse der Familie, lebte dann jahrelang von dieser Familie getrennt in Rom und erwarb sich im Alter durch eine achtbändige Geschichte der Habsburger einen bescheidenen Ruf als regimefreundlicher Historiker.

Felix Maria Vinzenz Andreas Lichnowsky wurde am 5. April 1814 in Wien geboren. Seine Mutter war die ungarische Gräfin Eleonore Zichy. Wenig ist über seine Jugend zu berichten. Er besuchte das Gymnasium in Troppau und die Universität in Olmütz/Olomouc, ohne dort einen akademischen Abschluss angestrebt oder erreicht zu haben. Sein militärisches Dienstjahr – eine militärische Karriere scheint weder seine Familie noch er zu diesem Zeitpunkt angestrebt zu haben – verbrachte er

---

1 Im Bundesarchiv der Bundesrepublik Deutschland, Außenstelle Frankfurt am Main, liegen maschinengeschriebene Transkribierungen der Briefe und Berichte, die im Zusammenhang mit Lichnowskys Rolle als Abgeordneter der Nationalversammlung von ihm oder seinem Sekretär verfasst worden sind. Diese maschinenschriftlichen Materialien, die noch vor dem Zweiten Weltkrieg entstanden, sind aber gelegentlich fehlerhaft und unvollständig.
2 Siehe Ludwig Igálffy-Igály: Stammtafel der Ritter, Grafen und Fürsten Lichnowsky von Woszczyc vom 14. Jahrhundert bis zur Gegenwart. In: Adler. Zeitschrift für Genealogie und Heraldik. Bd. 3, Heft 9/10 (Mai/August 1954), S. 117–135, hier S. 119.

1836 beim 6. Husarenregiment im oberschlesischen Neustadt/Prudnik. Dort sollte er sich gleichzeitig durch vier Probearbeiten im diplomatischen Fach für den preußisch-ministeriellen Dienst in Berlin vorbereiten. Stattdessen brachte er es fertig, sich in seine erste berühmt-berüchtigte Liebesaffäre zu verstricken. Sie soll sich um eine verheiratete Gräfin Schweinitz gedreht haben. Ob es schon im Zusammenhang mit dieser Affäre oder bei einer ähnlichen Gelegenheit zum ersten Duell gekommen ist, bleibt letztlich unklar. Nach Berlin ging Lichnowsky auf jeden Fall schon ein recht zweischneidiger Ruf voraus.

In Berlin selbst kam es dann sehr schnell zum endgültigen Eklat. Diesmal ging es um eine für die damalige Zeit viel ehrenrührigere Angelegenheit. Um seiner Berliner Geliebten, einer Schauspielerin, zu imponieren, hatte sich der leichtsinnige Amtsanwärter Juwelen auf Wechsel von einem Juwelier geben lassen. Einen Teil dieser Juwelen hatte er seiner Geliebten geschenkt, den Rest einem Mittelsmann übergeben, damit dieser sie mit Profit veräußern möge. Der entstandene Gewinn sollte wohl die geschenkten Juwelen und andere Ausgaben bezahlen helfen. Diese dubiose Profitgeschichte ging dem um die Standesehre des Adels besorgten Innenminister Gustav Graf Rochow-Rekahn erheblich zu weit. Er erstattete seinem Kollegen im Auswärtigen Amt, dem einstigen Hugenottenprediger Johann Peter Friedrich Ancillon, bis ins Detail Bericht von den Vorfällen und legte über die gesamte Angelegenheit eine Akte an, die sich erstaunlicherweise bis heute im Deutschen Zentralarchiv erhalten hat.[3] Ancillon ließ Lichnowsky daraufhin nicht zum Diplomatenexamen zu. Obwohl Lichnowsky im Prinzen Wilhelm, dem späteren Kaiser Wilhelm I., einen Fürsprecher fand und man ihm von verschiedener Seite riet, das Gewitter vorbeiziehen zu lassen, um sich im nächsten Jahr erneut zum Examen anzumelden, wollte der Gedemütigte diesen peinlichen Rückschlag nicht hinnehmen. Da half es auch nichts, dass kein Geringerer als König Friedrich Wilhelm III. am 26. Februar 1837 in einem versöhnlichen Brief Lichnowsky die Versicherung gegeben hatte, „daß Ich durch die stattgefundenen Vorfälle und die dadurch veranlaßten Äußerungen, über welche Sie sich bei Mir beklagen, Ihre Ehre nicht verletzt halte."[4]

Das königliche Ehrenzeugnis kam für den gekränkten Heißsporn in jedem Fall um elf Tage zu spät. In der Nacht des 15. Februar 1837 hatte sich Lichnowsky auf seine Reise nach Spanien begeben. Schwer ist heute mit Sicherheit zu sagen, wer ihm diesen außerordentlichen Ausweg vorgeschlagen hatte. Bekannt ist, dass man in Hofkreisen, gerade auch in den Kreisen um Wilhelm von Preußen, große Sympathien für die Legitimitätsansprüche des spanischen Kronprätendenten Don Carlos empfand. So ist es durchaus möglich, dass es der Prinz selbst war, der dem Fürsten

---

3 Siehe Walter Gruppe: Ritter Schnapphahnski in den Akten des Deutschen Zentralarchivs. In: Neue Deutsche Literatur 7 (1959), Nr. 5, S. 152f.
4 RAUSL, Karton 14, 236/B XIX, 14/1.

den Eintritt in den carlistischen Dienst als Ehrenrettung empfohlen hatte.[5] Die überstürzte Eile, mit der Lichnowsky sich dem Kriegsschauplatz zuwandte, beschrieb er am Ostersonntag desselben Jahres in einem Brief an den väterlichen Freund Graf von Haugwitz: „Am 15. Februar Nachts verließ ich Berlin, fuhr Tag und Nacht über Frankfurt a. M. und Heidelberg, wo ich soupirte (welcher wundervolle Ort! ich gedachte deiner Vorliebe und gab dir im Stillen recht) Basel und Bern: hier changirte ich meinen Paß, dann Lion, wo ich meinen alten Freund Aymon besuchte, Genf, Montpellier, Toulouse nach Bayonne."[6] In dieser französischen Grenzstadt bereitete sich Lichnowsky nun einige Tage lang vor, in einen Krieg einzutreten, über dessen Gründe und Vorgeschichte es für heutige Leser wohl einiges nachzuholen gilt.

3. Spanisches Vorspiel

Der Ausgangspunkt des Konflikts, der sich in der einen oder anderen Form und Konsequenz bis zum spanischen Bürgerkrieg des 20. Jahrhunderts hinziehen sollte, entstand aus der Frage, wer nach dem Tod des lasterhaften und zugleich bigotten Ferdinand VII. das Recht auf dessen Nachfolge besäße, sein Bruder Don Carlos oder die Tochter Ferdinands, die noch sehr junge Prinzessin Isabella, deren Mutter, Maria Cristina von Sizilien, der Partei ihrer Tochter den Namen Cristinos vermachte. Das Salische Gesetz der Bourbonen, das eine weibliche Thronfolge ausschloss, solange ein legitimer männlicher Nachkomme existierte, ist an sich der spanischen Geschichte fremd. Erst der Bourbone Philipp V. ließ es 1713 in Spanien einführen. Ferdinand VII. hatte es dann 1830 im Rahmen einer Pragmatischen Sanktion wieder abgeschafft. Im Gegensatz zu Philipp V. hatte er es aber nicht für nötig befunden, die Cortes um Zustimmung zu ersuchen, obwohl diese 1789 eine solche Abschaffung des Salischen Gesetzes ausdrücklich beantragt hatten. Dieser Formfehler, die fehlende offizielle Zustimmung der Cortes, wurde für die Carlisten zur Rechtfertigung, an der Gültigkeit des Salischen Gesetzes festzuhalten und damit die Nachfolge für den Bruder Ferdinands einzufordern.

Ferdinands Ableben am 29. September 1833 hatte dann die allseits erwarteten Folgen. Massenunruhen brachen in den baskischen Provinzen, in Navarra und im Bergland von Katalonien aus. Am 4. November ließ Don Carlos, der sich nun Carl V. nannte, zu den Waffen rufen. So begann der erste Carlistenkrieg, der von 1833 bis 1840 dauern sollte. Don Carlos glaubte sich nicht nur seines Rechtes, sondern auch der Sympathien Spaniens sicher. Der spanische Liberalismus, dem die Cristinos nahestanden, galt ihm als eine Spanien fremde, ausländische Erscheinung. Das

---

5 Dieser Verdacht erhärtet sich aus der Tatsache, dass Lichnowsky vier Jahre später seine *Erinnerungen* Prinz Wilhelm widmen wollte. Dieser gab die Erlaubnis, warnte Lichnowsky aber gleichzeitig in einem Brief aus Teplitz vom 11. August 1841, dass er nicht den Eindruck erwecken solle, dass der Prinz „Ihrer Volontärschaft [...] Vorschub leistete oder sie gut hieße. [...] Diese Seite meiner politischen Ansichten darf nicht aufgedeckt werden vor der Welt. Sie werden, wenn Sie überhaupt mir in der Dedication etwas sagen wollen, wohl meiner Vorliebe für alles Kriegerische, Militärische eine Seite abgewinnen, die mit der Politik nichts gemein hat" (RAUSL, Karton 16, 252/C II, 3).
6 RAUSL, Karton 14, 236/B XIX, 14/2.

war im Grunde genommen seine entscheidende Fehleinschätzung. Die spanische Gesellschaft hatte sich in den ersten drei Jahrzehnten des 19. Jahrhunderts erheblich verändert, sodass eine Rückkehr zu dem von Don Carlos geforderten System von Thron und Altar keineswegs mehr als allgemeiner Volkswille zu betrachten war. Was als Thronfolgekrieg anfing, entwickelte sich dann sehr rasch zu einem ideologischen Kampf zwischen Liberalismus und Reaktion. Der Carlismus war eine prinzipiell negative Ideologie, ein Kreuzzug gegen Atheismus, gegen Konstitutionalismus, gegen die Gefahr der Freimaurerei, gegen die liberale ‚Kanaille'. Unter dem Banner der schmerzensreichen Jungfrau kämpften die Carlisten für die spanische Version katholischer Traditionen, die auch die Wiedereinführung der Inquisition nicht ausschloss. Es war eine Konterrevolution der von der Moderne Verschreckten und ihr in wachsendem Maße Unangepassten. Der Charme des sich dabei manifestierenden Anachronismus war sicherlich Teil der romantischen Anziehungskraft, die von der Sache des Don Carlos auszugehen schien. Vielen ausländischen Beobachtern erschien sein Feldzug schon damals eine so typisch spanische Donquichotterie, dass man dabei oftmals völlig übersah, wie sehr der Carlismus auch realen politischen Interessen diente. Diese existierten vor allem in den bisher am wenigsten entwickelten und zentralisierten Regionen Spaniens. Hier wehrte man sich vehement gegen die dem Liberalismus des 19. Jahrhunderts innewohnende Tendenz zur Gleichschaltung. Basken und Navarresen wurden zu den unbeugsamsten Verbündeten des Don Carlos, weil es ihnen um ihre *fueros*, ihre althergebrachten Privilegien regionaler Unabhängigkeit, zu tun war. Da der Carlismus sich aber als unfähig erwies, durch ideologische Kompromisse diese Machtbasis zu erweitern, blieb man, vom eigenen Idealismus gelähmt, auf eine Kriegsführung beschränkt, die sich schon bald zwischen Guerillakrieg und Straßenräubertum einpendelte. Aus sicherer Entfernung erschien dem faszinierten Europa das Ganze im Licht eines düsteren Dramas, in dem sich selbstlose Hingabe an eine verlorene Sache, Verrat, Brutalität und praktische Unfähigkeit immer wieder zu einprägsamen Szenen verdichteten.

Der Bürgerkrieg wird allgemein in zwei Perioden eingeteilt. Die erste Periode, mit der Lichnowsky nichts zu tun hatte, dauerte vom Ausbruch der Feindseligkeiten im Herbst 1833 bis zum Tod des wohl größten, sicherlich des romantischsten der carlistischen Generäle, des Basken Tomás Zumalacárregui, am 23. Juni 1835. Nach dem Tode Zumalacárreguis fassten die Carlisten den Plan, durch spektakuläre Beutezüge ins Herz Spaniens vorzustoßen. Der erfolgreichste dieser Züge fand im Jahr 1836 statt und stieß bis nach Córdoba vor, konnte sich aber nirgends etablieren. Nur mit knapper Not hatte man sich dann im Dezember 1836 in die baskischen Provinzen zurückgerettet. So also sah der spanische Bürgerkrieg aus, in dem Lichnowsky nun seine gekränkte Ehre rehabilitieren wollte.

4. Marsch auf Madrid

Seinen glücklichen Übertritt nach Spanien im März 1837 beschreibt Lichnowsky im ersten Band seines vier Jahre später im Verlag Johann David Sauerländer in Frankfurt am Main veröffentlichten zweibändigen Werkes *Erinnerungen aus den Jahren 1837, 1838 und 1839*.[7] Er kannte und schätzte die Romane des James Fenimore Cooper, und so ist bei dieser Grenzüberschreitung, die er ausführlich schildert, auch immer etwas vom *Spion* (1821) und von *Der letzte Mohikaner* (1826) in die eigenen Berichte eingeflossen. Dabei kommt es ihm nicht zuletzt auch auf die romantische Kostümierung an:

> Am 6. Morgens vier Uhr weckte mich die Tochter meines Guiden mit einer Tasse Chocolade. Dieß war der erste Vorgeschmack spanischer Kost. Kurz darauf trat er selbst ein, mein neues Costüm unter dem Arme. Ich fuhr in ein weites Beinkleid von Wollsammt, an der Hüfte durch eine breite rothe Binde gehalten, zog dicke Buntschuhe, blaue Strümpfe und eine kurze Jacke von braunem Tuche an und bedeckte mich mit dem berühmten baskischen Barette, Boïna genannt. Die Boïna, zur spanischen Hoftracht im 16. Jahrhundert gehörig, war mir aus den Gemälden von Velasquez und Titian bekannt; sie ist seitdem nicht verändert; nun das Feldzeichen der Carlisten schien es mir eine Art feierlicher Investitur, als ich sie zuerst auf mein Haupt drückte (I, 8f.).[8]

Was Lichnowskys Bericht aus der bloßen Jugendromantik heraushebt, sind dann aber die ungemein realistischen Züge, bei der keine Härten vermieden werden. Erstaunlich eigentlich, wie der unerfahrene Idealist sich von Anfang an nicht an der Wirklichkeit vorbeidrückt oder sie, was durchaus verständlich gewesen wäre, seinen politischen Überzeugungen unterordnet. Erstaunlich auch der scharfe Blick fürs charakteristische Detail. Hier zum Beispiel die Beschreibung des ersten seiner neuen Kampfgefährten:

> Wir hielten vor einem kleinen Hause mit einer Schildwache: ein großer stämmiger Bursche mit langen Haaren und kurzer Sammtjacke, blauer Boïna und langer Troddel, Sandalen an den Füßen, die Patrontasche um den Leib geschnallt, daran rechts das Bajonnett; um den Hals an seidner Schnur ein viereckiges Säckchen, in einer Kirche geweiht, das Scapulet, welches jeder gläubige Spanier trägt; es soll vor Wunden und Teufelsspuck schützen. Alles an ihm war schmutzig, nur sein englisches Gewehr blinkte rein und wohlgeputzt. Er stand nachlässig auf dasselbe gelehnt und rauchte gemächlich eine Papier-Cigarre (I, 11f.).

Man fühlt sich geradezu an einen Berichterstatter und eine Berichterstattung aus einem anderen spanischen Bürgerkrieg erinnert, George Orwell und seine Reportage *Mein Katalonien: Bericht über den spanischen Bürgerkrieg* (1938), in der mit ähnlicher Knappheit für die Sache der Republikaner Stellung bezogen wird.

Im Durcheinander einiger kleiner Scharmützel gelangte Lichnowsky nach Andoain, damals dem Hauptquartier des Prätendenten. Dort traf er das Ministerium des Don Carlos, das sich in äußerst ärmlichen Verhältnissen eingerichtet hatte und über das Lichnowsky sich von Anfang an ein sehr zwiespältiges Urteil bildete. „Mir

---

[7] Alle Zitate aus diesem Werk werden direkt im Text durch Angabe des Bandes und der Seitenzahl dokumentiert. Zitate werden in der Schreibweise und mit der Zeichensetzung des Originals wiedergegeben, auch wenn diese sich von Band zu Band oder gar innerhalb eines Bandes ändern („Gränze" und „Grenze", „sey" und „sei", „Parthei" und „Partei" usw.).

[8] Lichnowsky hat sich später wiederholt in spanischen Trachten und Uniformen porträtieren lassen.

kam dieses Ministerium sehr groß vor, für so wenig Geschäfte und so ärmliche Zustände, und es schien mir immer, daß mit einem tüchtigen Secretair und *einem* redlichen Cassier die Angelegenheiten des Königs weit besser von Statten gegangen wären" (I, 32). Doch konnte das zunächst keinen Schatten auf die erste Audienz mit seinem spanischen König werfen. Er beschreibt diese Begegnung mit einem Stolz, der dennoch offen bleibt für eine lebhafte Beobachtungsgabe, die das Sonderbare auch dieser feierlichen Momente unverstellt einzufangen versteht:

> Es war ein Uhr geworden, vier und zwanzig Hautboisten der Garde ließen sich während der königlichen Tafel vernehmen. Carl V. aß nach altspanischer königlicher Sitte stets allein um diese Stunde; der dienstthuende Kammerherr klopfte an die Cabinetsthüre und rief: „Señor! la Comida," worauf sich der König in das Tafelzimmer begab und der Hof-Caplan, damals der bekannte Pfarrer von los Arcos, Don Juan Echeverria, das Tischgebet hielt. Die niedere Dienerschaft trug die Schüsseln bis an die Thüre, wo die Kammerdiener (ayuda de Camara, Gentilshommes ordinaires) sie übernahmen und den Kammerherren, die den König umstanden, einhändigten. Diese hatten allein das Recht, die königliche Person zu bedienen. Wer Kammerherrn-Rang (entrada) hatte, genoß den Vorzug, den König essen zu sehen (I, 38f.).

Die Augsburger *Allgemeine Zeitung* (Außerordentliche Beilage Nr. 157 und 158) druckte dann bereits am 6. April 1837 einen Bericht der *Preußischen Allgemeinen Staatszeitung* nach, in dem Lichnowsky anonym am 18. März aus dem carlistischen Hauptquartier, das mittlerweile nach Tolosa weitergezogen war, über seine Teilnahme an einem siegreichen Gefecht bei Hernani und seine dem Gefecht folgende Ernennung zum Adjutanten des Infanten mit Überschwang berichtete: „In der vollsten Freude meiner Seele theile ich Ihnen hier einige Details über den Sieg mit, den die Carlisten unter den Befehlen des Infanten Generalissimus vorgestern bei Hernani erfochten haben." Aber auch hier bleibt es nicht lange beim Überschwang. Der Sinn für die makabre Realität ist augenfällig: „Eine halbe Stunde nach Beendigung der vorgestrigen Schlacht", so fährt der Bericht fort,

> hatte kein feindlicher Todter mehr einen Faden am Leibe, und den Gefangenen ließ man nur das Hemde. Als diese Letzteren durch Tolosa marschierten, hielt die Junta einen solchen Aufzug doch für etwas zu indecent, und um nun den Gefangenen Beinkleider zu verschaffen, wurde eine Liste von allen Einwohnern, die für geheime Christinos gelten, angefertigt, und diese mußten sodann die erforderlichen Beinkleider herbeischaffen. – P. S. Ich erfahre so eben, daß die Christinos das Fort von Amezagaña, das sie früher besetzt, in Folge der vorgestrigen Affaire aber geräumt hatten, in der verflossenen Nacht ganz ruhig wieder bezogen haben, da man von unserer Seite vergessen hatte, dasselbe in Besitz zu nehmen. Letzteres wird den Militärs vielleicht unglaublich scheinen, aber es ist nichtsdestoweniger wahr.

Der Knalleffekt des Berichts liegt natürlich im Postskript, in dem der Schreiber mit einem verblüffenden Stich den Ballon des eigenen Enthusiasmus platzen lässt. Dass Lichnowsky sich der geschickten journalistischen Wendung voll bewusst war, ist anzunehmen. Sie wird für ihn eine in den *Erinnerungen* dann wiederholt angewandte Taktik, Lesererwartungen zu zerstören, den Propagandaton der eigenen Überzeugungen zu unterminieren und so seinem Bericht die Spannung des Erlebten zu erhalten. Denn es sind die Spannungen des Erlebten, die die journalistische Taktik natürlich und angemessen machen. Da wechselten übereilte Aufbrüche und planloses, stundenlanges Warten; Eilmärsche, die an Orte führten, an denen es nichts zu tun gab; heldenhaftes, verlustreiches Erstürmen feindlicher Positionen, die man im Taumel des Sieges dann prompt zu besetzen vergaß. So war Lichnowsky in dieser Feuertaufe nicht nur zum Adjutanten des Infanten, sondern auch zum Kriegsberichterstatter von verblüffendem Format avanciert.[9]

Die Hingabe, mit der sich Lichnowsky in diesen Monaten in die Verhältnisse einlebte, und die Detailfreude, mit der er auf das Erlebte reagierte, lassen sich auf Schritt und Tritt nachweisen. Was besticht, ist der weit offene Sinn für das Vielfarbige der neuen Umstände, die ohne verbockten Konservativismus, ohne den moralischen Zeigefinger des Idealisten mit der Lust eines ins eigene Abenteuer verliebten jungen Mannes geschildert werden. Hier findet einer am Leben Interesse und versteht es, dieses Interesse zu vermitteln. So entstehen auf engstem Raum einige Charakterstudien, die zum Besten gehören, was Lichnowsky geschrieben hat. Hier, als kleine Vignette, die Geschichte der französischen Fremdenlegionäre, die bei den letzten Gefechten ins carlistische Lager desertiert waren:

> Die meisten von ihnen waren Deutsche, und sonderbarer Weise unter diesen die Rheinländer und Schwaben überwiegend. Noch erinnere ich mich eines hagern Burschen von Oehringen, der, noch in christinischen Diensten, in Catalonien todtgeschossen werden sollte, weil er in einer Kirche einen silbernen Christus vom Kreuz riß und stahl. Er betheuerte mir später, es sei ihm dabei unheimlich zu Muthe gewesen, doch habe er dies unterdrückt, da der Christus von massivem Silber schwer gewogen hätte (I, 88).

Nachdem sich Lichnowsky einigermaßen eingewöhnt hatte, kam endlich das große Abenteuer der Geschichte auf ihn zu. Um was es sich dabei handelte, hatte sich schon am 27. April 1837 in der Augsburger *Allgemeinen Zeitung* nachlesen lassen, und das trotz Lichnowskys Beteuerung, dass „alle Vorbereitungen in tiefes Geheimniß gehüllt" (I, 105) gewesen seien. Erneut sollte ein „Hauptschlag in das Herz der Monarchie die Beendigung dieses langwierigen Krieges herbeiführen" (I, 98). Die Expedition nach Madrid wurde zum zentralen militärischen Unternehmen des Jahres 1837. Für Historiker bleibt sie der entscheidende Fehlschlag, der den Krieg für die Carlisten endgültig verloren gehen ließ. Lichnowskys Bericht über die Expedition nimmt zwei Drittel des ersten Bandes seiner *Erinnerungen* ein und macht ihn zum wichtigsten Zeitzeugen dieses desperaten Marsches. Das Expeditionskorps bestand aus 12.000 Mann Infanterie und 1.600 Reitern. Mitgenommen wurde auch eine große Anzahl von staatlichen und kirchlichen Verwaltungsbeamten, die der Prätendent in den von ihm befreiten Gebieten einzusetzen gedachte. Sosehr Lichnowsky von der Expedition begeistert war, sosehr bestand er darauf, dass seine Schilde-

---

9 Dies steht ganz im Gegensatz zu Heinrich Heines berühmter satirischer Bemerkung im *Atta Troll*, wonach sich Lichnowsky erst nach dem verlorenen Krieg des Don Carlos dem Schreiben zugewandt habe. Caput I: „Als Don Carlos fliehen mußte / Mit der ganzen Tafelrunde / Und die meisten Paladine / Nach honettem Handwerk griffen / (Herr Schnapphahnski wurde Autor)."

rung die Angelegenheit nicht beschönigen sollte. Was er da zu sehen bekam, traf ihn mittlerweile schon nicht mehr ganz unvorbereitet:

> Es ist überhaupt unbegreiflich, wie bei der Menge unnöthiger Beamten der Kriegsadministration in keiner Branche derselben auch nur für das Geringste gesorgt war. Nicht ein Büchsenmacher, keine einzige Feldschmiede, keine Pontons, aber dafür ein paar hundert mit unnöthigem Gepäck so ungeschickt beladene Maulthiere, daß beständig auf Märschen Kisten und Koffer herabfielen, was auf engen Steigen oftmals einen Aufenthalt der ganzen Colonne verursachte (I, 116).

Vor der Stadt Huesca, die weitgehend cristinisch gesinnt war, kam es zum ersten erfolgreichen Gefecht der Expedition. Lichnowsky berichtete bereits am 29. Mai aus Barbastro an die *Breslauer Zeitung* über dieses Treffen, ein Bericht, der dann am 5. Juni 1837 von der Augsburger *Allgemeinen Zeitung* übernommen wurde. In Barbastro selbst kam es am 2. Juni zu einer zweiten Schlacht, die die Carlisten wiederum für sich entscheiden konnten. Nachdem wertvolle Zeit auf unnötigen Umwegen vergeudet worden war, wandte man sich schließlich in Eilmärschen nach Süden. Am 27. Juni erreichte man den Ebro. Die Stimmung hob sich und riss Lichnowsky zu einem schon fast verloren geglaubten Pathos empor: „Wie viele waren ausgezogen, die ihn nicht sahen, und wie viele sollten ihn jetzt überschreiten, die nie mehr ihre Heimath erblicken würden. Doch ein Gedanke überragte alle andern, wir wußten: *Europa blicke auf uns!*" (I, 164).[10] Am anderen Ufer wurden sie vom Führer der carlistischen Verbände in Aragon erwartet, dem nach Zumalacárregui wohl größten General der carlistischen Sache, Ramón Cabrera. Lichnowsky berichtet nur kurz über diese faszinierende Gestalt des carlistischen Krieges, weil er, wie er ausdrücklich bemerkt, nicht „in den Bereich eines Kriegsgefährten eingreifen [will], der diese Aufgabe glücklich gelöst" hat (I, 171).[11]

Unangefochten gelangte das carlistische Heer Anfang Juli in die reichen Küstengegenden Valencias. Wie üblich konnte aber auch hier keine der befestigten Städte eingenommen werden. Man verfügte weder über genügend Artillerie noch über genügend Munition. Vom Feind mittlerweile ständig verfolgt und gelegentlich angegriffen, erreichte die Expedition trotzdem am 5. September kastilischen Boden. Die Armee zog in Eilmärschen durch die fruchtbare La Mancha. Endlich schienen sich die schönsten Blütenträume zu erfüllen:

> Von allen Seiten lief das Landvolk meilenweit herbei, und drängte sich auf die Straße, den König zu sehen. [...] Alle Fenster und Balkone waren mit Frauen gefüllt, die Lorbeer- und Blumenkränze auf die durchziehenden Truppen warfen; vor allen Häusern wehten Fah-

---

10 Wie Lichnowsky im späteren Verlauf der *Erinnerungen* klarstellt, ist dieser große Satz nicht von ihm, sondern von dem von ihm sehr geschätzten Grafen von Madeira geprägt worden (I, 330).
11 Der schlesische Landsmann Baron Wilhelm von Rahden hatte schon am 20., 21., und 22. Mai 1839 in der Augsburger *Allgemeinen Zeitung* (Beilagen Nr. 140–142) über Vorgänge auf Cabreras Kriegsschauplatz berichtet. Rahden leitete die Cabrerasche Artillerie und hatte in dieser Rolle dessen Feldzüge mitgemacht. Später veröffentlichte Rahden in Buchform eine ausführliche Schilderung seiner Erfahrungen: Cabrera. Erinnerungen aus dem spanischen Bürgerkriege. Frankfurt a. M. 1840.

nen, waren Teppiche ausgebreitet; Guirlanden, von Baum zu Baum geschlungen, flatterten durch die Lüfte; die Straßen, alle Dächer waren mit Menschen vollgepfropft, und auf den Plätzen Estraden errichtet, die herbeiströmende Volksmasse zu fassen, die in lautem Jubel jedes vorbeidefilirende Bataillon begrüßte. Große Kübel mit Wein standen unter jeder Thüre, und Lebensmittel aller Art, Körbe der herrlichsten Früchte wurden an die Truppen vertheilt. Bei jedem Halt drängten sich Mädchen und Frauen durch die Reihen, die Soldaten zu speisen. An die Möglichkeit eines Rückzuges oder gar einer Niederlage dachte Niemand. Jeder zählte die Tage und Stunden bis zum Einzug in Madrid (I, 217–219).

Am 11. September setzte man über den Tajo, und am 12. September waren dann bereits die Vororte Madrids erreicht. Von einem Hügel aus überblickte Lichnowsky das Ziel seiner militärischen Träume. Aber auch diese Genugtuung konnte nicht lange den Ansturm der grotesken Begleitumstände ausblenden. In der Nacht

hatten die Quartiermeister (Aposentadóres) den General- und Flügel-Adjutanten und den Chefs der Corps Quartierzettel ausgetheilt, um Unordnungen im ersten Augenblicke des Einzugs zu verhüten. Mir war der Pallast des Herzogs von Villa-Hermosa im Prado bestimmt worden. [...] In den Vorgemächern des Pallastes stritt man sich, ob zu Pferde oder zu Wagen und in welchem Costüm er [Don Carlos] den Einzug halten würde; endlose Rangverhältnisse, wer ihm zunächst, wer vor- oder nachreiten solle, wurden mit vielem Ernste besprochen. Große Gnaden, Avancemens, Standeserhöhungen, Grandezzen sollten verliehen werden; man designirte die Botschafter, an alle Höfe abzusenden; ja in seinem kleinen Cabinet fertigte Herr von Corpas, der sich schon Premier-Minister dünkte, eine Liste von zwölf Personen, die mit der Kette des goldenen Vließes beim nächsten Capitel geschmückt werden sollten. Hierüber war es zwei Uhr Morgens geworden; in allen Straßen ward Alarm geschlagen, und die königliche Colonne defilirte, in Madrid entgegengesetzter Richtung, dem hügelichen Landstriche zu, der, zwischen dem Tajo und der Tajuña gelegen, die Kornkammer Castiliens bildet und die Alcarria genannt wird (I, 229f.).

So sollte es beim Madrider Quartierzettel bleiben. Der Grund für die plötzliche Umkehr war, dass die Armee des cristinischen Generals Baldomero Espartero zu nahe stand. Man war im Grunde genommen erleichtert, sich stattdessen wieder auf den Heimweg zu begeben. Von einer immer drückenderen Überzahl der Feinde bedroht, ging es eigentlich nur noch darum, so schnell wie möglich zu entkommen;

auch waren Menschen und Thiere durch die vielen unnöthigen Contremärsche so herabgekommen, daß bei fortdauernd angestrengten Märschen wir eine gänzliche Auflösung befürchten mußten. Während eines momentanen Haltes in Tendilla, blieben mehrere vom Schlafe überwältigt in ihren Quartieren liegen, und wurden vom nachziehenden Feinde noch schlafend gefangen genommen. [...] Die allgemeine Erschlaffung war grenzenlos. Wenn durch irgend ein Hinderniß der Marsch nur auf Minuten stockte, schliefen Soldaten stehend oder fielen auf ihrem Platze zu Boden, durch Ermattung überwältigt. Dabei war die Hitze gräßlich, und es schien, als wären mit Willen die ärmsten und gebirgigsten Striche von Neu-Castilien gewählt worden, dem Feinde die Verfolgung zu verleiden (I, 247f.).

In einem Brief vom 16. November 1837 an den Freund Haugwitz schilderte Lichnowsky seine eigene Situation: „Halbtodt vor Ermüdung und scheußlichem Leben kam ich von unserer in der letzten Zeit so schrecklichen Expedition zurück; ausgehungert und entblößt im strengsten Sinne des Wortes; nur hält mich die Glorie, in 9 Monaten errungen zu haben, wozu 9 Jahre u. vielleicht 9 mal 9 Jahre in meinem Vaterland nicht genügt hätten."[12]

Im Hauptquartier versuchte man den militärischen Fehlschlag durch Proklamationen über Verschwörungen und Verrat der Militärs zu entschuldigen. Anfang Januar 1838 zog Lichnowsky sich nach Durango zurück, wo er sich von einem nicht näher erklärten Leiden erholen wollte.[13] Dort erreichte ihn der Entscheid des Prätendenten, ihn ins Ausland zu schicken. Am 24. März 1838 verließ er das Hoflager und überquerte Anfang April die Grenze, wo er diesmal von französischen Zollbeamten festgenommen und in Bayonne für einige Tage unter Hausarrest gehalten wurde. Am 6. April durfte er nach Paris weiterreisen.

5. Diplomatisches Zwischenspiel

Was Don Carlos Lichnowsky aufgetragen hatte, lässt sich nicht mehr mit Sicherheit rekonstruieren, da dieser auch nach Kriegsende auf der Geheimhaltung seiner Mission bestand. Was er am Beginn des zweiten Bandes der *Erinnerungen* zugibt, ist, dass er zunächst bei der Befreiung des Erzbischofs von Cuba eine Rolle gespielt hatte. Der Erzbischof, der im englischen Exil lebte, war von den Carlisten aufgefordert worden, zum Hoflager zu stoßen. Er wurde dann aber beim Überwechseln nach Spanien von französischen Zollbeamten aufgegriffen und nach Tours ins Gefängnis gebracht. Über eine ungenannte dritte Person gelang es Lichnowsky, die Entlassung

---

12 RAUSL, Karton 14, 236/B XIX, 14. Wiederum handelt es sich um eine Kopie des Originalbriefes, der sich nicht im Nachlass erhalten hat, weil er am 5. Dezember 1837 von Haugwitz an den Vater Lichnowskys abgeschickt worden war. Dieser hatte am 29. November 1837 aus Wien den Sohn beschworen: „Halte aus für die heilige Sache, der du dich gewidmet" (RAUSL, Karton 15, 238/B XIX, 19). Am 20. Dezember 1837 fragte er ihn mit deutlichem Stolz: „Bist du Brigadier-Colonel oder Brigadier-Général?" und bat ihn: „Beschreibe mir deine Uniform, sende mir dein Journal", warnte den Sohn aber gleichzeitig: „Schreibe [...] ohne Bombast, natürlich, aus deinem Herzen – lasse den Schnickschnack, der deinem Edelmuth und einem *Mann*, der so gestiegen ist, nicht ziemt" (ebd.). Überhaupt war dem erzkonservativen Vater gar nicht wohl dabei, dass der Sohn angefangen hatte, seine Erlebnisse in die Zeitungen zu bringen. So ermahnte er ihn am 13. Juni 1838: „Kämpfe, aber ohne Feder und Mund, bloß mit dem Degen, den du gut zu führen verstehst" (ebd.).
13 Der schlesische Baron von Vaerst berichtete von seinem Zusammentreffen mit Lichnowsky in Durango in einem Aufsatz, der am 28. Februar 1838 in der Augsburger *Allgemeinen Zeitung* (Außerordentliche Beilagen Nr. 110 und 111) als Nachdruck aus der *Breslauer Zeitung* erschienen war. Baron von Vaerst hat dann mehrere lange Aufsätze über seinen Besuch im carlistischen Land geschrieben. Diese Berichte, zunächst in der *Breslauer Zeitung* veröffentlicht, dann von der Augsburger *Allgemeinen Zeitung* regelmäßig übernommen, schildern seinen Übertritt nach Spanien und seine ersten Erfahrungen in wilden Details und einem romantischen Stil, die sich wie Karikaturen der Lichnowskyschen *Erinnerungen* ausnehmen. Unter dem Titel „Herrn v. Vaersts Fahrt nach dem Carlistischen Hauptquartier" erschienen die Berichte in der Augsburger *Allgemeinen Zeitung* am 23., 24., 27. und 28. Februar 1838.

des Erzbischofs zu bewirken, dem erlaubt wurde, nach Italien auszureisen. In Lyon angelangt, verkleidete sich der Befreite und wandte sich nach Bayonne, von wo aus ihm diesmal der illegale Übergang nach Spanien glückte.

Ansonsten scheint der junge Mann vor allem damit beschäftigt gewesen zu sein, bei konservativen Sympathisanten in Frankreich, Preußen, Österreich und Italien Gelder für die carlistische Sache aufzutreiben. Er war in der Zwischenzeit durch seine Zeitungsberichte und durch die Beachtung, die ihm andere Berichterstatter erwiesen hatten, zu einer bedeutenden Persönlichkeit im Carlistenlager geworden. Wie geschickt der immer publikumshungrige Lichnowsky Ruf und Ruhm zu manipulieren wusste, kann man am Beispiel eines Briefes vom 28. April 1838 sehen, der an Dr. Leberet, Redakteur der Augsburger *Allgemeinen Zeitung*, gerichtet war und in dem es kurz und bündig heißt:

> Um allem Unsinn zu steuern, der immerfort über meine Abreise in allen Zeitungen debutiert wird, und sonach den Fragen, die mich unnötig hierüber in Wien bombardieren werden, zu begegnen oder vielmehr auszuweichen, wäre es mir sehr erwünscht wenn Ew. meine Durchreise durch Augsburg mit einigen Worten in Ihrer *nächsten* Nr. anzeigen wollten, z. B. „der karlistische General u. Adjutant des Inf. Don Seb. Fürst F. L. ist in verwichener Nacht hier durchgereist. Er hat vor Kurzem das Hauptqu. verlassen und kann nicht genug den guten Geist und das treffliche Aussehen der Truppen rühmen. Der Fürst begibt sich von hier nach Salzburg und Wien und dürfte in Kurzem seine Rückreise nach Spanien antreten."[14]

Kein Geringerer als Georg Cotta, Herausgeber der Augsburger *Allgemeinen Zeitung*, schrieb Lichnowsky am 19. Juni aus Stuttgart einen Brief, in dem er den vierundzwanzigjährigen Lichnowsky in einem geradezu unterwürfigen Ton um eine engere Zusammenarbeit bat und dabei sein eigenes Glaubensbekenntnis in die Waagschale warf:

> Einer der Redakteure der Allgemein[en] Zeitung hat mir gemeldet, daß er das Glück gehabt, Ihre Bekanntschaft zu machen. Ich beneide ihn darum, und erlaube mir, da mir dasselbe bei Ihrer Rückreise nicht werden kann, die, wie ich höre, über Mailand gehen soll, mich schriftlich an Eure Durchlaucht zu wenden. Es geschieht dies hauptsächlich, um Ihnen mein Bedauern auszudrücken, daß ich nicht die Ehre gehabt, Euer Durchlaucht Aug' in Auge auszusprechen, was meine politischen Grundsätze sind, und was ich für die Sache fühle, der Sie sich angeschlossen. Weder aus der Allgemeinen Zeitung, noch aus ihren Redakteuren können Euer Durchlaucht mich kennen lernen, noch auf mich schließen. Wenn es nun zu meinen innigsten Wünschen gehört, daß Euer Durchlaucht dieses Institut benutzen möchten, um den Zeitgenossen hie und da, und je öfter je lieber, Tatsächliches und Berichtigendes über den *König* von *Spanien*, sein Hoflager, sein Heer und sein Kabinet mitzuteilen, damit die Wahrheit, die lautere Wahrheit über einen so interessanten und folgenreichen Teil der Zeitgeschichte zu Tage komme, so werden Euer Durchlaucht leicht ermessen, wie viel mir daran gelegen gewesen wäre, mich Ihnen persönlich

---

14 Hier zitiert nach einer Transkription, die im Bundesarchiv, Frankfurt am Main, aufbewahrt ist. Das Original des Briefes liegt in der Bayerischen Staatsbibliothek in München. Die erwünschte Notiz erschien dann auch prompt am 29. April 1838 mit leichten Abänderungen in der Augsburger *Allgemeinen Zeitung*.

vorzustellen. [...] In diesem Blatte, das alle Regenten Europas lesen, alle Minister und Diplomaten, ist kein Wort verloren, ich glaube also, daß Euer Durchlaucht eigene Neigung Sie dahin führen wird, sich desselben als Organ zu bedienen. Dagegen bin ich und mein Schwager *Baron Reischach* bereit Euer Durchlaucht für Ihre desfallsigen Bemühungen jeden anständigen Honorar Maßstab für das von Ihrer Hand in der Allgemeinen Abgedruckte anzubieten, den Sie wünschen werden, und worüber ich Euer Durchlaucht nähere Äußerungen entgegensehe. [...][15]

Sicherlich ein erstaunlicher Brief, vor allem wenn man bedenkt, dass vor wenig mehr als einem Jahr derselbe Lichnowsky aus Berlin mit Schimpf und Schande davongeschlichen war. Sicherlich mag es Cotta in seiner Berufsehre gekränkt haben, dass er so viele der besten Berichte aus dem carlistischen Hauptquartier der viel provinzielleren *Breslauer Zeitung* entnehmen musste, wo neben Lichnowsky die Schlesier Rahden und Vaerst wichtige, aber schriftstellerisch viel weniger eindrucksvolle Reportagen geliefert hatten. Damit begann für Lichnowsky eine regelmäßige Zusammenarbeit mit der *Allgemeinen Zeitung*, die ihn auf die Dauer für das deutsche Publikum zur wichtigsten Stimme des Carlismus werden ließ.

6. Katalonische Konflikte

Kaum drei Monate nachdem er Spanien verlassen hatte, begab sich Lichnowsky auf die Rückreise. Der Hof des Prätendenten schien in der Zwischenzeit im permanenten Intrigieren einen Selbstzweck gefunden zu haben. An diese Situation wollte sich der tatendurstige Lichnowsky nicht fesseln lassen. So brach er auf eigene Faust zum katalonischen Kriegsschauplatz auf. Das hieß zunächst Rückkehr nach Frankreich, da der direkte Weg aus dem Baskenland nach Katalonien von Cristinos besetzt war. In Toulouse wurden Pferde und Waffen gekauft. Ein Aufenthalt in den Pyrenäenbädern nebst Gemsenjagd wurde als offizieller Reisezweck eingereicht.

Im hohen Gebirgsgelände von Katalonien hatte sich nach dem Tod Ferdinands eine starke carlistische Bewegung gebildet, die, von Räuberhäuptlingen geführt, ein brutales und willkürliches Schreckensregiment über die Landbevölkerung ausübte. Alle Versuche, militärische Ordnung und eine effektive Verwaltung aufzubauen, waren bis dahin erfolglos geblieben. Man war, wie Lichnowsky sich bereits 1837 eingestanden hatte, „mitten in gränzenlose Anarchie gerathen" (I, 155). Ein Jahr später hatte sich an diesem Zustand nichts Wesentliches geändert. Dabei sprach ihn das Land und vor allem der Fleiß seiner armen Gebirgsbewohner sofort an:

Bei der feierlichen Stille dieser einsamen Gebirgsthäler hörten wir hellklingend, in schwindelnder Höhe, den Spaten dieser betriebsamen Leute auf dem Gestein aufschlagen, den Boden zu lockern; wenn wir aufblickten sahen wir hoch über unsern Köpfen, oft an Stri-

---

15 Auch dieser Brief wird hier nach einer Transkription zitiert, die im Bundesarchiv in Frankfurt liegt. Die Transkription, die vor Ende des Zweiten Weltkrieges erstellt wurde, weist auf das Lichnowskysche Familienarchiv als den Ort des Originals hin. Dort ist es aber anscheinend in den Kriegswirren verloren gegangen und heute nicht mehr auffindbar.

cken hängend, die catalonischen Gebirgsbauern lange, schmale Felder bearbeiten, die Bändern gleich, rothbraun, zwischen vorragenden, grauen Basaltblöcken abstachen. Die grellrothe Mütze (gorra) und das in der Sonne blinkende Eisen, machten sie von weitem kenntlich. [...] Nach sechsjährigem Kriege hatte die Sorglosigkeit und Betriebsamkeit dieses Volkes etwas wehmüthiges. Sie säeten und wußten nicht ob sie ärndten würden, und wenn Saat und Aerndte im Schweiße ihres Angesichts und mit beständiger Lebensgefahr ihnen gelungen, so wußten sie meist nicht, ob es ihnen gegönnt sein würde, die Früchte ihrer Anstrengung ungeschmälert und in Ruhe zu genießen. Heute von Streifcorps der einen Partei, und Morgen von denen der Andern heim[ge]sucht, waren sie, außer dem gewöhnlichen Jammer jedes Krieges, noch den brutalen Mißhandlungen, den Grausamkeiten ausgesetzt, die dem spanischen Bürgerkrieg, wo er durch Guérillas geführt wird, einen eigenen, wüthend thierischen Charakter primitiver Rohheit geben. Kein Thal, kein noch so kleiner Ort ist in jenen Gegenden anzutreffen, der nicht gräßliche Spuren von Mord und Brand, von Ruine und Verwüstung an sich trüge (II, 134–136).

Sosehr sich Lichnowsky mit seinem kriegerischen Heldentum brüsten konnte, ein blinder Haudegen ist er nie gewesen.

Wie im ersten Band der *Erinnerungen* die Expedition nach Madrid den Leitfaden des Geschehens abgibt, so ist es im zweiten Band die Gestalt des greisen Grafen Carlos de España, des Oberkommandierenden der dortigen carlistischen Streitkräfte, die dem verwirrenden Geschehen innere Kohärenz geben soll. Lichnowsky war sich von Anfang an bewusst, dass „vielleicht über keine militärisch oder politisch markante Persönlichkeit der neuesten Zeit so schroffe Urtheile gefällt worden sind" (II, 181). Am 11. November 1838 begann dann bereits in der Augsburger *Allgemeinen Zeitung* (Außerordentliche Beilage Nr. 596 und 597) der Abdruck einer Reihe von Berichten, die Lichnowsky unter dem Titel „Briefe aus Catalonien" eingesandt hatte. Eine wichtige Absicht dieser Berichte war es zweifellos, die Gestalt des Grafen in ein besseres Licht zu rücken. „Don Carlos de España ist den Liberalen durch die Invectiven aller jacobinischen Federhelden Europa's bekannt, die sich ihn seit einer Reihe von Jahren als Zielscheibe auserkoren haben." Gerade weil er das strenge Regime des Grafen unter den gegebenen Umständen für notwendig hielt, hat Lichnowsky sich in den *Erinnerungen* nicht gescheut, die Härten dieser Notwendigkeit zu beschreiben, gelegentlich aber auch ihre Unvermeidbarkeit zu bezweifeln:

Ich kann nur aus eigener Erfahrung sprechen; mein Urtheil mag vielleicht als Carlist nicht unpartheiisch scheinen, unabhängig ist es jedenfalls. – Ich habe den Grafen de España oft unerbittlich, vielleicht zu streng gesehen, besonders wenn er Desertion, Räuber, Insubordination, vorsätzlichen Ungehorsam, Feigheit und Aufwiegler zu strafen hatte; ungerecht, willkührlich grausam ist er mir nie erschienen, und gar die Anklage einer Lust am Strafen, freudigen Ingrimms, die so oft erhoben wurde, muß ich aus meiner innigsten Ueberzeugung mit Abscheu zurückweisen (II, 235).

Es ist dies ein Charakterbild, mit dem er das liberale Europa letztlich nicht überzeugen konnte.[16]

---

16 Einer derer, die sich von Lichnowskys Charakterbild nicht beeindruckt zeigten, war sein liberal gesinnter schlesischer Landsmann Heinrich Laube. Er schrieb über diesen Teil der Lichnowskyschen

Anfang November 1838 fühlte sich de España gerüstet genug, um militärisch aktiv zu werden. Das erste Unternehmen galt einem feindlichen Konvoi.[17] Der Plan misslang, weil die carlistischen Kräfte zu schwach waren, den Konvoi aufzuhalten. Das zweite Unternehmen war auf eine andere feindliche Kolonne gerichtet. Bevor es zum Kampf kommen konnte, zog sich der Feind zurück. So blieb es bei einigem sinnlosen Geplänkel, das trotzdem sein Maß an Toten und Verwundeten kostete. Nach dergleichen Abenteuern marschierte man in die Gegend von Berga zurück, auf die Vermutung hin, dass der Feind sich dieser größten der noch verbliebenen carlistischen Stellungen bemächtigen wolle. Dort zerstörte man – Lichnowsky war nun wirklich schockiert – alle Häuser, die sich im Umkreis von einer Stunde vor dieser Stadt befanden. Grund war, dass man den erwarteten cristinischen Truppen die Gegend so unwirtlich wie möglich machen wollte:

> Höhere militärische Rücksichten mögen allerdings hier rechtfertigend eintreten; doch blieb es nicht weniger herzbrechend, die stumme Verzweiflung dieser unglücklichen Familien, sonst wohlhabender Landleute zu sehen, wenn bei ihrer, auf dem Felde umherliegenden Habe stehend, sie kummervoll zusahen, wie das Holz ihrer Dächer weggeschleppt und ihre Mauern niedergerissen wurden. [...] Ich habe viele Menschen auf Schlachtfeldern fallen und außer denselben niederschießen sehen, viele Gräuel mit erleben müssen; doch die schrecklichste, ich möchte beinahe sagen unheimlichste Erinnerung ist mir von allen diese geblieben, die ich so eben niedergeschrieben (II, 266–268).

Kurz darauf stellten sich diese radikalen Vorsichtsmaßnahmen als völlig unbegründet heraus. Die Zerstörung der Häuser aber war geschehen und konnte nicht mehr rückgängig gemacht werden.

Bald zog man wieder los, diesmal ins Talgebiet des Segre, nach „dem wildesten Theile Cataloniens" (II, 275). Wieder einmal wollte man versuchen, einen feindlichen Konvoi zu überfallen. Da traf die Nachricht ein, „die feindliche Garnison des Forts de la Libertad, oberhalb Viella im Thale von Aran, habe ihren Gouverneur, Obersten Don Ramon Gali, einen ehemaligen Generalstabs-Offizier des General Roten, ermordet; die Stadt Viella, Hauptstadt des Thales, sich jedoch geweigert, gemeinsame Sache mit dem Fort zu machen; so daß gegenwärtig dieses liebliche, kleine Thal sich in einem Zustand anarchischer Auflösung befand" (II, 287f.). De España gab daraufhin in der Nacht vom 30. November zum 1. Dezember den Auftrag, „das befestigte Viella und das Fort de la Libertad mit Sturm zu nehmen, eine allgemeine Kriegssteuer auszuschreiben, die Fortificationen zu schleifen, sodann mit den Gefangenen und sämmtlichen Kriegsvorräthen zu ihm zurückzukehren" (II, 288).[18]

Erinnerungen: „Es ist erstaunlich, wie rasch man sich mit Blutmenschen abfindet, wenn man sich innerhalb dieser theils rohen, theils verdorbenen spanischen Verhältnisse sieht. Unmöglich hätte uns sonst dieser unbarmherzige España so behaglich dargestellt werden können" (Blätter für literarische Unterhaltung, Nr. 81, 22. März 1842).

17 Über diese und die folgende Aktion berichtete Lichnowsky erstmalig in der Augsburger *Allgemeinen Zeitung* vom 24. Dezember 1838 (Außerordentliche Beilagen Nr. 683 und 684).

18 Lichnowsky schreibt hier versehentlich, dass der Befehl „in der Nacht vom 31. [November] auf den 1. [Dezember]" erfolgt sei.

Lichnowsky, der bisher zwar häufig Augenzeuge der Ereignisse und auch vielfach Mitstreiter gewesen war, sich aber ansonsten als Adjutant beim jeweiligen Generalstab aufgehalten hatte, erhielt hier zum ersten und letzten Mal das Kommando über eine eigene Truppe, um mit dieser einen spezifischen militärischen Auftrag auszuführen. Es war dies für ihn der unbestrittene Höhepunkt seiner spanischen Karriere, und seine Erinnerungen daran zeichnen sich durch ungewöhnliche Offenheit und Prägnanz aus.

Trotz tiefer Schneewehen auf den Passhöhen näherte man sich dem friedlichen Tal und der Stadt Viella ohne große Zwischenfälle. Auch vor Ort ging alles zunächst durchaus nach Plan:

> Am 5. Morgens ward Viella zur Uebergabe aufgefordert und dem Befehl des General-Capitains zufolge, zwölf Minuten Bedenkzeit der Stadt gegeben; doch empfing sie den Parlamentär mit Flintenschüssen. Um 8 Uhr eröffnete unsere Batterie ihr Feuer, dem die Geschütze des Forts und das Gewehrfeuer von dem Brückenkopf erwiederten. Unsere Bomben zündeten einige Häuser an, die bald hell auflohderten; nach einer Stunde war der Brückenkopf zum Schweigen gebracht. Um 9 Uhr, auf ein gegebenes Zeichen, rückten die in Betrén und Gausac bereit stehenden Truppen im Sturmschritt vor; zugleich griff das fünfte Bataillon, das die Batterie gedeckt hatte, den Brückenkopf an. Während der Nacht waren alle Leitern, deren man habhaft werden konnte, zusammengebracht worden; sie wurden angelegt; ein ziemlich hitziges Bajonnet-Gefecht entspann sich, und nach 20 Minuten waren wir Herren der Stadt (II, 297f.).[19]

Die Stadt war also genommen, nicht aber das Fort oberhalb der Stadt. Und damit begann auch hier das traurige Ende der zunächst so glorreichen Affäre. Der carlistische Bataillonschef Porredon weigerte sich, das Fort anzugreifen. Als nach zwei Tagen der von España mühsam eingeholte Bescheid Lichnowskys Befehl legitimierte, weigerten sich die Soldaten, auf Sturmleitern zu klettern. Das schien ihnen einfach zu gefährlich und ihrer Würde als Soldaten unangemessen. Sie wollten erst angreifen, nachdem die Artillerie eine Bresche in die Umwallungsmauer geschlagen hatte. Nachdem die Artillerie unter großen Mühen aufgestellt worden war,

---

19 In seinem Brief an die Mutter vom 19. Januar 1839 erwähnt Lichnowsky mit Stolz, dass die Tatsache, dass „eine Brigade die ich commandirte die fortifizirte Stadt Viella" am 5. Dezember 1838 eingenommen hatte, von España in einem Kriegsbulletin und im Tagesbefehl anerkannt worden war und er daraufhin von España dem Don Carlos zum Feldmarschall (Maréchal de Camp) vorgeschlagen worden war (RAUSL, Karton 14, 234/B XIX, 12/C). Dass man diesen Vorschlag im carlistischen Hauptquartier hintertrieb, wurde für Lichnowsky ein entscheidender Grund, warum sein Interesse an den spanischen Abenteuern stark nachließ. Typisch ist die Reaktion des Vaters auf die Kriegsleistung des Sohnes im Brief vom 12. Februar 1839: „Deine Bescheidenheit den Zug nach Viella usw nicht in einem Allgm. Zeit. Art. zu beschreiben, hat mein volles Lob und ich sehe darin das Betragen eines katholischen Edelmanns" (RAUSL, Karton 15, 238/B XIX, 19). Es ist anzunehmen, dass das väterliche Lob hier weniger der christlichen Tugend als der von ihm erwarteten, jedem echten Aristokraten anstehenden Verachtung der bürgerlichen Presse galt. Der Sohn hat sich, bei allem eigenen Pochen auf den aristokratischen Ehrenkodex, nie zu einer solchen Verachtung der Presse bekennen wollen. Der Journalismus war und blieb für ihn ein wesentliches Element seines Selbstverständnisses. Dass er den adligen Ehrenkodex und den modernen Journalismus in sich verbinden zu können glaubte, hat dann immer wieder zu Extravaganzen in seinem Verhalten geführt, die seine Zeitgenossen teils lächerlich, teils abstoßend, auf jeden Fall aber unangebracht fanden.

begann ein ziemlich lebhaftes Feuer unserer Seits, nur schwach vom Fort erwiedert, und als nach einigen Stunden eine Wand glücklich einfiel, die Flagge vom beschädigten Thurm herabstürzte und ich jeden Augenblick erwartete, mit ein paar Elite-Compagnien durch die Bresche eindringen zu können, hörte ich, zu meinen Füßen, in Viella, Generalmarsch schlagen und gewahrte zu meiner nicht geringen Verwunderung, daß in dem Hofe der Wohnung Porredons, dessen Maulthiere gepackt wurden (II, 305).

De España hatte plötzlich einen Abmarschbefehl übersandt. „Noch wenige Stunden Zeit und das Fort wäre unser gewesen, doch war an ein längeres Verweilen mit diesen Leuten nicht zu denken, die sich glücklich schätzten, unverrichteter Dinge abziehen zu dürfen. Die Artillerie wurde aufgeladen und unter dem Hohngelächter der feindlichen Besatzung abgezogen" (II, 306). Damit war das Fiasko noch keineswegs beendet, denn der Rückmarsch im Schneesturm stand noch bevor. Zwanzig Maulthiere, mit Glockenmetall beladen, 300 Rinder und eine große Anzahl von Schafvieh mussten mit, denn man wollte doch etwas erreicht haben:

> Als wir um Mitternacht beim Hostal de la Bonaigua [auf der Passhöhe] anlangten, waren sämmtliche Bataillone so debandirt, daß keine einzige Compagnie mehr ihre complette Mannschaft zählte. Artillerie, Munitionskasten, Equipage, von allen dem war nichts mehr zu sehen. Ich marschirte mit den Letzten und kletterte mühsam, trüben Sinnes auf meinen Säbel gestützt. Als ich endlich zum Hostal kam, stand Porredon vor demselben, rang die Hände und jammerte über das Unheil, das er selbst angerichtet. Um ihn herum lagen Hunderte von ermüdeten Soldaten auf dem Schnee und heulten vor Kälte. Ich ließ Scheune und Stallungen des Hostals niederreißen, das Dach abbrechen und mit diesem Brennmaterial längs des Weges eine lange Reihe von Feuern anmachen, die Angekommenen zu erwärmen und die Zurückgebliebenen zu leiten. [...] Als wir um 9 Uhr die Bataillone auf dem Wege formirten, fehlten noch ungefähr 40 Mann, doch der größte Theil der Lastthiere, sämmtliche Artillerie, Munitionskasten, Equipage und Glocken-Material blieben verloren (II, 308f.).

Andere Unternehmen, um nichts glücklicher, folgten. Am Ende dieses Winterfeldzugs war man dann hauptsächlich damit beschäftigt, nicht „vom Feinde umzingelt zu werden und unsern Rückzug abgeschnitten zu sehen" (II, 320). Auf jeden Fall war nach dem fast dreimonatigen Herumziehen in den Bergen nichts erreicht worden. Man hatte überlebt. Das war's dann aber auch schon gewesen. Selbst sein eigener Anteil an der ganzen Affäre ließ bei Lichnowsky keine Freude aufkommen. Man war ins friedliche Tal von Viella eingebrochen, hatte zerstört und geplündert, wessen man ohne große Anstrengung habhaft werden konnte, um dann die Beute – unter anderem die Kirchenglocken von Viella – auf dem jämmerlichen Rückzug in die Schluchten zu werfen. Zweck und Notwendigkeit des Ganzen waren nicht mehr einzusehen, und auf Dauer konnten Abenteuerlust und Schneid als Selbstrechtfertigung nicht genügen. Der Zug nach Madrid war zwar auch erfolglos geblieben, aber er hatte doch wenigstens etwas Großem, Einleuchtendem gegolten. Worum ging es hier? Wem half es? Worauf zielte das alles ab? Eine leichte Verwundung[20] gab Lich-

---

20 In einem Brief an die Mutter vom 19. Januar 1839 aus Bordeaux beschreibt Lichnowsky seine Verwundung folgendermaßen: „Am 12. Dec. hatten wir kleine Affre. bei Tirbia; ich erhielt einen Streifschuß in das rechte Bein am obern Waden" (RAUSL, Karton 14, 234/B XIX, 12/C).

nowsky zusätzlich Zeit, die carlistische Sache und die eigene Hingabe an sie zu überdenken. So bat er schließlich de España, ihn zur Ausheilung seiner Wunde nach Frankreich überwechseln zu lassen. Er schmuggelte sich unter großen Schmerzen, zuletzt auf einem Brett von Bergführern durch den Schnee geschleift, nach Frankreich zurück, wo er am Weihnachtsabend 1838 eintraf. Er sollte keinen der Kriegsschauplätze wiedersehen.[21]

Die letzte Katastrophe der carlistischen Sache hat Lichnowsky nur noch aus Frankreich mitverfolgen können. Bereits im Sommer 1838 hatte Don Carlos General Rafael Maroto zum Kommandanten seines Heeres ernannt. Nachdem dieser das demoralisierte und desorganisierte Heer wieder einigermaßen aufgebaut hatte, begann er hinter dem Rücken des Prätendenten Verhandlungen mit dem Oberbefehlshaber der cristinischen Armeen. Die Verhandlungen zogen sich bis zum 31. August 1839 hin und endeten in der Konvention von Vergara, wonach das Hauptheer des Prätendenten zu den Cristinos übertrat. Don Carlos verließ am 13. September 1839 für immer spanischen Boden.

Die Nachricht vom Verrat Marotos erreichte Lichnowsky Anfang September in Bayonne. Ein langer Brief vom 17. August 1839 beschreibt dem Vater die allgemeine Konfusion und Lichnowskys wachsende Ernüchterung: „Solange ich mich an diese Sache gebunden sehe muß ich leider! über Vieles schweigen; doch ekelt mich Alles täglich mehr an, und am Tag wo ich mit Ehren aus diesen Verhältnissen scheiden kann, wird gewiß nichts mehr für dich ein Geheimniß bleiben."[22] Der Mutter schrieb er am selben Tag: „Obwohl politische Ereignisse dich am wenigsten interessieren, wirst du dir doch einen Begriff von der namenlosen Confusion und ekelhaften Zerrüttung unserer hiesigen Verhältnisse machen können; ich bin auch so degoutirt daß ich mehr als je entschlossen bin Alles über den Haufen zu werfen u. sobald ich mit Ehren es kann, die ganze Geschichte zu verlassen."[23]

7. Deutsche Konflikte

Trotz verschiedener halbherziger Versuche, sich in irgendeiner Form der carlistischen Sache weiter nützlich zu erweisen, war es Lichnowsky bald klar, dass er einen endgültigen Schlussstrich unter dieses Abenteuer setzen musste. Das hieß aber nicht, dass die internationale Öffentlichkeit ihm diese Entscheidung abgenommen hätte. Zu sehr hatten ihn seine Berichte mit der carlistischen Sache identifiziert. Im Januar

---

21 Es ist verwirrend, dass die Augsburger *Allgemeine Zeitung* unter dem Signum Lichnowskys, der bourbonischen Lilie, weitere Berichte aus Spanien veröffentlichte (so in den Beilagen Nr. 140–142 vom 20. bis 22. Mai 1839), die offensichtlich nicht von Lichnowsky geschrieben worden sind, sondern von dessen gutem Freund, dem Baron Wilhelm von Rahden, der in dieser Folge von Aufsätzen die Kriegslage im Hauptquartier Cabreras schilderte. Ein anderer mit der bourbonischen Lilie gezeichneter und Cabrera betreffender Artikel in derselben Zeitung (3. Oktober 1840, Beilage Nr. 277) wird dann ausdrücklich als von Rahden verfasst kenntlich gemacht.
22 RAUSL, Karton 13, 228/B XIX, 2.
23 RAUSL, Karton 14, 234/B XIX, 12/A.

1841 berichteten belgische Zeitungen, dass Lichnowsky sich nach London begeben habe, um dort Unterhandlungen um das weitere Schicksal des Don Carlos zu führen.[24] Lichnowsky aber traf dort erst am 23. Mai ein und verließ die Stadt, ohne dergleichen Unterhandlungen geführt zu haben. Doch die Gerüchte hielten sich. Am 6. Juli druckte das *Frankfurter Journal* eine Notiz der *Kölner Zeitung* nach, die „aus zuverlässiger Quelle" berichtete, dass Don Carlos in Frankfurt erwartet werde und dass Lichnowsky ihn beim Grenzübertritt aus Frankreich begrüßen wolle.[25] Auch das stellte sich als ein leeres Gerücht heraus, trotz der angeblich zuverlässigen Quelle.

Damit kehrte etwas Ruhe ein, aber nicht für lange. So berichtete die *Rhein und Mosel Zeitung* am 18. September 1843: „Fürst F. L., der den Sommer auf seinen Besitzungen in Schlesien und der Umgebung zubrachte, hat sich, wie man hört, bereits auf den Weg gemacht, um eine neue Ritterfahrt für die Legitimitäts-Ansprüche des zu Bourges dermalen confinirten spanischen Infanten Don Carlos von Bourbon anzutreten." Auch das blieb bloße Spekulation. Am 1. Oktober 1843 führte die *Deutsche Allgemeine Zeitung* aus Oberschlesien weitere Details an: „Die in einigen Zeitungen verbreitete Nachricht, daß der Fürst Felix Lichnowsky sich rüste, nochmals die Waffen für Don Carlos zu ergreifen, gewinnt dadurch an Wahrscheinlichkeit, daß der Fürst plötzlich seine Besitzungen verlassen und sich unter einem Incognitonamen einen Paß zur Reise nach den deutschen Bundesstaaten und Italien hat ausstellen lassen." Dann musste aber auch dieses Gerücht ad acta gelegt werden. Leicht war es im Nachhinein, sich über die leichtgläubige Presse lustig zu machen, wie es die *Zeitschrift für die gebildete Welt* in einer Notiz vom 13. Oktober 1843 tat: „Ist Fürst Felix Lichnowsky eine deutsche Macht? Warum so viel Nachdruck darauf legen, ob er nach dem schlesischen Osten, oder nach dem ‚Süden' reist! Schreibt man ihm etwa Einfluß auf die spanischen Verhältnisse zu? Auf seinen Gütern soll er treffliche Merinos besitzen. Aber mit ihnen erobert man keinen Weideplatz im Bidassoathale, vielweniger ein Königreich."[26] Womit der Fürst sich damals wirklich beschäftigte, erläuterte die Augsburger *Allgemeine Zeitung* am 21. Oktober 1843: „Fürst Felix Lichnowski [sic], der sich kürzlich in Angelegenheiten der oberschlesischen Eisenbahn in Berlin befand, hat die Versicherung erhalten, daß diesseits alles geschehen werde, um die gewünschte Eisenbahnverbindung Schlesiens mit der Kaiser Ferdinands-Nordbahn zu fördern."

Ein Krieg aber, der, wie Lichnowsky glaubte, zumindest teilweise durch Verrat verloren gegangen war, musste fast notwendigerweise zu weiteren Fehden unter

---

24 Die in den folgenden Abschnitten zitierten Zeitungstexte sind einer Mappe von Zeitungsausschnitten entnommen, die Lichnowsky selbst angelegt hat und die sich in der Bibliothek der Lichnowskys im Schloss Grätz/Hradec erhalten hat. Die Mappe trägt das Napoleon zugeschriebene, aber auch für Lichnowsky so bezeichnende Motto „Le journalisme est devenu une puissance."

25 Wahr ist, dass im Frühjahr 1841 der König von Neapel sich bemüht hatte, die Höfe in Berlin, St. Petersburg und Wien zu einer Intervention zugunsten des immer noch in Bourges in Haft gehaltenen Don Carlos zu veranlassen. Es ging dabei um Vorschläge zur Freilassung und zur Finanzierung seiner Apanagen. Diese Verhandlungen standen dann im Juli kurz vor dem Abschluss.

26 Das Wortspiel bezieht sich auf den alten Guerillaführer Merino und Lichnowskys Zucht von Merinoschafen auf seinen Besitzungen in Oberschlesien.

den Beteiligten führen. Das fing schon damit an, dass die zum Teil auf verschiedenen Kriegsschauplätzen erprobten deutschen Freiwilligen sich in der Heimat ihre jeweiligen Heldentaten streitig machen wollten. Sicherlich, da waren die preußischen Kriegskameraden, die sich gegenseitig schätzten und unter denen Lichnowsky als unumstrittener Führer galt. Über andere deutsche Kriegsfreiwillige konnte Lichnowsky sich dagegen sehr herablassend äußern. Einer von diesen war der Graf von Boos-Waldeck, über den er sich schon in einem Brief an die Mutter vom 4. Februar 1839 sehr verächtlich geäußert hatte.[27] Schon in diesem Brief hatte er darauf hingewiesen, dass Boos-Waldeck dem Generalstab des Generals Maroto, des Verräters des Heeres, zugeteilt worden war. Was lag da näher, als ihn vielleicht sogar zum Komplizen Marotos zu machen? Wieweit Lichnowsky mit einem solchen Vorwurf gegangen sein mag, lässt sich nicht sagen. Dass es nicht bei Privatäußerungen blieb, ist dann aus der Notiz vom 3. Februar 1840 in der Frankfurter *Ober Post Amts Zeitung* nachzulesen: „Wiesbaden, 1. Febr. Heute morgen fand auf dem in der Nähe hiesiger Stadt gelegenen Geisberg ein Pistolenduell zwischen zwei vormaligen Stabsoffizieren des spanischen Kronprätendenten Don Carlos, dem jetztigen Adjutanten Sr. Durchl. des Herzogs von Nassau von B... und dem russischen Prinzen R....... statt, in welchem der Letztere eine Schußwunde in den Arm erhielt. Über die Ursache dieses Duells circulieren die verschiedensten Gerüchte." Lichnowsky, der es sich nicht gefallen lassen wollte, mit einem russischen Fürsten verwechselt zu werden, verstand es, in der Augsburger *Allgemeinen Zeitung* die Affäre ins rechte Licht zu rücken. Dort erschien am 8. Februar ein ausführlicher und korrigierter Bericht.

Nicht so glimpflich ging es für Lichnowsky im zweiten carlistischen Ehrenstreit ab. Der Anlass für das Duell lässt sich hier im Detail festlegen. Gegen Ende des zweiten Bandes seiner *Erinnerungen* kommt Lichnowsky auf den interimistischen Kriegsminister Juan Montenegro – Marotos „stets dienstfertiger Freund und Anhänger" – zu sprechen und benutzt die Gelegenheit zu einer langen, ungewöhnlich scharfen Fußnote, in der er sich nicht nur gegen diesen, sondern auch gegen andere Mitglieder der Familie Montenegro mit provozierender Schärfe auslässt:

> Dieser erbärmliche Mensch trieb zwar die Schamlosigkeit nicht so weit, ihm [Maroto] auf die Felder von Vergara zu folgen, doch ließ er seinen Herrn und sein Portefeuille im Stich und ergriff eiligst die Flucht, sobald er den König in Gefahr wußte umzingelt zu werden. [...] Scheint es doch fast, als ob die gewöhnlichsten Begriffe von Scham und Ehre in dieser Familie nicht anzutreffen wären, mit einziger Ausnahme des Artillerie-Directors General Montenegro, gegen den nichts Ehrenrühriges anzuführen ist. Juan Montenegro, des Ministers Bruder, ehemaliger Kammerdiener Ferdinand VII., der als Ruheposten das Consulat in Genua erhielt, hat immer eine höchst zweideutige Rolle gespielt, und Joaquin, des Kammerdieners Sohn, entblödete sich nicht durch sechs Jahre in Wien, in Grenadier-Capitains-Uniform, Romanzen zu trillern und ein paar Briefe des Grafen Alcudia abzuschreiben, während jeder junge Spanier, dem ein Herz im Leibe schlug, sich für eine oder die andere Partei auf dem Kriegsschauplatz befand (II, 367f.).

---

27 RAUSL, Karton 14, 234/B XIX, 12/C.

Diese rüde Verunglimpfung konnte natürlich kein Adliger auf sich sitzen lassen. Dem etwa gleichaltrigen Joaquin blieb keine Wahl, als Lichnowsky bei erster Gelegenheit zum Duell zu fordern. Wiederum belegen Zeitungen die Einzelheiten. Das Duell fand Ende Dezember 1841 bei Wien statt. Sich auf Wiener Quellen stützend, berichtete die Augsburger *Allgemeine Zeitung* am 4. Januar 1842: „Seit gestern spricht man hier von einem Pistolenduell zwischen dem durch seinen Aufenthalt im Carlistischen Lager in Spanien und die darüber der Öffentlichkeit übergebenen Memoiren bekannten Fürsten L......... und dem der früheren spanischen Gesandtschaft dahier zugetheilt gewesenen Chv. M........., welcher letztere sich durch die Schriften des ersteren angegriffen wähnte. Leider soll einer der Duellanten schwer verwundet worden sein." Am 8. Januar klang die Augsburger *Allgemeine Zeitung* dann schon besser informiert und auch optimistischer: „Wie man hört, ist für das Leben des in dem schon besprochenen Duell schwer verwundeten Fürsten Felix Lichnowsky nur wenig mehr zu befürchten; die Kugel drang auf der Seite ein, verletzte einige Gefäße, und blieb auf der Gegenseite stecken, ist jedoch bereits herausgeschnitten worden. Auch sein Gegner, Chev. Montenegro, hat einen Schuß in den Vorderarm erhalten, der zwischen beiden Armknochen durchging, ohne einen davon bedeutend zu schädigen." Erstaunlich für Lichnowsky – oder war das ein Teil einer getroffenen Absprache? –, dass er am 14. Januar in derselben *Allgemeinen Zeitung* eine Zurücknahme seiner verunglimpfenden Fußnote abdrucken ließ, die sich aber nur auf den letztgenannten Joaquin bezog. In Lewalds *Europa* gab man am 28. Februar 1842 der ganzen Affäre mit gezieltem Zynismus eine durchaus moderne Wendung:

> Sie werden von dem Zweikampf des Fürsten Felix Lichnowsky mit dem Chevalier Montenegro in den Zeitungen gelesen haben. Äußerungen des Fürsten im zweiten Bande seiner „Erinnerungen" werden als Ursache des Zweikampfs angeführt. Ich brauche Ihnen nicht zu sagen, daß die blutige Affaire [...] den Absatz des Buches nicht vermindert. Der Verleger J. D. Sauerländer, ein praktischer Mann, hat, als die erste Nachricht vom Duell hier eintraf, sofort die nöthigen Nachsendungen des Buchs nach Wien unternommen, und mich versichert, noch nie sei ein Schriftsteller für den Absatz seines Buches so thätig gewesen wie der Fürst Lichnowsky.[28]

---

28 Schon der auf den 6. Januar 1842 datierte Bericht aus Wien, den die *Leipziger Allgemeine Zeitung* aufnahm, stellte eine Beziehung zwischen der Publikation des zweiten Bandes und dem Duell her: „Als Grund dieses ernsten Rencontre wird angegeben, daß im jüngst erschienenen zweiten Theile der Memoiren des Fürsten (der bekanntlich als General in Diensten des Don Carlos stand) eine Hrn. v. Montenegro stark angreifende und verletzende Stelle befindlich sei, worauf dem Letztern, da der Fürst alles Arrangement verweigert haben soll, natürlich nichts übrig geblieben ist, als denselben zu fordern. Auch setzt man hinzu, daß Dieser, der das Duell als nothwendig erachtet, eigens deshalb zur Zeit des Eintreffens seines zweiten Theils im hiesigen Buchhandel nach Wien gekommen und seinen Kriegsgefährten, den bekannten General Rahden (Verfasser der Schrift über Cabrera), zu diesem Zwecke mitgebracht habe."

8. Literarische Anerkennung

Natürlich gehören Lichnowskys *Erinnerungen* auch zu den Nachspielen der spanischen Zeit. Lichnowsky war, wie schon angedeutet, keineswegs der Einzige oder gar der Erste, der seine Erlebnisse im spanischen Bürgerkrieg dem deutschen Publikum schnell zuführen wollte. Ihm zuvorgekommen war sein Freund Wilhelm von Rahden mit seinem Buch *Cabrera. Erinnerungen aus dem spanischen Bürgerkriege*. August von Goebens *Vier Jahre in Spanien. Die Karlisten, ihre Erhebung, ihr Kampf und ihr Untergang, Skizzen und Erinnerungen aus dem Bürgerkrieg* erschien im selben Jahr wie die Lichnowskyschen *Erinnerungen*. Im Jahr darauf folgte ein Werk aus cristinischer Perspektive von Gustav Höfken, *Tirocinium eines deutschen Offiziers aus Spanien*, das sich aber nur kurz mit dem Kriegsschauplatz befasste, um dann einen allgemeinen Reisebericht über Spanien zu bieten. Drei Jahre später erschien der erste Band des fünfbändigen Werks *Aus dem Wanderleben eines verabschiedeten Landsknechts*, dessen Autor der Fürst von Schwarzenberg war.[29] Keines dieser Werke wurde aber je als literarische Leistung eingestuft.

Ganz anders sah das bei Lichnowskys *Erinnerungen aus den Jahren 1837, 1838 und 1839* aus. Obwohl die meisten Rezensenten sich vom politischen Standpunkt der *Erinnerungen* distanzierten, bestätigten sie dem Autor doch durchweg die zeitgeschichtliche und literarische Qualität seiner zwei Bände. Zunächst war die Tatsache, dass ein reaktionärer Aristokrat sich hier mit soviel Elan einem so modernen Genre – dem journalistischen Kriegs-, Reise- und Zeitbericht – widmete, für die Vertreter gerade der neuen Literatur bemerkenswert. Die vierte Nummer der nationalliberalen *Grenzboten*, einer Zeitschrift, die damals, kaum gegründet, noch in Brüssel erschien, wollte 1841 den Schriftsteller Lichnowsky trotz seiner Abkunft und seiner Gesinnung ganz für die Moderne in Anspruch nehmen. Berührungsängste gab es da nicht, obwohl sorgfältig klargestellt wurde, wer hier mit welchen Maßstäben gemessen wurde und warum:

> Der aristokratische Schriftsteller, weit entfernt durch seinen Namen zu imponieren, hat im Gegentheile sogar ein Vorurtheil zu bekämpfen. Die Masse ist von vorn herein in einer oppositionellen Stimmung gegen ihn und er muß ihr manches Opfer bringen, um sie zu gewinnen. Hier ist nicht mehr von einem Privatspaße die Rede, hier wird nicht mehr Liebhabertheater gespielt; hier gilt es Ernst und hat er einmal die Bühne betreten, so setzt sich das Publikum in richterliche Position. Man darf einen Hauptumstand nicht vergessen. Die Presse in ihrem heutigen Zustand ist ein democratisches Institut und wer ihren Bereich betritt, hat, ohne daß er selbst es weiß, der Democratie ein Zugeständniß gemacht (S. 118f.).

Nachdem auf diese Weise das ideologische Terrain abgesteckt worden war, konnte man den Autor Lichnowsky dann ins Junge Deutschland einbeziehen: „Der Schrift-

---

[29] Friedrich Sengle widmet diesem Werk eine kurze, kritische Analyse: Biedermeierzeit. Deutsche Literatur im Spannungsfeld zwischen Restauration und Revolution 1815–1848. Bd. 2: Die Formenwelt. Stuttgart 1972, S. 254f.

steller Felix Lichnowsky ist ohnstreitig eine anregende und glänzende Erscheinung. [...] Tritt noch hinzu der aristokratische Schriftsteller mit so reichen Mitteln und so frischen Farben uns entgegen wie hier, dann wäre ein Krieg aus mißverstandenem Liberalismus ein eben so großes Unrecht gegen die Person als ein Vergehen gegen die Genossen der Literatur überhaupt" (S. 120, 122).

Ein Vergleich mit dem erfolgreichen Reiseschriftsteller, Aristokraten und schlesischen Fürsten Hermann Pückler-Muskau lag für viele Kritiker auf der Hand. So schrieb der Rezensent in Lewalds *Europa* am 28. Februar 1842:

> Der Fürst hat übrigens in seinem ersten Debut als Schriftsteller, abgesehen von einer Nonchalance des Styls, die sich von der des Fürsten Pückler dadurch unterscheidet, daß sie weniger als Vornehmheit, denn als die Weise eines achtundzwanzigjährigen Mannes anzusehen ist, der im Feldlager seine chevalereske Bildung erhielt, und eben so gut mit dem Schwerte, wie mit der Feder umzugehen weiß – Fürst Lichnowsky hat in seinen Erinnerungen sich in historischer, kritischer, descriptiver, pittoresker und stylistischer Hinsicht so bedeutsam ausgezeichnet, daß er in der That den Punkt angibt, wo sich die Aristokratie mit dem Jahrhundert zu vermitteln hat.[30]

Ein weiterer Weltreisender, Aristokrat und Reiseschriftsteller, Alexander von Humboldt, lud in einem undatierten Brief Lichnowsky zu einem Besuch bei sich ein und benutzte die Gelegenheit, dem jungen Autor folgendes zu schreiben: „Ich habe mit einem immer steigenden Interesse Ihren zweiten Theil, das Ende eines blutigen, so lebendig geschilderten Dramas, Seite für Seite gelesen. Die spanischen Verhältnisse bewahren einen großen, ernsten aber schauerlichen Charakter dem übrigen Europa wie entfremdet und darum denen unclar [?], die nicht, wie wir, unter solch einem Volk gelebt haben."[31]

Mit seinem Versuch, Zeitgeschichte zu schreiben, historische Figuren aus der eigenen Erfahrung zu erklären und auf diese Weise Wirklichkeit direkt und unverstellt zu dokumentieren, war Lichnowsky, wie auch die liberale Kritik zugeben musste, ein Produkt seiner Epoche. Seine *Erinnerungen* gehören zu jener literarischen Mischgattung von Reiseberichten, Memoiren, Zustands- und Charakterbildern, die eine neue Generation von Schriftstellern entwickelt hatte, um sich von der klassischen Literatur ihrer großen Vorgänger abzusetzen.[32] Im *Repertorium der gesammten deutschen Literatur* (Jahrbuch XXIX, Nr. 2) wurde lobend vermerkt, dass Lichnowsky es verstanden habe, seinen eigenen Standpunkt mit der notwendigen Objektivität zu verbinden:

---

30 Dass Pückler-Muskau Lichnowsky als einen literarischen Sohn ansah, ergibt sich aus einem Brief, in dem der ältere Fürst davon sprach, dass ihn das Werk „durch seine Schärfe und Gediegenheit, eine nicht seltene Erhebung zu wahrhaft historischer Würde, durch seine kühne Rücksichtslosigkeit endlich, freudig überraschte." Hier zitiert nach Ludwig Bergsträsser: Das unbekannte Leben des bekannten Fürsten Felix Lichnowsky. In: Hochland 31 (1933/34), Heft 9, S. 233–249, hier S. 236. Die Korrespondenz zwischen Pückler-Muskau und Lichnowsky, die Bergsträsser wohl noch im Familienarchiv der Lichnowskys zugänglich war, ist leider in den Wirren der unmittelbaren Nachkriegszeit verloren gegangen.
31 RAUSL, Karton 17, 259/C III/4.
32 Siehe dazu Helmut Koopmann: Das Junge Deutschland. Analyse seines Selbstverständnisses. Stuttgart 1970 (Germanistische Abhandlungen 33), S. 63–69.

Auf blosse Schmähungen der Gegenpartei lässt er sich nicht ein, wohl aber entwickelt er Gang und Stand der Dinge in einem klaren Bilde. Obwohl auch in diesem Werke die Ansicht vorherrscht, dass die Errichtung eines Gouvernements des Don Carlos in Spanien, wenn die Sachen nur besser geleitet worden, sehr wohl möglich gewesen, so steht doch der Vf. zu hoch, um nicht zu fühlen und zu wissen, dass es ohne noch andere Bedingungen doch nicht hätte geschehen können. Er spricht sich darüber freilich nicht klar aus, aber für den Verständigen deutet er es an, wenn er sagt, daß die fanatisch-mönchische Partei einen großen Antheil an dem Sturze der Sache des Don C. gehabt (S. 160).

In von Bülaus *Jahrbüchern für Geschichte und Politik* (Jahrgang IV, Nr. 12) äußerte man sich ähnlich erstaunt über Lichnowskys Fähigkeit, seine politischen Überzeugungen der klaren Sicht der Dinge nicht überzuordnen: „Diese nun sind selten in der Erzählung von Kriegsvorfällen zu finden, häufiger in der Zeichnung von Persönlichkeiten: jedoch scheint es nicht, als ob diese dadurch so parteiisch ausgefallen wäre, daß man nicht durch Lob und Tadel hindurch eine richtige Ansicht von jenen zu gewinnen vermöchte." Heinrich Laube, der in seiner hier schon herangezogenen Sammelbesprechung in den *Blättern für literarische Unterhaltung* am 19. März 1842 die vier Anfang der vierziger Jahre veröffentlichten Bücher über den spanischen Bürgerkrieg als Gelegenheit benutzte, eine ausführliche Analyse nicht nur der Berichte, sondern auch der ihnen zugrundeliegenden Tatsachen zu geben, betonte, dass auf ihn das Werk Lichnowskys unter den carlistischen Berichten den besten Eindruck machte, „weil die Parteinahme des Verfassers nicht mit der Anmaßung einer politisch-philosophischen Erledigung der Frage auftritt, sondern nur mit dem ritterlichen Drange nach Thaten, die einem nationalen Interesse, wie das carlistische in vielen Beziehungen eins war, am besten anstehen" (S. 314). Lichnowsky hatte das beste Buch über die carlistische Sache geschrieben, weil es für ihn bei der spanischen Legitimitätsfrage letztlich nicht um Politik ging, sondern um eine Gelegenheit zum aristokratischen Protest gegen eine Welt, die immer deutlicher ohne aristokratische Werte auskommen zu können glaubte. Auf diese Weise wurden die *Erinnerungen* auch zum Rückzugsgefecht einer Klasse, deren Obsoleszenz – so die Ironie der Tatsachen – Lichnowsky nur noch als Journalist und moderner Schriftsteller dokumentieren und verfechten konnte. Da mag es schon als kleiner Trost für ihn gegolten haben, dass diesem schriftstellerischen Nachspiel nochmals ein spanisches Abenteuer folgte.

9. Spanisches Nachspiel

Im Juni des Jahres 1842 war Lichnowsky mit dem Grafen Teleky, einem seiner carlistischen Mitstreiter, zu einem fast dreimonatigen Besuch Portugals aufgebrochen. Die Rückreise sollte dann von Lissabon nach Marseille gehen. Ein Visum für bestimmte Anlegestellen in Spanien hatte er sich sicherheitshalber noch in Lissabon vom spanischen Gesandten ausstellen lassen. Am 20. August 1842 erreichte er an Bord eines französischen Schiffs Barcelona. Bei einem Hafenspaziergang wurde er dort ohne nähere Erklärung festgenommen, auf Intervention des englischen Konsuls aber wieder auf freien Fuß gesetzt. Entschuldigungen von spanischer Seite folgten. Trotzdem wurde er am nächsten Tag auf dem Weg zur Kathedrale erneut verhaftet. Der politische Chef der Stadt erklärte, dass für Lichnowsky und Teleky, Parteigänger des Don Carlos, die ausgestellten Pässe ungültig seien. Während die zwei Freunde in einem Hotel im Stadtzentrum unter komfortablem Hausarrest abwarteten, hatte sich aber in der Stadt das Gerücht verbreitet, dass die Polizei Cabrera verhaftet habe. Bald war das Hotel von einer aufgebrachten Menge umstellt. Man fürchtete das Schlimmste, zumal ein Mann in der Menge Lichnowsky als Mitstreiter des verhassten Generals de España erkannt zu haben glaubte. Da dauerte es nicht lange, bis die Menge das Hotel zu stürmen begann. Zum Glück hatte der Wirt die Gefahr vorausgesehen und seinen Sohn beauftragt, die bedrohten Gefährten auf Schleichwegen aus dem Hotel zu schmuggeln. Die wütende Menge kam also ein paar Augenblicke zu spät; die zwei carlistischen Parteigänger waren mittlerweile von herbeigerufenen Gendarmen in Schutzhaft genommen worden, woraus sie dann einige Tage später mit vielen Entschuldigungen endgültig entlassen wurden.

Den Sturm der Entrüstung auf der einen, die hämische Freude auf der anderen Seite, die diese fürstlichen Kapriolen im internationalen Pressewald auslösten, können hier nicht näher ausgeführt werden. Lag ein Verstoß gegen das Völkerrecht vor? Wer hatte ihn begangen? Die spanische Regierung, bewiesen die Einen, der eitle und tollkühne Fürst, behaupteten die Anderen. Lichnowsky, sobald er wieder in Deutschland war, mischte eifrig mit. Wo seine Version der Dinge sich nicht durchsetzen konnte, ging er gerichtlich vor, da es offensichtlich unter seiner Standesehre war, Journalisten zum Duell zu fordern.[33] Niemand konnte bei all dem ahnen, dass sich die Geschichte unglücklicherweise wiederholen sollte. Fast genau sechs Jahre später, am 18. September 1848, verfolgte den immer umstrittenen Fürsten – mittlerweile als Abgeordneter des Kreises Ratibor in der ersten deutschen Nationalversammlung aktiv – eine andere Menge aus anderen Gründen, aber mit ganz ähnlichem Hass auf der Bornheimer Heide bei Frankfurt. Wiederum teilte er sein Geschick mit einem Freund und Gesinnungsgenossen, dieses Mal dem Generalmajor und schlesischen Mitabgeordneten Adolph von Auerswald. Erneut gelang es ihm, sich in einem Haus zu verstecken. Der Hauswirt tat wiederum sein Bestes, die eingedrungene Menge von der Spur abzubringen. Aber die Suchenden waren diesmal nicht so leicht von der Fährte abzuschütteln und entdeckten den Gehassten in seinem Versteck. So kostete ihn schließlich sein unverwüstliches Draufgängertum mit vierunddreißig Jahren das verwegene Leben.[34]

---

33 So wurde ein Dr. Hartmann Schellwitz, der sich in diesem Zusammenhang in der Leipziger *Allgemeinen Preßzeitung* abfällig über Lichnowsky geäußert hatte, vom Vereinigten Kriminalamt der Stadt Leipzig wegen der in seinem Artikel enthaltenen Beleidigungen des Fürsten auf dessen Antrag hin zu einer Geldbuße verurteilt. Siehe Allgemeine Preßzeitung, 9. Februar 1844.

34 Heinrich Laube, langjähriger Kritiker der carlistischen Sache, im Jahre 1848 aber Mitabgeordneter in Frankfurt, hat diese letzten Stunden seines Landsmanns Lichnowsky sorgfältig aus den Polizeiakten rekonstruiert und in besonders einprägsamer Weise in seinem bedeutenden Werk *Das erste deutsche Parlament* im Detail beschrieben. Heinrich Laube: Das erste deutsche Parlament. Bd. 2. Leipzig 1849, S. 299–307.

Maik Schmerbauch

Die deutschen Katholiken in der polnischen Diözese Kattowitz 1922 bis 1939

1. Forschungsüberblick

Das Thema der deutschen Katholiken in der Diözese Kattowitz/Katowice aus innerkurialer und innerkirchlicher Perspektive hat in der deutschen Forschungslandschaft bis zu diesem Zeitpunkt noch keine hinreichende Beachtung gefunden. So sind im deutschen Raum lediglich einige kleinere Aufsätze ehemaliger deutscher Kattowitzer Diözesanpriester erschienen.[1] Auf polnischer Seite[2] gibt es zur Kattowitzer Kirchengeschichte in der Zwischenkriegszeit vor allem aus den letzten Jahrzehnten nur geringfügig mehr an Forschungsliteratur, doch konzentriert diese sich, wenn sie die deutschen Gläubigen überhaupt berücksichtigt, nur auf das Verhältnis der deutschen zu den polnischen Katholiken und legt den Schwerpunkt immer wieder auf die polnischen Katholiken, anstatt die Stellung der deutschen Seelsorge innerhalb der Kirche in ihrer Gesamtheit systematisch darzustellen. Dazu ist es an der Zeit, dass sich auch deutsche Kirchenhistoriker diesem Thema intensiver zuwenden, was in wissenschaftlicher Perspektive besonders reizvoll erscheint.

Die Gründe für die bisher mangelhafte Bearbeitung des Themas sind sehr verschieden. Die problematischen Ereignisse in Oberschlesien nach dem Ersten Weltkrieg, die nationalsozialistische Okkupation und der radikale Kirchenkampf in der Diözese Kattowitz sowie die massenhaften Vertreibungen und Aussiedlungen der Deutschen aus diesem Gebiet nach dem Zweiten Weltkrieg ließen auch innerhalb der Katholischen Kirche das Misstrauen zwischen deutschen und polnischen Gläubigen anwachsen, bevor erst Ende der 1960er Jahre eine Entspannung zwischen deutschen und polnischen Bischöfen erreicht werden konnte. Nur einige wenige polnische Forscher ließen sich auf die Bearbeitung dieses Themas ein, was dann oft Ergebnisse hervorrief, die auf einer ungenügenden Kenntnis der Quellenlage und daher einer einseitigen Auswertung der Quellen beruhten. Deutsche Kirchenhistoriker, die sich diesem brisanten Thema überhaupt näherten, bekamen in der Regel bis in die 1990er Jahre kaum Zugang zu den polnischen Kirchenarchiven, was die Forschungen natürlich erheblich erschwerte.

---

1 Vgl. Karl Heda: Die Diözese Kattowitz und die deutschen Katholiken in den Jahren 1925 bis 1939. Ein Bericht. In: Archiv für Schlesische Kirchengeschichte 42 (1984), S. 51–58; Franz Wosnitza: Bischöfe aus dem Raum des Kattowitzer Bistums. In: Bernhard Stasiewski (Hg.): Beiträge zur Schlesischen Kirchengeschichte. Gedenkschrift für Kurt Engelbert. Köln u. a. 1969, S. 214–232.
2 Vgl. dazu zum Beispiel: Jarosław Macała: Duszpasterstwo a narodowość wiernych. Kościół katolicki w diecezji katowickiej wobec mniejszości niemieckiej 1922–1939 [Seelsorge und Nationalität der Gläubigen. Die Katholische Kirche in der Kattowitzer Diözese und die deutsche Minderheit 1922–1939]. Wrocław, Katowice 1999, S. 171.

Die Quellenlage hat sich seit dem Umbruch 1989/90 in Mittel- und Osteuropa und besonders in den letzten Jahren erheblich verbessert, und nun kann das Thema anhand neu erschlossener Quellen in besser zugänglichen Archiven und Bibliotheken endlich auch auf deutscher Seite intensiver bearbeitet werden. Besonders bedeutungsvoll ist zudem ein erst kürzlich erschlossener umfangreicher Nachlass des ehemaligen Deutschenseelsorgers und Kattowitzer Generalvikars Franz Wosnitza in Regensburg. Hinzu kommen neue Akten aus den Bundesarchiven Berlin und Bayreuth, Akten des Vatikanischen Geheimarchivs, neu zugängliche Akten des Kattowitzer Diözesanarchivs und Quellen aus weiteren schlesischen Archiven und Institutionen in Deutschland. Das Kattowitzer Diözesanblatt *Der Sonntagsbote*, das von der bischöflichen Kurie Kattowitz in den Jahren 1925–1941 herausgegeben wurde und einen intensiven Einblick in das Leben der deutschen Katholiken bietet, ist sogar noch gänzlich unerforscht. So werden die Forschungen in diesem Bereich nicht nur neue Ergebnisse auf dem Gebiet der gemeinsamen deutsch-polnischen Kirchengeschichte Oberschlesiens und zum deutschen Katholizismus der Zwischenkriegszeit sowie zur kirchenhistorischen Vertriebenenforschung erbringen, sondern auch zum Verhältnis von Staat und Kirche, von Kirche und religiöser Minderheit sowie zur diskursiven Publizistikforschung. Der vorliegende Aufsatz soll einen Einblick in dieses weitläufige und wichtige Forschungsfeld aufzeigen.

2. Die deutsche Bevölkerungsgruppe in Ostoberschlesien 1918 bis 1925

2.1 Die politischen Entwicklungen in Oberschlesien nach dem Ersten Weltkrieg

Oberschlesien gehörte bis zum Ende des Ersten Weltkrieges zur reichsdeutschen preußischen Provinz Schlesien. Die Region war aufgrund historischer und kultureller Gegebenheiten seit vielen Jahrhunderten zweisprachig,[3] denn neben der deutschen Sprache wurde von vielen Oberschlesiern die polnische Sprache oder zumeist eine polnische Mundart gesprochen, die in Bismarcks Zeiten zurückgedrängt und als „Wasserpolnisch" beschimpft wurde.[4] In dem späteren Abstimmungsgebiet von 1921 machten die polnisch- bzw. zweisprachigen Oberschlesier den überwiegenden Bevölkerungsteil aus; außerdem gab es eine kleine mährische, tschechischsprachige Bevölkerung im südlichen Teil des Kreises Ratibor/Racibórz. Dem polnischen Bevölkerungsteil fehlte aufgrund der Zugehörigkeit Oberschlesiens zu Preußen und seit 1871 zum Deutschen Reich und der staatsrechtlichen Trennung von Polen ein

---

[3] Karl Heda: Franz Wosnitza (1902–1979). In: Johannes Gröger, Joachim Köhler, Werner Marschall (Hg.): Schlesische Kirche in Lebensbildern. Bd. 6. Sigmaringen u. a. 1992, S. 223–227, hier S. 224.
[4] Franz Wosnitza: Carl Ulitzka zum 100-jährigen Gedenken. Maschinenschriftliches Dokument, 1973, Bistumszentralarchiv Regensburg, Nachlass Franz Wosnitzas beim Institut für Ostdeutsche Kirchen- und Kulturgeschichte, S. 4.

ausgebildetes polnisches Nationalbewusstsein.⁵ Viele Bewohner des Landes verstanden sich ethnisch als Oberschlesier und weniger national als Deutsche oder Polen; sie stellten somit ein gesondertes Ethnikum im Deutschen Reich dar.

Vor allem durch die zunehmende soziale und kulturelle Deklassierung der polnischen Bevölkerung in Preußen im späten 19. Jahrhundert entwickelte sich bei vielen Oberschlesiern allmählich ein polnisches Nationalbewusstsein. Nach dem Ende des Ersten Weltkrieges 1918 erhob das neu erstandene Polen territoriale Ansprüche auf Oberschlesien. Es kam zu einer zweieinhalbjährigen interalliierten Besetzung des Gebietes und einem blutigen Nationalitätenkampf zwischen deutschen und polnischen Gruppen, der seinen Höhepunkt in den drei „Polnischen Aufständen" fand. Am 20. März 1921 fällten die Bewohner Oberschlesiens durch ein Plebiszit eine Entscheidung, ob sie bei Deutschland verbleiben oder dem neuen Polen angegliedert werden sollten. In diesem Plebiszit stimmten 59,6 % für den Verbleib bei Deutschland und 40,4 % für Polen. Doch sorgten der Dritte Oberschlesische Aufstand und der Schiedsspruch des Genfer Völkerbundrates im Oktober 1921 für die Abtretung der östlichen Gebiete Oberschlesiens an Polen, die im Juli 1922 wirksam wurde.⁶ Dieser abgetretene Teil wurde fortan Ostoberschlesien oder auch Polnisch-Oberschlesien genannt und bildete die neue polnische Woiwodschaft Schlesien mit einem eigenen Landessejm in Kattowitz/Katowice. Ostoberschlesien umschloss vier Fünftel der Industrieanlagen und den Hauptanteil der Kohlevorkommen und bildete damit den wirtschaftlich wertvollsten Teil Oberschlesiens. Es umfasste die wichtigen Industrieorte Königshütte/Chorzów, Kattowitz, Myslowitz/Mysłowice, Laurahütte/Huta Laura, Bismarckhütte/Chorzów-Batory, Schwientochlowitz/Świętochłowice, Godullahütte/Godula, Morgenroth/Chebzie und Ruda.⁷

Um die durch die Teilung Oberschlesiens akut gewordene Minderheitenfrage diesseits und jenseits der neuen Grenze in den Griff zu bekommen, schlossen Polen und Deutschland unter Vermittlung des Völkerbundes im Mai 1922 die „Genfer Konvention",⁸ welche für die Dauer von 15 Jahren Übergangsregeln in wirtschaftlicher und sozialer Hinsicht formulierte sowie die besonderen Rechte der jeweiligen Minderheit in Deutsch- und in Polnisch-Oberschlesien gewährleistete.⁹ Die „Genfer Konvention" garantierte zwar die Gegenseitigkeit in Fragen der Sprache, der Schule, der Kirche und der Wirtschaft, wurde aber entgegen dieser Absicht in den Zwischenkriegsjahren immer wieder Anlass zu vielen Streitigkeiten zwischen beiden Bevölke-

---

5 Guido Hitze: Die Minderheiten in Oberschlesien 1922–1939. In: Via Silesia 2000/2001. Beiträge der Gemeinschaft für deutsch-polnische Verständigung. Jugendinitiative im Heimatwerk Schlesischer Katholiken zur deutsch-polnischen Verständigung. Hg. v. Michael Hirschfeld u. Christine Kucinski. Münster 2001, S. 115–141, hier S. 113.
6 Ebd.
7 Norbert Conrads: Deutsche Geschichte im Osten Europas. Schlesien. Berlin 1994, S. 622.
8 Vgl. Genfer Abkommen über Oberschlesien vom 15. Mai 1922. In: Theodor Grentrup: Die kirchliche Rechtslage der deutschen Minderheiten katholischer Konfession in Europa. Berlin 1928, S. 226–232.
9 Hitze (Anm. 5), S. 113.

rungsgruppen.[10] Diese Auseinandersetzungen waren von so großem Ausmaß, dass sie in Ostoberschlesien auch die Katholische Kirche trafen, die nach 1922 im Zuge der Abtretung großen Veränderungen unterworfen wurde.

2.2 Die Apostolische Administratur „Silesia Superior" 1922–1925

Die politischen Veränderungen bewirkten für die deutschen Katholiken in Ostoberschlesien eine grundlegende kirchliche Neugestaltung. Viele Jahrhunderte hatte das Gebiet kirchlich zur Diözese Breslau gehört. Als nach der Abtretung Ostoberschlesiens an Polen im Sommer 1922 der Verkehr mit den Breslauer Diözesanbehörden schwierig geworden war, ernannte der Breslauer Bischof Kardinal Bertram den weit über die Diözese Breslau hinaus bekannten Prälaten und Pfarrer von Tichau/Tychy Johannes von Kapitza zu seinem bischöflichen Delegaten für das an Polen abgetretene Gebiet,[11] der sowohl die deutschen als auch die polnischen Katholiken nach den Oberschlesischen Aufständen zum Frieden und gegenseitigen Verständnis aufrief.[12] Diese Lösung der Verwaltung des Gebietes durch Breslau wurde von den polnischen Staatsbehörden aber als ungenügend befunden, und man drängte in Rom auf eine eigene polnische Verwaltung dieses Breslauer Diözesananteiles.[13] Rom reagierte auf das Verlangen der polnischen Regierung und erhob das Gebiet im Herbst 1922 zur Apostolischen Administratur „Silesia Superior".

Zum Apostolischen Administrator wurde der Salesianer-Pater August Hlond ernannt, der im November 1922 in Kattowitz eintraf.[14] August Hlond wurde in Myslowitz von polnischen Eltern geboren und im Salesianer-Institut in Auschwitz/Oświęcim erzogen. Seine Studien absolvierte er in Turin. Vor seiner Berufung nach Kattowitz war er Provinzial der österreichisch-deutschen Salesianerprovinz in Wien. Rom hatte die Hoffnung, er wäre der geeignete Mann, um in den Nationalitätenkonflikten in Oberschlesien auf kirchlicher Seite gerecht zu vermitteln.[15] Die faktisch ausgeübte Verwaltung des Administraturbereichs lag allerdings in den Jahren 1922 bis 1925 in den Händen seines polnischen Generalvikars Theophil Bromboszcz, da Hlond dank seiner Verbindungen zu Rom und Warschau sehr stark in die Verhandlungen um die Gestaltung des polnischen Konkordats eingebunden wurde.[16] Trotz seiner fehlenden Präsenz als Apostolischer Administrator

---

10 Franz Wosnitza: Maschinenschriftlicher Bericht über das Bistum Kattowitz während der nationalsozialistischen Zeit, Reinschrift von Franz Wosnitza (61 S.), 1977, Bistumszentralarchiv Regensburg, Nachlass Franz Wosnitzas beim Institut für Ostdeutsche Kirchen- und Kulturgeschichte (weiter zitiert als BFW), S. 2.
11 Franz Wosnitza: Das Bistum Kattowitz 1922–45. Maschinenschriftliches Dokument (13 S.), Bundesarchiv Bayreuth, OST-DOK 8/779, S. 2.
12 Vgl. Hirtenbrief des fürstbischöflichen Delegaten Prälat Kapica an die Katholiken Polnisch-Oberschlesiens von 1922, in: Grentrup (Anm. 8), S. 264–266.
13 OST-DOK 8/779 (Anm. 11), S. 2.
14 Wosnitza: Bischöfe aus dem Raum des Kattowitzer Bistums (Anm. 1), S. 217.
15 OST-DOK 8/779 (Anm. 11), S. 2.
16 Wosnitza: Bischöfe aus dem Raum des Kattowitzer Bistums (Anm. 1), S. 217.

wurde August Hlond Ende 1925 der erste Bischof der neu gegründeten Diözese Kattowitz.

2.3 Die Gründung der Diözese Kattowitz 1925

Im Zuge der Neuordnung der polnischen Kirchenverwaltung[17] durch das polnische Konkordat vom Februar 1925[18] wurde durch die päpstliche Bulle „Vixdum Poloniae Unitas" am 28. Oktober 1925 das Gebiet der Administratur zur neuen Diözese Kattowitz erhoben und als ein Suffraganbistum dem Erzbistum Krakau/Kraków unterstellt.[19] Das Gebiet der Diözese Kattowitz war im nördlichen Teil bis zum Ende des Ersten Weltkrieges preußisch gewesen, während die südlichen Kreise Bielitz/Bielsko und Teschen/Cieszyn/Český Těšín der österreichischen Monarchie angehört hatten.[20] Diese Kreise wurden der neuen Diözese am 1. Dezember 1925[21] zugeordnet. Bis zu diesem Zeitpunkt hatten sie zu Breslau gehört und waren von Kardinal Bertram durch eigene Generalvikare verwaltet worden.[22] Die Gesamtzahl der Katholiken der Diözese im Jahr 1922 betrug 1,019 Millionen Seelen.[23] Nach 1922 kam es jedoch zu einer starken Migrationsbewegung von Angehörigen des deutschen Bevölkerungsteils aus dem Diözesangebiet nach Deutsch-Oberschlesien, während viele Polen aus dem deutschen Teil Oberschlesiens und anderen Teilen Polens in das neue Diözesangebiet zogen.[24]

Die Bevölkerung des Gebietes der Diözese Kattowitz war zu etwa 90 % katholisch. Unter den Nichtkatholiken gab es einen geringen Anteil an Protestanten, so im ehemaligen preußischen Teil der Diözese, wo die dort lebenden Protestanten zum großen Teil Deutsche waren; die Protestanten im Teschener Schlesien bekannten sich dagegen zum polnischen Volkstum. Die Mehrheit der Kattowitzer Diözesanen war nach 1925 aufgrund der deutschen Abwanderung polnischen Volkstums. Die Polen lebten vor allem in den Landgemeinden, während der Anteil der Deutschen in den großen Städten Kattowitz, Königshütte oder Bielitz überdurchschnittlich hoch war. Der Anteil der Deutschen lag kurz nach der Grenzziehung 1922 bei 30–35 %.[25] Zwischen 1922 und 1934 verließen etwa 100.000 deutsche Katholiken das Diözesangebiet, während bis 1934 etwa

---

17 Heda: Die Diözese Kattowitz (Anm. 1), S. 51.
18 Vgl. Konkordat zwischen dem Apostolischen Stuhl und der Republik Polen vom 10. Februar 1925, in: Grentrup (Anm. 8), S. 233–248.
19 Wosnitza: Bischöfe aus dem Raum des Kattowitzer Bistums (Anm. 1), S. 217.
20 Heda: Die Diözese Kattowitz (Anm. 1), S. 51.
21 Der Sonntagsbote, Nr. 48/1935, Deckblatt.
22 Franz Wosnitza: Jenseits der Grenze. In: Herbert Hupka (Hg.): Leben in Schlesien. Erinnerungen aus fünf Jahrzehnten von Wolfgang Jaenicke u. a. München 1966, S. 199–216, hier S. 206.
23 Der Sonntagsbote, Nr. 8/1936, S. 84.
24 Hitze (Anm. 5), S. 126.
25 Heda: Die Diözese Kattowitz (Anm. 1), S. 52.

300.000 Polen in die Diözese kamen.[26] Damit sank der Anteil der deutschen Bevölkerung bis in die Mitte der 1930er Jahre auf 20 %, ein Drittel der Deutschen war emigriert.[27] Im Jahr 1934 lag die Gesamtzahl aller Katholiken der Diözese Kattowitz bei 1,28 Millionen.[28]

Auch im Seelsorgeklerus gab es viele Veränderungen. Etwa 58 polnische Geistliche kamen aus Deutsch-Oberschlesien in die neue Diözese, während 46 deutsche Geistliche Kattowitz verließen, was zu einer zunehmenden Polonisierung der Kattowitzer Geistlichkeit führte.[29] Trotzdem verblieben im Diözesangebiet einige deutsche Priester, um weiterhin für die Belange der deutschen Katholiken da zu sein. Denn durch die „Polnischen Aufstände" nach dem Ersten Weltkrieg und aufgrund der Abtretung Ostoberschlesiens an Polen 1922 war die Stimmung der Deutschen sehr gedrückt. Bis 1922 waren sie gegenüber den Polen privilegiert gewesen, nun waren sie in die Rolle der Minderheit gedrängt.[30] Die Abwanderung vieler deutscher Priester hatte bei den bisher von den deutschen Geistlichen betreuten deutschen Katholiken ein Misstrauen dem polnischen Klerus gegenüber zur Folge. Nach den Erfahrungen des Abstimmungs- und Volkstumskampfes der letzten Jahre lief auch das Vertrauen in die neue polnische Diözese Gefahr zu schwinden, was besonders in Bezug auf die Frage der deutschen Gottesdienste in der Diözese Kattowitz zutraf.[31]

Die Diözese Kattowitz zählte im Jahr 1934 188 Pfarreien[32] mit etwa 450 Priestern.[33] Dort, wo größere deutsche Gruppen wohnten, wurde regelmäßig deutscher Gottesdienst gehalten. Das geschah in 67 Pfarreien der Diözese.[34] Nicht nur die Genfer Konvention von 1922 hatte der deutschen Minderheit wichtige Rechte in Fragen der Religion eingeräumt, sondern als „Anwalt" für die Sicherstellung der deutschen Gottesdienste trat auch das zwischen dem Heiligen Stuhl und Polen 1925 geschlossene Konkordat auf, das in Artikel 23 den Gebrauch der Muttersprache in der Katholischen Kirche in Polen festlegte. Änderungen durfte nur die polnische Bischofskonferenz beschließen. Auch das Reichskonkordat zwischen dem Deutschen Reich und dem Heiligen Stuhl von Juli 1933 sicherte den nichtdeutschen katholischen Minderheiten im Deutschen Reich nach Artikel 29 die Anwendung der Muttersprache in den Gottesdiensten zu, allerdings dürfe die jeweilige Minderheit nicht besser gestellt sein als die deutsche Minderheit im betreffenden Ausland.[35] Es gab in der Diözese Kattowitz keine getrennten Pfarreien, sondern nur je eine Kirchengemeinde aus deutschen und polnischen Gläubigen mit einem deutschen oder polni-

---

26 Die seelsorgliche Betreuung der deutschen Katholiken in der Diözese Kattowitz. Hg. v. der Bischöflichen Kurie Kattowitz. Kattowitz 1934, S. 10–13.
27 Heda: Die Diözese Kattowitz (Anm. 1), S. 51.
28 Der Sonntagsbote, Nr. 8/1936, S. 84.
29 Die seelsorgliche Betreuung der deutschen Katholiken (Anm. 26), S. 14.
30 Heda: Franz Wosnitza (Anm. 1), S. 224.
31 Die seelsorgliche Betreuung der deutschen Katholiken (Anm. 26), S. 15.
32 Ebd., S. 22.
33 BFW, S. 2.
34 Die seelsorgliche Betreuung der deutschen Katholiken (Anm. 26), S. 34.
35 Ebd., S. 2.

schen Seelsorger, der beide Bevölkerungsgruppen in ihrer Muttersprache betreuen musste.³⁶ Die Priester sprachen in der Mehrheit beide Sprachen, denn schon während des Studiums der Theologie im Kattowitzer Priesterseminar in Krakau wurde von der Diözesankurie verlangt, dass jeder Theologe in Deutsch und in Polnisch die Beichte hören, vorlesen, beten und sich mit den Gläubigen verständigen konnte.³⁷ Die Seelsorge in den zweisprachigen Gemeinden brachte für die Geistlichen eine große Belastung mit sich: jeweils doppelte Gottesdienste, Predigten, Andachten, Unterrichtsstunden und Betreuung der Vereine und Verbände. Dazu forderte die Seelsorge vom Priester auch die Fähigkeit, sich in das Leben der Pfarrangehörigen der anderen Nationalität einzufühlen, um priesterlich „allen alles" zu werden.³⁸

Der größte Teil des deutschen und des polnischen Klerus brachte das fertig, aber eine kleine Anzahl von nationalen „Heißspornen" bewirkte oft mehr Unheil und Verwirrung, als die „Guten" wieder in Ordnung bringen konnten. Letzteren ist es zu verdanken, dass sich in vielen Gemeinden die innerkirchlichen Spannungen zwischen deutschen und polnischen Katholiken Anfang der dreißiger Jahre zumindest etwas legten.³⁹ Auch wenn die nationalen und sprachlichen Spannungen der deutschen und polnischen Gläubigen bis in die Kirchengemeinden hinein wirkten, blieben in den Augen des Großteils der Kleriker beide Bevölkerungsgruppen stets gleichberechtigte Glieder der einen Kirche. In ihrer Vorstellung war der katholische Glaube das einende Band, das die Angehörigen beider Nationalitäten zusammenhielt.⁴⁰

3. Die Kattowitzer Diözesankurie und die deutschen Katholiken 1926–1939

3.1 August Kardinal Hlond und Bischof Arkadiusz Lisiecki 1926–1930

Zum ersten Bischof der Diözese Kattowitz wurde am 14. Dezember 1925 der bisherige Apostolische Administrator August Hlond (1881–1948) ernannt, der am 3. Januar 1926 in der Kattowitzer Prokathedrale St. Peter und Paul durch Aleksander Kardinal Karkowski aus Warschau die Bischofsweihe empfing.⁴¹ Hlond wurde aber schon am 24. Juni 1926 auf den Primassitz nach Gnesen/Gniezno-Posen/Poznań berufen.⁴² August Hlond war ein Vertreter einer alle Minderheitenrechte respektierenden Nationalitätenpolitik. In seiner Amtszeit erfreuten sich seine Maßnahmen, die eine Polonisierung der Diözese Kattowitz und vor allem der Geistlichen zum Ziel

---

36 Heda: Die Diözese Kattowitz (Anm. 1), S. 52.
37 OST-DOK 8/779 (Anm. 11), S. 8.
38 Heda: Die Diözese Kattowitz (Anm. 1), S. 53.
39 OST-DOK 8/779 (Anm. 11), S. 9.
40 Heda: Franz Wosnitza (Anm. 1), S. 225.
41 Der Sonntagsbote, Nr. 8/1936, S. 83.
42 Der Sonntagsbote, Nr. 48/1935, Deckblatt.

hatten, besonders der Unterstützung der Woiwodschaftsregierung.[43] Hlond hob hervor, dass die gerechte Behandlung beider Bevölkerungsgruppen ihm eine Herzensangelegenheit sei und er sich dem staatlichen Wunsch nach einer strikten Polonisierung nicht beugen werde. Allerdings betonte er, dass sich infolge der Migration das Verhältnis stark zugunsten der polnischen Katholiken verändert habe und es infolgedessen mehr polnischer Gottesdienste bedürfe.[44] Alle öffentlichen Urkunden mussten gemäß staatlicher Verordnung vom Januar 1923 an in polnischer Sprache herausgegeben werden, worauf Hlond die Geistlichkeit der Diözese ausdrücklich hinwies.[45] Vorgänge dieser Art bewirkten seitens deutscher Katholiken Vorwürfe an Hlond, sie übermäßig zu schikanieren. Die von ihm erreichten Erfolge bei der Beseitigung der Spannungen zwischen den Nationalitäten, z. B. durch die Gründung des polnischen Diözesanblattes *Gość Niedzielny* und des deutschen Diözesanblattes *Der Sonntagsbote*, wurden dabei weniger beachtet, was auf der Ebene der Pfarreien das Gemeindeleben zwischen beiden Volksteilen beeinträchtigte.[46]

Nach Hlonds Berufung auf den Primassitz nach Gnesen-Posen folgte ihm am 24. Oktober 1926 der Posener Theologieprofessor Arkadiusz Lisiecki (1880–1930) auf den Kattowitzer Bischofsstuhl nach.[47] In Lisieckis Amtszeit beruhigten sich die seelsorglichen Verhältnisse zwischen Deutschen und Polen. Dazu trug die Ernennung des Generalvikars Wilhelm Kasperlik bei, der früher Breslauer Generalvikar des 1925 an die Diözese Kattowitz angegliederten Teschener Schlesien war.[48] Für die deutsche Minderheit in der Diözese war die Übernahme der Regierung der Woiwodschaft Schlesien durch Michał Grażyński im Mai 1926 besonders problematisch,[49] da er es sich in seiner Amtszeit von 1926 bis 1939 zur Hauptaufgabe machte, das Deutschtum in diesem Gebiet zurückzudrängen, weshalb er als stark deutschfeindlich eingestuft wurde.[50] Grażyńskis politisches Programm umfasste unter anderem eine Beschränkung der Einflüsse der deutschen Minderheit und eine weitgehende Polonisierung der Woiwodschaft. Dadurch musste es langfristig zum Konflikt mit der Kattowitzer Kurie kommen, die sich den Katholiken beider Ethnien verpflichtet sah. Das politische Programm der „Sanacja" der Grażyński-Regierung sah vor, den deutschen vom polnischen Bevölkerungsteil zu separieren. Bischof Lisiecki[51] ließ sich in seinen vier Amtsjahren den Forderungen der Organe der „Sanacja" gegenüber nicht zum Nachgeben bewegen, die ihrer Meinung nach unverhältnismäßig gro-

---

43 Macała (Anm. 2), S. 171.
44 Vgl. Erklärung August Hlonds vom März 1925, in: Grentrup (Anm. 8), S. 270f.
45 Vgl. Verordnung Hlonds über den Gebrauch der polnischen Sprache bei der Abfassung kirchlicher Dokumente, in: Grentrup (Anm. 8), S. 271.
46 Macała (Anm. 2), S. 171.
47 Der Sonntagsbote, Nr. 8/1936, Deckblatt.
48 OST-DOK 8/779 (Anm. 11), S. 4.
49 Macała (Anm. 2), S. 171.
50 Wosnitza: Bischöfe aus dem Raum des Kattowitzer Bistums (Anm. 1), S. 221.
51 Vgl. Hirtenbrief des Kattowitzer Bischofs Dr. Lisiecki vom Februar 1928, in: Grentrup (Anm. 8), S. 266–268.

ße Zahl der deutschen Gottesdienste zu reduzieren.[52] Bischof Lisiecki verstarb am 13. Mai 1930 plötzlich und unerwartet auf einer Firmungsreise in Teschen.[53] Am 2. September 1930 wurde Stanisław Adamski zum Bischof von Kattowitz ernannt,[54] der viele Jahre lang auf dem Kattowitzer Bischofsstuhl sitzen sollte und mit dem das Schicksal der deutschen Katholiken in der Diözese Kattowitz in den Jahren 1930 bis 1939 untrennbar verbunden ist.

3.2 Die Reformpolitik des Bischofs Stanisław Adamski 1930–1939

Als am 29. November 1930 der Pole Stanisław Adamski (1875–1967) in der Wallfahrtskirche zu Piekar/Piekary feierlich in sein Amt eingeführt wurde, war noch nicht klar, dass ihm eine lange Zeit auf dem Kattowitzer Bischofsstuhl beschieden sein sollte.[55] Adamski kam wie sein Vorgänger aus Posen und war ein Mann der Sozialarbeit der Kirche. Als Schüler der Volksvereinszentrale in Mönchengladbach wurde er danach Abgeordneter der Polenpartei im deutschen Reichstag und dann Senator in Warschau. Seit 1928 war er Landesleiter der „Katholischen Aktion" in ganz Polen. Mit seiner Gewandtheit und Lebenserfahrung aufgrund seiner vielfältigen Tätigkeiten hatte er gelernt, die Anliegen der Kirche den Staatsbehörden gegenüber durchzusetzen.[56] So ging er mit diplomatischem Geschick daran, die großen Probleme der Diözese mit ihren sozialen und nationalen Gegensätzen zu lösen.[57] Adamski übernahm die Diözese in einer Zeit der sich zuspitzenden wirtschaftlichen und sozialen Krise. Unter der deutschen Minderheit erlangten radikale völkische Organisationen zunehmend Einfluss, vor allem die Anhänger der Nationalsozialisten gewannen im Diözesangebiet immer mehr an Popularität. Nach Adamski sollte eine Aktivierung der kirchlichen Organisationen der deutschen Katholiken diesem Prozess entgegenwirken.[58] Adamski begann, die Seelsorge für die deutschen und die polnischen Gläubigen in der gesamten Diözese methodisch und organisatorisch gründlich umzugestalten.[59] Er baute sie auf zwei Säulen auf: zum einen auf der „Katholischen Aktion" für die sozialen und kulturellen Tätigkeiten der Gläubigen in den Organisationen der Männer, Frauen und Jugend, zum anderen auf der „Inneren Mission", in der er die Gebetsvereine, Bruderschaften und Kongregationen zu einer Gebetsgemeinschaft für die Diözese Kattowitz vereinigte.[60] In diese beiden Gemeinschaften führte

---

52 Macała (Anm. 2), S. 171f.
53 Der Sonntagsbote, Nr. 8/1936, Deckblatt.
54 OST-DOK 8/779 (Anm. 11), S. 4.
55 Wosnitza: Bischöfe aus dem Raum des Kattowitzer Bistums (Anm. 1), S. 220.
56 OST-DOK 8/779 (Anm. 11), S. 4.
57 Wosnitza: Bischöfe aus dem Raum des Kattowitzer Bistums (Anm. 1), S. 220.
58 Macała (Anm. 2), S. 172.
59 Karl Heda: Franz Wosnitzas Silbernes Priesterjubiläum. Maschinenschriftliches Dokument (5 S.), 1951, Bistumszentralarchiv Regensburg, Nachlass Franz Wosnitzas beim Institut für Ostdeutsche Kirchen- und Kulturgeschichte.
60 Wosnitza: Bischöfe aus dem Raum des Kattowitzer Bistums (Anm. 1), S. 221.

er neben den polnischen auch die deutschen kirchlichen Vereine ein, was eine besondere Aktivierung der deutschen Gläubigen in der Diözese zur Folge hatte.[61] So entstand 1931[62] ein eigenes Diözesanjugendsekretariat für die deutsche katholische Jugend unter Leitung eines deutschen Priesters, der gleichzeitig Schriftleiter des Diözesanblattes *Der Sonntagsbote* und Referent für die deutsche Seelsorge im bischöflichen Ordinariat wurde.[63] Von diesem Amt wurde in den dreißiger Jahren die gesamte seelsorgliche Arbeit für die deutschen Katholiken geleitet. Erster Diözesanpräses wurde Richard Cichy, dem nach dessen Tod Franz Wosnitza (1902–1979) im Frühjahr 1933 im Amt folgte. Wosnitza wurde damit zum Hauptseelsorger für die deutschen Katholiken in der Diözese bis zum Kriegsausbruch 1939.[64]

Der Woiwode Grażyński sah die Förderung der deutschen Katholiken durch die Katholische Kirche äußerst kritisch und forderte eine Veränderung dieses Zustandes. Damit war die Frage der Seelsorge unvermeidlich zu einer politischen Angelegenheit geworden, auch wenn Adamski dies bewusst zu ignorieren versuchte. Er vertrat die Meinung, dass die Seelsorge eine interne Angelegenheit der Kirche sei und nicht von politischem Druck bestimmt werden dürfe. So bemühte sich die Kirche auch, durch eine geordnete Seelsorge der „Hitlerisierung" der deutschen Minderheit entgegenzuwirken, z. B. durch das Diözesanblatt, durch Exerzitien und Wallfahrten. Sie versuchte insbesondere die Jugend anzusprechen. Die Ausbreitung nationalsozialistischer Gedanken unter der deutschen Minderheit provozierte in gleichem Maße auch die polnische Nationalitätenpolitik der „Sanacja" gegen die deutsche Minderheit, was Bischof Adamski und die Kattowitzer Kurie vermeiden wollten. Die zunehmenden antideutschen Aktionen der Regierung Grażyński trieben immer mehr Anhänger zu den nationalsozialistischen Gruppen; schließlich kam es darüber 1938 zu einem längeren Konflikt zwischen der Woiwodschaftsregierung und der Diözesankurie. Die Unnachgiebigkeit Bischof Adamskis in der Frage der Minderheitenseelsorge sorgte für eine starke Stellung der Kirche gegenüber den staatlichen Behörden. Erst seit Herbst 1938 verschärften sich infolge der Annexion des Olsagebietes durch Polen massiv die innerkirchlichen Konflikte der Diözese zwischen den polnischen und den deutschen Gläubigen, denen dann auch Bischof Adamski nicht mehr entscheidend entgegentreten konnte.[65]

3.3 Der religiöse Alltag der deutschen Katholiken

Für die deutschen Katholiken existierten in der Diözese zahlreiche kirchliche Vereinigungen,[66] die zum Teil noch auf Breslauer Zeiten zurückgingen. Die Verbände der deutschen Katholiken der Diözese Kattowitz ließen sich auf zweierlei Or-

---

61 Macała (Anm. 2), S. 172.
62 Die seelsorgliche Betreuung der deutschen Katholiken (Anm. 26), S. 26.
63 Wosnitza: Bischöfe aus dem Raum des Kattowitzer Bistums (Anm. 1), S. 221.
64 Heda: Die Diözese Kattowitz (Anm. 1), S. 54.
65 Macała (Anm. 2), S. 173.
66 Heda: Die Diözese Kattowitz (Anm. 1), S. 52.

ganisationsformen zurückführen. Die einen waren rein kirchlich und standen auf dem Boden des Codex Iuris Canonici, die anderen beruhten zwar auf katholischer Weltanschauung, waren jedoch rein weltlich, d. h., sie entsprachen statutengemäß der katholischen Weltanschauung, waren aber ausschließlich privater Natur und unabhängig von der kirchlichen Behörde. Dazu zählte im Besonderen der „Verband deutscher Katholiken",[67] dessen Leiter der führende christliche Politiker der deutschen Minderheit Eduard Pant (1887–1938) war.[68] Dieser reine Laienverband wollte alle deutschen Katholiken in Polen betreuen und hatte in Oberschlesien seinen Ursprung. Politisch beheimatet waren die deutschen Katholiken in der christlichen Volkspartei und die Arbeiter besonders in den deutschen christlichen Gewerkschaften.[69] Die rein kirchlichen Organisationen standen meistens unter der Leitung der Geistlichkeit und der Diözesanbehörden, und die polnischen Behörden bereiteten ihnen im Gegensatz zu den weltlichen Verbänden der deutschen Minderheit auch keine Schwierigkeiten, solange sie sich an ihre kirchlichen Satzungen hielten.[70] De facto lag die Hauptlast in den deutschen Organisationen aufgrund der geringen Zahl der deutschen Priester aber vielerorts auf den Laien.[71] Zu den am meisten verbreiteten kirchlichen Organisationen der deutschen Katholiken gehörten die III. Orden des hl. Franziskus, die Marianischen Jungfrauen-Kongregationen, die Vereine christlicher Mütter, die Herz-Jesu-Ehrenwache, das Katholische Männerapostolat, die katholischen Männervereine, die Rosenkranzbruderschaften, die „Cäcilienvereine" der Kirchenchöre, die Rosenkranzvereine, Gesellenvereine, Jungmänner- und Jugendvereine und für die Kinder der Kindheit-Jesu-Verein und der Tabernakelbund. Diese religiösen Vereinigungen der deutschen Katholiken existierten neben den Vereinigungen der polnischen Katholiken und waren in den Pfarreien je nach Anzahl der deutschen Gläubigen unterschiedlich stark vertreten. Trotz der abnehmenden Zahl der deutschen Katholiken nach 1922 und den immer mehr zu den deutsch-nationalen Gruppen übertretenden verbliebenen deutschen Katholiken nahm die Anzahl der Mitglieder aufgrund der seelsorglichen Fürsorge des deutschen Klerus in den deutschen Verbänden bis Ende der dreißiger Jahre zu. Eine rege Aktivierung und Teilnahme der Laien in den deutschen Verbänden im Sinn der „Katholischen Aktion" und der „Inneren Mission" sowie ein engeres Zusammenrücken der deutschen Gläubigen im Angesicht der Herausforderungen dieser Zeit stärkte den Zusammenhalt in den Vereinigungen besonders.[72]

Unter den Bischöfen Lisiecki und Adamski waren eine ganze Reihe von Vereinen in mehreren Diözesansekretariaten zusammengefasst worden. Das 1931 von Adamski für die deutschen Jungmänner- und Jugendvereine errichtete Diözesanjugend-

---

67 Die seelsorgliche Betreuung der deutschen Katholiken (Anm. 26), S. 21–25.
68 Vgl. Franz Wosnitza: Dr. Eduard Pant, der Sprecher d. deutschen Katholiken in Polen. Maschinenschriftliches Dokument (8 S.), Bundesarchiv Bayreuth, OST-DOK 8/775.
69 Heda: Die Diözese Kattowitz (Anm. 1), S. 55f.
70 Die seelsorgliche Betreuung der deutschen Katholiken (Anm. 26), S. 21–25.
71 Heda: Die Diözese Kattowitz (Anm. 1), S. 55.
72 Die seelsorgliche Betreuung der deutschen Katholiken (Anm. 26), S. 21–25.

sekretariat hatte in den dreißiger Jahren besonders für die katholische Jugendarbeit eine große Bedeutung erlangt und wurde auch über die lebendige Jugendarbeit hinaus für alle deutschen Katholiken wirkungsvoll, so z. B. durch die Organisation der jährlichen großen Diözesanwallfahrten. Dem Diözesanjugendsekretariat gelang es durch Exerzitien, Kurse und Treffen der Jugendlichen, die deutsche katholische Jugend, auf die der Nationalsozialismus von jenseits der Grenze einen starken Einfluss ausgeübt hatte,[73] zu einer aktiven Mitarbeit zu bewegen.[74] Ständige Kontakte des Jugendsekretariates mit der katholischen Jugend im Deutschen Reich, vor allem mit dem Jugendhaus Düsseldorf, waren selbstverständlich. Trotz gelegentlicher Schwierigkeiten mit den polnischen Behörden konnten deutsche Redner aus dem Reich für Schulungen und Vorträge gewonnen werden. In Kursen und Einkehrtagen wurden besonders im Angesicht der großen Arbeitslosigkeit aktuelle soziale Fragen erörtert, um die Jugendlichen vor der zunehmenden braunen und roten Radikalisierung zu bewahren.[75] Für Exerzitien standen den deutschen Katholiken die diözesaneigenen Häuser in Kokoschütz/Kokoszyce, Brzeziny und Tarnowitz/Tarnowskie Góry zur Verfügung, die regelmäßig genutzt wurden.[76] Aus der Jugendarbeit heraus ragte der Bau eines Sportplatzes durch die deutsche katholische Jugend in den Jahren 1933 bis 1935, dessen Idee vom Diözesanpräses Franz Wosnitza ausging. Das zweijährige Projekt beschäftigte 150 arbeitslose deutsche Jugendliche aus allen Teilen der Diözese. Zu Pfingsten 1935 wurde der Sportplatz mit einer großen Feier unter Beteiligung von Jugendlichen aus dem Deutschen Reich, der Tschechoslowakei und Österreich eingeweiht.[77] Dieses prägende Ereignis im Bereich der katholischen Jugendarbeit blieb den zahlreichen Mitarbeitern ein Leben lang im Gedächtnis.[78]

Auch das Wallfahrtswesen mit seiner langen Tradition in Oberschlesien spielte für den Zusammenhalt der deutschen Katholiken in der Diözese Kattowitz in der Zwischenkriegszeit eine bedeutende Rolle. Es gab in der Diözese Kattowitz viele Gnadenorte für die Gläubigen, zu denen sie regelmäßig pilgerten. Zu den wichtigsten Orten zählten Deutsch-Piekar/Piekary nahe Beuthen/Bytom, das Franziskanerkloster der Kattowitzer Vorortspfarrei Panewnik und das Gnadenbild der Muttergottes in Pschow/Pszów im Kreis Rybnik. Schon seit dem 17. Jahrhundert zog das Bild der Muttergottes in der Piekarer Wallfahrtskirche viele Wallfahrer an, bevor Ende des 19. Jahrhunderts der „Kalvarienberg" mit 14 Kreuzweg- und 15 Rosenkranzkapellen mit einer kleinen Kalvarienkirche entstand und für einen neuen Zustrom von Wallfahrern sorgte. Besonders berühmt wurden in Piekar die jährlich im Mai stattfinden-

---

73 Heda: Franz Wosnitzas Silbernes Priesterjubiläum (Anm. 59), S. 2.
74 Heda: Die Diözese Kattowitz (Anm. 1), S. 54.
75 Ebd.
76 Die seelsorgliche Betreuung der deutschen Katholiken (Anm. 26), S. 26f.
77 Der Sonntagsbote Nr. 23/1935, S. 263.
78 Wosnitza: Jenseits der Grenze (Anm. 22), S. 208.

de Männerwallfahrt⁷⁹ und die Wallfahrt zu Maria Himmelfahrt im August.⁸⁰ Pschow wurde durch eine Kopie der Schwarzen Madonna von Tschenstochau/Częstochowa zu Beginn des 18. Jahrhunderts zum Wallfahrtsort und sah schon um die Mitte des 19. Jahrhunderts mehr als 20.000 Gläubige in der Wallfahrtskirche. Die Haupttage der Wallfahrten nach Pschow waren die Feste Peter und Paul und Mariä Geburt.⁸¹ Sehr beliebt war bei den Kattowitzer Wallfahrern auch die Krippenfahrt zum Franziskanerkloster nach Panewnik, zu dem sie regelmäßig im Januar pilgerten.⁸² Zu den Kattowitzer diözesaneigenen Wallfahrtsstätten kamen noch die berühmten Wallfahrtsorte, die außerhalb der Diözese Kattowitz lagen und in der Zwischenkriegszeit Tausende deutscher Katholiken aus Kattowitz zu Besuch hatten. Die markantesten Stätten waren der St. Annaberg in Deutsch-Oberschlesien, das Gnadenbild der Schwarzen Madonna in Tschenstochau und Krakau. Durch die kirchlichen und katholisch-weltlichen Organisationen, durch Exerzitien, Tagungen, Schulungen und die großen Diözesanwallfahrten wurde bei den deutschen Katholiken eine innere Haltung und Opfergesinnung hervorgebracht, die in den Zeiten der Bedrängnis durch Volkstumskampf und Nationalsozialismus die Gläubigen in Treue zusammenstehen ließ und dadurch ihr kirchliches Leben in dieser schwierigen Zeit stärkte.⁸³

3.4 Das Diözesanblatt *Der Sonntagsbote* 1925–1941

Am 5. Juli 1925 hatte der Apostolische Administrator Hlond die erste Ausgabe unter der Bezeichnung⁸⁴ *Der Sonntagsbote – Wochenschrift für das kathol. Volk der Apostol. Administration Polnisch-Schlesiens* mit den Begrüßungsworten „Mein lieber Sonntagsbote! Endlich stellst du dich auch zur Arbeit ein."⁸⁵ ins Leben gerufen.⁸⁶ Seit

---

79 Heinrich Tukay: Die Katholische Kirche in Oberschlesien 1815–1945. Ein geschichtlicher Überblick. In: Oberschlesisches Jahrbuch 3 (1987), S. 37–69, hier S. 61f.
80 Heiliges Feuer. Die Innere Mission der Diözese Katowice. Hg. vom Diözesansekretariat für Katholische Aktion und Innere Mission. Katowice 1933, S. 3.
81 Tukay (Anm. 79), S. 59f.
82 Heda: Die Diözese Kattowitz (Anm. 1), S. 54.
83 OST-DOK 8/779 (Anm. 11), S. 5.
84 Der Sonntagsbote, Nr. 27/1935, Deckblatt.
85 Der Sonntagsbote, Nr. 1/1925.
86 Wojtas erwähnt die Gründe für den Beginn und den Erfolg des Blattes in den letzten zehn Jahren: „Neue historische Tatsachen waren in Oberschlesien geschaffen worden, die sich auf religiös-kirchlichem Gebiete auswirken mussten. Mit Rücksicht darauf hatte der heilige Stuhl eine Apostolische Administratur in Oberschlesien errichtet und ihr einen eigenen Oberhirten in der Person des Salesianerprovinzials Dr. August Hlond gesandt. [...] Die Katholiken deutscher wie polnischer Zunge beteten in denselben Kirchen, hatten dieselben Seelsorger, bekannten denselben Glauben mit der gleichen Innigkeit wie sie ja sprichwörtlich vom oberschlesischen Volke geworden ist. Trotzdem fühlte der neue Oberhirte, dass die Verbindung zwischen Hirt u. Herde unmittelbarer und inniger geknüpft werden müsse. Liebgewordene Traditionen brachen zusammen, die frühere Einstellung zu religiös-ethischen Fragen musste den neuen Verhältnissen angepasst werden. Durch die rasche Aufeinanderfolge der politische Umwälzungen hatten viele Katholiken die kirchliche Orientierung verloren. Tagesmeinungen, deren Wahrheitsgehalt kaum geprüft werden konnte, traten an die Stelle sicherer Überzeugungen. Fast schien es dem neuen Oberhirten [Hlond] ‚als ob er selbst den

1923 gab es bereits das polnische Diözesanblatt *Gość Niedzielny*, das auf eine Initiative von Joseph/Józef Gawlina (1892–1964) entstand. Er trieb auch das Erscheinen der deutschen Ausgabe voran.[87] Der *Sonntagsbote* war das offizielle Sonntagsblatt der Kattowitzer Diözesankurie, das der Orientierung der Katholiken deutscher Zunge diente und den Kontakt zwischen ihnen und der geistlichen Behörde aufrechterhalten sollte. Das Blatt, das jeden Sonntag erschien, erleichterte der bischöflichen Behörde eine einheitliche seelsorgliche Führung aller deutschen Katholiken und spiegelte das Leben und die Arbeit in den kirchlichen deutschen Organisationen wider. Zum Schriftleiter wurde ein vom bischöflichen Amt ernannter deutscher Diözesanpriester bestellt.[88] Der erste Schriftleiter des *Sonntagsboten* wurde Maximilian Wojtas, der auf Wunsch Kardinal Hlonds von 1925 bis 1926 nebenamtlich die Redaktion des Blattes übernommen hatte. Ihm folgte Franz Dobrowolski, der als zweiter Redakteur von 1926 bis 1927 die Schriftleitung führte, bevor er Pfarrer in Wielka Wisła in der Nähe von Pless/Pszczyna wurde. Dann übernahm Alois Dyllus, später Religionslehrer in Pless, von 1927 bis 1932 die Leitung des *Sonntagsboten*. Er legte die wichtige Rubrik „Kindersonntag" als Beilage an, die er auch noch viele Jahre über sein Amt hinaus redigierte. Richard Cichy übernahm 1932 von Dyllus die Leitung des Diözesanblattes, schied aber schon am 2. April 1933 nach kurzer schwerer Krankheit aus dem Leben.[89] In der Zeit der Krankheit Cichys im Frühjahr 1933 vertrat Boleslaw Kominek das Amt.[90] Ihm folgte am 1. Mai 1933 Franz Wosnitza,[91] der schließlich bis zum Verbot des *Sonntagsboten* durch die Nationalsozialisten im

---

Wanderstab ergreifen müsste, um durch Städte und Dörfer zu ziehen ...' Der neue Oberhirte wollte unmittelbar Fühlung haben mit seiner Herde, also auch mit den Diözesanen deutscher Zunge. Er wollte zu ihnen reden, ihr Vertrauen gewinnen [...]. Da stellte sich der ‚Sonntagsbote' zur Arbeit ein. Er wollte als unpolitisches und unparteiliches Kirchenblatt eine grosse Lücke in der Diözese ausfüllen. Das Unternehmen war gewagt. Doch im Vertrauen auf die gute Sache und die Hilfe Gottes erschien im schlichten Kleide am Sonntag, den 5. Juli 1925 die erste Nummer des Sonntagsboten. [...] Zum Geleit erteilte dem Sonntagsboten der Apostolische Administrator seinen Segen und gab ihm zugleich die notwendigen Richtlinien. ‚Katholisch sei dein Wort. Dein Sinn der Kirche ergeben. Friedlich deine Art [...]. Rede vom Glauben, von seinem göttlichen Ursprung, seiner Schönheit und Tiefe. Warne dabei vor den Irrwegen des heutigen oberflächlichen Denkens. Rede vom christlichen Leben und seinen unwandelbaren Grundsätzen [...]. Rede mit Vorliebe von der Kirche Christi, von ihrer göttlichen Macht, von ihrer grossen Vergangenheit, von ihrer heutigen Stellung und ihren gewaltigen Aufgaben [...]. Habe mit der Politik nichts zu schaffen [...]. So diene denn der Sache Gottes!' Mit diesen Wünschen trat der Sonntagsbote seine Reise an. Sein hohes Ziel hat er nie aus den Augen verloren. Darum erwarb er von Jahr zu Jahr mehr und mehr Leser. Heute liegt er in den meisten katholischen Familien aus. In seiner neuen Aufmachung ist ‚Der Sonntagsbote' das katholische Kirchenblatt aller deutschen Katholiken der Diözese Katowice geworden. Gott sei Dank! Dass wir ihn haben und dass er so schlagkräftig und tüchtig ist." Maximilian Wojtas: Endlich stellst du dich auch zur Arbeit ein ...! In: Der Sonntagsbote, Nr. 27/1935, S. 309f.

87 Wosnitza: Bischöfe aus dem Raum des Kattowitzer Bistums (Anm. 1), S. 226.
88 Die seelsorgliche Betreuung der deutschen Katholiken (Anm. 26), S. 28.
89 Der Sonntagsbote, Nr. 27/1935, Deckblatt.
90 Bernhard Gröschel: Die Presse Oberschlesiens von den Anfängen bis zum Jahre 1945. Berlin 1993 (Schriften der Stiftung Haus Oberschlesien, Landeskundliche Reihe 4), S. 264.
91 Der Sonntagsbote, Nr. 27/1935.

Mai 1941 die Schriftleitung innehatte. *Der Sonntagsbote* erreichte anfangs eine Auflage von über 10.000 Exemplaren, die dann aber auf 6.000 zurückging.[92] Aufgrund seiner geringen Verbreitung war die finanzielle Grundlage des Blattes zunächst keinesfalls gesichert.[93]

Der Sonntagsbote bekam aber mit der Zeit einen Leserkreis weit über die Diözese Kattowitz hinaus bis zu den deutschen Katholiken in Posen und Lodz/Łódź. Unter Franz Wosnitza wurde das Blatt durch neue Beilagen – *Christusjugend, Marienjugend, Mütterschule, Männerarbeit*[94] und *Innere Mission* – erweitert. *Der Sonntagsbote* war das einzige deutsche Diözesanblatt in Polen[95] und konnte sich neben den anderen Sonntagsblättern in Deutschland sehen lassen.[96] Seine Inhalte waren ganz unterschiedlicher Art. Zu Beginn jeder Ausgabe waren regelmäßig Gruß- und Hirtenworte des Bischofs an seine Diözesanen über bestimmte aktuelle Ereignisse der Diözese oder der Weltkirche zu finden. Dann folgten gewöhnlich Gedanken zum sonntäglichen Evangelium, dem sich historische Rückblicke, Reiseberichte, Verlautbarungen, Gedichte, Nachrichten des diözesanen Vereinslebens, Predigten, Anekdoten und dergleichen Informationen mehr anschlossen. So wurden die deutschen Katholiken in den verschiedenen Rubriken über das kirchliche Leben in der Diözese Kattowitz informiert. Die Artikel wurden von zahlreichen Autoren des kirchlichen Lebens der Diözese verfasst. Auch aktuelle politische Vorgänge waren Themen des *Sonntagsboten*, wie beispielsweise die Verfolgung der Kirche im Deutschen Reich durch den Nationalsozialismus,[97] die Enzyklika „Mit brennender Sorge"[98] oder die drohende Gefahr durch den Bolschewismus.[99] Die Störung der deutschen Gottesdienste durch polnische Nationalisten im Sommer 1939 war ein besonders hitzig diskutiertes Thema im *Sonntagsboten*.[100] Für den Schriftleiter bestanden wichtige Aufgaben im Ordnen und Zusammenstellen des für den Druck bestimmten Materials und im Verfassen eigener Beiträge. Er übernahm die volle Verantwortung für die abgedruckten Artikel und sorgte für das regelmäßige wöchentliche Erscheinen des Blattes, was oftmals zeitlich nur unter Hochdruck erreicht werden konnte. Das Amt des Schriftleiters war nichts anderes als ein „Presseapostolat", eine besondere Form der Arbeit im Dienst an Gott und der Diözese Kattowitz.[101]

Besonders bekannt wurden Franz Wosnitzas scharfe Kommentare zu verschiedenen Ansprachen des Reichspropagandaministers Joseph Goebbels. Die Haltung des *Sonntagsboten* zur Kirchenverfolgung im Dritten Reich wurde von der deutschnati-

---

92 Gröschel (Anm. 90), S. 264.
93 Heda: Franz Wosnitzas Silbernes Priesterjubiläum (Anm. 59), S. 3.
94 Wosnitza: Jenseits der Grenze (Anm. 22), S. 207.
95 Der Sonntagsbote, Nr. 26/1935, siehe Deckblatt.
96 Heda: Franz Wosnitzas Silbernes Priesterjubiläum (Anm. 59), S. 3.
97 Der Sonntagsbote, Nr. 9/1936, S. 93–96.
98 Der Sonntagsbote, Nr. 14/1937, S. 53–55.
99 Der Sonntagsbote, Nr. 11/1937, S. 115f.
100 Der Sonntagsbote, Nr. 24/1939.
101 Der Sonntagsbote, Nr. 27/1935, S. 311.

onalen Presse Ostoberschlesiens sehr argwöhnisch beobachtet.[102] In anderen Artikeln berichtete man den Lesern von den verschiedenen Diözesanwallfahrten[103] oder über christliche Kunst,[104] um nur einige wenige Themen zu nennen. Das zehnjährige Bestehen des *Sonntagsboten* wurde 1935 mit einem großen Gottesdienst gefeiert, in dem der Schriftleiter Franz Wosnitza die Predigt hielt.[105] An Alternativen gab es für die deutschen Katholiken die Tageszeitung *Der oberschlesische Kurier*, eine katholische Arbeiterzeitung, die in Ostoberschlesien die auflagenstärkste Zeitung war,[106] sowie die Wochenzeitung *Der Deutsche in Polen*, die von Dr. Eduard Pant gegründet wurde, der jedoch schon 1938 verstarb. Pants entschiedene Haltung im Kampf gegen den Nationalsozialismus hat die Haltung der deutschen Katholiken in der Diözese wirksam beeinflusst. Seine Arbeit wurde auch vom *Sonntagsboten* besonders gewürdigt[107] und unterstützt.[108] *Der Sonntagsbote* und *Der Deutsche in Polen* waren die wichtigsten deutschen Blätter in Polen, die entschieden gegen den Nationalsozialismus kämpften. *Der Sonntagsbote* kam sogar noch mehr an die breiten Massen heran und konnte dadurch eine größere Breitenwirkung erzielen.[109] Mit dem Kriegsausbruch am 1. September 1939 veränderte sich die Lage für den *Sonntagsboten*. Die geplante Ausgabe am 3. September konnte wegen der Kriegsereignisse nicht erscheinen.[110] Franz Wosnitza gelang es, durch die Vermittlung eines Wehrmachtspfarrers die weitere Herausgabe des *Sonntagsboten* und der polnischen Ausgabe *Gość Niedzielny* zunächst zu sichern.[111] Der Einfluss der neuen Herren zeigte sich aber schon in der Ausgabe vom 10. September. Dort gab es kein Wort mehr gegen die neuen Machthaber, vielmehr war die Redaktion unter Wosnitza wohl darauf bedacht gewesen, die Tatsache des Krieges zunächst herunterzuspielen und abzuwarten. Auf der Titelseite war die Rede von „Jubel und Dank, Gebet und Opfer", dass der Krieg an der Diözese so schnell vorbeiging und dass Väter und Brüder „in ständiger Todesbereitschaft und äusserster Kraftanstrengung stehen". Hervorgehoben wurde auch die Tatsache, dass Bischof Adamski gegenüber den deutschen Katholiken verfügt habe,

---

102 Pia Nordblom: Für Glaube und Volkstum. Die katholische Wochenzeitung „Der Deutsche in Polen" (1934–1939) in der Auseinandersetzung mit dem Nationalsozialismus. Paderborn 2000 (Veröffentlichungen der Kommission für Zeitgeschichte, Reihe B, Forschungen 87), S. 633.
103 Der Sonntagsbote, Nr. 20/1938, S. 234.
104 Der Sonntagsbote, Nr. 26/1939, S. 305.
105 Der Sonntagsbote, Nr. 28/1935, S. 334.
106 Heda: Die Diözese Kattowitz (Anm. 1), S. 55.
107 Vgl. Anm. 68.
108 Nordblom (Anm. 102), S. 278.
109 Heda: Franz Wosnitzas Silbernes Priesterjubiläum (Anm. 59), S. 4.
110 Johannes Borowietz: Duszpasterz Górnoślązaków Ksiądz Infułat Prałat Franciszek Wosnica (Franz Wosnitza). W służbie Bogu i Diecezji [Der Seelsorger der Oberschlesier Pfarrer, Infulierter Prälat, Prälat Franz Wosnitza. Im Dienste Gottes und der Diözese]. Maschinenschriftliches Dokument (150 S.), 2005, Bistumszentralarchiv Regensburg, Nachlass Franz Wosnitzas beim Institut für Ostdeutsche Kirchen- und Kulturgeschichte, S. 60.
111 BFW, S. 8.

„von diesem Sonntag ab in unseren deutschen Gottesdiensten wieder unsere deutschen Lieder" zu singen.[112]

Schon am 19. September 1939 verlangte das Reichspropagandaamt, dass auch die polnische Ausgabe *Gość Niedzielny* spaltenweise mit einer deutschen Übersetzung gedruckt werde, bis am 16. Oktober die polnische Herausgabe ganz verboten wurde.[113] In den folgenden Ausgaben verlor der *Sonntagsbote* immer mehr an inhaltlicher Substanz. Führerworte wurden in vielen Ausgaben abgedruckt, und deutsche Phrasen wie vom „Endsieg" nahmen Einzug in den *Sonntagsboten*.[114] Nach eigenen Angaben wurde Franz Wosnitza von der Gestapo wegen weltanschaulicher Artikel im *Sonntagsboten* vernommen, die er in den Vorkriegsausgaben verfasst hatte. Anschließend wurde er aber wieder freigelassen, weil er sich „als anständiger Deutscher gezeigt habe". Das schien ihn jedoch nicht abgeschreckt zu haben, denn für Artikel, die er in den ersten Kriegsjahren verfasst hatte und die der Gestapo nicht passten, wurde er noch zweimal von ihr vernommen und verwarnt.[115] Durch eine Verordnung der Reichspressekammer wurden im April 1941 alle Kirchenblätter in Deutschland verboten.[116] *Der Sonntagsbote* wurde deshalb mit der letzten Ausgabe am 25. Mai 1941 eingestellt.[117] Reklamationen Wosnitzas gegen das Verbot blieben erfolglos.[118] Die durch seinen Einsatz fast zweijährige Erlaubnis für den Druck des *Sonntagsboten* hatte auch vor der Beschlagnahme der Druckerei geschützt, denn schon im Oktober 1939 waren fast alle Druckereien von der Gestapo beschlagnahmt worden. Die Druckerei wurde nach dem Verbot des *Sonntagsboten* insgeheim weiter genutzt, aber am 13. Juli 1943 nach einer Denunziation als „reichsfeindliches Vermögen" konfisziert.[119]

Der Sonntagsbote war bis zu seiner Einstellung 1941 viele Jahre lang ein wichtiges Medium für die deutschen Katholiken der Diözese Kattowitz gewesen, das zur Förderung und Vertiefung ihres religiösen Lebens eingesetzt und von Wosnitza in diesem Sinn erfolgreich geleitet wurde.[120] Unter seiner Leitung ist es dem *Sonntagsboten* in den schweren Jahren der Diözese Kattowitz gelungen, die deutschsprachigen Katholiken seelsorglich[121] zu betreuen.[122] *Der Sonntagsbote* wollte die Men-

---

112 Der Sonntagsbote, Nr. 37/1939, Deckblatt.
113 BFW, S. 8.
114 Der Sonntagsbote, Ausgaben von September 1939 bis Mai 1941.
115 Fragebogen zum Thema „Das Bistum Kattowitz unter dem Nationalsozialismus", Bistumszentralarchiv Regensburg, Nachlass Franz Wosnitzas beim Institut für Ostdeutsche Kirchen- und Kulturgeschichte, Handmappe Prälat Franz Wosnitza, Kirchl. Dienste.
116 BFW, S. 8.
117 Die letzte Ausgabe des *Sonntagsboten*, Nr. 21, erschien am 25. Mai 1941.
118 BFW, S. 41.
119 Borowietz (Anm. 110), S. 61.
120 OST-DOK 8/779 (Anm. 11), S. 10.
121 Borowietz (Anm. 110), S. 12.
122 Siehe auch: „Der Sonntagsbote! Ist der gute Freund, der immer da ist und trefflich zu erzählen weiss, wenn man ein Stündchen oder auch nur ein Viertelstündchen Zeit für ihn hat. Er war Euer treuer Begleiter durch die ersten 10 Jahre unserer jungen Diözese Katowice [...]." Der Sonntagsbote Nr. 26/1935, Deckblatt.

schen urteilsfähig machen und sie zur Mitarbeit auffordern, das Christentum in ihrer ostoberschlesischen Heimat „gesund" zu erhalten.¹²³ Er verkörperte die „im katholischen Geist geführte kirchliche Tagespresse der deutschen Katholiken" der Diözese Kattowitz,¹²⁴ predigte Standhaftigkeit im Glauben und hielt stets eine klare katholische Linie gegen den Nationalsozialismus ein. Neben dem Diözesanblatt gab es noch weitere Zeitschriften in deutscher Sprache für die deutschen Katholiken. Das Bischöfliche Amt vertrieb die vom Werk der Glaubensverbreitung in Aachen herausgegebene Missionszeitschrift *Weltmission* in verschiedenen Pfarreien der Diözese, und für die Kinder gab es z. B. das Buch *Das arme Heidenkind*. In einer ganzen Reihe von Kirchengemeinden, die einen höheren Prozentsatz an deutschen Katholiken aufwiesen, wurden die *Pfarramtlichen Nachrichten* als ein zweisprachiges Pfarreiblatt herausgegeben. Um die deutschen Katholiken noch mehr für die Sache der „Inneren Mission" zu gewinnen, brachte das Diözesaninstitut hierfür besondere Broschüren in deutscher Sprache heraus, z. B. *Der Christusmensch* und *Heiliges Feuer*. Auch das *Gebet der Inneren Mission* erschien in deutscher Sprache.¹²⁵ Außerdem existierte für die deutschen Katholiken die bereits im Jahre 1907 in Königshütte gegründete katholische Arbeiterzeitung *Der Oberschlesische Kurier*, die die auflagenstärkste Zeitung in Ostoberschlesien war. Nicht zu vergessen ist die Wochenzeitung *Der Deutsche in Polen* von Eduard Pant, die ebenfalls zu den besten katholischen Zeitungen für die deutschen Katholiken im Kattowitzer Diözesangebiet zählte.¹²⁶

4. Das Krisenjahr 1938–1939

Gegen Ende der dreißiger Jahre kamen die seit langem zwischen der deutschen und der polnischen Bevölkerungsgruppe im Diözesangebiet schwelenden Gegensätze offen zum Ausbruch. So begann der Krieg für die Diözese Kattowitz im Prinzip schon mit dem Beginn der Zerschlagung der Tschechoslowakei durch das Deutsche Reich im Herbst 1938. Aufgrund des Münchener Abkommens vom 29. September 1938 wurden die von Hitler geforderten Sudetengebiete an das Deutsche Reich angeschlossen. Die polnische Regierung nutzte ihrerseits die Gunst der Stunde der Schwäche der Tschechoslowakei und überreichte am 30. September der tschechischen Regierung in Prag ein Ultimatum zur Übergabe des Olsagebietes, das nach dem Ersten Weltkrieg von beiden Staaten beansprucht und 1920 trotz des heftigen Einspruchs der Polen der Tschechoslowakei zugesprochen worden war. Polen annektierte nun das Gebiet mit dem reichen Industriebezirk um Teschen und Oderberg/Bohumín/Bogumin mit fast einer Viertelmillion Einwohnern.¹²⁷ Im Olsagebiet lebten neben den Polen und Tschechen auch viele Deutsche, die nun – wie auch vie-

---

123 Wosnitza: Jenseits der Grenze (Anm. 22), S. 209.
124 Der Sonntagsbote, Nr. 28/1935.
125 Die seelsorgliche Betreuung der deutschen Katholiken (Anm. 26), S. 26–29.
126 Heda: Die Diözese Kattowitz (Anm. 1), S. 55f.
127 BFW, S. 2f.

le Tschechen – zu Tausenden von den Polen ausgewiesen wurden und oft fluchtartig ihre Heimat verlassen mussten.[128] Darunter befanden sich auch viele katholische Priester.[129] Die polnische Bevölkerung in diesem Gebiet hatte in der Zwischenkriegszeit ein freies kulturelles Leben führen können und von den Tschechen weniger Repressalien erfahren, als sie nun an den beiden anderen Bevölkerungsgruppen verübten.[130] Diese Vorgänge hatten Folgen für das kirchliche Leben der Diözese Kattowitz. Auf Bitten Kardinal Bertrams wurde der Kattowitzer Bischof Adamski durch ein Dekret des Nuntius in Warschau[131] am 4. November 1938[132] zum Apostolischen Administrator dieses Teils der Erzdiözese Breslau ernannt,[133] zu dem das Olsagebiet bis zu diesem Zeitpunkt gehört hatte. In einem Hirtenbrief, der in allen Gottesdienstsprachen verlesen wurde, begrüßte Adamski die ihm von nun an anvertrauten Katholiken und rief sie zu Vertrauen und zum Frieden untereinander im neuen Land auf. Dem Frieden war im Olsagebiet trotz Adamskis Aufruf aber keine Zeit beschieden.[134] Das Nationalbewusstsein der Polen wurde in diesem Gebiet vielmehr noch gestärkt, und so kam es dort zu weiteren Ausschreitungen gegen die deutsche und die tschechische Bevölkerung,[135] denn der von den Polen für das Olsagebiet eingesetzte Woiwode verfolgte eine radikale Polonisierungspolitik.[136]

Die nationalen Auseinandersetzungen wurden schließlich in den kirchlichen Bereich hineingetragen. Polnische Nationalisten im Olsagebiet begannen durch organisierte Sängergruppen den Gesang in den tschechischen und den deutschen Gottesdiensten durch polnischen Gesang zu übertönen.[137] Diese Praxis brach im März 1939 in das kirchliche Leben der Diözese Kattowitz herein. Polnische Sängergruppen begannen auch dort, systematisch die deutschen Gottesdienste zu stören.[138] Diese Vorgänge sprachen sich bei den deutschen Katholiken in ganz Polen herum und bereiteten überall große Sorgen.[139] Die organisierten polnischen Sängergruppen kamen aus den Organen der „Sanacja"[140] und aus dem Verband der Aufständischen und des polnischen Westmarkenvereins.[141] Als Reaktion darauf rief Bischof Adamski in einem Hirtenbrief zum Frieden in den Kirchen auf, der Anfang Juni 1939 in

---

128 Hilarius Breitinger: Als Deutschenseelsorger in Posen und im Warthegau 1934–1945. Erinnerungen. Mainz 1984 (Veröffentlichungen der Kommission für Zeitgeschichte, Reihe A, Quellen 36), S. 28.
129 BFW, S. 2f.
130 Wosnitza: Jenseits der Grenze (Anm. 22), S. 211.
131 Borowietz (Anm. 110), S. 59.
132 Breitinger (Anm. 128), S. 28.
133 Borowietz (Anm. 110), S. 59.
134 BFW, S. 4.
135 Breitinger (Anm. 128), S. 28.
136 Macała (Anm. 2), S. 173.
137 BFW, S. 4.
138 OST-DOK 8/779 (Anm. 11), S. 10f.
139 Breitinger (Anm. 128), S. 28. In Posen versuchten deutsche Priester aus Angst vor den gleichen Störungen vorzubeugen, indem sie aus eigener Initiative keine Predigten mehr hielten und nur lateinische Lieder sangen.
140 Macała (Anm. 2), S. 173.
141 Heda: Die Diözese Kattowitz (Anm. 1), S. 56.

allen Gottesdiensten in der Diözese Kattowitz und im Olsagebiet verlesen wurde. Darin verurteilte er die Ausschreitungen auf das schärfste.[142] Da der Hirtenbrief jedoch keine Wirkung zeigte, intervenierte Adamski wegen der Sänger sogar beim polnischen Woiwoden Grażyński, der ihm aber erklärte, er könne diesen patriotischen Menschen nicht in den Rücken fallen, da sie schon lange über die große Anzahl an deutschen Gottesdiensten empört seien. Als der junge deutsche Kaplan Paul Krolik nach einer Andacht störenden Sängern entgegentrat und statt eines ruhigen Gespräches mit ihnen vielmehr freche Antworten bekam, gab er einem ihrer Sprecher eine Backpfeife. Kurz darauf wurde der Kaplan verhaftet und zu sechs Wochen Gefängnis verurteilt, mit der Begründung, dass die Sänger nichts Böses in der Kirche getan

---

142 In seinem Hirtenbrief heißt es: „Die politische Lage von heute und besonders die religiöse und nationale Verfolgung der polnischen Katholiken in Deutschland haben eine Entrüstung und Erregung unter den polnischen Katholiken auch in unserer Diözese hervorgerufen, die man verstehen kann. Die polnischen Katholiken in Deutschland haben zum grössten Teil ihre polnischen Gottesdienste verloren [...]. Dabei unterliegt es keinem Zweifel, dass die Katholiken deutscher Volkszugehörigkeit in unserer Diözese sich noch in einem Masse deutscher Gottesdienste in ihrer Sprache erfreuen von dem die polnischen Katholiken jenseits der nahen Grenze nicht einmal träumen können [...]. Es ist daher verständlich, dass unter solchen Umständen in den Herzen der Polen im Leid über die Lage ihrer Brüder nicht nur der Wunsch erwacht, die Verminderung der deutschen Gottesdienste zu beschleunigen, sondern auch der Wille, sich zu rächen und die deutschen Katholiken in Polen für die Verfolgungen der polnischen Katholiken jenseits der Grenzen zu bestrafen [...]. Weder der Ortspfarrer, noch der Bischof haben das Recht, von sich aus die Sprache bei den Gottesdiensten zu ändern, sie können dies erst nach Zustimmung der Bischofskonferenz tun. Das ist der einigende Wille sowohl der Kirche als auch des Staates in dieser Angelegenheit [...]. In der Diözese Katowice ist der Gebrauch der deutschen Sprache gegen früher schon eingeschränkt worden, und er wird auch weiter eingeschränkt werden, aber nur soweit, als es mit der Seelsorge vereinbar ist [...]. An euch, geliebte Diözesanen, wende ich mich mit der herzlichen Bitte, dass ihr es als gläubige und treue Katholiken nicht zum Missbrauch der Kirchen und zu Taten kommen lasst, die mit der Würde eines Gotteshauses nicht vereinbar sind. Sie sind eine Beleidigung für Christus den Herrn, der auf dem Altare wohnt. Das katholische Schlesien darf keinen sündhaften Weg beschreiten, denn dann würde ihm Gott bestimmt seinen Segen verweigern. Ich weiss und glaube es, dass die weitaus grösste Zahl der Demonstranten gute und ordentliche Katholiken sind, die aber auf einen falschen Weg geführt worden sind. Ich weiss aber auch, dass an den Zwischenfällen Leute beteiligt gewesen sind, die entweder gar nicht oder schon seit langem nicht mehr zur Kirche gehen oder überhaupt nicht zu ihr gehören. Die Untersuchung einer Reihe von Fällen und die Aussagen von Augenzeugen haben ergeben, dass die Ausschreitungen in den Kirchen von vornherein durch gewisse Organisationen und durch Leute vorbereitet waren [...]. Viele ehrenhafte sind von dieser Agitation beeinflusst worden, in dem Glauben, dass sie wirklich einer guten und patriotischen Sache dienen. So geht es nicht. Die katholische Kirche ist im Gotteshaus gegen organisierte Ausschreitungen und gewaltsame Überfälle geradezu wehrlos [...]. Man darf doch das nicht selbst tun, was man bei anderen verurteilt. Wer einen bösen Menschen nachahmt, tut selbst Böses. Und uns Katholiken hat Gott dazu berufen, die Gesetze Christi zu achten und ihnen im Volke Geltung zu verschaffen [...]. Es gibt doch keine Sache, mag sie noch so gross und edel sein, die eine Beleidigung Gottes und eine Verunehrung seines Heiligtums rechtfertigen könnte [...]. Es wird daher angeordnet, dass an allen Sonn- und Feiertagen bis zum 29. Juni nach der Predigt die Herz-Jesu-Litanei artig als Sühneandacht gebetet wird, sowie drei Vaterunser um Reue und gute Beichte für diejenigen verrichtet werden, welche an den sündhaften Ausschreitungen teilgenommen haben. [...] Christus ist der einzige Weg, auf dem die Welt und die Völker aus Stürmen des Hasses und der Leidenschaften zu einer besseren Zukunft gelangen." Der Sonntagsbote Nr. 24/1939, S. 271–274.

und nur fromme Lieder gesungen hätten, während die Backpfeife des Kaplans eine Verunehrung des Gotteshauses gewesen sei. Nur der Kriegsausbruch ersparte Krolik das Absitzen der Gefängnisstrafe.[143] Bei dieser schwierigen Sachlage sah sich Bischof Adamski zu einem letzten entscheidenden Schritt gezwungen, um den Sängern ihr „Schlachtfeld" zu nehmen. Er verfügte am 22. Juni 1939, dass die deutschen Gottesdienste nur noch auf Latein, also ohne den deutschen Gesang und die deutsche Predigt, abgehalten werden sollten, und beschloss, die Angelegenheit der polnischen Bischofskonferenz vorzulegen, die nach Artikel 23 des polnischen Konkordats für die Einrichtung von nichtpolnischen Gottesdiensten zuständig war.[144] Dazu kam es aufgrund des Kriegsausbruchs drei Monate später aber nicht mehr.[145] Die Aufhebung von fremdsprachigen Gottesdiensten war gemäß dem polnischen Konkordat von 1925 eigentlich nicht möglich gewesen, allerdings erkannte der Apostolische Stuhl die besondere Situation in der Diözese Kattowitz an.[146] Adamski sah sich zu diesem gravierenden Eingriff genötigt, um den polnischen Sängergruppen keinen Vorwand mehr zu ihrem Treiben zu geben. Er tat dies nicht aus nationalen Gründen, also nicht aus Abneigung gegen die deutschen Katholiken.[147] Deren Aufregung gegen die „Taubstummen-Gottesdienste" war verständlicherweise sehr groß.[148] Es gelang Adamski aber nicht, durch diese Maßnahme die Konflikte in der Diözese zu beseitigen.

Den polnischen Christen in Deutsch-Oberschlesien erwiesen die polnischen Sänger einen „Bärendienst".[149] Denn gemäß dem politischen Klima war auch das kirchliche Klima in Deutsch- und Polnisch-Oberschlesien stets ein wechselseitiges Verhältnis.[150] Erging es der deutschen Minderheit in Polnisch-Oberschlesien schlecht, dann stieg der Druck auf die polnische Minderheit in Deutsch-Oberschlesien,[151] und je mehr der Einfluss der Nationalsozialisten auf die Deutschen in Polnisch-Oberschlesien wuchs, umsomehr verstärkten auch die polnischen Behörden ihre feindselige Haltung gegenüber den Deutschen.[152] Nachdem es in Deutsch-Oberschlesien als Reaktion auf die Geschehnisse in der Diözese Kattowitz zu vermehrten Störungen der polnischen Gottesdienste gekommen war, wurde die Einstellung der

---

143 Heda: Die Diözese Kattowitz (Anm. 1), S. 57.
144 BFW, S. 4.
145 Wosnitza: Jenseits der Grenze (Anm. 22), S. 211.
146 Macała (Anm. 2), S. 173.
147 Heda: Die Diözese Kattowitz (Anm. 1), S. 57.
148 BFW, S. 4.
149 Borowietz (Anm. 110), S. 59.
150 Franz Wosnitza berichtet von einer „Schraube ohne Ende": „Die Störung eines polnischen Gottesdienstes durch SA-Männer auf deutscher Seite war Anlass zu einer Störung von wenigstens zwei Gottesdiensten auf polnischer Seite. Das wurde dann wettgemacht durch eine Störung von drei polnischen Gottesdiensten auf der anderen Seite und so weiter, so daß zuletzt niemand sagen konnte, wo es angefangen hat und wo die ursächliche Schuld lag. Und was mit Gottesdiensten geschah, geschah ebenso mit Schulen, Vereinsveranstaltungen, Theateraufführungen." Wosnitza: Jenseits der Grenze (Anm. 22), S. 212.
151 Hitze (Anm. 5), S. 133.
152 Heda: Die Diözese Kattowitz (Anm. 1), S. 56.

deutschen Gottesdienste in Polnisch-Oberschlesien von den NS-Parteiorganisationen ausgenutzt, um in Deutsch-Oberschlesien die Einstellung der polnischen Gottesdienste zu fordern.[153] Kardinal Bertram sah sich durch diesen Druck am 27. Juni 1939 gezwungen, die polnischen Gottesdienste in Deutsch-Oberschlesien einzustellen.[154] Die NS-Behörden beriefen sich auf Artikel 29 des Reichskonkordates von 1933, der besagte, dass die nichtdeutsche Minderheit nicht besser gestellt sein dürfe als die deutsche Minderheit im betreffenden Ausland.[155] Damit war der Sommer 1939 für die deutschen Katholiken in der Diözese Kattowitz und für die polnische Minderheit in Deutsch-Oberschlesien auf kirchlicher Ebene eine von schwerwiegenden Auseinandersetzungen geprägte Glaubenszeit.[156] Die verordneten „Taubstummen-Gottesdienste" bedrückten alle Gläubigen auf ihrer Seite der Grenze sehr, und man konnte in diesem Konflikt auch in der Kirche den bevorstehenden Krieg bereits wittern.[157] Bischof Adamski erteilte deshalb schon am 29. Juli 1939 den Pfarrern eine Weisung, wie sie sich im Fall eines Krieges zu verhalten hätten: Der Pfarrer sollte möglichst bei der Gemeinde bleiben; wenn diese evakuiert werde, solle er ihr folgen.[158] Als Hitler dann am 1. September 1939 den Krieg begann, war auch das Schicksal der Diözese Kattowitz vorerst besiegelt. Infolge der nationalsozialistischen Okkupation in den Jahren 1939 bis 1945 hatten sowohl die polnischen als auch die deutschen Katholiken unter der radikalen Kirchenpolitik der Nationalsozialisten viel zu erleiden.

5. Fazit

Es ist in den vorangegangenen Ausführungen deutlich geworden, dass die Auswirkungen, die die politischen Ereignisse in Oberschlesien nach dem Ende des Ersten Weltkrieges auf die Katholische Kirche der Diözese Kattowitz und die dort lebende katholische deutsche Minderheit hatten, in der Zwischenkriegszeit 1922–1939 immer wieder Auseinandersetzungen zwischen deutschen und polnischen Gläubigen, zum Teil bis zur obersten Diözesanebene, provozierten. Wenn es daneben auch Phasen der Stabilisierung und der Ruhe im kirchlichen Leben der Diözese gab, so konnte am Ende die Kattowitzer Diözesankurie auf die vielfältigen Probleme, die die deutschen und die polnischen Gläubigen betrafen, doch keine entscheidende Antwort geben, die von ihnen allen akzeptiert worden wäre, um den Frieden in der Kirche zu sichern. Den großen Herausforderungen jener Jahre – gekennzeichnet durch die Polonisierung des Gebietes durch die staatlichen Behörden unter der Woiwodschaftsregierung Grażyńskis, die zunehmende Einflussnahme des National-

---

153 Wosnitza: Jenseits der Grenze (Anm. 22), S. 212.
154 Adalbert Kurzeja: Kardinal Bertram und das Bistum Kattowitz 1939–1945. In: Oberschlesisches Jahrbuch 12 (1996), S. 107–120, hier S. 115.
155 BFW, S. 4.
156 Kurzeja (Anm. 154), S. 115.
157 Wosnitza: Jenseits der Grenze (Anm. 22), S. 212.
158 BFW, S. 5.

sozialismus auf nationale deutsche Gruppen in der Diözese, die durch die Weltwirtschaftskrise verursachte Massenarbeitslosigkeit und schließlich den für Polen nicht mehr zu akzeptierenden Expansionsdrang der Nationalsozialisten – hatte auch die Katholische Kirche trotz aller Bemühungen im Hinblick auf das einende Band des katholischen Glaubens zwischen Deutschen und Polen am Ende nichts Entscheidendes mehr entgegenzusetzen, um das tiefe Misstrauen zwischen dem deutschen und dem polnischen Bevölkerungsteil noch überwinden zu können. Trotz dieser negativen Entwicklungen in der Zwischenkriegszeit war das religiöse Leben der deutschen katholischen Minderheit Ostoberschlesiens in den Gemeinden und Vereinigungen ein Zustand des gegenseitigen Zusammenhalts und des Glaubens. Das lebendige katholische Leben in den blühenden Organisationen, die großen Wallfahrten, Exerzitien, Schulungsabende und viele andere Maßnahmen, oft gestützt durch den deutschen Klerus und den polnischen Bischof, halfen den Menschen, ihren Glauben in der schwierigen Zeit zu bewahren. Das wöchentlich erscheinende Diözesanblatt *Der Sonntagsbote* war für sie die wichtigste Glaubens- und Kraftquelle. Nachdem die Besatzungszeit unter den Nationalsozialisten in den Jahren 1939 bis 1945 verheerende Folgen für die Diözese Kattowitz und die deutschen und polnischen Katholiken mit sich gebracht hatte, wurde der Katholizismus der deutschen Diözesanen infolge der Vertreibung der Deutschen aus Oberschlesien nach dem Krieg auch nach Westdeutschland getragen, wo seine Spuren bis in die Gegenwart sichtbar sind. Weitere Spuren der Zwischenkriegszeit finden sich auch heute noch bei den im Diözesangebiet verbliebenen deutschen Katholiken, die als Angehörige der deutschen Minderheit in der jetzigen Erzdiözese Kattowitz in Polen leben.

Heinke M. Kalinke

Briefe aus dem Forschungsfeld.
Gewährsleute aus Ungarn schreiben an Rudolf Hartmann (1926 bis 1948)

1. Einleitung

Im Sommer 1925 unternahm der Student Rudolf Hartmann von Wien aus eine dreimonatige Forschungsreise in deutschsprachige Siedlungsgebiete der ehemaligen Donaumonarchie. Es war der erste persönliche Kontakt des gebürtigen Sachsen (*1902 Leutsch bei Leipzig) mit den sogenannten Ungarndeutschen; aber die Reise hinterließ derart bleibende Eindrücke, dass Hartmann die Geschichte und Volkskunde der Ungarndeutschen fortan zu seinem zentralen Forschungsgebiet machte.[1] Wiederholt unternahm er in den folgenden Jahren Reisen in deutsche Siedlungen in der Schwäbischen Türkei,[2] der Batschka und im Ofner Bergland. Sein volkskundliches Interesse galt vor allem den traditionellen Themen Landschaft und Siedlung, Haus und Hof, Kleidung (Tracht), Liedern, Bräuchen und sogenannten Volksschauspielen.[3] Bekannt geworden ist Hartmann in erster Linie durch die Fotografien, die er auf diesen Reisen anfertigte. Sie gehören zum festen Bilderkanon über die Ungarndeutschen, illustrieren Forschungsarbeiten[4] und werden bis heute in Heimat-

---

1 Seine Staatsexamensarbeit schrieb Hartmann bei dem damals in Leipzig tätigen Kulturgeographen Friedrich Metz über die „Donau-Drau-Platte", 1928 promovierte er bei dem Historiker Walter Goetz an der Universität Leipzig über die „Schwäbische Türkei". Es folgten Forschungsaufträge zur Ansiedlungsgeschichte der Ungarndeutschen (1928 von der Universität Szeged, 1929 vom Institut für Kultur- und Universalgeschichte der Universität Leipzig). Zum Lebenslauf und zum wissenschaftlichen Werdegang Hartmanns siehe Waltraut Werner-Künzig: Rudolf Hartmann zum 90. Geburtstag. In: Jahrbuch für deutsche und osteuropäische Volkskunde 35 (1992), S. 451–462, sowie Márta Fata: Rudolf Hartmann – Das Auge des Volkskundlers. Fotowanderfahrten in Ungarn im Spannungsfeld von Sprachinselforschung und Interethnik. [Publikation zur Ausstellung im Ethnographischen Museum Budapest 27. Januar – 28. Februar 1999.] Tübingen 1999, S. 42–60.
2 Dies ist die damals übliche und auch heute noch sehr verbreitete deutschsprachige Bezeichnung für das südliche Transdanubien (die Komitate Tolnau/Tolna, Baranya und Somogy), die das deutsche Element in charakteristischer Weise betont.
3 Mit Volksschauspielen (nicht zu verwechseln mit „Volkstheater") sind meist mündlich überlieferte Spiele biblischen Inhalts mit Gesangselementen gemeint, die, getragen von bestimmten Altersgruppen (Kindern, Jugendlichen, jungen Erwachsenen), als Umzugsspiele zu bestimmten kirchlichen Festen in den Wohnhäusern aufgeführt wurden. So gab es z. B. Adam-und-Eva-, Christkindl- oder Samson-Spiele, insgesamt wenige Spieltypen und -stoffe in zahlreichen Abwandlungen.
4 So beispielsweise das Titelfoto bei Annemarie Röder: Deutsche, Schwaben, Donauschwaben. Ethnisierungsprozesse einer deutschen Minderheit in Südosteuropa. Marburg 1998 (Schriftenreihe der Kommission für deutsche und osteuropäische Volkskunde 78). Das Bild wird hier jedoch fälschlicherweise J. Künzig zugeschrieben, vgl. Fata (Anm. 1), S. 74. Das Südostdeutsche Kulturwerk veröffentlichte zwei Bildbände mit Fotografien Hartmanns: Rudolf Hartmann: Deutsches Dorf in Ungarn. Bilder und Dokumente der Erinnerung aus der Schwäbischen Türkei. München 1976 (Ver-

büchern, -blättern und -kalendern[5] reproduziert. In der Geschichte des Faches Volkskunde / Europäische Ethnologie zählt Hartmann zu den Exponenten der sogenannten Sprachinselvolkskunde, die vor allem in der Zwischenkriegszeit deutschsprachige Siedlungen in einer anders-ethnischen Umwelt, zum Teil unter dezidiert völkisch-nationalistischen Vorzeichen und in entsprechenden Forschungskontexten,[6] erforschte auf der Suche nach besonders alten und ursprünglichen Überlieferungen.[7] Dieser Forschungszweig bediente sich teilweise innovativer interdisziplinärer Ansätze der Feldforschung.[8] Auch die Fotografie etablierte sich seit dem ausgehenden 19. Jahrhundert[9] zunächst als Hilfsmittel der Dokumentation in der volkskundlichen Sachkulturforschung (Haus und Hof, Tracht) und wurde seit den frühen 1930er Jahren zum Propagandainstrument im Sinne der völkischen Ideologie.[10] Hartmanns Tätigkeit als „volkskundlicher Fotograf"[11] in den 1920er Jahren fällt nach König und Hägele in eine Zeit, als es zwischen fotografischer Dokumentation vor dem Ersten Weltkrieg und der national-überhöhenden und rassenideologisch aufgeladenen Bilderflut der 1930er Jahre stiller um die volkskundliche Fotografie geworden war.[12] Auch thematisch und ikonografisch nimmt Hartmanns Fotoœuvre eine Zwischenstellung zwischen diesen beiden Polen ein.[13]

öffentlichungen des Südostdeutschen Kulturwerks, Reihe C: Erinnerungen und Quellen 5); Ders.: Die Schwäbische Türkei und ihre Volkstrachten. München 1992 (Veröffentlichungen des Südostdeutschen Kulturwerks, Reihe C: Erinnerungen und Quellen 13).

5 In diesen Veröffentlichungen sind Hartmanns Bilder beinahe omnipräsent.
6 Auch Hartmanns erster Lehrer Friedrich Metz, der sich früh und offen zur nationalsozialistischen Ideologie und Politik bekannte, gehörte in verschiedenen Organisationen und Positionen (unter anderem als Mitbegründer der Volksdeutschen Forschungsgemeinschaft und Schriftleiter des Großunternehmens *Handwörterbuch des Grenz- und Auslandsdeutschtums*) zu den einflussreichen Protagonisten dieser viele Disziplinen vereinigenden Volkstumswissenschaften. Siehe Bernd Grün: Friedrich Metz. In: Ingo Haar, Michael Fahlbusch (Hg.): Handbuch der völkischen Wissenschaften. München 2008, S. 409–415.
7 Den Begriff der Sprachinsel prägte der Volkskundler und (Siedlungs-)Historiker Walter Kuhn ab 1926. Vgl. Wilhelm Fielitz: Walter Kuhn. In: Haar, Fahlbusch (Hg.): Handbuch der völkischen Wissenschaften (Anm. 6), S. 350–353.
8 Vgl. Heinke M. Kalinke: „Teamwork" – Zur volkskundlichen Feldforschung in Ost- und Südosteuropa in den 1920er und 1930er Jahren. Alfred Karasek und der Bielitzer Kreis. In: Jahrbuch für deutsche und osteuropäische Volkskunde 42 (1999), S. 20–43.
9 Vgl. den programmatischen Aufsatz von Michael Haberlandt: Die Photographie im Dienste der Volkskunde. In: Zeitschrift für österreichische Volkskunde 2 (1896), S. 183–186.
10 Ausführlich dazu: Gudrun M. König, Ulrich Hägele: Eine Etappe der volkskundlichen Fotogeschichte. In: Dies. (Hg.): Völkische Posen, volkskundliche Dokumente. Hans Retzlaffs Fotografien 1930 bis 1945. Marburg 1999, S. 9–39.
11 Fata (Anm. 1), S. 57.
12 König, Hägele (Anm. 10), S. 11.
13 So zeigen seine Trachtenaufnahmen teilweise den statischen Bildaufbau früher Trachtenporträts, auch viele Orts- und Landschaftsaufnahmen sind dieser dokumentarischen Funktion verpflichtet. Dabei lassen sich durchaus Ansätze zur Typisierung und Idyllisierung (ländlich-sittlich-deutsch) ausmachen. Daneben ging es Hartmann erkennbar um die Individuen (die Namen der Fotografierten sind überliefert!), er sparte auch den Alltag, die städtische Bevölkerung und die anders-ethnische Umgebung der „Schwaben" nicht aus. Vgl. Ulrich Hägele: Foto-Ethnographie. Die visuelle Methode in der volkskundlichen Kulturwissenschaft. Tübingen 2007, S. 225f.

2. Die Briefe als Quellen

Im Folgenden sollen nicht die Fotografien Hartmanns im Mittelpunkt stehen, sondern das Verhältnis von Forscher und Erforschten, das sich zwar auch auf die Fotografien auswirkte und in ihnen widerspiegelt, hier jedoch anhand anderer Quellen untersucht werden soll. In der gegenwartsbezogenen Diskussion um Methoden der Feldforschung wird dieses Thema umfangreich reflektiert und diskutiert,[14] Aussagen darüber für historische Feldforschungen zu treffen, ist jedoch schwierig. Allenfalls indirekt lassen sich Texte und Bilder interpretieren hinsichtlich des Verhältnisses zwischen forschendem Subjekt und erforschtem Objekt.[15] Teilweise geben auch Erinnerungsberichte von Volkskundlern Auskunft darüber, wie sich die Feldforschung vor Ort konkret gestaltete.[16] Im Nachlass Hartmanns nun haben sich Briefe und Postkarten erhalten,[17] die er von Menschen erhielt, mit denen er während seiner Forschungsaufenthalte in näheren Kontakt kam, sei es als Gewährsleute und oft auch als „Fotomodelle", sei es als Vermittler von Kontakten oder als Gastgeber auf seinen Reisen.

Im Einzelnen handelt es sich um 42 Briefe bzw. Mitteilungen[18] von 32 Absendern,[19] datiert zwischen 1926 und 1948.[20] Nur je ein Absender lebte in der Batschka (Waschkut/Vaskút) und im Ofner Bergland (Wudersch/Budaörs), die übrigen stammten aus der Schwäbischen Türkei. Die Verfasser sind ganz überwiegend Männer; nur drei Frauen sind darunter sowie eine Familie und ein Ehepaar. Der schriftliche Kontakt mit dem Forscher „aus dem Reich" oblag also meist den Haus-

---

14 Zu nennen ist Rolf Lindners mittlerweile als Klassiker zu bezeichnender Aufsatz aus dem Jahr 1981: Die Angst des Forschers vor dem Feld. Überlegungen zur teilnehmenden Beobachtung als Interaktionsprozeß. In: Zeitschrift für Volkskunde (1981), 1, S. 51–66. Für die die Feldforschung und ihre Methoden seither begleitende Diskussion siehe als Überblick die Literatur bei Rolf W. Brednich: Quellen und Methoden. In: Ders. (Hg.): Grundriss der Volkskunde. Einführung in die Forschungsfelder der Europäischen Ethnologie. 3., überarb. u. erw. Aufl. Berlin 2001, S. 77–100.
15 In der Ethnologie wird als Reflex auf Kolonialismus, Rassismus und Eurozentrismus eine noch grundsätzlichere Diskussion über die Ethik in der Feldforschung geführt, auch vor dem Hintergrund der elementaren Bedeutung der Feldforschung für dieses Fach. Vgl. Linda T. Smith: Decolonizing Methodologies. Research and Indigenous Peoples. London, New York 1999; Hans Fischer: Feldforschung. In: Ders. (Hg.): Ethnologie. Einführung und Überblick. 3., veränd. u. erw. Aufl. Berlin 1992, S. 79–99; Annette Hornbacher, Hermann Amborn (Hg.): Ethik, Ethos, Ethnos. Aspekte und Probleme interkultureller Ethik. Bielefeld 2006 (Kultur und soziale Praxis). Deren Ergebnisse sind auch für die Europäische Ethnologie von Interesse.
16 Diese oft im Abstand von Jahrzehnten verfassten Berichte erlauben auch nur vorsichtige Rückschlüsse auf die Realität, vor allem Probleme und Missverständnisse werden im Nachhinein wohl zu gern nivelliert. Zum Beispiel Eugen Bonomi: Mein Weg als Volkskundler. Nebst einem Verzeichnis der Veröffentlichungen. In: Jahrbuch für ostdeutsche Volkskunde 8 (1964), S. 273–290, und Hans Frhr. von Rosen: Wolhynienfahrt 1926. Siegen 1982 (Schriften der J. G. Herder-Bibliothek Siegerland e. V. 10).
17 Verwahrt im Johannes-Künzig-Institut für ostdeutsche Volkskunde (im Folgenden JKI) in Freiburg/Br.
18 Teilweise wurden kurze Grüße und Dankschreiben auf einem Bogen eines anderen Absenders angefügt oder Blätter in Briefe eingelegt.
19 Es wird die männliche Form gewählt, nicht zuletzt deshalb, weil die Schreiber der meisten und der umfangreichen Briefe Männer waren.
20 Die Datierungen stammen überwiegend von den Absendern, teilweise hat auch R. Hartmann (wohl nachträglich bei Durchsicht der Briefe) mit Bleistift eine Datierung vorgenommen.

haltsvorständen – eine Korrespondenz von Mann zu Mann, die zu keinerlei Missverständnissen Anlass bot. Die Ausnahmen, d. h. die Mitteilungen der drei Frauen, sind ein längeres Antwortschreiben offenbar auf Hartmanns Frage nach der örtlichen Hochzeitstracht[21] und kurze, einem anderen Brief eingelegte Schreiben bzw. einem Brief angefügte Zeilen, in denen sich die Frauen für die erhaltenen Glückwünsche Hartmanns zu ihrer Hochzeit bedanken. Von fünf Schreibern gibt es mehrere (bis zu vier) Briefe oder Karten; von den übrigen haben sich jeweils nur ein Schreiben im Freiburger Nachlass erhalten. Unter den Schreibern gibt es geübte mit relativ sicherer Orthographie, flüssiger Schrift, die auch über passendes Schreibwerkzeug (Briefbogen,[22] Tinte, Feder) verfügen, und solche, denen man deutlich anmerkt, dass sie eher selten schrieben. Sie verwenden meist Bleistift, (zu) kleine Zettel, sind unsicher im sprachlichen Ausdruck und in der (deutschen) Orthographie. Die Bandbreite reicht vom Studenten und späteren Gymnasiallehrer August Prettl über den Ökonomen Ignaz (auch: Ignatz, Ignacz) Hofecker, den Arbeiter Engelbert Hoffmann, den Schuhmacher Adam Busz und einen Pfarrer bis hin zu Landwirten, die die Mehrzahl der Verfasser stellen. In vielen Briefen zeigt sich daher die „äußerst vernachlässigte, deutsch-madjarisch gemischte Rechtschreibung und die meist sehr unbeholfene Schrift und Ausdrucksweise der ununterrichteten Bauern".[23] Denn trotz allgemeiner Schulpflicht (seit 1868) dürften einige von Hartmanns Korrespondenzpartnern keine ausreichende deutschsprachige Grundschulbildung erhalten haben.

Das Alter der Schreiber lässt sich in vielen Fällen indirekt zumindest ungefähr erschließen;[24] für wenige lassen sich aufgrund von Ortsheimatbüchern die Geburtsjahre genau festlegen.[25] Demnach dürften die meisten zwischen 1880 und 1900 geboren sein. Ihre Schulzeit fiel also in eine Zeit, als beim Ausbau eines flächendeckenden, modernen Volksschulwesens[26] die ungarische Staatssprache im Vordergrund stand und der zuvor vor allem von den konfessionellen Gemeindeschulen getragene muttersprachliche Unterricht zurückgedrängt wurde.[27] Unter dem Druck

---

21 Magdalena Weiß aus Kokosch/Kakasd (Komitat Tolnau/Tolna) im Brief von M. und J. Weiß an Rudolf Hartmann vom 6. März 1927, Nachlass Hartmann im JKI, Freiburg (s. u.).
22 Der Weinproduzent Peter Glöckner aus Maratz/Morágy schrieb 1927 auf gedrucktem Geschäftspapier.
23 So charakterisierte Hedwig Schwind viele der Zuschriften, die das 1921 gegründete *Sonntagsblatt für das deutsche Volk in Ungarn* von vielen seiner Leser erhielt. In: Dies.: Jakob Bleyer. Ein Erforscher und Erwecker des ungarländischen Deutschtums. München 1960, S. 105.
24 Etwa durch die Erwähnung von Kindern (deren Geburt, Einschulung, Studium) oder die eigene Hochzeit. Teilweise lassen auch die Fotografien von Briefschreibern Rückschlüsse auf ihr Alter zu.
25 So für Adam Roth aus Bonyhádvarasd/Warasch, geb. 1880, ausgesiedelt 1946, gest. 1972. Aus: Heimatbuch von Bonyhádvarasd/Warasch. Werden und Vergehen eines deutschen Dorfes in der Schwäbischen Türkei / Ungarn. Hg. v. der Ortsgemeinschaft „Warasch" o. O. [1996].
26 Das bedeutet hier vor allem die Emanzipation des Schulwesens von den Kirchen und damit einhergehend die enge Anbindung an den ungarischen Staat sowie die Einführung verbindlicher Unterrichtsinhalte und den Einsatz ausgebildeten Lehrpersonals.
27 „Den Höhepunkt und Abschluss in der Magyarisierung der Schule bildete das nach Kultusminister Apponyi benannte Schulgesetz des Jahres 1907." Ingomar Senz: Schule und Bildung bei den Donauschwaben von 1806 bis 1918. In: Südostdeutsches Archiv 40/41 (1997/98), S. 58–78, hier S. 74. Vgl. auch Joachim von Puttkamer: Schulalltag und nationale Integration in Ungarn. Slowaken,

zunehmender Magyarisierung nach dem Vertrag von Trianon (1920) kam es zu weiteren Schließungen deutschsprachiger (und anderer muttersprachlicher) Minderheitenschulen, sodass Jakob Bleyer 1933 schließlich feststellen konnte: „Mindestens 70 Prozent der Jugendlichen mit deutscher Muttersprache, die die Grundschule abgeschlossen haben, können mehr oder weniger nicht Deutsch schreiben und lesen und 90 Prozent der Jugendlichen, die die Mittelschule absolviert haben, können keinen deutschen Brief schreiben".[28]

Bevor einzelne Briefe eingehender betrachtet werden, soll ein kurzer Überblick über die Inhalte die allgemeine Charakterisierung der Quellen abschließen. Es handelt sich im Wesentlichen um folgende Themenbereiche:

1. Privates, also Auskunft über die eigene Familie, Gesundheit, Arbeit, Fragen nach Hartmann und dessen Familie,
2. Forschungsfelder und -aufenthalte Hartmanns, also Aussagen über die Ansiedlung, Trachten, Lieder, Bräuche u. a., Bilder, Einladungen zu Besuchen und Aufenthalten,
3. Landwirtschaft, Ernte und Wetter,
4. Politik, vor allem Lage der Ungarndeutschen (Schule, UDV), später Nationalsozialismus in Deutschland, der Krieg,
5. Bitten an Hartmann um Bücher, Noten u. ä. sowie um Gefälligkeiten (Übernachtung).

Die Briefe sollen im Folgenden als „Akte eines kommunikativen Prozesses"[29] aufgefasst werden. Dieser Prozess wurde durch die Reisen Hartmanns nach Ungarn initiiert und durch verschiedene Interaktionen mit den dort lebenden Menschen wie Besuche, Beobachtungen, Gespräche, Fotografien und eben auch Briefe, kleinere Gefälligkeiten und Geschenke teilweise über zwei Jahrzehnte vertieft und aufrechterhalten. Die Briefe erlauben Rückschlüsse „auf die Beziehung zwischen beiden Kommunikationspartnern"[30] und den „sozio-kulturellen und historisch-gesellschaftlichen Kontext"[31] der Kommunikation. Hinsichtlich der Beziehung zwischen beiden (oder mehreren) Kommunikationspartnern sind Briefe stets ein Medium des gegenseitigen Austauschs, dem eine bestimmte Absicht zugrunde liegt. Die Briefintentionen können im Einzelnen wechseln, generell wird man jedoch auch von den

---

Rumänen und Siebenbürger Sachsen in der Auseinandersetzung mit der ungarischen Staatsidee 1867–1914. München 2003 (Südosteuropäische Arbeiten 115), S. 446.

28 Bleyers Rede im Abgeordnetenhaus vom 9. Mai 1933 findet sich wortgetreu auf Ungarisch und in deutscher Übersetzung unter <http://dediserver.eu/hosting/ethnodoc/data/H_19330509-1.pdf>, hier S. 14.

29 Irene Götz, Klara Löffler, Birgit Speckle: Briefe als Medium der Alltagskommunikation. Eine Skizze zu ihrer kontextorientierten Auswertung. In: Schweizerisches Archiv für Volkskunde 89 (1993), 2, S. 165–183, hier S. 166.

30 Klara Löffler: Aufgehoben. Soldatenbriefe aus dem Zweiten Weltkrieg. Eine Studie zur subjektiven Wirklichkeit des Krieges. Bamberg 1992 (Regensburger Schriften zur Volkskunde 9), S. 54.

31 Ebd., S. 49.

vorliegenden Briefen sagen können, dass sie in erster Linie dazu dienen, „über jedwede konkrete Mitteilung hinaus ein Beziehungsgeflecht zu etablieren [...], Kontakte zu knüpfen und aufrecht zu erhalten, also eine Gemeinschaft zu konstituieren".[32] Die Rollenverteilung zwischen den Partnern ist abhängig von den jeweiligen sozialen Rollen des Einzelnen in verschiedenen kulturellen und gesellschaftlichen Systemen, und sie bestimmt wiederum den Charakter der brieflichen Kommunikation entscheidend.

Die nachfolgende Analyse der Briefe wird sich konzentrieren auf das in ihnen zum Ausdruck kommende Verhältnis zwischen Forscher und Erforschten sowie die medial vermittelten Elemente, die dazu dienen, die Beziehung über räumliche und zeitliche Distanzen hinweg aufrechtzuerhalten.

Der erste erhaltene Brief stammt von dem Landwirt Johann Kindl aus Waschkut/Vaskút (Batschka). Er erreichte Hartmann offenbar nicht mit der Post, sondern durch einen Boten[33] und wurde von ihm erst nachträglich datiert (um 1926). Der Brief ist die Antwort auf ein Schreiben Hartmanns nach seiner Rückkehr nach Leipzig. Kindl bedankt sich darin für eine Fotografie, die Hartmann ihm geschickt habe, beantwortet dessen Frage nach dem Christbaum und sagt, er halte Kinderbücher bereit, damit der Student sich Lieder daraus abschreiben könne. Auch auf die Fotografie des Ofens sei er gespannt.

Dieser Brief enthält bereits wesentliche, sich in vielen Briefen wiederholende Elemente: Schreibanlass ist der Erhalt von Fotografien, oft verbunden mit Fragen an die Gewährsleute, die nun beantwortet werden können („o ja, der jackl hatte einen sehr schönen Christbaum").[34] Darüber hinaus wird die weitere Mitarbeit (Lieder) in Aussicht gestellt und Interesse an Hartmanns Ergebnissen (Fotografie vom Ofen) bekundet. Es wird deutlich, dass es sich um ein Verhältnis auf Gegenseitigkeit handelt, bei dem beide Seiten geben und nehmen. Die Erforschten treten dem jungen Forscher, der anfangs als Student zu ihnen kommt, gegenüber durchaus selbstbewusst auf und scheuen sich nicht, ihrerseits Wünsche und Bitten an Hartmann heranzutragen. So schreibt im Januar 1927 der Ökonom Ignaz Hofecker aus Haschad/Hássagy (Baranya) (vgl. Abb. 1): „Wenn sie Gelegenheit hätten, mir kleinere Bibliotheken oder sonstige Büchern von Goethe, Schiller, Uland, Herder oder Scheffel, Freitag u.s.w. zu kaufen [...] und es mir event. benachrichtigen möchte[n] oder mir solche per Nachnahmepost mir zukommen lassen möchten, meine Familie, ja mein ganzes Dorf were ihnen dankbar". Dies ist keine kleine Bitte, und Hofecker fährt fort, indem er eine Fibel für seinen Sohn erbittet und berichtet, wie ungedul-

---

32 Leonie Koch-Schwarzer: Briefe aus der Provinz. Christian Garves Strategien der Herstellung personaler und intellektueller Netzwerke. In: Heinke M. Kalinke (Hg.): Brief, Erzählung, Tagebuch. Autobiographische Dokumente als Quellen zu Kultur und Geschichte der Deutschen in und aus dem östlichen Europa. Freiburg 2000 (Schriftenreihe des Johannes-Künzig-Instituts 3), S. 107–145, hier S. 117.
33 Der Brief hat kein Kuvert; auf der nach oben gefalteten Briefseite steht: „An hern Rudolf Hartmann abzugeben". Johann Kindl an R. Hartmann, Nachlass Hartmann im JKI, Freiburg.
34 Ebd. Sämtliche Briefzitate werden wörtlich, ohne Korrektur von Schreibfehlern etc. wiedergegeben.

dig der Sohn schon auf die Fotografie des Hauses warte. Gleichsam im Gegenzug lobt er Hartmanns Interesse an den „Schwaben" und lässt ihn wissen, wie man ihn vor Ort sehe: „den guten deutschländer Herrn, der keine Mühe scheut und zu Fuss das weltentlegenste Schwabendörfchen besucht und unsere Zusammengehörigkeit als Rasse für's Reich kultiviert', wie mir unlängst ein alter, biederer Schwabe aus der Gemeinde an einem genüslichen Winterabend apostrophierte". Er fügt hinzu, dass sie allesamt Anhänger von Bleyer und Gratz[35] seien. Wohl zu Recht geht Hofecker davon aus, dass Hartmann diese Einschätzung nicht zurückweisen würde. Sein Interesse wie das anderer (reichs-)deutscher Studenten und Forscher am sogenannten Auslandsdeutschtum speiste sich in diesen Jahren vor allem aus der Sehnsucht nach einer „bäuerlich-handwerklich bestimmte[n] Kultur, die vom Herkommen geprägt war",[36] sowie dem Wunsch, einen Beitrag zum Erhalt der kulturellen Eigenheiten (Sprache, Überlieferung) zu leisten.[37] So sah sich Hartmann selbst in einer Doppelrolle als Erforscher und Künder der ungarndeutschen Kultur und Geschichte auf der einen und als Kulturvermittler auf der anderen Seite, der deutsche Bücher, Lieder und „deutsches Bewusstsein" in die Schwabendörfer brachte, wo alles Deutsche zunächst überwiegend begeistert und unkritisch aufgenommen wurde.[38]

Nur in wenigen Briefen finden sich Äußerungen zur politischen Situation der Deutschen in Ungarn. So schreibt der Industriearbeiter Engelbert Hoffmann aus Fünfkirchen/Pécs ebenfalls 1927 im gleichen Tenor an Hartmann: „Was die Wahl in den Bezirken Villany und Bonyhat anbelangt, so war man nach der Wahl in heller Begeisterung über den Sieg Dr. Bleiers [Bleyers] in Villany und Dr. Gracz [Gratz'] in Bonyhat nicht nur hier in der Baranya, sondern ühberhaupt in ganz Rumpfun-

---

35 Jakob Bleyer (1874–1933) aus dem südungarischen Tscheb/Celarevo/Dunacséb (heute in Serbien) war Literaturwissenschaftler und Politiker. Von 1926 bis zu seinem Tod war er Parlamentsabgeordneter, 1919/20 Minister für nationale Minderheiten. Seine Bemühungen galten einer deutschen nationalen Identität innerhalb der ungarischen Staatsnation, einer deutsch-ungarischen Doppelidentität. Er gilt als der bedeutendste Politiker der Ungarndeutschen in der Zwischenkriegszeit. Gusztav (Gustav Adolf) Gratz (1875–1946) aus Göllnitz/Gelnica/Gölnicbánya (heute in der Slowakei) war Jurist, Journalist und Politiker (1921 für kurze Zeit Außenminister Ungarns). Nach dem Ersten Weltkrieg engagierte er sich wie Bleyer für muttersprachlichen Unterricht und Bildungsmöglichkeiten der deutschen Minderheit. 1924–1938 war er Vorsitzender des Ungarländischen Deutschen Volksbildungsvereins (UDV). Norbert Spannenberger kommt für die Zwischenkriegszeit zu der Einschätzung, dass „die deutsche Minderheit Ungarns auf der politischen Bühne lediglich die Rolle eines Statisten der Regierungspolitik zu übernehmen hatte". Norbert Spannenberger: Der Volksbund der Deutschen in Ungarn 1938–1944 unter Horthy und Hitler. 2., verb. Aufl. München 2005 (Schriften des Bundesinstituts für Kultur und Geschichte der Deutschen im östlichen Europa 22), S. 57.
36 Rudolf Hartmann: Erinnerungen eines Trachtenforschers. In: Archiv der Suevia Pannonica 6 (1969/70), S. 78, zitiert nach Fata (Anm 1), S. 42.
37 Da Márta Fata die Forschungsreisen Hartmanns „vor dem politisch-ideologischen Hintergrund der Zeit zwischen 1918–1948" (Anm. 1, S. 23) dargestellt hat, wird hier auf diesen Kontext verwiesen, ohne ihn nochmals eingehend auszubreiten.
38 Dort wurde alles Deutsche angesichts der nach dem Vertrag von Trianon (Juni 1920) verstärkten Magyarisierungspolitik des ungarischen Staates begeistert und weitgehend unkritisch aufgenommen.

garn, wo es nur Deutsche gibt freute man sich, das doch endlich auch einmal unsere heiligen Rechte in Erfüllung gehen werden."[39] Insgesamt jedoch spielt Politik eine untergeordnete Rolle in den Briefen, auch der Krieg kommt vor allem beiläufig, im Zusammenhang mit Privatem vor.[40]

Mit dem Landwirt Matthias Schäffer aus Tuwoke/Cseledoboka (heute Teil von Ketschinge-Tuwoke/Görcsönydoboka) im Komitat Baranya stand Hartmann in einem lebhaften und herzlichen brieflichen Austausch (vgl. Abb. 4). Der erste Brief stammt vom 10. Januar 1928 und beginnt mit „Geehrter Herr Student!" und ist gezeichnet: „Ihr guter Freund aus Ungarn! Schäffer Matthias / bis aufs wiedersehen!"[41] Er bittet darin Hartmann, ihm in Deutschland „Volksliederbücher" zu besorgen und noch „in der Fasching[szeit] senden zu wollen, damit wir noch einige einstudieren können u. uns dabei gut unterhalten können".[42] Der nächste erhaltene Brief stammt aus dem Dezember 1931 und beginnt nach der Anrede („Geehrter Herr Dr. Hartmann!") mit der Entschuldigung Schäffers, auf Hartmanns Brief vom Januar erst jetzt zu antworten. Offenbar lag eine persönliche Begegnung zwischen diesem Brief und dem zuvor zitierten, denn Schäffer schreibt: „[...] wir haben uns ja besprochen wie wir das letzemal von einander abschied nahmen, das wir einander nicht vergessen solange wie wir leben, wenn es nur alle jahr einmal auch ist".[43] Das sich hierin ausdrückende engere, fast schon herzliche Verhältnis findet seinen Niederschlag auch in zahlreichen Fotografien, die Hartmann bei seinen Besuchen in Cseledoboka bis 1938 von den Mitgliedern der Familie Schäffer[44] machte; offenbar war Hartmann bei diesen Besuchen Gast im Hause Schäffers, wie der Kommentar zu einem Foto nahelegt: „Jung und alt sind zu dem Gehöft gekommen, in dem der ‚Deitschländer' zu Gast ist".[45]

Im Verlauf des Briefes, in dem Schäffer über die schlechten Zeiten klagt, wird die Anrede immer vertraulicher: „Lieber Herr Dr." zunächst, später „Lieber Rudolf!"[46] Das nächste überlieferte Schreiben, eine Postkarte vom 22. Januar 1939, enthält im Wesentlichen die Bitte an Hartmann und seine Frau Margret, zum Schwabenball zu kommen, um Schäffers Sohn Robert zu treffen bzw. diesen und seine Begleiterin als

---

39 Engelbert Hoffmann an R. Hartmann, 18. April 1927, Nachlass Hartmann im JKI, Freiburg.
40 Konrad Hartmann aus Giek/Kéty (Komitat Tolnau/Tolna) schreibt 1935, er habe „die Vorgänge in der Saar" (Eingliederung des Saargebiets ins Deutsche Reich) im Radio des UDV mit „größtem Interesse angehört" (Postkarte, 31. [?] 1935, Nachlass Hartmann im JKI, Freiburg). Ein unbekannter Absender berichtet, dass sein Sohn an der Ostfront sei, und Edmund Maul beklagt, dass es auch auf dem Land nur noch teure und minderwertige Bekleidung gebe (Schreiben von Unbekannt, ohne Datum, Brief von E. Maul, 26. Dezember 1942, Nachlass Hartmann im JKI, Freiburg).
41 M. Schäffer an R. Hartmann, 10. Januar 1928, Nachlass Hartmann im JKI, Freiburg.
42 Ebd.
43 M. Schäffer an R. Hartmann, 21. Dezember 1931, Nachlass Hartmann im JKI, Freiburg.
44 Bilder der Familie Schäffer sind verschiedentlich in Hartmanns Büchern veröffentlicht, z. B.: M. Schäffer sen. in Hartmann: Deutsches Dorf in Ungarn (Anm. 4), S. 56; Großmutter Schäffer in Fata (Anm. 1), S. 91; Lissi Schäffer in Hartmann: Schwäbische Türkei (Anm. 4), Nr. 169.
45 Hartmann: Schwäbische Türkei (Anm. 4), S. 154.
46 „Große Armuth herscht bei uns, Ich glaube bei euch wird es wohl auch so sein?" M. Schäffer an R. Hartmann, 21. Dezember 1931, Nachlass Hartmann im JKI, Freiburg.

Gäste aufzunehmen.⁴⁷ Hartmanns haben der Bitte Schäffers offenbar entsprochen, wie aus dem letzten Schreiben des Briefwechsels vom 2. Juni 1939 hervorgeht. Darin dankt Schäffer den Hartmanns für die Mühe, die sie sich mit den Ballgästen gemacht hätten, und gratuliert ihnen zur Geburt ihres Sohnes Christian.⁴⁸

Weniger durch die Inhalte und eine vertrauliche Sprache oder Wortwahl als vielmehr durch die Dauer der Korrespondenz zeigt sich die Verbundenheit, ja Anhänglichkeit zwischen den ungarndeutschen Gewährsleuten und R. Hartmann. Der zeitlich umfassendste Briefwechsel im Freiburger Nachlass ist der mit dem Schuhmacher Adam Busz aus Pari (vgl. Abb. 3).⁴⁹ Er umfasst die 13 Jahre von 1935 bis 1948. Der erste erhaltene Brief Busz' vom Januar 1935 dient der Einladung Hartmanns zum Schwabenball⁵⁰ am 2. Februar sowie zu einer Hochzeit am Tag darauf. Im März desselben Jahres bedankt sich Busz für das Geld, das Hartmann ihm für die Anfertigung von zwei Paar Schuhen geschickt habe; er hoffe, die Schuhe würden ihm gefallen. Er bedauere, dass Hartmann nicht zum Ball und zur Hochzeit gekommen sei, besonders die Kinder seien sehr enttäuscht gewesen. Er berichtet, an Fasching sei viel und lustig gefeiert worden, und die Wahl des Richters (d. h. Bürgermeisters) habe alle sehr beschäftigt. Darunter bedankt sich in einer Nachschrift die Braut für die Glückwünsche Hartmanns zu ihrem Ehrentag.⁵¹ Den letzten Brief schickte Busz 1948 an Hartmanns alte Leipziger Adresse, die er noch von 1928 aufbewahrt habe, aus dem nahen Pirna, wohin Busz und seine Frau ausgesiedelt worden waren. Ihre Kinder und Enkel seien noch zuhause, wohin sie auch zurückzukehren hofften. Beiliegend schickten sie ein nicht bezeichnetes Geschenk aus Ungarn an Hartmann.

Dass Hartmann die Erwartungen seiner Korrespondenzpartner nicht immer erfüllen konnte, zeigt unter anderem folgender Brief von Adam Roth vom August 1928:

Bonyhádvarasd (Ungarn)
Werthester Herr. Mit Sehnsucht habe ich auf Nachricht von Ihnen gewartet, Ich dachte mir das Sie auf uns vergessen oder Ihnen ein Unglück auf Ihrer Reise begegnet währe. Jetzt schreibten Sie aber, das Ihre Reise bis zum Schluss gut verlaufen ist, wofür ich Ihnen auch noch heute Glücke wünsche. Werthester Herr Hartmann, diese 13 stick Bilder ha-

---

47 M. Schäffer an R. Hartmann, 22. Januar 1939, Nachlass Hartmann im JKI, Freiburg.
48 M. Schäffer an R. Hartmann, 2. Juni 1939, Nachlass Hartmann im JKI, Freiburg.
49 Busz ist einer jener Schreiber, die eine sehr eigenwillige, fast lautschriftliche deutsch-ungarische Orthographie haben, wie sie oben erwähnt wurde. Als Beispiel: „Liber herprofeser jetz sint vir sopeseftiht mit terevale so tás mán pál kainezáithát" (Lieber Herr Professor, jetzt sind wir so beschäftigt mit der Wahl, sodass man bald keine Zeit hat); A. Busz an R. Hartmann, 16. März 1935, Nachlass Hartmann im JKI, Freiburg.
50 Mit dem Schwabenball ist die zentrale Veranstaltung des UDV (Ungarländischen Deutschen Volksbildungsvereins) in Budapest gemeint (vgl. Günter Schödl: Deutsche Geschichte im Osten Europas. Land an der Donau. Berlin 1995, S. 465), deren Ausrichtung in Westdeutschland in der Nachkriegszeit an verschiedenen Orten, vor allem in Baden-Württemberg, wiederaufgenommen wurde. Die von Busz angekündigte Hochzeit fand wahrscheinlich in Pári selbst statt. Hartmann lebte zu dieser Zeit als Lektor im rund 380 km entfernten Debrecen, sodass er via Budapest nach Pári hätte reisen können.
51 So nannte man die Hochzeit.

ben wir mit bestem Dang den 16 August erhalten, und sofort den Bedrefenden verteilt, die Grüsze an Kaufmann Pelzer auch ausgerichtet, Sie sind auch neugirik wie bei uns die Fechsung[52] ist, es gefreut mich sehr, das Sie als Herr darüber neugirik sind, die Ernte ist bei uns gut ausgefallen, nur die Sommerfrüchte leutet groszen Schaaden weil kein Regen beinahe schon 3 Monate nicht war, jetz aber den 17 August hatten wir ein furchtbaren Reegen, und Herr Hartmann wenn es Ihnen gefallen hat bei uns, und Sie sich fileicht wiedrum einmal so eine Reise übernehmen werden, und Sie zu uns kömmen werden wir Sie widrum höfflichst aufnehmen, den schönsten Danck für die Bilder, wir sind gesund und wünschen auch Ihnen die Bestegesundheit
Mit herzlichem Gruß fon uns allen
Achtungsvoll Adam Roth. Bonyhádvarasd

Insbesondere das längere Ausbleiben von Briefen wurde Hartmann häufiger ‚vorgeworfen', obgleich sich die Absender selbst oft dafür entschuldigen, dass sie so lange Zeit nicht geschrieben hätten. Auch die Abzüge von Fotografien bzw. deren Ausbleiben waren Anlass für Enttäuschungen.[53] So hatte beispielsweise Anton Hagen aus Mónyoród in der Baranya mit einem Bild seines inzwischen verstorbenen Kindes gerechnet, aber die Platten waren Hartmann abhanden gekommen.[54] Überhaupt waren die Bilder für die Gewährsleute vor allem zu Beginn der Korrespondenz in den 1920er und frühen 30er Jahren von großer Bedeutung und wurden mit enormer Dankbarkeit aufgenommen, wie folgendes Zitat zeigt: „Vür die in Ihrem Liebenswürdigen Brief enthaltene Photographie meines gewesenen Hauses des ersten Ansiedlerhauses vom Jahre 1872 bin ich ihnen aus tiefsten tiefen meines Herzens u. Gemüts dankbar. [...] O wie soll ich ihnen nur diese Güte belohnen?"[55]

Im Gegenzug erhielt Hartmann, wie erwähnt, Informationen über kulturelle Phänomene. Sein Interesse, das sich deutlich in der Motivwahl für seine Fotografien widerspiegelt, galt dabei besonders den sogenannten Volksschauspielen, dem Komplex Siedlung[56] und Wohnen, der Arbeit im ländlichen Umfeld sowie vor allem den regionalen schichtspezifischen Kleidungsformen, den Trachten. Die Angaben, die die Gewährsleute hierüber schriftlich machen können, sind verständlicherweise wenig differenziert und ergeben nur für denjenigen ein deutliches Bild, der mit dem beschriebenen Phänomen ohnehin vertraut ist, wie die folgenden Beispiele zeigen. Stefan Ferner aus Mösch/Mözs (vgl. Abb. 2) schreibt Anfang 1930:

---

52 Bezeichnung für Ernte.
53 Im Brief vom 6. September 1928 von Pfarrer Zulauf aus Kalas/Kalaznó bei Hedjeß/Högyész heißt es: „Besten Dank für die gesamten Bilder. Die Leutchen sind sehr erfreut, denn sie fingen schon an an dem Versprechen, das Sie damals taten, zu zweifeln, da es ein bischen lange dauerte." Nachlass Hartmann im JKI, Freiburg.
54 Anton Hagen an R. Hartmann, 30. Mai 1927, Nachlass Hartmann im JKI, Freiburg.
55 Mathias Huber, Resapuzta (vermutlich Rizapuszta im Komitat Wesprim/Veszprém), an R. Hartmann, 27. Mai 1927, Nachlass Hartmann im JKI, Freiburg.
56 Im Oktober 1927 schickte Peter Glöckner aus Maratz/Mórágy Hartmann einen Ansiedlungskontrakt, den er zurückerbittet. Peter Glöckner an R. Hartmann, 2. Oktober 1927, Nachlass Hartmann im JKI, Freiburg.

> Seh [Sie] wollen wiessen von meiner Jugendzeid die Drachte die Männer hatten blaue Hosen und ein braun Leibel schwarzes Rökkel und einen Csäphel[57] Hut Sokken und Schlabben und wen es Regned einen weißen Kebbens[58] die Weibleid einen gelben Peltz ein Schwarzen Rohk und ein breides Schürz[.]

Etwas ausführlicher schildert Magdalena Weiß, die Frau von József Weiß, aus Kokosch/Kakasd (Komitat Tolna) die gegenwärtige Hochzeitstracht. (Zuvor schreibt ihr Mann an Hartmann; dann folgt M. Weiß als „Expertin" für die Tracht.)

> Lieber Herr Hartmann sie wollen wiesen von der Tracht zur Hochzeit, zum Beispiel die Braut, bei uns ist das meiste schwarz, Seide und Kamgarn das obergleit [Oberkleid] die under röcke sind weiß, und auch nicht so wenig, das sind 5 bis 6 weiße und ein seidenes Tuch hat sie under den Rekel [Jacke] und die zupfel [Zipfel] schauen heraus, der Kranz ist meistens Weiß, aber groß und zum tanz gehen alle in den Hemden und schwarzes leible [...].[59]

Als Quelle für die volkskundliche Kleidungsforschung sind die Auskünfte der Gewährsleute also nur eingeschränkt brauchbar; allenfalls als erste Orientierung oder Bestätigung von Rückfragen nach genau bezeichneten Details (z. B. Farbe oder Material bestimmter Kleidungsstücke) konnten sie hilfreich sein. Auch die Schreiberin ist sich der Unzulänglichkeit ihrer Auskunft bewusst und rät dem Forscher deshalb: „Lieber Herr Hartmann das kann man nicht genau schreiben wen es ihnen die zeit erlaubt möchte ich sie ersuchen einmal zu komen wenn es hochzeiten gibt zum beispiel nach Ostern".[60]

Anders ist es bei Hartmanns Suche nach Liedern, die sich in den Briefen ebenfalls niederschlägt. Hier konnten die Befragten zumindest grundsätzlich schriftlich antworten (jedenfalls was die Liedtexte angeht, die Melodien dürften die wenigsten haben aufzeichnen können) oder Aufzeichnungen wie Liederbücher schicken.

Aber vielleicht dienten Hartmanns Fragen ja auch nicht in erster Linie der Information, sondern der Kommunikation: Sie signalisierten Interesse, zeigten den Wunsch, die Kultur der Donauschwaben genau zu studieren und kennenzulernen, machten die Befragten zu „Experten" und bereiteten so den Boden für künftige Besuche und Rückfragen.

3. Das Ende der Beziehungen

Márta Fata kommt aufgrund der Analyse von Hartmanns Fotografien zu folgendem Resümee, das er selbst auch gezogen hat:

---

57 Das Schäppel oder Schappel ist eigentlich eine Haube für Frauen und Mädchen. Hans Gehl: Wörterbuch der donauschwäbischen Bekleidungsgewerbe. Sigmaringen 1997 (Schriftenreihe des Instituts für Donauschwäbische Geschichte und Landeskunde 6), S. 787. Daher ist unklar, was hier unter „Csäphel Hut" der Männerkleidung zu verstehen ist.
58 Kepernetz, gewebter Umhang, s. ebd., S. 500.
59 M. u. J. Weiß an R. Hartmann, 6. März 1927, Nachlass Hartmann im JKI, Freiburg.
60 Ebd.

Hartmanns Aufnahmen lassen einen Land und Leuten gegenüber aufgeschlossenen Menschen erkennen [...], der zu den Deutschen in Ungarn ging, wie er schrieb, „um menschliche Verbindungen, um eine Brücke zu schlagen von der alten Heimat zu den Auslandsdeutschen [...]. Zugleich spürte ich dabei aber auch einen Hauch der fremdländischen und andersvölkischen Umwelt, in der und mit der die ‚Schwaben' in Schicksalsgemeinschaft lebten. Der Reiz des Unbekannten lockte! Vielversprechende Beobachtungen beglückten, hundertfache menschliche Begegnungen bereicherten, wertvolle Aufzeichnungen und Bilder wurden eingeheimst."[61]

Die Briefe, die Hartmann zwischen 1926 und 1948 von seinen Gewährsleuten erhielt, bestätigen dieses Bild. Demnach war im Jahr 1925 der junge Student, später der promovierte Wissenschaftler und Experte auf seinem Gebiet losgezogen, um mit den Menschen in Kontakt zu treten. Es wurden teilweise intensive und dauerhafte Beziehungen aufgebaut, die über viele Jahre Bestand hatten. Der Zweite Weltkrieg jedoch beendete nicht nur die jahrhundertelange Geschichte der Deutschen in Ungarn, er riss die Briefschreiber aus ihrem gewohnten Umfeld und stürzte sie in existenzielle Krisen, die eine Rückkehr zur Normalität vorerst unmöglich machten.[62] Daneben gab es anfangs ganz praktische Hindernisse für eine weitere Briefkommunikation, denn die alten Adressen waren nicht mehr gültig, und das Papier war knapp.

Auch Hartmann, der 1943 als Gefreiter einberufen worden war, musste sich nach Kriegsende eine neue Existenz aufbauen, weil seine Stelle als Institutsleiter im Deutschen Wissenschaftlichen Institut in Budapest nicht mehr existierte. Er und seine Familie zogen in den Ostharz, wo er vorübergehend als Katechet arbeitete, bis die Familie im Jahr 1955 in die Bundesrepublik übersiedelte.

Im Ruhestand widmete sich Hartmann wieder seinen ungarndeutschen Forschungen, wobei er wie viele seiner Fachkollegen[63] allein auf das Material zurückgriff, das er vor 1945 gesammelt hatte. Auch seinen Lieblingsthemen blieb er treu: Auswanderung in die Donauländer, Tracht, Arbeit, Volksschauspiel und Siedlung. Unter den Veröffentlichungen der 1980er Jahre sind viele Erinnerungen Hartmanns an die Zwischenkriegszeit, an seine Reisen und Begegnungen in Ungarn.[64] Diese oft verklärenden, eine Feldforschungsromantik evozierenden Rückblicke zeigen ebenso deutlich wie Hartmanns wissenschaftliche Veröffentlichungen der Nachkriegszeit,

---

61 Fata (Anm. 1), S. 59.
62 Die meisten Briefpartner wurden ausgesiedelt oder (zuvor) deportiert wie Johann Kindl, der nach Russland gebracht wurde, wo er starb.
63 Das trifft wohl auf die meisten Volkskundler und ihre Veröffentlichungen nach 1945 zu: Die Tatsache der Vertreibung/Ausweisung der Deutschen aus ihren vormaligen Siedlungsgebieten kommt nur soweit in den Blick, als man bei ihnen „alte" Überlieferungen aus den Herkunftsgebieten sammelte (z. B. J. Künzigs Tonaufnahmen „ostdeutscher" Lieder und Geschichten, aufbewahrt im Tonarchiv des JKI, Freiburg, und teilweise veröffentlicht in der Schallplattenreihe „Ehe sie verklingen ..."); die Themen Flucht, Vertreibung, Ausweisung, Neuanfang usw. geraten oft nur am Rande in die Aufzeichnungen, weil sie bei den Gewährsleuten einen hohen Stellenwert haben.
64 Zum Beispiel Rudolf Hartmann: Als Volkskundler im Südosten. Erinnerungen an ungarndeutsche Dörfer. In: Jahrbuch für ostdeutsche Volkskunde 25 (1982), S. 258–267. Weitere Titel siehe die Bibliographie bei Werner-Künzig (Anm. 1), S. 461f.

dass sich der Volkskundler vom Bild der ländlichen Idylle nicht lösen konnte, auch im Rückblick die Konflikte und die Sprengkraft der nationalistisch-völkischen Paradigmen, denen er selbst durch seine Rolle als Vermittler zwischen dem „Mutterland" und dem „Auslandsdeutschtum" Vorschub geleistet hatte und die in letzter Konsequenz zum Ende der ungarndeutschen Kultur beigetragen haben, nicht zu sehen vermochte.[65] Die Tatsache der Vertreibung der ungarndeutschen Bevölkerung, der Repressalien gegen sie, die Probleme und Chancen der Integration – all dies blendet Hartmann in seinen weiteren Veröffentlichungen völlig aus. Seine eigenen Schwierigkeiten, nach 1945 wieder Fuß zu fassen, thematisiert Hartmann durchaus;[66] seine Gewährsleute aus den 1920er und 30er Jahren und ihre Biographien hingegen bleiben außerhalb seiner Interessen. Nur einmal, in der biographischen Anekdote *Begegnung nach zwei Menschenaltern*[67] geht er kurz auf den Lebensweg einer ehemaligen Gewährsfrau ein, die er 1991, selbst hochbetagt, auf einem Heimattreffen wiedersah. 1928 hatte er sie als junge Frau in Tracht fotografiert, die Bilder besaß sie immer noch. „Schweres" habe die „Großmutter" durchmachen müssen, bis sie endlich „im schmucken Eigenheim mit schönem Garten in der Nähe der neu erbauten katholischen Kirche"[68] eine neue Heimat gefunden habe.

Dass die Begegnung mit dieser Gewährsfrau überraschend war und nur zufällig zustande kam, ist bezeichnend: Hätte Hartmann in Westdeutschland alte Bekanntschaften erneuern, unterbrochene Kontakte wiederaufnehmen wollen, hätten ihm die zahlreichen Heimattreffen donauschwäbischer Heimatortsgemeinschaften und -vereinigungen Gelegenheit genug geboten. Nur wenige Wissenschaftler, die wie der gebürtige Bielitzer Alfred Karasek in den „Sprachinseln" der Zwischenkriegszeit geforscht hatten,[69] wandten sich nach 1945 Gegenwartsthemen zu. Karasek beispielsweise sammelte in Durchgangslagern wie in Piding bei Berchtesgaden sagenhafte Erzählungen, die die Eindrücke von Kriegsende, Flucht, Vertreibung und Aussiedlung anhand der Themen von (selbst) erfahrenem Leid und wunderbaren Rettungen, von Spuk und Fluch, Schuld und Frevel verarbeiteten.[70]

Hartmann dagegen war offenbar mit dem Ende der donauschwäbischen Siedlung in Ungarn die gemeinsame Kommunikationsgrundlage mit seinen Gewährsleuten

---

65 Wie viele Forscher, die ihre Arbeit in der Zwischenkriegszeit durchaus (auch) politisch verstanden hatten, wollte auch Hartmann von diesen Implikationen seiner Forschungen und Tätigkeiten nach 1945 nichts mehr wissen.
66 Vgl. Rudolf Hartmann: Heimkehr aus dem Kriege 1945. In: Volkskalender der Deutschen aus Ungarn 1981, S. 78–83; Ders.: Zehn Jahre hinter dem Eisernen Vorhang. In: Volkskalender der Deutschen aus Ungarn 1982, S. 47–58; Ders.: Von Deutschland nach Deutschland. Nachkriegserinnerungen an Grenzgänge am „Eisernen Vorhang". In: Unser Hauskalender 1984, S. 125–127.
67 Rudolf Hartmann: Begegnung nach zwei Menschenaltern. Eine Geschichte aus unseren Tagen. In: Unser Hauskalender 1992, S. 110–112.
68 Ebd. S. 112.
69 Vgl. Kalinke: „Teamwork" (Anm. 8).
70 Siehe Heinke M. Kalinke: Gerüchte, Prophezeiungen und Wunder. Zur Konjunktur sagenhafter Erzählungen in der unmittelbaren Nachkriegszeit. In: Elisabeth Fendl (Hg.): Zur Ikonographie des Heimwehs. Erinnerungskultur von Heimatvertriebenen. Freiburg 2002 (Schriftenreihe des Johannes-Künzig-Instituts 6), S. 159–174.

genommen. Der Krieg, aber mehr noch die Folgen des Krieges stellten einen Bruch dar, der ‚die Zeit davor', die Zwischenkriegszeit, obwohl schon gekennzeichnet von nationalen und ethnischen Konflikten, endgültig zur Idylle verklärte. Dass sie gleichzeitig auch Erinnerung an die eigene Jugend und Studienzeit war, mag die Tendenz zu abschließender und positiver Rückschau verstärkt haben.

Abbildungsnachweis:

Alle Bilder stammen aus dem Nachlass Rudolf Hartmanns im Institut für deutsche Kultur und Geschichte Südosteuropas an der Ludwig-Maximilians-Universität München. Die Datierungen hat R. Hartmann selbst vorgenommen. Ich danke Frau Dr. Juliane Brandt herzlich für die Hilfe bei der Bildsuche.

Briefe aus dem Forschungsfeld

Abb. 1: Hof Ignaz Hofecker (1926).

Abb. 2: Familie Stefan Ferner (1926).

Abb. 3: Familie Adam Busz (1929/1934 [?]).

Abb. 4: Familie Schäffer/Schröger (um 1928).

Marek Podlasiak

Die Geschichte des deutschen Theaters in Thorn/Toruń. Ergebnisse einer Untersuchung

Zur Regionalgeschichte des deutschen Theaters auf dem heutigen Staatsgebiet Polens erschienen in den letzten Jahren mehrere Buchpublikationen. Zwei Bände widmen sich der Danziger Theaterlandschaft. Stephan Wolting untersucht das Wirken des deutschen Theaters zur Zeit der Freien Stadt Danzig/Gdańsk und in den Jahren des Zweiten Weltkriegs.[1] Zum zweihundertjährigen Jubiläum des Danziger Theaters am Kohlenmarkt wurde im Jahre 2004 ein Sammelband von Jan Ciechowicz herausgegeben.[2] Über das Lobe-Theater in Breslau/Wrocław um 1920 informiert eine Monographie von Ludwika Gajek.[3] Mit dem deutschen Theater in Polen befassen sich der 11. Band der Thalia Germanica, herausgegeben von Artur Pełka und Karolina Prykowska-Michalak,[4] und ein ebenfalls von Karolina Prykowska-Michalak herausgegebener, im Lodzer Universitätsverlag erschienener Sammelband mit dem Titel *Teatr niemiecki w Polsce. XVIII–XX wiek*.[5] Diese Publikation enthält Beiträge zur Geschichte des deutschen Theaters in Städten wie Danzig, Posen/Poznań, Bromberg/Bydgoszcz, Thorn/Toruń, Lodz/Łódź und Warschau/Warszawa. Karolina Prykowska-Michalak beschäftigt sich in ihrer Monographie *Teatr niemiecki w Łodzi. Sceny.*

---

1 Stephan Wolting: Bretter, die Kulturkulissen markierten. Das Danziger Theater am Kohlenmarkt, die Zoppoter Waldoper und andere Theaterinstitutionen im Danziger Theaterkosmos zur Zeit der Freien Stadt und in den Jahren des Zweiten Weltkriegs. Wrocław 2003 (Acta Universitatis Wratislaviensis 2518, Dramat – teatr 7). Der Autor geht auch auf die Theaterlandschaft in Pommerellen in der Zwischenkriegszeit ein. Hier überschätzt er jedoch die Zahl der polnischen Bühnen in Thorn, wenn er schreibt: „Vor allem in Toruń behauptete sich in jenen Jahren eine breite polnische Theaterszene. 1920 existierten dort das Teatr Narodowy, das Teatr Pomorski und das Teatr Ziemi Pomorskiej nebeneinander" (S. 321). In Wirklichkeit handelte es sich hier um ein und dasselbe Theater, das in den Jahren 1920 bis 1939 die von Wolting genannten Namen trug. Ein weiterer Name war Teatr Miejski. In der Spielzeit 1925/26 arbeiteten die Theater aus Thorn, Bromberg/Bydgoszcz und Graudenz/Grudziądz unter dem Namen „Zjednoczone Teatry Pomorskie [Vereinigte pommerellische Theater] Bydgoszcz–Toruń–Grudziądz" zusammen.
2 Jan Ciechowicz (Hg.): 200 lat teatru na Targu Węglowym w Gdańsku [200 Jahre Theater am Kohlenmarkt in Danzig]. Gdańsk 2004.
3 Ludwika Gajek: Das Breslauer Schauspiel im Spiegel der Tagespresse. Das Lobetheater im ersten Jahrfünft der Weimarer Republik (1918–1923). Wiesbaden 2008 (Studien der Forschungsstelle Ostmitteleuropa an der Universität Dortmund 42).
4 Artur Pełka, Karolina Prykowska-Michalak in Verbindung mit Horst Fassel und Paul S. Ulrich (Hg.): Migrationen/Standortwechsel. Deutsches Theater in Polen. Łódz, Tübingen 2007.
5 Karolina Prykowska-Michalak (Hg.): Teatr niemiecki w Polsce. XVIII–XX wiek [Deutsches Theater in Polen. 18.–20. Jahrhundert]. Łódź 2008.

*Wykonawcy. Repertuar (1867–1939)*⁶ mit der Geschichte des deutschen Theaters in Lodz/Łódź. In einer von mir 2008 als 10. Band der Thalia Germanica vorgelegten Monographie wird das deutsche Theaterleben in der Stadt Thorn/Toruń erforscht und rekonstruiert. Zur Zeit bereite ich ein neues Projekt zur Erforschung des Theaterlebens auf dem Gebiet des ehemaligen Ostpreußen in der ersten Hälfte des 20. Jahrhunderts mit dem Arbeitstitel *Theater in Ostpreußen in der Zeit der Weimarer Republik und der NS-Diktatur (Königsberg, Elbing, Allenstein)* vor.

Für die Forschungsgeschichte zum Thorner Theater ist eine Diskrepanz konstitutiv. Ist das Wirken des polnischen Theaters gut erforscht,⁷ so lagen zum deutschen Theater in Thorn bisher nur spärliche Forschungen zu Einzelaspekten vor. So beschäftigt sich z. B. Wojciech Kotowski mit der Geschichte der deutschen Laientheater „Deutsche Bühnen" in Großpolen und Pommerellen (darunter mit dem Wirken der Deutschen Bühne Thorn),⁸ und Magdalena Niedzielska widmet sich in einer kurzen Schilderung der Tätigkeit des Stadttheaters in Thorn während des Zweiten Weltkrieges.⁹ In meinem Buch *Deutsches Theater in Thorn. Vom Wander- zum ständigen Berufstheater (17.–20. Jahrhundert)*¹⁰ behandle ich erstmals das weite Spektrum des deutschen Theaters in Thorn in seinen kulturellen, historischen, theaterwissenschaftlichen und literarhistorischen Aspekten. Auf breiter Quellenbasis (Grundlage der Untersuchung sind die Dokumente des Staatlichen Archivs in Thorn und des Geheimen Staatsarchivs Berlin-Dahlem sowie die Thorner Presse, die die Theaterfragen kommentierte und über lokale Theaterereignisse berichtete) wird dargestellt, wie sich das deutsche Theater in Thorn seit dem 17. Jahrhundert bis zum Jahre 1944 entwickelte. Die in meiner Monographie betriebene regional orientierte Forschung leistet eine Art „Identitätsarchäologie" des deutschen Kulturdepositums und eine Erforschung des Mit- und Nebeneinanders von Polen und Deutschen in Thorn, das durch eine schwierige, lang andauernde und wechselhafte Geschichte gekennzeichnet war.

---

6 Karolina Prykowska-Michalak: Teatr niemiecki w Łodzi. Sceny. Wykonawcy. Repertuar (1867–1939) [Deutsches Theater in Lodz. Bühnen. Darstellende Künstler. Repertoire (1867–1939)]. Łódź 2005.
7 Siehe u. a. Janusz Skuczyński (Hg.): 80 lat teatru w Toruniu 1920–2000 [80 Jahre Theater in Thorn 1920–2000]. Toruń 2000; Ders.: Toruńskie teatry i festiwale teatralne w powojennym czterdziestoleciu (1945/46–1984/85) [Thorner Theater und Theaterfestivals in vierzig Jahren nach dem Zweiten Weltkrieg (1945/46–1984/85)]. Toruń 1987; Lidia Kuchtówna: Wielkie dni małej sceny. Wilam Horzyca w Teatrze Ziemi Pomorskiej w Toruniu 1945–1948 [Große Tage einer kleinen Bühne. Wilam Horzyca im Pommerellischen Landestheater in Thorn 1945–1948]. Wrocław 1972 (Polska Akademia naukowa, Instytut sztuki. Studia i materiały do dziejów teatru polskiego 3 [15]); Stanisław Kwaskowski: Teatr w Toruniu 1920–1939 [Theater in Thorn 1920–1939]. Gdańsk, Bydgoszcz 1975; Maria Dworakowska, Zdzisław Wróbel (Hg.): 60 lat sceny polskiej w Toruniu [60 Jahre polnische Bühne in Thorn]. Toruń 1980.
8 Wojciech Kotowski: Teatry Deutsche Bühne w Wielkopolsce i na Pomorzu 1919–1939 [Die Theater der Deutschen Bühne in Großpolen und Pommerellen 1919–1939]. Warszawa, Poznań 1985.
9 Magdalena Niedzielska: Organizacja niemieckiego życia kulturalnego w latach 1939–1945 [Die Organisation des deutschen Kulturlebens in den Jahren 1939–1945], darin: „Teatr Miejski" [Stadttheater]. In: Marian Biskup (Hg.): Historia Torunia. Bd. 3, Teil 2. Toruń 2006, S. 674–679.
10 Vgl. Marek Podlasiak: Deutsches Theater in Thorn. Vom Wander- zum ständigen Berufstheater (17.–20. Jahrhundert). Berlin 2008 (Thalia Germanica 10).

Für den Aufbau der Arbeit ist die chronologische Ordnung maßgeblich. Die Geschichte des deutschen Theaters in Thorn wurde in vier zeitliche Hauptabschnitte eingeteilt: das Theaterleben der Thorner Bevölkerung bis zum Anfang des 20. Jahrhunderts (Wander- und Schultheater, Stadttheater im Artushof); das Wirken des deutschen Berufstheaters im 1904 erbauten Theatergebäude bis zum Ende der 1920er Jahre; die künstlerische Tätigkeit des Laientheaters „Deutsche Bühne" bis zum Ausbruch des Zweiten Weltkrieges; das Wirken des propagandistischen NS-Theaters bis 1944. Der Band reflektiert darüber hinaus auch deutsch-polnische Theaterkontakte nach dem Zweiten Weltkrieg.

Als Ausgangspunkt des Kapitels *Das deutsche Theaterleben in Thorn bis zum Beginn des 20. Jahrhunderts* dient das Wirken des Schultheaters, das sich im Thorner protestantischen Gymnasium (gegründet 1568 und 1594 in das akademische Gymnasium umgewandelt) etablierte. Seine Blütezeit erlebte das Schultheater in der ersten Hälfte des 17. Jahrhunderts und dann von den siebziger Jahren dieses Jahrhunderts bis zirka 1724,[11] also bis zum Jahre des bekannten „Thorner Blutgerichts". Das Repertoire der Schulbühne umfasste in erster Linie religiöse (Passionsspiele) und antike Dramen (Plautus, Terenz, Seneca). Gespielt wurden auch Stücke von Professoren des Gymnasiums, die meistens historische Stoffe dramatisierten. Zu den bekanntesten Autoren gehörten Georg Peter Schultz, Jakob Herden, Georg Wende, Martin Böhm und Paul Pater.[12] Kurz erwähnt wird auch das Wirken des Schultheaters des Jesuitenkollegiums.

Neue Ergebnisse brachte die Untersuchung der Auftritte der Wandertheatertruppen in Thorn im 17. Jahrhundert. Einige Gastspiele bisher unbekannter Komödiantengruppen in der zweiten Jahrhunderthälfte konnten identifiziert werden. In der Thorner Stadtbücherei (Książnica Kopernikańska w Toruniu) fand ich einen Druck des Theaterprogramms aus dem Jahre 1696, das eine Aufführung der „Churfürstlich Sächsischen Hof-Comoedianten", die unter der Leitung der Witwe Catharina Eli-

---

11 Vgl. Stanisław Salmonowicz: Toruński teatr szkolny (XVI–XVIII w.) [Das Thorner Schultheater (16.–18. Jh.)]. In: Janusz Skuczyński (Hg.): 80 lat teatru w Toruniu 1920–2000. Toruń 2000, S. 85–93, hier S. 88.

12 Zum Wirken des Schultheaters im Thorner protestantischen Gymnasium gibt es zahlreiche Literatur. Siehe z. B.: Stanisław Salmonowicz: Imprezy szkolne w Toruńskim Gimnazjum Akademickim jako element dydaktyki i wychowania w dobie baroku i oświecenia [Schulische Veranstaltungen im Thorner Akademischen Gymnasium als Element der Didaktik und Erziehung im Zeitalter des Barock und der Aufklärung]. In: Księga pamiątkowa 400-lecia Toruńskiego Gimnazjum Akademickiego. Bd. 1. Toruń 1972, S. 139–166; Ders.: Z dziejów teatru szkolnego jezuickiego kolegium toruńskiego w XVII–XVIII wieku [Aus der Geschichte des Schultheaters im Thorner Jesuitenkollegium im 17. und 18. Jh.]. In: Zapiski Historyczne, Bd. 4, H. 1, 1990, S. 43–57; Bronisław Nadolski: Teatr szkolny Gimnazjum Toruńskiego w XVII i XVIII wieku [Das Schultheater im Thorner Gymnasium im 17. und 18. Jh.]. In: Zeszyty Naukowe UMK. Nauki Humanistyczno-Społeczne, H. 17 (1966), S. 117–158; Marek Podlasiak: Zur Rolle der Professoren des Akademischen Gymnasiums bei der Entwicklung des Theaterlebens in Thorn im 17. und 18. Jahrhundert. In: Documenta Pragensia. Nr. 27. Praha 2008 [im Druck].

sabeth Velten standen, ankündigte.¹³ Gespielt wurde das Stück eines Mitgliedes der Truppe mit dem Titel *Die heylose Stieff-Mutter Odomire, oder: Die lebendig-begrabene Princessin Merolome.*

Zur Kontroverse um die erste belegte Thorner *Lear*-Aufführung und zu den Wandertheatertruppen, die in Thorn gastierten, wurden neue Ergebnisse der Forschung von Bärbel Rudin (Windrose – Studienstätte für Theater Forschung Kultur, Kieselbronn) herangezogen. Im Gegensatz zu Jarosław Komorowski, der behauptete, die *Lear*-Aufführung sei im Jahre 1701 von Wiener Komödianten unter der Direktion von Andreas Elenson veranstaltet worden,¹⁴ datiert Bärbel Rudin dieses Gastspiel auf die Zeit um 1717 und schreibt es mit überzeugenden Argumenten der „Wienerischen" Schauspielergesellschaft unter Leitung der Prinzipalin Victoria Clara Benecke zu, die ihre Arbeitsschwerpunkte 1717–1720 in Riga und Königsberg hatte und dort auch den *Lear* im Repertoire führte.¹⁵

Dank neuer Quellen konnte auch das Theaterleben der Stadt im 18. Jahrhundert rekonstruiert werden. Dieses konzentrierte sich damals im Artushof und auch auf anderen Bühnen, wie im altstädtischen Hochzeitshaus, das den Namen „Weißer Adler" trug. Hier traten die bekannten Schauspielergesellschaften des Direktors Toscani und in den 90er Jahren des 18. Jahrhunderts die der Marianne Köppi und Christian Friedrich Runge auf.

In dem erwähnten Kapitel liegt der Fokus auf dem Spielbetrieb im sogenannten zweiten Artushof, der das Stadttheater beherbergte. Die Fertigstellung des neuen Schauspielhauses im Jahre 1829 hatte keinesfalls die Gründung eines eigenen Thorner Ensembles zur Folge. Das Haus wurde mehrere Wochen im Jahr von auswärtigen Theatergesellschaften gepachtet und bespielt. In den ersten Jahren des Bestehens des Stadttheaters im Artushof gastierten von den bekannten Theatergesellschaften die des Posener Direktors Ernst Vogt und des Danziger Direktors Friedrich Genée. Da wie an anderen Provinztheatern das Thorner Publikum die leichte Muse bevorzugte, mussten auch die anerkannten Theatergesellschaften ein entsprechendes Repertoire anbieten, denn sie waren nicht imstande, wie z. B. das Theater Genées im Jahre 1845, mit Lessings *Minna von Barnhelm* den Zuschauerraum zu füllen.

Die Quellenanalyse ergab, dass eine allmähliche Erweiterung des Spielplans des Thorner Stadttheaters durch ein anspruchsvolleres Repertoire während der regelmäßigen (von 1848 bis 1864) Auftritte der Gesellschaft von Friedrich Mittelhausen¹⁶ erfolgte.

---

13 Das gedruckte Theaterprogramm befindet sich in der Thorner Stadtbücherei (Książnica Kopernikańska w Toruniu), Sign. 29541.
14 Jarosław Komorowski: Polskie Szekspiriana [Polnische Shakespeariana]. In: Pamiętnik Teatralny 40 (1991), Nr. 1, S. 7. Das gedruckte Theaterprogramm befindet sich in der Thorner Stadtbücherei, Sign. 4 850.
15 Vgl. z. B. Bärbel Rudin: Karl Stuart und „König Lear". Transfer und Transformation auf dem Theater Thorn (Toruń) als Wegmarke frühneuzeitlicher Schauspielkarrieren. In: Pełka, Prykowska-Michalak (Hg.) (Anm. 4), S. 85–105.
16 Mittelhausen leitete im angegebenen Zeitraum mehrere Bühnen (Bromberg, Marienwerder, Graudenz). In den Spielzeiten von 1858/59 bis 1862/63 war er Direktor der Vereinigten Theater Thorn und Elbing.

Als der erfolgreichste Thorner Theaterdirektor im 19. Jahrhundert galt Rudolph Schöneck, der das Theater in den Jahren 1881–1886 führte. Der bekannte Kapellmeister (er hatte bei Richard Wagner Opernmusik studiert und gehörte zu dessen engerem Schülerkreis) und Leiter der Vereinigten Theater Elbing und Thorn bevorzugte das musikalische Genre, mit dem er die Gunst des Publikums errang. Seine Opern- und Operettenvorstellungen wurden, wie die Kritik betonte, mit lebhaftem Interesse verfolgt. Die künstlerischen ‚Genüsse', die Schönecks Ensemble bot, wurden als eine Art ‚Entschädigung' für die schwächeren Leistungen seiner Vorgänger betrachtet. Schönecks Ensemble spielte in den Wintermonaten und pendelte zwischen Thorn und Elbing. Wenn er mit dem Opernensemble in Elbing weilte, wirkte das Schauspielpersonal unter der Leitung seiner Frau Marie Schöneck-Berndt in Thorn.

Ende des 19. Jahrhunderts wurde die Frage der Errichtung eines neuen Theatergebäudes wieder aktuell, denn der technische Zustand des zweiten Artushofes wurde immer schlechter, was dazu führte, dass die Stadtverwaltung beschloss, das Stadttheater im Jahre 1887 zu schließen. Der neue Artushof, der in den Jahren 1889–1891 erbaut wurde, beherbergte kein Theater, sodass die Stadt einige Jahre ohne eigenes Theatergebäude auskommen musste. Den gastierenden Theatergruppen standen die Bühnen des Volksgartens und des Schützenhauses sowie der Saal im Viktoriagarten (auch Viktoriatheater oder Viktoriapark genannt), der im Jahre 1887 errichtet wurde und mehrere Jahre als die Hauptspielstätte in Thorn diente, zur Verfügung.

Aufgrund der Quellen konnte die Erkenntnis gewonnen werden, dass auch auf dieser Bühne die berühmten Bühnenvirtuosen des 19. Jahrhunderts, die auf ausgedehnten Tourneen nicht nur die großen Theater Europas, sondern auch Provinzbühnen bespielten, auftraten. Von den reisenden Schauspielerstars, die in Thorn gastierten, sind insbesondere zu nennen: Josef Kainz (1892), Max Pohl (1893 und 1896), Walter Schmidt-Häßler (1895), Max Grube (1896), August Junkermann (1896) und Adalbert Matkowsky (1899). Durch solche Gastspiele namhafter Theaterkünstler konnte auch das Thorner Publikum im 19. Jahrhundert am Virtuosentum der Zeit teilhaben.

Im Rahmen des genannten Kapitels wird auch auf die polnischen Theaterinitiativen in der Stadt hingewiesen. Das polnische Theaterleben in Thorn blieb in der zweiten Hälfte des 19. Jahrhunderts auf die Gastspiele von auswärtigen polnischen Theatern und auf das Wirken von lokalen Laientheatergruppen beschränkt. In Thorn trat mehrmals das Ensemble des im Jahre 1875 in Posen entstandenen polnischen Theaters auf. Das Theatergebäude konnte dank einer Spendensammlung unter der polnischen Bevölkerung der drei Teilungsgebiete erbaut werden.[17] In der Festungsstadt Thorn wäre eine solche Initiative wegen ihrer Lage an der Grenze zwischen dem preußischen und dem russischen Teilungsgebiet unmöglich gewesen. Thorn hatte dadurch eine Art Bollwerkfunktion gegen alle polnischen Freiheitsbestrebungen,

---

17 Für den Bau des polnischen Theaters in Posen setzte sich tatkräftig die polnische Zeitung in Thorn, die *Gazeta Toruńska*, ein.

und daraus resultierte auch ein immer stärkerer Germanisierungsdruck. Das polnische Theaterleben konnte nur sehr eingeschränkt gepflegt werden. Im Oktober 1896 wurde in Thorn das Provinztheater mit einem Ensemble von 18 Schauspielern gegründet, das jedoch ohne ständigen Sitz blieb. Das Provinztheater gab Vorstellungen in Thorn und in den Städten Westpreußens, der Provinz Posen und Kongresspolens. Die Tätigkeit des ersten polnischen Theaters in Thorn wurde jedoch schon nach einigen Monaten von den preußischen Behörden verboten. Ab Mai 1897 durfte das Provinztheater nicht mehr in Thorn auftreten, und im August des gleichen Jahres wurde das Ensemble aufgelöst. Ab 1902 durfte auch das polnische Posener Theater keine Gastspiele mehr in Westpreußen durchführen. Nur die Laiengruppen konnten weiter existieren.

Um die Jahrhundertwende erfolgte eine Belebung des Theaterlebens in Thorn durch die Auftritte des Berliner Kabaretts „Überbrettl", durch die Gastspiele der Internationalen Theatergesellschaft Gustav Lindemanns und durch den Opernzyklus des Norddeutschen Opernensembles unter der Leitung von Karl Ernst aus Königsberg.

Im Kapitel *Das erste ständige deutsche Berufstheater in den Jahren 1904–1920* wird zunächst auf die politischen Hintergründe der Errichtung des Stadttheatergebäudes im Jahre 1904 durch die bekannte Wiener Architektenfirma Fellner & Helmer[18] eingegangen. Sodann wird die Repertoiregestaltung des ersten Direktors des neuen Thorner Theaters Carl Schröder, der diese Bühne bis 1910 leitete, analysiert. Nach anfänglichen erfolgreichen Versuchen, ein anspruchsvolleres Repertoire zu bieten, musste Schröder feststellen, dass das Publikum des Provinztheaters in erster Linie nach Novitäten und Unterhaltung verlangte und dass der schnell wechselnde Spielplan ein künstlerisches Arbeiten praktisch unmöglich machte. Um finanzielle Verluste, die schon nach dem vierten Jahr auftraten, zu vermeiden, führte Schröder die Operette und dann auch die Oper ein, sodass sich das Thorner Stadttheater in steigendem Maße in eine Musikbühne verwandelte. Auch die leichte Muse dominierte zunehmend im Spielplan. Die Kritik würdigte vor allem die ersten Jahre seiner künstlerischen Tätigkeit am Stadttheater Thorn.

Ferner wird in diesem Kapitel die Direktion Hugo Hasskerls in den Jahren 1910–1919 untersucht. Der Direktor musste kontinuierlich mit immer größeren finanziellen Problemen kämpfen und wandte sich mehrmals mit der Bitte um Subventionen an den Magistrat. Als Gründe der Unrentabilität des Theaters nannte er die Einführung der Lustbarkeitssteuer, die Konkurrenz der Kinos und das mangelnde Interesse der Thorner Bevölkerung am Theater. Hasskerl machte auch auf die geringe Attraktivität des östlichen Grenzgebietes des preußischen Staates und auf die nationale Struktur der Stadt Thorn aufmerksam und betonte, dass „ohne Gegenleistung der Stadt [...] ein solches Unternehmen hier im Osten, bei der überwiegenden polnischen Bevölkerung nicht lebensfähig" sei.[19] Zusätzlich erschwerten ihm die Angriffe

---

18 Von 1870 bis 1914 haben die beiden Architekten 48 Theatergebäude in 39 Städten errichtet.
19 Brief Hasskerls an den Thorner Magistrat vom 3.4.1911. Staatliches Archiv in Thorn. Akten der Stadt Thorn 1793–1920 (im Weiteren als APT, AMT 1793–1920 zitiert), C-6014, S. 258f.

der konservativen Zeitung *Die Presse* die Arbeit, die ihm vorwarf, die erzieherischen und patriotischen Aufgaben, die ein subventioniertes Stadttheater zu erfüllen habe, zu vernachlässigen und den Geschmack des Publikums zu verderben.

Ein wichtiger Punkt dieses Kapitels betrifft das Wirken des Thorner Theaters während des Ersten Weltkriegs und die politische Instrumentalisierung des Spielbetriebs, der nach einer einjährigen Pause im Herbst 1915 wiederaufgenommen wurde. Die politische Rolle des Theaters betonte Hasskerl gleichsam auf dem ersten Werbeplakat, indem er erklärte, dass das Theater „eine Mission" zu erfüllen habe, „tröstend und erhebend zu wirken, um kein Zeichen der Mutlosigkeit zu geben. Die Vorstellungen werden seiner Kulturaufgabe eingedenk sein, Vaterlandsliebe und Begeisterung zu erwecken".[20] Entsprechend dieser Absichtserklärung nahm Hasskerl eine größere Zahl von patriotischen Stücken ins Repertoire auf. Sehr populär waren in den ersten Kriegsjahren die Volksstücke mit Gesang, die den Kriegsstoff mit einer heiteren Handlung verbanden. Charakteristisch für die erste Kriegsspielzeit war auch die programmatische Pflege des deutschen Kulturguts und die sich daraus ergebende große Zahl von Aufführungen der deutschen Klassiker. Den Höhepunkt der politischen Aktivitäten des Theaters bildete die jedes Jahr veranstaltete obligatorische Festvorstellung zum Geburtstag des Kaisers. Einen direkten Kriegsbezug hatte auch die Hindenburgfeier, die zum 70. Geburtstag des Generalfeldmarschalls veranstaltet wurde.

Trotz der Bedenken, ob die Entscheidung, das Theater in der Kriegsspielzeit 1915/16 zu betreiben, richtig war, auch angesichts der kontinuierlichen finanziellen Engpässe des Theaters, war diesem Schritt überraschenderweise Erfolg beschieden,[21] denn es zeichnete sich ein steigender Zulauf zum Theater ab. Diese Trendwende wurde durch drei Faktoren bedingt. Zunächst erklärte man diesen Umstand mit der günstigen Lage der Stadt im Krieg, die weit von den Frontlinien entfernt und vor Flugzeugangriffen sicher war. Die Besucherzahlen wurden auch durch die stark gestiegene Zahl der Soldaten beeinflusst, die in Thorn stationiert waren und einen beträchtlichen Anteil der Zuschauer ausmachten. Dazu kamen noch der Kriegsenthusiasmus der deutschen Bevölkerung in den ersten Kriegsjahren und das Bedürfnis nach Unterhaltung in den „ernsten Zeiten". Nicht ohne Bedeutung war der Reiz des Neuen beim Publikum, das nach der Unterbrechung des Spielbetriebs neue Inszenierungen und neu engagierte Schauspieler erwartete.

Im Rahmen des Kapitels wird auch der Einfluss des Ersten Weltkriegs auf das kulturelle Leben der polnischen Bevölkerung in der Grenzstadt Thorn berücksichtigt. Die preußischen Behörden hatten ihre restriktive Politik abschwächen müssen, um die Gefahr einer eventuellen Radikalisierung der Polen, für die der europäische Konflikt die Chance zur Bildung eines eigenen Staates eröffnete, zu vermindern. Das Ergebnis der neuen politischen Situation bedeutete, dass die Zensur der polnischen

---

20 Die Presse vom 9.9.1915.
21 Für Gastspiele in Thorn gelang es Hasskerl während seiner Direktionszeit folgende Theaterstars zu gewinnen: Agnes Sorma, Gertrud Eysoldt, Harry Walden, Else Lehmann, Albert Bassermann und Hermine Körner.

Presse weniger streng ausgeübt wurde und auch einige Aktivitäten der Polen im Bereich des Kulturlebens ermöglicht wurden.

Neue Erkenntnisse brachte die Erforschung der Hintergründe der Direktionszeit Roman Kalkowskis, der im Jahre 1919 auf Hasskerl folgte. Hier konnte als erstes eine falsche Angabe in Wilhelm Koschs *Deutschem Theater-Lexikon*, Hasskerl sei „der letzte Direktor des Deutschen Theaters in Thorn [gewesen], das er erst nach dem Einzug der Polen verließ",[22] korrigiert werden. Anhand bisher unbekannter Dokumente konnte der Frage nach dem Thorner Theaterleben in der politischen Umbruchszeit nachgegangen werden.

Bevor Kalkowski die Winterspielzeit 1919/20 eröffnete, waren bereits, seit dem 28. Juni 1919, die Bestimmungen der Friedenskonferenz in Versailles bekannt, nach denen Deutschland Großpolen und Pommerellen mit Thorn an den neu entstandenen polnischen Staat abzutreten hatte. Eine Folge der neuen politischen Situation war die schon im Sommer 1919 einsetzende Abwanderung eines großen Teiles der deutschen Bevölkerung aus Thorn. Kalkowskis Vertrag war bis April 1920 befristet, und es war nur eine Frage der Zeit, wann das Stadttheater durch die polnische Verwaltung übernommen werden würde. Die Analyse der Archivdokumente ergab einen hypothetisch möglichen deutsch-polnischen Theatertransfer in Thorn und Bromberg in den ersten Jahren nach dem Ersten Weltkrieg.

Im März 1920 machte Kalkowski dem Magistrat einen entsprechenden Vorschlag. Er ging davon aus, dass sich in Thorn und Bromberg weder ein rein polnisches noch ein rein deutsches Theater halten könne. Die beiden Bühnen sollten von einem Direktor geleitet werden und sowohl ein polnisches als auch ein deutsches Repertoire anbieten. Dass dieser Gedanke im März 1920 nicht singulär war, davon zeugt die Idee Ludwik Dybizbańskis, des Direktors des polnischen Wandertheaters, das die an Polen gefallenen Nordgebiete bespielte. Er schlug für die Leitung der vereinigten Theater Bromberg und Thorn zwei Direktoren, einen polnischen und einen deutschen, vor. Nachdem dieser Plan von den Bromberger Stadtverordneten abgelehnt worden war, erklärte sich Dybizbański bereit, die beiden Bühnen als „alleiniger Direktor zu übernehmen" mit der Bemerkung, dass es angebracht sei, einen für die deutsche Kunst zuständigen deutschen Subdirektor zu bestellen, weil er der Meinung sei, dass am Stadttheater „neben der polnischen Kunst auch die deutsche Kunst gebührend gepflegt wird".[23] All diese Pläne konnten aber von der Stadtverwaltung angesichts des Machtwechsels in der Stadt nicht mehr genehmigt werden. Kalkowski trat nach dem Auslaufen seines Vertrags zurück, und das deutsche Berufsensemble wurde aufgelöst. Die deutsche Theatertradition in Thorn wurde in der Zwischenkriegszeit vom Laientheater „Deutsche Bühne" gepflegt, deren Wirken das Kapitel *Das Laientheater Deutsche Bühne Thorn 1922–1939* untersucht.

---

22 Vgl. Wilhelm Kosch (Hg.): Deutsches Theater-Lexikon. Bd. 1. Klagenfurt, Wien 1953, S. 711.
23 Brief Dybizbańskis an den Präsidenten der Stadt Thorn Bolesław Wolszlegier vom 18.3.1920. APT, AMT 1920–1939, D-3359, S. 19f.

Die Laienbühnen, die in Städten wie Thorn, Bromberg oder Posen an die Stelle der deutschen Berufstheater traten, waren einerseits als eine vorläufige Theaterersatzform gedacht (das neu entstandene Polen wurde als ‚Saisonstaat' betrachtet), andererseits war es ihre Aufgabe, die in Polen verbliebene deutsche Bevölkerung kulturell durch die Pflege der deutschen Kultur und Sprache zu unterstützen, weil man unter anderem die Assimilation der deutschen Minderheit in Polen befürchtete. Neben dem Repertoire und der Gastspielpolitik der Deutschen Bühne Thorn stehen die politischen Faktoren des Wirkens des deutschen Laientheaters nach 1933 und dessen Theaterkontakte mit dem polnischen Stadttheater nach der Unterzeichnung der deutsch-polnischen Nichtangriffserklärung (1934) im Mittelpunkt der Untersuchung.

Hitlers Machtübernahme blieb nicht ohne Folgen für das kulturelle Leben der deutschen Minderheit in Polen. Auch die Deutschen Bühnen versuchten nach 1933 ihr Repertoire an die der Berufstheater im Reich anzupassen und sich nach den offiziellen politischen Richtlinien zu orientieren. Auf dem Spielplan begannen die im Reich gespielten Stücke neuer Autoren zu dominieren, die sich zum Ziel gesetzt hatten, das neue nationalsozialistische Drama zu schaffen. So spielte man z. B. in der Spielzeit 1934/35 das Thingspiel *Deutsche Passion* von Richard Euringer, *Freie Bahn dem Tüchtigen* von August Hinrichs, 1935/36 *Die Grenze* von Hans Joachim Flechtner, *Saat und Ernte* von Erich Bauer, 1936/37 *Einsiedel* von Walter Gottfried Klucke und 1937/38 *Reiter im Osten* von Eduard Eggert. Auch Schwänke und Komödien von im Reich populären und offiziell akzeptierten Autoren wurden zur Aufführung gebracht, wie *Petroleum in Poppenbüttel* von Wilfried Wroost, *Familienanschluß* von Friedrich Bethge oder *Der Etappenhase* von Karl Bunje. Das Engagement der Deutschen Bühnen für die nationalsozialistische Bewegung äußerte sich auch in der Mitarbeit an den Heldengedenkfeiern für die im Ersten Weltkrieg gefallenen deutschen Soldaten, die in Großpolen und Pommerellen seit 1935 veranstaltet wurden (zunächst in Posen und Thorn).[24] Aufgrund der Verstrickung in die Politik und der bevorzugten Pflege deutscher Stücke gab es ein sehr geringes Interesse an Werken der Weltdramatik. Die Wahl ausländischer Stücke wurde meist politisch beeinflusst und ihre Gestalt der offiziellen Kulturpolitik angepasst.

Zu den wichtigsten Fragen des Kapitels gehört das Verhältnis der Mitarbeiter der Deutschen Bühne Thorn zum polnischen Staat und der polnischen Kultur. Anhand der erstmals gesichteten und ausgewerteten Dokumente konnte festgestellt werden, dass nach der Unterzeichnung der Nichtangriffserklärung zwischen beiden Staaten (26. Januar 1934) eine „Versöhnungsära" im Kulturleben einsetzte. Die Veränderung des kulturpolitischen Kurses auf der Staatsebene blieb nicht ohne Einfluss auf die Wirkung der deutschen Laienbühnen in Polen. Immer häufiger kam es zu Loyalitätsbekundungen seitens der Bühnenleitung gegenüber dem polnischen Staat und den Stadtbehörden, denn eine solche Haltung wurde nach der Unterzeichnung der Nichtangriffserklärung unter der deutschen Bevölkerung offiziell propagiert. Das

---

24 Vgl. Kotowski (Anm. 8), S. 129.

wichtigste Zeichen für die Verbesserung der Kulturkontakte auf der regionalen Ebene wurde dadurch gesetzt, dass die Deutsche Bühne Thorn ein polnisches Stück, Gabriela Zapolskas Drama *Tamten* in der Umarbeitung Alfred Mührs, unter dem Titel *Der weiße Adler* zur Aufführung brachte (Oktober 1936). Regie führte die Berliner Lyrikerin Marie Hammerstein-Musehold, die die Inszenierung von Zapolskas Drama als Antwort auf den Kulturtransfer der deutschen Stücke im polnischen Theater betrachtete. Darüber hinaus werden noch andere Formen deutsch-polnischer Theaterkontakte in Thorn näher untersucht.

Im Kapitel *Deutsches Theater in Thorn in den Kriegsjahren 1939–1944* wird der Frage nachgegangen, wie die politischen Grundsätze des Reichsministeriums für Volksaufklärung und Propaganda und der nationalsozialistischen Politik im Gau Danzig-Westpreußen das Wirken des Thorner Stadttheaters beeinflussten. Anhand konkreter Fakten wird dargestellt, dass jede Form eines polnischen Kulturlebens im besetzten Thorn durch das Naziregime ausgelöscht wurde. Näher eingegangen wird auf den Umbau des Thorner Theaters unter der Leitung des Architekten Prof. Paul Baumgarten.[25] Ferner werden im Rahmen dreier Unterkapitel die Repertoiregestaltung und die politischen Hintergünde des Wirkens des Theaters unter den drei Intendanten Hans Fiala, Theodor Modes und Horst Platen einer Analyse unterzogen. Thematisiert wird z. B. die Idee Theodor Modes', das Stadttheater zur „Mozartbühne des Ostens" umzugestalten. Das reiche Musikrepertoire hatte zur Folge, dass sich das Thorner Theater quasi als Musikbühne etablierte.[26] Welches Niveau, so wird gefragt, hatten die Bühnenbildner und die Schauspiel-, Musik- und Tanzensembles, die besonders mit einem Unterhaltungsrepertoire große Erfolge erzielten? Zudem wird das ideologische Bestreben der Theaterleitung hervorgehoben, die deutsche Gegenwartsdramatik und -musik zu fördern. Es werden auch die Aussagen von Zeitzeugen angeführt, die den Aufführungen im Thorner Stadttheater während des Zweiten Weltkriegs beiwohnten.

Das letzte Kapitel *Deutsch-polnische Theaterkontakte nach 1945* – eine Art Appendix der Monographie – reflektiert die Entwicklung des deutsch-polnischen Theatertransfers nach dem Zweiten Weltkrieg, insbesondere nach der Wende 1989, die einen intensiven Theateraustausch und einen offenen Dialog beider Kulturen auf der Staats- und regionalen Ebene eröffnete.

---

25 Baumgarten leitete in der Nazizeit die Umbauten vieler Theatergebäude. 1934 baute er in Hitlers Auftrag das Deutsche Opernhaus in Berlin-Charlottenburg um. In den Jahren 1936/38 errichtete er das Theater in Saarbrücken. Außerdem baute er u. a. folgende Theater um: das Schiller-Theater in Charlottenburg, das Metropol-Theater in Berlin, das Deutsche Theater München, das Nationaltheater Weimar und das Stadttheater in Posen.

26 Siehe hierzu Marek Podlasiak: Das Thorner Stadttheater als Musikbühne in der Zeit des Zweiten Weltkrieges. In: Erik Fischer (Hg.): Die Geschichte der Musikkultur in Danzig und Westpreußen. Perspektiven einer transnationalen Forschung (Berichte des interkulturellen Forschungsprojekts „Deutsche Musikkultur im östlichen Europa" 4) [im Druck].

Hedvig Ujvári

Literaturvermittlung im ungarländischen deutschsprachigen Pressewesen in der zweiten Hälfte des 19. Jahrhunderts – Möglichkeiten der Erforschung. Eine Projektskizze[1]

1. Forschungsstand

Vor einigen Jahrzehnten wurden die Forschungsarbeiten auf dem Gebiet der Pressegeschichte Ungarns von einer Kommission der Ungarischen Akademie der Wissenschaften koordiniert. Das Ergebnis fand seinen Niederschlag in den – wenn auch nur bis 1892 reichenden – drei Bänden der *A magyar sajtó története* („Geschichte der ungarischen Presse").[2] Heute, nachdem die Pressefreiheit errungen ist, die Bedeutung der Medien außerordentlich zugenommen hat und wo die Institute für Kommunikationswissenschaften als Paradestücke der geisteswissenschaftlichen Fakultäten gelten, werden die Forschungsaktivitäten, anstatt zentral koordiniert und planmäßig organisiert zu werden, paradoxerweise eher handgesteuert und durch Eigeninitiativen in Gang gesetzt. An den Hochschulen in Ungarn wird Pressegeschichte von Literaturhistorikern, Historikern und Soziologen gelehrt, denn das Fach ist kein selbstständiger Bereich; es kann allenfalls – reichlich euphemistisch – als interdisziplinär bezeichnet werden.[3]

Besonders akut werden diese Probleme, wenn man nach dem Stand der Erforschung der deutschsprachigen Pressegeschichte Ungarns Ausschau hält. Auch das oben erwähnte akademische Projekt behandelte dieses Kapitel eher marginal, lediglich György Kókay befasste sich mit diesem Segment eingehender, und zwar bis zum Beginn des 19. Jahrhunderts. Spezialisierte Teilstudien zu den weiteren Epochen, zu Persönlichkeiten oder einzelnen Presseorganen sind zwar vorhanden, aber eine

---

1 Über dieses Thema wurde bereits im Rahmen der Konferenz „Germanistik ohne Grenzen. I. Internationale Germanistentagung Partium" in Großwardein/Oradea/Nagyvárad im Februar 2007 gesprochen.
2 György Kókay (Hg.): A magyar sajtó története I. 1705–1848. Budapest 1979, sowie Domokos Kosáry, G. Béla Németh (Hg.): A magyar sajtó története II/1. 1849–1867 und II/2. (1867–1892). Budapest 1985.
3 Über die Notwendigkeit der Fortsetzung dieser Forschungen sowie über die möglichen Forschungsrichtungen und methodologische Fragen wurde ausführlich im Rahmen der Konferenz „A sajtótörténeti kutatások helyzete Magyarországon" [Die Lage der pressehistorischen Forschungen in Ungarn] am 10. Dezember 2004 in der Budapester Széchényi-Nationalbibliothek diskutiert. Kurz davor erschien eine polemisierende Studie diesbezüglich von Ágnes Széchenyi: A huszadik század hiányzó magyar sajtótörténete – Adósságlista és javaslat [Die fehlende ungarische Pressegeschichte des 20. Jahrhunderts – Mängel und Vorschläge]. In: Magyar Tudomány, 2004/10, S. 1150–1163, <http://www.matud.iif.hu/04okt/012.html>.

monografische Bearbeitung des Themas lässt noch auf sich warten. Was meine Forschungsinitiative anbelangt, die sich auf die Zeit zwischen 1867 und der Jahrhundertwende (um 1900) konzentriert, muss ebenfalls konstatiert werden, dass diese Periode bislang überhaupt nicht ins Visier der Forschung gerückt wurde.

Um die soeben skizzierte Periodisierung zu veranschaulichen, sei hier ein knapper Überblick über die Pressegeschichte in Ungarn und die Grundlagen der vorgenommenen zeitlichen Eingrenzung gegeben:

Bei der Entfaltung der regelmäßig erscheinenden Presseorgane hatte Ungarn im Vergleich zu Westeuropa einen Rückstand von einem Jahrhundert. Infolge der 150-jährigen Türkenherrschaft existierte im Land kein starkes Bürgertum, das als treibende Kraft bei der Herausbildung des Pressewesens hätte fungieren können. Die ersten Presseorgane in Ungarn, *Mercurius Veridicus* (1705–1710) und *Nova Posoniensia* (1721–1722), wurden in lateinischer Sprache herausgegeben. Erst in der nächsten Phase der ungarischen Pressegeschichte erschienen deutschsprachige periodische Organe, und lediglich als dritte Stufe der Entwicklung folgten in ungarischer Sprache geschriebene Presseerzeugnisse, wobei *Magyar Hírmondó* (Preßburg, 1780–1788) den Auftakt bildete.

Theoretische und methodologische Überlegungen mit Bezug auf die Erforschung des deutschsprachigen Pressewesens in Ungarn publizierte bereits vor zwei Jahrzehnten István Fried. Er wies zudem auf die Eigentümlichkeiten der Periodisierung bis zur Mitte des 19. Jahrhunderts hin und betonte die kulturelle Vermittlerrolle des deutschsprachigen Bürgertums, wobei er auch auf das Erwachen des nationalen Selbstbewusstseins dieser Schicht einging und sich mit der Frage ihrer Assimilation befasste.[4]

Die Periodisierung des ungarländischen deutschsprachigen Pressewesens weist im Vergleich zur Geschichte der ungarischen Presse bedeutende Unterschiede auf. Grundsätzlich kann festgestellt werden, dass die einzelnen Abschnitte der Geschichte der deutschsprachigen Presse zeitlich umfangreicher sind.[5] Zur geistigen Strömung der Aufklärung gehören die Presseerzeugnisse von 1730 bis 1810/20. Einen neuen Typ mit einem neuen Stil und neuen Formen der Verbreitung stellen die deutschsprachigen Blätter zwischen 1820 und 1848 dar. Die Rigorosität der Zensur in der Bach-Ära (1850–1859) ließ viele Blätter eingehen. Von 1867 bis 1920 erstreckt sich die nächste große Etappe der Entwicklung der deutschsprachigen Presse, wobei auch ein Funktionswandel vollzogen wurde: Den wissenschaftlichen Organen und den Fachblättern kam nun ein größeres Gewicht zu. Nach dem Friedensschluss von Trianon verlor Ungarn große Gebiete mit deutschsprachiger Bevölkerung; danach nahm die Zahl der deutschsprachigen Periodika rapide ab, und die verbliebenen verloren an Bedeutung.

---

4 István Fried: A magyarországi német nyelvű sajtó kutatásának kérdései [Fragen der Erforschung des deutschsprachigen Pressewesens in Ungarn]. In: Magyar Könyvszemle, 1983/1, S. 89–101.

5 Vgl. Mária Rózsa: A magyarországi német nyelvű sajtó a kezdetektől 1944-ig (Vázlat) [Die ungarländische deutschsprachige Presse von den Anfängen bis 1944 (Skizze)]. In: Magyar Könyvszemle, 1993/2, S. 224–230.

Das Jahr 1867 erwies sich auch im Falle der Pressegeschichte als eine Zäsur, obwohl immer wieder darauf verwiesen wird, dass infolge der Assimilation des deutschsprachigen Bürgertums das deutschsprachige Pressewesen an Bedeutung einbüßte. Der wirtschaftliche Aufschwung im letzten Drittel des 19. Jahrhunderts und der immer noch vorhandene Massenbedarf führten dazu, dass mehrere Zeitungstypen florierten. Die Gesamtheit der deutschsprachigen Zeitungen umfasste drei große Bereiche: An erster Stelle standen die politischen Organe, gefolgt von den hauptstädtischen und regionalen Zeitungen, Rang zwei nahmen die wissenschaftlichen Periodika ein, und die dritte Gruppe bildeten die Fachzeitschriften. Daneben müssen auch die Schulblätter und die kirchlichen Organe in Betracht gezogen werden, da ihnen vor allem in der Bewahrung der nationalen Identität eine bedeutende Rolle zufiel.[6]

Wenn man die Zeitspanne des österreichisch-ungarischen Dualismus in den Fokus der pressegeschichtlichen Forschung stellt, muss dem *Pester Lloyd* (1854–1945) das größte Interesse zukommen, besonders deshalb, weil das Blatt unter der Ägide von Max Falk (Chefredakteur zwischen 1867 und 1906) zum führenden Organ des ungarischen Liberalismus aufstieg. Falk wollte einer zweifachen Zielsetzung gerecht werden: Er war bestrebt, sowohl das deutschsprachige ungarische Bürgertum als auch das Ausland über die ungarländischen Geschehnisse zu informieren, wobei er nicht nur den politischen und wirtschaftlichen Begebenheiten Platz einräumte, sondern auch das Neueste auf dem Terrain der Kultur zu vermitteln suchte. Obwohl unter den zahlreichen deutschsprachigen Zeitungen in Ungarn vor allem dieses Blatt im Ausland Widerhall fand, müssen auch die Blätter von Sigismund Bródy, nämlich das vom deutschsprachigen Kleinbürgertum sehr gerne gelesene *Neue Pester Journal* (1872–1925) und das *Neue Politische Volksblatt* (1877–1940), das bis zu seiner Einstellung eine der billigsten Volkszeitungen war, den Gegenstand der Untersuchung bilden. Und noch zwei weitere Organe, der *Ungarische Lloyd* (1867–1876) und der *Neue Freie Lloyd* (1869–1872), sind pressehistorisch in dieses Gefüge einzugliedern.

Wie wenig wissenschaftlich verwendbares Material zu diesem Themenkreis vorhanden ist, wurde mir bei der Abfassung meiner Dissertation über Max Nordaus Pester Publizistik[7] klar, in der Aspekte der Pressegeschichte – in erster Linie Wissenswertes über den *Pester Lloyd* und das *Neue Pester Journal* – ursprünglich nur am Rande berührt werden sollten. Dem ersten Anschein nach war die Materiallage, den *Pester Lloyd* betreffend, noch vergleichsweise gut, da in einschlägigen Bibliografien diesbezüglich zahlreiche Titel zu ermitteln sind. Jedoch entpuppten sich diese meistens als Erinnerungen, Festreden, Nekrologe; eine ausführliche Studie über den in Hinblick auf Max Nordau interessierenden Abschnitt der Geschichte des Blattes war nicht

---

6 Zur bibliografischen Bestandsaufnahme siehe Mária Rózsa: Deutschsprachige Presse in Ungarn 1850–1920. 1. Teil: Zeitschriften und Fachblätter. 2. Teil: Zeitungen. In: Berichte und Forschungen. Jahrbuch des Bundesinstituts für Kultur und Geschichte der Deutschen im östlichen Europa 9 (2001), S. 7–198, sowie 11 (2003), S. 59–141.
7 Hedvig Ujvári: Dekadenzkritik aus der „Provinzstadt": Max Nordaus Pester Publizistik. Budapest 2007.

vorhanden.⁸ Bezüglich des *Neuen Pester Journals* ließen sich nicht so viel verwendbares Material und damit noch weniger Ansatzpunkte finden. Seitdem habe ich mir zum Forschungsziel gesetzt, mich systematisch der pressehistorischen Rekonstruktion dieser Organe anzunehmen sowie den literarischen Ertrag – vor allem im Bereich des Feuilletons – dieser Blätter ans Tageslicht zu fördern.

2. Zwischenergebnisse: Die deutschsprachige politische Tagespresse nach dem Ausgleich im Überblick

Nach dem österreichisch-ungarischen Ausgleich konnte sich die Zahl der ungarischen politischen Blätter mit der des europäischen Durchschnitts ohne Weiteres messen, aber hinsichtlich der Auflagenzahl waren durchaus Unterschiede zu verbuchen: Die Abonnentenzahl der ungarischen Blätter überschritt kaum die Grenze von 10.000 Exemplaren.⁹ Die Gründe dafür mögen in der Zweisprachigkeit von Ofen/ Buda und Pest, im Überwiegen der Angehörigen des deutschsprachigen Bürgertums und nicht zuletzt in der Bedeutung der deutschen Sprache im Wirtschaftsleben zu suchen sein. Die ausländischen, besonders die Wiener, Presseerzeugnisse erfreuten sich großer Beliebtheit, und auch die deutschsprachige Presse Ungarns stieß auf reges Interesse. Insgesamt fanden diese Blätter zwei- bis dreimal so viele Abnehmer wie die ungarischsprachigen: 1875 erreichten etwa zwei Millionen ungarische politische Blätter die Abonnenten, während die Zahl der deutschsprachigen Organe auf 5,5 Millionen zu beziffern war.¹⁰ Als führendes ungarländisches deutschsprachiges Organ galt der regierungsnahe *Pester Lloyd*, doch erwies sich auch – wenngleich nur für eine Dekade – der aus ihm entsprossene, etwas konservativer ausgerichtete und mit demselben Redaktionskollektiv arbeitende *Ungarische Lloyd* als lebensfähig, und nicht zuletzt galt dies für den – allerdings ausgesprochen kurzlebigen – links-Mitte-orientierten *Neuen Freien Lloyd*. Als wahrer und dauerhafter Konkurrent des *Pester Lloyd* ist jedoch das *Neue Pester Journal* anzusehen, das mit seiner binnen eines Jahrzehnts auf über 10.000 gestiegenen Abonnentenzahl seinen Gründer, den ehemaligen Mitarbeiter des *Pesti Napló* Sigismund Bródy, zu einem der größten Steuerzahler der Hauptstadt machte.

Der *Pester Lloyd*, die „Financial Times des Ostens", verdankt seine Entstehung einer Handelsgesellschaft. 1852 gründete der Pester Kaufmann Jakob Kern mit anderen Kaufleuten die Handelsgesellschaft „Pester Lloyd" zur Wiederbelebung des Handels in Ungarn. Kurz nach dem Zustandekommen der Gesellschaft wurde von ihren Mitgliedern ein periodisch erscheinendes Organ ins Leben gerufen, mit dem Ziel,

---

8 Vgl. József Farkas (Hg.): A magyar sajtótörténet irodalmának válogatott bibliográfiája (1705–1945) [Auswahlbibliografie zur Fachliteratur des ungarischen Pressewesens]. Budapest 1972. Siegfried Brachfeld: Die deutsche Literatur im Pester Lloyd zwischen 1933 und 1944. Budapest 1971, S. 9–29 behandelt zwar diese Periode des Blattes, aber er fasst lediglich die bei Farkas vorhandenen Hinweise ohne Verweis auf die Quellen zusammen.
9 Vgl. Kosáry, Németh (Hg.): A magyar sajtó története II/2 (Anm. 2), S. 38f.
10 Ebd. Die Abonnentenzahl des *A Hon* lag bei 4.000, die des *Pesti Napló* um 3.000.

das deutschsprachige Bürgertum Ungarns – 1851 hatte Pest mehr als 40 % deutschsprachige Einwohner, Ofen/Buda fast 70 % – über Handel und Wandel im Land zu informieren.

Die Gründung des Blattes erfolgte in einer Zeit, als jegliches publizistisches Wirken streng von der Zensur beobachtet wurde. Die Pressegesetze des gefürchteten Innenministers Baron Alexander Bach waren hart und restriktiv. Jegliche Kritik, Auflehnung gegen den Thron und Stimmen gegen die Einheit des Reiches wurden unterdrückt. In den ersten Jahren ihres Bestehens brachte die Zeitung im Hauptteil eher allgemeine Handelsnachrichten, sie galt als maßgebliches Wirtschaftsblatt. Als verantwortlicher Redakteur – ein Chefredakteur wurde nicht verzeichnet – fungierte zwischen 1854 und 1866 Johann Weisz.[11]

Die Unstimmigkeiten, die sich in den Jahren 1866/67 zwischen der Redaktion und dem Zeitungsausschuss der Lloyd-Gesellschaft entwickelt hatten, führten zum Bruch. Die Redaktion verließ samt dem Vertrieb die Gesellschaft und gründete ihre eigene Zeitung namens *Ungarischer Lloyd*. Um das Fortbestehen des *Pester Lloyd* zu sichern, verhandelte die Handelsgesellschaft wegen der Vergabe des Postens des Chefredakteurs mit mehreren namhaften Journalisten und Politikern. Nach einigen erfolglosen Verhandlungen entschied sich der Zeitungsausschuss der Gesellschaft, den berühmten Journalisten Dr. Max Falk, der sich als Wiener Korrespondent ungarischer Zeitungen einen Namen gemacht hatte, für den Posten zu gewinnen. Mit dessen Zusage nahm ein neues Kapitel in der Geschichte des *Pester Lloyd* seinen Anfang. Falks Hauptbestrebungen lassen sich in folgenden Begriffen und Zielen zusammenfassen: Unbefangenheit, patriotischer Wille und Förderung des Wohlstandes des Vaterlandes. In diesem Sinne wollte er sich an der Spitze eines in deutscher Sprache herausgegebenen ungarischen Blattes behaupten.

Bei der Struktur des Blattes folgte Falk in Grundzügen seinen Vorgängern, jedoch wurde der politischen Berichterstattung mehr Platz eingeräumt und in diese ein größerer journalistischer Aufwand investiert. Falk sah eine seiner wichtigsten Aufgaben darin, für sein Blatt die Spitzenkräfte der Publizistik zu gewinnen. Dieses Vorhaben gelang ihm vollauf; das geistige Niveau und damit das Ansehen des Blattes stiegen sichtbar. Der *Pester Lloyd* entwickelte sich zur führenden und meinungsbildenden Zeitung innerhalb der deutschsprachigen Presse Ungarns. Er wurde zum Mitstreiter der Deák'schen Ideen, und nicht nur im Inland, sondern auch außerhalb der Landesgrenzen übermittelte er seinen Lesern die liberalen Ansichten.[12] Als ungarisches Blatt in deutscher Sprache richtete er sich verstärkt an das deutschsprachige Ausland. Dort wollte Falk die Leser, die über die Verhältnisse in Ungarn nur durch die nicht immer unbefangene Berichterstattung ausländischer, meistens ungarnfeindlicher Wiener Blätter unterrichtet waren, informieren, ihnen ein Blatt bieten, das „in ruhiger,

---

11 Zu den detaillierten Forschungsergebnissen und Forschungsquellen siehe Hedvig Ujvári: Die Geschichte des Pester Lloyd zwischen 1854–1875. Teil I. In: Magyar Könyvszemle, 2001/2, S. 189–203, <http://epa.oszk.hu/00000/00021/00029/0006-230.html>.
12 Ferenc Deák (1803–1876): Staatsmann, Rechtsgelehrter, in den Jahren 1848/49 Justizminister des Landes, Befürworter des Ausgleichs zwischen Österreich und Ungarn (1867).

aber entschiedener Sprache, überall, wo es Noth thut, für die Ehre und das Interesse Ungarns eintritt".[13] Falk selbst reihte seine Zeitung unter die Organe ein, die in Europa Rang und Namen haben.

Aus literaturhistorischer Perspektive ist dem *Pester Lloyd* als ein großes Verdienst anzurechnen, dass er besonders unter der Chefredaktion Max Falks stets bemüht war, den Schöpfungen der ungarischen Literatur im Ausland Gehör zu verschaffen. Das deutschsprachige Lesepublikum wurde durch das Blatt unter anderem mit bedeutenden Werken von Mór Jókai, Pál Gyulai, József Freiherr von Eötvös, Sándor Petőfi und vielen kleineren Autoren bekannt gemacht. Hervorzuheben ist die Veröffentlichung der Romane von Jókai, denn zwischen 1867 und 1875 wurden acht seiner epischen Werke – in voller Länge! – in guter Übersetzung gedruckt. Andererseits vermittelte das Blatt seinen Lesern die neuesten Produkte der europäischen Literatur: Werke von Friedrich Spielhagen, Leopold von Sacher-Masoch, Hieronymus Lorm, Peter Rosegger, Karl Emil Franzos, Émile Zola, Victorien Sardou, Jules Verne, Wilkie Collins und anderer Schriftsteller wurden auf diese Weise verbreitet.[14]

Die Geschichte des *Ungarischen Lloyd* ist, worauf bereits hingewiesen wurde, mit der seines Konkurrenten, des *Pester Lloyd*, engstens verbunden.[15] Die Redakteure des neuen Organs betonten, dass auch die Leser des *Ungarischen Lloyd* nicht auf eine ausgedehnte Berichterstattung über Handelswesen, Gewerbe und Landwirtschaft verzichten müssten. Auch das Ressort Politik sowie das Feuilleton sollten unverändert bleiben, und die literarischen Beziehungen zu den Ländern jenseits der Leitha sollten weiterhin gepflegt werden.

Die erste große Umstrukturierung des Blattes erfolgte Ende 1872. Das Ziel war, den *Ungarischen Lloyd* ganz dem Niveau der großen europäischen Blätter anzupassen. Die Zeitung erschien nun in vergrößertem Format, die Seitenzahl wurde infolge der thematischen Erweiterung erhöht. Das Blatt hatte Berichterstatter sowohl in der ungarischen Provinz als auch in den europäischen Großstädten. Beiblätter erschienen in regelmäßigen Abständen zu mehreren Themenbereichen wie Unterricht, Landwirtschaft, Gewerbe, Verkehrswesen und anderen. Als ein Novum galt die sonntags erschienene Beilage *Zeitung für Kunst, Theater und Literatur*. Für das Feuilleton versuchte man die besten journalistischen und belletristischen Kräfte zu gewinnen. Nach eigenen Angaben wurde der *Ungarische Lloyd* zeitweise in 15.000 Exemplaren gedruckt.[16] Dieser Schwung währte jedoch nur einige Monate; bis 1875

---

13 Siehe [Max Falk]: Fünfundzwanzig Jahre: 1854–1879. In: Pester Lloyd, Nr. 1 v. 1. Januar 1879, S. 2.
14 Zur detaillierten literarischen Bestandsaufnahme des Blattes siehe Hedvig Ujvári: Die Geschichte des Pester Lloyd zwischen 1854–1875. Teil II. In: Magyar Könyvszemle, 2001/3, S. 318–331, <http://epa.oszk.hu/00000/00021/00030/0005-24e.html>.
15 Antal Deutsch: A „Pester Lloyd". In: Ország-Világ, Jg. 24, Nr. 17 v. 26. April 1903, S. 328–330. Vgl. auch Anton Deutsch: Der „Pester Lloyd". In: Die Pester Lloyd-Gesellschaft. 1853–1903. Budapest 1903, S. 168f. und 175. Antal/Anton Deutsch war Mitarbeiter des *Pester Lloyd*. – Zur pressegeschichtlichen Relevanz des *Ungarischen Lloyd* siehe Hedvig Ujvári: Von *Lloyd* zu *Lloyd*. Die pressehistorische Verortung des *Ungarischen Lloyd* (1867–1876) im deutschsprachigen Pressewesen Ungarns. In: Jahrbuch der Ungarischen Germanistik 2006, S. 42–68.
16 Vgl. UL Nr. 294 v. 19. Dezember 1872, S. 1.

kam es mehrmals zu Besitzerwechseln. Die letzte Metamorphose der Zeitung nahm im September 1875 ihren Anfang, bevor das Blatt bereits im März 1876 einging.

Das neue Tageblatt *Ungarischer Lloyd*, das sich selbst gerne als politisch-kommerzielles Organ bezeichnete, wollte auch auf dem Terrain des Feuilletons und des Fortsetzungsromans dem *Pester Lloyd* gewachsen sein. Bezüglich der Feuilletonautoren ist kein gravierender qualitativer – wohl aber ein quantitativer – Unterschied zwischen den beiden Blättern festzustellen: Die bedeutendsten journalistischen Kräfte – Ludwig Hevesi, Sigmund Schlesinger, Adolf Silberstein, Albert Sturm, Ignaz Deutsch, Adolf Dux und andere – waren in beiden Organen präsent. Die kulturelle Glanzzeit des Blattes lag zwischen 1872 und Oktober 1873, da in diesem Zeitraum die bereits erwähnte thematische Beilage *Zeitung für Kunst, Theater und Literatur* unter der Redaktion von Adolf Dux und Adolf Silberstein erschien.[17]

Im Vergleich zu den beiden *Lloyd*-Blättern war das *Neue Pester Journal* von geringerer Qualität.[18] Es soll in Pest das Wortspiel gegeben haben: „Wieso wird das Blatt ‚Pester Zsornál' genannt?" Die Antwort lautete: „Weil diejenigen, die imstande waren, ‚zsurnál' zu sagen, eher den *Pester Lloyd* abonnierten." Als Gegenpol zu diesem hatte man für das Kleinbürgertum das *Neue Pester Journal* ins Leben gerufen. Die Geschichte des Blattes kann meinerseits bis 1878 nachgezeichnet werden.[19]

Das *Journal* wollte nicht als Sprachrohr einer politischen Partei fungieren und verkündete seine Überparteilichkeit. Trotzdem bezog es Stellung zu der aktuellen politischen Lage und gab seine Sympathie für die linke Mitte kund. Zu den ungarischen Mitarbeitern der Zeitung gehörten Antal Janisch, Hugó Klein, Ede Mautner, Miksa Schlesinger, Ignaz Schnitzer, Adolf Silberstein, Albert Sturm, István Toldy, Arnold Vértessy und andere.

Aus der Gliederung des Blattes geht hervor, dass in ihm auch der Unterhaltung reichlich Platz eingeräumt wurde. Das Publikum bekam Feuilletons auf die übliche Weise – unterm Strich – angeboten, beginnend auf der ersten Seite und fortgesetzt auf der zweiten und dritten, eventuell in der Beilage. Über Ereignisse im kulturellen Leben wurde in mehreren kleineren Rubriken (Tagesneuigkeiten; Theater, Kunst und Literatur) berichtet. Nach zwei Monaten des Bestehens wurde die *Roman- und Feuilleton-Zeitung*[20] dem Blatt beigefügt, die neben Feuilletons in erster Linie Fortsetzungsromane enthielt.

---

17 Adolf Silberstein redigierte 1872 das Beiblatt des *Pester Lloyd*, die *Ungarische Illustrirte Zeitung*, die aber am Ende des Jahres eingestellt wurde. Siehe dazu Hedvig Ujvári: Ein Beiblatt des Pester Lloyd: Die Ungarische Illustrirte Zeitung. In: Magyar Könyvszemle, 2005/1, S. 80–91.
18 Exemplifiziert wurde das konkret am Beispiel der Berichterstattung über die Wiener Weltausstellung 1873. Siehe Hedvig Ujvári: Bazár és nagypolitika között. Az 1873-as bécsi világkiállításról szóló tárcalevelek a magyarországi német nyelvű napilapokban [Zwischen Basar und Weltpolitik. Die Feuilletons über die Wiener Weltausstellung 1873 in den ungarländischen deutschsprachigen Blättern]. In: Századok, 2007/3, S. 723–759.
19 Hedvig Ujvári: Das Neue Pester Journal. Von den Anfängen bis 1878. In: Magyar Könyvszemle, 2003/2, S. 241–252.
20 NPJ Nr. 39 v. 27. August 1872.

Betrachtet man die literarischen Beiträge der Zeitspanne von 1872 bis 1878, gelangt man zu der Feststellung, dass im *Neuen Pester Journal* Werke der ungarischen Nationalliteratur in guter Übersetzung veröffentlicht wurden und namhafte Feuilletonautoren über die ungarische Literatur und die gesamte Kulturlandschaft Ungarns schrieben. Mit den Primärtexten aus der ungarischen Literatur im *Pester Lloyd* konnte das *Neue Pester Journal* jedoch nicht mithalten: Mór Jókai war in der untersuchten Epoche jedes Jahr, aus dem Ungarischen übersetzt, im *Lloyd* präsent, im *Journal* dagegen nur spärlich vertreten.

Breiter gefächert war die Tätigkeit des *Journals*, was die Vermittlung der Produkte der europäischen Literatur anbelangt.[21] Das Blatt brachte zahlenmäßig wesentlich mehr Originalveröffentlichungen von deutschsprachigen Autoren als der *Pester Lloyd*. Ada Christen veröffentlichte nur im *Neuen Pester Journal*; zum überwiegenden Teil erschienen von ihr deutlich gekennzeichnete Original-Feuilletons. Sacher-Masoch war in beiden Organen vertreten, im *Journal* überwiegen allerdings nicht seine Original-Feuilletons. Seine Frau, Wanda Dunajew, meldete sich im Jahre 1874 mit zwei Originalbeiträgen. Von Karl Emil Franzos, dem ehemaligen Chefredakteur des alten, eingestellten *Pester Journal*, erschienen mehrere Beiträge im Jahre 1873, jedoch handelt es sich dabei um Übernahmen. P. K. Rosegger publizierte 1874 nur drei Kurzgeschichten im *Pester Lloyd*, war jedoch für das *Neue Pester Journal* von 1872 bis 1876 permanent tätig. Sämtliche hier abgedruckten Werke fanden später – oft erweitert – Aufnahme in seine Novellensammlungen *Waldheimat*, *Am Wanderstabe*, *Allerhand Leute* und *Feierabende*.

Bei den Fortsetzungsromanen bevorzugte der *Pester Lloyd* Werke französischer Autoren; das *Neue Pester Journal* dagegen übernahm neben zahlreichen französischen Romanen (unter anderem von Ponson du Terrail, Adolphe Belot, Paul Féval, Fortuné de Boisgobey) auch Ergüsse englischer Romanciers (Mary Elizabeth Braddon, Wilkie Collins). Häufig wurden die Texte anonym veröffentlicht; nur selten ist der Name des Übersetzers angegeben. Auch dies lässt auf ein niedriges Niveau schließen. Von deutschen Autoren wurden Karl Haffners *Ein Vampyr oder Spanien und Ungarn* sowie Edmund Karls *Die Geheimnisse von Pest u. Ofen* gedruckt.

3. Ausblick

Seit Herbst 2004 befasse ich mich mit der Erstellung einer ‚literaturhistorischen Datenbank' der drei *Lloyd*-Blätter. Mein Augenmerk richtet sich in erster Linie auf den Kulturteil, primär auf den Feuilletonertrag dieser Zeitungen; aber auch die kleineren Nachrichten bezüglich der ungarischen und der deutsch(sprachig)en Literatur ver-

---

21 In dem Blatt wurden auch viele Feuilletons zum Leben und Werk einzelner Autoren veröffentlicht. Was die deutschsprachige Literatur angeht, unter anderem über Goethe, Anzengruber, Grillparzer, Hoffmann von Fallersleben, Heine, Lenau, Friedrich Spielhagen, Anastasius Grün, Heinrich Laube, Karl Gutzkow; über die französischen Autoren Sardou, Jules Janin, Victor Hugo, Alexandre Dumas, George Sand, Voltaire, Alphonse Daudet, Corneille; des Weiteren über Petrarca, Byron und Björnstjerne Björnson.

suche ich zu erfassen. Neben der Literatur und dem Theaterwesen müssen selbstverständlich auch die Nachbardiszplinen berücksichtigt werden, da auch der Kunstkritik, der Kunstgeschichte und nicht zuletzt den musikalischen Bühnen in Pest und Wien reichlich Platz eingeräumt wurde. Während, was die Feuilletons betrifft, alle Funde in die elektronische Datenbank Aufnahme finden –, wird im Falle der Nachrichten eine Auswahl getroffen. So wird zum Beispiel auf kleinere Theaternachrichten, wenn etwa nur die Rollenbesetzung eines Stückes angeführt ist, verzichtet. Die Feuilletons werden nach Autoren und dem Erscheinungsdatum geordnet. Wo es vonnöten ist, wird in eckigen Klammern auch eine (sehr kurze) Annotation angefügt. Um einige Beispiele aus dem *Pester Lloyd* zu nennen:

Adolf Silberstein:
Zur Wiedereröffnung des Nationaltheaters. = PL Nr. 216 v. 7. August 1881, 1. Beilage.
Gegen die „persönliche Polemik". = PL Nr. 39 v. 8. Feber 1882, Beilage [Greguss, Gyulai, Juden].
Ungarische Literatur. = PL Nr. 347 v. 18. Dezember 1884, Beilage und 2. Seite [Mikszáth, Byron, Emil Ábrányi].

Nach ähnlichen Prinzipien werden auch die Fortsetzungsromane erfasst, wobei die Eckdaten minutiös angegeben werden. Ein Beispiel aus dem *Ungarischen Lloyd*:

Der Findling. Von Charles Dickens und Wilkie Collins. Beginn: UL Nr. 205 (Abendblatt) v. 2. September 1868; Ende: 246 (A) v. 21. Oktober 1868.

Gesondert werden außerdem Nachrichten mit Pressebezug aufgenommen. Dabei wird neben der Erwähnung von Neugründungen und dem Eingehen der Blätter sehr viel Aufmerksamkeit der Presseschau der im Ausland erscheinenden deutschsprachigen Periodika gewidmet (z. B. *Die Gartenlaube, Über Land und Meer, Deutsche Rundschau*), besonders wenn es darin Hinweise auf die Rezeption der ungarischen Literatur gibt.

Darüber hinaus wird der Versuch unternommen, die – wenigen – belletristischen Beiträge, die außerhalb der Feuilletonrubrik erschienen sind, zu erfassen, um nicht zuletzt der Rezeptionsforschung Materialien vermitteln zu können.[22] Dies sei an einem Beispiel aus dem *Pester Lloyd* dargestellt:

Bahngericht. Ballade. Aus dem Ungarischen des Johann Arany. = PL Nr. 68 v. 9. März 1878, Beilage [Übersetzt v. Ladislaus Neugebauer].

Bereits abgeschlossen ist die Bestandsaufnahme des *Ungarischen Lloyd* und des *Neuen Freien Lloyd*. Im Falle des letztgenannten Blattes handelt es sich überwiegend um Einzelfeuilletons. Mehrmals veröffentlichten dort lediglich Paul Zilahy und Adolf Sternberg. Bei dem erstgenannten Blatt ist es infolge der pressehistorischen

---

22 Als Beispiel dafür, welche bislang unbekannten Textvarianten bezüglich der Übertragung von Werken der ungarischen Belletristik vorhanden sein können, stehe hier Hedvig Ujvári: Petőfi-versek Schnitzer Ignác fordításában [Petőfi-Gedichte in Ignaz Schnitzers Übertragung]. In: Irodalomtörténeti Közlemények, 2006/3–4, S. 416–420. Deutsch unter: <http://www.kakanien.ac.at/beitr/materialien/HUjvari1.pdf>.

Verknüpfung mit dem *Pester Lloyd* nicht weiter verwunderlich, dass sich der Kreis seiner Feuilletonautoren mit dem des *Pester Lloyd* überschneidet. Nur um einige Namen hervorzuheben: Ludwig Hevesi steuerte in den Jahren 1867 und 1868 sämtliche im *Ungarischen Lloyd* erschienenen *Pester Briefe* bei. Sigmund Schlesinger scheint der Wiener Korrespondent des *Ungarischen Lloyd* gewesen zu sein, der dem Blatt zwischen 1867 und 1873 Beiträge, betitelt *Aus Wien*, zukommen ließ. Adolf Dux arbeitete während der ganzen Zeit des Bestehens für das Blatt, sein Hauptinteresse galt neben der Literatur dem Schauspielwesen. Neben den Feuilletons verfasste er unter der Signatur „a. d." auch kleinere Beiträge über Theateraufführungen im Deutschen Theater, im Nationaltheater sowie im Ofner Volkstheater. Von Adolf Silberstein sind vor allem seine *Philosophischen Briefe* hervorzuheben und nicht zuletzt seine Skizzen zur ungarischen Literatur. Aus Paris erhielt das Blatt von mehreren Korrespondenten Beiträge.

Was den Feuilletonertrag des *Pester Lloyd* nach 1875 angeht, habe ich bislang nur einen knappen Überblick. Allerdings lässt sich bereits feststellen, dass neben den bisher erwähnten, wohlbewährten publizistischen Kräften der beiden *Lloyd*-Blätter auch solche Autoren regelmäßig die Kultursparte des Blattes bereicherten wie z. B. Porzó (Adolf Ágai) mit seinen bereits in der ungarischen Presse für Furore sorgenden *Hauptstädtischen Croquis* oder Aurél Kecskeméthy mit seinen *Briefen aus Amerika* über die Weltausstellung in Philadelphia 1876 und nicht zuletzt Kornél Ábrányi junior. Den Gattungsmerkmalen des Feuilletons entsprechend meldeten sich auch Spitzenkräfte von außerhalb des journalistischen Betriebes mit Beiträgen. Beim *Pester Lloyd* waren dies der Literaturhistoriker Gustav Heinrich, die Orientalisten Hermann Vámbéry und Ignaz Goldzieher, der Kunstkritiker Gustav Keleti, die Modespezialistin Ida Barber sowie die Musikkritiker Max Schütz und Theodor Helm, die für ein dauerhaft hohes Niveau der Rubrik sorgten.

Wenn das hier vorgestellte Projekt einmal zu Ende geführt ist, besitzen wir eine Datenbank mit Informationen über die Kulturteile der drei *Lloyd*-Blätter von 1867 bis 1904. (Es erscheint sinnvoll, den Endpunkt ‚Jahrhundertwende' auf das Jahr 1904, das Todesjahr Jókais, festzulegen.) Es ist daran gedacht, die Resultate der Projektarbeit als Handbuch oder auch auf einem elektronischen Datenträger dem Fachpublikum zugänglich zu machen. Das in der Datenbank bereitgestellte Material stünde dann für unterschiedliche detaillierte Spezialstudien zur Verfügung.

Silke Göttsch-Elten

Heimatsammlungen in Deutschland. Überlegungen zu ihrer heutigen Bedeutung

1. Das neue Interesse an einem alten Thema

Die Heimatsammlungen der Flüchtlinge und Vertriebenen in der Bundesrepublik Deutschland[1] scheinen – auf den ersten Blick zumindest – kein Thema zu sein, dass die Kulturwissenschaften sonderlich umtreibt. Die Diskussion um einstige Funktion, Wandel und heutige Bedeutung bleibt auf einen überschaubaren Kreis beschränkt. Auf der anderen Seite gibt es überraschend viel Literatur zu diesem Thema, und zwar aus sehr unterschiedlichen Perspektiven. In erster Linie sind da natürlich die einschlägigen Verbände und politischen Interessenvertretungen zu nennen, aber auch eine erstaunliche Zahl wissenschaftlicher Publikationen ist zu verzeichnen. Unübersehbar ist, dass das Thema Flucht und Vertreibung, aber auch das der Integration in letzter Zeit mehr und mehr an öffentlicher Aufmerksamkeit gewinnt. Das mag unter anderem daran liegen, dass unter dem Schlagwort Globalisierung die Sensibilität dafür wächst, dass Migration insgesamt ein Leitthema des 20. Jahrhunderts ist. Wie kaum ein Jahrhundert zuvor war das letzte geprägt von der Erfahrung des Weggehenmüssens, also der erzwungenen Mobilität – und damit meine ich an dieser Stelle sehr unterschiedliche Erfahrungen, nicht nur die nach dem Zweiten Weltkrieg.

Kein Wunder also, dass auch die Medien sich dieses Themas annehmen und insbesondere die Ereignisse zu Kriegsende und danach in mediengerechte Bilder umsetzen. Dem von Bildungseliten oft beklagten Geschichtsverlust unserer Gesellschaft steht eine steigende Produktion populärer Bücher und anderer Medienformate gegenüber, in denen die Geschichte von Flucht und Vertreibung der Deutschen aus Ost- und Mitteleuropa nach dem Zweiten Weltkrieg thematisiert wird. Nicht nur TV-Spektakel wie *Die Flucht*, in dem Erinnerungen von Marion Gräfin Dönhoff verarbeitet worden sind, sondern eine Vielzahl von Fernsehdokumentationen, Bänden mit Erzählungen von Zeitzeugen, Romane, aber auch der Erfolg wissenschaftlicher Publikationen wie der von Andreas Kossert[2] sichern diesen Ereignissen ihre Präsenz in der gegenwärtigen öffentlichen Wahrnehmung. Dass das zu einer Zeit geschieht, in der die Erlebnisgeneration immer mehr zurücktritt, ist nicht verwunderlich, da es

---

[1] Seit Juli 2008 finanziert der Beauftragte der Bundesregierung für Kultur und Medien ein Forschungsprojekt zur Dokumentation der Heimatsammlungen in Deutschland. Das Projekt ist am Seminar für Europäische Ethnologie/Volkskunde der Christian-Albrechts-Universität zu Kiel angesiedelt und wird in Kooperation mit dem Bundesinstitut für Kultur und Geschichte der Deutschen im östlichen Europa (Oldenburg) in Oldenburg durchgeführt. Die Bearbeitung des Projektes liegt bei Cornelia Eisler M. A. Der Aufsatz folgt weitgehend einem Vortrag, der am 18. November 2008 auf einer Tagung in Oldenburg gehalten wurde, die der Vorstellung des Forschungsprojektes diente.
[2] Andreas Kossert: Kalte Heimat. Die Geschichte der Vertriebenen nach 1945. München 2008.

ein allgemein zu beobachtendes Phänomen ist, dass die Enkelgeneration an den Erlebnissen und Erfahrungen ihrer Großeltern größeres Interesse zeigt als an denen der eigenen Elterngeneration. Ein anderer und ganz anders gelagerter Grund ist sicher in den Entwicklungen nach 1989 zu suchen, im Prozess der Einigung Europas, der sensibel macht für die Verwobenheit europäischer Geschichte, also ein Bewusstsein schafft für eine gemeinsame Geschichte, die über die jeweiligen nationalen Grenzen hinausweist. Zugleich weichen Sprechtabus auf, und damit wird es möglich, auch die dunklen Seiten der europäischen Geschichte im Dialog zu thematisieren.

Öffentliches Interesse ist allemal ein guter Grund, um wissenschaftliche Forschung zu begründen, aber reicht das allein aus, um ein Projekt wie die Dokumentation einer musealen Einrichtung, deren langsames Verschwinden immer wieder behauptet wird, zu rechtfertigen? Mit dem Verschwinden der Heimatsammlungen allerdings ist auch ein Stück Erinnerungskultur gefährdet, sodass es angemessen erscheint, die Frage nach der Bedeutung von Heimatsammlungen zu diskutieren, und zwar sowohl im öffentlichen Diskurs als auch als Erkenntnisobjekt für eine Kulturgeschichtsschreibung.

2. Heimatsammlungen als Orte des Erinnerns

Unbestritten ist, dass Heimatsammlungen ein Stück Erinnerungskultur sind. Sie entstanden, als sich die Flüchtlinge und Vertriebenen in der neuen Umgebung anfingen einzurichten, also als die erste Not überstanden schien. Und *einrichten* ist im doppelten Sinne des Wortes gemeint, sowohl als Beziehen einer eigenen Wohnung wie auch als mentales Arrangieren mit den neuen Lebensverhältnissen. Fast alle Gegenstände, die die Flucht überstanden hatten und nicht vernutzt waren, also aufgebraucht, konnten der Stiftung von Erinnerung dienen, aber auch Objekte, die neu beschafft waren, aber Erinnerungen an die alte Heimat transportierten. Von Fotografien wissen wir, wie solche Erinnerungsecken in privaten Haushalten ausgesehen haben. In ihrer Gestaltung erinnern diese an katholische Herrgottswinkel, und eine derartige Inszenierung unterstreicht den quasi-religiösen Gehalt, den die Menschen den Gegenständen zuschrieben.[3] Mit der Stabilisierung der Lebensbedingungen entstanden nach und nach auch öffentliche Heimatsammlungen. 1952 empfahl der Deutsche Städtetag die Einrichtung von Heimatstuben, „damit die Heimatvertriebenen in heimatlich ausgestatteten Räumen verweilen, in ihnen Bücher aus der Heimat lesen und gelegentlich mit anderen Heimatvertriebenen vereint sein können."[4]

---

3 Elisabeth Fendl: Deponien der Erinnerung – Orte der Selbstbestimmung. Zur Bedeutung und Funktion der Egerländer Heimatstuben. In: Hartmut Heller (Hg.): Neue Heimat Deutschland. Aspekte der Zuwanderung, Akkulturation und emotionalen Bindung. Erlangen 2002 (Erlanger Forschungen, Reihe A, Geisteswissenschaften 95), S. 63–78, hier S. 65. Vgl. dazu auch Ulrich Tolksdorf: Heimatmuseen, Heimatstuben, Heimatecken. In: Jahrbuch für ostdeutsche Volkskunde 26 (1983), S. 338–342, insbes. die Abb. S. 341, die die private Heimatstube eines Fischers in Heiligenhafen zeigt.
4 Zitiert nach Manuela Schütze: „Elchkopf und Kurenwimpel". Zur musealen Aneignung verlorener Heimat in ostdeutschen Heimatstuben nach dem Zweiten Weltkrieg in Schleswig-Holstein. Neumünster 1998 (Studien zur Volkskunde und Kulturgeschichte Schleswig-Holsteins 37), S. 46.

Was hier eingefordert wird, ist kein museales, sondern ein soziales Konzept. Heimatstuben waren in erster Linie Versammlungsraum, einmal ganz praktisch für die Erledigung von Büroarbeiten, aber vor allem waren sie Begegnungsraum. Die Einrichtung solcher Stuben unterstreicht diese Funktion: Ausgestattet mit Tisch, Sofa, Stühlen und Sesseln, Bücherborden usw. sollten sie mehr „gute Stube" als Museum sein. Erst in zweiter Linie dienten die Heimatstuben musealen Zwecken, waren Orte der Bewahrung und der Dokumentation, in denen Erinnerungssymbole, die heimatliche Gefühle vermitteln sollten, aufgestellt waren. Heimatstuben waren ein Ort der Begegnung, des Austausches, und damit der Vergewisserung von Identität, einer Identität, die brüchig geworden war und die zwischen der Erfahrung des Verlustes und dem langsamen Ankommen in der neuen Umgebung austariert werden musste. Wenn man so will, wurde in den Heimatsammlungen Identitätsarbeit geleistet. Konrad Köstlin hat einmal festgestellt, dass die Heimatsammlungen „die alte Heimat als Raum der Geborgenheit markieren",[5] einer Geborgenheit, die man in der neuen Umgebung nicht oder noch nicht gefunden hatte. So wird der Verlust der alten Heimat vor allem als Fehlen von Gemeinschaft erfahren; die Heimatstuben sind ein Ort, an dem diese wenigstens temporär wiederhergestellt werden kann. „In der Erinnerung", so Konrad Köstlin, „ist Heimat v. a. ein sozial bestimmter Raum, voll von Ereignissen und Erlebnissen".[6] Die in der Heimatstube zusammengetragenen Objekte erleichtern bzw. ermöglichen erst das Erinnern, und Erinnern ist immer auch Erzählen, also ein dialogisches Verfahren, das das Gegenüber braucht, denjenigen der zuhört und den Sinn der Erzählungen teilt.

Insofern – und das hat Elisabeth Fendl zu Recht herausgestellt – greift die Kritik an den Heimatstuben, die sie an den Maßstäben des Museums misst (es gebe keine wissenschaftliche Aufarbeitung der Objekte, keine museumswissenschaftlich adäquate Präsentation, zudem befänden sich viele der Objekte in konservatorisch bedenklichem Zustand etc.), zu kurz.[7]

Aber es gab auch andere Stimmen, denen die Heimatstuben aus politischen Gründen suspekt waren und die ihr Aufgehen in den in der Bundesrepublik gegründeten Landesmuseen für die ehemals von Deutschen bewohnten Gebiete in Ost- und Mitteleuropa für die angemessenste Lösung hielten, weniger aus musealen denn aus ideologischen Gründen.

Bereits 1983, also erstaunlich früh, hat der Volkskundler und Leiter der Arbeitsstelle Preußisches Wörterbuch Ulrich Tolksdorf im *Jahrbuch für ostdeutsche Volkskunde*, dessen Herausgeber er war, einen Aufsatz mit dem Titel „Heimatmuseen, Heimatstuben, Heimatecken" veröffentlicht, der in lockerer Folge die Vorstellung einzelner Sammlungen ankündigte. Er begründete dieses Vorhaben nicht in erster

---

5 Konrad Köstlin: Historiographie, Gedächtnis und Erinnerung. In: Elisabeth Fendl (Hg.): Zur Ikonographie des Heimwehs. Erinnerungskultur von Heimatvertriebenen. Referate der Tagung des Johannes-Künzig-Instituts für ostdeutsche Volkskunde 4. bis 6. Juli 2001. Freiburg 2002 (Schriftenreihe des Johannes-Künzig-Instituts 6), S. 11–28, hier S. 15.
6 Ebd., S. 18.
7 Fendl (Anm. 3), S. 73–76.

Linie mit deren musealer Bedeutung, sondern mit dem Wert der dort liegenden Quellenmaterialien:

> Zu denken ist etwa an Fotos oder Tonband-Aufzeichnungen. Um ein Beispiel zu nennen: nach meinem kursorischen Überblick lagern etwa in den Foto- und Lautarchiven der Heimatmuseen Ost- und Westpreußens ca. 80.000 Fotos und ca. 400 Stunden Tonbandaufnahmen mit z. T. Dialektberichten aus dem Bereich des Arbeitslebens, der Kindheits- und Lebenserinnerungen, des Brauchlebens, der Volkserzählung, der Flucht- und Kriegsereignisse.[8]

Tolksdorf hatte damit einen entscheidenden Hinweis auf Quellenmaterial gegeben, das neben den Objekten in den Heimatsammlungen bewahrt wurde und das weniger materiell oder ästhetisch, dafür aber wissenschaftlich umso wertvoller war und ist. Für ihn war der Aspekt der Erinnerungskultur, der mehr umfasst als Objekte und Fotografien, nämlich insbesondere die archivierten Erzählungen und Erinnerungen der Menschen, besonders wichtig. Schon damals, vor 25 Jahren, wies er darauf hin, dass mit dem Übergang von der Erlebnisgeneration zur folgenden Generation eine grundlegende Veränderung der Situation der Heimatsammlungen verbunden sein würde, und betonte die Bedeutung der Heimatstuben als Erinnerungsspeicher und damit als Teil des kulturellen Gedächtnisses.

Inzwischen wird sich des Themas Heimatsammlungen verstärkt angenommen. Tagungen und Publikationen, die auch die Heimatsammlungen einschließen, und nicht zuletzt auch das vom BKM geförderte Projekt zur Dokumentation der Heimatsammlungen belegen das. Die Wahrnehmung des Verschwindens der Heimatsammlungen mit dem Zurücktreten der Erlebnisgeneration belebt das Interesse zweifellos, denn vieles geht verloren, manches wird in andere, insbesondere die regionalen Museen integriert und damit auch umgedeutet. Die Bestände werden dann zu einem Teil der regionalen Kulturgeschichte, zum Fenster, das auf den Aspekt des Ankommens und der Integration von Flüchtlingen in der Nachkriegszeit verweist. Mit diesem Wechsel der Perspektive gehen aber auch Bedeutungen verloren.

3. Heimatsammlungen als Zeitzeugen

Das Projekt „Dokumentation der Heimatsammlungen in Deutschland" verfolgt eine doppelte Absicht. An die Erstellung einer Datenbank, die die in Deutschland vorhandenen Heimatsammlungen erfasst und präsentiert,[9] wird sich eine wissenschaftliche Analyse anschließen, in der nach dem Kontext, in dem die Sammlungen stehen, gefragt wird.[10] Denn eine so aufwändige Datenbankerstellung würde sich kaum rechtfertigen, wenn es nur um vergangene Bedeutungen gehen würde, also um

---

8 Tolksdorf (Anm. 3), S. 338f.
9 Siehe <http://www.bkge.de/heimatsammlungen> [Stand: 20.01.2009].
10 Siehe Cornelia Eisler: Historisch-ostdeutsche Heimatsammlungen in Deutschland. Eine interdisziplinäre Untersuchung zur Erinnerungskultur von Flüchtlingen und Vertriebenen nach 1945. Im vorliegenden Band.

die Erinnerungen einer Erlebnisgeneration, vielmehr muss auch die Frage nach der Positionierung der Heimatsammlungen in gegenwärtigen gesellschaftlichen und wissenschaftlichen Diskursen gestellt werden. Beide Aspekte des Projekts sind wichtig, und hier ergibt sich die einmalige Chance, Dokumentation und wissenschaftliche Forschung in einen sich gegenseitig befruchtenden Dialog zu bringen.

Seit ungefähr 20 Jahren steht die Frage nach der Organisation von Erinnerung und Gedächtnis im Fokus der Kulturwissenschaften. Beschleunigung als grundlegende Erfahrung der modernen Gesellschaft, die Aufweichung nationaler Horizonte und die Suche nach neuen Sinnstiftungen, die Auflösung des alten Ost-West-Gegensatzes und vieles andere mehr werden als Gründe für dieses Interesse benannt. Bemerkenswert scheint mir zu sein, dass dabei wissenschaftliche Fragestellungen und gesellschaftliche Interessen so nahe beieinander liegen. Das Interesse an Geschichte in all ihren Facetten produziert eine Flut an Memorialkultur: Ausstellungen, Romane, Sachbücher, Filme, Dokumentationen, Internetseiten und vieles andere mehr machen Geschichte immer wieder gegenwärtig. Selbst lange Zeit tabuisierte historische Epochen wie die NS-Zeit und die unmittelbare Nachkriegszeit, so zeigt es der Film *Anonyma*, der die Schrecken vergewaltigter Frauen zu Kriegsende thematisiert, werden nicht ausgespart. Über die Qualität solcher Produktionen lässt sich trefflich streiten, aber sie sind ein Indiz dafür, dass in Deutschland und nicht nur hier eine Aufarbeitung von Geschichte und Auseinandersetzung mit Vergangenheit in der Gesellschaft stattfindet, wie immer man das bewerten mag.

Erinnerung allerdings bedarf des materiellen und immateriellen Erbes, das den Fundus bereitstellt, an dem entlang sich unser kulturelles Gedächtnis organisiert. Heimatsammlungen sind ein Teil dieses kulturellen Erbes, um das im Europa des 20. Jahrhunderts oft genug gerungen wird, weil es auch geteiltes Erbe bedeutet. In die Heimatsammlungen sind Erfahrungen, Bedeutungen und Geschichten eingeschrieben, die es zu entziffern gilt, um ihren Stellenwert im kulturellen Erbe nicht nur Deutschlands, sondern Europas zu klären.

Die Aufgabe der Kulturwissenschaften ist es, zwischen den Erfahrungen von Menschen, die zum Bestandteil des kollektiven Gedächtnisses einer Gesellschaft geworden sind, und der großen Geschichte zu übersetzen, also sichtbar zu machen, welchen Anteil lebensweltliche Erfahrung und die kollektive Organisation von Erinnerung an der Formung einer Gesellschaft haben. Diese grundsätzlichen Überlegungen möchte ich an einigen Punkten vertiefen und zugleich für unser Thema konkret machen.

Erstens: Dass Heimatsammlungen zum kulturellen Erbe gehören, ist sicher Konsens. Schwieriger zu entscheiden ist die Frage: Was ist an ihnen eigentlich kulturelles Erbe? Der Ort an sich, also die Räumlichkeiten mit den darin bewahrten Objekten, oder nur einzelne ästhetisch oder materiell besonders wertvolle Dinge? Und wer kann dieses kulturelle Erbe für sich beanspruchen? Gegenwärtige Diskussionen um die Rückgabe der Gegenstände an die Herkunftsorte und das durchaus nachvollziehbare Interesse der jetzt dort lebenden Menschen an der Geschichte ihrer Region, zu der bis zum Ende des Zweiten Weltkrieges auch die deutsche Bevölkerung gehörte, zeigen, dass eine eindeutige Antwort schwierig ist. Anspruch auf ein Erbe sollte stets auch legitim und rechtmäßig sein. In diesem Fall gibt es mehrere Erben mit durchaus nachvollziehbaren und begründbaren Ansprüchen. Ist das, was die Heimatsammlungen bewahren, also das kulturelle Erbe sozialer Gruppen, für die es konstituierend zur Identitätsbildung beitrug, oder ist es das kulturelle Erbe von Regionen, in dem sich nationale, regionale und lokale Geschichte widerspiegelt? Ich will diesen Gedanken nicht vertiefen. Diskussionen um das Thema kulturelles Erbe gehen in der Regel von der Sesshaftigkeit ihres Gegenstandes aus; die soziale und regionale Mehrfachcodierung kulturellen Erbes allerdings ist ein spannendes Thema, das auch in ganz anderen Kontexten Bedeutung hat, ich denke dabei an die Diskussionen über Beutekunst und manche Bestände von Kolonial- bzw. ethnologischen Museen.

Zweitens: Heimatsammlungen sind Links zwischen kommunikativem und kulturellem Gedächtnis. Für die sogenannte Erlebnisgeneration waren Heimatstuben in erster Linie soziale Orte, also Räume des Austausches, der Begegnung und der Vergegenwärtigung eines gemeinsamen Schicksals. Das Erzählen entlang der Objektwelt war eine Strategie der Sicherung von Identität, der Vergewisserung der verlorenen Heimat und des allmählichen Annäherns an die neue Umgebung. Jan Assmann hat hier von kommunikativem Gedächtnis gesprochen und damit gemeint, wie im Erzählen zwischen den Individuen und Generationen Erinnerung weitergegeben wird. So wie das Erinnern eine zutiefst menschliche Eigenschaft ist, so ist es auch das Vergessen. Das Erzählen formt Geschichten, synchronisiert Erinnerung, verfestigt sie zu einer kollektiv geteilten Erinnerung, und das bedeutet zugleich, dass individuelle Erinnerungen verloren gehen. Die kollektive Vergewisserung von Herkunft und Identität, Heimat und eigener Geschichte hilft darüber hinaus, jene Brüche zu kitten, die sich durch das Erleben von Flucht und Vertreibung, dem Verlust von Heimat und dem allmählichen Ankommen auftun. Heimatsammlungen waren, wenn man so will, in jener Zeit transitorische Räume, also Räume des Übergangs, die mit Versatzstücken des Alten, der Heimat ausgestattet werden; aber durch das Erzählen als Strategie der Bewältigung wird zugleich der Anschluss an die gelebte Gegenwart hergestellt. Hier werden individuelle Erinnerungen in kollektive Erzählungen transformiert. Und damit wird, um noch einmal auf Jan Assmann zurückzukommen, das kommunikative Gedächtnis als erzählende Instanz in das kulturelle Gedächtnis überführt. Der Philosoph Georg Simmel hat einmal gesagt, dass die Menschen ihre Kraft aus Dingen schöpfen, die sie zuvor selbst mit dieser Kraft ausgestattet hätten. Dieses Bild, darauf ist schon mehrfach hingewiesen worden, lässt sich an den Heimatsammlungen trefflich verifizieren. Aber es stellt sich die anschließende Frage: Was passiert, wenn die Menschen, die den Dingen ihre Kraft gaben, nicht mehr da sind? Geht diese Kraft dann verloren? Offensichtlich nicht. Es entsteht – so würde ich sagen – neue Kraft durch neue Kontextualisierung, die allerdings von der alten Kraft zehrt. Mit dem Übergang von der Erlebnisgeneration zu den nachfolgenden Generationen vollzieht sich der Wechsel vom kommunikativen zum kollektiven Gedächtnis. Die Heimatsammlungen werden damit zu Speichermedien, um im Vokabular von Jan Assmann zu bleiben, zu Deponien, die der öffentlichen Deutung von Geschichte zur Verfügung stehen.

Drittens: Heimatsammlungen sind Orte, an denen ein Verständnis von Heimat verhandelt wird, und zwar im doppelten Sinne. Für die Erlebnisgeneration waren sie

Orte, an denen die alte, die verlassene Heimat jedenfalls temporär wiederhergestellt werden konnte, als Ort der Erinnerung und der geteilten Erlebnisse und Erfahrungen an eine andere, räumlich ferne Welt. Heimat meint – dem Verständnis der Kulturanthropologie folgend – einen Raum verdichteter Kommunikation, also einen Raum, in dem wir erkennen und erkannt werden. Solchem Verständnis folgend, ist die Frage erlaubt, ob die verlorene Heimat wirklich noch die Heimat war oder ob nicht die Heimatstuben zum Ort werden, an dem Heimat gelebt werden konnte, also Heimat zu einer kulturellen Praxis wurde. Mit der Verlusterfahrung gewinnen solche Orte an Bedeutung, weil sie erfahrene Brüche überdecken, weil sie Erinnerung und Gegenwart zusammenleimen können und weil sie kommunizierbar machen, was in Worte kaum fassbar war. Sie lassen Brüche als Kontinuitäten erscheinen: Das sind wir noch immer, auch wenn wir nicht mehr da sind, wo wir herkommen. Heimatsammlungen sind Strategien, um den Verlust von Heimat zu kompensieren, aber auch Transformatoren für die Aneignung einer neuen Heimat. Sie vermitteln zwischen Verlusterfahrung und Gegenwart, und deshalb – und das ist mir besonders wichtig – sind sie Teil auch der Geschichte der Bundesrepublik Deutschland, also unser aller Geschichte. Sie erzählen davon, wie Aneignung und Beheimatung funktionieren können.

Viertens: Heimatsammlungen sind Orte, an denen über Europäisierung von Kultur nachgedacht werden sollte. Das neu entstandene Interesse an den Heimatsammlungen hat ohne Frage etwas mit der Öffnung der Grenzen in Europa, vor allem gen Osten, zu tun. Selbstverständlicher, aber sicher nicht problemlos und unreflektiert, als je zuvor ist es möglich, deutsche Kultur als Teil der Kultur ost- und mitteleuropäischer Staaten zu sehen. Damit wird die in den Heimatsammlungen überlieferte Objektkultur auch als Teil anderer nationaler Kontexte reflektiert. Es zeigt sich, wie stark die Ereignisse zu Kriegsende und deren Folgen uns dazu herausfordern, uns mit unseren Bildern von nationaler und nationalisierter Kultur auseinanderzusetzen. Europa als ein kulturelles Gebilde zu begreifen, das weit mehr ist als die Summe seiner nationalen Kulturen, ist eine schwierige Aufgabe. Das zeigen viele Projekte, die grenzüberschreitend Geschichte als gemeinsam erlebt und erlitten sichtbar machen wollen. In diesem Sinne stellen die Heimatsammlungen auch eine Herausforderung an gegenwärtige Überlegungen zu kulturellem Erbe und dessen Positionierung in einem von seiner Geschichte geprägten Europa dar. Das ist ein Ansatzpunkt, Heimatsammlungen im Kontext von Erinnerungskultur zu diskutieren und deutlich zu machen, dass Erinnerungskultur nicht statisch ist, sondern gesellschaftlichen Aushandlungsprozessen unterliegt, an denen wir als Kulturwissenschaftler unmittelbar beteiligt sind, z. B. über ein solches Projekt zu den Heimatsammlungen.

Das Reizvolle des Projektes liegt in seiner doppelten Perspektive. Die Dokumentation des Vorhandenen, die Beschreibung und damit das Sichern von Daten, die verloren zu gehen drohen, sowie diese zugänglich zu machen, ist das Gebot der Stunde. Aber ohne die wissenschaftliche Kontextualisierung, die Frage nach der historischen Bedeutung, dem gesellschaftlichen Gebrauch der Heimatsammlungen von ihrer Entstehung bis heute und der Einbindung in aktuelle Diskussionen um kulturelle Identität, Erinnerungskultur und kulturelles Erbe, bliebe eine solche Dokumentation blutleer. Die sich ändernden Bedeutungszuweisungen, die die Heimatsammlungen im Verlauf ihres Bestehens erfahren haben, machen einmal mehr deutlich, dass Sammlungen historischer Gegenstände, egal ob sie primär musealen Zwecken dienen oder nicht, Einrichtungen sind, die dynamisch sind, denen immer wieder andere Bedeutungen eingeschrieben werden. Museen, ich nehme das jetzt als verallgemeinernden Oberbegriff, sind Speichermedien, in denen die Gesellschaft ihre Erinnerungen aufbewahrt. Erinnerung aber ist nichts Statisches, sondern ein Prozess, der Wissen über Geschichte beständig verändert und umformatiert. Auch deshalb ist es ein lohnendes Unterfangen, das weitere Schicksal der Heimatsammlungen zu verfolgen und wissenschaftlich zu begleiten.

Cornelia Eisler

Historisch-ostdeutsche Heimatsammlungen in Deutschland. Eine interdisziplinäre Untersuchung zur Erinnerungskultur von Flüchtlingen und Vertriebenen nach 1945

Unter der wissenschaftlichen Leitung von Prof. Dr. Silke Göttsch-Elten, Seminar für Europäische Ethnologie/Volkskunde der Christian-Albrechts-Universität zu Kiel, und in Zusammenarbeit mit dem Bundesinstitut für Kultur und Geschichte der Deutschen im östlichen Europa in Oldenburg begann im Juli 2008 ein kombiniertes Dokumentations- und Forschungsprojekt zum Thema ‚Historisch-ostdeutsche Heimatsammlungen in der Bundesrepublik Deutschland'.

Das Ziel des Projektes, das vom Beauftragten der Bundesregierung für Kultur und Medien finanziert wird, ist zum einen die Erstellung einer öffentlich zugänglichen Internetdatenbank, die alle historischen und gegenwärtig in Deutschland bestehenden Heimatstuben, -museen und -sammlungen systematisch erfasst: <http://www.bkge.de/heimatsammlungen>. Dies erfolgt in enger Zusammenarbeit mit den Bundesländern, in denen regional ausgerichtete Dokumentationsprojekte durchgeführt werden, und wird unterstützt von den hier einschlägigen Museen, dem Deutschen Museumsbund sowie dem Bund der Vertriebenen und den Landsmannschaften. Zum anderen soll, aufbauend auf dem zentralen Verzeichnis, eine Gesamtdarstellung zur Geschichte und Bedeutung der Heimatsammlungen in Form einer Monographie erarbeitet werden. Im Folgenden werden die konzeptionellen Überlegungen dieses Forschungsvorhabens vorgestellt.

1. Kontext und Forschungsrahmen

Im Zuge verstärkter Nationalisierungsbestrebungen zu Beginn des 20. Jahrhunderts erfolgten umfangreiche Umsiedlungsmaßnahmen in Europa – ein Austausch der Bevölkerung, der einherging mit Flucht und Vertreibungen. Durch die Trennung von Bevölkerungsgruppen wurde zunächst das Ziel verfolgt, die Konflikte und Probleme mit nationalen Minderheiten auszuräumen bzw. ihnen vorzubeugen.[1] Im Ver-

---

[1] Vgl. Hans Lemberg: „Ethnische Säuberung": Ein Mittel zur Lösung von Nationalitätenproblemen? In: Ders.: Mit unbestechlichem Blick ... Studien zur Geschichte der böhmischen Länder und der Tschechoslowakei. Festgabe zu seinem 65. Geburtstag. Hg. v. Ferdinand Seibt, Jörg K. Hoensch, Horst Förster, Franz Machilek, Michaela Marek. München 1998 (Veröffentlichungen des Collegium Carolinum 90), S. 377–396; Hermann Graml: Flucht und Vertreibung der Deutschen aus Ostdeutschland und Osteuropa. In: Dierk Hoffmann, Michael Schwartz (Hg.): Geglückte Integration?

lauf des Zweiten Weltkrieges nahmen die Umsiedlung, die Fluchtbewegung und die Vertreibung zunehmend größere Ausmaße an und erfassten auch mehr als 12 Millionen Deutsche aus den Gebieten Ostmittel- und Südosteuropas.[2] Dieser Eingriff wirkte sich nicht nur auf die Menschen aus, die infolgedessen ihre Heimat verloren, sondern auch auf die Bevölkerung in den vier Besatzungszonen Deutschlands, in denen sich unter anderem durch die Aufnahme der Vertriebenen und Flüchtlinge nach dem Ende des Zweiten Weltkrieges ein deutlicher gesellschaftlicher Wandel vollzog.[3] Nach anfänglich massiven Problemen in der grundlegenden Versorgung und Unterbringung der Flüchtlinge und Vertriebenen[4] erfolgte in den 1950er Jahren eine zumindest auf den ersten Blick rasche wirtschaftliche und soziale Eingliederung. Angestrebt wurde anfangs eine schnelle Integration der Heimatvertriebenen in allen Besatzungszonen, da man befürchtete, es könne möglicherweise zu einer Radikalisierung dieser Bevölkerungsgruppe kommen.[5] In den westlichen Besatzungszonen und später der Bundesrepublik Deutschland indes wandelte sich diese Einstellung im Zuge der politischen Entwicklungen. Die kulturelle Assimilation stellte weniger das politische Ziel dar als vielmehr die „Schaffung aller Voraussetzungen für ein men-

---

Spezifika und Vergleichbarkeiten der Vertriebenen-Eingliederung in der SBZ/DDR. München 1999 (Schriftenreihe der Vierteljahrshefte für Zeitgeschichte, Sondernummer), S. 21–29.

2 Die Zahl der Betroffenen wird unterschiedlich angegeben; Grundlage bilden hier die Angaben in Gerhard Reichling: Flucht und Vertreibung der Deutschen. Statistische Grundlagen und terminologische Probleme. In: Rainer Schulze, Doris von der Brelie-Lewin, Helga Grebing (Hg.): Flüchtlinge und Vertriebene in der westdeutschen Nachkriegsgeschichte. Bilanzierung der Forschung und Perspektiven für die zukünftige Forschungsarbeit. Hildesheim 1987 (Veröffentlichungen der Historischen Kommission für Niedersachsen und Bremen 38, Quellen und Untersuchungen zur Geschichte Niedersachsens nach 1945 4), S. 46–56, hier S. 46.

3 Die Flüchtlingsaufnahme und -integration bildete einen Faktor des Wandels, welcher zudem ein Resultat der allgemeinen politischen und gesellschaftlichen Neuordnung nach dem Ende des Zweiten Weltkrieges war. Vgl. Dierk Hoffmann, Marita Krauss, Michael Schwartz (Hg.): Vertriebene in Deutschland. Interdisziplinäre Ergebnisse und Forschungsperspektiven. München 2000 (Schriftenreihe der Vierteljahrshefte für Zeitgeschichte, Sondernummer); Wolfgang Benz (Hg.): Die Vertreibung der Deutschen aus dem Osten. Ursachen, Ereignisse, Folgen. Aktualisierte Neuausgabe. Frankfurt/M. 1995, S. 10.

4 Elisabeth Pfeil: Der Flüchtling. Gestalt einer Zeitenwende. Hamburg 1948 (Europäische Stimmen).

5 Vgl. hierzu: Der Bundesminister des Innern: betrifft: Eingliederung der Vertriebenen, Flüchtlinge und Kriegsgeschädigten in der Bundesrepublik Deutschland. Bonn 1982. Inwieweit die Integration als rasch und erfolgreich bezeichnet werden kann, wird seit den 1980er Jahren mit der Studie von Paul Lüttinger: Der Mythos der schnellen Integration. Eine empirische Untersuchung zur Integration der Vertriebenen und Flüchtlinge in der Bundesrepublik Deutschland bis 1971. In: Zeitschrift für Soziologie 1 (1986), S. 20–36, in Zweifel gezogen und derzeit wieder, angeregt durch die Publikation von Andreas Kossert: Kalte Heimat. München 2008, diskutiert. Vgl. auch Dierk Hoffmann, Michael Schwartz (Hg.): Geglückte Integration? Spezifika und Vergleichbarkeiten der Vertriebenen-Eingliederung in der SBZ/DDR. München 1999 (Schriftenreihe der Vierteljahrshefte für Zeitgeschichte, Sondernummer), S. 7–11. Für das Gebiet der SBZ bzw. der DDR stellt Alexander von Plato eine oberflächlich schnelle Eingliederung fest, da sich sowohl Einheimische als auch Umsiedler für eine neuartige Gesellschaft umstellen mussten. Siehe Alexander von Plato: Vergangene Perspektiven? Schwerpunkte, Fragen und Probleme der Flüchtlingsforschung vor und nach der Wende. In: Hoffmann, Krauss, Schwartz (Hg.): Vertriebene in Deutschland (Anm. 3), S. 87–107, hier S. 104f.

schenwürdiges Leben",⁶ in das der geistig-kulturelle Bereich einbezogen sein sollte. Hierbei galt es, kulturelle Besonderheiten, Sprache und Traditionen sowie dingliches Kulturgut aus den Heimatgebieten der Flüchtlinge und Vertriebenen zu erhalten. Einerseits sollten die vielfältigen kulturellen Traditionen als Bereicherung im Westen Deutschlands dienen und im Bewusstsein „des gesamten Deutschen Volkes und des Auslands"⁷ bewahrt bleiben, andererseits nährte dieser Ansatz bisweilen noch Ende der 1950er Jahre die Hoffnung auf eine Rückkehr der Flüchtlinge und Vertriebenen in ihre Herkunfts- und Heimatgebiete.⁸

In diesem Kontext der kulturellen Eingliederung ist die Einrichtung und Entwicklung zahlreicher Heimatstuben, Heimatsammlungen und Heimatmuseen mit Bezug zu den Herkunftsregionen in Ostmittel- und Südosteuropa wie z. B. Ostpreußen, Schlesien, Böhmen und Mähren oder dem Donaugebiet zu sehen. Seit den 1950er Jahren entstanden in der Bundesrepublik Deutschland einige hundert dieser Einrichtungen, deren Initiatoren mehrheitlich die Flüchtlinge, Vertriebenen und Aussiedler selbst waren. Im Gegensatz zu den traditionellen Heimatstuben und -museen, die sich seit dem Ende des 19. Jahrhunderts entwickelt haben und die Kultur und Geschichte ihrer Region repräsentieren, entstanden die historisch-ostdeutschen Heimatstuben in der ‚Fremde'.⁹ Zu ihren Sammlungsbeständen gehören Gegenstände, die an Flucht und Vertreibung erinnern, ebenso wie verschiedenartige Archivalien, historisches Bild- und Kartenmaterial, Musealien und Bücher – zumeist mit Bezug zu den Städten, Ortschaften und Regionen, aus denen die Betroffenen nach dem Zweiten Weltkrieg in die Bundesrepublik Deutschland kamen. Die Heimatsamm-

---

6 Der Bundesminister des Innern: betrifft: Eingliederung der Vertriebenen (Anm. 5), S. 136.
7 § 96 BVFG: Gesetz über die Angelegenheiten der Vertriebenen und Flüchtlinge (Bundesvertriebenengesetz – BVFG) vom 19.05.1953, zuletzt geändert durch Art. 19 Abs. 1 G v. 12.12.2007 I 2840. Josef Hanika bemerkt dazu: „Volle Eingliederung in das wirtschaftliche, gesellschaftliche und kulturelle Leben der neuen Heimat, dabei aber Festhalten am überlieferten Heimaterbe, an landsmannschaftlichen Organisationen erschien nun als die richtige Lösung." Josef Hanika: Volkskundliche Wandlungen durch Heimatverlust und Zwangswanderung. Methodische Forschungsanleitung am Beispiel der deutschen Gegenwart. Salzburg 1957 (Schriftenreihe der Kommission für Volkskunde der Heimatvertriebenen im Verband der Vereine für Volkskunde 1), S. 73.
8 Andreas Proksa: Beispielhafte Initiativen. Das Archiv für Ratibor und Treuburg in Leverkusen. In: Der gemeinsame Weg 26 (1982), S. 17–19; Elisabeth Fendl: Deponien der Erinnerung – Orte der Selbstbestimmung. Zur Bedeutung und Funktion der Egerländer Heimatstuben. In: Hartmut Heller (Hg.): Neue Heimat Deutschland. Aspekte der Zuwanderung, Akkulturation und emotionalen Bindung. Erlangen 2002 (Erlanger Forschungen, Reihe A, Geisteswissenschaften 95), S. 63–78, hier S. 71; Klaus J. Bade (Hg.): Neue Heimat im Westen. Vertriebene, Flüchtlinge, Aussiedler. Münster 1990, S. 7.
9 Bezüglich der traditionellen Heimatmuseen vgl. Carsten Sternberg: Überlegungen zum deutschen Heimatmuseum, dargestellt am Kempener Kramer-Museum. In: Hanswilhelm Haefs (Hg.): Die deutschen Heimatmuseen. Ein Führer zu mehr als 900 Museen und Sammlungen in der Bundesrepublik Deutschland und West-Berlin. Frankfurt/M. 1984, S. 240. Gleichwohl ähneln Charakter und Problematik der historisch-ostdeutschen Einrichtungen in vielen Punkten denen der Heimatstuben und -museen ohne Bezug zu den Gebieten im östlichen Europa. Vgl. Ute Bertrang: Heimatstuben – Heimathäuser – Heimatmuseen. Lokale Initiativen und ihre Probleme. In: Heimatpflege in Westfalen. Rundschreiben des Westfälischen Heimatbundes 1 (1989), S. 1–3.

lungen sind jedoch nicht nur als eine Art musealer Einrichtungen zu betrachten, in denen die ‚Zeugen der Geschichte' bewahrt werden, sondern sie dienten vielfach als Treffpunkte und Begegnungsstätten für die angekommenen Flüchtlinge und Vertriebenen und für deren Austausch von Erinnerungen an die Heimat.

Das Phänomen der Heimatsammlungen als spezifische Form der Begegnungsstätte und zugleich als museale Einrichtung bildet im Kontext von Erinnerungskultur und kollektivem Gedächtnis den Fokus der interdisziplinären Arbeit und wird in Bezug auf Identitätsfindung und Integration der Heimatvertriebenen in die Gesellschaft der Bundesrepublik Deutschland zu analysieren sein. Der Untersuchungszeitraum umfasst hauptsächlich die Zeit nach dem Zweiten Weltkrieg bis in die Gegenwart, wobei einige Traditionslinien institutioneller Art aus der Vor- und Zwischenkriegszeit berücksichtigt werden sollen. Der räumliche Schwerpunkt liegt zunächst auf den westlichen Besatzungszonen und Bundesländern, da aufgrund der unterschiedlichen politischen Entwicklung bis zum Jahr 1989 Heimatstuben und -sammlungen im öffentlichen Raum vornehmlich in Westdeutschland zu finden waren. Zur Kontrastierung und Einordnung wird es jedoch sinnvoll sein, sich hinsichtlich der Bedeutung dieser Einrichtungen ebenso mit der Erinnerungskultur und Integration von Umsiedlern, Flüchtlingen und Vertriebenen in der Sowjetischen Besatzungszone und der Deutschen Demokratischen Republik bzw. den heutigen neuen Bundesländern zu befassen sowie das Phänomen der Heimatsammlungen auch im internationalen Kontext von Erinnerungskultur zu betrachten.

2. Stand der Forschung

Die Geschichte und Bedeutung der historisch-ostdeutschen Heimatsammlungen wurden bisher hauptsächlich im Rahmen von Einzelstudien wissenschaftlich untersucht. Hinweise auf deren spezifische Ursprünge und die historische Entwicklung der Heimatsammlungen finden sich in den Einleitungstexten für Verzeichnisse von Heimatsammlungen, -stuben und -museen und in denen volkskundlicher Forschungsarbeiten.[10] Sie beziehen sich jedoch häufig auf einen regional eng begrenzten Raum, entweder den der Herkunftsgebiete oder der heutigen Standortregionen. Bei-

---

10 Für Nordrhein-Westfalen vgl. Hans-Jürgen Schuch: Die ostdeutschen Museen und Heimatstuben. Situation – Aufgaben – Möglichkeiten. In: Walter Engel, Hans-Jürgen Schuch (Hg.): Ostdeutsches Kulturerbe. Museen – Heimatstuben – Sammlungen in Nordrhein-Westfalen. Bad Münstereifel 2001, S. 19–26, und Alfons Perlick: Die Ostdeutschen Heimatstuben und Heimatsammlungen in Nordrhein-Westfalen. Geschichte, Aufgaben, Berichte. Im Auftrage des Arbeits- und Sozialministeriums. Düsseldorf 1964, S. 7–30. Eine kurze Einleitung für Baden-Württemberg bietet Annemarie Röder: Heimatmuseen, Heimatstuben und Sammlungen in Baden-Württemberg – Ein Überblick. In: Jahrbuch für ostdeutsche Volkskunde 34 (1991), S. 400–431, hier S. 400–403. Für die sudetendeutschen Sammlungen: Heinrich Kuhn: Sudetendeutsche Heimatsammlungen: Museen, Archive, Galerien, Bibliotheken, Heimatstuben, Privatsammlungen. Hg. vom Sudetendeutschen Archiv. 2. erw. Neuaufl. München 1985, S. 5–10. Verschiedene Beiträge zu Einrichtungen der Deutschen aus Polen finden sich in Peter Nasarski: Archive und Sammlungen der Deutschen aus Polen. Erlebte Geschichte – bewahrtes Kulturgut. Hg. von der Landsmannschaft Weichsel-Warthe. Berlin 1992.

spiele dafür sind die von Elisabeth Fendl beschriebenen Egerländer Heimatstuben oder die Untersuchung einer Auswahl an Heimatstuben in Nordniedersachsen von Alfred Cammann.[11] Aus der Perspektive der Geschichtsforschung sowie der Historischen Museologie ist die Geschichte der historisch-ostdeutschen Heimatsammlungen bislang selten betrachtet worden.[12] Mathias Beer beschreibt die Forschungsliteratur dahingehend als dürftig.[13] Zugleich sind Heimatmuseen im Allgemeinen bis zum heutigen Zeitpunkt eher vereinzelt das Thema museologisch-wissenschaftlicher Untersuchungen; lediglich im Bereich der Museumspädagogik rückten sie häufiger in den Mittelpunkt.[14] Die Erinnerungsstätten und Museen der Heimatvertriebenen bleiben darin zumeist unberücksichtigt.

Weitaus intensiver hat sich die Volkskunde im Rahmen der Vertriebenenforschung mit der Bedeutung von historisch-ostdeutschen Heimatsammlungen und -museen beschäftigt. Die Vertriebenenvolkskunde oder ‚Flüchtlingsvolkskunde' bildete ein gesondertes Forschungsgebiet dieser Disziplin und untersucht sowohl die Lebensweisen und Traditionen der Deutschen aus den Gebieten Ostmittel- und Südosteuropas, deren Wandel im Zuge der Zwangsmigration als auch den Prozess der Integration von Heimatvertriebenen.[15] Gleichwohl lag der Schwerpunkt volkskundlicher Vertriebenenforschung bis in die 1980er Jahre, bemessen am Umfang, auf den frü-

---

11 Fendl: Deponien der Erinnerung (Anm. 8), S. 64; Alfred Cammann: Ostdeutsche Heimatstuben in Nordniedersachsen – Stand und Perspektiven. In: Jahrbuch für ostdeutsche Volkskunde 31 (1988), S. 353–375.
12 Vgl. Kurt Dröge: Das „ostdeutsche" Museum und Ostmitteleuropa. In: Jahrbuch für deutsche und osteuropäische Volkskunde 43 (2000), S. 1–27, hier S. 6.
13 Mathias Beer: Heimatmuseum – Eine Bestandsaufnahme. In: Annemarie Röder (Hg.): Heimat – Annäherungsversuche. Stuttgart 2007, S. 54–62, hier S. 55.
14 Die einzige übergreifende Arbeit mit dem Schwerpunkt auf der Zeit der Weimarer Republik und des Nationalsozialismus ist: Martin Roth: Heimatmuseum: zur Geschichte einer deutschen Institution. Berlin 1990 (Berliner Schriften zur Museumskunde 7); Einzelstudien sind zu finden in: Joachim Meynert, Volker Rodekamp: Heimatmuseum 2000. Ausgangspunkte und Perspektiven. Bielefeld 1993 (Texte und Materialien aus dem Mindener Museum 10); Heinz Reif, Sigrid Heinze, Andreas Ludwig: Schwierigkeiten mit Tradition: Zur kulturellen Praxis städtischer Heimatmuseen. In: Gottfried Korff, Martin Roth (Hg.): Das historische Museum: Labor, Schaubühne, Identitätsfabrik. Frankfurt/M., New York 1990, S. 231–247; Sternberg: Überlegungen zum deutschen Heimatmuseum (Anm. 9). Hinsichtlich der Museumspädagogik vgl. Hans-Uwe Rump: Heimat im Museum erleben. In: Will Cremer, Ansgar Klein (Hg.): Heimat. Analysen, Themen, Perspektiven. Bielefeld 1990 (Schriftenreihe der Bundeszentrale für politische Bildung. Diskussionsbeiträge zur politischen Didaktik 294/1), S. 764–780.
15 Seit 1955 erscheint das *Jahrbuch für deutsche und osteuropäische Volkskunde*. Hg. im Auftr. der Kommission für Ostdeutsche Volkskunde in der Deutschen Gesellschaft für Volkskunde e. V., 1963–1993 unter dem Titel *Jahrbuch für ostdeutsche Volkskunde*, 1955–1961 unter dem Titel *Jahrbuch für Volkskunde der Heimatvertriebenen*. 1957 erschien die von Josef Hanika verfasste Anleitung für das methodische Vorgehen in der volkskundlichen Erforschung der Situation von Flüchtlingen und Vertriebenen in der Bundesrepublik Deutschland (Hanika: Volkskundliche Wandlungen [Anm. 7]). Beispielhaft seien hier außerdem genannt: Albrecht Lehmann: Im Fremden ungewollt zuhaus. Flüchtlinge und Vertriebene in Westdeutschland 1945–1990. München 1991; Schulze, von der Brelie-Lewin, Grebing (Hg.): Flüchtlinge und Vertriebene (Anm. 2).

heren Bräuchen, Sitten und Traditionen der Heimatvertriebenen.[16] Mit Blick auf die potentiellen Materialien, die Heimatmuseen und Heimatsammlungen dahingehend zu bieten haben, regte Ulrich Tolksdorf im *Jahrbuch für ostdeutsche Volkskunde* aus dem Jahr 1983 an, die „Heimatmuseen, Heimatstuben, Heimatecken"[17] und deren Bestände vorzustellen. Zunächst kamen die Betreuer selbst zu Wort; später wurden Heimatsammlungen besucht, Gespräche mit Verantwortlichen und Betroffenen geführt sowie Beschreibungen der Sammlungen und Analysen zum Phänomen der Vertriebenenkultur erstellt. Die Beiträge sind infolgedessen von sehr unterschiedlicher Art hinsichtlich Umfang und Tiefe.[18] Ungeachtet der lokalen Beschränkung bieten diese Darstellungen interessante Informationen, erstens im Hinblick auf die Situation der Heimatsammlungen zur Zeit der Untersuchung und zweitens für einen Vergleich mit Sammlungen in anderen Regionen Deutschlands.

Über ihre Funktion als Quellen bewahrende Institutionen hinaus analysiert Manuela Schütze ausgewählte Heimatstuben und -sammlungen in Schleswig-Holstein „als kulturelles Muster der Verarbeitung von Verlustsituation"[19] und verbindet dies mit museumstheoretischen Überlegungen. Neben der Beschreibung und Analyse der Einrichtungen beschäftigt sich die Untersuchung mit dem Symbolgehalt der Sammlungsobjekte, den unterstützenden Strukturen und Organisationen, insbesondere der Ostpreußischen Landsmannschaft, und bindet die Thematik in einen größeren kulturgeschichtlichen Zusammenhang ein. Ähnlich verfährt Hans-Werner Retterath am Beispiel der Heimatstube Liebling (Banat). Diese Mikrostudie befasst sich mit dem lokalen und geschichtlichen Umfeld der Heimatstube als Teil eines ‚institutionellen Ensembles' der Erinnerungskultur der Heimatvertriebenen und ebenso mit der Analyse einzelner Sammlungsgruppen. Retterath schlussfolgert, dass sein Beispiel einer Heimatstube zur Pflege der kollektiven Erinnerung und für die Verarbeitung des Heimatverlustes von großer Bedeutung ist und aus dieser Perspektive vornehm-

---

16 Hermann Bausinger: Das Problem der Flüchtlinge und Vertriebenen in den Forschungen zur Kultur der unteren Schichten. In: Schulze, von der Brelie-Lewin, Grebing (Hg.): Flüchtlinge und Vertriebene (Anm. 2), S. 180–195, hier S. 188; Albrecht Lehmann: Erinnern und Vergleichen. Flüchtlingsforschung im Kontext heutiger Migrationsbewegungen. In: Kurt Dröge (Hg.): Alltagskulturen zwischen Erinnerung und Geschichte. Beiträge zur Volkskunde der Deutschen im und aus dem östlichen Europa. München 1995 (Schriften des Bundesinstituts für ostdeutsche Kultur und Geschichte 6), S. 15–30, hier S. 16f.; Katharina Eisch: Interethnik und interkulturelle Forschung. In: Silke Göttsch, Albrecht Lehmann (Hg.): Methoden der Volkskunde. Positionen, Quellen, Arbeitsweisen der Europäischen Ethnologie. 2., überarb. u. erw. Aufl. Berlin 2007, S. 141–167, hier S. 144.
17 Ulrich Tolksdorf: Heimatmuseen, Heimatstuben, Heimatecken. In: Jahrbuch für ostdeutsche Volkskunde 26 (1983), S. 338–342.
18 So enthält Cammanns Studie aus dem Jahr 1988 z. B. dichte Beschreibungen der von ihm besuchten Heimatsammlungen; deren Kontextualisierung erfolgt anhand von Informationen aus Interviews vor Ort und im Interessentenkreis. Cammann: Ostdeutsche Heimatstuben in Nordniedersachsen (Anm. 11).
19 Manuela Schütze: Zur musealen Aneignung verlorener Heimat in ostdeutschen Heimatstuben. In: Dröge (Hg.): Alltagskulturen (Anm. 16), S. 95–111, hier S. 95; Dies.: „Elchkopf und Kurenwimpel". Zur musealen Aneignung verlorener Heimat in ostdeutschen Heimatstuben nach dem Zweiten Weltkrieg in Schleswig-Holstein. Neumünster 1998 (Studien zur Volkskunde und Kulturgeschichte Schleswig-Holsteins 37).

lich betrachtet werden sollte.²⁰ Das ‚institutionelle Ensemble' der Erinnerungskultur von Heimatvertriebenen – von Wallfahrten über die Bildung von Heimatgemeinschaften, Heimattreffen und Heimatfahrten – wurde am Beispiel der Bewohner der Grafschaft Glatz von Dietmar Sauermann untersucht, wobei Heimatsammlungen in dieser Studie keine Berücksichtigung fanden.²¹ An anderer Stelle wertet Sauermann allerdings die Sammlungen und „Andachtsecken"²² von Heimatvertriebenen in Privathaushalten hinsichtlich der Verarbeitung des Heimwehs aus.

Elisabeth Fendl sieht in den Heimatstuben ebenfalls hauptsächlich Einrichtungen mit sozialer Funktion, mit deren Hilfe es den Betroffenen gelingt, das Trauma des Heimatverlustes sowie die verstörenden Erinnerungen an die Nachkriegszeit zu verarbeiten. In ihrer Untersuchung betont sie somit eine andere Facette der kulturgeschichtlichen Bedeutung dieser Einrichtungen. Fendl zeichnet außerdem die historische Entwicklung der Heimatstuben, insbesondere der Egerländer Heimatstuben in Bayern, nach, wobei sie ferner auf die andächtige, beinahe religiöse Behandlung von Erinnerungsgegenständen hinweist – ein Aspekt, den ebenso Utz Jeggle bemerkt, wenn er festhält, die Heimatstube sei „in erster Linie kein Lernort, sondern eine Art Schrein, in dem kulturelle Reliquien gelagert werden".²³ Die Heimatsammlungen sind folglich nicht nur im Museumskontext, sondern vielmehr in ihrer Funktion als Erinnerungs- und Begegnungsstätte zu analysieren. Unter diesem gedächtnistheoretischen Aspekt greift Jeggle in seinem Beitrag über „kulturelle Sicherungssysteme bei Heimatvertriebenen" den Typus des Heimatmuseums und der Heimatstube als „Miniatur-Erinnerungsort"²⁴ auf. Hier wird die Thematik Erinnerungskultur und kollektives Gedächtnis im Hinblick auf Heimatsammlungen bereits kurz angerissen.

Zusammenfassend ist daher festzustellen, dass die historisch-ostdeutschen Heimatsammlungen, -stuben und -museen partiell bereits erforscht worden sind und ihre kulturgeschichtliche Bedeutung Eingang in die Diskussion um die Erinnerungs-

---

20 Hans-Werner Retterath: Heimatverlust im Spiegel musealer Darstellung: Die ‚Heimatstube Liebling' in Willstätt-Legelshurst. In: Jahrbuch für deutsche und osteuropäische Volkskunde 42 (1999), S. 146–173, hier S. 152f.
21 Dietmar Sauermann: „Fern doch treu!" Lebenserinnerungen als Quellen zur Vertreibung und ihrer kulturellen Bewältigung, am Beispiel der Grafschaft Glatz. Marburg 2004 (Schriftenreihe der Kommission für deutsche und osteuropäische Volkskunde 89).
22 Dietmar Sauermann: Erinnern und Zeichensetzen. Zur Erinnerungskultur von Vertriebenenfamilien. In: Elisabeth Fendl (Hg.): Zur Ikonographie des Heimwehs. Erinnerungskultur von Heimatvertriebenen. Referate der Tagung des Johannes-Künzig-Instituts für ostdeutsche Volkskunde 4. bis 6. Juli 2001. Freiburg 2002 (Schriftenreihe des Johannes-Künzig-Instituts 6), S. 79–100.
23 Fendl: Deponien der Erinnerung (Anm. 8), S. 66; Elisabeth Fendl: Damit es auch richtig verstanden wird. Briefe als Objekt-Beigabe. In: Heinke M. Kalinke (Hg.): Brief, Erzählung, Tagebuch. Autobiographische Dokumente als Quellen zu Kultur und Geschichte der Deutschen in und aus dem östlichen Europa. Referate der Tagung des Johannes-Künzig-Instituts für ostdeutsche Volkskunde vom 8./9. September 1999. Freiburg 2000 (Schriftenreihe des Johannes-Künzig-Instituts 3), S. 85–106, hier S. 97; Utz Jeggle: Kaldaunen und Elche. Kulturelle Sicherungssysteme bei Heimatvertriebenen. In: Hoffmann, Krauss, Schwartz (Hg.): Vertriebene in Deutschland (Anm. 3), S. 395–407, hier S. 406.
24 Jeggle: Kaldaunen und Elche (Anm. 23), S. 405.

kultur der Heimatvertriebenen gefunden hat.²⁵ Gleichwohl stehen eine umfassende Darstellung der geschichtlichen Entwicklung der Einrichtungen insgesamt sowie die Einordnung des Phänomens in den Kontext von Erinnerungskultur, kollektivem Gedächtnis und Identitätsbildung noch aus.

3. Methodische Vorgehensweise

Aufbauend auf einer zentralen Erfassung sowohl historischer wie gegenwärtig in Deutschland bestehender Heimatsammlungen soll eine Gesamtdarstellung dieser spezifischen Institution erarbeitet werden, die sich mit ihrer Entstehungsgeschichte und gesellschaftspolitischen Dimension befasst. Gleichfalls wird ihre Bedeutung aus volkskundlicher und museologischer Perspektive analysiert und eine kulturhistorische Einordnung als Element der Erinnerungskultur der Heimatvertriebenen vorgenommen werden. Der Ansatz des Untersuchungsvorhabens ist somit von interdisziplinärem Charakter und erfordert die Anwendung vielfältiger methodischer Instrumentarien und die Analyse unterschiedlichen Quellenmaterials.

Die Ausgangsbasis für die Gesamtdokumentation bilden die bisher erstellten Verzeichnisse von Heimatsammlungen.²⁶ Grundlegende Informationen und Parameter für die Entwicklung einer Datenerhebung über die Heimatsammlungen konnten bereits durch das vorangegangene Projekt zur Erfassung schlesischer Heimatstuben am Schlesischen Museum in Görlitz in den Jahren 2000/2001 erprobt werden. Auf diesen Erfahrungen aufbauend, wird mit Hilfe quantitativer und qualitativer Methoden die Vorläufigkeit der bisher erhobenen Daten und interpretierten Ergebnisse geprüft und auf die Gesamtheit der historisch-ostdeutschen Heimatsammlungen in der Bundesrepublik Deutschland angewandt.

Das Projekt sieht folgende zwei Untersuchungsphasen vor: In einem ersten Schritt wird durch das systematische Zusammenführen der Erfassungsprojekte der Heimatsammlungen in den einzelnen Bundesländern ein Gesamtüberblick über die Situati-

---

25 Vgl. Bundesinstitut für Kultur und Geschichte der Deutschen im östlichen Europa (Hg.): Was wird aus den Heimatsammlungen? Überlegungen, Denkanstöße, Lösungsansätze. [Oldenburg] 2007.
26 Die Grundlage bilden u. a.: Wolfgang Kessler: Ostdeutsches Kulturgut in der Bundesrepublik Deutschland. Ein Handbuch der Sammlungen, Vereinigungen und Einrichtungen mit ihren Beständen. Hg. von der Stiftung Ostdeutscher Kulturrat (OKR). München 1989; Michael G. M. Antoni: Ostdeutsche Museen und Sammlungen in der Bundesrepublik Deutschland und Österreich. Bonn [1990] (Schriftenreihe zur ostdeutschen Kultur); Markus Bauer, Cornelia Eisler: Schlesische Heimatstuben in der Bundesrepublik Deutschland. Görlitz [2004]; Margit Schlegel: Wegweiser zu pommerschen Museen und Heimatstuben. Mülheim 2008. – Projekte zur Aktualisierung von z. T. bestehenden Verzeichnissen finden derzeit in Baden-Württemberg, Bayern, Niedersachsen, Nordrhein-Westfalen und Sachsen statt. Schleswig-Holstein und Hessen werden sich im Jahr 2009 beteiligen. Das Siebenbürgische Museum startete im November 2008 einen Aufruf zur Dokumentation der Heimatsammlungen. Die Landsmannschaft Weichsel-Warthe beginnt in Zusammenarbeit mit der Martin-Opitz-Bibliothek mit der Aktualisierung ihres Verzeichnisses. Ergänzend finden sich im Internet u. a. landsmannschaftliche Informationen (z. B. des Sudetendeutschen Archivs), Hinweise auf den Seiten der Heimatortsgemeinschaften, den Listen des Bundes der Vertriebenen sowie in Museumsportalen wie z. B. REMUS, digicult und BAM.

on im Bundesgebiet gewonnen. Dabei werden Daten zur Geschichte sowie Informationen zu den Sammlungsbeständen und Besonderheiten der ‚Vertriebenenkultur' wie auch zum Umfeld der Einrichtungen und ihrer derzeitigen Situation dokumentiert.[27] Die Datenerhebung erfolgt hauptsächlich anhand eines standardisierten Fragebogens.

Darüber hinaus erfolgt eine bundesweite Umfrage und ergänzende Recherche zu Einrichtungen, die bereits aufgelöst oder bisher nicht dokumentiert sind. Die Gesamterfassung von Heimatsammlungen, -stuben und -museen, die an das Projekt gebunden ist, bietet hierbei eine durch empirische Vorgehensweise gewonnene breite Datenbasis, die gleichzeitig die Grundlage für die überwiegend quantitative Auswertung zur Geschichte und kulturhistorischen Einordnung der Heimatsammlungen bilden wird. Die hohe Anzahl an Untersuchungsbeispielen ermöglicht schließlich eine umfassende Herausarbeitung von Gemeinsamkeiten, Unterschieden sowie Tendenzen in der Entwicklung der Einrichtungen. Hierzu werden Karten als Analyse-Instrumente für die Untersuchung zur Verteilung der Heimatsammlungen und zu den regionalen Unterschieden sowohl in den heutigen Bundesländern als auch in Bezug auf ihre Herkunftsgebiete dienen.[28]

Darauf aufbauend sollen im zweiten Teil des Projektes einzelne Schwerpunkte anhand vornehmlich qualitativer Methoden genauer bestimmt werden. Zunächst dient eine Literaturrecherche zum Thema Geschichte und Bedeutung historisch-ostdeutscher Heimatsammlungen auf lokaler Ebene sowie auf Landesebene dazu, mögliche Lücken in der Beschreibung und Analyse der verschiedenen Institutionen festzustellen. Ergänzend werden Archivmaterial und Dokumente zur Geschichte der historisch-ostdeutschen Heimatstuben, -sammlungen und -museen in Deutschland auf verschiedenen Ebenen wie Bund, Land und Kommune, ebenso wie in landsmannschaftlichen Einrichtungen gesichtet und analysiert.[29] Als Quellen werden diese insbesondere für die geschichtliche Übersicht und die kulturhistorische Einordnung von Bedeutung sein. Ebenso wird eine Sichtung, Auswahl und Auswertung von Beiträgen in der Vertriebenenpresse, in den Heimatbriefen und -blättern sowie von verschiedenen Begleitmaterialien für die praktische Arbeit in den Heimatsammlungen erfolgen. Diese Quellen sollen der Einordnung von Heimatsammlungen in den Kontext der ‚Vertriebenenkultur' und der Analyse des Stellenwertes, der den Einrichtungen zugeschrieben wurde, dienen. Zu diesem Zweck werden insbesondere auch die volkskundlichen Studien zur Thematik ‚Heimatsammlungen' sowie vorhandene Zeitzeugenbefragungen und biografische Quellen bezüglich der Bedeutung

---

27 In Abstimmung mit den Bundesländern Bayern, Baden-Württemberg, Hessen, Niedersachsen und Nordrhein-Westfalen erfolgt die Erfassung anhand eines strukturierten Fragebogens.
28 Vgl. Günter Wiegelmann, Michael Simon: Die Untersuchung regionaler Unterschiede. In: Göttsch, Lehmann (Hg.): Methoden der Volkskunde (Anm. 16), S. 101–123, hier S. 109.
29 Quellenbestände befinden sich u. a. im Herder-Institut in Marburg (Pressearchiv), in der Martin-Opitz-Bibliothek in Herne, im Johannes-Künzig-Institut in Freiburg oder auch in regionalen Einrichtungen wie z. B. im Gerhart-Hauptmann-Haus in Düsseldorf, dem Sudetendeutschen Archiv in München sowie dem Haus der Heimat des Landes Baden-Württemberg in Stuttgart. Auch die jeweiligen Landesmuseen sind hierbei zu berücksichtigen.

der Einrichtungen für die Betroffenen untersucht. Berichte und Monographien zur Integration der Flüchtlinge und Vertriebenen, die mit regionalem Bezug seit den 1990er Jahren wieder verstärkt von wissenschaftlichem Interesse sind, werden hinsichtlich der Integrationsfunktion der Einrichtungen einbezogen.[30]

In dieser Phase ist ferner die beispielhafte Untersuchung von Heimatsammlungen vor Ort vorgesehen, wobei neben der Besichtigung von Einrichtungen und der Sammlungsanalyse vor allem fokussierte, d. h. leitfadenorientierte, Interviews mit Experten sowie in Einzelfällen mit Betreuern und Zeitzeugen durchgeführt werden sollen. Direkte Gespräche ermöglichen hierbei das Ergründen von Bedeutungen, Meinungen, Wertungen und bieten somit Detailinformationen als Interpretationsbasis, die sich erfahrungsgemäß durch Umfragen, standardisierte Fragebögen oder archivalische Quellen häufig nur begrenzt ermitteln lassen. Insgesamt stehen vielfältige Quellen für die Untersuchung zur Verfügung, die es je nach Fragestellung kritisch auszuwählen und zu werten gilt.

4. Erinnerungskultur und kollektives Gedächtnis als konzeptioneller Rahmen

Ausgegangen wird von einer Vielfalt von Erinnerungskulturen, die sich je nach Gemeinschaften, Formationen und „ethnischen, religiösen und politischen Zusammenhängen"[31] unterschiedlich entwickeln. Jan Assmanns Begriff der Erinnerungskultur als gemeinschaftliches Gedächtnis mit all seinen Facetten, das Identität und Selbstbild einer Gruppe durch das Einvernehmen mitbestimmt, woran erinnert und was nicht vergessen werden soll, wird den Rahmen für die Analyse des Phänomens Heimatsammlungen bilden.[32] Mit dem Konzept eines kollektiven Gedächtnisses ist die Einsicht gemeint, dass individuelles Erinnern eines Bezugsrahmens bedarf, der sich im Allgemeinen in der umgebenden Gemeinschaft bildet, auf das Individuum durch Interaktion Einfluss nimmt und somit die soziale Bedingtheit individueller Erinnerung bestimmt.[33] Die Forschung unterscheidet hinsichtlich der Entste-

---

30 Studien wie z. B. Bernd Heidenreich (Hg.): Neubürger in Hessen: Ankunft und Integration der Heimatvertriebenen. Wiesbaden 2006; Bernhard Parisius: Viele suchten sich ihre neue Heimat selbst: Flüchtlinge und Vertriebene im westlichen Niedersachsen. 2. Aufl. Aurich 2005 (Abhandlungen und Vorträge zur Geschichte Ostfrieslands 79); Rainer Schulze, Reinhard Rohde, Rainer Voss (Hg.): Zwischen Heimat und Zuhause. Deutsche Flüchtlinge und Vertriebene in (West-)Deutschland 1945–2000. Osnabrück 2001 (Quellen und Darstellungen zur Geschichte des Landkreises Celle 6); Immo Eberl (Hg.): Flucht, Vertreibung, Eingliederung: Baden-Württemberg als neue Heimat. Begleitband zur Ausstellung. Sigmaringen 1993.
31 Günter Oesterle: Erinnerung, Gedächtnis, Wissen. Studien zur kulturwissenschaftlichen Gedächtnisforschung. Göttingen 2005 (Formen der Erinnerung 26), S. 27.
32 Jan Assmann: Das kulturelle Gedächtnis. Schrift, Erinnerung und politische Identität in frühen Hochkulturen. München 1992, S. 30.
33 Maurice Halbwachs: Das Gedächtnis und seine sozialen Bedingungen. Berlin 1966, S. 20, 23, 203f., 381; Christoph Cornelißen: Was heißt Erinnerungskultur? Begriff, Methoden, Perspektiven. In: Geschichte in Wissenschaft und Unterricht 54 (2003), S. 548–563, hier S. 552.

hung dieses sozialen Bezugsrahmens zwischen einem kommunikativen und einem kulturellen Gedächtnis. Das kommunikative Gedächtnis ist geprägt von der mündlichen Überlieferung der eigenen unmittelbaren ‚Geschichtserfahrung' und Erinnerung, während das kulturelle Gedächtnis vielmehr als eine Art Langzeitgedächtnis betrachtet werden kann, dessen ferne Erzählungen und ‚Erinnerungen' durch Texte, Riten, Bilder und symbolische Ausdrucksformen weitergegeben werden.[34] Die Übergänge zwischen beiden Gedächtnis-Rahmen können jedoch auch fließend sein. Gedächtnistheoretisch betrachtet, befindet sich die ‚Gemeinschaft der Heimatvertriebenen' gegenwärtig an einem Übergang des ‚lebendigen Gedächtnisses' auf materielle Träger zu einem mediengestützten Gedächtnis, für das die historisch-ostdeutschen Heimatsammlungen den institutionellen Rahmen bilden können.[35] So ist diesbezüglich keine strikte Trennung zwischen kommunikativem und kulturellem Gedächtnis möglich, sondern eine Betrachtung der Heimatsammlungen als Verbindung zwischen dem „‚bewohnten' Funktionsgedächtnis" und dem „‚unbewohnten' Speichergedächtnis".[36]

Hinsichtlich der Funktion von Heimatsammlungen im kollektiven Gedächtnis und somit in der Erinnerungskultur der Betroffenen wird als Ausgangspunkt der Analyse das von Astrid Erll entworfene kultursemiotische Modell dienen. Sie definiert darin drei Dimensionen, die materiale, soziale und mentale, und weist auf deren wechselseitige Beziehungen und Überschneidungen hin. Unter der materialen Dimension werden die Medien, d. h. die kulturellen Objektivationen, verstanden, die kodifiziert die Informationen für die Erinnerungsgemeinschaften bereithalten. Die soziale Dimension meint die „Trägerschaft des Gedächtnisses";[37] genannt werden z. B. gesellschaftliche Institutionen wie Archive, Universitäten und Gedenkrituale. Zur mentalen Dimension zählen kulturelle Schemata und Codes, welche die Voraussetzung für den gemeinschaftlichen Erinnerungsprozess bilden. Wertvorstellungen, Geschichtsbilder und Denkmuster sind Beispiele dafür. Unter Berücksichtigung dieses Modells sind die historisch-ostdeutschen Heimatsammlungen somit als Institution, als Teil der Trägerschaft des Gedächtnisses zu analysieren, welche die Medien für den kulturellen und übergenerationellen Transfer von Erinnerung bewahren. Sie bilden als Element der sozialen Dimension von Erinnerungskultur den Fokus der Studie.[38] Ausgehend davon sollen die materiale und die mentale Dimension der Erinnerungskultur der Heimatvertriebenen in die Studie einbezogen werden

---

34 Assmann: Das kulturelle Gedächtnis (Anm. 32), S. 45; Cornelißen: Was heißt Erinnerungskultur? (Anm. 33), S. 554; Astrid Erll: Kollektives Gedächtnis und Erinnerungskulturen. Eine Einführung. Stuttgart 2005, S. 28.
35 Cornelißen: Was heißt Erinnerungskultur? (Anm. 33), S. 555; Aleida Assmann: Erinnerungsräume. Formen und Wandlungen des kulturellen Gedächtnisses. München 1999, S. 15; Jeggle: Kaldaunen und Elche (Anm. 23), S. 407.
36 Cornelißen: Was heißt Erinnerungskultur? (Anm. 33), S. 554.
37 Erll: Kollektives Gedächtnis (Anm. 34), S. 102.
38 Ebd. Köstlin bezeichnet das Museum auch als „Gefäß der Erinnerungskultur". Konrad Köstlin: Historiographie, Gedächtnis und Erinnerung. In: Elisabeth Fendl (Hg.): Zur Ikonographie des Heimwehs (Anm. 22), S. 11–28, hier S. 25.

und eine Untersuchung der Wechselbeziehungen und Überschneidungen aller drei Dimensionen erfolgen. So wird erstens auf das institutionell-geschichtliche Umfeld der Heimatsammlungen, deren Initiatoren und unterstützende Organisationen eingegangen und der historisch-gesellschaftliche Kontext analysiert. Zweitens sollen die Sammlungen als kulturelle Objektivationen zur Übermittlung von erinnerten Orten und Vorgängen der betreffenden Erinnerungsgemeinschaften betrachtet und drittens innerhalb ihres erinnerungskulturellen Netzwerkes auf Elemente und Schemata kollektiver Erinnerung, auf Kodierungen und Denkmuster hin untersucht werden.

Das Konzept der Erinnerungskultur ermöglicht hierbei eine disziplinenübergreifende Untersuchung des Phänomens der historisch-ostdeutschen Heimatsammlungen, die verschiedene fachspezifische Zugänge, sowohl historische, volkskundliche, kulturwissenschaftliche als auch museologische Perspektiven und Methoden, vereint.

5. Untersuchungsebenen

5.1 Historische Entwicklung

Heimatstuben, -sammlungen und -museen wurden seit der Mitte des 19. Jahrhunderts gegründet. Diese waren zuweilen Vorgängerinstitutionen der historisch-ostdeutschen Heimatsammlungen, zu denen – wie im Roman *Heimatmuseum* von Siegfried Lenz beschrieben – personell oder auch institutionell Beziehungen bestanden.[39] Desgleichen gab es bereits vor dem Zweiten Weltkrieg kleinere Sammlungen und ‚Andachtsstätten' für heimatliche Erinnerungen, eingerichtet von Arbeitsmigranten, z. B. im Ruhrgebiet, in Wien und Chicago,[40] oder auch Pläne für eine „ständige sudetendeutsche Ausstellung auf deutschem Staatsgebiet"[41] in Nürnberg.

Die Besonderheit der hier zu analysierenden Heimatsammlungen, die nach 1945 entstanden sind, liegt zum einen in ihrem nachdrücklichen Bezug zu Flucht und Vertreibung, über den vielfach auch die Selbstidentifikation der Heimatvertriebenen stattfindet, und zum anderen in ihrer weiten und zahlenmäßig hohen Verbreitung in den westlichen Bundesländern. Im Vordergrund wird die Frage nach dem

---

39 Siegfried Lenz: Heimatmuseum. 10. Aufl. München 1994, S. 7. Als Beispiel seien hier genannt das Samlandmuseum Pinneberg und das Heimatmuseum der Deutschen aus Bessarabien. Kurt Kumpies: Das Samlandmuseum. In: Jahrbuch für ostdeutsche Volkskunde 26 (1983), S. 361–365, und Christian Fieß: Heimatmuseum der Deutschen aus Bessarabien. In: Richard Heer (Hg.): Die alte und die neue Heimat der Bessarabien-Deutschen. Eine Dokumentation 1920–1980. Bietigheim-Bissingen 1980, S. 142.

40 Zum Beispiel die Egerländer Gmoistüberl als Versammlungsorte in Fendl: Deponien der Erinnerung (Anm. 8), S. 74. Herrn Dr. Tobias Weger verdanke ich den Hinweis auf ähnliche Heimatstuben der Oberschlesier im Ruhrgebiet sowie auf die sudetendeutsche Ausstellung in Nürnberg (siehe Anm. 41).

41 G. Götzenauer: Sudetendeutsches Heimatmuseum in Nürnberg. In: Deutsche Heimat. Sudetendeutsche Monatshefte für Literatur, Kunst, Heimat- und Volkskunde. Jg. 8 [1932], S. 236–239, hier S. 236.

politischen, gesellschaftlichen und organisatorischen Umfeld während der Entstehungszeit der historisch-ostdeutschen Heimatsammlungen stehen. Einen bedeutenden Faktor bildet die Einrichtung von Patenschaften zwischen westdeutschen Städten und Gemeinden mit den örtlichen Gemeinschaften der Flüchtlinge und Vertriebenen. Im Jahr 1949 begann die Gründung erster Patenschaftsverhältnisse, deren Zustandekommen und Ausgestaltung in den folgenden Jahren unter anderem mit den Richtlinien der kommunalen Spitzenverbände für ostdeutsche Patenschaften im Dezember 1953 inhaltlich und auch formal festgelegt wurden. Zur inhaltlichen Vereinbarung gehört die „Schaffung einer ‚Heimatstube' oder eines ‚Hauses' des ostdeutschen Partners".[42] Mit der Verbreitung der Patenschaften auf dem Gebiet der „alten Bundesrepublik" entstanden somit die ersten historisch-ostdeutschen Heimatstuben und -museen. Einfluss auf deren Entwicklung hinsichtlich Besucherzahlen und Sammlungsaufbau hatten ebenso die Heimattreffen, mit denen sie häufig in Beziehung stehen.[43] Es ist beabsichtigt, durch die systematische Erfassung und Analyse der Einrichtungen in Deutschland deren Vielfalt zu analysieren sowie weitere Phasen der Entstehung und deren Einflussfaktoren zu ermitteln.[44] Dabei wird zu berücksichtigen sein, dass die Entwicklung der Heimatsammlungen je nach Herkunftsgebiet und/oder Bundesland offenbar einen unterschiedlichen Verlauf genommen hat.[45] Von hoher Relevanz werden besonders Fragestellungen hinsichtlich der politischen Bedeutung und Einflussnahme auf die Einrichtungen sein. So ist zum einen zu erörtern, ob es sich um vorwiegend private Initiativen handelte oder um Einrichtungen, die in Trägerschaft beziehungsweise unter dem Einfluss der Vertrie-

---

42 Unter Punkt 3c zitiert in: Alfons Perlick: Das West-Ostdeutsche Patenschaftswerk in Nordrhein-Westfalen. Geschichte, Berichte und kulturelle Aufgaben. Mit einem Verzeichnis der west-ostdeutschen Patenschaften in der Bundesrepublik. Düsseldorf 1961 (Schriftenreihe für die Ost-West-Begegnung, Kulturheft 38), S. 12, 174. Weitere Richtlinien des deutschen Städte- und Landkreistages sowie des Verbandes der Landsmannschaften sind erwähnt in Schütze: „Elchkopf und Kurenwimpel" (Anm. 19), S. 45f. Vgl. hierzu auch Ute Reichert-Flögel: Ostdeutsche Patenschaften heute. [Bonn 1988]; o. V.: Patenschaften im Wandel. Richtlinien für ostdeutsche Patenschaften. In: Der gemeinsame Weg 1, I (1975), S. 17f.
43 Während dieser Veranstaltungen vergrößerten sich sowohl die Besucherzahlen der Heimatstuben als auch die Sammlungen selbst, sei es in Form von Materialien zur Erinnerung oder Dokumentationen über die Treffen. Oftmals ist derzeit die Auflösung der Heimatstuben abhängig von den noch stattfindenden Treffen. (Ergebnis der Umfrage zu den Schlesischen Heimatstuben im August/September 2007).
44 Die Gründungsphasen von Heimatsammlungen sind unterschiedlich angegeben. Manuela Schütze zeigt für Schleswig-Holstein drei Phasen auf: 1950er Jahre, Ende der 1970er / Anfang der 1980er Jahre und Ende der 1980er / Anfang der 1990er Jahre. Schütze: „Elchkopf und Kurenwimpel" (Anm. 19), S. 45. Elisabeth Fendl sieht neben den 1950er Jahren eine weitere Phase Ende der 1960er Jahre, korrigiert diese später auf die 1970er Jahre. Fendl: Deponien der Erinnerung (Anm. 8); Elisabeth Fendl: Heimat in der Vitrine. Zur kulturgeschichtlichen Bedeutung von Heimatstuben. Tagung: Was wird aus unserer Heimatstube? Zur Zukunftssicherung donauschwäbischen Kulturguts. Donauschwäbisches Zentralmuseum Ulm 2007. Für die Entstehung schlesischer Heimatstuben konnten bisher keine Besonderheiten außerhalb der 1950er Jahre festgestellt werden. Bis in die 1980er Jahre gab es einen stetigen Zuwachs an Einrichtungen, der in den 1990er Jahren dann allmählich abnimmt.
45 Vgl. Dröge: Das „ostdeutsche" Museum (Anm. 12), S. 9.

benenorganisationen standen; zum anderen soll herausgearbeitet werden, wie und zu welchem Zweck die Aktivitäten auf verschiedenen Ebenen durch Politik und Gesellschaft unterstützt wurden.

Die Agenden für die Einrichtung von Heimatstuben in den Patenstädten gaben mehrere Ziele an: die Rettung des dinglichen ‚Kulturgutes' der Flüchtlinge und Vertriebenen und gleichzeitig die Zurschaustellung der kulturellen Bedeutung des Herkunftsgebietes zum einen für die nachfolgenden Generationen, zum anderen aber auch für die aufnehmende einheimische Bevölkerung.[46] Die Heimatsammlungen sollten als Bestandteil der „geistigen Heimat"[47] auch ein Mittel zur Integration bzw. Akkulturation der Betroffenen in ihr neues Lebensumfeld darstellen. Inwieweit diese Ziele erreicht wurden und ob die Initiativen integrierend oder vielmehr abgrenzend wirkten, ist noch festzustellen. Utz Jeggle bemerkt dazu: „[...] wir verdanken ihnen [u. a. dem Heimatmuseum] viel bei der Aufgabe der Integration der Heimatvertriebenen, sie schufen Traditionen, die außer den Betroffenen existieren und die auf die nächste Generation übertragbar sind."[48] Zu berücksichtigen ist hierbei jedoch die Diskussion um den Begriff der Integration, insbesondere dessen Messbarkeit, sowie das Spannungsverhältnis zwischen „Einfügung" und „Beharrung".[49] Einen Ausgangspunkt bietet möglicherweise Ulrich Tolksdorfs Definition der folgenden Phasen kultureller Integration. Er unterscheidet zwischen der ersten Zeit, in der die Ankommenden unter einer Art „Kulturschock" stehen, kurz darauf jedoch den „Kulturkontakt" suchen. Des Weiteren beschreibt er eine Phase des „Kulturkonfliktes" und der Ausprägung „sekundärer Minderheiten", wobei es allmählich zur „Akkulturation" der Gemeinschaften kommt und in einer letzten Entwicklung zur „punktuellen Bewahrung der Volkskultur in der postmodernen Gesellschaft".[50] Zu fragen ist jedoch ebenso, inwieweit dabei eine Heterogenität der aufnehmenden Gesellschaft anzunehmen und deren Umgestaltung nach 1945 zu berücksichtigen ist.[51]

---

46 Reichert-Flögel: Ostdeutsche Patenschaften heute (Anm. 42), S. 75, und Cammann: Ostdeutsche Heimatstuben in Nordniedersachsen (Anm. 11), S. 353. Vgl. hierzu: Ulrich Tolksdorf: Phasen der kulturellen Integration bei Flüchtlingen und Aussiedlern. In: Bade (Hg.): Neue Heimat im Westen (Anm. 8), S. 106–127, hier S. 115f.: „Der Flüchtling [...] versucht in der interkulturellen Begegnung seine eigenkulturelle Identität [...] entgegenzustellen."
47 Christa Ulke: 50-jähriges Bestehen der Patenschaft des Kreises Euskirchen über den Kreis Namslau. Online im Internet: <http://www.kreis-euskirchen.de/service/downloads/kultur/50_Jahre_Namslau_von_Christa_Ulke.pdf> [Stand: 18.09.2008].
48 Jeggle: Kaldaunen und Elche (Anm. 23), S. 407.
49 Bausinger: Das Problem der Flüchtlinge und Vertriebenen (Anm. 16). Zur Problematik des Begriffes Integration vgl. Volker Ackermann: Integration: Begriff, Leitbilder, Probleme. In: Bade (Hg.): Neue Heimat im Westen (Anm. 8), S. 14–36, und Helga Grebing: Zum Begriff der Integration. In: Schulze, von der Brelie-Lewin, Grebing (Hg.): Flüchtlinge und Vertriebene (Anm. 2), S. 302–304, wobei Ackermann auch auf die Gegensätze zwischen Eingliederung und Bewahren des Rechts auf Heimat in der politischen Behandlung des Themas eingeht.
50 Tolksdorf: Phasen der kulturellen Integration (Anm. 46), S. 110ff.
51 Marita Krauss: Das „Wir" und das „Ihr". Ausgrenzung, Abgrenzung, Identitätsstiftung bei Einheimischen und Flüchtlingen nach 1945. In: Hoffmann, Krauss, Schwartz (Hg.): Vertriebene in Deutschland (Anm. 3), S. 27–39, hier S. 27f.: „Gab es eine homogene Nachkriegskultur?".

In Bezug auf die Eingliederung und Integration der Heimatvertriebenen und die Rolle kultureller Einrichtungen in diesem Prozess bietet sich ein Vergleich der Verhältnisse hinsichtlich der Wahrung von kulturellen Traditionen zwischen den westlichen Besatzungszonen (bzw. der BRD) und der Sowjetischen Besatzungszone (bzw. der DDR) an. Während man in den westlichen Bundesländern Patenschaftsbeziehungen sowie eine Bewahrung des dinglichen Kulturguts in Heimatsammlungen und Museen empfahl und zumeist auf lokaler Ebene förderte, wurde die Thematik in der SBZ und später der DDR tabuisiert. Mit der wirtschaftlichen und gesellschaftlichen Integration der Umsiedler in der SBZ und dem Aufbau einer neuen Gesellschaft, deren neu gestaltete Strukturen auch große Veränderungen für die Einheimischen brachten, wurde das Thema Umsiedlung/Vertreibung bereits zu Beginn der 1950er Jahre ‚abgeschlossen'.[52] Traditions- und Erinnerungspflege unter anderem durch Veranstaltungen oder Institutionen waren in der SBZ und der DDR unerwünscht, seit 1950 vom Innenministerium offiziell untersagt. Öffentliche Orte der Erinnerung zum Thema Flucht und Vertreibung oder Unterstützung der Umsiedler in der Bewahrung ihrer kulturellen Identität und der Erhaltung des geretteten Kulturgutes wurden nicht akzeptiert.[53] Möglicherweise gab es private Initiativen, offiziell jedoch wurde die Errichtung von Heimatstuben als Teil der ‚revanchistischen Politik' der damaligen Bundesrepublik betrachtet.[54] Dass vereinzelt ein Bedarf an Erinnerungsorten bei den Betroffenen noch bzw. neuerdings vorhanden ist und sich die Umsiedler oder Heimatvertriebenen ihrer besonderen Herkunft weiterhin bewusst sind, zeigt die Neugründung von Heimatstuben und -museen in den östlichen Bundesländern in den 1990er Jahren.[55]

In Westdeutschland hingegen geraten bereits seit den 1980er Jahren die Einrichtungen aus unterschiedlichen Gründen, zunehmend jedoch aufgrund des Generationenwechsels, in Bedrängnis.[56] Sie werden zum Teil aufgelöst, da entweder die Räumlichkeiten nicht mehr zur Verfügung stehen oder keine Nachfolge für die Betreuung

---

52 Vgl. Ackermann: Integration (Anm. 49), S. 18.
53 Peter-Heinz Seraphim: Untersuchungen zum deutschen Vertriebenen- und Flüchtlingsproblem: Die Heimatvertriebenen in der Sowjetzone. Berlin 1954 (Schriften des Vereins für Sozialpolitik. Gesellschaft für Wirtschafts- und Sozialwissenschaften, Neue Folge 7/1), S. 160; Dröge: Das „ostdeutsche" Museum (Anm. 12), S. 9; Benz (Hg.): Die Vertreibung der Deutschen aus dem Osten (Anm. 3), S. 7; Manfred Wille: Die Vertriebenen und das politisch-staatliche System der SBZ/DDR. In: Hoffmann, Krauss, Schwartz (Hg.): Vertriebene in Deutschland (Anm. 3), S. 203–217, hier S. 207. Auf fehlende Forschung und öffentliche Diskussion in der DDR wird außerdem hingewiesen in: Helge Heidemeyer: Vertriebene als Sowjetzonenflüchtlinge. In: Hoffmann, Krauss, Schwartz (Hg.): Vertriebene in Deutschland (Anm. 3), S. 237–249, hier S. 246.
54 Werner Flach, Christa Kouschil: Kreuzritter in Trachten. Organisierter Revanchismus in der BRD. Leipzig 1984, S. 38.
55 So zum Beispiel entstanden das Wolhynier Umsiedlermuseum in Linstow (Mecklenburg-Vorpommern) im Jahr 1993 und die Heimatstube des Bundes der Vertriebenen in Brandenburg/Havel.
56 Sieghardt von Köckritz: Eigentum verpflichtet. Rechtzeitig an die Sicherung von Kulturgut denken. In: Der gemeinsame Weg 20 (1980), S. 5f.; Ders.: Der Zersplitterung steuern. Ostdeutsche Regionalmuseen – Auffang- und Pflegestätten für gefährdetes Kulturgut. In: Der gemeinsame Weg 21 (1981), S. 19.

gefunden werden kann. Es gibt Überlegungen, die Sammlungen in die städtischen Einrichtungen der Patenstädte oder in zentrale Einrichtungen wie Museen, Bibliotheken und Archive zu integrieren, aber auch Bestände in die Herkunftsregionen zurückzuführen. Die ursprüngliche Funktion als Ort der Erinnerung, der Begegnung und des Gedankenaustauschs der Erlebnisgeneration wird in den nächsten Jahren voraussichtlich verloren gehen.

5.2 Trägerschaft des Gedächtnisses – Erinnerung und Kulturvermittlung durch Heimatsammlungen

Die historisch-ostdeutschen Heimatsammlungen stellen Orte der gemeinsamen Erinnerung dar; ihre Sammlungsgegenstände fungieren als Auslöser für Erinnerungsprozesse der Betroffenen. Sie bilden einen Teil der „Vergangenheitsrepräsentation"[57] für die Gemeinschaften der Heimatvertriebenen. Eingebunden sind die Heimatsammlungen hierbei in ein ‚institutionelles Ensemble', ein umfassendes Netzwerk von Trägern der Erinnerung wie Heimattreffen, Wallfahrten, Vertriebenenliteratur, Heimatblätter, Ortschroniken, Heimatkarteien und -archive, Gedenksteine, Trachtengruppen und landsmannschaftliche Organisationen.[58] Ähnlich wie Museen im Allgemeinen verkörpern sie Kontinuität und Beharrlichkeit und stellen unter anderem eine Grundlage für die Weitergabe von Wissen im übergenerationellen Prozess dar. Sie sind somit Teil der Kulturvermittlung, deren „Entstehungsbedingungen und Bedeutung"[59] wiederum den zentralen Gegenstand des Erkenntnisinteresses der Volkskunde bilden.

Der museale Charakter dieser Heimatsammlungen ist unterschiedlich ausgeprägt. Eine genaue Abgrenzung zwischen Heimatstuben, -museen und -sammlungen ist zumeist nicht möglich; jedoch soll der Versuch unternommen werden, die Beziehung zwischen Heimatmuseen und Heimatstuben zu klären. Einige Einrichtungen mit reichhaltigen Beständen und gesicherten Verhältnissen stellen Museen im herkömmlichen Sinne dar,[60] andere haben ihr Hauptaugenmerk weniger auf den

---

57 Vgl. Andreas Langenohl: Erinnerung und Modernisierung. Die öffentliche Rekonstruktion politischer Kollektivität am Beispiel des Neuen Rußland. Göttingen 2000, S. 25, zitiert in Erll: Kollektives Gedächtnis (Anm. 34), S. 54.
58 Karasek-Langer beschreibt bereits 1964 die vielfältigen Ausdrucksformen „ostdeutschen Brauchtums", die sich nach dem Zweiten Weltkrieg entfalteten; eine Entwicklung, die er verstärkt sieht durch das Schicksal der Vertreibung und den Verlust der Heimat. Alfred Karasek-Langer: Volk in der Wandlung. In: Ernst Lehmann (Hg.): Eingliederung der Vertriebenen und Flüchtlinge in Westdeutschland als Unterrichtsaufgabe: eine Handreichung. Hannover-Linden 1964 (Bausteine ostkundlichen Unterrichtes 11), S. 22–41, hier S. 30f. Vgl. ebenso Retterath: Heimatverlust (Anm. 20), S. 152–154.
59 Albrecht Lehmann: Volkskunde / Europäische Ethnologie. In: Hans-Jürgen Goertz (Hg.): Geschichte. Ein Grundkurs. 3., rev. und erw. Aufl. Hamburg 2007 (Rowohlts Enzyklopädie), S. 507–523, hier S. 518.
60 Vgl. die Definition für Museum in: Hans Lochmann (Hg.): Standards für Museen. Online im Internet: <http://www.museumsbund.de/cms/fileadmin/geschaefts/dokumente/Rund_um_das_Museum/Standards_fuer_Museen_2006.pdf> [Stand: 06.09.2006], S. 6.

Sammlungsbereich als vielmehr auf die gemeinschaftsstiftende Rolle der Heimatstube gelegt. Der vornehmliche Zweck dieser Einrichtungen besteht in ihrer „heimatlich-kommunikativen"[61] Funktion als Treffpunkt, als Raum für Dichterlesungen, Festveranstaltungen und Anziehungspunkt während der Heimattreffen.[62] Die Objekte der Heimatsammlungen stellen dort eher Accessoires und Dekoration dar, jedoch weniger Museumsobjekte, die es zu sammeln und zu erforschen gilt. Sie spielen gleichwohl eine wichtige Rolle, insofern sie durch konkrete Materialität, als sicht- und fühlbare Zeugnisse des Vergangenen und auch des Unwiederbringlichen Erinnerungen auslösen können. Gewissermaßen wie in der Gedächtniskunst sind geistige Bilder mit den materiellen Dingen verknüpft und unterstützen das kollektive Gedenken der ‚Gedächtnisgemeinschaft' von Flüchtlingen und Vertriebenen.[63] Albrecht Lehmann bemerkt dazu: „[...] diese Dokumente regen im allgemeinen zu Überlegungen an, schaffen Erzählanlässe, begründen und erhalten Tradition und können auf diesem Wege zu wichtigen identitätsstiftenden Erfahrungen in den Familien beitragen."[64] Der symbolhafte Charakter der Objekte und deren Funktion als Auslöser für Erinnerungsprozesse soll im Rahmen der Studie ebenso erörtert werden wie ihre Bedeutung als Elemente der Identitätsstiftung und -festigung durch den Rückgriff auf eine gemeinsame Geschichte.[65] Im Rahmen der Sachkulturforschung wird der Charakter der Sammlungen in ihrer Gesamtheit bestimmt und werden mögliche Sammlungsstrategien erörtert sowie die Besonderheiten einzelner Bestände und ihre „Symbolfunktion im Kontext kollektiver Bewusstseinsprozesse"[66] herausgearbeitet. Bestimmte Objektgruppen wie z. B. Heimaterde oder Modelle der wichtigsten Gebäude des Heimatortes trifft man regionenübergreifend in den unterschiedlichsten Heimatstuben und -museen immer wieder an. Vielfach stehen diese symbolisch für die gemeinsame Erinnerung an Flucht, Vertreibung und Verlust. Gleichfalls lassen sich Stereotype in Bezug auf die jeweiligen Heimat- und Herkunftsregionen feststellen.[67] Dies drückt auch der Titel der Arbeit von Manuela Schütze *„Elchkopf und Kurenwimpel"* aus, wobei beider Symbolgehalt insbesondere auf einen Objekttypus

---

61 Dröge: Das „ostdeutsche" Museum (Anm. 12), S. 7.
62 Vgl. Wilhelm Bialas: Eine Stätte der Erinnerung und Verpflichtung. Die „Ostdeutsche Heimatstube" in Goch. In: Der gemeinsame Weg 27 (1982), S. 34f.
63 Assmann: Das kulturelle Gedächtnis (Anm. 32), S. 30.
64 Lehmann: Im Fremden ungewollt zuhaus (Anm. 15), S. 102; vgl. dazu Jean Pierre Jeudy: Erinnerungsformen des Sozialen. In: Gottfried Korff, Martin Roth (Hg.): Das historische Museum: Labor, Schaubühne, Identitätsfabrik. Frankfurt/M., New York 1990, S. 107–145, hier S. 107f.; Eva Sturm: Konservierte Welt. Museum und Musealisierung. Berlin 1991, S. 42f.; Aleida Assmann, Heidrun Friese (Hg.): Identitäten. Frankfurt/M. 1998 (Erinnerung, Geschichte, Identität 3), S. 13.
65 Vgl. Manfred Seifert: Der neue Charme lokaler Identität. In: Bayerisches Jahrbuch für Volkskunde (2002), S. 11–25, hier S. 11.
66 Vgl. Lehmann: Volkskunde / Europäische Ethnologie (Anm. 59), S. 510.
67 Für das 20. Jahrhundert stellt Hermann Bausinger heraus: „Heimat wurde in und an Stereotypen festgemacht". Hermann Bausinger: Heimat in einer offenen Gesellschaft. Begriffsgeschichte als Problemgeschichte. In: Cremer, Klein (Hg.): Heimat (Anm. 14), S. 76–90, hier S. 83.

in ostpreußischen Heimatsammlungen anspielt.⁶⁸ Untersucht werden sollen die Entwicklung und Verbreitung dieser Objekte mit hohem Wiedererkennungswert ebenso wie die kulturellen Schemata und Codes, welche die Voraussetzung für den gemeinschaftlichen Erinnerungsprozess bilden und zur Entstehung dieser Gedächtnis- und Heimatsymbole beitragen.

5.3 Heimat und kulturelle Bilder

Den historisch-ostdeutschen Heimatsammlungen wurde unter anderem die Aufgabe zuteil, „auf wenigen Quadratmetern westdeutschen Bodens ein Konzentrat der Heimat" zu präsentieren.⁶⁹ Hierbei stellt sich die Frage, was Heimat für die Betroffenen darstellt. Während der Begriff nach dem Zweiten Weltkrieg in Westdeutschland im Allgemeinen eher Skepsis hervorrief und bis in die 1970er Jahre „Heimatparolen zurücktraten",⁷⁰ nahm für die Flüchtlinge und Vertriebenen die Bedeutung von Heimat als der vertrauten Umgebung und den sozialen Beziehungen, die durch Flucht und Vertreibung verloren gegangen waren, zu.⁷¹ Insbesondere der Verlust von Heimat oder, wie Ina-Maria Greverus es formuliert, „deren Infragestellung durch den Einbruch der Fremde"⁷² gibt Veranlassung, über sie zu reflektieren; erst dann wird man sich der Heimat als solcher bewusst, wobei dies auf sehr subjektive Weise geschieht. Eng verbunden damit ist die Frage nach der eigenen, individuellen Identität, die ebenso orts- wie auch beziehungsgebunden ist: „Gleichzeitig aber braucht er [der Mensch] einen Ort, ein Territorium, wo er hingehört, das ihm seine Identität gibt".⁷³ Einen solchen Ort könnten die Heimatsammlungen dargestellt haben. Kurt Dröge bezeichnet die Heimatstube auch als „Keimzelle einer Wiederaneignung verlorener Heimat".⁷⁴ Sie bildete gewissermaßen den Ersatz für eine frühere Heimat, die verlassen werden musste, und formte damit gleichzeitig ein Konstrukt dieser zeitweilig un-

---

68 Schütze: „Elchkopf und Kurenwimpel" (Anm. 19). Für schlesische oder sudetendeutsche Heimatsammlungen lassen sich ähnliche Symbolgegenstände wie z. B. Wappen, Bunzlauer Keramik, Rübezahlfiguren oder böhmisches Glas finden.
69 Susanne Kollmitt: Spiegelbild der alten Heimat. In: Der gemeinsame Weg 44 (1986), S. 48f., hier S. 48.
70 Vgl. Bausinger: Heimat in einer offenen Gesellschaft (Anm. 67), S. 86.
71 Vgl. Dorothee Neff: Der Heimatverlust bei den Flüchtlingen. Ein Beitrag zum Phänomen Heimat. Nürnberg 1956, S. 147.
72 Ina-Maria Greverus: Wem gehört die Heimat? In: Wilfried Belschner, Siegfried Grubitzsch, Christian Leszczynski, Stefan Müller-Doohm (Hg.): Wem gehört die Heimat? Beiträge der politischen Psychologie zu einem umstrittenen Phänomen. Opladen 1995 (Politische Psychologie 1), S. 23–39, hier S. 24. Zum Heimatverlust siehe auch Gunther Gebhard, Oliver Geisler, Steffen Schröter: Heimatdenken: Konjunkturen und Konturen. Statt einer Einleitung. In: Dies. (Hg.): Heimat. Konturen und Konjunkturen eines umstrittenen Konzepts. Bielefeld 2007, S. 9–56, hier S. 11; Christian Graf von Krockow: Heimat – Eine Einführung in das Thema. In: Cremer, Klein (Hg.): Heimat (Anm. 14), S. 56–69, hier S. 56f.; Bausinger: Heimat in einer offenen Gesellschaft (Anm. 67), S. 85.
73 Greverus: Wem gehört die Heimat? (Anm. 72), S. 28.
74 Dröge: Das „ostdeutsche" Museum (Anm. 12), S. 7. Vgl. auch Hanika: Volkskundliche Wandlungen (Anm. 7), S. 129f.

erreichbaren Region.⁷⁵ Möglicherweise erfüllten die Heimatsammlungen zunächst auch eine stabilisierende Funktion für die Betroffenen, die durch ihr Schicksal und die Beschwernisse bei der Aufnahme in Westdeutschland viele Jahre in Ungewissheit verbrachten.⁷⁶ Das Phänomen der Heimatsammlungen im Kontext „erinnerungskultureller Traumaverarbeitung"⁷⁷ zu betrachten, scheint daher ebenso wichtig wie die Analyse ihrer Rolle für die Gemeinschaftsbildung und Integration der Flüchtlinge, Vertriebenen und Aussiedler.

Am Beispiel der Heimatsammlungen soll veranschaulicht werden, wie Heimat durch die Beteiligten erinnert wird, welche Vorstellungen von Heimat dabei in die Einrichtung und Gestaltung der Räume einfließen, d. h. in „welchen kulturellen Bildern",⁷⁸ mit welchen Symbolen sie vermittelt wird. Von Interesse wird dabei sein, was Heimat in einer fremden Umgebung repräsentieren kann und inwieweit die Darstellungen wiederum von den Wandlungen des Heimatbegriffes, aber auch von der umgebenden ‚zweiten Heimat' beeinflusst sind. Zu berücksichtigen ist hierbei, dass der gemeinschaftliche Erinnerungsprozess der Betroffenen zu heimatlichen ‚Geschichts- und Kulturbildern'⁷⁹ führte, welche es wissenschaftlich in Bezug auf das Erinnerte und das Vergessene zu überprüfen gilt und die gleichzeitig Fragen zur Deutungshoheit lokaler Geschichte aufwerfen.⁸⁰

5.4 Erinnerungskulturen im Vergleich

Für die nationale Erinnerungskultur in den westlichen Besatzungszonen und der Bundesrepublik Deutschland definiert Aleida Assmann drei Phasen des kollektiven Erinnerns. Die erste Phase von 1945 bis 1957 sei bestimmt durch die „Abwehr von Erinnerungen"⁸¹ und durch gemeinschaftliches Schweigen, verbunden mit dem Streben nach Wiedergutmachung. In der zweiten Phase, die Assmann für den Zeitraum von 1958 bis 1984 definiert, kommt es zur Kritik an der früheren Vergangenheitsbewältigung. Ab 1985 bis zur Gegenwart bestimme schließlich eine zunehmende Erinnerungspolitik mit gleichzeitigem Streben nach Versöhnung die Erinnerungskultur der dritten Phase. In Bezug auf diese Einteilung sollen mögliche Entwick-

---

75 Fendl: Deponien der Erinnerung (Anm. 8), S. 63, 73.
76 Pfeil: Der Flüchtling (Anm. 4), S. 61f.
77 Anne C. Kenneweg: Rezension zu: Michael C. Frank, Gabriele Rippl (Hg.): Arbeit am Gedächtnis. Für Aleida Assmann. Paderborn 2007. In: H-Soz-u-Kult. Online im Internet: <http://hsozkult.geschichte.hu-berlin.de/rezensionen/2008-4-014> [Stand: 28.10.2008].
78 Lehmann: Erinnern und Vergleichen (Anm. 16), S. 21.
79 Gregor Thum: Mythische Landschaften. In: Ders. (Hg.): Traumland Osten. Deutsche Bilder vom östlichen Europa im 20. Jahrhundert. Göttingen 2006, S. 181–211, hier S. 199ff.
80 Vgl. Aleida Assmann: Der lange Schatten der Vergangenheit. Erinnerungskultur und Geschichtspolitik. Bonn 2007 (Schriftenreihe der Bundeszentrale für politische Bildung 633), S. 43: „Zwiespalt zwischen Geschichtsforschung und kollektiven Gedächtniskonstruktionen".
81 Zitiert nach Madlen Benthin: Die Vertreibung der Deutschen aus Ostmitteleuropa. Deutsche und tschechische Erinnerungskulturen im Vergleich. Hannover 2007 (Studien zur Internationalen Schulbuchforschung. Schriftenreihe des Georg-Eckert-Instituts 120), S. 42f.

lungsphasen der Erinnerungskultur von Heimatvertriebenen anhand der Institution Heimatsammlung analysiert und Parallelen, Abweichungen sowie Wechselbeziehungen im Vergleich zur bundesdeutschen Erinnerungskultur herausgearbeitet werden. Hinsichtlich des Verhältnisses zwischen bundesdeutscher und ‚heimatvertriebener' Erinnerungskultur untersuchte Manfred Kittel den Zeitraum von 1961 bis 1982. Er bezeichnet diese Phase als eine Zeit mit „komplexen Wechselbeziehungen zwischen Entspannung und Erinnerung", wobei Kittel das Verhältnis zwischen der „öffentlichen Erinnerungskultur' in der Bundesrepublik" und dem „Gruppengedächtnis der Vertriebenen"[82] als spannungsreich einschätzt. Rainer Schulze stellt anhand der Auswertung von Literatur, Erinnerungs- und Forschungsberichten fest, dass die Erinnerungen der Heimatvertriebenen und deren institutionelle Formen nur selektiv aufgenommen und später aus der allgemeinen kollektiven Erinnerung in zunehmendem Maße verdrängt wurden, während sich die Flüchtlinge und Vertriebenen zu einer in sich geschlossenen ‚Schicksalsgemeinschaft' entwickelten.[83] In diesem Kontext soll die Rolle und Funktion der Heimatsammlungen erörtert werden. Es gilt zu ermitteln, inwieweit die Heimatsammlungen außerhalb ihrer betreffenden Gemeinschaft gesellschaftlich von Bedeutung sind, somit als Kulturvermittler fungieren können und auf welche Weise die erinnerungsstiftenden Institutionen in der breiten Öffentlichkeit rezipiert werden. So bilden die Heimatstuben selbst zwar Gedächtnis- und Erinnerungsräume, es ist jedoch auch zu fragen, ob einige der Einrichtungen in ihrer Entwicklung letzten Endes nicht vielmehr zu „Fluchträumen ohne Bezug zum gesellschaftlichen Leben geraten sind".[84] Viele Sammlungen sind oftmals nur im Kontext der Vertriebenenkultur ‚lesbar' und verlieren somit zunehmend ihre ursprüngliche Aussagekraft. Andererseits stellen die Einrichtungen selbst bereits einen Teil westdeutscher Nachkriegsgeschichte dar, indem sie durch ihre Entstehung und Entwicklung einen kulturellen Aspekt der Integrationsbemühungen und der Aufnahme der Flüchtlinge und Vertriebenen in die bundesdeutsche Gesellschaft dokumentieren. Aus musealen Erinnerungs- und Begegnungsstätten werden Dokumente der Zeitgeschichte. Die Heimatsammlungen unterliegen somit einem intensiven Bedeutungswandel, dessen Analyse ebenfalls im Rahmen des Dokumentations- und Forschungsprojektes erfolgen soll.

---

82 Manfred Kittel: Vertreibung der Vertriebenen? Der historische deutsche Osten in der Erinnerungskultur der Bundesrepublik (1961–1982). München 2007 (Schriftenreihe der Vierteljahrshefte für Zeitgeschichte, Sondernummer), S. 9, 11. Die Heimatstuben werden darin kurz erwähnt. Ebd., S. 98, 143.
83 Rainer Schulze: Die deutsche Titanic und die verlorene Heimat. Flucht und Vertreibung der deutschen Bevölkerung aus Mittel-, Ost- und Südosteuropa in der deutschen kollektiven Erinnerung. In: Annali dell'Istituto storico italo-germanico in Trento [Jahrbuch des italienisch-deutschen historischen Instituts in Trient] 29 (2003), S. 577–616, hier S. 587–591.
84 Dieter Kramer: Alte Schätze und neue Weltsichten: Museen als Orientierungshilfe in der Globalisierung. Frankfurt/M. 2005, S. 164.

Józef Borzyszkowski

Geschichte und Erfolge des Kaschubischen Instituts (Instytut Kaszubski) in Danzig/Gdańsk

Bei der Herausbildung des ethnischen und nationalen Bewusstseins der Kaschuben und für die Entwicklung der kaschubisch-pommerschen Bewegung spielt in jüngster Zeit die Wissenschaft eine wichtige Rolle. Insbesondere gilt dies für Untersuchungen zur Geschichte der Kaschubei und Pommerns, aber auch zur Sprache und Kultur der „Überreste der Slawen an der Südküste des Baltischen Meeres",[1] die einst die Ostseeküste besiedelten. Seit der ersten Teilung Polens 1772 lebten die Kaschuben ausnahmslos im preußischen Staat und waren dessen Germanisierungspolitik unterworfen; ihre ethnisch-nationale Erweckung setzte mit dem Völkerfrühling 1848 ein. In diesem Zusammenhang ist Dr. Florian Ceynowa (1817–1881) von großer Bedeutung, der bald als Schöpfer des kaschubischen Regionalismus galt.[2] Seinen Manifesten, seinen literarischen und wissenschaftlichen Werken, seinen weitreichenden internationalen Fachkontakten, besonders zu slawischen, aber auch zu deutschen Gelehrten, ist es zu verdanken, dass Wissenschaftler und Politiker – nicht nur Polen – die sogenannte kaschubische Frage entdeckten.[3] Dabei ging es zunächst um die grundsätzlichen Fragen, wer die zwischen Polen und Deutschen lebenden Kaschuben eigentlich sind und welchen sprachlichen Status das Kaschubische innerhalb der slawischen Sprachen einnimmt. Ceynowa betont die ethnische Besonderheit der Kaschuben und ihre sprachliche Eigenständigkeit. Sie seien „Überreste" der Ostseeslawen; am nächsten stünden ihnen die Polen, ihre älteren Brüder. Die Polen aber seien zu sehr von ihren Adelstraditionen vereinnahmt, als dass sie die volkstümliche demokratische Weltsicht der Kaschuben verstehen könnten.[4] Ceynowas panslawische Sympathien und die zeitweiligen Hoffnungen, die er mit Russland verband, erschwerten es den polnischen Eliten, seinen Ansichten Verständnis und Akzeptanz entgegenzubringen – schließlich war Russland die wichtigste der Polen feindlich ge-

---

[1] Vgl. Alexander Hilferding: Ostatki Slavjan na južnom beregu Baltijskago Morja. Sankt-Peterburg 1856; in deutscher Übersetzung: Die Überreste der Slawen an der Südküste des Baltischen Meeres. In: Zeitschrift für slawische Literatur, Kunst und Wissenschaft, Bd. 1–2, 1864.
[2] Vgl. Andrzej Bukowski: Regionalizm kaszubski. Ruch naukowy, literacki i kulturalny [Kaschubischer Regionalismus. Eine wissenschaftliche, literarische und kulturelle Bewegung]. Poznań 1950 (Prace Instytutu Zachodniego 15).
[3] Vgl. Jan Niecisław Baudouin de Courtenay: Kurzes Resumé der „Kaschubischen Frage". In: Acta Cassubiana, Bd. 2, Gdańsk 2000, S. 233–321.
[4] Jan Karnowski: Dr Florian Ceynowa. Napisał w setną rocznicę urodzin (r. 1917) [Dr. Florian Ceynowa. Geschrieben zum 100. Geburtstag (1917)]. In: Gryf, Nr. 2–4, 1921, S. 56–62, u. Nr. 1–2, 1922, S. 9–20, 44–56; neu herausgegeben, bearbeitet und mit einem Nachwort versehen von Jerzy Treder. Gdańsk 1997.

sinnten Teilungsmächte. Dennoch erkannten spätere Generationen, dass der glühende Demokrat Ceynowa als Erwecker der Kaschuben für die gesamte slawische Welt von Bedeutung war.[5]

Ceynowas Forschungen und Aktivitäten wurden von der Bewegung der Jungkaschuben weitergeführt, die zu Beginn des 20. Jahrhunderts um Dr. Aleksander Majkowski (1876–1938) und seine seit 1908 herausgegebene Zeitschrift *Gryf – Pismo dla spraw kaszubskich* („Der Greif – Zeitschrift für kaschubische Fragen") entstand. Auf die erwähnte kaschubische Frage erwiderten sie: „Was kaschubisch ist, ist auch polnisch (co kaszubskie to polskie)." Sie dokumentierten das Kaschubische und entwickelten es weiter, wobei ihr besonderes Interesse der volkstümlichen Sprache und Kultur galt, und sie förderten die Anerkennung der Eigenständigkeit der Kaschuben in Politik und Wirtschaft. 1912 wurde in Danzig der Verein der Jungkaschuben (Towarzystwo Młodokaszubów) gegründet; bereits ein Jahr später entstand in Zoppot/Sopot das Kaschubisch-Pommersche Museum,[6] doch verhinderte der Ausbruch des Ersten Weltkriegs seinen weiteren Aufbau.

Eng mit den Jungkaschuben arbeitete der damals wichtigste Kaschubologe zusammen, Dr. Friedrich Lorentz (1870–1936), ein deutscher Sprachwissenschaftler, Historiker und Ethnologe, der 1907 den Verein für Kaschubische Volkskunde in Karthaus/Kartuzy mitgegründet hatte.[7]

Als 1920 das Siedlungsgebiet der Kaschuben unter der neu entstandenen Republik Polen, Deutschland und der Freien Stadt Danzig aufgeteilt wurde, lebte die kaschubische Bewegung im polnischen Pommern/Pomorze an mehreren Orten wieder auf. In Danzig entstand 1922, nicht zuletzt dank der Bemühungen der Jungkaschuben, die polnische Gesellschaft der Freunde der Wissenschaft und Kunst (Towarzystwo Przyjaciół Nauki i Sztuki). Sie befasste sich unter anderem mit der Erforschung kaschubischer Themen, die auch im Ostseeinstitut (Instytut Bałtycki) in Thorn/Toruń, das 1925 ins Leben gerufen wurde, eine wichtige Rolle spielten.[8]

---

5 Leon Roppel: Dr Florian Ceynowa na miarę słowiańska ... [Dr. Florian Ceynowa in seiner gesamtslawischen Bedeutung ...]. In: Klëka (1939), Nr. 1, S. 4, Nr. 2, S. 4, Nr. 3, S. 4, 10; Andrzej Bukowski: Florian Ceynowa, twórca regionalizmu kaszubskiego [Florian Ceynowa, der Schöpfer des kaschubischen Regionalismus]. Gdańsk 1947; Józef Borzyszkowski: O Florianie Ceynowie i jego biografiach [Über Florian Ceynowa und seine Biografien]. In: Zenona Rondomańska (Hg.): Nad Bałtykiem, Pregołą i Łyną XVI–XX wiek. Księga Pamiątkowa poświęcona Jubileuszowi 50-lecia pracy naukowej profesora Janusza Jasińskiego. Olsztyn 2006, S. 219–227.
6 Vgl. Jozef Borzyszkowski: Aleksander Majkowski (1876–1938). Biografia historyczna [Aleksander Majkowski (1876–1938). Historische Biografie]. Gdańsk, Wejherowo 2004.
7 Vgl. Józef Borzyszkowski: Friedrich Lorentz wśród Kaszubów między Polską a Niemcami [Friedrich Lorentz unter den Kaschuben zwischen Polen und Deutschland]. In: Róża Wosiak-Śliwa (Hg.): Nazwy i dialekty Pomorza dawniej i dziś. Bd. 3 [vollständig Lorentz gewidmet]. Gdańsk 2000 (Pomorskie studia dialektologiczno-onomastyczne 3), S. 111–123; Ders.: Dr. Friedrich Lorentz (1870–1937), Mecklenburger aus Güstrow, der hervorragendste Forscher der kaschubischen Sprache. In: Stier und Greif. Blätter zur Kultur- und Landesgeschichte in Mecklenburg-Vorpommern, Nr. 12, 2002, S. 137–142.
8 Vgl. Maria Boduszyńska-Borowikowa: Życie jak płomień. O życiu i pracach Józefa Borowika [Ein Leben wie Flammen. Zu Leben und Werk von Józef Borowik]. Gdańsk 1972; Józef Borzyszkowski: Problematyka kaszubska w publikacjach „Rocznika Gdańskiego" [Kaschubische Themen in den Veröffentlichungen des „Rocznik Gdański"]. In: Rocznik Gdański. Im Druck.

Nach dem Zweiten Weltkrieg setzten wissenschaftliche Institutionen in Polen und im Ausland (unter anderem in Berlin) diese kaschubistischen Forschungen fort. Dabei bekam Danzig eine immer größere Bedeutung: Zunächst widmeten sich besonders die Pädagogische Hochschule (Wyższa Szkoła Pedagogiczna) und die Danziger Wissenschaftliche Gesellschaft (Gdańskie Towarzystwo Naukowe) diesen Fragen. Die 1956 gegründete Kaschubische Vereinigung (Zrzeszenie Kaszubskie), seit 1964 Kaschubisch-Pommersche Vereinigung (Zrzeszenie Kaszubsko-Pomorskie), arbeitete eng mit der Wissenschaftlichen Gesellschaft zusammen, die unter anderem die Gründung einer Universität in Danzig forderte – mit Erfolg. 1970 nahm die Danziger Universität (Uniwersytet Gdański) ihre Arbeit auf; sie ist seitdem zum wichtigsten Forschungsstandort für kaschubische Themen geworden.

Bereits in den ersten Nachkriegsjahren entwickelten kaschubische Aktivisten die Idee, ein eigenständiges Kaschubisches Institut als Gesellschaft oder Forschungseinrichtung zu gründen. Ein solcher Vorschlag wurde beispielsweise im Umkreis der 1945–1947 in Neustadt in Westpreußen / Wejherowo herausgegebenen Zeitschrift *Zrzësz Kaszëbskô* („Das kaschubische Band") formuliert. In dem vierzehntäglich erscheinenden Organ der Kaschubischen Vereinigung, *Kaszëbë* („Kaschuben"), herausgegeben von jungen Aktivisten um Tadeusz Bolduan (1930–2005), wurden im folgenden Jahrzehnt die Vorstellungen zur Ausrichtung eines solchen Instituts präzisiert. Die Redakteure betonten den gesellschaftlichen Bedarf an einem Kaschubischen Institut und beschrieben seine Aufgaben:

> [Das Institut] aktiviert Personen aus den Bereichen Kultur, Gesellschaft, Bildung und Wirtschaft und versucht, sie für die theoretische schöpferische Arbeit zu gewinnen [...]; es unterstützt Lehrer beim Verfassen von Ortsmonographien, an denen sie arbeiten, und von Biografien über Menschen, die sich um die Kaschuben verdient gemacht haben [...]; es sammelt sämtliche, auch fragmentarische Arbeiten zu diesen Themen, sichtet diese und bemüht sich um eine Veröffentlichung der wichtigsten Texte [...]; es beabsichtigt als größeres Vorhaben, eine Geschichte oder Literaturgeschichte der Kaschuben zu erstellen [...]; es organisiert eine breit angelegte Bildungsarbeit in den Städten und auf dem Lande [...]; es stimmt seine Tätigkeit mit Wissenschaftlern ab, die sich mit der kaschubisch-pommerschen Thematik beschäftigen und an verschiedenen polnischen Hochschulen arbeiten.[9]

Zwar gab es weitere Vorstellungen, Visionen und Träume, doch lange Zeit, beinahe ein halbes Jahrhundert, brachte die kaschubische Gemeinschaft nicht die Kraft auf, diese zu verwirklichen. Währenddessen entwickelten sich die kaschubischen Forschungen und das kaschubisch-pommersche Wissenschaftszentrum Danzig weiter, Danziger Kaschubologen engagierten sich in der Kaschubisch-Pommerschen Vereinigung (Zrzeszenie Kaszubsko-Pomorskie) und arbeiteten mit Kollegen in Polen und ähnlichen Einrichtungen im Ausland zusammen, und so wurde allmählich der Boden für die Gründung der neuen Institution vorbereitet.

---

9 Vgl. Tadeusz Bolduan: Patrząc w przyszłość. O niektórych zamierzeniach Zrzeszenia Kaszubskiego [Blick in die Zukunft. Zu einigen Vorhaben der Kaschubischen Vereinigung]. In: Kaszëbë, Nr. 19, 1958. Zitiert nach Cezary Obracht-Prondzyński: Dziesięć lat pracy Instytutu Kaszubskiego (1996–2006) [Zehn Jahre Kaschubisches Institut (1996–2006)]. Gdańsk 2006, S. 5.

Unter den veränderten gesellschaftlichen und politischen Bedingungen der 1989/90 wiedererstandenen Republik Polen benannte der Beschluss des 13. Hauptkongresses der Delegierten der Kaschubisch-Pommerschen Vereinigung (XIII Walny Zjazd Delegatów Zrzeszenia Kaszubsko-Pomorskiego) am 2. Dezember 1995 als eine der dringendsten Aufgaben in der neuen Amtszeit „die Schaffung eines kaschubisch-pommerschen Instituts, das Wissenschaftler verschiedener Fachbereiche vereint, die in diesem Rahmen vielfältige Forschungen zur kaschubisch-pommerschen Gesellschaft durchführen".[10]

Seit Januar 1996 wurden Gespräche geführt, als deren Ergebnis eine Satzung verfasst und die Gründungssitzung des Kaschubischen Instituts als Verein mit Sitz in Danzig/Gdańsk vorbereitet wurde. Diese Sitzung fand am 20. November 1996 im Kaschubischen Haus (Dom Kaszubski) statt. Die 25 Gründungsmitglieder vertraten verschiedene Forschungseinrichtungen und wissenschaftliche Disziplinen: Józef Borzyszkowski, Historiker, Universität Danzig (Uniwersytet Gdański); Edward Breza, Sprachwissenschaftler, Universität Danzig; Hubert Bronk, Ökonom, Universität Stettin (Uniwersytet Szczeciński); Klemens Bruski, Historiker, Universität Danzig; Krystyna Dziworska, Ökonomin, Universität Danzig; Andrzej Groth, Historiker, Universität Danzig; Zbigniew Grzonka, Biochemiker, Universität Danzig; Gerard Labuda, Historiker, Posen/Poznań; Priester Wiesław Mering, Philosoph, Höheres Geistliches Seminar in Pelplin (Wyższe Seminarium Duchowne w Pelplinie), Cezary Obracht-Prondzyński, Historiker und Soziologe, Universität Danzig; Władysław Pałubicki, Soziologe und Religionswissenschaftler, Universität Danzig; Wiktor Pepliński, Historiker, Universität Danzig; Stanisław Pestka, Publizist, Danzig; Hanna Popowska-Taborska, Sprachwissenschaftlerin, Polnische Akademie der Wissenschaften in Warschau (Polska Akademia Nauk w Warszawie); Kazimierz Przybyszewski, Historiker, Nicolaus-Copernicus-Universität Thorn (Uniwersytet Mikołaja Kopernika w Toruniu); Tadeusz Sadkowski, Ethnologe, Freilichtmuseum – Kaschubischer Ethnographischer Park (Muzeum – Kaszubski Park Etnograficzny) in Sanddorf/Wdzydze; Jerzy Samp, Literaturhistoriker, Universität Danzig; Witold Stankowski, Historiker, Pädagogische Hochschule Bromberg (Wyższa Szkoła Pedagogiczna w Bydgoszczy); Priester Eugeniusz Stencel, Theologe, Höheres Geistliches Seminar in Pelplin; Brunon Synak, Soziologe, Universität Danzig; Zygmunt Szultka, Historiker, Polnische Akademie der Wissenschaften in Posen (Polska Akademia Nauk w Poznaniu); Jerzy Treder, Sprachwissenschaftler, Universität Danzig; Edmund Wittbrodt, Ingenieurwissenschaftler/Maschinenbau, Technische Hochschule Danzig (Politechnika Gdańska); Mieczysław Wojciechowski, Historiker, Nicolaus-Copernicus-Universität Thorn.[11]

Diese Wissenschaftler nahmen die in der Satzung formulierten Zielsetzungen und Aufgaben des Instituts an.

---

10 Cezary Obracht-Prondzyński: Zjednoczeni w idei. Pięćdziesiąt lat działalności Zrzeszenia Kaszubsko-Pomorskiego (1956–2006) [Vereint in der Idee. Fünfzig Jahre Kaschubisch-Pommersche Vereinigung (1956–2006)]. Gdańsk 2006, S. 433–439.
11 Obracht-Prondzyński: Dziesięć lat pracy (Anm. 9), S. 7f.

Einige Paragraphen der Satzung sollen hier vollständig angeführt werden. § 2: „Das Kaschubische Institut knüpft an die Tradition der kaschubischen und pommerschen Studien an, die an einigen wissenschaftlichen Einrichtungen und Institutionen bereits besteht, insbesondere aber an die Tätigkeit des Ostseeinstituts vor 1939." § 7: „Das Institut berücksichtigt die Bedürfnisse und Erwartungen der kaschubischen Gemeinschaft und die Tradition der kaschubischen Studien. Es organisiert Forschungsarbeiten und veröffentlicht deren Ergebnisse, fügt sich aktiv in die kaschubisch-pommersche Regionalbewegung ein und entwickelt sie weiter, vereint kaschubisch-pommersche Wissenschaftler und fördert ihre Weiterentwicklung." Womöglich noch wichtiger ist § 8:

Das Institut erfüllt seine Ziele, indem es:
– Forschungsprojekte initiiert und durchführt und die Ergebnisse veröffentlicht;
– Texte herausgibt, Vorträge organisiert, Kurse und Schulungen durchführt;
– nationale und internationale wissenschaftliche Kontakte herstellt und unterhält, insbesondere zu den Ostsee-Anrainern;
– Versammlungen, Konferenzen und Fachtagungen organisiert;
– mit anderen regionalen Organisationen und Institutionen zusammenarbeitet, insbesondere mit der Kaschubisch-Pommerschen Vereinigung (Zrzeszenie Kaszubsko-Pomorskie) und dem Museum für Kaschubisch-Pommersches Schrifttum und Musik (Muzeum Piśmiennictwa i Muzyki Kaszubsko-Pomorskiej) in Neustadt i. Wpr. / Wejherowo;
– Publikationen austauscht und eine Bibliothek einrichtet;
– Lehrpläne und Lehrbücher erarbeitet und Lehrern fachliche Unterstützung gewährt, um die Regionalbildung zu fördern;
– Gutachten und Analysen für lokale Institutionen und Organisationen erstellt;
– ein interdisziplinäres Forschungsprogramm zu kaschubischen und pommerschen Themen schafft;
– junge Wissenschaftler bei der Entwicklung ihrer fachlichen Interessen unterstützt, indem ihnen Möglichkeiten zur Veröffentlichung geboten werden und Stipendien oder Auszeichnungen zuerkannt werden;
– an Schüler an Mittelschulen [7.–9. Klasse, Anm. d. Übers.] und Gymnasien sowie an Studierende Stipendien vergibt.[12]

Die Satzung des Kaschubischen Instituts verfolgt entsprechend der damals herrschenden gesellschaftlichen Stimmung einen hohen Anspruch. Gleichzeitig spiegelt sie die Erwartungen wider, die an die Existenz eines eigenen wissenschaftlichen Gremiums geknüpft waren, das dank der 50 Jahre andauernden Bemühungen der pommerschen Bevölkerung, die eine kaschubische Identität entwickelt hatte, und unterstützt durch polnische und europäische Wissenschaftler entstanden war. Die Satzung legt in § 10 fest: „Ordentliche Mitglieder können volljährige polnische Staatsbürger oder auch Ausländer sein, die die Zielsetzungen des Instituts teilen und wissenschaft-

---

12 Vollständiger Wortlaut der Satzung ebd., S. 69–75.

lich tätig sind oder sich mit der Verbreitung der Ergebnisse wissenschaftlicher Forschungen befassen und diese Tätigkeit nachweisen."

Das Kaschubische Institut nimmt innerhalb der heutigen kaschubisch-pommerschen Bewegung einen wichtigen Platz ein. Von seiner Arbeitsweise und seinen Zielsetzungen geht eine hohe Anziehungskraft aus. Davon zeugt die Tatsache, dass es gegenwärtig 99 ordentliche Mitglieder zählt, 9 davon im Ausland. Die Ergebnisse von inzwischen 13 Jahren Institutsarbeit zeigen, dass die 1996 formulierten Ziele und Aufgaben konsequent verwirklicht werden. Folgende vorrangige Aufgaben wurden damals festgelegt:

1. Erarbeitung einer kaschubischen Geschichte und einer umfassenden wissenschaftlichen Untersuchung zum kaschubisch-pommerschen Regionalismus vor dem Hintergrund ähnlicher Bewegungen in Polen und Europa;
2. Verfassen und Veröffentlichen einer Reihe von wissenschaftlichen Biografien der wichtigsten Initiatoren der kaschubisch-pommerschen Regionalbewegung;
3. Erarbeitung und Herausgabe einer kaschubischen Bibliografie;
4. Stellungnahme zu den Gesetzentwürfen zu den nationalen und ethnischen Minderheiten (und damit Diskussion des Status der Kaschuben als ethnische Gruppe);
5. Beteiligung an der Vorbereitung von Strategien zur Regionalentwicklung in einigen Woiwodschaften;
6. Beteiligung an der Diskussion über die Reform der Verwaltungsgliederung Polens;
7. Fortsetzung und Ausbau der Forschungen zum gesellschaftlichen Profil der Kaschuben, insbesondere zum Einfluss der Systemtransformation 1989/90, einschließlich der Herausgabe einer Reihe von Darstellungen zur sozialen und ökonomischen Situation einzelner Gemeinden;
8. Vorbereitung einer Geschichte der Literatur, des Schrifttums und der Sprache der Kaschubei;
9. Herausgabe der Hauptwerke der kaschubischen Literatur in kritischer Bearbeitung;
10. Forschungen zur Geschichte pommerscher Familien;
11. Erstellen vergleichender Studien über die Kaschuben und andere ethnische Gruppen in Europa (einschließlich der Veröffentlichung von Materialien zu diesen Gruppen).

Zwei wichtige Veröffentlichungen widmen sich der ersten Aufgabe. Zunächst erschien als Ergebnis der Zusammenarbeit des Instituts mit der Academia Baltica in Lübeck und der Kaschubisch-Pommerschen Vereinigung (Zrzeszenie Kaszubsko-Pomorskie) der polnisch-deutsche Sammelband *Pomorze – Mała ojczyzna Kaszubów (Historia i współczesność) / Kaschubisch-Pommersche Heimat (Geschichte und Gegenwart)*, herausgegeben von Józef Borzyszkowski und Dietmar Albrecht, Gdańsk, Lübeck 2000. Gerard Labuda verfasste etwas später das Buch *Historia Kaszubów w dzie-*

jach Pomorza („Geschichte der Kaschuben in der Geschichte Pommerns"), Band 1: *Czasy średniowieczne* („Mittelalter"), Gdańsk 2006. Dieser Band wurde vom Kaschubischen Institut zum zehnten Jahrestag seines Bestehens herausgegeben.[13] Weitere Bände sind auf Anregung des Initiators des Reihe in Vorbereitung: Zygmunt Szultka – Neuzeit und Józef Borzyszkowski – neueste Geschichte.

Im Zusammenhang mit der zweiten Aufgabe erschienen bisher historische Biografien der drei wichtigsten Vertreter der kaschubisch-pommerschen Bewegung:

- Cezary Obracht-Prondzyński, *Jan Karnowski (1886–1939). Pisarz, polityk i kaszubsko-pomorski działacz regionalny* („Jan Karnowski [1886–1939]. Schriftsteller, Politiker und Aktivist der kaschubisch-pommerschen Regionalbewegung"), Gdańsk 1999;
- Józef Borzyszkowski, *Aleksander Majkowski (1876–1938). Biografia historyczna* („Aleksander Majkowski [1876–1938]. Historische Biografie"), Gdańsk, Wejherowo 2002, in Zusammenarbeit mit dem Museum für Kaschubisch-Pommersches Schrifttum und Musik in Neustadt i. Wpr. (Muzeum Piśmiennictwa i Muzyki Kaszubsko-Pomorskiej w Wejherowie);
- Joanna Schodzińska, *Franciszek Sędzicki (1882–1957). Działacz narodowy, regionalista i poeta kaszubski* („Franciszek Sędzicki [1882–1957]. Ein kaschubischer nationaler Aktivist, Regionalist und Dichter"), Gdańsk, Wejherowo 2003, in Zusammenarbeit mit dem Museum für Kaschubisch-Pommersches Schrifttum und Musik in Neustadt/Wejherowo.

Biografien zu Persönlichkeiten wie Florian Ceynowa, Władysław Pniewski, Józef Wrycza und Bernard Szczęsny sind in Vorbereitung. Ebenso lesenswert sind die Beiträge der biografischen Reihe *Pro memoria*, die mit *Pro memoria Róża Ostrowska (1926–1975)* begonnen wurde, zusammengestellt und bearbeitet von Józef Borzyszkowski, Gdańsk, Wejherowo 2003, in Zusammenarbeit mit dem Museum für Kaschubisch-Pommersches Schrifttum und Musik in Neustadt/Wejherowo. Die folgenden Bände befassen sich mit:

- Józef Bruski (1908–1974), Gdańsk 2003;
- Anna Łajming (1904–2003), Gdańsk 2004;
- Lech Bądkowski (1920–1984), Gdańsk 2004;
- Maria Kowalewska (1921–2004), Gdańsk 2005;
- Leonard Brzeziński (1904–1984), Gdańsk 2005;
- Józef Ceynowa (1905–1991), Gdańsk 2005;
- Tadeusz Bolduan (1930–2005), Gdańsk 2006;
- Bernard Sychta (1907–1982), Gdańsk 2007;
- Edmund Jonas (1893–1940), Gdańsk 2007;
- Feliks Marszałkowski (1917–1987), Gdańsk 2007;

---

13 Rezensionen beider Werke erschienen u. a. in den Zeitschriften *Zapiski Historyczne* und *Acta Cassubiana*.

- Józef Tischner (1931–2000), Gdańsk 2008;
- Wincenty Mazurkiewicz (1938–2004), Gdańsk 2008;
- Augustyn Szpręga (1896–1949), Gdańsk 2008.[14]

Von hohem wissenschaftlichem Anspruch sind ein Band mit biografischen Skizzen von Józef Borzyszkowski und Cezary Obracht-Prondzyński, *Ludzie Czerska i okolicy XIX i XX wieku* („Menschen aus Czersk und Umgebung im 19. und 20. Jahrhundert"), Gdańsk, Czersk 2007 sowie die ältere Untersuchung von Józef Borzyszkowski, *Kaszubsko-pomorscy duszpasterze – współtwórcy dziejów regionu* („Kaschubisch-pommersche Seelsorger und ihre Anteile an der Regionalgeschichte"), Gdańsk, Pelplin 2002.

Das dritte der genannten Ziele wurde mit einer Arbeit von Cezary Obracht-Prondzyński in Angriff genommen: *Bibliografia do studiowania spraw kaszubsko-pomorskich* („Studienbibliografie zu kaschubisch-pommerschen Themen"), Gdańsk 2004.[15] Dieses Werk nimmt eine Vorreiterrolle ein; Autor und Institut planen eine ergänzte Neuauflage.

Um die vierte Aufgabe zu verwirklichen, organisierte das Kaschubische Institut Konferenzen und erstellte Gutachten zu wichtigen Gesetzentwürfen bezüglich der nationalen und ethnischen Minderheiten in Polen. Erwähnenswert ist das Seminar *Quo vadis Cassubia?*, das am 25. Februar 2006 in Danzig stattfand und in Zusammenarbeit mit der Danziger Zweigstelle der Kaschubisch-Pommerschen Vereinigung organisiert wurde. Die Konferenz *Kim są Kaszubi? Nowe tendencje w badaniach społecznych* („Wer sind die Kaschuben? Neue Tendenzen in der Sozialforschung") in Sterbenin/Starbienino, 14.–16.9.2006, wurde gemeinsam mit der Abteilung für Sozialanthropologie am Institut für Philosophie, Soziologie und Journalismus der Universität Danzig (Zakład Antropologii Społecznej Instytutu Filozofii, Socjologii i Dziennikarstwa Uniwersytetu Gdańskiego) sowie der Kaschubischen Volkshochschule (Kaszubski Uniwersytet Ludowy) im Rahmen des Europäischen Tages des offenen Denkmals organisiert. Den Tagungsband *Kim są Kaszubi?* („Wer sind die Kaschuben?"), Gdańsk 2007, gab Cezary Obracht-Prondzyński heraus, Experte der Gemeinsamen Kommission der Regierung und der nationalen und ethnischen Minderheiten (Komisja Wspólna Rządu i Mniejszości Narodowych oraz Etnicznych).

Das Kaschubische Institut kann auf mehrere Konferenzen, Treffen und Veröffentlichungen verweisen, die in den 1990er Jahren der Erarbeitung von Strategien zur Regionalentwicklung Pommerns und von Vorschlägen zur Neugestaltung des polnischen Territorialsystems dienten. Damit bezieht es sich auf die fünfte und sechste der erwähnten Aufgaben. Außerdem beteiligten sich Cezary Obracht-Prondzyński und

---

14 Weitere Bände über Albin Makowski, Julian Rydzkowski, Stefan Bieszk und Jan Piepka sind in Vorbereitung. Vgl. Jowita Kęcińska (Hg.): Ksiądz patron Bolesław Domański (1872–1939) a tradycje Związku Polaków w Niemczech na Krajnie [Der Priester und Schutzheilige Bolesław Domański (1872–1939) und die Tradition der Vereinigung der Polen in Deutschland in der Krajna]. Gdańsk, Wielki Buczek 2004.
15 Bereits zuvor erschien der Beitrag von Maria Babnis: Kaszubi w literaturze niemieckiej [Die Kaschuben in der deutschen Literatur], in: Acta Cassubiana, Bd. 2, 2000.

Józef Borzyszkowski an regionalen und landesweiten Selbstverwaltungs- und Regierungsgremien, die zu diesen Themen eingerichtet wurden.[16] Nicht zuletzt durch den Einsatz des Kaschubischen Instituts wurden in der endgültigen Version der Entwicklungsstrategie für die Woiwodschaft Pommern/Pomorze Fragen zu Wissenschaft und Kultur berücksichtigt, die in den ersten Entwürfen vernachlässigt worden waren.[17]

Bezüglich der siebten Zielsetzung kann auf die bereits genannte Konferenz und das Buch *Kim są Kaszubi?* („Wer sind die Kaschuben?") verwiesen werden. Außerdem veröffentlichte das Institut die Arbeit von Cezary Obracht-Prondzyński, *Kaszubi dzisiaj. Kultura – język – tożsamość* („Die Kaschuben heute. Kultur – Sprache – Identität"), Gdańsk 2007, in vier sprachlichen Versionen (polnisch, kaschubisch, englisch und deutsch). Ein unverändert aktuelles Standardwerk ist Obracht-Prondzyńskis Habilitationsschrift, die unter dem Titel *Kaszubi – między dyskryminacją a regionalną podmiotowością* („Die Kaschuben – zwischen Diskriminierung und regionaler Eigenständigkeit"), Gdańsk 2002, in Zusammenarbeit mit dem Verlag der Universität Danzig (Wydawnictwo Uniwersytetu Gdańskiego) erschien.[18] Für die lokale Bevölkerung sind die Darstellungen der Dörfer, Städte und Gemeinden besonders wertvoll, die von Mitarbeitern des Kaschubischen Instituts verfasst werden und im institutseigenen oder in anderen Verlagen erscheinen und von den Selbstverwaltungen finanziert werden. Józef Borzyszkowski erstellte die Bände zu den Gemeinden Karschin/Karsin und Parchau/Parchowo, unter seiner Redaktion entstanden Sammelbände über Neustadt i. Wpr. / Wejherowo, Bruß/Brusy und Lauenburg/Lębork.[19] Im Unterschied zu ähnli-

---

16 Józef Borzyszkowski: Regionalny ruch kaszubsko-pomorski i jego działania na rzecz reformy ustroju administracyjnego kraju w latach 1989–1993 [Die kaschubisch-pommersche Regionalbewegung und ihre Aktivitäten zur Verwaltungsreform in Polen 1989–1993]. In: Marek Latoszek (Hg.): Regionalizm jako folkloryzm, ruch społeczny i formuła ideologiczno-polityczna. Gdańsk 1993, S. 197–208. Vgl. Józef Borzyszkowski, Cezary Obracht-Prondzyński: Samorządne Pomorze. Przemiany społeczności lokalnych Pomorza Gdańskiego (1989–1993) [Das selbstverwaltete Pomorze. Gesellschaftlicher Wandel in der Region Danzig (1989–1993)]. Gdańsk 1993; Józef Borzyszkowski, Stanisław Pestka, Cezary Obracht-Prondzyński (Hg.): Księga Pamiątkowa Kongresu Pomorskiego Gdańsk 1997 – Szczecin 1998 [Gedenkbuch zum Pommerschen Kongress Danzig 1997 – Stettin 1998]. Gdańsk 1999; Cezary Obracht-Prondzyński: Pomorski ruch regionalny. Szkic do portretu [Die pommersche Regionalbewegung. Porträtskizze]. Gdańsk 1999; Ders.: Ku samorządnemu Pomorzu. Szkice o kształtowaniu się ładu demokratycznego [Auf dem Weg zur Selbstverwaltung von Pommern. Skizze zur Herausbildung der demokratischen Ordnung]. Gdańsk 2002; Senator Edmund Wittbrodt: Konwent europejski [Der europäische Konvent]. Gdańsk 2005.
17 Vgl. Strategia rozwoju województwa pomorskiego [Entwicklungsstrategie der Pommerschen Woiwodschaft], Anlage zum Beschluss Nr. 587/XXXV/05 des Regionalparlaments der Pommerschen Woiwodschaft vom 18.7.2005 bezüglich der Annahme der Entwicklungsstrategie der Pommerschen Woiwodschaft.
18 Vgl. Obracht-Prondzyński: Zjednoczeni w idei (Anm. 10).
19 Józef Borzyszkowski: Tam gdzie Kaszëb początk ... Dzieje i współczesność wsi gminy Karsin [Wo die Kaschuben beginnen ... Geschichte und Gegenwart der Dörfer der Gemeinde Karschin]. Gdańsk, Karsin 2001; Ders.: Mòdrô kraina. Dzieje i współczesność gminy Parchowo [Blaues Land. Geschichte und Gegenwart der Gemeinde Parchau]. Gdańsk, Parchowo 2005; Józef Borzyszkowski (Hg.): Historia Wejherowa [Geschichte von Neustadt in Westpreußen]. Wejherowo 1998; Ders. (Hg.): Historia Brus i okolicy [Geschichte von Bruß und Umgebung]. Gdańsk, Brusy 2006; Ders. (Hg.): Historia Lęborka [Geschichte von Lauenburg i. Pom.], im Druck.

chen anderen Arbeiten finden hier soziologische, ethnologische und kulturgeschichtliche Themen sowie das Alltagsleben stärkere Berücksichtigung. Die Autoren nutzen vielfältige Quellen, auch solche, die sonst oft übergangen werden, wie private Texte und Dokumente aus Kirchengemeinden und deutschen Sammlungen.

Das Kaschubische Institut beabsichtigt, eine Geschichte der Literatur, des Schrifttums und der Sprache der Kaschubei vorzubereiten. Obwohl die geringe Anzahl kaschubischer Literaturhistoriker ein Problem darstellt, stehen dank der Institutstätigkeit interessierten Wissenschaftlern und Laien, besonders Kaschubischlehrern, wichtige Publikationen zum neuesten Forschungsstand zur Verfügung. An erster Stelle steht hier die Arbeit von Józef Borzyszkowski, Jan Mordawski und Jerzy Treder *Historia, geografia, język i piśmiennictwo Kaszubów. Historia, geògrafia, jãzëk i pismienizna Kaszëbów* („Geschichte, Geografie, Sprache und Schrifttum der Kaschuben"), Gdańsk/Gdunsk 1999, veröffentlicht unter Beteiligung des Kaschubischen Instituts im Verlag Marek Rożak. Innovativ ist die Zweisprachigkeit dieses Buchs – polnisch und kaschubisch. Den Teil zur kaschubischen Literatur- und Sprachgeschichte verfasste der hervorragende Sprachwissenschaftler Jerzy Treder.

Mehrere Tagungsbände erschienen in Zusammenhang mit der achten Aufgabe:

- *Literatura kaszubska – książka, twórca i biblioteka* („Kaschubische Literatur – Buch, Autor und Bibliothek"), herausgegeben von Józef Borzyszkowski, Gdańsk 2000;
- *O życiu i twórczości Hieronima Derdowskiego (1852–1902)* („Leben und Werk von Hieronim Derdowski [1852–1902]"), herausgegeben von Józef Borzyszkowski, Gdańsk, Wejherowo 2004;
- *Leon Heyke – Świętopełk literatury kaszubskiej* („Leon Heyke – der Świętopełk der kaschubischen Literatur"), herausgegeben von Jowita Kęcińska, Gdańsk, Wejherowo 2007.[20]

Drei Werke müssen in diesem Zusammenhang besonders hervorgehoben werden:

- Jowita Kęcińska, *Geografia życia literackiego polskiego i kaszubskiego kręgu kulturowego na Pomorzu Nadwiślańskim w latach 1772–1920* („Geografie des literarischen Lebens des polnischen und kaschubischen Kulturkreises in Pommerellen 1772–1920"), Słupsk, Gdańsk 2003;
- Hanna Popowska-Taborska, *Szkice z Kaszubszczyzny. Dzieje badań – dzieje języka – zabytki – etymologia* („Skizzen zum Kaschubischen. Forschungsgeschichte – Sprachgeschichte – Denkmale – Etymologie"), Gdańsk 2006;
- *Literatura kaszubska w nauce – edukacji – życiu publicznym* („Kaschubische Literatur in Wissenschaft – Erziehung – öffentlichem Leben"), herausgegeben von Zbigniew Zielonka, Gdańsk 2007.[21]

---

20 Besonders wertvoll sind die linguistischen Beiträge zur kaschubischen Literatursprache der jeweiligen Autoren, meist verfasst von Jerzy Treder. – Świętopełk ist ein pommerscher Fürst (Anm. d. Übers.).
21 Das Buch umfasst folgende Aufsätze: Zbigniew Zielonka: Wstęp – To tylko próby (poważne, a

Innerhalb des Verlagsprogramms des Instituts stellt die von Zbigniew Zielonka initiierte Reihe *Biblioteka Pisarzy Kaszubskich* („Bibliothek kaschubischer Schriftsteller") ein Novum dar. Sie folgt dem Vorbild der ausgezeichneten *Biblioteka Narodowa* („Nationalbibliothek") des Verlags des Breslauer Ossolinski-Nationalinstituts (Wydawnictwo Zakładu Narodowego im. Ossolińskich we Wrocławiu) und erscheint aufgrund des vor allem organisatorischen Engagements von Cezary Obracht-Prondzyński, Jerzy Treder und Józef Borzyszkowski. Diese Reihe umfasst bisher folgende Werke der klassischen kaschubischen Literatur in originaler und heutiger Schreibweise in wissenschaftlicher Bearbeitung:

– Florian S. Ceynowa, *Rozmòwa Pòlôcha z Kaszëbą. Rozmowa Kaszëbë z Polôcha* („Gespräch eines Polen mit einem Kaschuben. Gespräch eines Kaschuben mit einem Polen"), bearbeitet, mit einer Einführung und Anmerkungen versehen von Jerzy Treder, Gdańsk 2007;
– Hieronim Jarosz Derdowski, *O panu Czôrlińsczim, co do Pucka po sécë jachôł. Zełgôł dlô swoich druchów kaszubsczich Jarosz Derdowski* („Über Herrn Czorlinski, der nach Putzig fuhr, um Netze zu kaufen. Erlogen für seine kaschubischen

---

niekiedy odważne) odpowiedzi o miejscu literatury kaszubskiej A. D. 2007 [Einleitung – Versuche (ernsthaft, manchmal mutig) zum Platz der kaschubischen Literatur A. D. 2007]; Jerzy Samp: Zasadnicze dokonania i postulaty badawcze w literaturoznawstwie kaszubskim [Wichtige Erfolge und Forschungsdesiderate zur kaschubischen Literaturwissenschaft]; Adela Kuik-Kalinowska: Literatura kaszubska a strategie badawcze [Kaschubische Literatur und Forschungsstrategien]; Ewa Grucza: Literackie teksty kaszubskie i nauka kaszubszczyzny w szkołach podstawowych. Oczekiwania – programy – praktyka dydaktyczna [Kaschubische literarische Texte und Kaschubischunterricht an Grundschulen. Erwartungen – Lehrpläne – didaktische Praxis]; Felicja Baska-Borzyszkowska: Kaszëbskô literatura w naùczanim strzédny szkòłë na spòdlim Kaszëbsczégò Liceùm Òglowòsztôłcącégo w Brusach [Kaschubische Literatur im Schulunterricht am Beispiel des Kaschubischen Allgemeinbildenden Gymnasiums in Bruß]; Jowita Kęcińska: Nauka o literaturze kaszubskiej w wyższych uczelniach Pomorza (na przykładzie Akademii Pomorskiej w Słupsku) [Kaschubische Literaturwissenschaft an pommerschen Hochschulen (am Beispiel der Pommerschen Akademie in Stolp)]; Tadeusz Linkner: Kaszubskie „lektury obowiązkowe" w szkołach (postulaty) [Kaschubische „Pflichtlektüre" in Schulen (Forderungen)]; Monika Mazurek: Język kaszubski w komunikowaniu się i opiniach Kaszubów (świadectwa badań socjologicznych) [Das Kaschubische in der Kommunikation und der Meinung von Kaschuben (Zeugnisse soziologischer Untersuchungen)]; Józef Borzyszkowski: Ruch kaszubsko-pomorski a rozwój literatury kaszubskiej [Die kaschubisch-pommersche Bewegung und die Entwicklung der kaschubischen Literatur]; Daniel Kalinowski: Dramaturgia kaszubska. Pytania o kondycję i perspektywy [Kaschubische Dramaturgie. Fragen zum Zustand und Perspektiven]; Zbigniew Zielonka: Status literatury kaszubskiej i jej twórców w życiu publicznym [Zum Stand der kaschubischen Literatur und ihrer Autoren im öffentlichen Leben]; Cezary Obracht-Prondzyński: W stronę socjologii i antropologii literatury kaszubskiej [Auf dem Weg zu einer Soziologie und Anthropologie der kaschubischen Literatur]; Elżbieta Bugajna: Literatura kaszubska a teologia [Kaschubische Literatur und Theologie]; Maria Pająkowska-Kensik: Literatura kaszubska w nauce, edukacji i życiu publicznym (głos w dyskusji) [Kaschubische Literatur in Wissenschaft, Unterricht und öffentlichem Leben (Diskussionsbeitrag)]; Michał Kargul: Konferencja „Literatura kaszubska w nauce – edukacji – życiu publicznym", Starbienino 5–7 września 2007 rok [Die Tagung „Kaschubische Literatur in Wissenschaft, Unterricht und öffentlichem Leben", Sterbenin, 5.–7. September 2007].

Freunde von Jarosz Derdowski"), bearbeitet von Jerzy Samp, Jerzy Treder und Eugeniusz Gołąbek, Gdańsk 2007;
- Bernard Sychta, *Dramaty* („Dramen"), Band 1: *Dramaty obyczajowe* („Gesellschaftsdramen"), bearbeitet, mit einer Einführung und Anmerkungen versehen von Jerzy Treder und Jan Walkusz, Gdańsk 2008.

Weitere Bücher, darunter wahre Meisterwerke, sind in Vorbereitung. Auf diese Weise widmet sich das Kaschubische Institut der neunten Aufgabe seiner Satzung, der Neuedition der wichtigsten Werke der kaschubischen Literatur in kritischer Bearbeitung. Nicht weniger wichtig ist die Veröffentlichung von Übersetzungen von Klassikern der kaschubischen Literatur. Dank der guten Zusammenarbeit mit Blanche Krbechek, der Vorsitzenden der Kashubian Association of North America und Chefredakteurin von *Przyjaciel Ludu Kaszubskiego – Friend of the Kashubian People*, erschien Hieronim Derdowskis Epos *Kaszubë pod Widnem – Kaszubes at Vienna: for the 200th anniversary of the liberation of Germans and Christianity from the Turkish Yoke in AD 1683* in der englischen Übersetzung von Blanche Krbechek und Stanisław Frymark, Gdańsk 2007. Aleksander Majkowskis Roman *Żëcé i przigodë Remusa* übersetzten Blanche Krbechek und Katarzyna Gawlik-Luiken: *Life and Adventures of Remus*, Gdańsk 2008.[22]

Das Kaschubische Institut fördert und veröffentlicht auch Werke zeitgenössischer, nicht nur kaschubischsprachiger Schriftsteller. So gab es die Gedichte des großen kaschubischen Dichters und Schriftstellers Jan Piepka (1926–2000)[23] und zwei Meisterwerke kaschubischer Prosa heraus: Bolesław Jażdżewski, *Jarmark w Bòrzëszkach* („Jahrmarkt in Bòrzëszki"), Gdańsk 2003, und Henryk Dawidowski, *Z Kaszëbama ò Kaszëbach* („Mit Kaschuben über die Kaschubei"), Gdańsk 2007.[24] Das Institut veröffentlichte Gedichtbände in polnischer Sprache, Debütwerke von Autoren, die mit der kaschubisch-pommerschen Kultur verbunden sind, und den ersten Roman der Tucheler Heide / Bory Tucholskie.[25] Aus besonderen Anlässen erschienen zwei Gedichtanthologien: Den Band *Pomorze i morze w poezji* („Pommern und das Meer

---

22 Jeweils mit Vor- bzw. Nachwort von Józef Borzyszkowski.
23 Jan Piepka: Krzyk ptaków [Schrei der Vögel]. Gdańsk 2000; Ders.: Spiéwa i lza [Gesang und Tränen]. Gdańsk 2002.
24 Der erste Band wurde von Eugeniusz Gołąbek, der zweite von Jerzy Treder zum Druck vorbereitet.
25 Gedichtbände: Beata Kaczyńska-Zabrocka [aus Karschin/Karsin]: Stoki marzeń [Traumböschungen]. Gdańsk 2007; Gabriela Szubstarska [aus Danzig]: Na przekór [...] [Zum Trotz ...]. Gdańsk 2006; Dies.: Wierzyłam w milczenie [Ich glaubte an das Schweigen]. Gdańsk 2007; Dagmara Sochacka-Kirchner [aus Hamtramck (USA)]: W języku motyli & ciem [In der Sprache der Schmetterlinge & Nachtfalter]. Gdańsk 2007; Romane: Jerzy Affeltowicz: Gdy napisy w kamieniu porosną mchem. Z życia w Borach w XIX wieku [Wenn sich die Schriften auf dem Stein mit Moos bedecken. Vom Leben in der Tucheler Heide im 19. Jahrhundert]. Gdańsk 2004; Jan Drzeżdżon: Michał Drzymała albo tragedia narodowa [Michał Drzymała oder die nationale Tragödie]. Miasteczko Krajeńskie, Gdańsk 2007; Konrad Kaczmarek: Stolemowe znamię [Das Zeichen des Riesen]. Dzierżążenko, Gdańsk, Wielki Buczek 2008. Außergewöhnlich ist der Band mit Predigten in kaschubischer Sprache: Priester Marian Miotk: Sëw Bòżëgò Słowa na niwie kaszëbsczich serc [Gottes Wort in den Gefilden der kaschubischen Herzen säen]. Gdańsk 2008.

in der Dichtung"), Gdańsk 1998, stellten Barbara Arsoba und Józef Borzyszkowski im Anschluss an den Pommerschen Kongress (Kongres Pomorski) in Stettin/Szczecin zusammen. Er umfasst Gedichte kaschubischer, polnischer und deutscher Autoren und erschien in Zusammenarbeit mit der Pommerschen Bibliothek in Stettin (Książnicą Pomorską w Szczecinie). Die zweite Anthologie, *Splitter von slawische Gedichte* [sic]. *Okruchy poezji słowiańskiej*, bearbeitet von Józef Borzyszkowski, Gdańsk 2000, stellt Gedichte von Autoren slawischer Minderheiten vor, die in der Föderalistischen Union Europäischer Volksgruppen vertreten sind. Das Buch wurde anlässlich des 50-jährigen Bestehens der Union herausgegeben und ist unter anderem ihrem 2008 verstorbenen Generalsekretär Armin Nikelsen gewidmet.

Im Verlagshaus des Kaschubischen Instituts erscheinen nicht nur Werke zu kaschubischen Themen, sondern auch zu anderen Landschaften der Region Pommern/Pomorze, die an die Kaschubei angrenzen, wie Kotzewie/Kociewie, Krajna und Tucheler Heide / Bory Tucholskie. Diese Vielseitigkeit verdeutlicht den offenen Charakter des Instituts und entspricht dem Engagement und der Zukunftsvision vieler Kaschuben. Innerhalb der kaschubischen Regionalbewegung identifizieren sich die meisten mit der kaschubisch-pommerschen Strömung, die sich in jüngster Zeit weiter differenzierte.

Das Institut fördert die Erforschung der kaschubischen und pommerschen Geschichte und Literatur und gibt daher Werke der Erinnerungsliteratur von Kaschuben und Pommern heraus. Dazu gehören Tagebücher und Memoiren von Angehörigen der verschiedenen Nationen und Kulturen, die auf kaschubisch-pommerschem Gebiet lebten und ihre Texte in einer der drei Sprachen dieser Gegend verfassten – auf Kaschubisch, Polnisch oder Deutsch. In kaschubischer Sprache entstanden Bolesław Jażdżewskis Erinnerungen an die Jahre der sozialistischen Volksrepublik *Wspomnienia kaszubskiego gbura* („Erinnerungen eines kaschubischen Großbauern"), Teil 3, Gdańsk 1999 (die ersten beiden Teile auf Polnisch). Bronisław Brandt schrieb auf Polnisch *Moja saga wojenna 1939–1947* („Meine Kriegssaga 1939–1947"), Gdańsk 1999, ebenso wie Jan Wojciechowski *W pomorskich lasach. Wspomnienia leśniczego – myśliwego* („In pommerschen Wäldern. Erinnerungen eines Försters und Jägers"), Gdańsk 1999, und Józef Pozorski *Pasje przyrodnika. Wspomnienia* („Leidenschaften eines Naturforschers. Erinnerungen"), bearbeitet von Barbara Arsoba, Gdańsk 2002. Ebenso entstanden in polnischer Sprache Paweł Naczyks *Dziennik wojenny 1940–1947* („Kriegstagebuch 1940–1947"), bearbeitet von Zygmunt Szultka, Gdańsk 2005, sowie *Pomorski los. Opowieść Heleny Pluty z Nowych Prus* („Pommersches Schicksal. Die Geschichte von Helena Pluta aus Neu-Prussy"), bearbeitet und kommentiert von Cezary Obracht-Prondzyński, Gdańsk, Nowe Prusy 2007.[26] In deutscher Sprache verfasste die gebürtige Danzigerin Marianne Wannow, die spätere erste Generalkonsulin der Bundesrepublik Deutschland in Danzig, ihre kaschubischen Gedanken und Erinnerungen; Else Pintus, eine Jüdin aus Chmielno/

---

26 Weitere Werke wurden vorgeschlagen, konnten aber aus meist finanziellen Gründen nicht veröffentlicht werden.

Chmelno, beschrieb auf Deutsch ihre Erlebnisse aus der Kriegszeit. Beide Bücher erschienen gleichzeitig auf Deutsch und in polnischer Übersetzung.[27]

Diese Tagebücher und Memoiren erinnern an die zehnte Zielsetzung, Forschungen zur Geschichte pommerscher Familien durchzuführen. Das Institut widmet sich dieser Aufgabe, indem es sich an der Ausrichtung mehrerer wissenschaftlicher Seminare und familiengeschichtlicher Tagungen beteiligte. Deren Ergebnis sind unter anderem sieben Bände einer „Familienreihe": *Borzyszkowy i Borzyszkowscy. Studia i materiały do dziejów wsi i rodziny* („Borczyskowo und die Familie Borzyszkowski. Studien und Materialien zur Geschichte des Dorfs und der Familie"), zusammengetragen und bearbeitet von Józef Borzyszkowski, zuletzt Band 7, Gdańsk 2004. Mit dem Buch *Nasze korzenie. Wokół poszukiwań genologicznych rodzin pomorskich* („Unsere Wurzeln. Über genealogische Forschungen zu pommerschen Familien"), herausgegeben von Józef Borzyszkowski und Cezary Obracht-Prondzyński, Gdańsk 2006, wurde eine weitere Reihe eingeleitet, deren zweiter Band, herausgegeben von Józef Borzyszkowski und Tomasz Rembalski, 2009 erscheinen soll.

Hinter allen diesen Titeln stehen die oft turbulenten und zuweilen tragischen Schicksale der Autoren und Familien, aber auch der Herausgeber. Ein erfreulicher Begleitumstand ist die meist einvernehmliche und angenehme Zusammenarbeit mit den Autoren und Erben, mit polnischen und deutschen Partnern.

Im Rahmen der deutsch-polnischen Zusammenarbeit und Partnerschaft wurden unter Beteiligung des Kaschubischen Instituts mehrere Tagungen veranstaltet und Bücher veröffentlicht. Dabei spielt die Auseinandersetzung mit der kaschubischen und pommerschen Geschichte und Kultur im Zusammenhang mit historisch-ethnografischen Forschungen eine wichtige Rolle. Außer den bereits erwähnten Schriften erschienen:

– *Chrześcijaństwo na Pomorzu w X–XX wieku* („Christentum in Pommern im 10.–20. Jahrhundert"), herausgegeben von Józef Borzyszkowski, Gdańsk, Słupsk 2001, in Zusammenarbeit mit dem Mittelpommerschen Museum in Stolp (Muzeum Pomorza Środkowego w Słupsku);
– *Życie codzienne na Kaszubach i Pomorzu na przełomie XIX i XX wieku* („Alltagsleben in der Kaschubei und in Pommern um 1900"), herausgegeben von Józef Borzyszkowski, Gdańsk 2002, in Zusammenarbeit mit dem Herder-Institut in Marburg;[28]

---

27 Marianne Wannow: Kaszubi. Die Kaschuben. Übersetzung: Miłosława Borzyszkowska-Szewczyk, Hanna Nogossek. Einleitung: Józef Borzyszkowski. Gdańsk 1999; Else/Elżbieta Pintus: Moje prawdziwe przeżycia. Meine wahren Erlebnisse. Bearbeitung: Józef Borzyszkowski, Übersetzung: Miłosława Borzyszkowska-Szewczyk. Gdańsk 2005. In Vorbereitung sind die Erinnerungen aus der Nachkriegszeit von Pfarrer Paul Hermann aus Elbing/Elbląg, Übersetzung und Bearbeitung: Priester Mieczysław Józefczyk; die Unterstützung durch die Stiftung für deutsch-polnische Zusammenarbeit ermöglichte diese und weitere Veröffentlichungen.

28 Stipendien des Herder-Instituts ermöglichten einigen Mitarbeitern des Kaschubischen Instituts Recherchen in der Marburger Bibliothek und dem Institutsarchiv.

- *VIII Konferencja Kaszubsko-Pomorska: Muzea pomorskie – twórcy, zbiory i funkcje kulturowe* („8. Kaschubisch-Pommersche Tagung: Pommersche Museen – Schöpfer, Sammlungen und kulturelle Funktionen"), herausgegeben von Cezary Obracht-Prondzyński, Słupsk, Gdańsk 2005, in Zusammenarbeit mit dem Mittelpommerschen Museum in Stolp/Słupsk;
- *IX Konferencja Kaszubsko-Pomorska: W kręgu badaczy kultury Kaszub i Pomorza XIX i XX wieku* („9. Kaschubisch-Pommersche Tagung: Im Umkreis der Erforscher der kaschubischen und pommerschen Kultur im 19. und 20. Jahrhundert"), herausgegeben von Józef Borzyszkowski, Słupsk, Gdańsk 2008, in Zusammenarbeit mit dem Mittelpommerschen Museum in Stolp/Słupsk;
- *Odczytując mowę kamieni. Śladami żydowskimi po Kaszubach* („Die Sprache der Steine lesen. Jüdische Spuren in der Kaschubei"), Historische Werkstatt, organisiert in Zusammenarbeit mit der Academia Baltica (Lübeck), Sommer 2006. Einen Band mit von den Teilnehmern erarbeiteten Materialien erstellten und bearbeiteten Miłosława Borzyszkowska-Szewczyk und Christian Pletzing, Gdańsk, Lübeck 2009.

Neben den erwähnten Forschungsvorhaben, Veröffentlichungen und Tagungen[29] soll ein weiterer Aspekt unserer Arbeit hervorgehoben werden: Zahlreiche Institutsmitglieder engagieren sich individuell oder in Vereinigungen, um die Entwicklung der Regionalbildung in der Kaschubei und der Landschaft Kotzewie zu fördern. Eine umfassende Beschreibung dieser Aktivitäten bedarf einer gesonderten Abhandlung. So konnte die Kaschubische Stipendien-Stiftung „Kazimierz Sikorski" (Kaszubski Fundusz Stypendialny im. Kazimierza Sikorskiego) in den Jahren 2000–2002 kaschubische Schüler und Studierende finanziell unterstützen. Der Sozialrat der Stiftung vertrat das Kaschubische Institut. Leider musste diese Tätigkeit eingestellt werden, da der Hauptsponsor, der Unternehmer Władysław Brzozowski, in finanzielle Schwierigkeiten geraten war und keine weiteren Förderer gewonnen werden konnten.

Zuweilen werden auch Ausstellungen mit Werken hervorragender Künstler organisiert, die mit dem Kaschubischen Institut in Verbindung stehen, so z. B. des Grafikers Ryszard Stryjec (1932–1997) in Danzig, Lauenburg/Lębork, Bütow/Bytów und Düsseldorf oder des Bildhauers und Malers Bronisław „Buni" Tusk (1935–2000).[30]

---

29 Eine vollständige Auflistung der Konferenzen, Veröffentlichungen, Treffen, Diskussionen, Buchvorstellungen, Ausstellungen und Gedenkveranstaltungen aus dem ersten Jahrzehnt der Institutstätigkeit findet sich in C. Obracht-Prondzyński: Dziesięć lat pracy (Anm. 9), S. 13–53. Arbeitsberichte späterer Jahre werden regelmäßig im Jahrbuch *Acta Cassubiana* veröffentlicht.

30 Die aufwändigste Ausstellung entstand in Zusammenarbeit mit dem Museum in Neustadt in Westpreußen und der Kaschubisch-Pommerschen Vereinigung (Zrzeszenie Kaszubsko-Pomorskie): Ruch kaszubsko-pomorski w XIX–XXI wieku. W pięćdziesięciolecie upowszechniania kultury Kaszub i Pomorza przez Zrzeszenie Kaszubsko-Pomorskie [Die Kaschubisch-Pommersche Bewegung im 19.–21. Jahrhundert. Zum 50. Jahrestag der Verbreitung der Kultur der Kaschubei und Pommerns durch die Kaschubisch-Pommersche Vereinigung], 2006. Das Programm erstellte Cezary Obracht-Prondzyński; Kustorin war Janina Kurowska.

Beiden wurden Gedenktafeln an den Häusern in Danzig gewidmet, in denen sie ihre Ateliers hatten. In Sanddorf/Wdzydze wurde ein Obelisk für die „aus Wilna/Vilnius stammende Kaschubin" Róża Ostrowska enthüllt. Ähnliche Denkmale entstanden zu Ehren von Józef Ceynowa in Czersk und Polzin/Połczyno und für die Schriftstellerin Anna Łajming in Zwangshof/Przymuszewo. Auch die Verlagstätigkeit des Instituts ist teilweise mit den schönen Künsten verbunden. So entstanden zwei Bildbände in Zusammenarbeit zwischen Józef Borzyszkowski und Fotografen: *Boże Męki. Krzyże i kapliczki przydrożne na Kaszubach* („Das Leiden Gottes. Wegkreuze und -kapellen in der Kaschubei"), Fotos: Alfons Klejna, Gdańsk, Pelplin 2004, in Kooperation mit WDP „Bernadinum", und *Kaszuby – ziemia i ludzie* („Die Kaschubei – Land und Menschen"), Fotos: Kazimierz Rolbiecki, Gdańsk 2007.

Eine besondere Visitenkarte des Kaschubischen Instituts ist seine seit 1999 herausgegebene Fachzeitschrift, das Jahrbuch *Acta Cassubiana*. Bereits 1997 wurde über ihr Erscheinen und den Titel entschieden; die Redaktion sollte aus dem jeweils für drei Jahre gewählten Vorstand des Instituts bestehen, geleitet vom Vorsitzenden (bis heute Józef Borzyszkowski) und dem Sekretär (Cezary Obracht-Prondzyński). Gleichzeitig wurde das Profil der Zeitschrift festgelegt: Sie sollte interdisziplinär angelegt sein und Texte in drei Sprachen veröffentlichen (polnisch, kaschubisch, deutsch), wobei die Herausforderung, wissenschaftliche Texte in kaschubischer Sprache zu veröffentlichen, ausdrücklich angenommen wurde. Nach einjähriger Arbeit erschien der erste Band, dessen Gliederung bis heute beibehalten wurde: „Studien und Materialien", „Pommersche Synthesen und wissenschaftliche Betrachtungen", „Quellen", „Rezensionen und Besprechungen", „Wissenschaftliche Chronik" und „Zum Gedenken". Der Inhalt der bisherigen zehn Bände der *Acta Cassubiana* soll an anderer Stelle gesondert vorgestellt und analysiert werden. Zu den Autoren zählen die besten Wissenschaftler, die zur kaschubischen und pommerschen Geschichte und Kultur forschen, aber auch junge Historiker, Volkskundler, Sprach- und Literaturwissenschaftler; einige schreiben in kaschubischer Sprache. Seltener werden Aufsätze von Wirtschafts- und Politikwissenschaftlern veröffentlicht. Neben den Texten polnischer Autoren erscheinen Texte von Wissenschaftlern aus Deutschland, so des Sorben Merčin Völkel, des Berliner Linguisten Friedhelm Hinze, der in der Tradition von Friedrich Lorentz steht, aber auch Arbeiten von Benno Pubanz aus Güstrow, der Geburtsstadt von Lorentz, des Dresdener Sorabisten Tadeusz Derlatka und des in Berlin und Warschau/Warszawa tätigen Historikers Roland Borchers. Die Redaktion berücksichtigt gerne Aufsätze der hervorragenden kaschubischen Sprachwissenschaftler vom Institut für Slawistik der Polnischen Akademie der Wissenschaften (Instytut Slawistyki Polskiej Akademii Nauk) und der Mitarbeiter der Abteilung für Pommersche Geschichte am Historischen Institut der Akademie der Wissenschaften (Zakład Historii Pomorza Instytutu Historii Polskiej Akademii Nauk), die in Posen/Poznań, Thorn/Toruń, Stettin/Szczecin und Danzig/Gdańsk tätig sind. Besonders lesenswert sind die Beiträge der Rubrik „Pommersche Synthesen und wissenschaftliche Betrachtungen", zu deren Verfassern Gerard Labuda, Stanisław Salmonowicz, Kazimierz Nowosielski, Bogdan Wachowiak, Zbigniew Zielonka, Hanna Popowska-Taborska, Jerzy Kmieciński und

Roman Wapiński zählen.[31] Eine wichtige Besonderheit des Jahrbuchs sind die zahlreichen Quellentexte und die ausführlichen Verlagsmitteilungen in der Rubrik „Rezensionen und Besprechungen", die Cezary Obracht-Prondzyński betreut. Nicht zuletzt erscheinen in den *Acta Cassubiana* Texte junger Wissenschaftler, oft Doktoranden der Universität Danzig, deren wissenschaftliche Karriere durch diese Publikationsmöglichkeit – dank neuer fachübergreifender nationaler und internationaler Kontakte – gefördert wird.

Zu Recht wird bisweilen festgestellt, dass die Erfolge des Kaschubischen Instituts, die auf das Engagement eines kleinen festen Personenkreises zurückgehen, sehr weit reichen, besonders im Vergleich zu etablierten Wissenschaftsgesellschaften oder professionellen Instituten wie dem Schlesischen Institut in Oppeln (Instytut Śląski w Opolu) oder dem Wojciech-Kętrzyński-Forschungszentrum in Allenstein (Ośrodek Badań Naukowych im. Wojciecha Kętrzyńskiego w Olsztynie). Noch beeindruckender erscheinen die Ergebnisse seiner Tätigkeit angesichts seiner Arbeitsbedingungen.

Wie bereits erwähnt, entstand das Institut auf Beschluss des Hauptkongresses der Delegierten der Kaschubisch-Pommerschen Vereinigung aus dem Jahr 1995. Die damalige Leitung der Vereinigung überließ dem Kaschubischen Institut unentgeltlich zwei Büroräume im Kaschubischen Haus (Dom Kaszubski). Die vorherige Nutzung der Räume – Vereinsbibliothek und Sitz des Vereins für den Wiederaufbau der gotischen St.-Johannes-Kirche (Stowarzyszenie Odbudowy Gotyckiego Kościoła św. Jana) – blieb bestehen, wobei der St.-Johannes-Verein 2005 seine Tätigkeit einstellte. Die Mitarbeiter und Mitglieder des Instituts können außerdem kostenfrei Sitzungsräume, Küche und Sanitärräume nutzen. Das Institut führt und erweitert dafür die Bibliothek des Kaschubischen Hauses und stellt seine Bürotechnik den Mitarbeitern der Kaschubisch-Pommerschen Vereinigung und der Redaktion der *Pomerania* zur Verfügung. Beide Institutionen beschlossen, gemeinsame Publikationen herauszugeben[32] und inhaltlich zusammenzuarbeiten, so bei der Entwicklung internationaler Kontakte und dem Zusammengehen mit der katholischen Kirche.

Bis heute befindet sich der Sitz des Instituts im Kaschubischen Haus. Die Zusammenarbeit mit der Kaschubisch-Pommerschen Vereinigung entwickelt sich weiter, wenn auch nicht immer wie gewünscht. Erfreulich gestaltet sich die Kooperation mit vielen Kommunalgruppen und der hauptstädtischen Danziger Gruppe. Der Satzung des Instituts entsprechend ist die Zusammenarbeit mit der Vereinigung, wie auch mit dem Museum für Kaschubisch-Pommersches Schrifttum und Musik in Neustadt/Wejherowo von großer Wichtigkeit. Während sich die Kaschubisch-Pommer-

---

31 Vollständige Inhaltsverzeichnisse der ersten 8 Bände bei Obracht-Prondzyński: Dziesięć lat pracy (Anm. 9), S. 29–38.

32 Spätere Leitungen der Kaschubisch-Pommerschen Vereinigung (Zrzeszenie Kaszubsko-Pomorskie) entzogen sich diesen und weiteren Verpflichtungen wieder, so deckte die Vereinigung z. B. nicht mehr einen Teil der Verwaltungskosten des Kaschubischen Instituts. Seit einigen Jahren übernehmen junge Praktikanten einen Großteil des Tagesgeschäfts im Institutsbüro, die auf Antrag des Vorstands vom Kreisarbeitsamt (Powiatowy Urząd Pracy) zu uns geschickt werden. Das Kaschubische Institut trägt dazu bei, dass alle bald nach dem Praktikum eine in der Regel befriedigende Arbeit finden.

sche Vereinigung seit Jahren hauptsächlich auf kaschubische Themen konzentriert, befasst sich das Kaschubische Institut, wie erwähnt, auch mit anderen regionalen Gemeinschaften in Pommern, besonders mit den Landschaften Krajna, Kotzewie/Kociewie und Tucheler Heide / Bory Tucholskie. Da nur die Büroräume des Vorstands gesichert sind, muss sich das Institut um laufende Mittel zur Unterhaltung dieses Büros und zur Gewährleistung der inhaltlichen Arbeit selbst bemühen. Dabei fällt vor allem seine Verlagstätigkeit ins Gewicht, die hohe Aufwendungen erfordert. Eine Grundfinanzierung sichern die Mitgliedsbeiträge; für konkrete Vorhaben stellen Einzelpersonen oder Institutionen Gelder zur Verfügung, z. B. die Selbstverwaltungen der Gemeinden, Städte und der pommerschen Woiwodschaft, das Ministerium für Kultur und Nationalerbe (Ministerstwo Kultury i Dziedzictwa Narodowego) und das Ministerium für Inneres und Verwaltung (Ministerstwo Spraw Wewnętrznych i Administracji). Diese Ministerien finanzieren seit 2005 Aktivitäten für den Erhalt und die Entwicklung der Minderheiten- und Regionalsprachen. Inzwischen gilt das Kaschubische kraft eines Gesetzes als eine solche. Bedeutsam sind auch die Mittel, die für einige Verlagsprojekte von der Stiftung für deutsch-polnische Zusammenarbeit in Warschau zur Verfügung gestellt wurden. Die Hermann-Niermann-Stiftung in Düsseldorf finanzierte unter anderem das Computerzubehör des Instituts und den größten Teil der Renovierung und Ausstattung von Einrichtungen, die eng mit dem Institut zusammenarbeiten: des Museums in Neustadt/Wejherowo und der Kaschubischen Volkshochschule (Kaszubski Uniwersytet Ludowy) am Turmberg/Wieżyca und in Sterbenin/Starbienino.

Das Kaschubische Institut arbeitet in unterschiedlicher Intensität mit zahlreichen polnischen und internationalen wissenschaftlichen Institutionen, Museen, Bibliotheken und Regionalorganisationen zusammen. Anlässlich seines zehnjährigen Bestehens wurde ein Verzeichnis der Kooperationspartner erstellt, es umfasst über 70 polnische und 23 internationale Einrichtungen.[33] Bei den internationalen Kontakten steht an erster Stelle die Zusammenarbeit mit der bereits erwähnten Academia Baltica. Daneben liegt uns besonders die Kooperation mit dem Sorbischen Institut in Bautzen und dem Nordfriesischen Institut in Bredstedt am Herzen, die beide weiter ausgebaut werden sollten.[34] Gelegentlich sind wir mit den Žemaiten in Litauen, den Rätoromanen in der Schweiz und den Friesen in den Niederlanden in Kontakt. Intensivere Beziehungen konnten wir zu Auslandspolen in Deutschland, Kanada und den USA aufbauen, die nach ihren kaschubisch-pommerschen Wurzeln suchen. So veröffentlichte das Institut zwei Bücher von Józef Borzyszkowski in deutscher und englischer Sprache über die Kaschuben, Danzig und Pommern;[35] Cezary

---

33 Angabe der Sponsoren des Kaschubischen Instituts bei Obracht-Prondzyński: Dziesięć lat pracy (Anm. 9), S. 55–58, 59f.
34 Die Zusammenarbeit mit dem Institut in Bredstedt beschränkt sich auf den Austausch der jeweiligen Organe (*Nordfriesland* und *Acta Cassubiana*).
35 Józef Borzyszkowski: Die Kaschuben, Danzig und Pommern. Gdańsk, Wejherowo 2002, in Zusammenarbeit mit dem Museum für Kaschubisch-Pommersches Schrifttum und Musik in Neustadt/Wpr. (Muzeum Piśmiennictwa i Muzyki Kaszubsko-Pomorskiej w Wejherowie); Ders.: The Kashubs, Pomerania and Gdańsk. Übersetzung: Tomasz Wicherkiewicz. Gdańsk, Elbląg 2005,

Obracht-Prondzyński bereitet derzeit einen englischsprachigen Sammelband zu kaschubischen Themen vor.

Der Vorstand des Kaschubischen Instituts befasst sich mit dem Tagesgeschäft und der Sicherung der Grundfinanzierung, erarbeitet neue Projekte und beantragt Zuschüsse, wobei immer ausführlichere und bürokratischere Formulare bewältigt werden müssen. Daneben ist es ein wichtiges Anliegen, die Institutstätigkeit dauerhaft abzusichern. So bot sich vor einigen Jahren die Möglichkeit der Anbindung an eine staatliche Institution (Selbstverwaltung, Kreis, Woiwodschaft), nämlich an das Museum für Kaschubisch-Pommersches Schrifttum und Musik in Neustadt/Wejherowo. Seit der Gründung des Instituts haben seine Mitglieder und der Vorstand dieses Museum und dessen Entwicklung unterstützt. Doch aufgrund von Ehrgeiz und Schwächen Einzelner blieb diese Chance ungenutzt – für beide Seiten zum Nachteil. Eine weitere Möglichkeit wäre ein administrativer Anschluss des Kaschubischen Instituts an die Universität Danzig (Uniwersytet Gdański), an der sich schon seit langem die Kaschubistik als neue philologische Fachrichtung herausbildet. Eine solche Lösung wurde in Posen/Poznań gewählt. Dort entstand nach dem Vorbild des Kaschubischen Instituts das Großpolnische Institut (Instytut Wielkopolski), das institutionell mit dem Historischen Institut der Adam-Mickiewicz-Universität (Instytut Historii Uniwersytetu im. Adama Mickiewicza) verbunden ist und dadurch seine Handlungsfähigkeit abgesichert hat.[36] Außerdem könnte eine neue Institution der Selbstverwaltung („Kaschubisches Institut" oder „Kaschubisch-Pommersches Institut") entstehen, die unsere Arbeit unterstützen würde. Eine solche Lösung wählten andere regionale Forschungsinstitute in Polen wie das Schlesische Institut in Oppeln (Instytut Śląski w Opolu) oder das Wojciech-Kętrzyński-Forschungszentrum in Allenstein (Ośrodek Badań Naukowych im. Wojciecha Kętrzyńskiego w Olsztynie), die noch in der Volksrepublik Polen auf Beschluss der örtlichen Woiwoden entstanden sind. Ähnliche Anbindungen gibt es auch in Deutschland, so bei dem Nordfriesischen Institut in Bredstedt und dem Sorbischen Institut in Bautzen.

In unserem Falle sollte die neue Institution vom Marschallamt (Urząd Marszałkowski) in Danzig oder der Pommerschen Selbstverwaltung (Samorząd Województwa Pomorskiego) ins Leben gerufen werden. Bereits vor einigen Jahren wurden erste Gespräche geführt, die partnerschaftlich zu sein schienen; es kam zu Ankündigungen und Versprechungen, doch leider nicht zu dem erwarteten, ja bereits vereinbarten Ergebnis.

---

in Zusammenarbeit mit der Humanistisch-Ökonomischen Hochschule Elbing (Elbląska Uczelnia Humanistyczno-Ekonomiczna); Ders.: O Kaszubach w Kanadzie [Über Kaschuben in Kanada]. Gdańsk 2004, in Zusammenarbeit mit der Humanistisch-Ökonomischen Hochschule Elbing (Elbląska Uczelnia Humanistyczno-Ekonomiczna) und dem Verlag der Universität Danzig (Wydawnictwo Uniwersytetu Gdańskiego). 2008 organisierte das Institut gemeinsam mit dem Museum in Neustadt/Wpr. die in dem Museum gezeigte Ausstellung „O Kaszubach w Kanadzie" (1858–2008) („Über Kaschuben in Kanada [1858–2008]"), zu der eine gleichnamige Publikation erschien, erstellt von Józef Borzyszkowski und Janina Kurowska.

36 Wichtiger Mitbegründer und Direktor des Großpolnischen Instituts (Instytut Wielkopolski) ist Professor Witold Molik, Mitglied des Kaschubischen Instituts.

Nach zwölf Jahren erfolgreicher und engagierter Arbeit ist das Kaschubische Institut nach wie vor die einzige derartige Vereinigung von Wissenschaftlern in Danzig. Die Einschätzung von Cezary Obracht-Prondzyński aus seiner Veröffentlichung anlässlich des 10. Jahrestages des Instituts ist weiterhin aktuell:

> Nur dank des uneigennützigen Engagements zahlreicher Mitglieder und Freunde des Instituts für seine Projekte, in erster Linie für die Herausgabe von Büchern, kann das Kaschubische Institut seine Aufgaben verwirklichen. Ich spreche hier vor allem von den vielen unentgeltlichen Aktivitäten, die einen unschätzbaren Gewinn für das Institut bedeuten. Dazu gehört unbezahlte Redaktionsarbeit (z. B. bei der Herausgabe der *Acta Cassubiana*), der Verzicht auf Honorare für Texte, die Gestaltung von Buchumschlägen, Vorträge oder Auftritte bei Buchvorstellungen; auch Entwürfe für Gedenktafeln und Übersetzungen sind ohne Bezahlung entstanden usw.
>
> Seit seiner Gründung befindet sich das Kaschubische Institut im Kaschubischen Haus. Dank einer Vereinbarung mit dem Hauptvorstand der Kaschubisch-Pommerschen Vereinigung können die Räume kostenfrei genutzt werden, außerdem zahlt die Vereinigung seit Mitte 2002 die Stelle einer Sekretärin für das Institut. Im Gegenzug verwirklicht das Institut einen Großteil der in der Satzung der Kaschubisch-Pommerschen Vereinigung festgelegten Zielsetzungen, vor allem die Bildungsarbeit zu kaschubischen und pommerschen Themen und die Entwicklung der internationalen Zusammenarbeit.[37]

Ich hoffe, die bisherige Arbeit des Kaschubischen Instituts zeigt, dass es in Übereinstimmung mit seiner Satzung tätig ist und in diesem Sinne die ihm vor Jahren gestellten Aufgaben erfüllt, seine Ziele verwirklicht und den gesellschaftlichen Erwartungen entspricht. Nach der Erwähnung der uneigennützigen Arbeit vieler Institutsmitglieder ist es mir eine Freude, auch unsere Ehrenmitglieder zu nennen:

– Gerard Labuda, Poznań,
– Andrzej Zbierski, Gdańsk,
– Elżbieta Zawacka †, Toruń,
– Friedhelm Hinze †, Berlin.

Die Gemeinschaft der Mitglieder des Kaschubischen Instituts, der Wissenschaftler, die sich in Vergangenheit, Gegenwart und Zukunft für die Kaschuben und Pommern interessieren, ist weiterhin offen und lädt zur Mitarbeit ein.

Aus dem Polnischen übersetzt von Katrin Adler

---

37 Obracht-Prondzyński: Dziesięć lat pracy (Anm. 9), S. 61.

Magdalena Lemańczyk

Einrichtungen der deutschen Minderheit im Gebiet der ehemaligen Provinz Westpreußen nach 1989. Bericht über ein Forschungsprojekt

In diesem Beitrag stelle ich die bisherigen Resultate meiner seit 2006 durchgeführten soziologischen Untersuchungen zu den Einrichtungen der deutschen Minderheit in Nordpolen vor. Meine Arbeitsergebnisse basieren auf Feldforschung, zunächst angelegt als anderthalbjährige Voruntersuchung und teilnehmende oder partiell teilnehmende Beobachtung, auf vertiefenden Interviews mit den führenden Persönlichkeiten und aktiven Personen in den Einrichtungen der deutschen Minderheit sowie auf einer Inhaltsanalyse.[1]

Wie viele andere soziologische Forschungsprojekte im Westen und Norden Polens geht der von mir gewählte Ansatz auf den Altmeister der polnischen Soziologie, Florian Znaniecki, zurück, dessen Schule mit ihrem human- und kulturwissenschaftlichen Soziologiekonzept Generationen von Soziologen hervorgebracht hat. Das Konzept Znanieckis basiert auf der Grundlage eines „humanistischen Faktors", dessen wichtigste Annahme auf der Tatsache beruht, dass menschliche Erfahrungen immer „personenbezogen" sind, das heißt, ein Soziologe hat die menschlichen Erfahrungen grundsätzlich im Kontext einer größeren gesellschaftlichen Einheit zu sehen.

Konkret berufe ich mich bei meiner Forschungsarbeit auf die Traditionen der „Posener Soziologie", deren Vertreter vor allem in den Reihen der Wissenschaftler am Westinstitut (Instytut Zachodni) und an der Adam-Mickiewicz-Universität in Posen (Uniwersytet Adama Mickiewicza w Poznaniu) zu suchen sind. Erwähnenswert sind hier besonders die Untersuchungen von Zygmunt Dulczewski und Andrzej Kwilecki, die nach dem Zweiten Weltkrieg den Prozess der Integration der neuangesiedelten Bevölkerung im Westen Polens beobachtet und, indem sie Forschungen zur Nationalitätenproblematik in diesen Gebieten aufnahmen (unter anderem aufgrund von öffentlich ausgeschriebenen Wettbewerben zum Thema „Tagebücher"), dokumentiert haben.

Die Tradition der heutigen soziologischen Forschungen im Westen und Norden Polens zählt bereits über 60 Jahre. Nach 1989 war es Andrzej Sakson (Westinsti-

---

1 Siehe Renate Mayntz, Kurt Holm, Peter Hübner: Wprowadzenie do metod socjologii empirycznej [Einführung in die Methoden der empirischen Soziologie]. Übers. v. Wanda Lipnik. Warszawa 1985, sowie David Silverman: Interpretacja danych jakościowych. Metody analizy rozmowy, tekstu i interakcji [Interpreting qualitative data. Methods for analyzing talk, text and interaction]. Übers. v. Małgorzata Głowacka-Grajper, Joanna Ostrowska. Warszawa 2008, sowie Chava Frankfort-Nachmias, David Nachmias: Metody badawcze w naukach społecznych [Research methods in the social sciences]. Übers. Elżbieta Hornowska. Poznań 2001, sowie Martyn Hammersley, Paul Atkinson: Metody badań terenowych [Ethnography. Principles in practice]. Übers. v. Sławomir Dymczyk. Poznań 2000.

tut in Posen/Poznań), der die deutsche Minderheit in diesen Gebieten, vor allem in der ehemaligen Provinz Ostpreußen, und das polnisch-deutsche Verhältnis soziologisch untersucht hat. Er ist Herausgeber und Autor zahlreicher einschlägiger Werke, von denen die Monographien *Mazurzy – społeczność pogranicza* (1990; „Die Masuren – ein Volk des Grenzlandes") und *Rola mniejszości niemieckiej w stosunkach polsko-niemieckich na przykładzie Warmii i Mazur* (1998; „Die Rolle der deutschen Minderheit in den polnisch-deutschen Beziehungen am Beispiel des Ermlands und Masurens") sowie die Sammelbände *Ślązacy, Kaszubi, Mazurzy i Warmiacy: między polskością a niemieckością* (2008; „Schlesier, Kaschuben, Masuren und Ermländer: zwischen Polentum und Deutschtum") und *Ziemie Odzyskane. Ziemie zachodnie i północne 1945–2005. 60 lat w granicach państwa polskiego* (2006; „Wiedergewonnene Gebiete. Die West- und Nordgebiete 1945–2005. 60 Jahre in den Grenzen des polnischen Staates") zu den wichtigsten zählen.

Die deutsche Minderheit im Ermland und in Masuren untersuchte Bożena Domagała vom Wojciech-Kętrzynski-Forschungszentrum (Ośrodek Badań Naukowych im. Wojciecha Kętrzyńskiego) in Allenstein/Olsztyn. Sie ist Autorin der Publikationen *Mniejszość niemiecka na Warmii i Mazurach. Rodowód kulturowy, organizacja, tożsamość* (1996; „Die deutsche Minderheit in Ermland und Masuren. Kulturelle Herkunft, Organisation, Identität") und *Problematyka narodowa w publicystyce mniejszości niemieckiej na Warmii i Mazurach* (1998; „Die nationale Problematik in der Publizistik der Deutschen Minderheit in Ermland und Masuren").

Die deutsche Minderheit im Vergleich zu den übrigen Minderheiten in Polen ist das Forschungsgebiet von Zbigniew Kurcz von der Universität Breslau (Uniwersytet Wrocławski). Seine soziologischen Untersuchungen beziehen sich auf die historischen polnisch-deutschen Grenzgebiete, aber auch auf andere Grenzregionen; beispielsweise befasste er sich mit der polnischen Minderheit im Gebiet um Wilna/Vilnius/Wilno. Zu seinen wichtigsten Arbeiten zähle ich *Mniejszość niemiecka w Polsce* (1995; „Die deutsche Minderheit in Polen"), *Mniejszość niemiecka w Polsce na tle innych mniejszości* (2001; „Die deutsche Minderheit in Polen vor dem Hintergrund anderer Minderheiten") sowie der von ihm herausgegebene Sammelband *Mniejszości narodowe w Polsce* (1997; „Nationale Minderheiten in Polen").

Im Süden des Landes, in Oberschlesien, führte Danuta Berlińska von der Universität Oppeln (Uniwersytet Opolski) Untersuchungen zur Frage der Entstehung der deutschen Identität der Schlesier auf diesem Gebiet durch. Ihre wichtigsten Publikationen dazu sind *Społeczne uwarunkowania ruchu mniejszości niemieckiej na Śląsku Opolskim. Próba diagnozy w świetle badań socjologicznych* (1989; „Die sozialen Bedingungen der Bewegung der deutschen Minderheit im Oppelner Schlesien. Versuch einer Diagnose in einer soziologischen Forschungsperspektive") und *Postawy młodzieży licealnej wobec niemieckiej przeszłości i „małej ojczyzny" na Śląsku Opolskim* (1998; „Die Einstellung der Gymnasiasten zur deutschen Vergangenheit und zur ‚Heimat' im Oppelner Schlesien"). Maria Szmeja von der Jagiellonischen Universität (Uniwersytet Jagielloński) in Krakau/Kraków untersuchte die Entfremdung der bodenständigen Bevölkerung im Verhältnis zum Polentum und veröffentlichte dazu ihr Buch *Niemcy? Polacy? Ślązacy! Rodzimi mieszkańcy Opolszczyzny w świetle analiz sozjologicznych* (2000; „Deutsche? Polen? Schlesier! Die im Oppelner Gebiet ansässige Bevölkerung in der Perspektive der soziologischen Forschung").

Untersuchungen zur deutschen Minderheit in Hinterpommern wurden von dem bereits verstorbenen Ludwik Janiszewski (Universität Stettin/Szczecin) durchgeführt. Einen Schwerpunkt seiner Forschung bildete das Verhältnis zwischen deutschstämmigen Einwohnern und Polen in der Region Stettin. Zu seinen wichtigsten Publikationen zählen *Mniejszość niemiecka a Polacy na Pomorzu Szczecińskim. Szkic sociologiczny* (1993; „Die deutsche Minderheit und die Polen in Pommern um Stettin. Eine soziologische Skizze") sowie *Niemcy w świadomości Polaków. Rys socjologiczny* (1995; „Deutsche im Bewusstsein der Polen. Eine soziologische Skizze").

In einem breiteren Kontext der nationalen und ethnischen Minderheiten in Polen, wobei auch die Frage der Immigration nach Polen berührt wird, befasst sich Sławomir Łodziński von der Universität Warschau/Warszawa mit dem Thema. Er verfasste dazu das Buch *Równość i różnica. Mniejszości narodowe w porządku demokratycznym w Polsce po 1989 roku* (2005; „Gleichstellung und Unterschied. Nationale Minderheiten in der demokratischen Ordnung in Polen nach 1989") und wirkte als Mitherausgeber (neben Lucjan Adamczuk) des Bandes *Mniejszości narodowe w Polsce w świetle Narodowego Spisu Powszechnego z 2002 roku* (2006; „Nationale Minderheiten in Polen im Lichte der Volkszählung von 2002").

Die von der Autorin des vorliegenden Beitrags durchgeführte Feldforschung soll die derzeit bestehende Lücke in Bezug auf die soziologische Erforschung der deutschen Minderheit auf dem Gebiet der ehemaligen Provinz Westpreußen schließen.

Die ersten Einrichtungen der deutschen Minderheit im Westen und Norden Polens wurden vor dem Hintergrund der sozialen und politischen Transformationen in Polen und Europa am Anfang der 90er Jahre des 20. Jahrhunderts gegründet. Der demokratische Umbruch in Mittel- und Osteuropa machte deutlich, dass alle Versuche, in den Ländern des ehemaligen Ostblocks ethnisch homogene Gesellschaften zu schaffen, gescheitert waren. Die gesellschaftlichen Prozesse, die in diesem Zusammenhang stattfanden, führten zu bedeutenden ethnischen Konflikten; gleichzeitig riefen sie eine neue Qualität hervor.[2] Die Wiederbelebung der ethnischen Frage führte darüber hinaus dazu, dass Kategorien wie Nation oder Ethnizität an Bedeutung gewannen und heute eine immer wichtigere Rolle in dem gesellschaftlich-politischen Umfeld spielen.[3]

Unter dem Begriff einer nationalen Minderheit verstehe ich eine Gruppe der „Bürger des jeweiligen Landes, die aufgrund verschiedener historischer Ereignisse (wie z. B. Grenzverschiebungen, Migration) sich von dem überwiegenden Teil der Gesellschaft (d. h. der Mehrheit) durch ihr Bewusstsein einer besonderen ethnischen Zugehörigkeit unterscheiden. Begleitend treten Unterschiede in Sprache, Religion,

---

[2] Siehe Sławomir Łodziński: Równość i różnica. Mniejszości narodowe w porządku demokratycznym w Polsce po 1989 roku [Gleichstellung und Unterschied. Nationale Minderheiten in der demokratischen Ordnung in Polen nach 1989]. Warszawa 2005, S. 9–11.
[3] Siehe Steve Fenton: Etniczność [Ethnicity]. Übers. v. Ewa Chomicka. Warszawa 2007, S. 9. Siehe auch Janusz Mucha: Oblicza etniczności. Studia teoretyczne i empiryczne [Gesichter der Ethnizität. Theoretische und empirische Studien]. Kraków 2005.

Traditionen und Kultur auf; diese sind jedoch nicht immer für den von der Mehrheit abweichenden ethnischen Status entscheidend".[4]

Mit dem Aufschlagen eines neuen Kapitels in den polnisch-deutschen Beziehungen, das mit der Unterzeichnung der Verträge von 1990 und 1991 (über die Anerkennung der bestehenden Landesgrenze und über gute Nachbarschaft)[5] durch die Bundesrepublik Deutschland und die Republik Polen eröffnet wurde, haben Personen deutscher Herkunft damit begonnen, Einrichtungen ins Leben zu rufen, die ihre Rechte wahrnehmen sollten. Zusätzlich hat das 1989 in Polen eingeführte Gesetz über Vereinigungsfreiheit (mit späteren Änderungen) Personen mit deutscher Herkunft ermöglicht, frei Vereinigungen zu gründen.

Das Gebiet in Nordpolen, auf das sich meine Forschungen beziehen, erstreckt sich von Danzig/Gdańsk bis Thorn/Toruń und Bromberg/Bydgoszcz sowie von Deutsch Eylau/Iława bis Flatow/Złotów. Es ist im Wesentlichen das Areal der ehemaligen Provinz Westpreußen.[6] Dieses Gebiet deckt sich heute großenteils mit der Fläche der Woiwodschaft Pommern (województwo pomorskie) sowie einem Teil der Woiwodschaft Kujawien-Pommern (województwo kujawsko-pomorskie), einem Teil der Woiwodschaft Ermland-Masuren (województwo warmińsko-mazurskie) und dem nördlichen Zipfel der Woiwodschaft Großpolen (województwo wielkopolskie). Drei der Außenstellen des Bundes der Deutschen Minderheit in Danzig haben zudem ihren Sitz auf dem Gebiet der ehemaligen Provinz Pommern, d. h. in Bütow/Bytów, Lauenburg/Lębork und Wierschutzin/Wierzchucino.

Im Folgenden stelle ich die aktuelle gesellschaftliche und kulturelle Lage der Einrichtungen der deutschen Minderheit dar, ein Ergebnis meiner eigenen Untersuchungen.

Die wichtigste Einrichtung der deutschen Minderheit auf dem Gebiet der ehemaligen Provinz Westpreußen ist der 1990 gegründete Bund der Deutschen Minderheit in Danzig (Związek Mniejszości Niemieckiej w Gdańsku, ZMN). Ursprünglich trug die Vereinigung die Bezeichnung „Verein Polnischer Bürger Deutscher Herkunft in Danzig" („Stowarzyszenie Obywateli Polskich Pochodzenia Niemieckiego w Gdańsku"); sie wurde am 15. März 1990 im Woiwodschaftsgericht in Danzig registriert. 1994 wurde die Bezeichnung geändert in „Bund der Bevölkerung deutscher Herkunft" und nach weiteren zwei Jahren, 1996, in „Bund der Deutschen Minderheit in Danzig". Daneben entstanden sechs Außenstellen: 1993 in Bütow/Bytów, in Dirschau/Tczew und Wierschutzin/Wierzchucino, 1995 in Lauenburg/Lębork, 1998 in Gdingen/Gdynia, 2007 in Konitz/Chojnice. Des Weiteren entstand eine Einrichtung der deutschen Minderheit in Stuhm/Sztum, die heute ebenfalls als Außenstelle fungiert.

---

4 Łodziński (Anm. 2), S. 25.
5 Vgl. Krzysztof Malinowski: Polityka Republiki Federalnej Niemiec wobec Polski w latach 1982–1991 [Die Polenpolitik der Bundesrepublik Deutschland in den Jahren 1982–1991]. Poznań 1997 (Studium Niemcoznawcze Instytutu Zachodniego 74).
6 Siehe Stanisław Salmonowicz: Administracja i prawo w prowincjach pomorskich [Verwaltung und Recht in den Provinzen Pommern, Westpreußen, Ostpreußen]. In: Ders. (Hg.): Historia Pomorza. T. IV (1850–1918), cz. I. Toruń 2000, S. 40f., sowie Manfred Neugebauer: Heimat und Geschichte. Große illustrierte Geschichte von Westpreußen und Danzig. Wolfenbüttel 2008.

Die Vereinssatzungen der Außenstellen wurden von der Satzung des Bundes der Deutschen Minderheit in Danzig abgeleitet. Kapitel III über die Vereinsmitglieder und ihre Rechte und Pflichten unterscheidet in § 9 zwischen ordentlichen Mitgliedern, fördernden Mitgliedern und Ehrenmitgliedern. § 10 lautet: „1. Ein ordentliches Mitglied kann jeder volljährige Bürger der Republik Polen werden, der auf dem Wirkungsgebiet des Bundes wohnt, deutscher Nationalität oder Herkunft ist, der sich zur deutschen Sprache, Kultur und Tradition bekennt. 2. Ein ordentliches Mitglied kann auch ein volljähriger Bürger eines anderen Landes werden, der keinen Wohnsitz in der Republik Polen hat, mit deutscher Nationalität oder Herkunft".[7] Ein förderndes Mitglied kann jede Person werden, die die Absicht hat, den Bund organisatorisch und finanziell sowie bei der Erfüllung seiner Ziele zu unterstützen.

Weitere Einrichtungen der deutschen Minderheit, die nicht Außenstellen des Bundes in Danzig sind, tragen unterschiedliche Bezeichnungen und besitzen eigene Satzungen, z. B. die Vereinigung der Bevölkerung deutscher Herkunft der Stadt Elbing/Elbląg und Umgebung, der Verein der deutschen Minderheit der Stadt Marienburg/Malbork und Umgebung und die Kulturgesellschaft der deutschen Bevölkerung „Vaterland" in Marienwerder/Kwidzyn. In der letzten der genannten Einrichtungen können auch Personen mit polnischer Herkunft ordentliches Mitglied werden, sofern sie aktiv für die Gesellschaft tätig sind. Außer in Elbing/Elbląg, Marienburg/Malbork und Marienwerder/Kwidzyn gibt es noch weitere eigenständige Einrichtungen der deutschen Minderheiten in Graudenz/Grudziądz, Thorn/Toruń, Neumark/Nowe Miasto Lubawskie, Lessen/Łasin, Lautenburg/Lidzbark, Bromberg/Bydgoszcz, Flatow/Złotów und Deutsch Eylau/Iława sowie außerhalb des ehemaligen Westpreußen unter anderem in Stolp/Słupsk und Rummelsburg/Miastko.

Nach Gerhard Olter, dem Leiter der Geschäftsstelle des Bundes der Deutschen Minderheit in Danzig/Gdańsk, zählt der Bund mit seinen Außenstellen ca. 4.000 bis 4.500 Mitglieder. Die meisten von ihnen, ca. 2.000, sind in Danzig eingetragen. In Bütow sind es 800 Personen, im Landkreis Dirschau ca. 500, in Lauenburg 400. Knapp 500 Personen sind es in Wierschutzin und Umgebung. Die Außenstelle Gdingen hat 250 Mitglieder; dort ist allerdings noch eine andere Vereinigung mit ca. 70 Mitgliedern tätig. Diese Angaben geben den Stand der ausklingenden 1990er Jahre wieder, berücksichtigen also nicht die späteren Sterbefälle oder Migrationen. Die eigenständigen Vereinigungen der deutschen Minderheit in dem erforschten Gebiet zählen so viele Mitglieder wie der Bund der Deutschen Minderheit in Danzig mit seinen Außenstellen.

Die ethnische Aktivität der Mitglieder der von mir untersuchten Einrichtungen ist heute schwach, dies ist auf das Alter der Personen und die große territoriale Streuung zurückzuführen. Der Umfang der Aktivitäten hängt auch von der Struktur der Einrichtung und dem Vorhandensein von Untergruppierungen ab, etwa Tanzensembles, Chören, Stickereigruppen u. a. m. Die umfangreichste Binnenstruktur hat der Bund der Deutschen Minderheit in Danzig mit Untergruppen wie dem „Danziger

---

[7] Auskünfte aufgrund der Satzung des Bundes der Deutschen Minderheit in Danzig von 1996.

Club" („Klub Gdańszczan"), dem „Frauenclub" („Klub Kobiet") und dem „Jugendclub" („Klub Młodzieży"). Auch z. B. in Thorn existieren derartige Untergruppen, in den meisten Vereinigungen dagegen nicht.

Der „Danziger Club" ist ein Beispiel dafür, wie eine „Minderheit in der Minderheit" funktionieren kann. Die im „Danziger Club" zusammengeschlossenen „Danziger" („Danzigerzy") sind einhellig der Meinung, dass nicht jeder Deutsche in Danzig einer von ihnen sei, da nicht jeder in der Freien Stadt Danzig zur Welt gekommen ist. Die „Danziger" („Danzigerzy") sind nämlich in Danzig oder Zoppot/Sopot lebende Personen deutscher Herkunft, die in der Freien Stadt Danzig, also in der Zeit von 1920 bis 1939, geboren sind und Bürger der Freien Stadt Danzig waren. „Danziger" („Danzigerzy") allerdings, die seit 1933 ins Ausland übersiedelt sind,[8] hauptsächlich nach Deutschland, gehören dem „Bund der Danziger" („Związku Gdańszczan"), der 1946 in Lübeck gegründet wurde, an. Der Bund der Danziger e. V. ist die Dachorganisation für alle Vereinigungen der Danziger in Deutschland und Polen. Den Begriff „Danziger" („Danzigerzy") verwende ich, um sie von auf dem Gebiet der Freien Stadt Danzig geborenen Polen, den polnischen Danzigern, einst ebenfalls Bürger der Freien Stadt Danzig, zu unterscheiden.

Die „Danziger" („Danzigerzy") bilden eine Gruppe, die im Vergleich zu anderen befragten Personen und deutschen Minderheiten eine eindeutige nationale Selbstidentität aufweist, indem ihre Mitglieder sich selbst als „Danziger" („Danzigerzy") bezeichnen. Unter den Mitgliedern anderer untersuchter Einrichtungen sind die nationalen Identifikationsmerkmale nicht so eindeutig und scharf gezeichnet. Die meisten Personen geben an, sich als „halb Deutscher (Deutsche), halb Pole (Polin)" zu fühlen, oder auch als „ausschließlich Pole (Polin)". Nur einzelne Befragte fühlen sich als „ausschließlich Deutscher (Deutsche)".

Die Mehrheit der Mitglieder der Einrichtungen der deutschen Minderheit bilden ältere Personen über 65, hauptsächlich mit Mittelschulabschluss, auch mit Hauptschulabschluss oder gar ohne abgeschlossene Schulbildung. Personen mit Hochschulabschluss sind in der Minderheit wenig vertreten; wo es sie gibt und wenn sie die deutsche Sprache fließend zu sprechen imstande sind, übernehmen sie leitende Funktionen. Angehörige der jungen und der sogenannten mittleren Generation stellen eine Seltenheit dar, obwohl in Danzig noch eine kleine Gruppe der Jugend deutscher Herkunft aktiv ist, die zum Bund der Jugend der Deutschen Minderheit (Związek Młodzieży Mniejszości Niemieckiej) gehört. In der Außenstelle Lauenburg/Lębork des Bundes der Deutschen Minderheit in Danzig gibt es ein Kindertanzensemble „Nordia". Dazu ist allerdings zu bemerken, dass nur einige der Kinder, die diesem Ensemble angehören, deutscher Herkunft sind. Die Mehrzahl der Kinder stammt aus polnischen Familien und ist bemüht, sich im Volkstanz auszubilden.

---

8 Siehe Marek Andrzejewski: Polityczna emigracja z Wolnego Miasta Gdańska 1933–1939 (1945) [Die politische Emigration aus der Freien Stadt Danzig 1933–1939 (1945)]. Gdańsk 2005, sowie Henryk Stępniak: Polska i Wolne Miasto Gdańsk (1920–1939). Stosunki polityczne [Polen und die Freie Stadt Danzig (1920–1939). Politische Beziehungen]. Gdańsk 2004.

Was das religiöse Leben der Minderheiten auf dem untersuchten Gebiet angeht, so bekennt sich die überwiegende Zahl der Mitglieder zum römisch-katholischen Glauben, wenige von ihnen sind Protestanten, z. B. in Stolp/Słupsk, Lauenburg/Lębork und Rummelsburg/Miastko. Obwohl regelmäßig Messen und Gottesdienste in deutscher Sprache angeboten werden (in Danzig in der Kapelle der Kirche St. Johann, in Stolp in der Evangelisch-Augsburgischen Gemeinde Hl. Kreuz), nehmen nicht alle Befragten diese Angebote wahr, teils aufgrund ihres Alters, teils aus sprachlichen Gründen, teils wegen der zu überwindenden Entfernungen.

Die Aktivitäten der Einrichtungen der deutschen Minderheit in dem untersuchten Gebiet lassen sich grundsätzlich in drei Zeitabschnitte gliedern: eine Phase der Entwicklung und des Aufbaus – die 1990er Jahre; eine Phase der Stagnation – von 2000 bis 2004, eine Phase des Ausklangs – ab 2005.

Die neunziger Jahre des 20. Jahrhunderts waren die besten Jahre der deutschen Minderheit, eine Glanzzeit im Hinblick sowohl auf ein umfangreiches Human- als auch ein nicht geringes Finanzkapital. Großzügige Mittel des Bundesministeriums des Innern der Bundesrepublik Deutschland ermöglichten es der Minderheit, eine Vielzahl von Aktivitäten zu entwickeln. Zu den wichtigsten Errungenschaften dieser ersten Tätigkeitsphase der Einrichtungen der deutschen Minderheit zählen Erwerb und Renovierung eigener Räumlichkeiten, gut besuchte Deutschkurse, Aktivitäten in Form von Gesangs- und Tanzgruppen, Kontaktaufnahme und -pflege mit deutschen Organisationen im In- und Ausland, hauptsächlich in der Bundesrepublik Deutschland, Zusammenarbeit mit Partnerorganisationen, Vermittlung von Kontakten zwischen Partnerstädten, Organisation von Kulturveranstaltungen und Tagungen im Wirkungsgebiet sowie die Pflege einer gedeihlichen Zusammenarbeit mit den lokalen Behörden.

Die Anfangsphase der Tätigkeit der Einrichtungen der deutschen Minderheit im Gebiet des ehemaligen Westpreußen war mit zahlreichen Problemen verknüpft, hauptsächlich was die verwaltungstechnische Seite angeht, womit hier die Abneigung der Behörden gegen die Vereinigungen in der Phase ihrer Registrierung oder auch Ängste seitens der Verwaltungsangestellten gemeint sind. Zusätzlich hat eine feindselige Haltung der lokalen Bevölkerung zu einer Zuspitzung der national geprägten Konflikte geführt. Zu den extremen Fällen der artikulierten Diskriminierung und Aggression nach 1989 gehören der dreifache Versuch der Brandstiftung in der Waryński-Straße in Danzig-Langfuhr/Gdańsk-Wrzeszcz, als man versuchte, das Gebäude des Bundes der Deutschen Minderheit in Danzig in Brand zu setzen, sowie die Anbringung von feindlichen Parolen an dem Gebäude, das den ersten Sitz des Bundes der Deutschen Minderheit in Danzig darstellte.

Seit dem Jahr 2000 verringerte sich die Anzahl der Mitglieder der Einrichtungen der deutschen Minderheit im Verhältnis zum Beginn der 1990er Jahre; die Gründe dafür sind einerseits biologischer Art und hängen andererseits mit der Auswanderung nach Deutschland und ins anderweitige Ausland zusammen. Einhellig vertreten die leitenden Persönlichkeiten der Zentren der deutschen Minderheit die Auffassung, dass mindestens ein Drittel der Mitglieder ins Ausland übersiedelt sei, vor allem nach Deutschland. Nach Polens Beitritt zur EU im Jahr 2004 hat sich dieser Prozess noch verstärkt. Die Verantwortlichen machen keinen Hehl daraus, dass die jungen Mitglieder die Einrichtungen der deutschen Minderheit als Vermittlungs- und Hilfsorganisationen bei der Beschaffung eines deutschen Reisepasses betrachtet haben. Während dieser Ausreisewelle entstand in den Einrichtungen der deutschen Minderheit eine Generationslücke, die, wie meine Untersuchungen zeigen, kaum eine Chance hat, ausgefüllt zu werden. Ein Wissenstransfer, eine Weitergabe der Kultur der Vorfahrengeneration an die darauf folgende Generation, findet nicht mehr statt.

Seit 2005 lässt sich bei den Einrichtungen der deutschen Minderheit in dem untersuchten Gebiet eine Phase des Ausklangs beobachten. Eine zusätzliche Schwächung bedeuten die ständig schrumpfenden finanziellen Beteiligungen des Verbandes der deutschen sozial-kulturellen Gesellschaften in Polen sowie des Konsulats der Bundesrepublik Deutschland in Danzig.

Zusammenfassend kann man sagen, dass die Ausgestaltung und das Wirken der Einrichtungen, die die Rechte und Interessen der Personen mit deutscher Herkunft im Gebiet der ehemaligen Provinz Westpreußen vertreten, von dem Zusammenspiel mehrerer gesellschaftlicher, politischer und wirtschaftlicher Faktoren abhängig war. Die politischen Transformationen der neunziger Jahre des 20. Jahrhunderts und vor allem eine großzügige finanzielle Unterstützung der institutionellen Aktivitäten der deutschen Minderheit schufen die Grundlage, um würdige Bedingungen für die Pflege der deutschen Kultur in den genannten Gebieten zu gewährleisten. In der erfolgreichen Anfangsphase dieser Unternehmungen wurde dieses Ziel erreicht; jedoch scheinen die Probleme der Jahrtausendwende die Möglichkeiten nicht nur der Verantwortlichen innerhalb der Minderheit, sondern auch der Organisationen, die die Arbeit der Minderheitseinrichtungen unterstützen, zu übersteigen.

Unerfüllte Forderungen der deutschen Minderheit in Bezug auf soziale Leistungen, die Zurückweisung von Ersuchen, die deutsche Staatsangehörigkeit zu erwerben, die Ablehnung von Anträgen auf Errichtung von deutschsprachigen Kindergärten und Schulen – all dies führte und führt zur Lethargie und zum Willensverlust unter den bisher Agierenden im Umfeld der deutschen Minderheit. Das größte Problem stellt jedoch die Massenauswanderung der jungen Generation dar, die die Fortdauer der Einrichtungen der deutschen Minderheit in dem untersuchten Gebiet infrage stellt. Die Zukunft der Tätigkeit der Einrichtungen der deutschen Minderheit hängt also vor allem von den individuellen Entscheidungen und den Prozessen der Identitätsbildung[9] der Angehörigen der jungen Generation ab.

---

9 Siehe Ewa Nowicka: Etniczność na sprzedaż i/lub etniczność domowa [Ethnizität zum Verkauf und/oder häusliche Ethnizität]. In: Lucjan Adamczuk, Sławomir Łodziński (Hg.): Mniejszości narodowe w Polsce w świetle Narodowego Spisu Powszechnego z 2002 roku. Warszawa 2006, S. 285–301, sowie Walter Żelazny: Tożsamość jako wybór i fatalizm [Identität als Wahl oder Fatalismus]. In: Ders.: Etniczność. Ład – konflikt – sprawiedliwość. Poznań 2006, S. 51–62, sowie Antonina Kłoskowska: Stereotypy a rzeczywistość narodowej identyfikacji i przyswojenia kultury [Stereotype und die realen Voraussetzungen für die nationale Identifikation und die Aneignung der Kultur]. In: Kultura i Społeczeństwo, 1993, Nr. 4, S. 35–52; Dies.: Konwersja narodowa i narodowe kultury. Studium przypadku [Nationale Umwandlung und nationale Kultur. Eine Zufallsstudie]. In: Kultura i Społeczeństwo, 1992, Nr. 4, S. 3–32.

Barbara Breysach

Die Gesellschaft für europäisch-jüdische Literaturstudien e. V.

Am 31. Mai 2006 fand in Heidelberg die Gründungstagung der *Gesellschaft für europäisch-jüdische Literaturstudien* statt. Wozu eine neue wissenschaftliche Gesellschaft, wo die deutsche und internationale Wissenschaftslandschaft bereits von Gesellschaften und Organisationen ähnlich einer Schrebergartenlandschaft parzelliert erscheinen könnte? Wobei die Bindestrich-Inflation (deutsch-jüdisch, jüdisch-deutsch, europäisch-jüdisch, polnisch-jüdisch usw.) geradezu ein Signum von Parzellen zu sein scheint, die sowohl die Universalität als auch die Spezifik jüdischer Studien in Frage zu stellen droht. Und wozu dann noch auf „Literaturstudien" beschränken?

Seit dem Wiedererstarken jüdischer Studien in Deutschland, also etwa seit den 80er Jahren des 20. Jahrhunderts, ist eine Dominanz entweder der Judaistik oder der Geschichtswissenschaft zu beobachten, an deren beider Bedeutung für jüdische Studien nichts zu schmälern ist. Aber: zur gleichen Zeit gab es zahlreiche Studien und Forschungen etwa zum Schreiben von Autorinnen und Autoren jüdischer Herkunft im Spannungsfeld von Akkulturation, Aufklärung und Anti-Judaismus bzw. Antisemitismus, zur Bedeutung der zionistischen Strömungen oder zum Einfluss des Kulturzionismus für das jüdische Schreiben oder auch über Interaktionen zwischen expressionistischen und kulturzionistischen Strömungen in Deutschland und in Europa. Besondere Bedeutung kommt dabei der Erforschung der Migration aus Mittel- und Osteuropa bzw. den Wechselbeziehungen zwischen west-, mittel- und osteuropäischem literarischem Leben zu, von der unter anderem die deutschsprachige jüdische Literatur erheblich profitiert hat. Diese Themenfelder sind im Allgemeinen nicht Gegenstand der Judaistik und können andererseits aber auch nicht nur den historischen Methoden und dem historischen Quellenstudium überlassen werden. Deswegen war und ist eine Akzentuierung literaturwissenschaftlicher Verfahrensweisen unerlässlich. Die *Gesellschaft für europäisch-jüdische Literaturstudien* betont die Perspektive der Literaturwissenschaft innerhalb der Jüdischen Studien und möchte andererseits die Jüdischen Studien innerhalb der europäischen Philologien vertreten und stärker vernetzen. Die Fokussierung auf literaturwissenschaftliche Fragestellungen soll die Vielfalt methodologischer Ansätze fördern. Von Bedeutung ist dabei auch der Kontakt mit jüdischen Autorinnen und Autoren sowie mit Verlagen und anderen Institutionen des medialen Bereichs. Die Zusammenarbeit und der Austausch mit Nachbardisziplinen wie Gender Studies, Post-Colonial Studies, Philosophie, Theologie, Kunstgeschichte, Geschichte sowie Theater-, Musik- und Medienwissenschaften ist dabei unerlässlich. – Wenn in Zukunft jüdisches Bewusstsein auch wieder als europäische Position vernehmbar wird bzw. europäisch-jüdische, israelische und amerikanisch-jüdische Literatur stärker miteinander kommunizieren, so wären dies nicht gering zu schätzende Ergebnisse.

Die Schriftenreihe der *Gesellschaft für europäisch-jüdische Literaturstudien* erscheint im Verlag *text & kritik* in München. Band I mit den Beiträgen der ersten internationalen Jahrestagung im November 2007 an der Europa-Universität Viadrina in Frankfurt an der Oder erschien im Februar 2009 unter dem Titel „Jüdische Literatur als europäische Literatur. Europäizität und jüdische Identität 1860–1930". Der Band enthält unter anderem Beiträge von Martin Treml über Martin Buber, von Ari Ofengenden über Nathan Birnbaum, von Barbara Breysach und Bettina Spoerri über Alfred Döblin und von Hedvig Ujvári über Max Nordau und Theodor Herzl, die auf sehr unterschiedliche Weise eine Mittlerrolle zwischen West- und Ostmitteleuropa innehatten und zugleich deutsches Judentum bzw. deutsch-jüdische Diskussionen in Mittel- und Osteuropa bekannt machten, und zwar vor dem historischen Hintergrund der Migration vieler Juden aus Ost- und Mitteleuropa nach Deutschland.

Band II wird die Beiträge der im November 2008 in Heidelberg von Anat Feinberg organisierten Tagung „Rück-Blick auf Deutschland: Ansichten hebräischer Autoren" enthalten. Die nächste internationale Jahrestagung der Gesellschaft wird vom 1. bis 3. September 2009 in Basel zum Thema „Abschied von Europa. Jüdisches Schreiben zwischen 1930 und 1950" stattfinden. Mit diesen Themen wollen wir der Europäisierung der Literatur- und Kulturwissenschaften Rechnung tragen und insbesondere das europäische Judentum als – häufig unbewussten – Faktor europäischer Literatur und Kultur stärker zur Diskussion stellen, wobei zwischen bewusstem Europäertum, vergeblichem Engagement für Europa und der Rolle von Juden im Konfliktfeld von Nationalismen sowie der Vernichtung in der Shoah und ihrer Nachgeschichte zu differenzieren ist. Für zukünftige Tagungen wünschen wir uns auch Beiträge und Forschungsberichte über das schlesische Judentum, über Juden in Ostpreußen und Pommern, über ‚preußische' Juden sowie über Interaktionen zwischen Juden und nichtjüdischen Deutschen im historischen Ostdeutschland und dem historisch deutschsprachigen Mittel- und Osteuropa.

Die *Gesellschaft für europäisch-jüdische Literaturstudien e. V.*[1] verfügt über kein eigenes Kapital für Forschungsaktivitäten und kann daher vor allem als Multiplikator und als Impulsgeber tätig werden. Die Einladung zur Mitgliedschaft ergeht sowohl an einzelne Forscherinnen und Forscher als auch an Institutionen.

---

1 Anschrift: Gesellschaft für europäisch-jüdische Literaturstudien e. V., Geschäftsstelle: c/o Hochschule für Jüdische Studien, Friedrichstraße 9, 69117 Heidelberg. Vorstand: Prof. Dr. Barbara Breysach (Präsidentin), Dr. Petra Ernst (Kassiererin), Erweiterter Vorstand: Prof. Dr. Alfred Bodenheimer, Caspar Battegay (Sekretär), N. N. Kontakt: caspar.battegay@hfjs.eu.

Péter Varga

Die Errichtung des Zentrums für Deutschsprachig-jüdische Kultur Mitteleuropas in Budapest

Im September 2008 wurde im Germanistischen Institut der Budapester Universität das *Zentrum für Deutschsprachig-jüdische Kultur Mitteleuropas* gegründet. Ziel und Aufgabe dieses Forschungszentrums ist die Intensivierung der Forschungs- und universitären Lehrtätigkeit auf dem Gebiet der mitteleuropäischen deutschsprachig-jüdischen Kulturgeschichte, unter Einbeziehung von Studierenden, Gastreferenten und kooperierenden Partnerinstituten. Diese Initiative soll der Forschung in der Region Budapest und darüber hinaus in ganz Ungarn neue Impulse geben und zum Teil auch eine koordinierende Funktion erfüllen. Die Kerngruppe des Forschungszentrums besteht aus Brigitta Eszter Gantner, Gábor Schweitzer, Ádám Nádasdy und Péter Varga (Leitung).

An der Philosophischen Fakultät der Budapester Universität wurde bereits 1995 ein Jiddisch-Programm eingerichtet, um die Beschäftigung mit der jiddischen Sprache und Literatur sowie der jüdischen Kulturgeschichte der Region in einem komplexen Studienprogramm zusammenzufassen. An diesem Programm nahmen im Laufe der fast anderthalb Jahrzehnte seines Bestehens zahlreiche Wissenschaftler aus dem Bereich der ungarischen Judaistik und Jiddistik als Lehrbeauftragte teil. Damit wurde zum Teil auf eine bestehende Forschungstradition des Budapester Germanistischen Instituts zurückgegriffen und neu belebt: Bereits Nikolaus Hutterer, später Professor an der Universität Graz, führte bis in die 1970er Jahre intensive Dialektforschungen im Westjiddischen unter den Budapester Juden durch, deren Ergebnisse jedoch bis heute nicht restlos ausgewertet sind. Als eine Fortsetzung dieser Tätigkeit können die Seminare zur Einführung ins Jiddische von Professor Ádám Nádasdy betrachtet werden, der seit nunmehr fünfundzwanzig Jahren Jiddisch-Kurse anbietet. Unter anderem war es dieser Kurs, der die Basis des 1995 gegründeten und zwölf verschiedene Seminare umfassenden Jiddisch-Programms bildete. Im Rahmen dieses Programms wurden außer der Sprachlehre eine Einführung in die jiddischsprachige Literatur- und Kulturgeschichte und die Geschichte der jiddischen Sprache vermittelt, zudem ergänzende Spezialseminare zur deutsch-jüdischen Literaturgeschichte und zu den Themen Assimilation, Antisemitismus etc. angeboten. Insgesamt haben einige Hundert Studierende diese Lehrveranstaltungen besucht und sind mehr als fünfzig Diplomarbeiten entstanden, was von einem anhaltenden Interesse zeugt.

Das Lehrangebot am Germanistischen Institut wurde durch verschiedene Forschungsansätze bereichert:

– Interviews mit Jiddisch-Muttersprachlern in der Karpato-Ukraine und Nord-Siebenbürgen,
– Erschließung der jiddischen Literaturquellen in Ungarn,

- Forschungen zur jiddischen Folklore in Ungarn,
- jiddische linguistische Forschungen,
- Erforschung der deutschsprachig-jüdischen Kultur und Literatur in Ostmitteleuropa.

Der Ertrag dieser Forschungen sind Dissertationen, Publikationen und archivierte Materialien, die noch bearbeitet werden müssen.

Die Erfahrungen seit der Gründung des Jiddisch-Programms zeigten, dass ein großes Interesse für das Studium der jüdischen Siedlungs-, Kultur- und Literaturgeschichte sowie für das Verständnis der komplexen gesellschaftlichen Prozesse des 19. und 20. Jahrhunderts aus jüdischer und nichtjüdischer Sicht besteht. Diesem konstanten Interesse möchte das Zentrum mit einem interdisziplinären Studienprogramm gerecht werden, auch als Ersatz und Fortsetzung des im Bologna-Prozess auslaufenden Jiddisch-Programms.

Die genannten Forschungsansätze sollen durch die folgenden Forschungsschwerpunkte der Mitglieder des Zentrums ergänzt werden:

- ungarisch-jiddische phonologische und morphologische Wechselwirkungen (Ádám Nádasdy),
- ungarisch-jüdische Identitäten um die Wende des 19. und 20. Jahrhunderts mit besonderer Berücksichtigung des Budapester Judentums (Brigitta Eszter Gantner),
- Geschichte des Reformjudentums in Ungarn, die Entwicklung des Rabbinerseminars (Gábor Schweitzer),
- deutsch-jüdische Autobiographien als Dokumente der Assimilation in Ostmitteleuropa (Péter Varga).

In erster Linie bemüht sich das Zentrum, die gewonnenen Forschungsergebnisse unter Einbeziehung von Gastvortragenden in Form von Ringvorlesungen für die Studierenden und eine breitere Öffentlichkeit zu präsentieren. Eine weitere Form des Austausches sind die „Jour fixe"-Veranstaltungen, in deren Rahmen jeweils zwei Gastreferenten eingeladen werden, die ein ausgewähltes Fachpublikum mit Impulsvorträgen zur Diskussion anregen sollen.

Das Zentrum ist bestrebt, im Rahmen von gemeinsamen Projekten, Tagungen, Publikationen mit anderen Einrichtungen zu kooperieren, deren Forschungsprofil an ähnlichen Zielsetzungen orientiert ist.

Die aktuellen Programme können auf der Homepage des Zentrums eingesehen werden: <www.germanjewish-elte.org>. Informationen unter vpp@germanjewish-elte.org, Eötvös Loránd Universität, Germanistisches Institut, Rákóczi u. 5, H-1088 Budapest, Tel: +36/30/9543537.

Manfred Engel, Ritchie Robertson

Kafka in Oxford.
Das neue *Oxford Kafka Research Centre*

Kafka war natürlich nie in Oxford – und doch ist er heute dort präsenter als an jedem anderen Ort der Welt. Dies ist vor allem das Verdienst des 1958 bis 1986 am Magdalen College lehrenden Germanisten Sir Malcolm Pasley (1926–2004). Nachdem der junge Forscher durch einen glücklichen Zufall mit Kafkas Erben in Kontakt gekommen war, konnte er sie überzeugen, dessen literarischen Nachlass der Obhut der Bodleian Library anzuvertrauen. Pasley selbst fuhr 1961 mit dem Auto nach Zürich, um die Manuskripte abzuholen. Dort waren sie 1956 von Kafkas Freund und Nachlassverwalter Max Brod (1884–1966) und von Salman Schocken (1877–1959), dem Verleger der ersten Kafka-Werkausgabe, deponiert worden, um sie vor den Kriegsgefahren in Israel in Sicherheit zu bringen. Seit Pasleys abenteuerlicher Autofahrt befinden sich etwa zwei Drittel aller erhaltenen Kafka-Handschriften in Oxford.

Malcolm Pasley war es auch, der zusammen mit einer Reihe anderer Forscher eine neue Kafka-Ausgabe initiierte, die erstmals die Texte in der Fassung der Handschrift wiedergab – die sogenannte *Kritische Ausgabe* (1982ff.), deren Werkteil inzwischen komplett im Fischer Verlag erschienen ist (zwei der fünf Briefbände sind noch in Arbeit). Und auch die zweite große neue Kafka-Ausgabe, die *Historisch-Kritische Ausgabe sämtlicher Handschriften, Drucke und Typoskripte* (Stroemfeld Verlag, 1995ff.), die die Manuskripte als Faksimiles mit nebengestellter Transkription abdruckt, nutzt natürlich die Oxforder Bestände.

Seit langem reisen so Forscher aus aller Welt nach Oxford, um hier an den Manuskripten zu arbeiten. Aber auch hiesige Germanisten haben die Arbeit Pasleys fortgesetzt, der zahlreiche Kafka-Aufsätze publizierte und eine Reihe seiner Werke für den Penguin Verlag ins Englische übersetzte – etwa Jim Reed, Ritchie Robertson, Carolin Duttlinger und Manfred Engel.

Es lag also nahe, an diese reiche Tradition der Oxforder Kafka-Forschung anzuknüpfen und ihr eine institutionelle Basis zu geben. 2008 gründeten daher Ritchie Robertson und Manfred Engel mit Hilfe einer Anschubfinanzierung des John Fell Fund der Universität das *Oxford Kafka Research Centre* (OKRC, <www.kafka-research.ox.ac.uk>). Dessen Ziel ist es, die Kafka-Forschung in Oxford zu koordinieren und ein internationales Forschungsnetzwerk aufzubauen. Dazu dienen ein internationaler wissenschaftlicher Beirat, Stipendien für Gastwissenschaftler („visiting fellows"), jährliche Kongresse und Gastvortragsserien. Über Kafka hinaus wird sich das Zentrum auch der deutsch-jüdischen Literatur und den deutsch-jüdischen Kulturbeziehungen im 20. Jahrhundert widmen.

Ende September 2008 fand in Oxford ein erster internationaler Kongress zum Thema „Kafka and Short Modernist Prose" statt, dessen Ergebnisse 2009 in der neu gegründeten Buchreihe *Oxford Kafka Studies* beim Würzburger Verlag Königshausen & Neumann erscheinen werden. 2009 wird der international renommierte Kafka-Forscher Gerhard Neumann als erster *visiting fellow* nach Oxford kommen, um hier an einer Monographie zum Autor zu arbeiten; eine Forschungskooperation mit der University of Princeton befindet sich in Vorbereitung. Außerdem wurde damit begonnen, laufende größere Forschungsprojekte zu Kafka auf der Homepage zu dokumentieren.

Neben diesen im engeren Sinne wissenschaftlichen Aufgaben verfolgt das OKRC aber auch eine kulturpolitische Zielsetzung. In allen Ländern klagen Auslandsgermanisten darüber, dass das Interesse an deutscher Sprache und Kultur deutlich nachlässt. Das trifft leider auch für Großbritannien zu. Nun gibt es keinen deutschsprachigen Autor, der weltweit so bekannt ist wie Kafka. Bis heute übt sein Werk eine starke Faszination gerade auch auf junge Leser aus, wird es in Texten zahlreicher Autoren der Weltliteratur gespiegelt und ständig neu medial umgesetzt (wie etwa in David Jones' Verfilmung des *Process*-Romans oder in den Comics von Robert Crumb). Sicher lässt sich der Prager Kafka nicht einfach als deutscher Autor vereinnahmen – in seinem Werk verbinden sich Elemente der österreichischen, der tschechischen, der jüdischen und der im engeren Sinne deutschen kulturellen Tradition. Disziplinär und sprachlich jedoch ist er ganz eindeutig den German Studies zuzuordnen. Daher bildet sein Werk einen idealen Ausgangspunkt, um bei jungen Briten das Interesse an der deutschen Sprache und an den Kulturen deutschsprachiger Länder zu wecken. Da Oxforder Germanistik-Studenten in ihrem späteren Berufsleben Schlüsselpositionen in Wirtschaft und Kultur des Landes einnehmen (Studienfach und spätere Berufspraxis sind hierzulande, anders als etwa in Deutschland, nur lose miteinander verbunden), sind sie wichtige Multiplikatoren, die das Bild deutschsprachiger Länder im Vereinigten Königreich maßgeblich beeinflussen.

Das OKRC ist noch jung und wird seinen Weg sicher noch finden müssen. Für Anregungen dazu sind seine Gründer immer offen (Kontaktdetails finden sich auf der oben genannten Homepage). Um diesen Weg gehen zu können, bedarf es allerdings auch der finanziellen Unterstützung (auch dafür gibt die Homepage erste Hinweise).

Jochen Stollberg

Wegweiser zum Werk Arthur Schopenhauers

1. Die wichtigsten Quellensammlungen

1.1 Staatsbibliothek zu Berlin / Handschriftenabteilung

Arthur Schopenhauer vermachte seinem Schüler Julius Frauenstädt in Berlin unter anderem die Publikationsrechte an seinen Werken, seine wissenschaftlichen Manuskripte, die durchschossenen Handexemplare seiner Werke und seine Kant-Ausgaben. Die wissenschaftlichen Manuskripte gelangten nach Frauenstädts Tod durch eine letztwillige Verfügung in die Staatsbibliothek zu Berlin. Dort werden sie – neben anderen Autographen und Dokumenten Schopenhauers – noch heute bewahrt. Ihre Veröffentlichung im Internet ist im Gange. Gegenwärtig sind etwa 50 % der Berliner Schopenhauer-Handschriften unter der unten angeführten URL im Netz zugänglich.

> Staatsbibliothek zu Berlin
> Potsdamer Str. 33
> D-10785 Berlin (Tiergarten)
> Tel.: +49 / (0)30/266-2841
> Fax: +49 / (0)30/266-2842
> E-Mail: handschriftenabt@sbb.spk-berlin.de
> <http://handschriften.staatsbibliothek-berlin.de/de/nachlaesse_autographen/nachlassliste.html>

Ebenfalls von der Berliner Staatsbibliothek werden mit der Autographendatenbank Kalliope (<http://kalliope.staatsbibliothek-berlin.de/>) auch Standorte und Beschreibungen anderer Schopenhauer-Autographe angeboten.

1.2 Universitätsbibliothek Frankfurt am Main, Schopenhauer-Archiv

Aus der Vereinigung der Sammlungen der Schopenhauer-Gesellschaft mit den Schopenhauer-Beständen der Frankfurter Stadt-Bibliothek entstand 1920 das Frankfurter Schopenhauer-Archiv.

> Schopenhauer-Archiv
> Universitätsbibliothek
> Bockenheimer Landstraße 134–138
> D-60325 Frankfurt a. M.
> Tel.: +49 / (0)69/798-39007

Fax: +49 / (0)69/798-39380
E-Mail: archivzentrum@ub.uni-frankfurt.de
<http://www.ub.uni-frankfurt.de/archive/schop.html>

Die hauptsächlichen Bestände des Schopenhauer-Archivs gliedern sich wie folgt:

Manuskripte Arthur Schopenhauers, Briefe von ihm, an ihn und aus dem Schopenhauer-Umfeld sowie Dokumente zur Biographie des Philosophen;
die Kopie des gesamten Schopenhauer-Manuskriptbestandes der Staatsbibliothek zu Berlin; Gegenstände aus Schopenhauers Gebrauch in museal gestalteten Vitrinen;
ein Teil der von Schopenhauer nachgelassenen Bibliothek (zirka 30 %), die einzelnen Bücher erhalten durch Schopenhauers Arbeitsspuren (zustimmende oder kritische Bemerkungen, Literaturhinweise, Anstreichungen) ihren besonderen Wert;
Porträts (Ölbilder, Graphiken, Fotografien, Plastiken) Arthur Schopenhauers, seiner Verwandten und anderer Zeitgenossen, die mit ihm in Verbindung standen;
der Nachlass Arthur Hübschers, des Schopenhauer-Forschers und langjährigen Präsidenten der Schopenhauer-Gesellschaft:
    Bibliothek Arthur Hübscher,
    Werkmanuskripte,
    Korrespondenz,
    Arbeitsmaterialien (Zeitungsausschnitte, Bilder, Texte),
    Dokumente und Gegenstände.

Zum Handschriftenbestand des Archivs gibt es einen gedruckten Katalog:

Die Autographen des Schopenhauer-Archivs der Stadt- und Universitätsbibliothek Frankfurt am Main. Gesamtverzeichnis. Bearbeitet v. Alfred Estermann. Stuttgart-Bad Cannstatt: Frommann-Holzboog 1988. 175 S.

Nachzutragen bleibt, daß das Frankfurter Schopenhauer-Archiv den kompletten Aktenbestand der Schopenhauer-Gesellschaft bewahrt. Er reicht von der Vorgeschichte der Gesellschaft im Jahre 1910 bis zur Gegenwart und umfasst mit 30 laufenden Regalmetern Zehntausende Briefe und Akten. Dieser Bestand wird gegenwärtig mit Mitteln der Pförtner-Stiftung und der Hessischen Sparkassenstiftung für die Wissenschaft erschlossen.

1.3 Schopenhauer digital

Die bisher umfangreichste Quellenedition des handschriftlichen Nachlasses Arthur Schopenhauers ist im Aufbau begriffen. Ins Leben gerufen und finanziert ist das Vorhaben von der Universität Pisa und dem italienischen Ministerium für Unterricht, Universitäten und Forschung. Ein internationaler Kreis von Schopenhauer-

Forschern bildet das Herausgebergremium, die Serverleistung stellt die École Normale Supérieure in Paris zur Verfügung. Bisher veröffentlicht sind die Faksimiles eines großen Teils der in der Staatsbibliothek zu Berlin bewahrten Bände des handschriftlichen Nachlasses.

Weitere vorgesehene Schritte sind:

Transliteration und Kommentierung der Handschriften,
Edition der Arbeitsspuren in Schopenhauers nachgelassener Bibliothek (Schopenhauer-Archiv in der Universitätsbibliothek Frankfurt am Main),
Edition der Lebensdokumente (Faksimile, Transliteration, Kommentar),
biobibliographisches Material.

Der jeweilige Stand der Arbeit ist im Internet aufzurufen unter:

<http://www.schopenhauersource.org/navigate.php?page=base>

2. Arthur Schopenhauers Werke, Briefe und Gespräche

2.1 Gesamtausgaben (Auswahl)

Arthur Schopenhauers sämtliche Werke. Hg. v. Paul Deussen. München: Piper.
Bd. 1: Die Welt als Wille und Vorstellung. Band 1. 1911. XXXXIV, 739 S.
Bd. 2: Die Welt als Wille und Vorstellung. Band 2. 1911. XVI, 822 S.
Bd. 3: Der Satz vom Grunde [u. a.]. 1912. IX, 881 S., graph. Darst.
Bd. 4: Parerga und Paralipomena. Band 1. 1913. X, 582 S.
Bd. 5: Parerga und Paralipomena. Band 2. 1913. 754 S.
Bd. 6: Über das Sehn und die Farben [u. a.]. 1923. XXXIX, 875 S., graph. Darst.
[Bde. 7 und 8 sind nicht erschienen.]
Bd. 9: Arthur Schopenhauers handschriftlicher Nachlaß. Philosophische Vorlesungen. Hälfte 1, Theorie des Erkennens. 1913. XXXII, 587 S., graph. Darst.
Bd. 10: Arthur Schopenhauers handschriftlicher Nachlaß. Philosophische Vorlesungen. Hälfte 2, Metaphysik der Natur, des Schönen und der Sitten. 1913. 646 S.
Bd. 11: Arthur Schopenhauers handschriftlicher Nachlaß. Die Genesis des Systems. Teil 1, Erstlingsmanuskripte. 1916. XXIV, 597 S.
[Bd. 12 ist nicht erschienen.]
Bd. 13: Arthur Schopenhauers Randbemerkungen zu den Hauptwerken Kants. 1926. VI, 438 S.
Bd. 14: Der Briefwechsel Arthur Schopenhauers. Band 1. (1799–1849). 1929. XVI, 652 S.
Bd. 15: Der Briefwechsel Arthur Schopenhauers. Band 2. (1849–1860). 1933. XI, 842 S.
Bd. 16: Der Briefwechsel Arthur Schopenhauers. Band 3. 1942. XXVIII, 792 S.

Diese Ausgabe enthält noch immer vieles, was sonst nirgendwo publiziert ist, vor allem bei den Briefen und den Lebensdokumenten.

Schopenhauer, Arthur: Sämtliche Werke. Nach der ersten, von Julius Frauenstädt besorgten Gesamtausgabe neu bearb. u. hg. v. Arthur Hübscher. Leipzig: Brockhaus.
Bd. 1: Schriften zur Erkenntnislehre. 1937. Getr. Zählung.
Bd. 2: Die Welt als Wille und Vorstellung. Band 1. 1938. XXXII, 653 S., graph. Darst.
Bd. 3: Die Welt als Wille und Vorstellung. Band 2. 1938. 773 S.
Bd. 4: Schriften zur Naturphilosophie und zur Ethik. 1938. Getr. Zählung.
Bd. 5: Parerga und Paralipomena. Band 1. 1938. IX, 573 S.
Bd. 6: Parerga und Paralipomena. Band 2. 1939. VIII, 767 S.
Bd. 7: Über die vierfache Wurzel des Satzes vom zureichenden Grunde [u. a.]. 1941. XIV, 433 S.

Diese Ausgabe ist seither in zahlreichen Auflagen erschienen und kann noch immer als die beste Studienausgabe angesehen werden:

Schopenhauer, Arthur: Werke in fünf Bänden. Nach den Ausgaben letzter Hand hg. v. Ludger Lütkehaus. Zürich: Haffmans 1988. – Frankfurt a. M.: Haffmans Verl. bei Zweitausendeins 2006.
Bd. 1: Die Welt als Wille und Vorstellung. 1. Band. Vier Bücher, nebst einem Anhange, der die Kritik der Kantischen Philosophie enthält. 676 S.
Bd. 2: Die Welt als Wille und Vorstellung. 2. Band, welcher die Ergänzungen zu den vier Büchern des ersten Bandes enthält. 751 S.
Bd. 3: Kleinere Schriften. 728 S. (Ueber die vierfache Wurzel des Satzes vom zureichenden Grunde; Ueber den Willen in der Natur; Die beiden Grundprobleme der Ethik; Ueber das Sehn und die Farben.)
Bd. 4: Parerga und Paralipomena: Kleine Philosophische Schriften. Band 1. 483 S.
Bd. 5: Parerga und Paralipomena: Kleine Philosophische Schriften. Band 2. 567 S.
Beibuch zur Schopenhauer-Ausgabe. Einleitung zu Schopenhauers Werken nach den Ausgaben letzter Hand / von Ludger Lütkehaus. 387 S.

Schopenhauer, Arthur: Der handschriftliche Nachlaß. Hg. v. Arthur Hübscher. Frankfurt a. M.: Kramer.
Bd. 1: Frühe Manuskripte (1804–1818). 1966. XVI, 529 S., graph. Darst.
Bd. 2: Kritische Auseinandersetzungen (1809–1818). 1967. XXX, 499 S., graph. Darst.
Bd. 3: Berliner Manuskripte (1818–1830). 1970. XXXI, 748 S., graph. Darst.
Bd. 4, Teil 1: Die Manuskriptbücher der Jahre 1830 bis 1852. 1974. XIII, 358 S.
Bd. 4, Teil 2: Letzte Manuskripte [u. a.]. 1975. XIX, 403 S.
Bd. 5: Randschriften zu Büchern. 1968. XXXVIII, 536 S.

Von diesem Werk erschien 1985 eine Taschenbuchausgabe im Münchner Deutschen Taschenbuchverlag.

Schopenhauer, Arthur: Gesammelte Briefe. Hg. v. Arthur Hübscher. 2., verb. u. erg. Aufl. Bonn: Bouvier 1987. XII, 732 S.

Die Schopenhauers. Der Familienbriefwechsel von Adele, Arthur, Heinrich Floris und Johanna Schopenhauer. Hg. u. eingeleitet v. Ludger Lütkehaus. Zürich: Haffmans 1991. 511 S.

Schopenhauer, Arthur: Gespräche. Hg. v. Arthur Hübscher. Neue, stark erw. Ausg. Stuttgart-Bad Cannstatt: Frommann 1971. 432 S.

2.2 Einzelne zu Schopenhauers Lebzeiten erschienene Werke (chronologisch)

Ueber die vierfache Wurzel des Satzes vom zureichenden Grunde. Eine philosophische Abhandlung / Arthur Schopenhauer. Rudolstadt 1813. 148 S. Jena, Diss. 1813.
(2., sehr verb. u. beträchtl. erw. Aufl. Frankfurt a. M.: Hermann 1847.)

Ueber das Sehn und die Farben, eine Abhandlung / Arthur Schopenhauer. Leipzig: Hartknoch 1816. 88 S.
(2., verb. u. verm. Aufl. Leipzig: Hartknoch 1854.)

Die Welt als Wille und Vorstellung: vier Bücher, nebst einem Anhange, der die Kritik der Kantischen Philosophie enthält. / Arthur Schopenhauer. Leipzig: Brockhaus 1819. XVI, 726 S.
(2., durchgängig verb. u. verm. Aufl. Leipzig: Brockhaus 1844. 2 Bde.)
(3., verb. u. beträchtl. verm. Aufl. Leipzig: Brockhaus 1859. 2 Bde.)

Ueber den Willen in der Natur. Eine Erörterung der Bestätigungen, welche die Philosophie d. Verf., seit ihrem ersten Auftreten, durch d. empir. Wissenschaften erhalten hat / Arthur Schopenhauer. Frankfurt a. M.: Schmerber 1836. 142 S.
(2., verb. u. verm. Aufl. Frankfurt a. M.: Hermann 1854.)

Die beiden Grundprobleme der Ethik, behandelt in zwei akademischen Preisschriften. I. Ueber die Freiheit des menschlichen Willens, gekrönt von der Königl. Norwegischen Societät der Wissenschaften, zu Drontheim, am 28. Januar 1839 [S. 1–100]. II.: Ueber das Fundament der Moral, nicht gekrönt von der Königl. Dänischen Societät der Wissenschaften, zu Kopenhagen, den 30. Januar 1840 [S. 101–280]. Frankfurt a. M.: Hermann 1841. XXXX, 280 S.
(2., verb. u. verm. Aufl. Leipzig: Brockhaus 1860.)

Parerga und Paralipomena: kleine philosophische Schriften / von Arthur Schopenhauer. Berlin: Hayn.
Bd. 1. 1851. 465 S.
Bd. 2. 1851. IV, 531 S.

3. Hilfsmittel zur Schopenhauerforschung

Hübscher, Arthur: Schopenhauer-Bibliographie. Stuttgart-Bad Cannstatt: Frommann-Holzboog 1981. 331 S.

Eine jährliche Fortsetzung der Bibliographie erscheint in den Bänden des Schopenhauer-Jahrbuchs.

Hübscher, Arthur: Schopenhauer-Bildnisse. Eine Ikonographie. Frankfurt a. M.: Kramer 1968. 159 S., Ill.

Frauenstädt, Julius: Schopenhauer-Lexikon. Ein philosophisches Wörterbuch nach Arthur Schopenhauers sämmtlichen Schriften und handschriftlichem Nachlaß bearbeitet. Leipzig: Brockhaus.
Bd. 1: Aberglaube bis Jury. 1871. VIII, 382 S.
Bd. 2: Kaltblütigkeit bis Zweites Gesicht. 1871. 507 S.

Hertslet, W[illiam] L[ewis]: Schopenhauer-Register. Ein Hülfsbuch zur schnellen Auffindung aller Stellen, betreffend Gegenstände, Personen und Begriffe sowie der Citate, Vergleiche und Unterscheidungen, welche in Arthur Schopenhauer's Werken, ferner in seinem Nachlasse und in seinen Briefen enthalten sind. Leipzig: Brockhaus 1890. 261 S.

Wagner, Gustav Friedrich: Encyklopädisches Register zu Schopenhauer's Werken: nebst einem Anhange, der den Abdruck der Dissertation von 1813, Druckfehlerverzeichnisse u. a. m. enthält. Karlsruhe i. B.: Braun 1909. XI, 597 S.
(2. Aufl. u. d. T.: Schopenhauer-Register. Neu hg. v. Arthur Hübscher. Stuttgart-Bad Cannstatt: Frommann-Holzboog 1960.)

4. Periodika

Schopenhauer-Jahrbuch / Schopenhauer-Gesellschaft. Hg. v. Matthias Koßler [u. a.]. Würzburg: Königshausen & Neumann.

Das Jahrbuch hat im Laufe der Geschichte mehrmals den Verlag gewechselt. Bis 1944 erschien es u. d. T.: Jahrbuch der Schopenhauer-Gesellschaft.

Zimbrich, Fritz: Schopenhauer-Jahrbücher 1–60. (1912–1979). Ein Generalregister. Frankfurt a. M: Kramer 1979.

Schopenhauer-Studien. Jahrbuch der Internationalen Schopenhauer-Vereinigung. Hg. v. Wolfgang Schirmacher. Bd. 1/2 (1988) – Bd. 5 (1995). Wien: Passagen-Verl.

5. Sekundärliteratur

5.1 Erste Veröffentlichungen über Schopenhauer zu Lebzeiten des Philosophen

Oxenford, John: Iconoclasm in German Philosophy. In: The Westminster Review, New Series III (1853), Sp. 388–407.

Weigelt, G[eorg]: Schopenhauer. In: Zur Geschichte der Neueren Philosophie. Populäre Vorträge. Hamburg: Meißner 1854–55, S. 118–156.

Cornill, Adolf: Arthur Schopenhauer als Übergangsformation von einer idealistischen zu einer realistischen Weltanschauung. Heidelberg: Mohr 1856. XVI, 151 S.

Bähr, Carl Georg: Die Schopenhauersche Philosophie in ihren Grundzügen dargestellt und kritisch beleuchtet. Dresden: Kuntze 1857. XVI, 148 S.

Seydel, Rudolf: Schopenhauers philosophisches System dargestellt und beurtheilt. Gekrönte Preisschrift. Leipzig: Breitkopf & Härtel 1857. VIII, 116 S.

Die beiden letztgenannten Titel antworten auf eine Ausschreibung der philosophischen Fakultät der Universität Leipzig. Während die Arbeit Seydels preisgekrönt wurde, bildete das Büchlein Bährs die Grundlage eines freundschaftlichen Verhältnisses zwischen dem betagten Philosophen und dem jungen Juristen.

5.2 Biographien (Auswahl)

Die biographische Literatur zu Arthur Schopenhauer füllt Bibliotheken. Ausgewählt sind hier nur drei Titel, von denen der erste den Wert der Zeitgenossenschaft hat, der zweite von dem wohl besten Schopenhauer-Kenner stammt und der dritte den jüngsten erfolgreichen Versuch darstellt, das Interesse an Schopenhauer zu fördern.

Gwinner, Wilhelm: Arthur Schopenhauer aus persönlichem Umgange dargestellt: ein Blick auf sein Leben, seinen Charakter und seine Lehre. Leipzig: Brockhaus 1862. X, 239 S., Ill.
(2., umgearb. u. verm. Aufl. u. d. T.: Schopenhauer's Leben. Leipzig: Brockhaus 1878.)
(3., neugeordn. u. verb. Ausg. Leipzig: Brockhaus 1910.)

Hübscher, Arthur: Denker gegen den Strom. Schopenhauer: gestern – heute – morgen. Bonn: Bouvier 1973. 355 S.
(Zahlreiche spätere Auflagen.)

Safranski, Rüdiger: Schopenhauer und Die wilden Jahre der Philosophie. Eine Biographie. München, Wien: Hanser 1987. 556 S.
(Zahlreiche spätere Auflagen.)

Sandro Barbera †

Die Editionen des handschriftlichen Nachlasses von Arthur Schopenhauer und das Projekt *SchopenhauerSource*

Vorbemerkung

Professor Sandro Barbera ist am 5. Februar 2009 verstorben. Für alle, die ihn kannten, und für alle, die in den letzten Jahren mit ihm zusammengearbeitet haben, war dieser unerwartete, frühe Tod ein Schock. In dem großen Projekt einer digitalen Schopenhauer-Edition war er das intellektuelle und menschliche Zentrum. Alle Kolleginnen und Kollegen des Herausgebergremiums stimmen darin überein, daß wir unseren Freund am besten ehren, wenn das Projekt, in das er so viel Energie, Phantasie und Leidenschaft investiert hat, in seinem Sinne fortgeführt wird. Deshalb werden sich die Herausgeber in Kürze treffen, um die nächsten notwendigen Schritte zu beraten und über die Verteilung der Aufgaben zu beschließen.
Jochen Stollberg

Schopenhauers handschriftlicher Nachlass ist nicht in seiner Gesamtheit erhalten. Der Philosoph hatte in seinem Testament alle seine Manuskripte und die Handexemplare seiner Werke dem „Herzapostel" Julius Frauenstädt hinterlassen, der sie für seine Ausgabe der Werke Schopenhauers, in sechs Bänden bei Brockhaus 1873/74 erschienen, verwendete. Nach Frauenstädts Tode gelangten die Manuskripte, die Schopenhauers Aufzeichnungen von 1804 bis 1860 enthalten, in die Königliche Bibliothek zu Berlin, wo sie bis heute aufbewahrt werden; die Handexemplare hingegen sind zerstreut und zum großen Teil verschollen.

1. Die Handexemplare

Am 18. Dezember 1921 beschreibt Franz Mockrauer, damaliger Schriftführer der Schopenhauer-Gesellschaft, dem Verleger Felix Meiner das Schicksal der Handexemplare wie folgt:

> Schopenhauer hatte ja natürlich Erben überhaupt nicht und vermachte seine gesamten Handschriften mit Einschluß der jetzt in Weiß' Händen befindlichen Handexemplare seinem Jünger Frauenstädt mit der Ermächtigung, die posthumen Ausgaben seiner Werke zu besorgen. Auch vermachte Frauenstädt seinerseits alle Schopenhaueriana seinem Bruder [es handelt sich um den Kaufmann Robert Fraunstädter], der die als solche erkenntlichen Handschriften klugerweise der Berliner Bibliothek überwies, die Handexemplare dagegen antiquarisch verkaufte. [...] als Grisebach seine Ausgabe machen wollte, besaß sie ein Leip-

ziger Handelsschullehrer Bremer, bei dem sie Grisebach flüchtig einsehen durfte und der sie selbst „veröffentlichen" wollte. Danach standen die Handexemplare einmal im Jahre 1906 drei Tage lang im Schaufenster der Roßbergschen Buchhandlung in Leipzig mit dem Vermerk „verkauft", und der Name des Käufers wurde geheimgehalten: es war dies aber [...] ein nervenkranker, bibliophiler Referendar a. D. Graeber in Leipzig, von dem Deussen damals bis zum Einsetzen der Weißschen Intrigen die Bücher zur Benutzung erhielt; später gelangten sie an Weiß, der sie dann kaufte.

Wir wissen nicht, ob Paul Deussen und seine Mitarbeiter, die an einer bedeutenden Edition von Schopenhauers Werken und Nachlass für den Verlag Piper arbeiteten, tatsächlich „sorgfältige Kopien" der Handexemplare angefertigt haben, wie ein anderes Schriftstück versichert.[1] Auf jeden Fall ist von ihnen keine Spur erhalten geblieben.

Otto Weiß, der letzte Besitzer der Handexemplare, der in Mockrauers Brief erwähnt wird, steht aber keineswegs am Ende ihrer komplizierten Geschichte, sondern nur an einer Wende, die es uns erlaubt, einen Blick in die manchmal dramatischen und konfliktreichen Hintergründe der Geschichte der Schopenhauer-Editionen zu werfen. Um sie besser zu verstehen, muss daran erinnert werden, dass die Handexemplare in Schopenhauers Fall eine entscheidende Rolle für die Textrevision der Werke spielen. Schopenhauer hatte nämlich die Gewohnheit, die Handexemplare durchschießen, d. h. mit eingeschobenen weißen Seiten zwischen den gedruckten binden zu lassen; darauf schrieb er seine längeren Zusätze, die er später tatsächlich in die folgende Ausgabe aufnahm (die verwendeten Teile löschte er mit einem vertikalen Bleistift- oder Federstrich) oder die er aufnehmen wollte. Überall an den Rändern der gedruckten Seiten finden sich kürzere Zusätze, einzelne Korrekturen oder Hinweise.

Otto Weiß war nicht irgendein Bibliomane; immerhin war er bereits als Editor Schellings und eines Teils des Nietzsche-Nachlasses bekannt geworden, und er arbeitete an dem Projekt einer historisch-kritischen Gesamtedition von Schopenhauers Werken und Nachlass, die sachlich in Konkurrenz mit der Deussenschen treten sollte. 1919 veröffentlichte der Verlag Hesse & Becker (Leipzig) die ersten (und einzigen) beiden Bände dieser Edition mit dem Text der *Welt als Wille und Vorstellung* (Abb. 1), bis heute die einzige textkritische Ausgabe des Hauptwerks von Schopenhauer. Sie basiert auf den drei Ausgaben von 1819, 1844 und 1859 und auf den entsprechenden Handexemplaren,[2] die Weiß für einen langen, sorgfältig erarbeiteten Variantenanhang von ca. 360 Seiten verwendete.

Das Monopol von Weiß über die Handexemplare (von besonderer Bedeutung war das der *Parerga und Paralipomena*, das allein eine kritische Ausgabe dieses Werkes gestattet hätte) hatte ihn in Konflikt mit der Schopenhauer-Gesellschaft gebracht, die versuchte, die Handexemplare zu kaufen oder wenigstens für die Fortführung der Edition Deussens zu verwenden. Der Konflikt wurde dadurch verschärft, dass Weiß

---

1 Brief des Kuratoriums der Schopenhauer-Gesellschaft an Otto Weiß vom 1. Februar 1920. Die beiden erwähnten Briefe sind in den Akten der Schopenhauer-Gesellschaft (Schopenhauer-Archiv, Frankfurt am Main) aufbewahrt.
2 Sie befinden sich jetzt in einer privaten Sammlung in New York.

das wertvolle Material in seinem Besitz dazu benutzte, um sich innerhalb der Deussenschen Edition und der Schopenhauer-Gesellschaft besonders hervorzutun und den ersten Platz einzunehmen. Er beendete seine Karriere als Nicht-Herausgeber Schopenhauers mit zwei maschinengeschriebenen Berichten, die auf 1938 datierbar sind und die Titel *Die gegenwärtige Lage der deutschen Schopenhauer-Forschung und die Juden* und *Denkschrift über die Beseitigung der unwürdigen und beschämenden Missstände in der deutschen Schopenhauer-Forschung* tragen.[3] Diese Schriften, deren Adressat unbekannt ist, legen Zeugnis über den virulenten Antisemitismus ihres Verfassers ab. Weiß vermeint ein Komplott von jüdischen Forschern und Herausgebern zu sehen, also von Frauenstädt und allen denjenigen, von Deussen bis Hübscher, die sich auf Frauenstädts Edition der Werke berufen haben, um den angeblich „aryschen" und „heroischen" Charakter von Schopenhauers Philosophie zu neutralisieren. Dies hindert Weiß' Berichte aber nicht daran, auch wertvolle kritische Bemerkungen über die Editionen und die editorischen Probleme von Schopenhauers Werken zu enthalten. Einen Teil der Handexemplare hat Weiß, um finanzielle Schwierigkeiten zu bewältigen, an private Sammler verkauft (sie „wurden [...] mir durch wirtschaftliche Not nacheinander aus der Hand geschlagen", wie er in seinem ersten Bericht, S. 47, schreibt), ein anderer Teil ist endgültig verschollen.[4]

2. Die Handschriften

Ganz anders hingegen verlief das Schicksal der eigentlichen Manuskripte, die fast in ihrer Gesamtheit erhalten sind – mit folgenden Ausnahmen: erstens einer autobiographischen Schrift von ca. 30 Bogen, die nicht im Besitz von Frauenstädt, sondern vom Testamentsvollstrecker Wilhelm von Gwinner war, der sie wegen ihrer als anstößig empfundenen Aspekte vernichtet hat; zweitens eines kurzen Traktats über „die Stufenfolge der Künste"; drittens einer gleichermaßen anstößigen Schrift über die Nachteile der Monogamie und die Vorteile der Ehe zu viert. Heute befinden sich die Handschriften, von den frühesten Aufzeichnungen von 1804 (einige Gedichte und Übersetzungen von poetischen Texten) bis zu den letzten Schriften aus dem Jahr 1860, in 29, nicht in chronologischer Reihenfolge geordneten Bänden.[5] Die Bände enthalten keine Druckmanuskripte, sondern nur Aufsätze, die in verschiedenen Graden textlich ausgearbeitet sind und später zum Teil in die Werke aufgenommen wurden; außerdem die Aufzeichnungen der Vorlesungen, die Schopenhauer in seiner Jugend in Göttingen und Berlin besucht hat (*Collegienhefte*, Bände I–VI), sowie der-

---

[3] In der Stadt- und Universitätsbibliothek Frankfurt am Main.
[4] Über die Handexemplare der Werke Schopenhauers siehe Arthur Schopenhauer: Der handschriftliche Nachlaß. Hg. von Arthur Hübscher. München 1985. Bd. V: Randschriften zu Büchern, S. 151f.
[5] Vgl. Siegfried Detemple: Die wissenschaftlichen Manuskripte Arthur Schopenhauers in der Staatsbibliothek Preußischer Kulturbesitz. Eine Beschreibung. In: Die Schopenhauer-Welt. Ausstellung der Staatsbibliothek Preußischer Kulturbesitz Berlin und der Stadt- und Universitätsbibliothek Frankfurt am Main zu Arthur Schopenhauers 200. Geburtstag. Frankfurt a. M. 1988 (Staatsbibliothek Preußischer Kulturbesitz, Ausstellungskataloge 32), S. 157–179.

jenigen, die er selbst an der Universität Berlin nach dem Erscheinen der *Welt als Wille und Vorstellung* gehalten hat (Bände XXIV–XXVII). Die Bände XIX und XX enthalten die sogenannten Erstlingsmanuskripte, die uns erlauben, quasi Schritt für Schritt das Entstehen des philosophischen Systems zu verfolgen, wie es später im ersten Band des Hauptwerks dargestellt wird. Dieses Korpus von 29 Bänden versammelt die Materialien, die Schopenhauer in allen Perioden seines Schaffens heranzog und verwendete. Dies erklärt nicht nur die geordnete Einteilung des Materials, sondern auch das System von zahlreichen sorgfältigen Verweisen, das den Gebrauch erleichtert und heute ein wichtiges Werkzeug darstellt, um die Beziehungen zu begreifen, die Schopenhauer zwischen den verschiedenen Aspekten seines Denkens herstellen wollte. Außerdem hat Schopenhauer die Handschriften mit einem Sachregister (*Register* zu den Manuskripten 1812–1818 in Band XVI und *Repertorium* zu den Manuskripten nach 1818 in Band XV [Abb. 2]) versehen.

Die Handschriften aus den ersten Zeitabschnitten sind ziemlich leicht zu lesen, wie z. B. die Aufzeichnungen in den *Collegienheften* (Abb. 3–5) oder in den Erstlingsmanuskripten (Abb. 6) beweisen. Sie werden aber im Laufe der Jahre immer schwieriger und manchmal sogar fast unlesbar. Die Handschriften mit dem Titel *Senilia* von 1852 (Abb. 7) zeigen ein extremes Maß von Schwierigkeit und sind nur zum Teil entziffert und – in der letzten Ausgabe des Nachlasses, über die wir verfügen – ediert worden.

3. Die Editionen

Die erste Phase der Rezeption von Schopenhauers Philosophie erweckt oft den Anschein der Verbreitung einer religiösen Wahrheit. Schopenhauer selbst hat dazu beigetragen, indem er seine ersten Anhänger oder Bewunderer als „Apostel" bezeichnete. Noch in den 1870er Jahren sprachen Nietzsche und seine Freunde in ihren Briefen von dem Sektenhaften der Philosophie Schopenhauers. Es ist also verständlich, wenn die früheste, sehr knappe Veröffentlichung der Handschriften (ca. 50 Seiten), die von Frauenstädt im Jahr 1863 als Anhang zu dem Band von Otto Lindner *Arthur Schopenhauer. Von ihm, über ihn* (Berlin 1863) vorgenommen wurde, diese Dokumente als „Reliquien" betrachtet, um den Schopenhauer-Kult zu bestätigen oder einige Aspekte der Polemik zu präzisieren, die die beiden Autoren gegen die falschen Interpretationen des Meisters führten. Frauenstädt ist aber auch der Herausgeber der ersten umfangreichen (480 Seiten), bei Brockhaus erschienenen Auswahl des Nachlasses in dem Band *Aus Arthur Schopenhauer's handschriftlichem Nachlaß. Abhandlungen, Anmerkungen, Aphorismen und Fragmente* (Leipzig 1864). Die Auswahl unterliegt keinerlei chronologischen Ordnung, denn diese „hätte den Leser zerstreut, wo nicht verwirrt" (S. VIII des Vorworts). Es handelt sich vielmehr um eine thematische Anordnung, der Frauenstädt einen sehr nüchternen Kommentar hinzufügt. Vor allem wird den Auseinandersetzungen des jungen Schopenhauer mit den zeitgenössischen Philosophen viel Platz eingeräumt, denn Frauenstädt ist sehr darum bemüht zu beweisen, dass Schopenhauers virulente polemische Äußerungen gegen

Fichte, Schelling und Hegel nicht einem persönlichen Ressentiment geschuldet sind, sondern sachlichen Differenzen im Gedankengang. Der subjektive und willkürliche Charakter der Auswahl wird auch in der von Schopenhauers Biographen Eduard Grisebach bei Reclam herausgegebenen vierbändigen Edition *Arthur Schopenhauer's handschriftlicher Nachlaß* (Leipzig 1890–1892) nicht überwunden, die, ohne den Anspruch, eine kritische Ausgabe darzustellen, dennoch eine umfangreichere Menge an Materialien bietet. Die Bedeutung dieser Ausgaben ist heute eine rein kulturhistorische: Auf ihnen basieren, was den Nachlass betrifft, die ersten wichtigen Interpretationen von Schopenhauers Philosophie wie die von Kuno Fischer, von Friedrich Überweg, von Rudolf Haym und von Friedrich Nietzsche, der mehrmals seine Bekanntschaft mit den Texten des postum veröffentlichten Werkes zeigt, obwohl er sie nie explizit zitiert.

Man muss bis zum Jahr 1913 warten, bevor man über eine vollständige und nach wissenschaftlichen Kriterien gearbeitete Edition eines Teils des Nachlasses verfügt, d. h. der Bände XXIV–XXVII mit den Berliner Vorlesungen. Eine solche Edition stellen die Bände 9 und 10 der Ausgabe der Werke dar, die Paul Deussen für den Verlag Piper in München besorgte: Sie wurde von Franz Mockrauer herausgegeben, dem Schüler von Deussen, einem exzellenten Kenner der Philosophie Schopenhauers sowie, in wissenschaftlicher und organisatorischer Hinsicht, sowohl der Edition als auch der Schopenhauer-Gesellschaft. In den Jahren 1929, 1933 und 1942 wurde der Briefwechsel (mit den Briefen Schopenhauers und seiner Briefpartner) in drei Bänden von Carl Gebhardt und Arthur Hübscher publiziert (Bände 14–16); im Jahr 1926, von dem Wiener Rechtsanwalt Robert Gruber, die Randglossen der Handexemplare von Kants Werken, die er selbst besaß (Band XIII). 1916 gab Erich Hochstetter unter dem Titel *Die Genesis des Systems* die Erstlingsmanuskripte heraus (Band 11). Hier werden zum ersten Mal, wie im Fall der Berliner Vorlesungen, die Handschriften nach strengen historisch-kritischen Maßstäben unter Beachtung der Chronologie veröffentlicht. Dem Benutzer wird durch Zeichen, Abkürzungen, typographische Variationen und die Verwendung von Druckbuchstaben verschiedener Größe ein genaues Bild der Struktur des handschriftlichen Textes geboten – mit allen Umstellungen, Korrekturen, Streichungen, Zusätzen, Zusätzen zu den Zusätzen usw., die Schopenhauer vorwiegend am Rand des Haupttextes angebracht hat: Auf diese Weise gibt die Transkription die verschiedenen Schichten der Handschrift wieder, oftmals viel genauer als die spätere Ausgabe von Arthur Hübscher.[6]

Hochstetter sieht die in den Erstlingsmanuskripten vorliegenden einzelnen Aufsätze als Glieder eines einzigen philosophischen Systems im Werden, und er nummeriert sie sogar dort als Paragraphen, wo Schopenhauer sie nur durch einen horizontalen Federstrich trennte. Es handelt sich ohne Zweifel um eine eingreifende editorische Maßnahme, die aber weniger illegitim ist als die acht Jahre später von Otto Weiß praktizierte, der beim Insel-Verlag eine Edition der Manuskripte mit dem

---

6 Vgl. Sandro Barbera: La théorie de la „double connaissance du corps" chez Schopenhauer: genèse de l'écriture, genèse du system. In: Genesis. Manuscrits, recherche, invention 8 (2003), Heft 22, S. 53–68, hier S. 65ff.

Titel *Philosophische Aphorismen* herausgab (Leipzig 1924). Diese Ausgabe zeigt im Vergleich zu Hochstetters Band einen erheblichen methodologischen Rückschritt; Weiß sieht die Aufsätze (wie sie Schopenhauer immer genannt hat) nicht als Bestandteile eines Systems, sondern als eigenständige Produkte eines künstlerischen, genialen Geistes. Nach seiner Überzeugung sind sie in Wirklichkeit „Aphorismen", „in dem unmittelbaren Augenblick der Intuition" (S. XVI der Einleitung) niedergeschrieben. Der vermeintlich aphoristische Charakter der Jugendaufsätze, so wie sie Weiß in seiner durch thematische Anordnung hergestellten Auswahl dem Leser vorlegt, als wären sie in einer glatten, endgültigen Form, ohne weiteres Nachdenken zu Papier gebracht, also ohne Beachtung der Korrekturen und Zusätze Schopenhauers, macht aus ihm, wie Weiß es will, einen „romantischen", eng mit Nietzsche verwandten Denker, bei dem Intuition und Ausdruck außerhalb jedes rationalen Argumentierens in der Weise eines Genies zusammentreffen. Die fragwürdige Definition von Schopenhauers Aufsätzen als „Aphorismen" war in Wirklichkeit schon seit langem im Umlauf: Bereits Frauenstädt hatte sie eingeführt, Mockrauer hatte sie in einer bedeutenden Besprechung der Erstlingsmanuskripte wiederaufgenommen,[7] und auch bei Hübscher findet sie sich hin und wieder.

Die Unmöglichkeit, nach dem Zweiten Weltkrieg die Deussensche Edition fortzuführen, hat den damaligen Vorsitzenden der Schopenhauer-Gesellschaft Arthur Hübscher dazu veranlasst, selbst eine neue Ausgabe des Nachlasses zu erstellen. Hübscher hatte schon 1938 für den Verlag Piper eine Auswahl (107 Seiten) von Materialien aus dem Nachlass mit dem Titel *Der junge Schopenhauer. Aphorismen und Tagebuchblätter* besorgt. 1966 erscheint beim Verlag Waldemar Kramer in Frankfurt der erste Band der historisch-kritischen Edition des Nachlasses in 5 Bänden (6 Teilbänden), die 1977 abgeschlossen ist.[8] Zum ersten Mal verfügen die Leser und die Schopenhauer-Forscher über einen lesbaren kritischen Text des gesamten Berliner Nachlasses und erhalten so die Möglichkeit, die Genese und die Voraussetzungen von Schopenhauers Denken in allen Phasen seines Schaffens nachzuvollziehen.

1973 aber, als Hübscher den Band IV/1 mit den Manuskriptbänden der Periode von 1835 bis 1852 publiziert, muss er in der Einleitung „Änderungen und Veränderungen des ursprünglichen Plans" (S. VII) ankündigen. Vor allem aus finanziellen Gründen – wie er selbst erklärt –, aber vielleicht auch wegen einer fortschreitenden Schwächung seiner Sehfähigkeit musste er darauf verzichten, den vollständigen Text der späteren Manuskripte wiederzugeben: Es werden nach sehr zweifelhaften Kriterien sowohl die Aufzeichnungen geopfert, die „wörtlich oder nur mit geringen Abweichungen" in Schopenhauers Werk eingegangen sind, als auch und vor allem der größte Teil der zahlreichen Zitate und Auszüge, die Schopenhauer gewohnheitsmäßig aus anderen Autoren übernommen hat. Die Selektion ist besonders schmerzlich in Hinblick auf die naturwissenschaftlichen Werke, mit denen sich der Philosoph,

---

7 Franz Mockrauer: Über Schopenhauers Erstlingsmanuskripte. In: Schopenhauer-Jahrbuch 4 (1915), S. 134–167.
8 Die Ausgabe ist später (1985) beim Deutschen Taschenbuch Verlag in München erschienen (Anm. 4), sie ist heute nicht mehr im Handel.

der eine „physiologische" Interpretation der Beziehungen zwischen dem Willen und dem Intellekt rechtfertigen wollte, in jener Periode mit besonderem Eifer beschäftigte. Komplette Manuskriptbücher, wie wir bereits bei den *Senilia* gesehen haben, werden so nur zum Teil ediert. Ebenso problematisch, wenn nicht noch problematischer, ist der Zustand der frühesten postum veröffentlichten Schriften. In diesem Fall sah sich Hübscher dazu gezwungen, auf die Transkription und Edition des bedeutenden Korpus der Aufzeichnungen zu verzichten, die der junge Schopenhauer während seiner Studienjahre an den Universitäten Göttingen und Berlin bei Lehrern wie Heeren, Blumenbach, Schulze, Klaproth, Bouterwek, Schleiermacher, Fichte, Wolf, Boeck usw. anfertigte. Die einzige Ausnahme bilden Fichtes Vorlesungen, die Hübscher in ihrer Ganzheit ediert. Diese Aufzeichnungen stellen einen erheblichen Teil (2.336 Seiten) der Jugendmanuskripte dar und sind von Schopenhauer sorgfältig aufbewahrt und geordnet worden, da er sie auch in späteren Jahren weiterhin benutzte. Es handelt sich nicht nur um eine unentbehrliche Quelle, um im Detail das Werden seines Denkens zu rekonstruieren, sie bilden vielmehr auch in mehr als einem Falle ein wertvolles Dokument des Zustandes der verschiedenen Disziplinen innerhalb der deutschen Universitätsausbildung jener Zeit in zwei so ‚strategischen' Universitäten wie Göttingen und Berlin.

4. Schopenhauer im Web: eine digitale Edition seines Nachlasses

Hübschers Ausgabe bleibt ein wertvolles und unentbehrliches Werkzeug für die Schopenhauer-Forscher, benötigt aber wesentliche Ergänzungen. Von dieser Notwendigkeit ausgehend, hat eine Gruppe von Schopenhauer-Forschern (Sandro Barbera, Matteo D'Alfonso, Nicoletta De Cian, Leonardo Pica Ciamarra, Marco Segala, Jochen Stollberg) eine kritische Edition des Nachlasses im Web geplant, die eine digitale Reproduktion der originalen Handschriften vorsieht, sodass der Nutzer die Transkriptionen mit den Handschriften vergleichen kann. Die Web-Seite *SchopenhauerSource* <www.schopenhauersource.org> will folgende Materialien zur Verfügung stellen:

1. die 29 Bände des handschriftlichen Nachlasses Schopenhauers aus der Berliner Staatsbibliothek,
2. die erhaltenen Bücher seiner persönlichen Bibliothek mit handgeschriebenen Randglossen, Unterstreichungen usw., die sich vorwiegend im Schopenhauer-Archiv befinden,
3. die ersten Ausgaben seiner Werke,
4. die Handexemplare, soweit verfügbar,
5. schließlich – als Ergebnis der eigentlichen editorischen Arbeit – die Transkriptionen, wobei mit denjenigen Teilen des Nachlasses begonnen werden soll, die bis jetzt entweder völlig unveröffentlicht oder ergänzungsbedürftig sind.

Zurzeit (Dezember 2008) enthält *SchopenhauerSource* etwa die Hälfte des Berliner Nachlasses; im Laufe des Jahres 2009 wird dieser vollständig verfügbar sein. In Kürze werden die ersten Transkriptionen erscheinen, beginnend mit den unveröffentlichten Manuskriptbüchern der Universitätsvorlesungen, den *Collegienheften*, und den ersten Büchern der persönlichen Bibliothek Schopenhauers.

Verschiedene Institutionen haben den Start des Projekts ermöglicht. An erster Stelle die Handschriftenabteilung der Staatsbibliothek zu Berlin – Preußischer Kulturbesitz (Prof. Dr. Eef Overgaauw, Dr. Jutta Weber), die für die digitale Kopie des gesamten Schopenhauer-Nachlasses gesorgt und dessen Reproduktion im Netz erlaubt hat. Mit der Staatsbibliothek Berlin wird es demnächst zu einer Zusammenarbeit für die Transkriptionen kommen. Dieselbe Großzügigkeit hat die Universitätsbibliothek Frankfurt am Main gezeigt, indem sie die unentgeltliche Digitalisierung der bedeutendsten Bücher aus der Privatbibliothek Schopenhauers zur Verfügung gestellt hat. Das Projekt wurde von Anfang an von der Schopenhauer-Gesellschaft (durch ihren Vorsitzenden Prof. Dr. Matthias Koßler) und vom Schopenhauer-Archiv (zuerst durch Jochen Stollberg, nun durch Dr. Mathias Jehn) unterstützt. Unentgeltlich benutzt *SchopenhauerSource* den Server der École Normale Supérieure Paris. Nicht zuletzt eine Förderung durch die Universität Pisa und das italienische Bildungs- und Forschungsministerium hat es erlaubt, die ersten Projektschritte zu realisieren und erste Ergebnisse vorzulegen, die jetzt den Lesern und Forschern kostenfrei zugänglich sind.

5. Die informatische Einrichtung: *Talia* und *SchopenhauerSource*

von Daniel Hahn

SchopenhauerSource nutzt *Talia*, eine im Rahmen des Discovery-Projektes <www.discovery-project.eu> neu entwickelte Softwarelösung für Onlinebibliotheken und zur Bereitstellung wissenschaftlicher Arbeiten im Internet. *Talia* wird unter anderem auch für die Seiten *NietzscheSource* und *WittgensteinSource* eingesetzt. Die Entwicklung der Software wie auch die speziellen Anpassungen für *SchopenhauerSource* werden von der italienischen Firma Net7 <www.netseven.it>, einem der Partner des Discovery-Projektes, durchgeführt. Ziel der Entwicklung von *Talia* ist es, eine flexible Software zu schaffen, die sich einfach installieren und warten lässt, und so auch kleineren Projekten und Institutionen die Möglichkeit zu geben, langfristig eine eigene Onlinebibliothek zu betreiben. Die Benutzeroberfläche kann von einem gewöhnlichen Webdesigner an die Bedürfnisse der Nutzer angepasst werden, sodass in kurzer Zeit ein auf die jeweilige Benutzergruppe zugeschnittenes System entsteht. Einer der Vorteile von *Talia* ist die extreme Flexibilität im Umgang mit den Daten. Während in herkömmlichen Systemen die Struktur der Daten durch die Datenbanktabellen fest vorgegeben ist, benutzt *Talia* die Technologien des „semantischen Web". Dies ist eine Weiterentwicklung des bekannten World Wide Web (WWW), in der Aussagen und Zusammenhänge in einer für den Computer verständlichen Form dargestellt werden können. Zum Beispiel könnte so die Aussage „Schopenhauer ist der Autor von *Die Welt als Wille und Vorstellung*" codiert werden. Auf diese Weise lassen sich sämtliche Metadaten – also Daten zur Beschreibung einer Arbeit – sowie Zusammenhänge, Querverweise, Referenzen und Zitate erfassen, ohne dabei von einem starren Schema eingeengt zu sein. Um die Daten zu strukturieren, ist es möglich, eine Computerontologie (d. h. eine formalisierte Beschreibung, welche die Struktur der möglichen Aussagen in der semantischen Datenbank festlegt) zu erstellen, die eine Ordnung vorgibt. Dabei kann für jede Installation von *Talia* eine eigene dieser Ontologien verwendet werden. Trotz dieser Flexibilität ist *Talia* kompatibel mit etablierten Standards; so wird zum Beispiel bereits jetzt das OAI-PMH-Protokoll unterstützt, das für die Anbindung an die europäische Onlinebibliothek *Europeana* <www.europeana.eu> nötig ist. Die Web-Adressen (URLs), die zur Adressierung der Dokumente verwendet werden, sind darauf ausgelegt, langfristig (mindestens über Jahrzehnte) stabil zu bleiben. Damit können sie von Forschern sowohl zur Online-Referenzierung der Dokumente als auch zum Zitieren der Online-Dokumente in gedruckten Publikationen verwendet werden. *Talia* ist darüber hinaus mit *PhiloSpace* integriert, einem Programm, das es ermöglicht, für die eigene Arbeit private Anmerkungen an den Werken anzubringen. Diese Anmerkungen sind zunächst nur für den jeweiligen Forscher sichtbar, ähnlich wie Randnotizen in einem privaten Buchexemplar. Sie können aber bei Bedarf mit Kollegen ausgetauscht oder sogar in der Onlinebibliothek veröffentlicht werden.

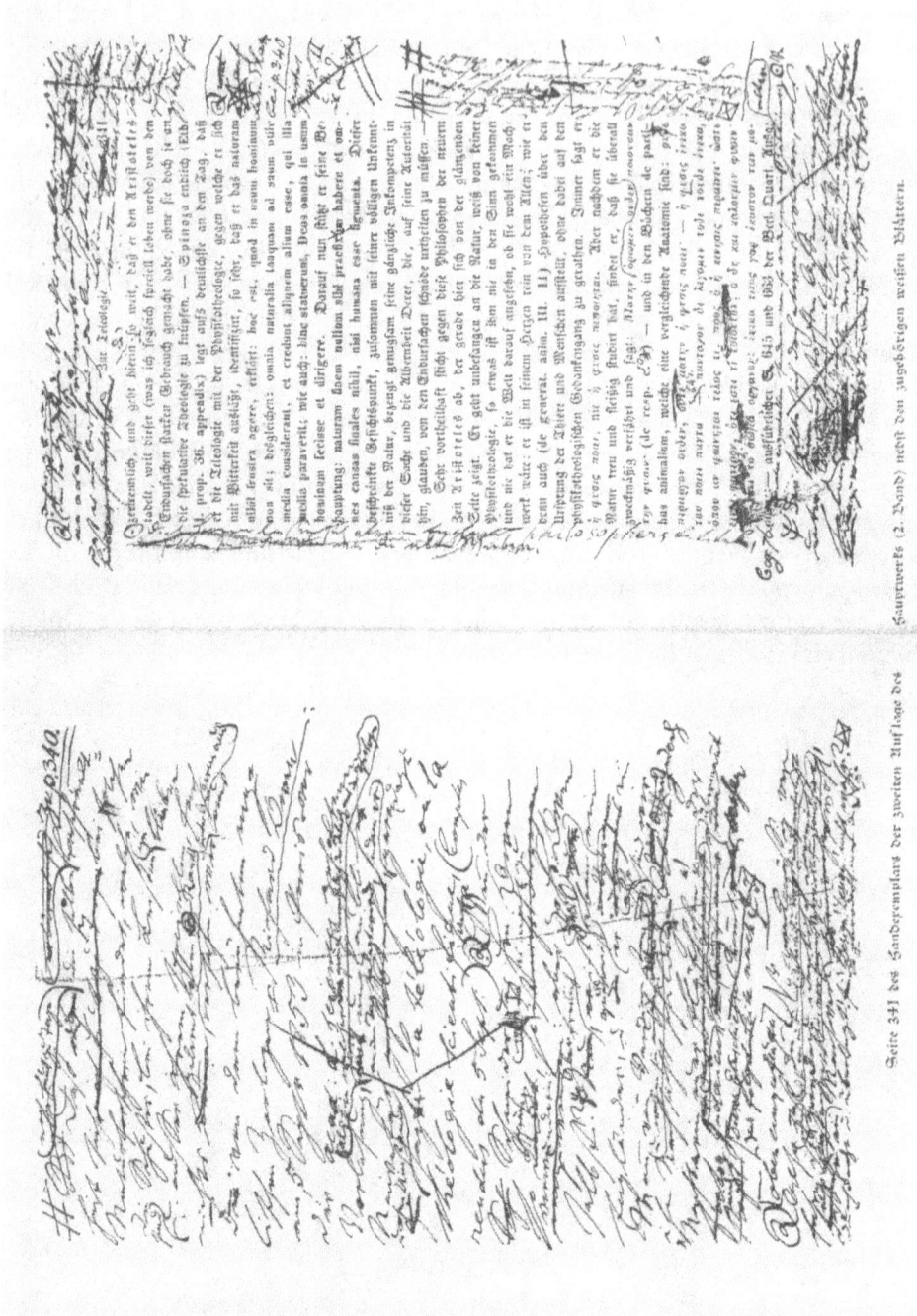

Abb. 1: Eine Seite des durchschossenen Handexemplars der *Welt als Wille und Vorstellung* (2. Auflage) in der von Otto Weiß 1919 herausgegebenen Edition.

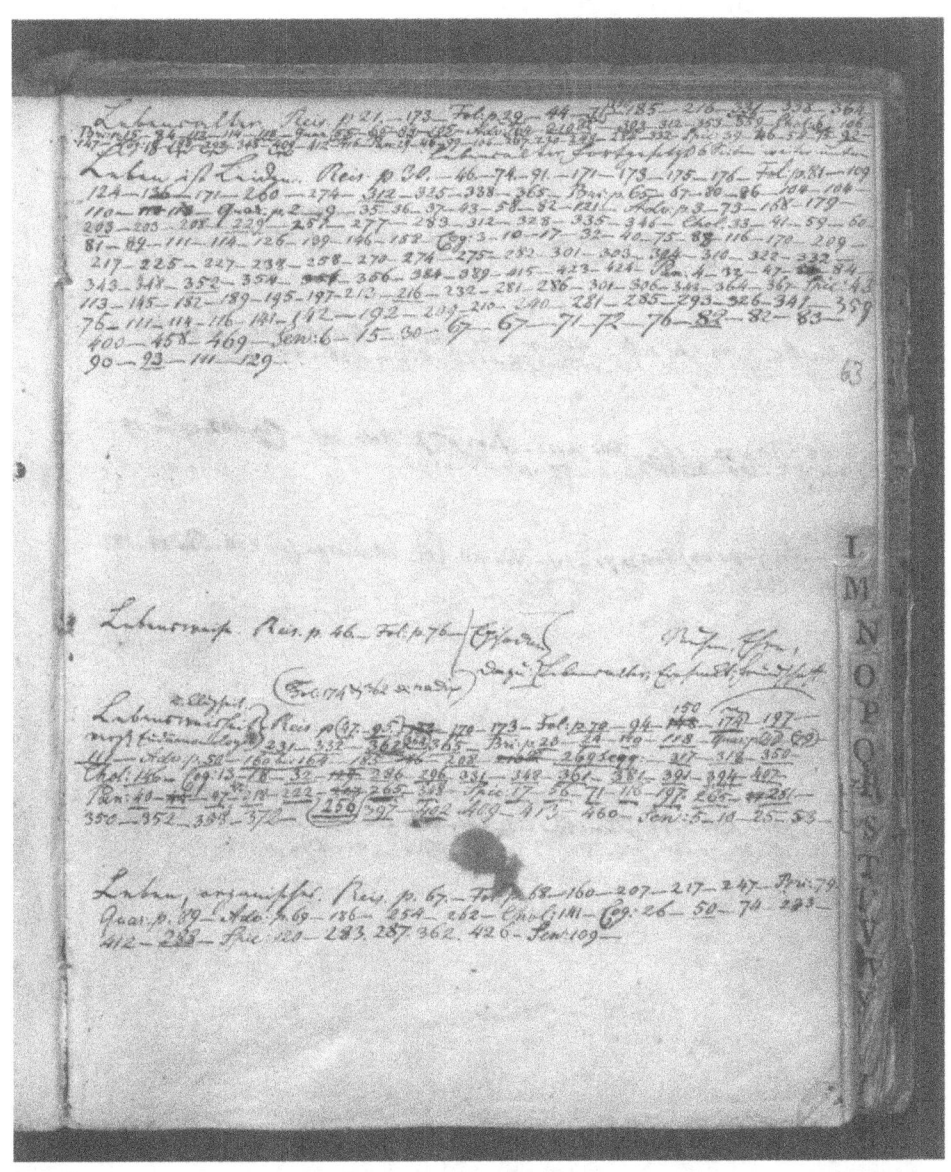

Abb. 2: Seite 63r des *Repertoriums* mit den Stichwörtern „Lebensalter", „Leben ist Leiden", „Lebensweise", „Lebensweisheit", „Leben, organisches"
<http://www.hyperschopenhauer.org/navigate.php?sigle=NL-XV,63r>.

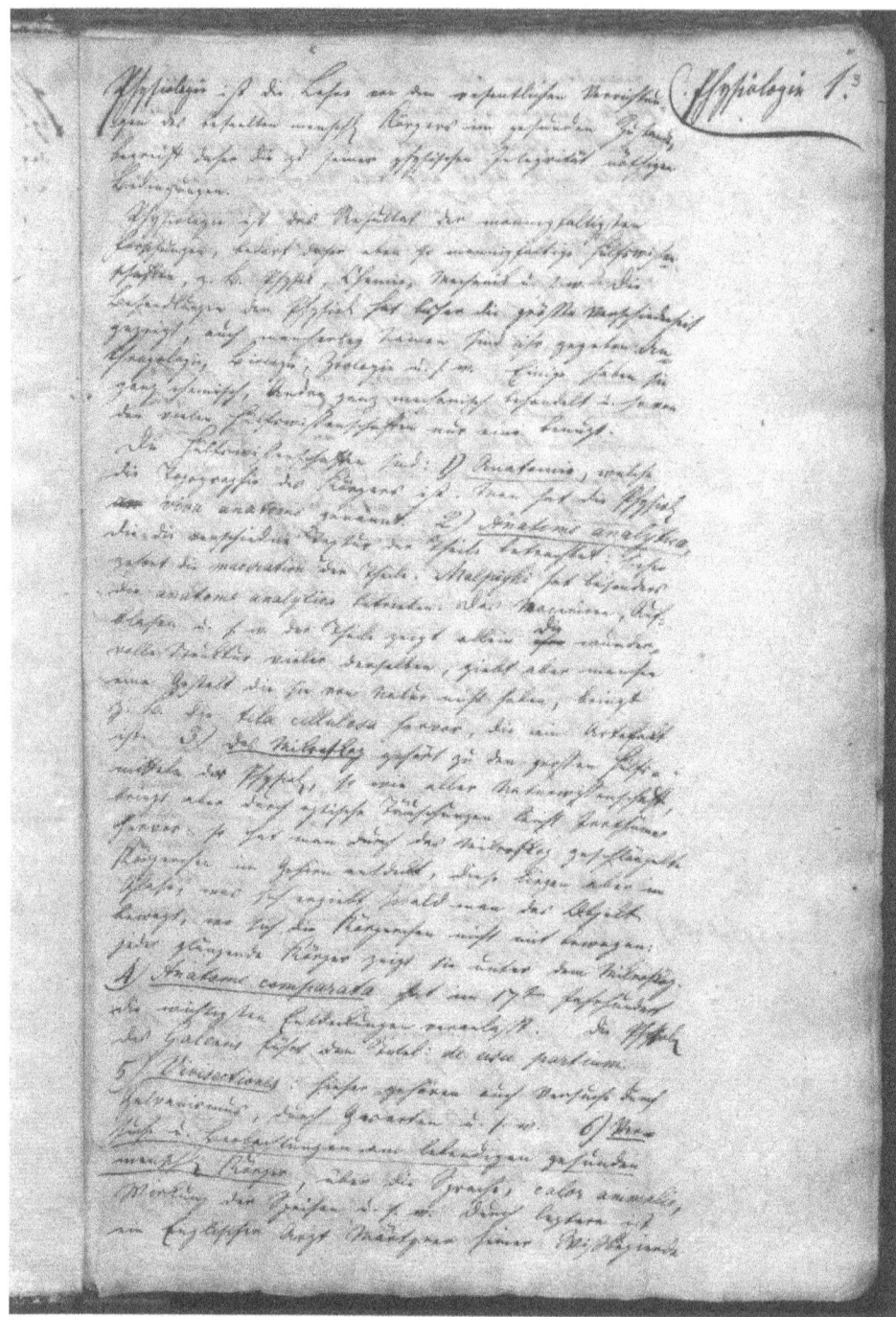

Abb. 3: Erste Seite der Vorlesungen über Physiologie bei Blumenbach (Göttingen)
<http://www.schopenhauersource.org/navigate.php?sigle=NL-III,3r>.

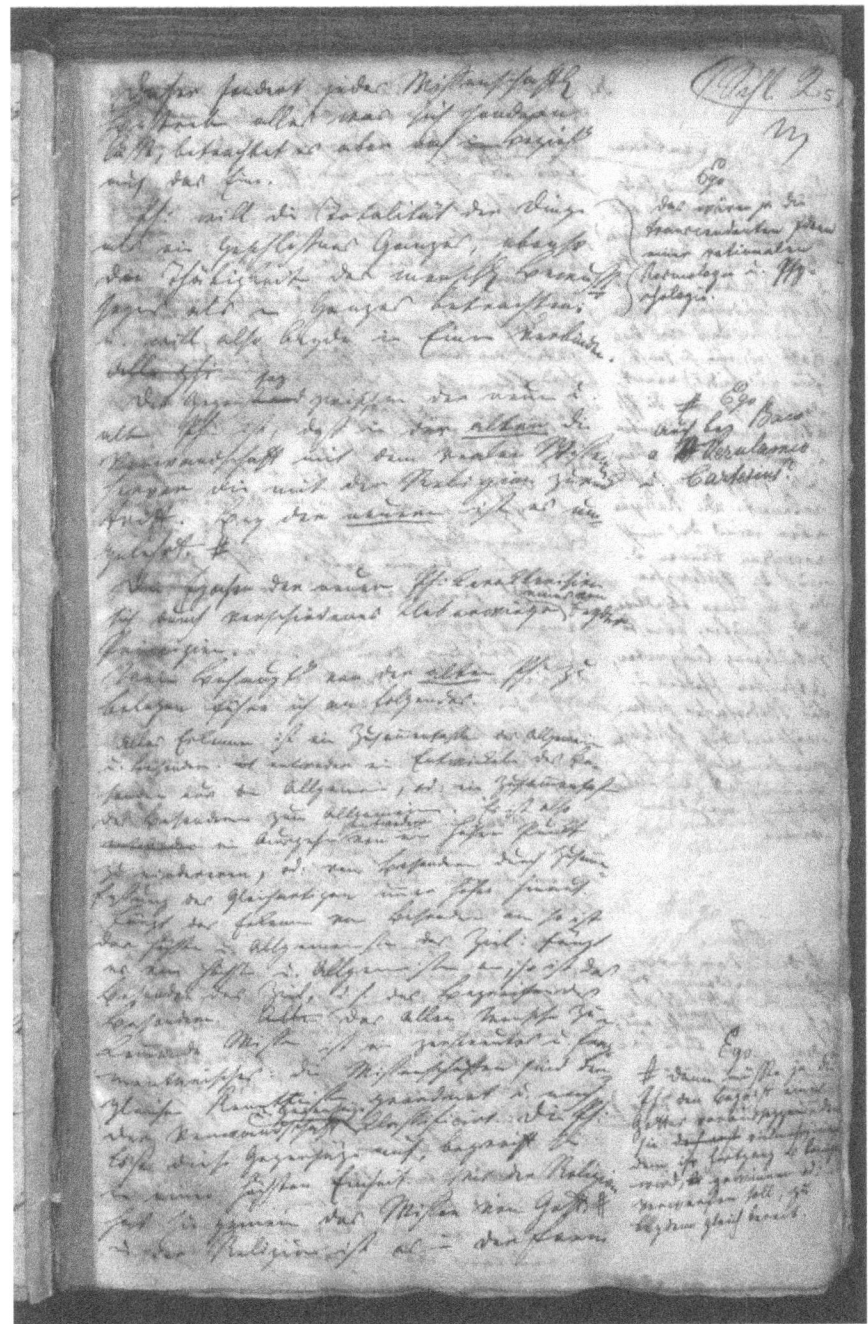

Abb. 4: Seite 5r der Vorlesungen über die Geschichte der Philosophie zur Zeit des Christentums bei Schleiermacher (Berlin). Am Rande, mit „Ego", die Bemerkungen oder Hinweise von Schopenhauer
<http://www.schopenhauersource.org/navigate.php?sigle=NL-V,5r>.

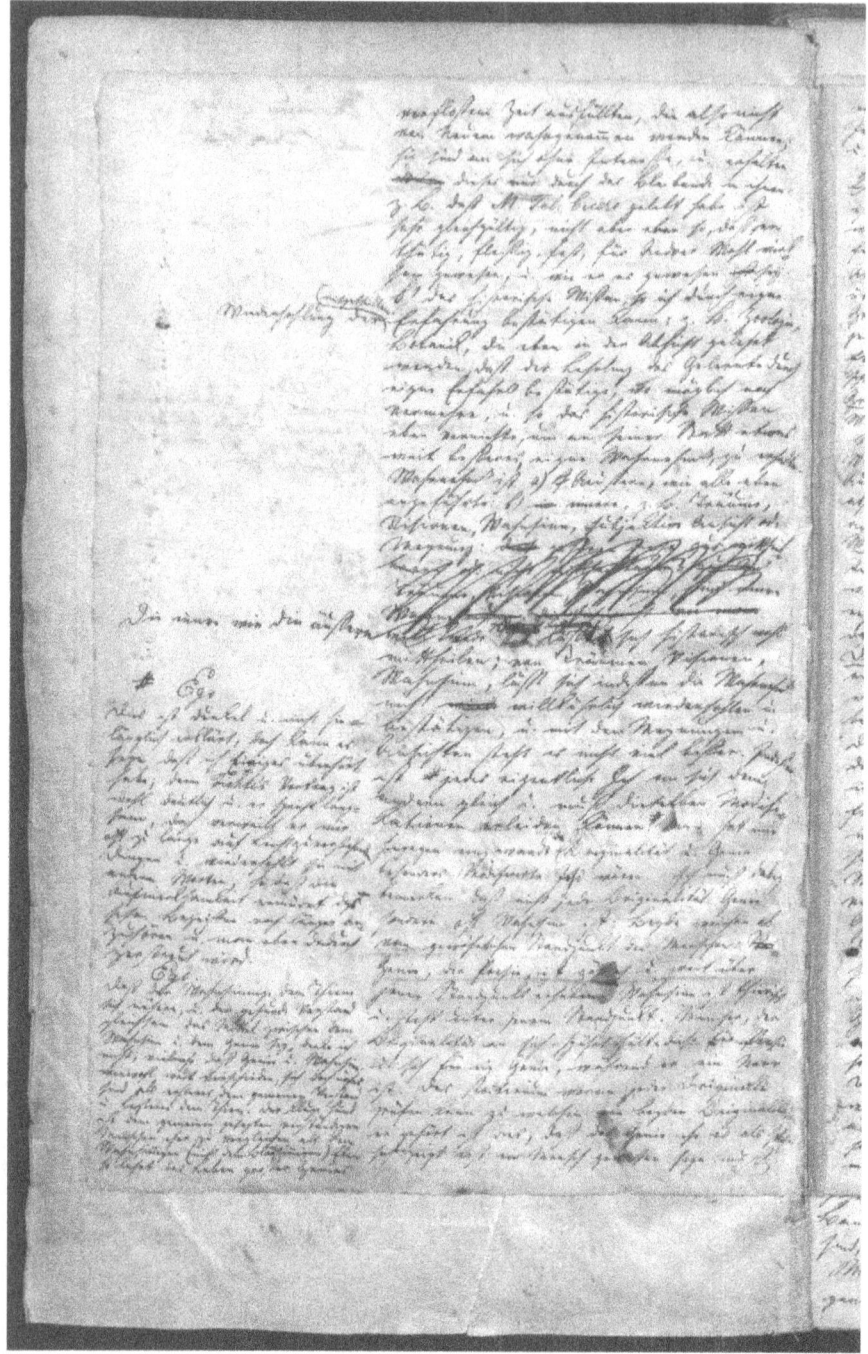

Abb. 5: Seite 2v der Vorlesungen über das Studium der Philosophie bei Fichte (Berlin). Am Rande, mit „Ego", Bemerkungen von Schopenhauer <http://www.schopenhauersource.org/navigate.php?sigle=NL-VI,2v>.

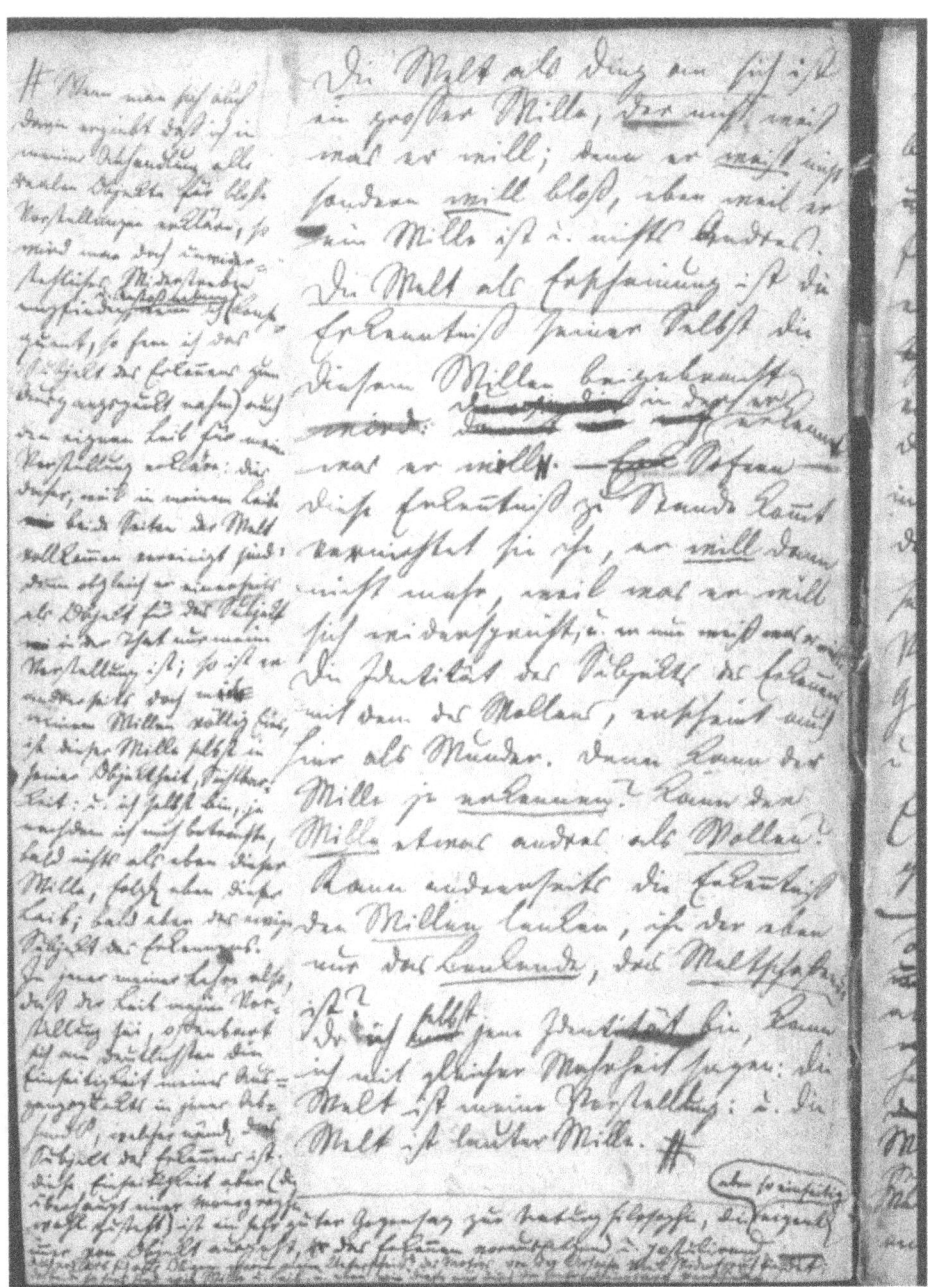

Abb. 6: Anfang eines Aufsatzes der Erstlingsmanuskripte, Seite 158v
("Die Welt als Ding an sich ist ein großer Wille [...]") mit Zusatz am Rande.

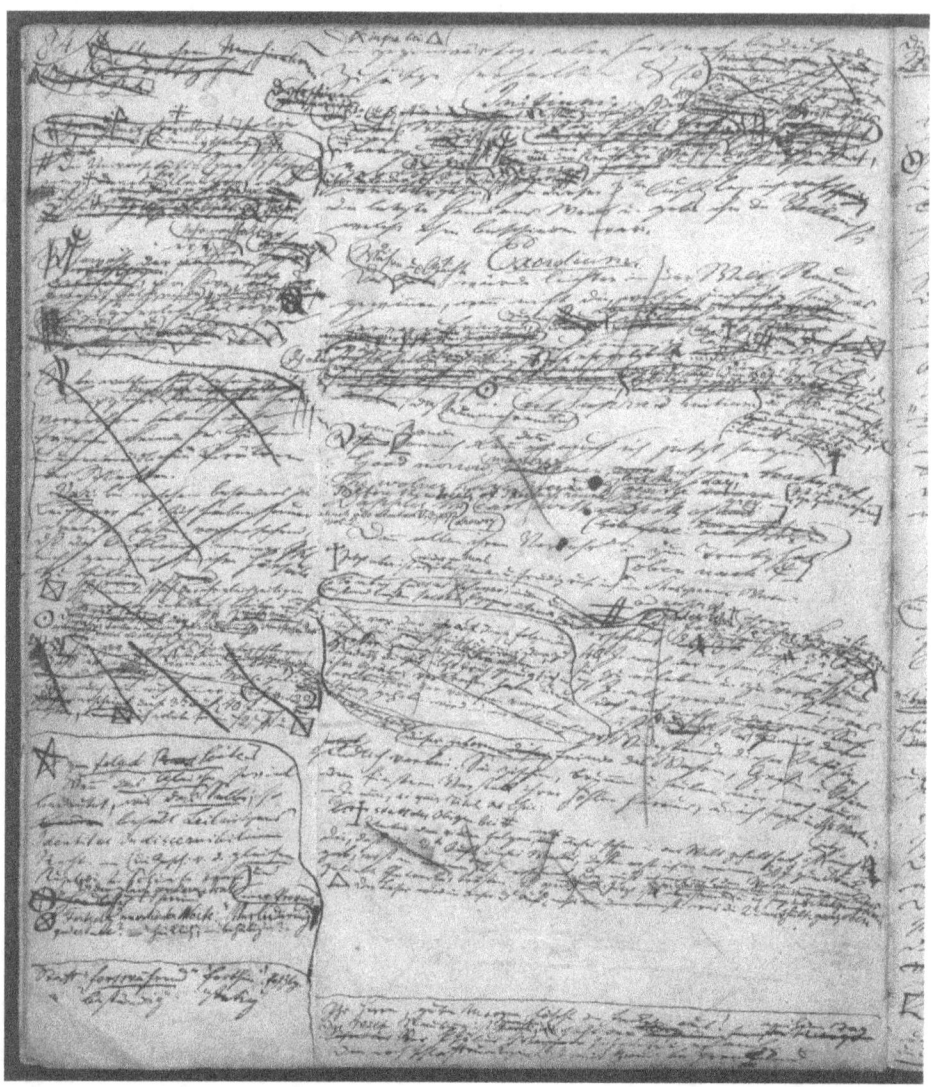

Abb. 7: Seite 84 der *Senilia*
<http://www.schopenhauersource.org/navigate.php?sigle=NL-XI,84>.

Gunther Hirschfelder

Ethnologische Nahrungsforschung im östlichen Europa – Esskultur und kulturelle Identität

Bericht über eine gemeinsame Tagung des Bundesinstituts für Kultur und Geschichte der Deutschen im östlichen Europa und der Fachkommission Volkskunde des Johann Gottfried Herder-Forschungsrates

Am 31. März und 1. April 2008 kamen in den Räumen des Bundesinstituts für Kultur und Geschichte der Deutschen im östlichen Europa in Oldenburg circa 20 Wissenschaftlerinnen und Wissenschaftler der verschiedensten geisteswissenschaftlichen Disziplinen zusammen, um auf der Tagung, die das Bundesinstitut gemeinsam mit der Fachkommission Volkskunde des Johann Gottfried Herder-Forschungsrates ausrichtete, über Perspektiven zu diskutieren, die eine kulturwissenschaftliche Nahrungsforschung der Analyse der Entwicklung im östlichen Europa zu eröffnen vermag.

Die spezifische Ausrichtung auf die Europäische Ethnologie / Volkskunde erklärt sich nicht zuletzt aus der Tatsache, dass diese Disziplin den hohen Indikatorwert, der dem Essen zukommt, früh erkannt hat. Schon Wilhelm Heinrich Riehl hatte in der Mitte des 19. Jahrhunderts den konservativen Charakter der Nahrungssysteme diskutiert. In der zweiten Hälfte des 20. Jahrhunderts wies Ulrich Tolksdorf mehrfach auf die starke Verankerung des „kulturellen Systems der Küche [...] im emotionalen, personalen und physiologischen Bereich" hin: Dies habe dazu geführt, dass sich nach Heimatverlust, nach freiwilliger wie erzwungener Migration zunächst vor allem Ernährungsmuster als beständig erwiesen hätten. Eine Fülle von Forschungen hat belegen können, dass der Anteil der Ernährung am kulturellen Gepäck von Migranten oft größer ist als jener der Sprache: Während etwa Amerikaauswanderer in der Vergangenheit oft schon in der zweiten Generation ihre Muttersprache aufgegeben hatten, waren tradierte Grundmuster des Ernährungssystems und vor allem der Gewürzkomplexe oft noch in der dritten Generation auszumachen. Das System der Ernährung dient der sozialen Verortung, und da Essen meist mit symbolischem Sinngehalt versehen ist, eignet es sich als bevorzugtes Symbol, um dem Wunsch nach raumgebundener Identität Ausdruck zu verleihen: Der Heimatbegriff ist vom Essen kaum zu trennen und kann über die Ernährung erschlossen und beschrieben werden.

Den Tagungsauftakt bildete die Begrüßung durch den Direktor des Bundesinstituts Matthias Weber, welcher bereits auf die Relevanz der Thematik in der gegenwärtigen Forschungslandschaft verwies. Diesen Faden griff Heike Müns (Oldenburg) auf, die das Symposium angeregt und vor Ort organisiert hatte. In ihrem anschließenden Referat *Essen und Trinken als Bekenntnis: Heimat – kulturelle Identität – Alltagserfahrung. Zum Anliegen der Tagung* entwarf sie ein plastisches Bild von den Chancen, die eine Erforschung der Ernährung für die Analyse kultureller Prozesse zu bieten vermag. Zu fragen sei, welcher Stellenwert dem Komplex der Ernährung zum einen im östlichen Europa zukomme und zum anderen von dorther stammenden Flüchtlingen, Vertriebenen, Spätaussiedlern und Migranten der jüngsten Zeit zugemessen wird.

Die erste der vier Tagungssektionen hatte die Überschrift *Historische Nahrungsforschung* und wurde von Max Matter (Freiburg) moderiert. Klaus Roth (München), als Vorsitzender der Fachkommission Volkskunde Mitorganisator, eröffnete den Reigen der Vorträge mit seiner programmatischen, wegweisenden und auf einem reichen Erfahrungsschatz aufbauenden Rede über *Nahrung als Gegenstand der volkskundlichen Erforschung des östlichen Europa*. Damit lieferte er ein eindringliches Plädoyer für eine Volkskunde, die ein Gutteil ihrer Sonderstellung darauf gründen kann, dass sie sich als europäische Ethnologie begreift – Chancen, die es zu wahren gilt und die genutzt werden können, wenn man gerade auch die osteuropäischen Alltagskulturen der Gegenwart aufmerksam beobachtet, teilnehmend erforscht und dabei vor dem Hintergrund ihrer Genese interpretiert.

Nach Beate Störtkuhls (Oldenburg) kunsthistorischen Exkursen unter dem Titel *Malerische Tafelfreuden (Norbert Egdorf: Malerei; Laelia Kaderas: Wort). Bemerkungen zur Ausstellung im Foyer* folgten zwei Vorträge zu spätmittelalterlichen Themen. Eckhard Grunewald (Oldenburg) schilderte in seinem Beitrag *Schlemmen bei Wizlaw von Rügen. West-östlicher Kulturtransfer* eine im 15. Jahrhundert nur scheinbar peripher gelegene Kulturregion im Spiegel literarischer Quellen; sie erweist sich allerdings als in engem Zusammenhang mit den Kulturmustern der Zentren stehend. Anschließend berichtete Dorothee Herbert aus ihrem Bonner Promotionsprojekt *Essen und Trinken auf ausgewählten preußischen Deutschordensburgen (1375–1450)* und machte dabei anhand vieler Dokumente deutlich, dass die östlichen Ordensburgen in einer breiten Übergangszone zum slawischen Kulturraum lagen und dass Nahrungsgewinnung und -verwertung einen breiten Raum in der archivalischen Dokumentation einnehmen.

Die zweite, von Uwe Meiners (Cloppenburg) moderierte Sektion *„Essbare Landschaften" / Die Ethnisierung der Nahrung* lenkte den Blick stärker auf die Gegenwart. Unter dem Titel *Stereotypisierung des Speiseplans* entfaltete der Historiker Tobias Weger (Oldenburg) ein faszinierendes Panoptikum historischer und gegenwärtiger ethnischer Stereotype, die sich zur Kennzeichnung nationaler, regionaler und lokaler Gruppen charakteristischer Nahrungsmittel bedienen. Petar Petrov (Sofia) warf anschließend einen kulturwissenschaftlichen Blick auf die ländliche Festkultur in Bulgarien, die viele Elemente westeuropäischer Entwicklungen zur Eventisierung aufgreife. Schon in der Überschrift (*Die Inszenierung regionaler Nahrung: Agrarprodukte und Festivalisierung in Bulgarien*) machte Petrov deutlich, dass dabei auch Eric Hobsbawms Konzept der *Invention of Traditions* zum Tragen kommt. Vermeintlich Altes bzw. Ursprüngliches werde erfunden und instrumentalisiert, um als Folie für Authentizität zu fungieren und Gegenwart zu legitimieren. Am Nachmittag beschäftigten sich Elisabeth Fendl (Freiburg) und Jana Nosková (Brno/Brünn) mit dem, so ihr Vortragstitel, *Mythos Böhmische Küche*.

Detlef Haberland (Oldenburg) stimmte das Auditorium anschließend mit seinem Vortrag *Essen im Film – ein Beitrag zur Visualisierung von sozialer und ethnischer Alterität* auf die Abendveranstaltung ein. Anhand ausgewählter Beispiele zeigte er die regionenübergreifende symbolische Bedeutung von Nahrungsmitteln, Kochen und Essen und ihre Funktion in filmischen Erzählungen. Als gelungene Umsetzung wurde abends der Film *Politiki kouzina* (2003, deutsch: *Zimt und Koriander*) des griechischen Regisseurs Tassos Boulmetis vorgeführt, der in Bildern und Sequenzen, die sich überwiegend um das Kochen und Essen drehen, Verlauf und Problematik des griechisch-türkischen Konflikts aufzeigt. Er problematisiert den gerade in ethnisch gemischten Gesellschaften schwierigen Zusammenhang zwischen condition humaine, regionaler Herkunft und Essen.

Die dritte Sektion, welche den zweiten Tag eröffnete, wurde vom Verfasser des vorliegenden Berichts moderiert. Zunächst äußerte sich Max Matter zur *Rezeption von Kochsendungen im Fernsehen* und behandelte damit ein Thema, das zwar in der Medienlandschaft inzwischen eine überaus prominente Rolle spielt, von der kulturwissenschaftlichen Forschung aber bislang fast vollständig außer Acht gelassen wurde. Der Boom der Kochsendungen, so Matter, sei nicht zwingend Indikator für die Genese einer neuen deutschen Esskultur; vielmehr stehe er für einen Typus von Inszenierungen, die eher wegen ihres Unterhaltungswertes produziert und konsumiert würden und die hauptsächlich Sehnsüchte als die Realitäten spiegele. Anschließend hielt Anselm Weyer (Köln) sein ebenso kundiges wie kurzweiliges Referat über *Essen und Trinken im Werk von Günter Grass und Robert Gernhardt*, ehe Andrzej Kątny (Gdańsk/Danzig) *Deutsche Lehnwörter in der kulinarischen Lexik des Polnischen* vorstellte.

Den Abschluss der Tagung bildete die von Klaus Roth geleitete Sektion *Wandel durch historische Veränderungen. Krisenzeiten, Arbeitsmigration, Globalisierung, Postsozialismus*. Hier berichtete Gunther Hirschfelder (Bonn) zunächst über *Integrationsmechanismen und Esskultur* und zeigte am Beispiel polnischer und moldawischer Arbeitsmigranten auf, welche Strukturmerkmale Integrationsmechanismen zu eigen sein können und wie sich diese über das Ernährungsverhalten darstellen und analysieren lassen. Sanja Kalapoš Gasparac (Zagreb/Agram) griff dann die am Vortrag von Petar Petrov vorgestellte Thematik auf und referierte über *Die Bedeutung des Essens im Tourismus von Crikvenica*. Auch in diesem aufstrebenden kroatischen Badeort werde Regionales erfunden und instrumentalisiert, um die vermeintlichen Erwartungen der Gäste zu erfüllen. Anschließend machte die Volkskundlerin und Migrationsexpertin Heinke M. Kalinke (Oldenburg) in ihrem Vortrag *Integration, Selbstbehauptung und Distinktion – Esskultur als Zugang zur Erfahrungsgeschichte von Flüchtlingen, Vertriebenen und Aussiedlern* deutlich, wie operabel die Analyse des Ernährungsverhaltens ist, um die Auswirkungen von Mobilität auf der Ebene des Bewusstseins der Betroffenen erforschen zu können. Eva Krekovičová (Bratislava/Pressburg), die sich mit einer Vielzahl osteuropäischer und vor allem slowakischer Kulturphänome in gegenwärtiger wie historischer Perspektive beschäftigt hat, hielt den letzten Vortrag dieser spannenden Tagung zum Thema *Neue multikulturelle Nahrungsgewohnheiten am Beispiel des Wandels von Restaurants nach 1989 in der Slowakei.* Anhand der Entwicklung der kommerziellen Gastlichkeit ließen sich wesentliche Aspekte des Transformationsprozesses der slowakischen Kultur aufzeigen.

Was bleibt als Fazit? Zunächst ist zu konstatieren, dass es den Organisatoren gelungen ist, hochkarätige Experten für ihr hervorragend strukturiertes Konzept zu gewinnen und eine gute Vortrags- und Diskussionsatmosphäre zu erzeugen. Das ebenso sachkundig wie lebhaft diskutierende Publikum verlieh der Tagung dabei zusätzliche Impulse. Ein geschlossenes Konzept mit einem homogenen Ergebnisbild konnte und sollte nicht erzielt werden. In Anbetracht der Tatsache, dass der Forschungsstand bezüglich der Migranten in Deutschland noch unbefriedigend, bezüglich der meisten Länder des östlichen Europa schlecht und bezüglich einiger Gruppen sogar katastrophal ist – über die Nahrungskultur der Wolgadeutschen ist ebenso wenig bekannt wie über die in den temporären deutschen Siedlungsinseln im Ural oder in Zentralasien, und auch die deutschen Gemeinden in den urbanen Zentren Osteuropas sind noch nicht genauer untersucht worden –, sind jedoch bemerkenswerte Erkenntnisse gewonnen worden. Die analytischen Möglichkeiten der Nahrungsforschung wurden ebenso deutlich wie die Erkenntnis, dass die Analyse gegenwärtiger Kultur ihr Gewordensein berücksichtigen muss und dass dazu interdisziplinäres Arbeiten unerlässlich ist. Schließlich hat die Tagung überaus anschaulich gezeigt, welches Potential die Beschäftigung mit dem „sozialen Totalphänomen" (Marcel Mauss) Ernährung gerade auch in einer Osteuropaperspektive hat. Die erzielten Diskussionsansätze und Ergebnisse sind nämlich nicht nur Bausteine eines wissenschaftlichen Dialogs, sondern sie vermögen wesentliche Grundlagen für das Verständnis kultureller Prozesse zu bilden, die im Hinblick auf mediale Vermittelbarkeit und nicht zuletzt auch im Hinblick auf politische Bildungsarbeit und politisches Handeln relevant sind. Schließlich hat die Abschlussdiskussion noch einmal besonders klar gemacht, dass das Tagungsthema durchaus in der Lage ist, eine Basis für einen zukunftsorientierten Dialog zwischen all jenen Akteuren zu schaffen, die von Migration und Mobilität betroffen sind, aber auch für das grundlegende Verständnis vieler kultureller Prozesse, die im Rahmen der politischen Annäherung zwischen Ost und West von Bedeutung sind.

Karoline Riener

August Sauer – ein Intellektueller in Prag im Spannungsfeld von Kultur- und Wissenschaftspolitik. Ein Tagungsbericht

Mit dem Namen August Sauer verbindet man sicherlich nicht nur im literaturwissenschaftlichen Kontext vor allem seine im Jahr 1907 an der Prager Karls-Universität gehaltene Rektoratsrede *Literaturgeschichte und Volkskunde*, die wohl noch immer als sein bekanntestes und zugleich umstrittenstes Werk gelten kann. Dass damit der Bedeutung des 1855 in Wiener Neustadt geborenen und 1926 in Prag gestorbenen Germanisten und Kulturpolitikers nicht Genüge getan ist, mag eine kurze Aufzählung seiner Tätigkeiten und Funktionen deutlich machen: So war Sauer wichtiges Mitglied der 1891 gegründeten „Gesellschaft zur Förderung deutscher Wissenschaft, Kunst und Literatur in Böhmen" (in der Forschung meist kurz „Förderungsgesellschaft" genannt), in ihrem ab 1901 erscheinenden Publikationsorgan *Deutsche Arbeit* ab dem fünften Jahrgang verantwortlicher Redakteur, im akademischen Jahr 1907/08 Rektor der deutschen Sektion der Karls-Universität, Begründer der „Zeitschrift für Literaturgeschichte" *Euphorion* (1894) und der Reihe *Bibliothek deutscher Schriftsteller aus Böhmen* (1899) sowie Leiter groß angelegter Editionsprojekte wie der Historisch-kritischen Gesamtausgabe der Werke Franz Grillparzers (ab 1878) oder der kritischen Ausgabe der *Sämtlichen Werke* Adalbert Stifters (ab 1901).

Eine weitergehende Erforschung und Einordnung von Sauers Leben und Werk in den (literatur-)wissenschaftlichen, gesellschaftlichen, politischen und kulturellen Kontext seiner Zeit war somit vonnöten und hat in den letzten Jahren auch bereits begonnen: Nicht nur hat Wolfgang Adam in seiner ausführlichen Untersuchung zur 100-jährigen Geschichte des *Euphorion* den Standort der Zeitschrift und ihres Gründers Sauer im Kontext zeitgenössischer literaturgeschichtlicher Theoriediskussionen beleuchtet,[1] auch innerhalb der Erforschung der Fachgeschichte der Prager Germanistik wurde August Sauers wissenschaftsgeschichtliche Stellung thematisiert.[2]

---

1 Wolfgang Adam: Einhundert Jahre Euphorion: Wissenschaftsgeschichte im Spiegel einer germanistischen Fachzeitschrift. In: Euphorion 88 (1994), S. 1–72.
2 Vgl. etwa das Forschungsprojekt „Dějiny germanistiky v českých zemích", dessen Ergebnisse 2006 unter dem Titel „Germanistik in den Böhmischen Ländern im Kontext der europäischen Wissenschaftsgeschichte (1800–1945)" veröffentlicht wurden und das erstmals einen Überblick über die Institutionen- und Fachgeschichte der tschechischen und deutschen Germanistik bot. Auch in der 2007 erschienenen Dissertation von Lenka Vodrážková-Pokorná (Die Prager Germanistik nach 1882. Mit besonderer Berücksichtigung des Lebenswerkes der bis 1900 an die Universität berufenen Persönlichkeiten) wird Sauers akademische und kulturpolitische Stellung im institutionen- und personengeschichtlichen Kontext anhand archivalischer Quellen zu verorten versucht.

Vom 5. bis zum 7. November 2008 fand im Österreichischen Kulturforum Prag, veranstaltet vom Kulturforum, dem J. G. Herder-Forschungsrat Marburg, dem Institut für Germanische Studien der Karls-Universität Prag und dem Studiengang Kulturwissenschaft der Hochschule für Musik Weimar-Jena, das Symposium „August Sauer – ein Intellektueller in Prag im Spannungsfeld von Kultur- und Wissenschaftspolitik" statt.[3] Dessen erklärtes Ziel war es, an die bislang erbrachten Ergebnisse in der Sauer-Forschung anzuknüpfen.[4]

Einen ersten einführenden Überblick in das historisch-gesellschaftliche Umfeld von August Sauers Wirken in Prag gab Steffen Höhne (Weimar), einer der Veranstalter der Tagung, mit seinem Vortrag „August Sauer als Kulturpolitiker", in dem er das kulturpolitische Profil Sauers im Kontext ausgewählter Stationen der politischen und kulturellen deutsch-tschechischen Konflikte seit den achtziger Jahren des 19. Jahrhunderts beleuchtete. Ausgehend unter anderem von der von Ralf Dahrendorf vorgenommenen Definition eines „öffentlichen Intellektuellen" als einer an den vorherrschenden Diskursen der Zeit teilnehmenden, ja deren Richtung prägenden und deren Thematik bestimmenden Person – eine Charakterisierung, die sich durchaus auch auf Sauer anwenden lässt –, verortete Höhne Sauers kulturpolitisches Engagement im Spannungsfeld von intellektueller Desintegration, dem ideellen Erbe Habsburgs und aktuellen ethnischen Konflikten: Das Verständnis von „Kulturpolitik" ist in dieser Strategie weniger getragen von dem Bestreben nach radikaler Exklusion als vielmehr von einem Bedürfnis nach Selbst-Profilierung und Etablierung eines neuen, kulturell bestimmten nationalen Selbstbewusstseins.

---

3 Programmübersicht: Steffen Höhne: *August Sauer als Kulturpolitiker*; Justus Ulbricht: *Politische Versuchung und kulturelle Prägung. August Sauer als Vaterfigur der jungen Generation*; Milan Tvrdík: *August Sauer und die Prager Germanistik*; Mirko Nottscheid: *Der Briefwechsel zwischen August Sauer und Wilhelm Scherer. Eine unerschlossene Quelle für Sauers Biografie, wissenschaftliche Stellung und seine kulturpolitischen Positionen*; Myriam Richter, Hans-Harald Müller: *August Sauer, die Gründung des „Euphorion" und die Modernisierung der Germanistik im Ausgang des 19. Jahrhunderts*; Václav Petrbok: *Sauer und die Bohemistik*; Alice Stašková: *August Sauers Schiller-Beiträge im Dienste der Kulturpolitik*; Eva Vondalová: *August Sauer in den Erinnerungen von Hedda Sauer*; Sigurd Paul Scheichl: *August Sauer und die Grillparzer-Ausgabe*; Karoline Riener: *August Sauer und Adalbert Stifter*; Kurt Krolop: *August Sauer und Josef Nadler. Zur tschechischen Rezeption ihrer literarhistorischen Konzeption in der Zwischenkriegszeit*; Gertrude Cepl-Kaufmann: *August Sauer – Selbstinszenierung zwischen Wissenschaft und Öffentlichkeit*; Ruth Whittle: *Marginal im Zentrum. Ludwig Geiger und August Sauer und ihr Verhältnis zu jüdischen Schriftstellerinnen*; Jeannette Godau: *Der Briefwechsel zwischen August Sauer und Albert Leitzmann*; Ralf Klausnitzer: *Wissen und Werte. August Sauer als Hochschullehrer und Erzieher*; Ingeborg Fiala-Fürst: *Zum Umfeld von August Sauer: der Germanist Joseph Körner*; Karl Braun: *„ein warm fühlendes, ein deutsches Herz". Patriotismus, Volkskunde und regionales Volkstum bei August Sauer*; Irmela Stock: *Adolf Hauffen und die Begründung der Volkskunde in Prag*.

4 Das Symposium ist gewissermaßen auch als Fortsetzung zu dem unter anderem von der Universität J. E. Purkyně in Aussig/Ústí nad Labem und der Akademie der Wissenschaften Prag veranstalteten Kolloquium „Kulturelle Vermittlung denken: Der Fall Paul/Pavel Eisner (1889–1958)", das vom 3. bis zum 5. November in Aussig stattfand und die theoretischen und praktischen Formen kultureller Vermittlung des Sauer-Schülers Eisner im tschechoslowakischen und europäischen Kontext thematisierte.

So diente etwa die ab 1901 erscheinende Zeitschrift *Deutsche Arbeit. Monatschrift für das geistige Leben der Deutschen in Böhmen*, deren Redaktionsvorsitz Sauer ab 1904 für kurze Zeit innehatte und deren konzeptionelle Ausrichtung er auch nach seinem Ausscheiden aus dem Vorsitz mitbestimmte, geradezu paradigmatisch als Präsentation einer kollektiven deutschböhmischen Identität. Anhand von Sauers Geleitwort zum zehnten Jahrgang der *Deutschen Arbeit* thematisierte Höhne ebenfalls die ideologischen Verschiebungen, denen dieser Kulturbegriff ausgesetzt war: In diesem Artikel nämlich wird „Kulturpolitik" nicht mehr als Strategie national-kultureller Selbstprofilierung präsentiert, sondern dezidiert in den Dienst „nationaler Schutzarbeit" gestellt.

In seinem Vortrag über „August Sauer und die Prager Germanistik" beleuchtete Milan Tvrdík, Direktor des Instituts für germanische Studien an der Karls-Universität und Leiter des 2004 abgeschlossenen Forschungsprojektes „Dějiny germanistiky v českých zemích" (Geschichte der Germanistik in den böhmischen Ländern), die Rolle August Sauers innerhalb der germanistischen Lehre und Forschung in der deutschen Sektion der Karls-Universität und sein Verhältnis zu den tschechischen Fachkollegen.

Dass die Universität nicht nur als Zentrum des wissenschaftlichen Lebens in Prag fungierte, die Universitätsangehörigkeiten vielmehr in die kulturellen städtischen Strukturen eingebunden waren, wies Tvrdík beispielsweise anhand von Sauers vielfältigem Engagement in den Abteilungen der „Gesellschaft zur Förderung deutscher Wissenschaft, Kunst und Literatur in Böhmen" nach. Als Zeitgenosse Sauers geriet vor allem der als Begründer der tschechischen Germanistik und durch sein Werk *Goethe a Čechy* (Goethe und Böhmen, 1896) auch als Initiator einer tschechischen Goethe-Forschung geltende Germanist Arnošt Vilém Kraus in den Blickpunkt. Kraus, der ebenfalls bei Wilhelm Scherer in Berlin studiert hatte, beschäftigte sich mit den Einflüssen der deutschen auf die tschechische Kultur und veröffentlichte mehrere Beiträge in Sauers *Euphorion*. Das von gegenseitigem Respekt gekennzeichnete wissenschaftliche Verhältnis zwischen den beiden Germanisten Sauer und Kraus ist auch dokumentiert durch ihre langjährige wechselseitige Korrespondenz, die sich häufig um die Beitragstätigkeit Kraus' für die Zeitschrift *Euphorion* drehte.

Der zweite Tag des Symposiums war ebenfalls zunächst wissenschaftsgeschichtlichen Fragestellungen gewidmet.

Mirko Nottscheid (Hamburg) wies auf eine bislang unerschlossene Quelle für Sauers wissenschaftliche Biografie hin: seinen – in der Österreichischen Nationalbibliothek lagernden – Briefwechsel mit Wilhelm Scherer. Im Verlauf des Vortrags wurde der bestimmende Einfluss Scherers auf August Sauers wissenschaftlichen Werdegang und literaturwissenschaftliche Konzeptionen deutlich – seine erste Begegnung mit dem Berliner Ordinarius im Mai 1878 schildert Sauer als gleichsam mystisches Erweckungserlebnis. Auch eine bislang eher vernachlässigte Station in Sauers wissenschaftlicher Laufbahn wurde beleuchtet: seine Tätigkeit als Supplent und Direktor des Seminars für Deutsche Philologie an der Universität Lemberg/L'viv, eine Stelle, die Sauer kurz nach seiner in Wien erfolgten Habilitation im Jahr 1879 antrat. Anhand von Briefaussagen, die Sauers gesellschaftliche und akademische Lebenssituation und seine Bemühungen um eine Wegberufung aus Lemberg dokumentierten, stellte Nottscheid die These auf, dass möglicherweise die weitgehende kulturelle Isolation, die Sauer in Lemberg erfuhr, seine späteren kulturpolitischen Positionierungen entscheidend mitbestimmten.

Einen struktur- und ereignisgeschichtlichen Blick auf die Gründungsgeschichte der Zeitschrift *Euphorion* unter anderem anhand des Briefwechsels zwischen Sauer und Bernhard Seuffert warfen Hans-Harald Müller und Myriam Richter (Hamburg). Dabei offenbarte sich ein wissenschaftliches (Selbst-)Bild Sauers, das sich in seiner Betonung von Modernität und Urbanität von dem dominanten Bild des „stammheitlich"-regionalistischen Wissenschaftlers unterscheidet, das man zumeist mit ihm zu verbinden gewohnt ist. Die Anfangsjahre des *Euphorion*, der als Forum einer ‚neuen' Generation von Wissenschaftlern insbesondere Nicht-Ordinarien ein Betätigungsfeld bot, waren geprägt von ökonomischen Problemen bei gleichzeitiger methodischer Konsolidierung. (Man hatte in der ersten Nummer für die Darlegung der methodischen Legitimation noch auf einen auf der Grundlage von Kollegnotizen edierten Ausschnitt aus einer Vorlesung Scherers zurückgreifen müssen.) Darüber hinaus illustrierten Müller und Richter die Hintergründe der Übernahme der Zeitschrift in den Wiener Fromme Verlag und das damit verbundene Scheitern von Johann Willibald Nagls Plan der Herausgabe einer „Zeitschrift für die Geschichte der deutschen Literatur in Österreich".

Die Schiller-Rezeption Sauers im literaturhistorischen Kontext der zeitgenössischen Schiller-Forschung war das Thema von Alice Stašková (Berlin/Prag). Anhand etwa der Rede zur akademischen Schiller-Feier der Karls-Universität im Jahr 1905 entwarf sie ein eindrückliches Bild von Sauers zwischen literarhistorischer Argumentation und kulturpolitischer Propaganda oszillierender Rhetorik, die den Rezipienten überdies durch eingestreute „Ellipsen der Intimität" (Norbert Oellers) zum eingeweihten Mitwisser machen möchte. Als mögliche Referenz für die beinahe ausufernd zu nennende Verwendung religiöser Metaphorik, die einer Apotheose der Dichterexistenz Vorschub leistete, nannte Stašková David Friedrich Strauss, der in seinem zuerst 1872 erschienenen und in den Folgejahren mehrere Neuauflagen erlebenden Buch *Der alte und der neue Glaube* die Lektüre der literarischen Klassiker – namentlich Goethes und Schillers – als religiöse Erbauungshandlung und als Ergänzung bzw. Ersetzung der hergebrachten christlich-biblischen Überlieferung propagiert hatte.

Die Verfasserin des vorliegenden Berichtes beschloss mit einem Vortrag über die Stifter-Rezeption August Sauers den zweiten Tag. Die diskursiven Strategien von Sauers Stifter-Rezeption im wissenschaftsgeschichtlichen und gesellschaftlich-kulturellen Kontext – auch das Thema einer in diesem Jahr erscheinenden Dissertation – offenbaren sowohl das vielfältige Referenzsystem, dessen sich Sauer bediente, als auch die wissenschaftspolitischen Aktivitäten zur Konzentration literaturwissenschaftlicher Forschungsarbeit auf Prag und die Karls-Universität.

Gertrude Cepl-Kaufmann (Düsseldorf) richtete einen kultursoziologisch motivierten Blick auf die gesellschaftliche Selbstpositionierung und die Fremdwahrnehmung, wie sie sich durch die Betrachtung von Sauers Tätigkeiten während seiner letzten Lebensjahre herauskristallisieren ließ. Unter Verwendung von Quellen aus dem im Archiv der Akademie der Wissenschaften (Archiv Akademie věd ČR) in Prag befindlichen Nachlass der „Förderungsgesellschaft" wurde zunächst das Ritual des Totengedenkens für Sauer untersucht und im Anschluss seine Beteiligung an der Etablierung eines „Instituts für Heimatforschung" in den frühen zwanziger Jahren des 20. Jahrhunderts beleuchtet.

Dabei ergab sich, dass sowohl in den Todesanzeigen, die in den Prager deutschsprachigen Tageszeitungen erschienen, als auch in den an die Gesellschaft gesandten Kondolenzbriefen größtenteils das Bild einer gesellschaftlich hochstehenden Honoratiorenpersönlichkeit und eines städtischen Kulturförderers transportiert wurde und die Würdigung von Sauers wissenschaftlichen Verdiensten demgegenüber in den Hintergrund geriet. Auch die Organisation und Durchführung der Totenfeier lag – ganz entgegen den akademischen Gepflogenheiten – in den Händen der „Förderungsgesellschaft". Trotz der personellen Verflechtung mit der Karls-Universität repräsentierte die Gesellschaft ja vor allem die städtische Elite.

Die Priorität der gesellschaftlichen Rolle, die Sauer gegen Ende seines Lebens zugewiesen wurde, stand in gewissem Gegensatz zu seinem Wirken in jenen Jahren, das zunächst nämlich sowohl innerhalb seiner Kommissionsarbeit für das „Institut für Heimatforschung" als auch in seinen Positionen in der Frage nach der Verlegung der Universität nach Reichenberg/Liberec und der zukünftigen Stellung der deutschen Sektion der Karls-Universität von dem Bestreben nach dezidiert wissenschaftlich fundierter Argumentation und universitär eingebundenen Organisationsstrukturen geprägt war. Allerdings zeigte sich auch, dass Sauer zunehmend an der identitätssichernden Repräsentativität der Universität zweifelte und dementsprechend selbst die Bedeutung der „Förderungsgesellschaft" als Akademie gegenüber der Universität aufzuwerten begann.

Ralf Klausnitzer (Berlin) untersuchte die Formen der Wissens- und Wertevermittlung im Umgang Sauers mit seinen akademischen Schülern und hob die Übernahme Schererscher Lehr- und Vermittlungsmethoden, wie beispielsweise die symmetrisch praktizierte Lehrer-Schüler-Kommunikation, hervor. Allerdings unterschied sich Sauers „philologisches Ethos" dahingehend von dem seines akademischen Lehrers, dass er eine abstrahierende Distanz zur Wissenschaft und zum Wissenschaftsbetrieb nicht immer aufrechterhalten konnte, was ihn etwa im Fall des mährischen Germanisten Josef Körner zu fragwürdigen Maßnahmen zur Verhinderung von dessen Habilitation greifen ließ. Eine Darstellung des biografischen und wissenschaftlichen Profils Josef Körners leistete im Anschluss Ingeborg Fiala-Fürst (Olmütz/Olomouc).

Die beiden die Tagung beschließenden Vorträge widmeten sich dem volkskundlichen bzw. ethnologischen Kontext von Sauers Werk.

Karl Braun (Marburg) konstatierte, dass Sauer von Zeitgenossen als ein wesentlicher Förderer der wissenschaftlichen Volkskunde angesehen wurde. Mithilfe der Darlegung der Vorstellung von Volkskunde seit Wilhelm Heinrich Riehl – dem Sauer eine Hommage in der *Deutschen Arbeit* schrieb – definierte Braun Sauers Begriff von „Heimat" in der Doppelbedeutung von „Sprache als Heimat" und dem „Ort als kleinräumige Heimat" als zentralen Topos in Sauers Gedankenkonstrukt. Sauers umfangreiche volksbildnerische Bestrebungen illustrierten einen weiteren wichtigen Grundgedanken, den der „Bildung" im Sinne von „Volksbildung".

Irmela Stock (Weimar) schließlich widmete ihren Vortrag der Genese der Volkskunde als Wissenschaftsfach in Böhmen am Beispiel des ersten Lehrstuhlinhabers für Volkskunde, des Sauer-Schülers Adolf Hauffen (1863–1930), und machte somit ebenfalls auf ein Forschungsdesiderat aufmerksam. Hauffen, der 1894 Leiter der „Forschungsstelle für Volksüberlieferung" geworden war und sich vor allem durch Mundart- und Sprachinselforschung etabliert hatte, kann als eine der Zentralfiguren einer „deutschböhmischen" Volkskunde gelten.

Die auf dem Kolloquium gehaltenen Vorträge offenbarten insgesamt die interdisziplinäre Bandbreite der aktuellen Sauer-Forschung. Sie zeigten Sauers nicht unerheblichen Einfluss auf den wissenschaftlich-kulturellen Diskurs in Böhmen bzw. der Tschechoslowakischen Republik und im habsburgischen Österreich: So kamen neben seiner akademischen (Selbst-)Positionierung auch seine literaturwissenschaftlichen Theorien, seine kulturpolitischen Aktivitäten und seine Verbindung (oder Distanz) zur Volkskunde und zur Jugendbewegung zur Sprache.

Dass dessen ungeachtet eine monographische Darstellung zu Sauers Leben und Werk immer noch ein wesentliches Desiderat darstellt und der in Wien (Wienbibliothek im Rathaus) lagernde – nur vorgeordnete und zurzeit unzugängliche – Nachlass sicherlich noch einige lohnende Untersuchungsaspekte birgt, darauf sei als Letztes verwiesen.

Ein Forschungsband mit den gesammelten Tagungsbeiträgen erscheint voraussichtlich im Jahr 2010.

Immanuel-Kant-Stipendien.
Berichte über aktuelle Forschungen

Das vom Beauftragten der Bundesregierung für Kultur und Medien vergebene Immanuel-Kant-Stipendium dient zur Förderung von Promotionsvorhaben, die sich mit der Geschichte und Kultur der Deutschen im östlichen Europa und den damit verbundenen Themen, insbesondere den wechselseitigen Beziehungen zwischen den Nachbarvölkern, befassen. Der Arbeitsbereich umfasst folgende Regionen:

– historische Ostprovinzen Schlesien, Ostbrandenburg, Pommern, Ost- und Westpreußen in den heutigen Staaten Polen und Russland,
– frühere und heutige Siedlungsgebiete der Deutschen in Ostmittel-, Ost- und Südosteuropa, vornehmlich in Tschechien und der Slowakei, in Polen, der ehemaligen Sowjetunion und den baltischen Staaten sowie in Ungarn, Rumänien und dem ehemaligen Jugoslawien.

Die Funktion der Geschäftsführenden Stelle für die Vergabe der Stipendien hat das Bundesinstitut für Kultur und Geschichte der Deutschen im östlichen Europa, Johann-Justus-Weg 147a, 26127 Oldenburg (Informationen/Vergaberichtlinien unter: <http://www.bgke.de>). Über die Stipendienvergabe entscheidet ein von dem Beauftragten der Bundesregierung berufener wissenschaftlicher Auswahlausschuss (Vorsitzende zurzeit Prof. Dr. Michaela Marek, Universität Leipzig).

Das Bundesinstitut bietet den Immanuel-Kant-Stipendiat(inn)en die Möglichkeit, ihre Forschungsprojekte in seinem Jahrbuch vorzustellen. Die im Folgenden publizierten Beiträge sind nach der Chronologie der behandelten Themen angeordnet.[1]

---

[1] Die Arbeiten der im Herbst 2008 neu ausgewählten Stipendiat(inn)en werden im Jahrbuch 2009 vorgestellt. Vgl. auch die Festschrift: Heike Müns, Matthias Weber (Hg.): „Durst nach Erkenntnis ...". Forschungen zur Kultur und Geschichte der Deutschen im östlichen Europa. Zwei Jahrzehnte Immanuel-Kant-Stipendium. München 2007 (Schriften des Bundesinstituts für Kultur und Geschichte der Deutschen im östlichen Europa 29).

Julia Derzsi

Schuld und Sühne. Zur Strafgerichtsbarkeit in den siebenbürgischen Städten des 16. Jahrhunderts

Das Projekt verfolgt das Ziel, im Kontext der institutionellen Entwicklung des siebenbürgischen Rechtslebens den Mechanismus der Strafgerichtsbarkeit der zur Sächsischen Nationsuniversität gehörenden siebenbürgischen Städte vergleichend zu untersuchen, speziell am Beispiel von Hermannstadt/Sibiu, Kronstadt/Brașov und Bistritz/Bistrița. Diese waren als Vororte sächsischer Stühle oder Distrikte aus den nördlichen und südlichen Regionen Siebenbürgens damals aus politischer, wirtschaftlicher und kultureller Sicht die wichtigsten Städte. Die Arbeit wird versuchen, die institutionelle Organisation der Justiz und ihren Ausbau im Untersuchungszeitraum darzulegen, des weiteren aufgrund der zeitgenössischen Gesetzgebung und der überlieferten Gerichtspraxis Sacherklärungen zu einzelnen Straftaten und ihrer Ahndung zu geben sowie die Entwicklung eines geordneten Strafgerichtsverfahrens zu erforschen. Auf diese Weise soll analysiert werden, welche Auswirkungen die Rechtsprechung auf die institutionelle Entwicklung im 16. Jahrhundert hatte.

Die Entwicklung der städtischen Rechtsinstitute findet innerhalb der umfassenderen und ihrerseits besonderen verfassungsrechtlichen Verhältnisse Siebenbürgens statt, die den Rahmen bilden und Zusammenhänge erkennbar machen. Die besondere Stellung Siebenbürgens innerhalb des ehemaligen mittelalterlichen Königreichs Ungarn wie auch die Bedrohung durch die Osmanen erforderten schon im 15. Jahrhundert ein Bündnis der ständischen „Nationen" (des ungarischen Adels, der Szekler und der Sachsen), die das Staatsleben prägten. Die Union der drei Landstände beförderte den politischen und institutionellen Zusammenschluss der Sachsen; aufgrund der bereits bestehenden Rechtsgemeinschaften entwickelte sich die Sächsische Nationsuniversität als gemeinsame administrative, politische und jurisdiktionelle Körperschaft.

Nach dem Zusammenbruch des mittelalterlichen Ungarn (1526) fasste das in den Osten des Landes zurückgedrängte Königreich, später das hier entstandene autonome Fürstentum Siebenbürgen die Sachsen im Rahmen des ständischen Systems zusammen. Das Ausweichen des königlichen Hofes nach Siebenbürgen, an den Sitz des Woiwoden dieser Region, führte zu einer Verknüpfung der beiden Regierungsstellen; das in dieser Gemengelage entstandene autonome Fürstentum blieb ein besonderes Staatsgebilde mit ungeklärten Verfassungsverhältnissen, das mit Unterstützung der Hohen Pforte und meist unter stillschweigender Duldung durch die Habsburger eine relative Souveränität innehatte. Es kam eine ständische Monarchie zustande, welche sich in ihrer Organisationsform von der des mittelalterlichen Königreichs Ungarn wesentlich unterschied, indem sie sich auf die relativ stabile Zentralregierung der fürstlichen Gewalt und auf das Ständewesen stützte.

Die drei politischen „Nationen" bildeten eine besondere Ständegliederung, die sich nicht nach der Vermögenslage, sondern nach ihrer historischen privilegierten

Rechtslage formte.¹ Es entstand eine spezifische Rechtsordnung, die neben dem traditionellen ungarischen Recht die besonderen Gewohnheitsrechte der Stände bewahrte. Das Zusammenleben der verschiedenen Privilegien und Partikularrechte, die daraus sich ergebende Rechtsunsicherheit sowie der patriarchale Charakter der Instanzen, die das Recht anwandten, nicht zuletzt die Tatsache, dass sich auf der höchsten Ebene das alte ungarische Recht durchsetzte: all dies führte zu einer regen Gesetzgebung durch die siebenbürgischen Landesstände. Obwohl die verschiedenen Rechte sich weiterhin in kein einheitliches, für das ganze Land gültiges Gesetzbuch verflochten, übten sie aufeinander einen erheblichen Einfluss aus.²

Für die Sachsen bedeutete die Garantie der Standeszugehörigkeit neben der Wahrung der königlichen Privilegien auch die Beteiligung an den gesetzgebenden Landtagsversammlungen wie auch an dem fürstlichen Rat.³ Obwohl diese Rahmen nicht ausschließlich dem Ständewesen eigen sind, versorgten die städtischen Oberbeamten ihre Aufgaben und repräsentierten die bürgerlichen Belange. Bei den Entscheidungen der Sächsischen Nationsuniversität (der Vertretung der Autonomie der sächsischen Stühle und Distrikte) spielten von Anfang an die Städte eine entscheidende Rolle. Diese Tatsache verlieh der Sächsischen Nationsuniversität den Charakter eines Städtebundes.⁴

Die Elite der Städte im Sachsengebiet war sich der Notwendigkeit der Rationalisierung und Vereinheitlichung des Rechtes bewusst, was zur Regelung der Beziehungen innerhalb der Universität auch erwünscht war. Die Autonomie der Stühle und Distrikte, die Rechtsüberlieferung bei den verschiedenen Richter- und Geschworenenämtern und der Mangel an einer schriftlichen Normenregelung hat zu verschiedenem Rechtsgebrauch oder gar zur Rechtsunsicherheit geführt. Das Streben nach Vereinheitlichung der Normen kann man schon seit der ersten Hälfte des 16. Jahrhunderts an der gesetzgeberischen Bemühung der Universität und den einschlägigen Arbeiten von Rechtsgelehrten ablesen.⁵ Als Ergebnis der Versuche, das Gewohn-

---

1 Zsolt Trócsányi: Törvényalkotás az Erdélyi Fejedelemségben [Gesetzgebung im siebenbürgischen Fürstentum]. Budapest 2005, S. 292f.
2 Krista Zach: Fürst, Landtag und Stände. Die verfassungrechtliche Frage in Siebenbürgen im 16. und 17. Jahrhundert. In: Dies.: Konfessionelle Pluralität, Stände und Nation. Ausgewählte Anhandlungen zur südosteuropäischen Religions- und Gesellschaftsgeschichte. Hg. v. Joachim Bahlcke, Konrad G. Gündisch. Münster 2004 (Religions- und Kulturgeschichte in Ostmittel- und Südosteuropa 6), S. 49–71, hier S. 61.
3 Der fürstliche Rat fungierte als Regierungsorgan und auch als Obergericht, in dem die Vertreter der Stände die Ämter auf paritätischer Basis besetzten.
4 Konrad G. Gündisch: Das Patriziat siebenbürgischer Städte im Mittelalter. Köln, Weimar 1993 (Studia Transylvanica 18), S. 338.
5 1524 wurden Erbrechte formuliert, und 1546 entschied die Universität die Zusammenstellung und Veröffentlichung der gültigen Gewohnheitsrechte. Zu den ersten Versuchen der Kodifikation gehören: die Rechtsbücher des Kronstädter Reformators Johannes Honterus von 1539 und 1544 (*Sententiae ex Libris Pandectarum Juris civilis excerptae* und *Compendium juris civilis in usum Civitatum ac Sedium Saxonicalium in Transylvania collectum*) sowie das Büchlein des Provinznotars und Hermannstädter Ratsmanns Thomas Bomel von 1560 (*Statuta jurium municipalium*), das auch in die Gerichtspraxis eingeführt wurde. Die Rechtssammlung setzte sich noch im Jahre 1582 fort.

heitsrecht zusammenzustellen und das römische Recht zu rezipieren, entstand 1570 das Rechtsbuch von Matthias Fronius, die *Statuta jurium municipalium Saxonicum in Transilvania*. Die *Statuta* wurden in die Rechtspraxis eingeführt und 1583 als Privileg der Siebenbürger Sachsen vom König (Fürsten) Stephan Báthory anerkannt. Gleichfalls wurde die deutsche Version des Froniusschen Rechtsbuches, *Das Eigen-Landrecht der Siebenbürger Sachsen*, veröffentlicht. Die Anerkennung der eigenen Rechtsprechung der Sachsen bedeutete neben der Bestätigung der alten Freiheiten des Königsbodens und der Landesgesetze auch die Legitimation des Reichsrechts (ius communis).

Die nach dem Vorbild der Reichsrechtsbücher zusammengestellte Gesetzessammlung beschäftigt sich in einem gesonderten Buch mit dem Strafrecht, der Darlegung des öffentlichen und Verfahrensrechtes, mit dem Privat- und Verkehrs- oder mit dem Schuldrecht (Obligationsrecht).[6] Den strafrechtlichen Vorschriften jener Zeit ähnlich, waren auch die *Statuta* kein eigentliches Strafgesetzbuch, sondern die Zusammenfassung von verfahrensrechtlichen Bestimmungen. Trotzdem umfassten sie gesetzliche Bestimmungen bezüglich der Verbrechenstatbestände wie Diebstahl, Tötung, Verleumdung, Fälschung und Betrug, Ehebruch und Fornikation (sittliche Verfehlungen) sowie ihrer Bestrafung. Die vom römischen Recht stark beeinflussten *Statuta* zählten in ihrer anfänglichen Form die privaten Handlungen zu den öffentlichen Delikten, systematisierten die Delikte, grenzten die Zivilprozessordnung von den Strafverfahren ab. Außerdem unterschieden sie eine Reihe von strafrechtlichen Begriffen wie Begünstigung des Verbrechens, Notwehr, Schuld, Rücktritt, strafrechtliche Verantwortung, fahrlässiges und vorsätzliches Handeln.[7] Neben den *Statuta* wurde eine Serie von Strafordnungen auch von den Städten (Munizipalverfassungen) und von der Nationsuniversität erlassen.

Die Rezeption des gelehrten römischen Rechts und seiner Elemente bedeutet aber noch nicht die Institutionalisierung desselben. Das wird durch die Tatsache belegt, dass man es für nötig hielt, die *Statuta* als ein sächsisches Privileg vom Fürsten bestätigen zu lassen.

Im Kontext der siebenbürgischen verfassungsrechtlichen Verhältnisse bilden für die Untersuchung des Charakters, der Funktionsweise und der Bildung der Strafgerichtsbarkeit der sächsischen Städte folgende Thesen den Ausgangspunkt:

---

6 Die Struktur der *Statuta* hatte die kaiserlichen städtischen und territorialen Gesetzbücher des Deutschen Reiches zum Vorbild. Der Rechtshistoriker Adolf Laufs bestimmt als Quellenverbindungen der *Statuta*: die *Nürnbergische Reformation* (1479), das Rechtsbuch von Worms (1498), das Buch von Ulrich Zasius: *Das Freiburger Stadtrecht* (1520), das *Württembergische Landrecht* (1555) und die *Kursächsische Konstitution* (1572). Die Rechtsordnungen des vierten Buchs des siebenbürgisch-sächsischen Gesetzesbuchs haben als Vorbild das kaiserliche Strafrecht, die *Constitutio Criminalis Carolina*, aus dem Jahr 1532 gehabt. Vgl. die Einführung von Adolf Laufs in: Das Eigen-Landrecht der Siebenbürger Sachsen. Unveränderte Wiedergabe des Erstdrucks von 1583. München 1963.

7 Felix Sutschek: Das deutsch-römische Recht der Siebenbürger Sachsen (Eigen-Landrecht). Stuttgart 2000 (Aus der Rechtsgeschichte Siebenbürgens), S. 139.

1. Die Strafgerichtsbarkeit der sächsischen Städte entwickelte sich in ihren wesentlichen Charakteristika im Laufe des 16. Jahrhunderts unter dem Einfluss der Rezeption des römischen Rechtes.
2. Bei der Verwirklichung eines rationalisierten und vereinheitlichten Rechtslebens versuchten die Siebenbürger Sachsen einerseits, die Mittel ihrer ständischen Sonderstellung zu sichern, andererseits sie zur internen Vereinheitlichung der Nationsuniversität einzusetzen.
3. Die Rechtsvereinheitlichung und die Rezeption des römischen Rechtes erfolgten innerhalb der Nationsuniversität nicht vollständig. Die Städte bewahrten unter den fortbestehenden Rahmenbedingungen ihren Einfluss, ihre Unabhängigkeit innerhalb der Universität und vermutlich auch ihre Besonderheiten in der Anwendung des Gewohnheitsrechtes. Die Rechtsvereinheitlichung war ein zeitintensiver Prozess zur Rationalisierung des Rechtslebens. Dieser Prozess wurde durch das partielle Fortleben des Gewohnheitsrechtes wie auch durch dessen Kollision mit den ungarischen Adelsrechten verlangsamt.

In einer ersten Projektphase wurden die Struktur, die Kompetenz und der Funktionsmechanismus der Gerichte untersucht, mit einem Fokus auf die Charakteristika der Strafgerichtsbarkeit.

Die ursprünglichen Gerichtsinstanzen der Siebenbürger Sachsen, die Versammlungen der Verwaltungseinheiten und die Gerichtsstühle, haben nicht bis in das 16. Jahrhundert bzw. in die Epoche des Fürstentums überlebt, sondern wurden von den immer mächtiger werdenden Stadtverwaltungen übernommen. Die Städte sorgten auch für die Verwaltung der Stühle und Distrikte, deren Zentralorte sie bildeten.[8] Was die Organisation der Gerichte betrifft, blieben die Unterschiede zwischen der Stuhls- oder Distriktsorganisation entscheidend. Diese Unterschiede waren einerseits durch den städtischen Charakter der Vororte des autonomen Gebietes bedingt, andererseits durch die Verschiedenheit der Organisationsform. Es scheint, dass im Laufe des 16. Jahrhunderts, unter dem Druck der Nationsuniversität, die Vereinheitlichung der Strukturen und Kompetenzen der Gerichte stattgefunden hat.[9] Das

---

8 Die Verwaltungs- und Gerichtskompetenzen der Städte und der von Städten verwalteten Gemeinden wurden im 16. Jahrhundert nicht gemäß ihrer Rechtslage getrennt, auch die Dorfbewohner verfügten über dieselben Freiheiten wie die Stadtbürger, aufgrund des eigenen Rechtes des Sachsengebiets. Am Ende des 17. Jahrhunderts kann im Falle der Hermannstädter Stadt- und Stuhlgerichtsbarkeit die Trennung der Kompetenzen aus organisatorischer Hinsicht beobachtet werden: Die Angelegenheiten der Stadt wurden getrennt von jenen der Dörfer, d. h. an anderen Tagen, besprochen.
9 Obwohl das in erster Instanz urteilende Kollegialgericht keine an allen Orten gültige Institution geworden ist, vollzog sich die Assimilation der Struktur trotzdem. Der Berufungsgang führte von den ordentlichen Gerichten zum Magistrat. Um die Mitte des Jahrhunderts spielte der städtische Magistrat bereits überall diese Rolle. Daneben hat er in Kriminalfällen Urteile erster Instanz gefällt. Im Kurs der Appellation bedeutete die Universitätsversammlung die höchste Instanz im Sachsengebiet. Der Prozessgang führte letztendlich an den Landesherrn. Die Sachsen konnten sich mit ihren Berufungen direkt an den König wenden, in der Zeit des Fürstentums je nach der Art der Angelegenheit entweder an die Tafel oder direkt an den Fürsten (fürstlichen Rat). Vor die Tafel konnten nur die sächsischen Gemeinden zitiert werden, oder eine sächsische Person konnte nur mit der Anklage der Gewalttätigkeit bzw. des Mordes direkt vor die Tafel zitiert werden.

auf römischem Einfluss beruhende Gesetzbuch der Sachsen, die *Statuta jurium municipalium Saxonicum in Transilvania* (1583), stärkte auch das Streben nach Rechtsrezeption und -vereinheitlichung. Die folgenden Thesen fassen das Streben nach der Ausbildung des Gerichtssystems zusammen:

- das Prinzip des Richterwahlrechts (die Validation dieses Prinzips, nach dem seit Ende des 15. Jahrhunderts die Munizipalbehörde das Richterwahlrecht auch in den Stuhl- und Distriktgebieten durchsetzen konnte, und die Wahl der Richter, Stuhlrichter, Bürgermeister und Stadthannen aus den Reihen des Magistrats nach Kriterien der Ortsansässigkeit und der städtischen, bürgerlichen Herkunft);
- das Prinzip der Zuständigkeitsbehörde mit seinen drei Aspekten:
  - jede Gemeinde gehört zu einem ordentlichen Gericht (Territorialprinzip),
  - der Berufungsgang folgt einem prozessualen Grundsatz (die Berufung kann keine Instanz umgehen),
  - die Natur der Angelegenheit bestimmt die Zuständigkeit der Gerichte (Sachprinzip).

All das war vor allem bei Strafsachen bedeutsam. So wurden Kriminalsachen in erster Instanz vor dem Magistrat verhandelt, konnten Verleumdungsprozesse nicht bis an die Nationsuniversität appelliert werden, konnte im allgemeinen gegen ein Strafurteil keine Berufung eingelegt werden.

Durch die Annahme der *Statuta* bildete das Gesetz (also die gesetzliche Vorschrift) neben dem Gewohnheitsrecht und dem Landrecht den Hintergrund der Gerichtsbarkeit. Darüber hinaus wurde an den sächsischen Gerichten auch das Reichsrecht legitimiert. Das Prinzip der Gesetzlichkeit bezog sich sowohl auf die Untersuchung als auch auf das Urteil. Außerdem scheint – wenn wir in Betracht ziehen, dass das Prozessverfahren auf Deutsch lief – die Behauptung berechtigt zu sein, dass die Vervollständigung der Prinzipien, die den Aufbau und die Funktion des Gerichtes bezweckten, sich auf zwei Ebenen vollzogen, einerseits als Sicherung der ständischen Belange, andererseits unter dem Gesichtspunkt der inneren Organisation der Nationsuniversität. Aber das Streben nach der Vereinheitlichung der Gerichtsstruktur ging weiter als die einfache Offenbarung der ständischen Belange, indem es die grundsätzlichen Bedingungen eines ordentlichen Prozessganges erzeugte.

Während der Klärung der Fragen der Gerichtsstruktur und -kompetenz zeigten sich eine Reihe von Problemen, die gelöst werden müssen. Die von den Städten geleiteten Stadt-, Stuhl- und Distriktgerichte bewahrten mehrere strukturelle (und funktionale) Unterschiede, die auf verschiedenen Gewohnheitsrechten beruhen. Die Zuständigkeit der Gerichte erstreckte sich auf Gemeinden mit unterschiedlichem Status (mit primärem und sekundärem Siedlungsrecht); die Städte funktionierten auch als grundherrschaftliche Gerichte. Für manche Siedlungen außerhalb der Sächsischen Nationsuniversität waren die Städte die höhere Instanz, ein Zeichen dafür, dass die Grenzen der Verwaltungsgebiete nicht immer mit dem Bereich der Gerichtsbarkeit zusammenfielen. Die Erörterung dieser Bedingungen, vor allem die

Darlegung der wegen der Partizipation an der Macht zugespitzten Verhältnisse, reißt solche Probleme an, deren Untersuchung nur unter Berücksichtigung der Komplexität der Fragen erfolgreich durchgeführt werden kann.

Das städtische Rechtsleben ist vor allem dank der Auswertung des Archivmaterials bekannt. Dieses beinhaltet vor allem die Dokumente der statutarischen Gesetzgebung sowie die Verschriftlichung einiger Phasen des gerichtlichen Prozessverfahrens.[10] Trotz des relativ reichen städtischen Materials beschränkt sich der Forscher bei der Quellenrecherche für Fragen der Strafgerichtsbarkeit auf die Sammlung von Beschreibungen unterschiedlicher Art. Aus dieser Periode finden wir noch keine Quellen, die den ganzen Prozessvorgang beschreiben. Da sich die Strafprozesse oft nur in der Form von mündlichen Rechtsgeschäften entwickelten und im Haus des jährlich gewählten, auf erster Instanz urteilenden Richters stattfanden, zeigen im Rahmen des patriarchalen Rechtslebens neben der Ausstellung der Prozessurkunden der Parteien nur kurze Protokollnotizen, Zeugenvernehmungen, kurze Urteile bestimmte Phasen des Prozessvorganges auf. Gemäß der Praxis der städtischen Kanzleien der Zeit (16. Jahrhundert) war die Pflege dieser Rechtszeugnisse in den Archiven nicht üblich. Einige Prozessurkunden wurden niedergeschrieben, weil für die in der Stadt (und in den zu ihrem Gerichtskreis gehörenden Dörfern) begangenen Delikte nur die von der Stadt beglaubigten Beweise verwendet werden konnten.[11]

Eine detaillierte Beschreibung des Prozessvorganges finden wir erst ab der zweiten Hälfte des 17. Jahrhunderts. Doch kann bei der Führung der Ratsbücher ab der zweiten Hälfte des 16. Jahrhunderts eine bestimmte Differenzierung beobachtet werden: Für die Niederschrift der Zeugenvernehmungen wurden neue Bücher angelegt, aber ohne eine vollständige inhaltliche Trennung dieser Ratsbücher von den Protokollnotizen der üblichen Magistratssitzungen.[12] Unter den städtischen Brie-

---

10 Gemäß den zwei funktionell unterschiedenen Bereichen besteht das Quellenkorpus der Arbeit einerseits aus der Gesetzgebung – vor allem den Varianten der *Statuta*, den Texten der Statuten der sächsischen Städte und der Universität, der Landtagsgesetzgebung sowie den Sammlungen von Honterus und Bomel –, andererseits aus den Gerichtsaufzeichnungen, die entweder in einigen Magistratsprotokollen oder in städtischen Urkunden und einem Aktenkorpus aufbewahrt sind. Die Materialien für die statutarische Gesetzgebung sind zu gutem Teil veröffentlicht worden. Die Quellen befinden sich in den jeweiligen Kreisfilialen der staatlichen Archive von Hermannstadt, Kronstadt und Klausenburg/Cluj-Napoca. Das Korpus der Stadt Bistritz befindet sich im Klausenburger Archiv. Aus dem 16. Jahrhundert sind städtische Magistratsprotokolle unter verschiedenen Namen aus folgenden Jahren erhalten: Protokolle des Hermannstädter Magistrats für 1521–1565, 1566–1637; Protokolle der Sächsischen Nationsuniversität für 1544–1563; Magistratsprotokolle von Bistritz für 1517–1522, 1525–1541, 1542–1661, 1546–1572, 1572–1598, 1563–1694; Ratsprotokolle von Kronstadt (Juridica) für 1558–1580.

11 Über die Eintragung der Gerichtsverhandlungen ins Stadtbuch verfügte der Hermannstädter Magistrat zum ersten Mal im Jahre 1522, indem er die Anordnung traf, dass die Urteile des Magistrats und der *domini provinciales (septem sedium)* in Protokollen festgehalten werden müssen. Die Anordnung des sächsischen Rechtsbuches, dass die Prozesse in städtischen Protokollen festzuhalten seien, beendet noch nicht den beglaubigenden Charakter der städtischen Kanzlei. Vgl. Das Eigen-Landrecht der Siebenbürger Sachsen. Buch I, Titel 8, Paragraf 2.

12 In Bistritz blieb aus dem Zeitraum von 1546 bis 1572 ein vom Inhalt her hauptsächlich Zeugenverhöre umfassendes Protokoll erhalten (294 Seiten). Beginnend mit der Seite 136 des Protokolls

fen tauchen auch Hinweise oder Prozessunterlagen auf, die auf geschehene Straftaten oder auf irgendwelche Phasen des Strafverfahrens hindeuten (Zeugenverhöre, Aufträge an Anwälte, Begnadigungen usw.). Neben den Quellen des Gerichtslebens bieten die städtischen Rechnungsbücher oder auch andere ergänzende Quellen wie Chroniken oder Tagebücher eine Ergänzung für eventuell fehlende Daten.[13]

Wegen der geschilderten Quellenlage setzten sich bei der Darstellung der Rechtsinstitute in der Fachliteratur oft ahistorische Gesichtspunkte durch, da die Autoren bestrebt waren, die eigenartigen Institutionen der Siebenbürger Sachsen amtsgeschichtlich zu rekonstruieren.[14] Seltener schenkten sie der Aufdeckung der Aspekte der verfassungsrechtlichen und rechtsgeschichtlichen Verhältnisse sowie der Beziehung zwischen dem sächsischen Rechtsleben und dem Reichsrecht Aufmerksamkeit.[15] Die Darstellung des Mechanismus der Strafgerichtsbarkeit der sächsischen Städte im Kontext der siebenbürgischen Rechtsgeschichte hilft uns, Sonderentwicklungen des Staats- und Rechtslebens aufzuzeigen und damit Charakteristika herauszuarbeiten, die den kleineren staatlichen Gebilden Ostmitteleuropas eigen sind und sich durch besondere Lösungen und Anwendungsmodelle auszeichnen.

---

schrieb der Stadtschreiber die Daten bezüglich des Verhörs der Verbrecher und Verdächtigen in ein neues Buch um (*Catalogus famorosorum damnatorum suspectorum ac ad fidenissione emissorum hominorum*, 1563–1694), dessen Inhalt sich auch im 17. Jahrhundert nicht änderte. Die Niederschriften der Zeugenverhöre wurden in einem anderen Band fortgesetzt (1572–1598). In Hermannstadt blieb die Reihe der Zeugenverhöre und Interrogationen (*Judicialia*) seit 1600 kontinuierlich erhalten. In den Texten der Zeugenverhöre, verwendet für die Beweisverfahren der gegen das Menschenleben, das Eigentum und die existierende Ordnung begangenen Straftaten, entstehen in den Interrogationen und in den Geständnissen der Zeugen die gesellschaftlichen Normen der Epoche.

13 Die zusammenhängende Reihe der in den Stadtarchiven verwahrten Rechnungsbücher ist eines der reichsten Quellenkorpora zur siebenbürgischen Stadtgeschichte aus der Frühen Neuzeit.

14 Richard Schuller: Andreas Beuchel. Ein Beitrag zur Bistritzer Stadtgeschichte in dem Zeitalter des Thronstreites zwischen Ferdinand I. und Zapolya. In: Archiv des Vereins für siebenbürgische Landeskunde. Bd. XXIII, Heft 1 (1890), S. 5–72; Richard Schuller: Wolfgang Forster. Bistritzer Stadtgeschichten aus dem Anfang des 16. Jahrhunderts. In: Programm des ev. Gymnasiums Schäßburg (1890), S. 5–11; Heinrich Wittstock: Peinliche Fälle aus dem 16. Jahrhundert. In: Transilvania (1861), S. 97–102.

15 Friedrich Schuler von Libloy: Siebenbürgische Rechtsgeschichte. Bd. 3: Die siebenbürgischen Prozessrechte und das Strafrecht. Hermannstadt 1868.

Ilka Waßewitz

Motive und Modi höfischer Repräsentation in den Bauprojekten Albrechts von Waldstein

1. Voraussetzungen

Albrecht Wenzel Eusebius von Waldstein (1583–1634) wurde 1623 in Anerkennung seiner militärischen Erfolge im Dienste des Kaiserhauses in den Fürstenstand erhoben. Diese Erhöhung markierte den ersten Gipfelpunkt einer rasanten Karriere vom wenig vermögenden protestantischen Angehörigen des böhmischen Herrenstandes zum erfolgreichen, in der Zwischenzeit zum Katholizismus konvertierten Feldherrn der kaiserlichen Truppen und Gubernator von Böhmen.

Parallel zu seinem Aufstieg veranlasste Waldstein eine umfangreiche Bautätigkeit, für welche er bereits 1621/22 mit dem Ankauf von Gütern in Prag und Nordostböhmen die Voraussetzungen geschaffen hatte. So ließ er sich in Prag ab 1623 von den italienischen Baumeistern und Künstlern Giovanni Pieroni, Andrea Spezza und Baccio Bianchi einen anspruchsvollen Stadtpalast errichten. Noch im selben Jahr begann er, die kleine Stadt Jitschin/Jičín in Ostböhmen nach Plänen Spezzas und Niccolò Sebregondis systematisch zur Residenzstadt seines Fürstentums und zum Stammsitz der künftigen Dynastie auszubauen. Einhergehend mit späteren Titel- und Territoriumszugewinnen folgten weitere Bauvorhaben in den Herzogtümern Sagan/Żagań und Mecklenburg. Bis zu seinem Tod 1634 konnte Waldstein den Prager Stadtpalast und zahlreiche Bauvorhaben in Jitschin realisieren sowie den Schlossbau in Sagan und Umbauarbeiten am Güstrower Schloss zumindest einleiten.

2. Forschungsstand

In der wissenschaftlichen Auseinandersetzung mit Waldsteins Bauvorhaben lassen sich folgende Tendenzen nachzeichnen: Erstens sind die Bauprojekte nicht gleichmäßig aufgearbeitet worden. So konzentrierte sich die Forschung vor allem auf den gut erhaltenen Prager Palast,[1] zunehmend auch auf die Umgestaltungspläne für die Stadt Jitschin,[2] während es an Untersuchungen zum Güstrower Schloss mangelt.[3] Grund-

---

1 Vgl. zuletzt Mojmír Horyna (Hg.): Das Waldstein-Palais in Prag. Prag 2002; Eliška Fučíková, Ladislav Čepička (Hg.): Albrecht von Waldstein. Inter arma silent musae? Ausstellungskatalog. Prag 2007.
2 Vgl. u. a. J[an] Morávek, Z[deněk] Wirth: Valdštejnův Jičín. Příspěvek k dějinám barokního stavitelství v Čechách [Waldsteins Jitschin. Ein Beitrag zur Geschichte der Barockbaukunst in Böhmen]. Prag 1946; Petr Uličný: Elemente von Waldsteins Jitschin. In: Fučíková, Čepička (Hg.): Albrecht von Waldstein (Anm. 1), S. 229–238.
3 Zu Güstrow unter Waldstein lediglich: Wilhelm Gernentz: Studien zur Baugeschichte des Güstrower Schlosses. Güstrow 1963 (Beiträge zur Heimatgeschichte 1); Ira Koch: Das Schloß als Residenz Wallensteins in Mecklenburg von 1628 bis 1630. In: Das Schloß Güstrow. Ein Beitrag zur Kultur- und

legende Arbeiten zum Waldstein-Schloss in Sagan fehlen ebenso wie eine zusammenhängende Darstellung aller Bauvorhaben.[4] Sofern thematisiert, werden die Bauprojekte zweitens gemeinhin als „isolierte" Phänomene betrachtet,[5] lediglich unter bauhistorischen und stilistischen („frühbarocke Profanarchitektur") Gesichtspunkten oder unter Fragen der Zuschreibung abgehandelt.[6] Die sich aus der zeitlichen Koinzidenz der Bauprojekte mit der Standeserhöhung, aber auch aus der Vehemenz, mit der Waldstein die Bauarbeiten vorantrieb, ergebenden kulturhistorischen Fragestellungen nach Auftraggeberansprüchen und funktionalen Kontexten der Bauten wurden bisher nicht systematisch aufgegriffen. Hier soll die Dissertation ansetzen.

3. Fragestellungen, Ziele, Methoden

Anknüpfend an die aktuelle Residenzenforschung, die Architektur und bildende Kunst als eng mit sozialen und politischen Mechanismen höfischer Gesellschaften verflochtene Phänomene begreift,[7] fokussieren die Fragestellungen dieser Arbeit den Bauherrn und die sich aus seinen Ansprüchen ergebenden Funktionen der Bauten wie auch der involvierten Bildkünste. Dabei wird gezielt gefragt: Welcher künstlerischer und architektonischer Mittel bedient sich Waldstein für eine standesgemäße Lebenshaltung? Was ist wichtig, notwendig für einen solchen Aufsteiger, was ‚muss' er haben? Welche Vorbilder oder Bezugspunkte wählt Waldstein und warum? Inwiefern knüpft er an lokale Bautraditionen an oder entwickelt diese weiter? An welchen Stellen sorgt er für die Einführung neuer, vielleicht überregionaler Formen? Betref-

---

Landesgeschichte in Mecklenburg. Hg. v. Rat des Bezirks Schwerin. Schwerin 1972, S. 27–32; Regina Erbentraut: Das virtuelle Schloss. Die Sprache der Inventare unter Johann Albrecht II. In: Schloss Güstrow. Prestige und Kunst 1556 bis 1636. Ausstellungskatalog. Staatliches Museum Schwerin, Schloss Güstrow 2006, S. 54–65, 219–221.

4 Eher skizzenhaft besprechen mehr oder weniger alle Bauprojekte allein Günther Grundmann: Wallenstein als Bauherr. In: Ostdeutsche Wissenschaft 2 (1955), S. 28–46, und Petr Fidler: „Bauen ist eine höhere Lust als Kriegführen". Albrecht Wenzel Eusebius von Waldstein als Bauherr und Mäzen – Zur Baustrategie eines Fürsten. In: Václav Bůžek, Pavel Král (Hg.): Aristokratické rezidence a dvory v raném novověku [Adelige Residenzen und Höfe in der frühen Neuzeit]. České Budějovice 1999 (Opera historica 7), S. 275–309.

5 Vgl. etwa Václav Bůžek, Petr Maťa: Wandlungen des Adels in Böhmen und Mähren im Zeitalter des „Absolutismus" (1620–1740). In: Ronald G. Asch (Hg.): Der europäische Adel im Ancien Régime. Von der Krise der ständischen Monarchien bis zur Revolution (ca. 1600–1789). Köln, Wien, Weimar 2001, S. 287–321.

6 Vgl. zuletzt u. a. Michaela Líčeníková: Nicolo Sebregondi im Dienste des Herzogs Albrecht von Waldstein. In: Fučíková, Čepička (Hg.): Albrecht von Waldstein (Anm. 1), S. 245–248.

7 Lutz Unbehaun: Einführung. In: Die Künste und das Schloß in der frühen Neuzeit. Hg. v. Thüringer Landesmuseum Heidecksburg Rudolstadt durch Lutz Unbehaun. München u. a. 1998 (Rudolstädter Forschungen zur Residenzkultur 1), S. 9–12. Vgl. auch die exemplarischen Studien von Gottfried Kerscher: Architektur als Repräsentation. Spätmittelalterliche Palastbaukunst zwischen Pracht und zeremoniellen Voraussetzungen. Avignon – Mallorca – Kirchenstaat. Tübingen, Berlin 2000; Ulrike Seeger: Stadtpalais und Belvedere des Prinzen Eugen. Entstehung, Gestalt, Funktion und Bedeutung. Wien, Köln, Weimar 2004; Monika Brunner-Melters: Das Schloß von Raudnitz 1652–1684. Anfänge des habsburgischen Frühbarock. Worms 2002.

fen diese Neuerungen nur die äußere Form oder auch die Nutzung? Welcher semantisch-ideologische Hintergrund verbirgt sich hier bzw. welche Konnotationen/Wirkungen sollten beim Zeitgenossen eventuell evoziert werden?

Mit diesen Fragen werden folgende Ziele verfolgt, die durch ein sowohl kunst- als auch kulturhistorisches Methodenspektrum unterstützt werden: *Erstens* sollen diejenigen baulichen und künstlerischen Mittel, die Waldstein als erforderlich für eine standesgemäße Lebenshaltung erachtete, in einer „Bestandsaufnahme" herausgearbeitet und architekturhistorisch verortet werden. Dies hat die Entscheidung vorgegeben, alle Bauvorhaben zusammenhängend zu untersuchen. Damit soll eine einseitige Konzentration auf lediglich ‚künstlerisch wertvolle' Objekte vermieden und durch die Bauherren-Perspektive eine in stärkerem Maße kulturgeschichtliche Untersuchung der Bauten ermöglicht werden.

Architektur wird dabei als gebauter Raum aufgefasst, der als Rahmen für Handlungen dient.[8] Deshalb soll in einer komplementären Untersuchung von Architektur und Ausstattung gezeigt werden, wie die Bauten städtebaulich situiert und räumlich strukturiert waren, damit entsprechende Handlungen, wie etwa zeremonielle Abläufe, darin funktionieren konnten. Auch auf die Ikonographie von Architektur und Ausstattung wird einzugehen sein, denn mit ihrer Hilfe wurden Aussagen zum Bauherrn, zu seinem Selbstverständnis und gegebenenfalls seinen Ambitionen getroffen.[9]

Zu beachten ist hierbei, dass sich Waldstein bei der Wahl von Architekturtypen und -formen sowie künstlerischen Medien und Inhalten eine Fülle von Möglichkeiten bot. In einem Vergleich muss ermittelt werden, an welchen Höfen er sich bei der Auswahl der Mittel orientierte. Der Vergleich zielt einerseits darauf ab, die einzelnen Formen herzuleiten, ihre möglicherweise überregionale Herkunft aufzuspüren; andererseits gilt es, sie im Verhältnis zu einheimischen Modellen zu betrachten. Diese sollen mit Hilfe folgender Parameter ausdifferenziert werden: Vorhandensein oder Absenz von bestimmten Bauaufgaben, von künstlerischen Medien, von Ästhetik; Qualität; Quantität; Wahl der Künstler. Näher bestimmt werden muss insbesondere das Verhältnis von Tradition und Innovation, scheint doch ein ausgewogenes Verhältnis zwischen diesen beiden Polen ein wichtiger Bestandteil des Zeichensystems adeliger Repräsentation gewesen zu sein.[10] Hier muss untersucht werden, ob Waldstein „einheimische, konventionelle" Formen wählte, diese veränderte und/oder selbst für den Transfer neuer Formen sorgte und diese eventuell weiterentwickelte. Die Übernahme von Strukturen rekurriert darüber hinaus natürlich auch auf eine

---

8 Vgl. Kerscher: Architektur (Anm. 7), S. 19.
9 Frank Wolf Eiermann: Das Fürstliche Bauwerk. Bemerkungen zur Schloßarchitektur und den „schönen Künsten". In: Die Künste und das Schloß in der frühen Neuzeit (Anm. 7), S. 47–51, hier S. 49; Unbehaun: Einführung (Anm. 7), S. 11.
10 Vgl. Matthias Müller: Spätmittelalterliches Fürstentum im Spiegel der Architektur – Überlegungen zu den repräsentativen Aufgaben landesherrlicher Schloßbauten um 1500 im Alten Reich. In: Cordula Nolte, Karl-Heinz Spieß, Ralf-Gunnar Werlich (Hg.): Principes. Dynastien und Höfe im späten Mittelalter. Stuttgart 2002 (Residenzenforschung 14), S. 107–145, hier S. 111.

zu ermittelnde Symbolik, die in einer Form- und Inhaltsanalyse interpretiert werden muss. Auf dieser Grundlage soll *zweitens* eine funktionale Verortung und Deutung dieser Mittel, ihrer Motive, Modi und Herkunft unter Einbeziehung des außergewöhnlichen Lebensweges des Auftraggebers und der zugrundeliegenden gesellschaftlichen Veränderungen in Böhmen vorgenommen werden.

Über die Darstellung und Verortung der Motive und Modi innerhalb des Repräsentationsverhaltens Albrechts von Waldstein hinaus geht es *drittens* darum zu ermitteln, wie bindend welche Motive und Modi höfischer Repräsentation für die Adelskultur des 17. Jahrhunderts in Böhmen waren und an welchen neuralgischen Punkten es Freiheiten – etwa für Innovationen – gab: Gerade das Beispiel Albrechts von Waldstein erweist sich hier als bedeutungsvoll. Zum einen bietet das Exempel eines Aufsteigers wie Waldstein die Möglichkeit, Notwendigkeiten und Freiheiten der adeligen Selbstdarstellung gezielt aufzudecken. Mit seinen Bauten und den entsprechenden Bildkünsten setzte Waldstein aber auch neue Maßstäbe, die mutmaßlich auf das Repräsentationsverhalten der im Verlauf des Dreißigjährigen Krieges aufgestiegenen Adeligen wirkte. Die exemplarische Studie könnte so wiederum Rückschlüsse auf das noch wenig erforschte Bauverhalten des – infolge der Besitz- und Vermögensumverteilungen während des Dreißigjährigen Krieges – neu formierten böhmischen Adels und die frühbarocke Architektur der böhmischen Kronländer insgesamt ermöglichen.

4. Erste Ergebnisse

Momentan konzentriert sich meine Arbeit auf ein breites Quellen- und Literaturstudium. Das Hauptaugenmerk richtet sich dabei auf Aussagen zum funktionalen Kontext der Bauten sowie auf die Motivation des Auftraggebers. Es zeigt sich, dass sich in ihrer funktionalen Struktur vorrangig die böhmischen Projekte (neben der gut erhaltenen Bausubstanz und den entsprechenden bauhistorischen Untersuchungen) durch zeitgenössische oder Rekonstruktions-Pläne, Ansichten, der Prager Palast gar durch Inventare, rekonstruieren lassen. Die Zusammenführung der in den Letzteren gegebenen Informationen mit den noch erhaltenen (und dem Palast zugeordneten) Ausstattungsgegenständen ermöglicht detailliertere Aussagen zur mobilen Ausstattung und damit auch zur Nutzung der Räume. Auch für die nach wie vor ungenügende Deutung der erhaltenen Fresken im Prager Palast haben sich nach der Lektüre verschiedener Restaurierungsberichte des 19. Jahrhunderts neue Anhaltspunkte ergeben.

Die im Nationalarchiv und Staatlichen Gebietsarchiv in Prag/Praha aufbewahrten Korrespondenzen zwischen Waldstein, seinen Baumeistern und Zuständigen in Jitschin bestätigen, dass Waldstein maßgeblich für die formale Ausgestaltung sowie funktionale Zuordnung der Bauvorhaben verantwortlich war. Deutlich werden zum Teil auch die ästhetischen Ansprüche Waldsteins hinter der Gestaltung, die mit ihrem Nachdruck auf „Schönheit" und zusammen mit der aus der Baustruktur hervorgehenden Betonung der Symmetrie offensichtlich italienisch geschult waren (was auch das italienische Vokabular in den Briefen bestätigt); hier ist also auch bei der Vorbildsuche anzusetzen. Neue Erkenntnisse brachten diese Korrespondenzen in Bezug auf die Künstlerwahl. Offenbar stellten Herkunft, Lebenswege und Kontakte der Künstler wichtige Voraussetzungen für ihre jeweilige Anstellung dar. Dies erhärtet die Annahme, dass die oben angesprochenen ‚Erfordernisse' nicht nur im engeren Baugeschehen zu suchen sind, sondern möglicherweise auch im Bereich eines „sozialen Kapitals"[11] anzusiedeln sind.

Die Lektüre der bauhistorischen Untersuchungen zum Schloss in Sagan brachte neue Hinweise zur Integration des nicht vollendeten Waldsteinschen Schlosses in den später durch Wenzel Eusebius von Lobkowitz aufgeführten Bau, welcher offenbar wesentlich durch die Grundmauern des Waldstein-Schlosses konstituiert wird. Die eingesehenen Bauakten, Inventare, Ansichten und Pläne zum Güstrower Schlossbau zeigen, dass hier auf ähnliche Elemente (z. B. Vereinheitlichung, angemessene Raumfolge) Wert gelegt und entsprechende Maßnahmen vorgenommen wurden wie bei den übrigen Waldsteinschen Bauten. Zur Frage, welche Wirkung die Bauten evozieren sollten, lassen sich zwar keine Selbstaussagen Waldsteins finden; jedoch geben die Berichte verschiedener ausländischer Reisender aus dem 17. Jahrhundert mit ihrer Bewunderung des Prager Palastes (Größe, Pracht usw.) Hinweise darauf.

---

11 Zum Begriff des sozialen Kapitals vgl. Pierre Bourdieu: Ökonomisches Kapital, kulturelles Kapital, soziales Kapital. In: Reinhard Kreckel (Hg.): Soziale Ungleichheiten. Göttingen 1983 (Soziale Welt, Sonderbd. 2), S. 183–198, hier S. 190–195.

Svetlana Korzun

Grenzgänger in der Epoche der Frühaufklärung: Heinrich Freiherr von Huyssen zwischen Deutschland und Russland

Heinrich von Huyssen (1666–1739), ein Adliger aus Essen, trat 1702 nach ausgiebigem Studieren und zahlreichen Reisen in russische Dienste ein. Dies steht im Zeichen des kulturellen Austauschs, den der Zar Peter der Große (1672–1725) anstrebte, um sein Reich im europäischen Prestigebereich an vorderste Front zu bringen. Peter I., der innenpolitisch weitreichende Reformpläne in den Bereichen Militär, Verwaltung, Wirtschaft, Kirche und Gesellschaft für sein Reich hegte, lud Westeuropäer unterschiedlicher Herkunft und Ausrichtung nach Russland ein und verschaffte ihnen die Möglichkeit, unter günstigen Ausgangsbedingungen Karriere zu machen. Im Gegenzug mussten sie ihre Kenntnisse und Erfahrungen der neuen Heimat zur Verfügung stellen. Auf deutscher Seite baute man Verbindungen nach Russland entsprechend der frühaufklärerischen Horizontöffnung und neuen räumlichen Orientierung auf, die die religiöse Ausrichtung zu überwinden suchte.

Das Dissertationsvorhaben erstreckt sich auf folgende Schwerpunkte der Tätigkeit Huyssens:

1. propagandistische Tätigkeit im Interesse Russlands;
2. diplomatisches und politisches Wirken;
3. gelehrte Vermittlung zwischen Deutschland und Russland;
4. das Wirken im Kontext der Versuche einer Einflussnahme auf die russisch-orthodoxe Kirche durch Protestanten und Katholiken.

Der deutsch-russische kulturelle Austausch am Zarenhof wurde in der Sowjetunion weitgehend verschwiegen bzw. lange nur negativ bewertet. Im Zeichen des Neuanfangs im Sozialismus waren die Historiker angehalten, die eigenständige nationale Entwicklung Russlands herauszustellen.[1] Die interkulturellen Beziehungen im 17. und 18. Jahrhundert hatten in dieser geschichtswissenschaftlichen Perspektive keinen Platz. Einzelne Aspekte des Wirkens Huyssens wurden daher vor allem in der russischen vorrevolutionären Forschungsliteratur ausführlich behandelt.[2] Eine zu-

---

[1] Gabriele Scheidegger: Perverses Abendland – barbarisches Russland: Begegnungen des 16. und 17. Jahrhunderts im Schatten kultureller Missverständnisse. Zürich 1993, S. 29f.; Sabine Dumschat: Deutsche Ärzte im Moskauer Russland. Lüneburg 1998 (Hamburger Beiträge zur Geschichte der Deutschen im europäischen Osten 5), S. 8.
[2] P[etr] P[etrovič] Pekarskij: Nauka i literatura v Rossii pri Petre Velikom [Wissenschaft und Literatur im petrinischen Russland]. Bd. 1: Vvedenie v istoriju prosvěščenija v Rossii XVIII stolětija [Einführung in die Geschichte der Aufklärung in Russland im 18. Jahrhundert]. Sanktpeterburg 1862, S. 72–107; M[ichail] A[lexandrovič] Polievktov: Projekt Barona Gujsena ob učreždenii v Rossii fiskalkollegii. (1713) [Das Projekt des Barons von Huyssen zur Errichtung des Fiskal-Kollegiums in Russland. (1713)]. Moskva 1914.

sammenhängende Gesamtbetrachtung seiner Arbeit in Russland fehlt aber bis zur Gegenwart und stellt eine empfindliche Forschungslücke dar.

Die Epoche, in der Huyssen gelebt und gewirkt hat, ist von Eduard Winter und seinen Schülern systematisch hinsichtlich der deutschen Russlandkunde erforscht worden.[3] Wichtige einschlägige Vorarbeiten dazu leistete überdies Erik Amburger.[4] Aber auch die DDR-Forschung war geprägt durch die sozialistische Ideologie und sah die russisch-deutschen Beziehungen im 17. und 18. Jahrhundert daher als ‚Freundschaft'.[5] Diese Auffassung wurde der These der einseitigen ‚Kulturträger-Theorie' entgegengesetzt, an der die ältere deutsche Forschung festhielt.[6]

Außerhalb kurzer biographischer Darstellungen[7] wurde die Person Heinrich von Huyssen meist in Zusammenhang mit wichtigen historischen Ereignissen gebracht oder in Biographien herausragender Persönlichkeiten genannt.[8] Andere Erwähnungen sind nur beiläufig. Einen modernen kulturwissenschaftlichen Ansatz, durch den das Wirken und die Leistungen Huyssens in die Bedingungen und Anforderungen seiner Zeit eingeordnet werden sollen, hat sich die hier vorgestellte Dissertation zum Ziel gesetzt.

Die bisher durchgeführten Vorarbeiten bestanden darin, sich in die vorhandene Forschungsliteratur einzuarbeiten; gleichzeitig umfassten sie Archivrecherchen und das Ermitteln von Quellenmaterial. Die wichtigsten gedruckten Quellen sind die von Huyssen beeinflussten Schriften über Russland[9] sowie die Zeitschriftenberich-

---

3 Eduard Winter: Halle als Ausgangspunkt der deutschen Russlandkunde im 18. Jahrhundert. Berlin 1953 (Veröffentlichungen des Instituts für Slawistik 2); Erich Donnert: Rußland im Zeitalter der Aufklärung. Leipzig 1983.

4 Erik Amburger: Fremde und Einheimische im Wirtschafts- und Kulturleben des neuzeitlichen Russlands. Ausgewählte Aufsätze. Hg. v. Klaus Zernack. Wiesbaden 1982 (Quellen und Studien zur Geschichte des östlichen Europa 17).

5 Eduard Winter, Conrad Grau: Gottfried Wilhelm Leibniz: 1646–1716. In: Eduard Winter, Günther Jarosch (Hg.): Wegbereiter der deutsch-slawischen Wechselseitigkeit. Berlin 1983 (Quellen und Studien zur Geschichte Osteuropas 26), S. 25–37, hier S. 26. Vgl. zum methodischen Verfahren der DDR-Historiker Michael Schippan: Vergleichende Forschungen in der DDR zur osteuropäischen Geschichte der frühen Neuzeit. In: Berliner Jahrbuch für osteuropäische Geschichte 1 (1996), S. 391–411, hier S. 405.

6 Alexander Brückner: Die Europäisierung Russlands: Land und Volk. Gotha 1888, S. 319, 324f.

7 Erik Amburger: Heinrich Frh. von Huyssen. In: Neue Deutsche Biographie. Bd. 10. Berlin 1974, S. 106f.; Hans von Glümer: Heinrich Huyssen: Ein Essener Stadtkind als Gelehrter und Diplomat im Dienste Peters des Grossen. In: Beiträge zur Geschichte von Stadt und Stift Essen 33 (1911), S. 135–151.

8 Hermann Dalton: Daniel Ernst Jablonski: Eine preußische Hofpredigergestalt in Berlin vor zweihundert Jahren. Berlin 1903, S. 447; Woldemar [Vladimir Ivanovič] Guerrier: Die Kronprinzessin Charlotte von Russland, Schwiegertochter Peters des Großen, nach ihren noch ungedruckten Briefen 1705–1715. Bonn 1875, S. 6, 24.

9 [J. H. von Lohenstein]: Des Grossen Herrens, Czaars und Groß-Fürstens von Moscau, Petri Alexiewiz, des gantzen Grossen, Kleinen und Weissen Reußlandes Selbsthalters, etc. Leben und Thaten aus besonderen Nachrichten beschrieben, mit schönen Kupfern gezieret, in zwey Theilen. Franckfurt, Leipzig 1710; Justus Gottfried Rabener: Leben Petri des Ersten und Grossen, Czaars von Russland. Leipzig 1725.

te jener Zeit.[10] Hier sind auch die von ihm bzw. unter seiner Beteiligung verfassten Schriften zu nennen.[11] Eine wichtige Rolle als Quellen spielen die von der russischen Regierung ausgehenden Dokumente, die gedruckt vorliegen.[12] Zu den ungedruckten Quellen zählen die Briefwechsel Huyssens mit bedeutenden Zeitgenossen. Seine wichtigsten Korrespondenten waren unter anderen der Zar Peter I., der Zarewitsch Alexei, Gottfried Wilhelm Leibniz, der deutsche Pädagoge und Lexikograph Johann Theodor Jablonski und dessen Bruder, der Berliner Hofprediger Daniel Ernst Jablonski, die russischen Staatsmänner Aleksandr Menšikov und Baron Petr Pavlovič Šafirov, der italienische Jurist Janus Vincentius Gravina, die Pietisten August Hermann Francke und Johann Heinrich Callenberg. Die Briefe liegen in dem Archiv der Berlin-Brandenburgischen Akademie der Wissenschaften, dem Archiv der Franckeschen Stiftungen in Halle, dem Niedersächsischen Landesarchiv – Staatsarchiv Wolfenbüttel, dem Sächsischen Hauptstaatsarchiv Dresden, dem Österreichischen Staatsarchiv in Wien, in der St. Petersburger Filiale des Archivs der Russischen Akademie der Wissenschaften usw. Die Jablonski-Forschungsstelle am Lehrstuhl für Geschichte der Frühen Neuzeit in Stuttgart, die sich „Fragestellungen der Religions- und Kulturgeschichte" sowie „Aspekten der Wissenschafts- und Ideengeschichte" zuwendet,[13] ist mit ihrer umfangreichen Fachliteratur und Quellensammlung ein enorm wichtiger Wissensspeicher für das hier vorgestellte Dissertationsprojekt.

Methodisch orientiert sich die Untersuchung am Konzept des Kulturtransfers. Der Kulturtransfer verbindet als dynamischer Prozess drei Komponenten miteinander: 1. die Ausgangskultur, 2. die Vermittlungsinstanz bzw. die Vermittlungsfigur und 3. die Zielkultur.[14] Einige deutsche Wissenschaftler (Matthias Middell, Johannes Paulmann und andere) wiesen auf die Gefahren des Konzepts Kulturtransfer hin.[15] Nach Paulmann ging einer der Stammväter der Theorie des Kulturtransfers,

---

10 [Anonym]: Von Moscau. In: Die Europäische Fama, Welche den gegenwärtigen Zustand der vornehmsten Höfen entdecket 18 (1703), S. 522–536; [Anonym]: Von dem Groß-Czaarischen Hoff. In: Neu-eröffneter Welt- und Staat-Spiegel/ Worinnen die in Europa/ wie auch denen andern Theilen der Welt/ vornehmlich aber in Teutschland vorfallende merckwürdige Begebenheiten kürtzlich vorgestellet [...] 35 (1711), S. 955–960.

11 [Heinrich von Huyssen]: Curieuse und vollständige Reiß-Beschreibung Von gantz Italien/ Worinnen der gegenwärtige Zustand nicht allein des Päbstlichen Hofs/ sondern auch anderer Höfen/ Republiquen und Städten in Italien beschrieben [...] wird. Freyburg 1701.

12 Oleg I[vanovič] Čistjakov (Hg.): Rossijskoe zakonodatel'stvo X–XX vekov [Russische Gesetzgebung vom 10. bis zum 20. Jahrhundert]. Bd. 4: Zakonodatel'stvo perioda stanovlenija absoljutizma [Gesetzgebung in der Zeit der Festigung des Absolutismus]. Moskva 1986.

13 Joachim Bahlcke: „Studia Jabloniana". Neue kultur- und religionsgeschichtliche Forschungen zu Daniel Ernst Jablonski. In: Petr Zemek, Jiří Beneš, Beate Motel (Hg.): Studien zu Comenius und zur Comeniusrezeption in Deutschland. Festschrift für Werner Korthaase zum 70. Geburtstag. Uherský Brod 2008 (Studia Comeniana et historica 38/79), S. 788–807, hier S. 806.

14 Helga Mitterbauer: Kulturtransfer – ein vielschichtiges Beziehungsgeflecht (1999). Nach Winfried Siebers: Technologietransfer durch Reisen politischer Funktionsträger im 18. Jahrhundert: Überlegungen zu einer interdisziplinären Forschungsaufgabe. In: Thomas Fuchs, Sven Trakulhun (Hg.): Das eine Europa und die Vielfalt der Kulturen: Kulturtransfer in Europa 1500–1850. Berlin 2003 (Aufklärung und Europa 12), S. 83–106, hier S. 87.

15 Matthias Middell: Kulturtransfer und Archiv. In: Ders., Michel Espagne, Katharina Middell (Hg.):

Michel Espagne, mit „einer heftigen Kritik an der vergleichenden Methode" und mit der Forderung, den Kulturvergleich durch den Kulturtransfer zu ersetzen, zu weit.[16] So plädiert man heute für eine Kombination von Transfer und Vergleich.[17] Das vorliegende Promotionsvorhaben befasst sich mit der zweiten Komponente des Kulturtransfers: Heinrich von Huyssen als Vermittler. Dabei soll ein doppelter, im Kern vergleichender Blickwinkel eingenommen werden, denn der Prozess der Vermittlung war mitnichten einseitig – er wirkte sich auf Russland ebenso wie auf Deutschland aus.

Es ließ sich bisher feststellen, dass die Intensität der deutsch-russischen Beziehungen im Zeitalter der Frühaufklärung durch die Vermittlung Huyssens spürbar zugenommen hat. Huyssen vermittelte Personen sowie Ideen und stand durch seine Briefwechsel mit vielen hervorragenden Zeitgenossen im Zentrum eines Personennetzwerkes, das eng mit dem Anliegen der Frühaufklärung verbunden war und mehrere Nationen umfasste. Die Deutschen betrachteten Russland als Ziel der Entwicklungshilfe, der protestantischen Mission, sowie als ein wissenschaftlich interessantes Territorium. Ein weiteres Ziel war die Verhinderung der römisch-katholischen Einflussnahme auf die russisch-orthodoxe Kirche und die Verbreitung des Protestantismus in Russland. Ein Beispiel dafür ist das Vorhaben, den Hofstaat der Braunschweiger Prinzessin Charlotte Christine Sophie, der Frau des Zarewitsch Alexei, als eine vielversprechende Brücke auf dem Weg der protestantischen Mission zu nutzen. Dieser Plan wurde während der Sitzung der Sozietät vom 19. November 1711 in der Abwesenheit Leibniz' besprochen. Hierin unterscheidet sich Leibniz von vielen anderen Mitarbeitern der Brandenburgischen Sozietät der Wissenschaften: Während der Universalgelehrte den Schwerpunkt der Tätigkeit der Sozietät auf Wissenschaften setzte,[18] spielten religiöse Fragen für ihre anderen Mitbegründer und Mitarbeiter eine wichtige Rolle. Diese verfolgten ihre Ziele sowohl im Namen der Sozietät als auch privat. Die konfessionelle Thematik ist neben Buchdruck, wissenschaftlichen Fragen usw. ein wichtiger Bestandteil des Briefwechsels zwischen Huyssen und J. T. Jablonski. So wies der Sekretär der Sozietät Huyssen in seinem Brief an ihn vom 24. April 1714 an, dass ein Prediger für Charlotte Christine angestellt werden sollte, nachdem der letzte entlassen wurde.[19] An den Vater der Prinzessin, den Herzog

---

Archiv und Gedächtnis. Studien zur interkulturellen Überlieferung. Leipzig 2000 (Deutsch-Französische Kulturbibliothek 13), S. 7–35; Johannes Paulmann: Interkultureller Transfer zwischen Deutschland und Großbritannien. Einführung in ein Forschungskonzept. In: Ders., Rudolf Muhs, Willibald Steinmetz (Hg.): Aneignung und Abwehr. Interkultureller Transfer zwischen Deutschland und Großbritannien im 19. Jahrhundert. Bodenheim 1998 (Arbeitskreis Deutsche England-Forschung 32), S. 21–43.

16 Ebd., S. 30.
17 Hartmut Kaelble: Die interdisziplinären Debatten über Vergleich und Transfer. In: Ders., Jürgen Schriewer (Hg.): Vergleich und Transfer. Komparatistik in den Sozial- und Kulturwissenschaften. Frankfurt/M., New York 2003, S. 469–493, hier S. 476.
18 Winter, Grau (Anm. 5), S. 34f.
19 Johann Theodor Jablonski an Heinrich von Huyssen, Berlin, 24.4.1714. In: Eduard Winter (Hg.): Die Brüder Daniel Ernst und Johann Theodor Jablonský und Russland. In: Archiv pro bádání o životě a díle Jana Amose Komenského 23 (1965), S. 122–175, hier S. 124f.

Ludwig Rudolph von Braunschweig und Lüneburg, wurde ein Schreiben mit der Beschreibung der christlich-zivilisatorischen Pläne der Sozietät geleitet.[20] Im Jahr 1713 schrieb Huyssen einen Brief an den Herzog, in dem er ihn bat, Huyssen seiner Tochter zu empfehlen. Im Gegenzug zeigte Huyssen sich bereit, die Anweisungen des Herzogs mit größter Genauigkeit umzusetzen.[21] So finden sich in Huyssen unterschiedliche Vermittlungen personeller und institutioneller Art, die religiöse, wissenschaftliche sowie private Zielsetzungen verfolgen.

Von Halle aus wurde ein pietistisches Personennetzwerk mit dem Ziel aufgebaut, „das grossmächtige Volk der Russen zum Besseren und Edleren zu reformieren".[22] Mit diesem Gedanken hatte man sich bereits zur Zeit des Herzogs von Sachsen-Gotha Ernst I. des Frommen (1601–1675) getragen, der freundschaftliche Beziehungen zu Zar Alexei Michajlovič pflegte. Dies geht aus dem Brief des Halleschen Orientalisten und Theologen des Francke-Kreises Johann Heinrich Callenberg, der die Dokumente des Gothaer Archivs diesbezüglich eingesehen hat, an Huyssen hervor.[23] Dieser Brief gehörte später zum Bestand des Institutum Judaicum et Muhammedicum, einer von Callenberg in Halle im Jahr 1728 gegründeten pietistisch geprägten Einrichtung zur Missionierung. Vor diesem Hintergrund werden die Hauptmotive der Halleschen Verbindungen nach Russland deutlich.

Alle Aufträge, die Huyssen im russischen Dienst erhielt, hatten das Endziel, die absolutistische Macht des russischen Herrschers innerhalb des Moskauer Reichs zu stärken sowie den Anspruch Russlands als europäische Großmacht zu untermauern. Diesem Zweck diente unter anderem der Einsatz von Informationstechnologien zur Beeinflussung der öffentlichen Meinung durch die russische absolutistische Propaganda. Als Diplomat im Großen Nordischen Krieg unterstützte Huyssen den Zaren, dessen Interessen auf internationaler Ebene durchzusetzen. Sein persönliches Ziel war dabei der Aufstieg am Hof – Höhepunkt der Karriere zu damaliger Zeit. Aus diesem Grund versuchte er sich vielen Personen mit verschiedenen Glaubensbekenntnissen anzupassen, in deren Diensten er stand. Huyssen war ehrgeizig und strebte nach zahlreichen offiziellen Ehrungen: Nach der Bestätigung der Ritterwürde im Jahr 1706 übergab er dem Kaiser im nachfolgenden Jahr die Petition auf die Erteilung des Reichsbaronats.[24] Dabei war er ein gutmütiger Mensch, was die zahl-

---

20 Adolf von Harnack: Geschichte der Königlich Preußischen Akademie der Wissenschaften zu Berlin. Bd. I.1: Von der Gründung bis zum Tode Friedrichs des Großen. Berlin 1900. Nachdruck Hildesheim, New York 1970, S. 186.
21 Heinrich von Huyssen an den Herzog zu Braunschweig und Lüneburg Ludwig Rudolph, Königsberg, 16./27.6.1713. Niedersächsisches Landesarchiv – Staatsarchiv Wolfenbüttel, 1 Alt 24 Nr. 282, Bl. 37–38.
22 Johann Heinrich Callenberg an Heinrich von Huyssen, zwischen dem 12. und 19. Februar 1720. Archiv der Franckeschen Stiftungen Halle/S., AFSt/H K 91c b 137v–138, hier 138v.
23 Ebd.
24 Petition des Heinrich von Huyssen auf die Erteilung des Reichsbaronats, gerichtet an den deutschen Kaiser Joseph I., Wien, 6.11.1707. Österreichisches Staatsarchiv in Wien, Allgemeines Verwaltungsarchiv, Adel, Reichsadelsakten, Freiherrenstand Heinrich de Huyssen, 6. November 1707, Bl. 2–3.

reichen Zeitgenossen bestätigten, die sich für seinen Einsatz für sie als Vermittler bedankten.[25] So war die Persönlichkeit Huyssens ein wichtiges Kriterium für seine Eignung als Vermittler. Allerdings standen für ihn nicht allein die Interessen Russlands im Vordergrund, da er parallel zu seinem Dienst im Moskauer Reich die Gunst des deutschen Kaisers suchte: Er wies in einem Brief an eine hohe Person in Wien vom 24. Januar 1727 auf seine treuen Dienste hin, die er mit großer Hingabe im Interesse des deutschen Kaisers geleistet habe. In Zukunft wolle er weiterhin zur Verwirklichung der Absichten des kaiserlichen Hofes seinen Beitrag leisten.[26]

Nach dem Tod Peters des Großen 1725 gelang es Huyssen, bis zum Jahr 1732 eine bedeutende Stellung am russischen Hof beizubehalten. 1726 wurde er zum Rat im Kriegskollegium und Wirklichen Staatsrat ernannt. Im Jahr 1730 gratulierte ihm Daniel Ernst Jablonski, ein „Theologe mit umfassenden kulturellen und gelehrten Interessen",[27] zu seiner neuen hohen Stelle („Etaats-Rat/Etaats-Minister/Geheimer Etaats und Kriegs-Ministre"). Jablonski wünschte Huyssen viel Glück und bestes Gelingen für seine „vortrefflichen Verdienste und so lang treulich und arbeitsam geleistete Dienste". Er möge diese hohe Stelle lange und zu seinem Vergnügen bekleiden.[28] Die Hoffnungen erwiesen sich jedoch als trügerisch. Mit dem Tod Peters sank auch der Stern Huyssens. Letztlich konnte er unter Peters Nachfolgern in Russland nie mehr denselben Einfluss geltend machen.

Huyssen war ein typischer Vertreter der neuen Funktionselite, die im petrinischen Russland als Träger der Veränderung im Zeichen petrinischer Umgestaltungen formiert wurde. Zum großen Teil waren die Lebenswege vieler Ausländer im russischen Dienst, auch wenn sie verschiedene Tätigkeiten ausübten, sozial identisch (z. B. Huyssens Vorgänger als Hauslehrer des russischen Thronfolgers Martin Neugebauer oder der russische Diplomat und Staatsmann deutscher Herkunft Heinrich Johann Friedrich Ostermann). Sie zeigen eine große Unsicherheit, die Abhängigkeit von eigener Durchsetzungsfähigkeit und den politisch-sozialen Umständen usw. Der anschließende Karriereknick aller der genannten Männer, der sich unterschiedlich – in Verabschiedung, Verbannung oder Ausweisung aus dem Land – äußerte, lässt sich auch für Huyssen nachweisen. Die Ursachen dafür waren vielfältig. Im Reich mit dem absolutistischen Herrschaftssystem war der uneingeschränkte Wille des Monarchen die Antriebskraft für viele Prozesse. Manche Ausländer konnten sich an die

---

25 Glümer (Anm. 7), S. 150f. Thomas Consett an Heinrich von Huyssen, 20.3.1723. Archiv der Berlin-Brandenburgischen Akademie der Wissenschaften, Preußische Akademie der Wissenschaften (1700–1811) I–V–5a, Bl. 59–60; Schendo van der Beck an Heinrich von Huyssen, April 1726. Ebd., Bl. 110.
26 Heinrich von Huyssen an einen unbekannten Empfänger in Wien [„Votre Excellence"], St. Petersburg, 24.1.1727. Österreichisches Staatsarchiv in Wien, Allgemeines Verwaltungsarchiv, Adel, Reichsadelsakten, Freiherrenstand Heinrich de Huyssen, 6. November 1707, Bl. 5.
27 Joachim Bahlcke: Die Rekonstruktion der intellektuellen Kultur Europas um 1700. Forschungen zu Leben, Werk und Wirkung Daniel Ernst Jablonskis aus drei Jahrhunderten. In: Ders., Werner Korthaase (Hg.): Daniel Ernst Jablonski: Religion, Wissenschaft und Politik um 1700. Wiesbaden 2008 (Jabloniana 1), S. 3–42, hier S. 32.
28 D. E. Jablonski an Huyssen, Berlin, o. D. In: Winter (Hg.) (Anm. 19), S. 167f.

russischen Verhältnisse nicht anpassen. In Huyssens Fall war vermutlich seine Altersschwäche ein Grund für die Entlassung.

Drei Fragestellungen sind im Dissertationsprojekt auf allen Forschungsebenen zentral: Zum ersten sollen die Motive untersucht werden, weshalb in Deutschland Verbindungen nach Russland vorhanden waren und gefördert wurden und welche Ergebnisse daraus resultierten. Als Quellen dienen hierfür die Briefwechsel Huyssens mit berühmten Zeitgenossen sowie die unter seiner Mitwirkung verfassten Schriften und Zeitschriftenberichte. Zum zweiten sollen die Faktoren analysiert werden, die in Russland dazu geführt hatten, dass Personen wie Huyssen dort gefragt waren. Dabei werden auch die Mittel betrachtet, mit deren Hilfe die russische Regierung ihre Absichten zu verwirklichen suchte. Eine wichtige Rolle als Quellen spielen hier neben den oben genannten Materialien gesetzgebende Akten. Zum dritten soll auf die Privatperson Huyssens, ihre Ziele, ihre Lebensumstände und ihre persönliche Motivation zum Einsatz als Vermittler eingegangen werden. Die wichtigsten Quellen hierfür sind die von Huyssen verfassten privaten und offiziellen Briefe, seine von ihm selbst aufgesetzte Lebensbeschreibung sowie die Schilderungen der Zeitgenossen in Briefen und Schriften. Auf diese Weise werden die wichtigen multilateralen internationalen Verflechtungen im Zeitalter der Frühaufklärung beleuchtet.

Kristina Wiethaup

Die ‚Kantkrise' – ein altes Problem aus neuer Sicht.
Kants Philosophie und Kleists Dichtung im Spannungsfeld ihrer Zeit

Aus dem Titel meines Dissertationsprojekts ist bereits ersichtlich, dass ich mich einem Problem auf der Grenze zwischen Germanistik und Philosophie widme. Dieses Problem ist die auf das Frühjahr 1801 datierte sogenannte ‚Kantkrise' Heinrich von Kleists, in deren Folge er sich von den Wissenschaften abwandte und Dichter wurde. Die ‚Kantkrise' wird von der Kleist-Forschung noch immer intensiv diskutiert, konnte aber bislang nicht befriedigend erklärt werden, was in erster Linie mit der alles andere als umfangreichen Quellenlage zu begründen ist, da lediglich zwei Belege existieren, die Kleists ‚Krise' überhaupt mit dem Namen Kants in ursächliche Verbindung bringen. Es handelt sich einerseits um Kleists Brief vom 22. März 1801 an seine Verlobte Wilhelmine von Zenge sowie andererseits um den einen Tag später verfassten Brief an seine Halbschwester Ulrike.

Im ersten dieser sogenannten ‚Kant-Briefe' beschreibt Kleist zunächst in groben Umrissen, worin seine Grundüberzeugungen bisher (also vor 1801) bestanden haben. Dabei wird deutlich, dass diese denen der rationalistischen Frühaufklärung nahe standen, und so setzte er sich auch – ganz in der Tradition Leibniz' und Wolffs – Wissenschaft und Bildung zum Lebensinhalt. Voraussetzung für diese Überzeugung war Kleists von seinem Lehrer Wünsch sowie von Wieland übernommene teleologisch-theologisch geprägte Weltsicht, welche dem Glauben an einen Absolutheits- und Universalitätsanspruch der Wahrheit entsprang. Dieser war mit der Idee von der Perfektibilität des Individuums verknüpft, woraus Kleist die Selbstvervollkommnung als Schöpfungszweck ableitete. So erlangte für ihn die Wahrheit oberste Priorität, die er sich als durch Wissenschaft erkennbar vorstellte. Diese Wahrheit entsprach für Kleist der Einsicht in Gottes Pläne, weshalb ihm das Erkennen (und nicht primär das Handeln) von sittlichem Wert war: *gebildet = (moralisch) gut*. Wissenschaft konnte für Kleist somit den Status einer religiösen Pflicht erlangen, er begriff Bildung als eine Art ‚Gottesdienst'. Voraussetzung für diese Grundeinstellung war die Überzeugung von dem unendlichen und überzeitlichen Wert der errungenen Erkenntnisse: Durch die Wiedergeburt war für Kleist gesichert, dass der Mensch nicht nur für sein Erdenleben Wissen anhäufte, was mit dem Tod verschwand, sondern er sammelte einen „Schatz von Wahrheiten"[1] an, der auch nach dem Tod und im darauf folgenden nächsten Leben weiter anwuchs. – Im Anschluss an diese allgemein gehaltene Beschreibung seiner bisherigen Lebensanschauungen kommt Kleist dann zur sogenannten ‚Kantkrise', indem er schreibt:

---

1 Kleist an Wilhelmine, 22.3.1801. In: Heinrich von Kleist. Sämtliche Werke. Brandenburger Ausgabe. Kritische Edition sämtlicher Texte nach Wortlaut, Orthographie, Zeichensetzung aller erhaltenen Handschriften und Drucke. Hg. v. Roland Reuß, Peter Staengle. Bd. IV.1: Briefe I. März 1793 – April 1801. Basel, Frankfurt/M. 1996, S. 505.

> [Es] [...] dreht sich mein Wesen jetzt um einen Hauptgedanken, der mein Innerstes ergriffen hat, er hat eine tiefe erschütternde Wirkung auf mich hervorgebracht [...]. [...] Vor Kurzem ward ich mit der neueren sogenannten Kantischen Philosophie bekannt – u. Dir muß ich jetzt daraus einen Gedanken mittheilen [...]. Wenn alle Menschen statt der Augen grüne Gläser hätten, so würden sie urtheilen müssen, die Gegenstände, welche sie dadurch erblicken, *sind* grün – und nie würden sie entscheiden können, ob ihr Auge ihnen die Dinge zeigt, wie sie sind, oder ob es nicht etwas zu ihnen hinzuthut, was nicht ihnen, sondern dem Auge gehört. So ist es mit dem Verstande. Wir können nicht entscheiden, ob das, was wir Wahrheit nennen, wahrhaft Wahrheit ist, oder ob es uns nur so scheint. Ist das letzte, so *ist* die Wahrheit, die wir hier sammeln, nach dem Tode nicht mehr – u. alles Bestreben, ein Eigenthum sich zu erwerben, das uns auch in das Grab folgt, ist vergeblich – Ach, Wilhelmine, wenn die Spitze dieses Gedankens Dein Herz nicht trifft, so lächle nicht über einen Andern, der sich tief in seinem heiligsten Innern davon verwundet fühlt. Mein einziges, mein höchstes Ziel ist gesunken, und ich habe nun keines mehr – – Seit diese Überzeugung, nämlich, daß hienieden keine Wahrheit zu finden ist, vor meine Seele trat, habe ich nicht wieder ein Buch angerührt. [...] Ach, es ist der schmerzlichste Zustand ganz ohne ein Ziel zu sein [...].[2]

Und im zweiten ‚Kant-Brief' heißt es neben fast wörtlich wiederholten Passagen des Wilhelmine-Briefes zudem: „Es scheint, als ob ich eines von den Opfern der Thorheit werden würde, deren die Kantische Philosophie so viele auf das Gewissen hat. [...] Seitdem eckelt mich [...] vor Allem, was Wissen heißt."[3] – Beide Stellen legen in ihrem Kontext nahe, dass Kleist sich in irgendeiner Form – entweder direkt oder durch Vermittlung – mit Kants Philosophie auseinandergesetzt hat und hierdurch „in den Grundfesten seines Denkens"[4] und „bis ins Mark seiner Seele [...] erschüttert"[5] worden ist. Versucht man aus diesen beiden Briefzeugnissen nun genauer denjenigen Gedanken der „neueren sogenannten Kantischen Philosophie" ausfindig zu machen, welcher der Auslöser einer derart tiefen Erschütterung Kleists sein konnte, so scheint allein sein Gleichnis der ‚grünen Gläser' Aufschluss geben zu können, welches er im Brief an Wilhelmine ja gerade zu dem Zweck anführt, ihr die Ursache seiner ‚Krise' begreiflicher machen zu können. Auch scheint sich seine Verlobte in ihrem (bedauerlicherweise nicht erhaltenen) Antwortbrief genau mit dieser Stelle der Kleistschen Schilderung weiter auseinandergesetzt zu haben, denn eine knappe Woche später, am 28. März 1801, schreibt Kleist ihr erneut und nimmt dabei Bezug auf ihren Brief. Kleist schreibt:

> Liebe Wilhelmine, ich ehre Dein Herz, u. Deine Bemühung, mich zu beruhigen, u. die Kühnheit, mit welcher Du Dich einer eignen Meinung nicht schämst, wenn sie auch einem berühmten System widerspräche – Aber der Irrthum liegt nicht im Herzen, er liegt im Verstande u. nur der Verstand kann ihn heben. Ich habe mich unbeschreiblich über

---

2 Kleist an Wilhelmine, 22.3.1801. Ebd., S. 502–509 (die typographischen Hervorhebungen stammen von Kleist).
3 Kleist an Ulrike, 23.3.1801. Ebd., S. 512–515.
4 Bernhard Greiner: Kleists Dramen und Erzählungen. Experimente zum ‚Fall' der Kunst. Tübingen, Basel 2000, S. 3.
5 Ole Koppang: Die Kantkrise Heinrich von Kleists. In: John Ole Askedal, Kurt Erich Schöndorf (Hg.): Ingerid Dal in memoriam. Oslo 1990 (Osloer Beiträge zur Germanistik 12), S. 65–76, hier S. 68.

den Aufwand von Scharfsinn gefreut, den Du bei dem Gegenstande der Kristallinse anwendest; ich habe Dich besser verstanden, als Du Dich selbst ausdrückst, u. *Alles*, was Du darüber sagst, ist wahr. Aber ich habe mich nur des Auges in meinem Briefe als eines *erklärenden* Beispiels bedient, weil ich Dir selbst die trockne Sprache der Philosophie nicht vortragen konnte. Alles, was Du mir nun dagegen einwendest, *kann* wahr sein, ohne daß der Zweifel gehoben würde [...].[6]

Betrachten wir also das Gleichnis genauer. Kleist sagt, wenn wir „statt der Augen grüne Gläser hätten", würden wir denken, die Welt sei grün. Das epistemologische Problem dabei wäre aber – so Kleist weiter –, dass wir nicht in der Lage wären, zu beurteilen, ob die Welt tatsächlich grün sei, oder ob sie uns aufgrund der Farbe unserer Augen nur als grün erschiene. Soweit die Gleichnisebene; nun wendet Kleist sie auf die „sogenannte Kantische Philosophie" an, indem er analog konstatiert: „So ist es mit dem Verstande". Aus dem Folgenden wird sodann klar, dass Kleist das ‚Grünsein' der Welt mit der Wahrheit gleichsetzt und dass folglich der Verstand nicht erkennen könne, ob „das, was wir Wahrheit nennen, wahrhaft Wahrheit ist, oder ob es uns nur so scheint". Diese Unmöglichkeit der adäquaten Beurteilung umgeht Kleist daraufhin, indem er von Letzterem ausgeht und damit voraussetzt, dass das, was wir Wahrheit nennen, in ‚Wirklichkeit' nur eine scheinbare Wahrheit sei. Und weil Kleist diese Schlussfolgerung zieht, also die offenbar unbeantwortbare Frage nach der Adäquatheit von Wahrheit seinerseits nun doch beantwortet, und zwar zu Ungunsten derselben, gerät er in die missliche Lage, dass sein „einziges", sein „höchstes Ziel [...] gesunken" sei, da ihm bewusst geworden sei, dass er all sein bisheriges Leben einem bloßen Schein gewidmet habe, es in Wirklichkeit aber weder erkennbare Wahrheit gebe, noch dass er einen „Schatz von Wahrheiten" für ein späteres Leben ansammeln könne. – Und in eben dieser Erkenntnis liegt das Wesen der sogenannten ‚Kantkrise' Heinrich von Kleists begründet.

Aber entspricht Kleists Verständnis von Wahrheit gemäß der „neueren sogenannten Kantischen Philosophie" tatsächlich der Lehre Kants? Dies ist mitnichten der Fall. Denn Kant leugnet keineswegs die Existenz von Wahrheit, er charakterisiert sie lediglich als ein rein ‚innersubjektives' Phänomen, indem er transzendentale Wahrheit definiert als „die Übereinstimmung" der Erkenntnis „mit dem Objekte".[7] Eine solche Kongruenz von Erkenntnis und Erkanntem ist im Kantischen System nur möglich unter der Bedingung der formalen Einheit des Bewusstseins in der Synthesis mit ihren drei Momenten[8] *Apprehension*, *Reproduktion* und *Rekognition* (bzw.

---

6 Kleist an Wilhelmine, 28.3.1801. In: Kleist: Briefe I (Anm. 1), S. 518 (Hervorhebungen von Kleist).
7 Immanuel Kant: Werke in sechs Bänden. Hg. v. Wilhelm Weischedel. Bd. 2: Kritik der reinen Vernunft. 5. erneut überpr. reprogr. Nachdr. d. Ausg. 1956. Darmstadt 1998, 1. Aufl. (1781), S. 820 / 2. Aufl. (1787), S. 848. – (Im Folgenden zitiert als: KrV, A[Seite]/B[Seite]). – Vgl. hierzu auch A57–62/B82–86, A104f., A191/B236 und ferner Otfried Höffe: Kants Kritik der reinen Vernunft. Die Grundlegung der modernen Philosophie. München 2003, S. 85.
8 Diese Dreiteilung der Synthesis vollzieht Kant nur in der ersten Auflage der *Kritik der reinen Vernunft* (zuerst auf Seite A97, vgl. auch A124f.), während er in der zweiten Auflage nur noch von „Apprehension" (zuerst B160) und „Apperzeption" spricht. Trotzdem bemüht sich Kant in beiden Auflagen, die Synthesis als wesenhaft *eine* darzustellen, die zwar aus verschiedenen Momenten besteht,

transzendentale Apperzeption),⁹ und Erkenntnis ‚entsteht' nun, sobald wir das Mannigfaltige der Vorstellungen des zu erkennenden Gegenstandes in synthetische Einheit gebracht haben. Eine Erkenntnis kann also nur in Beziehung auf Erscheinungen objektive Realität haben;¹⁰ da sie aber a priori an die Struktur unseres Erkenntnisvermögens, nämlich an Raum und Zeit (als die Formen unserer Anschauung) sowie an die Kategorien (als die Formen des Verstandes), gebunden ist,¹¹ mithin Wahrheit nach Kant nur in der Übereinstimmung von Begriff und Anschauung besteht, ergeben sich zwei wichtige Konsequenzen: Zum einen ist Wahrheit bei Kant bloß ein Prädikat, das dem *Urteil* über einen Gegenstand zugeschrieben wird, nicht aber dem Gegenstand selbst oder der Wahrnehmung desselben. Wahrheit besteht demnach in einer Korrespondenz von Satz und Objekt *im Subjekt* und ist deshalb immer *empirische* Wahrheit.¹² Zum anderen aber ist unsere ‚Erkenntnisfähigkeit' derart begrenzt, dass wir die Welt wahrnehmend immer schon verfälschen, sie mithin nicht so erkennen, wie sie *ist*, sondern nur, wie sie uns *erscheint*.¹³ Und die Welt *als Erscheinung* ist ausschließlich in uns. Erkenntnis also ist zwar grundsätzlich fehlerfrei, sie ist aber immer Erfahrungserkenntnis, und das bedeutet, Erkenntnis *möglicher* Erfahrung.¹⁴ Ebenso gewiss wie diese Tatsache ist aber auch, dass unsere Vorstellungen von der Welt *in uns* real sind¹⁵ und wir somit sogar ein objektives Kriterium für die Beurteilung einer Erkenntnis als ‚Wahrheit' haben: Stimmt unsere Erkenntnis eines Gegenstandes mit dessen Erscheinung ‚in uns' überein, so ist die Erkenntnis wahr.¹⁶ Der Ausdruck ‚in uns' umfasst also zwei verschiedene Ebenen und verbindet

---

welche aber untrennbar miteinander verbunden, aufeinander ausgerichtet und voneinander abhängig sind. Vgl. hierzu bes. A102. Vgl. ferner Thomas Nenon: Objektivität und endliche Erkenntnis. Kants transzendentalphilosophische Korrespondenztheorie der Wahrheit. Freiburg/Br. u. a. 1986 (Symposion 76), S. 95–105 sowie Paul Natterer: Systematischer Kommentar zur ‚Kritik der reinen Vernunft'. Interdisziplinäre Bilanz der Kantforschung seit 1945. Berlin u. a. 2003 (Kantstudien. Ergänzungshefte 141), S. 175–177.

9 Vgl. hierzu bes. KrV, B138, A97f., A76–79/B102–104, B130 und ferner Hans Heinz Holz: Realität. In: Karlheinz Barck u. a. (Hg.): Ästhetische Grundbegriffe (ÄGB). Historisches Wörterbuch in sieben Bänden. Bd. 5. Stuttgart u. a. 2003, S. 197–227, hier S. 210–213.
10 Vgl hierzu exemplarisch KrV, A279/B335.
11 Vgl. z. B. KrV, BXVIII.
12 KrV, A293f./B350: „Man kann also zwar richtig sagen: daß die Sinne nicht irren, aber nicht darum, weil sie jederzeit richtig urteilen, sondern weil sie gar nicht urteilen. Daher sind Wahrheit sowohl als Irrtum [...] nur in dem Verhältnisse des Gegenstandes zu unserem Verstande anzutreffen. In einem Erkenntnis, das mit den Verstandesgesetzen durchgängig zusammenstimmt, ist kein Irrtum." – Vgl. hierzu ferner Nenon: Objektivität (Anm. 8), S. 46–49 und Michael Albrecht: Wahrheit IV. Frühe Neuzeit und Aufklärung. In: Joachim Ritter u. a. (Hg.): Historisches Wörterbuch der Philosophie. Bd. 12. Darmstadt 2004, S. 79–88, hier S. 84f.
13 Vgl. hierzu auch Herbert James Paton: Kant's Metaphysic of Experience. A Commentary on the First Half of the ‚Kritik der reinen Vernunft'. Bd. 1. 5. Aufl. London u. a. 1970 (Muirhead Library of Philosophy. Hg. v. H. D. Lewis), S. 134f.
14 Vgl. KrV, B288–294 und ferner A127.
15 Vgl. hierzu beispielsweise KrV, A36f./B53f.
16 Vgl. KrV, A28/B44, A35f./B52f., B73, A373–377. Vgl. auch schon Immanuel Kant: De mundi sensibilis atque intelligibilis forma et principiis. In: Werke in sechs Bänden (Anm. 7). Bd. 3: Schriften zur Metaphysik und Logik. Lat./Dtsch. Übers. v. Norbert Hinske, S. 7–107, hier § 11 (A212f.).

sie zugleich: Auf *empirischer* Ebene bezeichnet ‚in uns' den Status der Erscheinungen bzw. Vorstellungen von Welt und somit die *inhaltliche* Voraussetzung von Erkenntnis, während ‚in uns' auf *transzendentaler* Ebene den Status der Anschauungsformen als Bezugssysteme für das Erfassen von Welt, also die *formale* Voraussetzung von Erkenntnis, meint. Wenn eine Erkenntnis nun objektive Realität haben soll, muss sie sich auf einen Gegenstand der Erfahrung beziehen. Wie bereits ausgeführt, beruht Erfahrung aber auf der synthetischen Einheit der Erscheinungen nach Begriffen in einem einheitlichen Bewusstsein, besteht also zwar in einer *empirischen* Synthesis, hat aber ihre Formprinzipien dennoch *a priori* zugrundeliegen. Hieraus folgt, dass ausschließlich in der Erfahrungserkenntnis synthetischen Sätzen a priori objektive Realität zukommen kann: Die „Bedingungen der *Möglichkeit der Erfahrung* überhaupt sind zugleich Bedingungen der *Möglichkeit der Gegenstände der Erfahrung*, und haben darum objektive Gültigkeit in einem synthetischen Urteile a priori."[17] Kant leitet hieraus nun die *Grundsätze* a priori des Verstandes ab, die in vom Verstand aus reinen Anschauungen gewonnenen Regeln des objektiven Gebrauchs der Kategorien (Schemata) bestehen und deshalb auch nur von den Begriffen auf Anschauung (bzw. das Dasein einer Erscheinung in ihr), nicht aber andersherum anwendbar sind. Diese reinen Grundsätze sind also auf den empirischen Verstandesgebrauch anwendbare synthetische Sätze a priori und lassen sich (den Kategorien sowie Schemata entsprechend) aufteilen in: die *Axiomen* der Anschauung, die *Antizipationen* der Wahrnehmung, die *Analogien* der Erfahrung und schließlich die *Postulate* des empirischen Denkens überhaupt.[18] – Diese letzteren nun bestimmt Kant als die drei Grundsätze der Modalität, die den Gebrauch der Kategorien (regulativ) auf den empirischen einschränken und somit die Begriffe a priori von Gegenständen einer möglichen Erfahrung hinsichtlich der *Möglichkeit*, *Wirklichkeit* und *Notwendigkeit*[19] dieser Gegenstände bestimmen: *Möglich* ist ein Gegenstand, sofern sein Begriff den *formalen* Bedingungen der Erfahrung, also den reinen Formen a priori der Anschauung und des Verstandes, entspricht. *Wirklich* ist er, wenn seinem Begriff eine den *materialen* Bedingungen der Erfahrung, also der Empfindung, gemäße Wahrnehmung vorhergehen kann, die folglich eine bewusste intensive Größe und mithin Qualität, Charakter hat. *Notwendig* ist die Existenz eines Gegenstandes schließlich, wenn sein Zustand im Vergleich mit den Zuständen von anderem Wahrgenommenen nach *allgemeinen* Bedingungen[20] der Erfahrung (also auch unter der Voraussetzung der Wirklichkeit anderer Erscheinungen) erkannt werden kann. – Voraussetzung für jegliche Erkenntnis ist damit die synthetische Einheit des Verstandes als des einzigen Ortes, wo ‚Welt' als Erscheinungen (mit Hilfe der Anschauungsformen) zu einem Geschehen und schließlich (mittels der Denkformen) zu Erfahrung synthetisiert werden kann.

---

17 KrV, A158/B197 (Hervorhebungen von Kant).
18 Vgl. hierzu allgemein KrV, A158–162/B197–202.
19 Vgl. KrV, A218/B265f.
20 Vgl. hierzu auch KrV, A106.

Wenn Kleist nun aus seiner Beschäftigung mit der „neueren sogenannten Kantischen Philosophie" zu der „Überzeugung [...] [gelangt], daß hienieden keine Wahrheit zu finden ist",[21] und Wahrheit somit als einen bloßen Schein entlarvt sieht, so wird deutlich, dass spätestens an diesem Punkt das Kleistsche Verständnis von der Kantischen Auffassung abweicht. Kants berühmte Bemerkung nämlich, wir würden die Dinge nicht erkennen, wie sie (an sich) sind, sondern nur, wie sie uns erscheinen,[22] heißt – im Anschluss an die soeben angestellten Überlegungen – keineswegs, dass die uns erfahrbare Welt eine *Welt des Scheins*, sondern dass sie eine notwendige *Welt der Erscheinung* ist, die den Gesetzen unseres Erkenntnisvermögens gehorcht, indem „wir nämlich von den Dingen nur das a priori erkennen, was wir selbst in sie legen".[23] So beruht also zwar alle Erkenntnis auf subjektiven Anschauungsformen, ist aber dennoch insofern als objektiv zu bewerten,[24] als allen Menschen dieselben Formen a priori zur Verfügung stehen,[25] ihre Erkenntnisse also notwendig mit der Wahrnehmung aller anderen Subjekte übereinstimmen: *Objektivität durch Subjektivität*. – Die Struktur der Erkenntnis ist nach Kant so zu verstehen, dass Urteile die *logische Form* und die Einheit des Bewusstseins die *transzendentale Form* der Erkenntnis bilden, während die reinen Anschauungsformen (Raum und Zeit) und die reinen Denkformen (Kategorien) den *transzendentalen Inhalt* der Erkenntnis ausmachen. Ihren *empirischen Inhalt* bilden also notwendig Vorstellungen (Anschauungen und Begriffe), zwischen denen ein Entsprechungsverhältnis besteht und die, mit der *Materie* der Erkenntnis (Empfindung) verbunden, ‚Wahrnehmungen' heißen. Kant kleidet diese Grundbedingung aller Erfahrungserkenntnis in die anschauliche Formel: „Gedanken ohne Inhalt sind leer, Anschauungen ohne Begriffe sind blind. [...] Nur daraus, daß [...] sich [beide Vermögen] vereinigen, kann Erkenntnis entspringen",[26] weshalb Kant Sinnlichkeit (durch die uns Gegenstände gegeben werden) und Verstand (durch den die Gegenstände gedacht werden) auch als die beiden gleichrangigen „Stämme der menschlichen Erkenntnis"[27] bezeichnet. – Wahr-

---

21 Kleist an Wilhelmine, 22.3.1801 (Anm. 2), S. 509.
22 Vgl. z. B. KrV, A249–253, A258/B313, A295–298/B352–355 und B68–70. Vgl. ferner Herman Joseph de Vleeschauwer: La déduction transcendentale dans l'œuvre de Kant. Bd. 2: La déduction transcendantale [sic] de 1781 jusqu'à la deuxième édition de la critique de la raison pure (1887 [sic]). Paris u. a. 1936, S. 560–563.
23 KrV, BXVIII. Vgl. auch A41–43/B59 und B68f.
24 Vgl. KrV, A39/B56 und B69f. Vgl. auch A293f./B350 und A19/B34.
25 Vgl. KrV, B41f. und A31/B46f.
26 KrV, A51/B75f. Vgl. hierzu auch A92f./B124f., A111, B136f., B146–148, B298f., B309f., B314, B343, A348f. und B706f. Vgl. insbesondere auch A290–292/B347–349 und überdies Ernst Cassirer: Der Raum- und Zeitbegriff des kritischen Idealismus und die Relativitätstheorie. In: Ders.: Gesammelte Werke. Hamburger Ausgabe. Hg. v. Birgit Recki: Bd. 10: Zur Einsteinschen Relativitätstheorie. Erkenntnistheoretische Betrachtungen. Darmstadt 2001, S. 69–92, hier S. 88.
27 KrV, A15/B29. Vgl. auch A19 und A50f./B74f. Vgl. hierzu ferner de Vleeschauwer (Anm. 22). Bd. 1: La déduction transcendentale avant la critique de la raison pure. Paris u. a. 1934, S. 155, sowie Walter Patt: Kants Raum- und Zeitargumente unter besonderer Rücksicht auf den Briefwechsel zwischen Leibniz und Clarke. In: Hariolf Oberer u. a. (Hg.): Kant. Analysen – Probleme – Kritik. Bd. 1. Würzburg 1988, S. 27–38, hier S. 38.

heit besteht also Kant zufolge tatsächlich in der Übereinstimmung von Erkenntnis und Erkanntem; jedoch ist nicht nur die Erkenntnis, sondern auch das Erkannte ausschließlich in unserem eigenen Kopf, weshalb die Struktur der Wirklichkeit aus der Struktur des Geistes zu erklären ist: die Welt als „das Ergebnis einer gedanklichen Konstruktion".[28]

Wie deutlich wird, ist also der von Kleist gezogene Schluss, es gebe keine Wahrheit, mit der Kantischen Auffassung disparat. Und diese Tatsache der Unvereinbarkeit von Kleists Interpretation der Essenz der „neueren sogenannten Kantischen Philosophie" mit der tatsächlichen Lehre der Kantischen Transzendentalphilosophie birgt folglich ein weiteres Problem für die Forschung, da sich hierdurch erst recht die Frage stellt, *woher* Kleist diese vermeintliche Lehre Kants genommen habe. Ein Indiz für die in der Forschung noch heute herrschenden Unsicherheiten rund um die ‚Kantkrise' ist dabei die enorme Vielfalt der Deutungen und Bewertungen dieses Ereignisses. So lassen sich die möglichen Ursachen der Krise, die in der Kleist-Forschung bisher erwogen wurden und immer noch werden, in drei Grundpositionen unterteilen: 1. Kleist hat Kant im Original gelesen.[29] 2. Kleist hat Kant nicht im Original gelesen.[30] Und 3. Es gab überhaupt keine ‚Kantkrise'.[31] Allen gemeinsam ist dabei die meist implizit vorausgesetzte Annahme, dass sich Kleists dichterisches Werk aus dessen biographischer Entwicklung heraus erklären lässt. Auch wenn derartige biographistische Herangehensweisen ihre Vorzüge haben und sicher auch essentielle Aspekte des Kleistschen Werkes erhellen konnten, so ist meines Erachtens inzwischen doch mehr als deutlich geworden, dass die Kleist-Forschung auf diesem Wege nicht mehr zu wesentlichen neuen Ergebnissen oder gar zu einer Klärung des Mysteriums ‚Kantkrise' gelangen kann. Denn bei aller noch so schlüssigen Argumentation der zahlreichen umfangreichen Studien kann zuletzt doch über das schlichte Faktum der denkbar mageren Quellenlage nicht hinweggetäuscht werden, und die daraus resultierende Unsicherheit der Forschung bezüglich der ‚Kantkrise' wurde bedauerlicherweise nicht selten zu kompensieren versucht, indem die Thesen mit – für die Fragestellung völlig irrelevanten – Spekulationen angereichert wurden, weshalb philologische Tatsachen sowie geistesgeschichtliche Argumente in den Untersuchungen schnell unberücksichtigt blieben und sich die Analysen nicht selten in reiner bio-

---

28 Cassirer: Der Raum- und Zeitbegriff (Anm. 26), S. 75.
29 So z. B. mit verschiedensten Thesen: Falkenfeld (1919ff.), Ohmann (1920), Kühnemann (1922ff.), Thomé (1923), Marcuse (1926), Minde-Pouet (1928ff.), Fricke (1929), Borkowski (1935), Messer (1936), Stamm (1941), Muth (1954), Stockum (1973), Ihlenfeld (1981), Greiner (1990ff.), Walker (1993f.), Szeluga (2003).
30 Hierfür plädieren (ebenfalls mit unterschiedlichsten, z. T. unvereinbaren Thesen) u. a. Hellmann (1911ff.), Cassirer (1919ff.), Petsch (1920), Luther (1921ff.), Braig (1925), Scott (1947ff.), Müller-Seidel (1971), Gall (1977), Struck (1985), Siebert (2000ff.), Hansen (2005), Mandelartz (2006).
31 So z. B. Wolff (1955), Hoffmeister (1959), Politzer (1967), Wichmann (1988), Schmidt (2003), Staengle (2008).

graphistischer Diagnostik verloren.[32] Dies hat zur Folge, dass der Eindruck entsteht, man könne dieses heikle Thema nicht anders behandeln, da die Quellenlage nicht gerade umfangreich ist.

Meines Erachtens birgt dagegen gerade ein methodisch reflektierter Zugang neue Aussichten. Es ist durchaus möglich, die Frage nach den Ursachen und Folgen der sogenannten ‚Kantkrise' allein auf der Basis philologischer Fakten zu untersuchen und eine wissenschaftlich plausible Antwort zu finden, indem man diese Fakten eben nicht zu entzeitlichten Singularitäten erklärt, sondern sie stattdessen gerade vor den historischen Hintergrund rückt und so als ein Phänomen der Zeit begreift. Biographische Fragen sollten dabei zwar nicht unberücksichtigt bleiben, jedoch eine nur untergeordnete Rolle spielen. Betrachtet man also die Textbefunde der poetischen Werke Kleists einmal genauer, so lassen sich konkrete Problemfelder benennen, um die sie im Wesentlichen kreisen.[33] Diese Themenkomplexe seiner Dichtung lassen sich selbstverständlich auch als biographisch zentrale bestimmen, von essentieller Signifikanz ist an dieser Tatsache aber eben die Möglichkeit, diese Motive als Verweise auf eine epochentypische Problemkonstellation zu verstehen und damit auch Kleists persönliche ‚Krise' als nur ein Symptom der allgemeinen Krisenzeit um 1800 zu bewerten. Durch diese methodische Neuerung, die auch systematisch reflektiert und begründet werden soll, rückt die in der Forschung bis heute umstrittene Frage, worin nun genau die sogenannte ‚Kantkrise' Kleists bestand und welche Schrift (von oder über Kant) ihr Auslöser gewesen sei, in den Hindergrund. In den Fokus gerät stattdessen die Feststellung, dass sich zur Zeit um 1800 eine ‚Epochenschwelle' ereignete, welche *viele* Zeitgenossen in eine Art ‚Krise' stürzte.

Den in dieser Krise virulent werdenden Grundproblemen wurde nun auf verschiedenen Wegen und in unterschiedlicher Weise begegnet. Zwei maßgebliche Richtungen der Lösungsversuche lassen sich am Beispiel von Kleist und Kant aufzeigen, denn Kleist hat aus diesen Problemen ästhetische Fragen entwickelt und versucht, sie auf dem Gebiet der Dichtung zu lösen, während Kant sie logisch-systematisch durch sein transzendentalphilosophisches System zu beantworten beabsichtigte. Das Erstaunliche ist hierbei, dass beide Wege nicht nur zu unterschiedlichen, sondern sogar zu entgegengesetzten Antworten führten, was genauestens zu untersuchen den Hauptteil meiner Arbeit ausmachen wird. In diesem Sinne werde ich Kleists Dichtung nicht der Philosophie Kants ‚nachordnen', sondern stelle beide Autoren einander gegenüber und verstehe ihr Werk als zwei unterschiedlich konzipierte Antworten

---

32 Das Spektrum reicht hier von scheinbaren ‚Beweisen', dass Kleist eine der Kantischen *Kritiken* gelesen haben muss, über eine Spurensuche in sämtlichen popularphilosophischen Schriften Kleistscher Zeitgenossen bis hin zu der Feststellung, Kleists Todessehnsucht und schließlicher Selbstmord seien Folgen der ‚Kantkrise' gewesen.

33 So thematisiert Kleist beispielsweise häufig das ambivalente Verhältnis von Individuum und Gesellschaft und versucht, eine Balance zwischen Gefühl und Gesetz herzustellen. Zentral wird dabei zudem die Frage nach der Möglichkeit von individueller Schuld, Verantwortung und Freiheit in einem als kausal-teleologisch gedachten Kosmos. Neben diesen zentralen ethischen Fragen berührt die Thematik aber auch ästhetische (Grazie und Erhabenheit) sowie epistemologische Gegenstände (Spiel von Sein und Schein, Wirklichkeit und Traum).

auf gemeinsame Bezugsprobleme, welche den zeitgenössischen Diskurs bestimmt haben. Kleists Lösungsweg lässt sich dabei zwar auf das Erlebnis der sogenannten ‚Kantkrise' zurückführen, wird aber unabhängig von Kant bewertet werden müssen, um erst in einem zweiten Schritt fruchtbar hierzu in Beziehung gesetzt werden zu können. Vielversprechend erscheint mir hierbei zudem die Erweiterung des Blickfeldes auf die interdisziplinäre Ebene, denn indem ich die Einzeldisziplinen Literaturwissenschaft und Philosophie in eine fruchtbare Beziehung zueinander setze, um dabei nicht nur dem Dichter (Kleist) und dem Philosophen (Kant) gerecht zu werden, wird es mir möglich, besonders auch die Interferenzbereiche näher zu beleuchten, die in der Forschung bisher entweder gänzlich unbeachtet blieben oder allenfalls als eher verschwommene Felder und ohne methodisch fundierte Überlegungen gestreift wurden. Hierbei sollen auch die unterschiedlichen Darstellungsweisen und Möglichkeiten von Philosophie und Literatur thematisiert und methodologisch entwickelt werden. Als ein weiteres Erkenntnisziel meines Dissertationsprojekts kann überdies formuliert werden, auch Kleists eigentümliche Zwischenstellung schärfer fassen zu können, indem weniger die Tatsache zählt, *dass* er im doppelten Spannungsfeld (literaturgeschichtlich zwischen Klassik und Romantik und philosophiegeschichtlich zwischen Aufklärung und Idealismus) steht. Vielmehr untersuche ich das *Wie* dieses Dazwischenstehens genauer, da ich es auf diese Weise zu Kant, aber auch zu anderen Zeitgenossen (wie beispielsweise Schiller) in Beziehung setzen kann.

Thomas Miltschus

Die westböhmischen Porzellanfabriken in der zweiten Hälfte des 19. Jahrhunderts. Beziehungen und Wechselwirkungen zwischen künstlerischer Orientierung, unternehmerischen Strategien und öffentlicher Rezeption

1. Ausgangssituation

Zum Ende des 18. und am Beginn des 19. Jahrhunderts entstand ein für Böhmen neuer und, wie sich im weiteren Verlauf des 19. Jahrhunderts zeigen sollte, sehr bedeutender Industriezweig, der überwiegend auf die Initiative bürgerlicher Unternehmer zurückzuführen ist – die Porzellanindustrie. In relativ kurzer Zeit entstand, gegen den massiven Widerstand der K. & k. Porzellanmanufaktur in Wien, im Umkreis von Karlsbad/Karlovy Vary eine Vielzahl von Porzellanfabriken. Schon der in den Firmenbezeichnungen verwendete Begriff ‚Fabrik' lässt die in erster Linie absatzorientierte und somit vorrangig von wirtschaftlichen Gesichtspunkten bestimmte Produktion von Porzellanerzeugnissen erkennen. Auf der einen Seite wurde diese durch die Herstellung von technischem Porzellan (Abtropfschalen für die chemische Industrie oder Möbelrollen und -knöpfe für die Möbelfabrikation) erreicht und auf der anderen Seite durch die serielle Produktion von Gebrauchs- und Dekorationsporzellanen. Wurde in der ersten Hälfte des 19. Jahrhunderts der überwiegende Teil der Produktion an Gäste der nahe gelegenen Kurbäder und innerhalb der Grenzen der Habsburgermonarchie verkauft, so vertrieben die Firmen ihre Erzeugnisse bereits in der zweiten Hälfte des Jahrhunderts mehrheitlich über weltweit gespannte Handelsbeziehungen und Absatzmärkte.[1]

Darüber hinaus leisteten sich ein paar der Fabriken eine sehr teure Kunst- und Luxuswarenproduktion, die in einem auf den ersten Blick nur schwer verständlichen Widerspruch zur Marktorientierung stand.[2] Mit diesen Arbeiten, aber auch mit Erzeugnissen der Gebrauchswarenproduktion, präsentierten sich die Unternehmen auf nationalen und internationalen Kunst-, Gewerbe- und Industrieausstellungen. Höhepunkte dieser Aktivitäten stellten die Teilnahmen an den für die zweite Hälfte des 19. Jahrhunderts charakteristischen Weltausstellungen dar. Die hohe Wertschätzung, die die ausgestellten Erzeugnisse unter dem Aspekt der technischen und

---

1 Bereits zum Ende der 1870er Jahre lag das Hauptaugenmerk des Absatzes auf dem deutschen und dem amerikanischen Markt. Diese machten ca. 60 % des Gesamtwarenversandes aus.
2 Firmen, die sich fast ausschließlich auf die Produktion von Luxus- und Kunstporzellanen konzentrierten, kamen ohne eine staatliche Subventionierung nicht aus; so die Manufakturen in Berlin, Meißen, Sèvres und Wien. Vgl. dazu Antoinette Faÿ-Hallé, Barbara Mundt: Europäisches Porzellan vom Klassizismus bis zum Jugendstil. Stuttgart 1983; Propyläen Kunstgeschichte. Sonderbd. 1: Friedrich H. Hofmann: Das Porzellan der europäischen Manufakturen. Berlin 1980.

künstlerischen Ausformung hier fanden, lässt sich sowohl an den zahlreichen Auszeichnungen und lobenden Erwähnungen ablesen, die den Fabriken zugesprochen wurden, wie auch an den Rezensionen und Bewertungen in Ausstellungsberichten der Tages- und Fachpresse.

Mit welchen künstlerischen und unternehmerischen Mitteln gelang es den Unternehmen, diesen wirtschaftlichen Erfolg und die positive Beurteilung in einer Zeit zu erreichen, als sich die Kunstindustrie einer massiven Kritik der angewandten gestalterischen Prinzipien ausgesetzt sah? Was waren die entscheidenden Kriterien und Ursachen für die Wahl der angewendeten Mittel, und welche Folgen ergaben sich daraus? Diesen Fragen wird die Dissertation am Beispiel ausgewählter Unternehmen der böhmischen Porzellanindustrie in der zweiten Hälfte des 19. Jahrhunderts nachgehen.

2. Forschungsstand

Die böhmischen Porzellanfabriken fanden in der kunsthistorischen Forschung bisher nur geringe Aufmerksamkeit. Die wenigen monographischen Arbeiten und die Artikel in Fachzeitschriften zeichnen chronologische Firmengeschichten einzelner bzw. der böhmischen Porzellanindustrie in großen Zügen nach.[3] Darüber hinaus geben diese Publikationen in katalogartigen Zusammenstellungen einen groben Überblick über die formale Vielfalt der böhmischen Porzellanerzeugnisse. Als umfassendste Arbeit zum Thema ist noch immer die Monographie Hans Meyers aus dem Jahre 1927 anzusehen.[4] Meyer unternahm als erster eine Auswertung der umfangreichen Aktenbestände in den tschechischen Archiven, mit dem Ziel, die Anfänge der Porzellanproduktion in Böhmen bis in die 1830er Jahre darzustellen. Die erst nach dem Zweiten Weltkrieg erneut einsetzende Beschäftigung mit dem Thema baut auf den Erkenntnissen dieser Monographie auf und ergänzt sie durch überblickartige Studien zu einzelnen Fabriken. Auch diese Arbeiten konzentrieren sich hauptsächlich auf die Anfangsjahre der Porzellanerzeugung bis spätestens 1850. Zur Produktion in der zweiten Hälfte des 19. Jahrhunderts stehen grundlegende Untersuchungen noch aus. Hier scheint die Haltung Emanuel Poches nachzuwirken, der in seiner 1954 erschienenen

---

3 Die wichtigsten Monographien und Aufsätze sind: Dagmar Braunová: Porcelánová tradice [Tradition des Porzellans]. Karlovy Vary 1992; Anna Gnirs, Heinrich Zimmermann: Porzellanfabriken in Böhmen 1791–1945. Benediktbeuern 1990; Dagmar Hejdová, Jan Mergl: Slavkovský porcelán 1792–2002 [Schlaggenwalder Porzellan 1792–2002]. Sokolov 2002; Dies.: Klášterecký porcelán 1794–1994 [Klösterler Porzellan 1794–1994]. Praha 1994; A. Kohlík: Dějiny karlovarského porcelánu [Geschichte des Karlsbader Porzellans]. Ms. Firmenarchiv der Karlsbader Fabrik. Stará Role 1965; Rudolf Langhammer: Klösterler Porzellan. In: Bohemia 10 (1969), S. 136–255; Hans Meyer: Böhmisches Porzellan und Steingut. Leipzig 1927; Emanuel Poche: Böhmisches Porzellan. Prag 1956; Ottocar Weber: Die Entstehung der Porzellan- und Steingutindustrie in Böhmen. In: Beiträge zur Geschichte der deutschen Industrie in Böhmen. Bd. 3. Prag 1894; Josef Weinmann: Egerländer Porzellan und Steingut 1792–1945. Handbuch für Sammler und Freunde des deutschen, westböhmischen Antikporzellans. Männedorf 1999.
4 Meyer (Anm. 3).

Monographie zum böhmischen Porzellan ein schnell gefasstes und eher negatives Urteil über die Leistungen der Porzellanerzeuger in diesem Zeitabschnitt gefällt hat.[5]

Neben der kunsthistorischen Forschung hat sich auch die deutsche und tschechische Historiographie (im letzteren Falle die Bürgertumsforschung) dem Bereich der böhmischen Wirtschafts- und Kulturgeschichte zugewandt, doch fokussieren diese Untersuchungen, wenn sie sich mit der Porzellanindustrie beschäftigen, vorrangig deren wirtschaftliche Faktoren. Kulturelle, politische und nationale Aspekte, die mit diesem Zweig in der zweiten Hälfte des 19. Jahrhunderts verbunden waren, blieben gänzlich ungewürdigt.[6] Doch sind gerade künstlerische und stilistische Orientierungen bei der Produktgestaltung, gesellschaftliche und territoriale Situierung der Unternehmensinhaber sowie staatlich kontrollierte Markt- und Wirtschaftspolitik für den Emanzipationsprozess der böhmischen Porzellanindustrie von entscheidender Bedeutung. Das Dissertationsprojekt setzt an diesem Punkt an.

3. Objektauswahl

Da es in Böhmen im Verlauf des 19. Jahrhunderts bis zu 22 Porzellan produzierende Firmen gab, sollen zwei für die Untersuchung repräsentative Unternehmen exemplarisch herausgegriffen werden: die *Kais. königl. privilegierte Porzellanfabrik Haas & Czjzek* in Schlaggenwald/Horní Slavkov und die *Kais. königl. privilegierte Exc. gräfl. v. Thun'sche Porzellanfabrik* in Klösterle/Klášterec nad Ohří.

Es handelt sich bei den zwei Firmen um die bedeutendsten Fabriken, welche die Porzellanherstellung in Böhmen begründeten und die während des gesamten 19. Jahrhunderts bestanden und noch heute bestehen. Des Weiteren ist für diese Unternehmen die angesprochene Zweiteilung der Produktion in die Industrie- und Gebrauchswarenfertigung einerseits und die künstlerisch orientierte Luxuswarenproduktion andererseits charakteristisch. Im Untersuchungszeitraum nahmen beide Unternehmen regelmäßig an regionalen und internationalen Ausstellungen teil und erfuhren nicht nur in diesem Zusammenhang eine breite öffentliche Wahrnehmung.

Die Schlaggenwalder Fabrik Haas & Czjzek war im 19. Jahrhundert das umsatzstärkste Porzellanunternehmen in den böhmischen Ländern. Sie verfügte über eine reiche Produktpalette und eine sehr qualitätvolle Luxuswarenproduktion. Die Inhaber der Fabrik, Georg Karl Haas und Johann B. Anton Czjzek, sind von besonderem Interesse, da sie beispielhaft zeigen, in welchem Maße wirtschaftlicher Erfolg in der zweiten Hälfte des 19. Jahrhunderts einen gesellschaftlichen Aufstieg bürgerlicher Eliten nach sich ziehen konnte. Beide wurden 1899 in den Adelsstand erhoben. Weiterhin war Johann B. Czjžek, als Präsident des österreichisch-ungarischen Exportver-

---

5 Poche (Anm. 3), S. 63f.
6 Vgl. dazu Jiří Malíř: Bürgertum in Mähren zwischen Prag und Wien. In: Hannes Stekl, Peer Urbanitsch, Ernst Bruckmüller, Hans Heiss (Hg.): Bürgertum in der Habsburgermonarchie. Bd. 2: „Durch Arbeit, Besitz, Wissen und Gerechtigkeit". Wien, Köln, Weimar 1992, S. 94–111; Langhammer (Anm. 3).

eins, Mitglied des „Specialcomités für die Collectivausstellung des Kunstgewerbes in Wien" bei der Weltausstellung 1900 in Paris.[7]

Die Porzellanfabrik der gräflichen Familie von Thun in Klösterle nimmt eine besondere Stellung in der böhmischen Porzellanindustrie ein. Sie ist das einzige Porzellanunternehmen, dem eine in der Habsburgermonarchie sehr prominente und in der böhmischen Landespolitik einflussreiche adlige Persönlichkeit vorstand.[8] Für den zu betrachtenden Zeitraum war dies Joseph Oswald von Thun. Dies ermöglicht einen Vergleich zwischen einem adlig protegierten Unternehmen und einem von bürgerlichen Geschäftsinhabern geführten Betrieb.

Neben den Eigentümern und den wirtschaftlichen Strukturen der Unternehmen stehen vor allem deren Erzeugnisse im Interesse der Betrachtung. Dafür steht eine enorme Fülle von überlieferten Porzellanen in zahlreichen in- und ausländischen Sammlungen zur Verfügung. Auch der Kunsthandel stellt eine unerschöpfliche Quelle dar. Aus dieser Vielzahl sollen die Objekte herausgezogen werden, die zur Beantwortung der Fragestellungen und Illustration der Thesen dienlich sind. Welche das letztlich genau sein werden, ergibt sich im Laufe der Arbeit.

4. Zentrale Thesen und Fragestellungen

Angesichts des Umstandes, dass die Zahl der europäischen porzellanherstellenden Fabriken im Verlauf das 19. Jahrhunderts stark zunahm, entstand ein enormer Konkurrenzdruck auf dem auch stetig wachsenden Markt für Porzellanerzeugnisse. Es bedurfte also besonderer künstlerischer und unternehmerischer Strategien, um das Bestehen des Betriebes abzusichern und neue Absatzmärkte zu erschließen. Nach diesen zu fragen und zu untersuchen, wie sich die böhmischen Porzellanfabriken auf den hart umkämpften Märkten zu etablieren und zu behaupten versuchten, mit welchen merkantilen und ästhetischen Mitteln sie dies erreichten und unter welchen Einflüssen sie dabei standen, ist die Aufgabe des Dissertationsvorhabens.

Um dies zu bewältigen, ist es vorgesehen, die Arbeit in drei Untersuchungsschwerpunkte zu untergliedern. Diese stehen dabei nicht als einzelne, unabhängige Bereiche einander gegenüber, sondern sollen miteinander verwoben werden.

Der erste und die anderen einbindende Schwerpunkt liegt in der Analyse der künstlerischen Orientierung und Ausrichtung und den damit verbundenen unternehmerischen Strategien der Porzellanfabriken. Folgende Fragen stehen dabei im Vordergrund:

---

[7] Berichte über die Weltausstellung in Paris 1900. Hg. v. dem k. k. österreichischen General-Commissariate. Bd. 1: Administrativer Bericht. 1. Beilagenband. Wien 1902, S. 294.

[8] Zur Bedeutung der Thun-Hohensteiner Linie des Majorates Klösterle und deren Rolle im Zusammenhang des adeligen Bohemismus in der zweiten Hälfte des 19. Jahrhunderts vgl. Jiří Kořalka: Tschechen im Habsburgerreich und in Europa 1815–1914: Sozialgeschichtliche Zusammenhänge der neuzeitlichen Nationsbildung und der Nationalitätenfrage in den böhmischen Ländern. Wien, München 1991, S. 53f.; Constant von Wurzbach: Biographisches Lexikon des Kaiserthums Österreich. Bd. 44. Wien 1882, S. 30, 52.

Mit welchen Zielen erfolgte die zweiteilige Ausrichtung der Produktion in eine industrielle Fabrikation von Massenwaren und eine vermutlich kostspielige kunsthandwerkliche Luxusporzellanproduktion? Welche geschulten Kräfte standen den einzelnen Fabriken für die Umsetzung ihrer künstlerischen Gestaltungskonzepte zur Verfügung, und woher bezog man diese? Welche Rolle spielte das gesellschaftliche Umfeld der Firmeninhaber bzw. der Unternehmensleitung, woraus sich unterschiedliche Herangehensweisen der Firmen in diesem Zusammenhang erklären lassen könnten? Des Öfteren wurde in den Forschungen zur Unternehmensgeschichte darauf hingewiesen, dass das Verhältnis zwischen Produktion und Vertrieb nicht zu unterschätzen ist. So ist davon auszugehen, dass ein Industriebereich, dessen wichtigstes Erscheinungsmerkmal die formale und stilistische Produktgestaltung war und dessen Waren weltweit abgesetzt wurden, sehr stark von Aushandlungsprozessen zwischen Unternehmen und Markt gekennzeichnet war.[9] Daher muss nach der Bedeutung der Nachfrage auf die künstlerische Ausrichtung gefragt werden: Welche Abnehmer sollten mit welchen Erzeugnissen erreicht werden, und welche Absatzstrategien wurden verfolgt? Damit einher geht auch die Frage, inwieweit es Unterschiede in den Werbe- und Angebotsstrategien gab, um die unterschiedlichen Märkte im Inland, im staatlichen Rahmen und auf den verschiedenen Exportmärkten zu erreichen, und auf welcher Basis dies geschah. Richteten sich die Unternehmen dabei nach rein wirtschaftlich-pragmatischen Kriterien, indem sie formal und stilistisch heterogene Produkte anboten, oder versuchten sie, trotz eines eventuellen unternehmerischen Risikos ‚geschmacksbildend' zu wirken?

Mit der letzten Frage wird auch schon in den zweiten Untersuchungsschwerpunkt übergeleitet. In diesem soll analysiert werden, ob und inwieweit die seit den 1850er Jahren immer stärker aufkommende kunstkritische und kunsttheoretische Debatte Auswirkungen auf die künstlerische und stilistische Produktgestaltung hatte. Dies ist von besonderem Interesse, da den böhmischen Porzellanfabriken nach der Schließung der K. & k. Porzellanmanufaktur in Wien 1865 offensichtlich eine Vorreiterrolle in der Habsburgermonarchie zukam. Denn der Versuch, das zuvor staatlich geförderte Unternehmen im Frühjahr 1896 wiederzubeleben, wurde von Fachkreisen mit der Begründung abgelehnt, dass die bestehende böhmische Porzellanindustrie vorzügliche kunstgewerbliche Erzeugnisse hervorbringe und dass durch ein staatlich subventioniertes Unternehmen die Gefahr bestünde, diesem für die gesamte Monarchie wichtigen Industriezweig zu schaden.[10]

Die Kritik richtete sich vor allem gegen die Wahl der angewandten gestalterischen Methoden in Hinblick auf die Funktionalität des formalen Aufbaues und die Wahl ei-

---

9 Walter Minchinton: Die Veränderung der Nachfragestruktur von 1750–1914. In: Knut Borchardt (Hg.): Europäische Wirtschaftsgeschichte. Bd. 3: Die Industrielle Revolution. Stuttgart 1985, S. 47–118; Roman Rossfeld: Unternehmensgeschichte als Marketinggeschichte. Zu einer Erweiterung traditioneller Ansätze in der Unternehmensgeschichtsschreibung. In: Christian Kleinschmidt, Florian Triebel (Hg.): Marketing. Historische Aspekte der Wettbewerbs- und Absatzpolitik. Essen 2004 (Bochumer Schriften zur Unternehmens- und Industriegeschichte 13), S. 17–39, hier S. 17.
10 Anton Hellmessen: Das Porzellan. Vortrag gehalten im Kunstgewerbemuseum der Handels- und Gewerbekammer in Prag am 2. Februar 1897. Prag 1897, S. 25.

nes angemessenen Stils mit dem Ziel, auf der einen Seite das Kunstgewerbe selbst zu reformieren und andererseits ein allgemeines Publikumsbewusstsein („Geschmacksbildung') herauszubilden, sodass die veränderten Produkte auch auf entsprechende Nachfrage treffen konnten. Von den Produzenten konnte nicht verlangt werden, gute, ‚richtige' und schöne Dinge zu erzeugen, die letztlich nicht abgesetzt werden konnten.[11] Auch wenn bisher eine umfassende Geschichte und Analyse der Kunstkritik fehlt, zeigen bereits unternommene Einzelstudien zur Kunstkritik des 19. Jahrhunderts deren Bedeutung „als zuständige und meinungsbildende Urteilsinstanz"[12] nicht nur für das Kunstschaffen der bildenden Künstler, sondern auch für den Bereich der Kunstindustrie.[13]

Dass sich die zu untersuchenden Fabriken den Forderungen und Anregungen der Kritiker nicht entzogen, verdeutlichen zwei Beispiele:

Nach einer Zeit, als in der Porzellanproduktion Rokokoformen und -ornamente die vorrangig verwendeten Gestaltungsmittel darstellten, präsentierten die Porzellanfabriken Thun und Haas & Cžjžek auf der Wiener Weltausstellung 1873 eigens dafür entworfene und hergestellte Schaustücke im antikisierenden und Renaissance-Stil. Als zum Ende des 19. Jahrhunderts die Debatten der Kunstkritik das Fehlen eines neuen Stils im Kunsthandwerk Österreichs beklagten, präsentierte Haas & Cžjžek auf der Pariser Weltausstellung von 1900 Tafelservice im Jugendstil, während die Produktpalette der Firma noch 1898 fast ausschließlich historistische Stilmerkmale aufgewiesen hatte.

Wie aus den gezeigten Beispielen zu sehen ist, spielen die Ausstellungsbeteiligungen der Unternehmen eine wichtige Rolle. Sie sollen im dritten Analyseschwerpunkt näher untersucht werden. Von besonderem Interesse sind dabei die internationalen Weltausstellungen. Es ist davon auszugehen, dass diese in einem absatzorientierten Betrieb als bewusste Marketing-Strategie, als regional, national und international wirksame Werbung, eingesetzt wurden, um eine breite Öffentlichkeit zu erreichen.[14] Wie und mit welchen Objekten präsentierten sich die böhmischen Porzellanfabriken auf den nationalen und internationalen Schauen, und wie wurden sie in der Öffentlichkeit wahrgenommen und beurteilt?

Dabei ist zu beachten, dass die Teilnahme der Habsburgermonarchie an internationalen Ausstellungen nach 1866 im Spannungsfeld von unternehmerischen Ein-

---

11 Claudia Lehner-Jobst: Vollendet, jedoch kein besonderer Fortschritt. Keramisches aus der Zeit des Historismus. In: Peter Noever (Hg.): Kunst und Industrie. Die Anfänge des Museums für angewandte Kunst in Wien. Wien 2000, S. 143–157, hier S. 145f.; Barbara Mundt: Historismus. Zwischen Biedermeier und Jugendstil. München 1981, S. 30.
12 Birgit Kulhoff: Bürgerliche Selbstdarstellung im Spiegel der Kunst. Untersuchungen zur Publizistik der Rundschauzeitschriften im Kaiserreich (1871–1914). Bochum 1990, S. 3.
13 Stefan Germer, Hubertus Kohle: Spontaneität und Rekonstruktion. Zur Rolle, Organisationsform und Leistung der Kunstkritik im Spannungsfeld von Kunsttheorie und Kunstgeschichte. In: Peter Ganz (Hg.): Kunst und Kunsttheorie 1400–1900. Wiesbaden 1991, S. 287–311. Besonders für die Wirkungsmächtigkeit der Kunstkritik des Kunstgewerbes und der Kunstindustrie: Michael Bringmann: Friedrich Pecht (1814–1903). Maßstäbe der deutschen Kunstkritik zwischen 1850 und 1900. Berlin 1982, S. 175ff.; Mundt (Anm. 11), bes. S. 22–31; Lieselotte Hanzl, Eva B. Ottillinger: Kaiserliche Interieurs. Die Wohnkultur des Wiener Hofes im 19. Jahrhundert. Wien, Köln, Weimar 1997, bes. S. 319–396.
14 Vgl. dazu Evelyn Kroker: Die Weltausstellungen im 19. Jahrhundert. Göttingen 1975.

zelinteressen und staatlichen Ansprüchen, ein einheitliches Bild der österreichischen Wirtschaftskraft und Kunstleistung zu erzeugen, stand.[15] Wie gelang es den westböhmischen Porzellanfabriken, dabei ihre eigenen Interessen zu behaupten, wenn vonseiten des Staates aktiv in die Ausstellungsgestaltung eingegriffen wurde (Berufung einer zentralen österreichischen Ausstellungskommission, der einzelne regionale, für die Kronländer zuständige Landeskommissionen und für einzelne Industriezweige bestimmte „Specialcomitees" untergeordnet waren; für Böhmen waren in einer solchen Kommission Mitglieder der Prager, Egerer und Reichenberger Handels- und Gewerbekammern vertreten)? Inwieweit gab es aus diesem Grund im Vorfeld der Ausstellungen Koordinierungsbedarf, gegebenenfalls Konflikte, was letztlich Auswirkungen auf die Wahl der Exponate gehabt haben könnte?

Darüber hinaus sollen auch die regionalen und nationalen Gewerbe-, Industrie- und Kunstgewerbeausstellungen in die Untersuchung mit einbezogen werden. Es ist davon auszugehen, dass die Teilnahme an diesen Ausstellungen rein unternehmerisch motiviert war, da im Vergleich zu den von staatlicher Seite initiierten Beteiligungen an den Weltausstellungen dieser reglementierende Einfluss entfiel. Aus der analytischen Gegenüberstellung der Ausstellungsbeiträge der einzelnen Firmen für die verschiedenen Expositionen würden sich Aussagen ableiten lassen, inwieweit es sich bei den gezeigten Exponaten um Schaustücke handelte, die die ästhetische Überzeugung des Unternehmens zeigten, oder ob mit ihnen durch eine Konformität mit der staatlichen Kunstpolitik handfeste Interessen verbunden waren, wie z. B. die Zulassung zum Kontingent der staatlich reglementierten Ausstellungsbeteiligungen.

Das bisher Ausgeführte zusammenfassend, lässt sich Folgendes festhalten. Die Arbeit soll

- exemplarisch ausgewählte Unternehmen des Kunstgewerbes in Böhmen mit vornehmlich industriell geprägten Produktionsweisen vergleichend untersuchen und Erkenntnisse vor allem über das Verhältnis zwischen ihrer künstlerischen und ihrer wirtschaftlichen sowie gesellschaftlichen Ausrichtung und Stellung zutage fördern;
- Ausstellungsbeteiligungen aus der Perspektive der einzelnen Unternehmen beleuchten, besonders mit Blick auf die Beschickung überregionaler Veranstaltungen (Interessen, gegebenenfalls Interessenkonflikte zwischen Unternehmen, Vertretungen und politischen Gremien, Auswahlkriterien für die Schaustücke, Rückwirkungen auf die Produktion usw.);
- die Übergangsphase vom Kunsthandwerk zur industriellen Produktion im Hinblick auf den Wertewandel in Ästhetik und Qualitätskriterien näher charakterisieren.

---

15 Ulrike Felber, Elke Krasny, Christian Rapp (Hg.): „Smart Exports". Österreich auf Weltausstellungen 1851–2000. Wien 2000.

5. Erste Arbeitsergebnisse

Die Arbeit ist bisher so weit fortgeschritten, dass hauptsächlich der Materialbestand zur Thunschen Porzellanfabrik gesichtet und zum großen Teil ausgewertet wurde.[16] Dabei ergaben sich neben Bestätigungen bisheriger Annahmen auch neu zu gewichtende Aspekte. Vor allem die in den Archiven aufgefunden Faktur- und Datenbücher stellen einen unvorhergesehen Glücksfall dar.[17]

Anfangs wurde davon ausgegangen, dass die „PreisCouranten" und Musterkataloge als Quelle genügen, um eine ausreichende Auswahl an für die Arbeit zu betrachtenden Artikeln treffen zu können. Es ist zwar anzunehmen, dass es sich bei den darin abgedruckten Waren um die Verkaufsschlager handelte, doch erlauben die Fakturbücher eine noch genauere Spezifizierung der wirklich abgesetzten Produkte. Denn darin sind alle Gegenstände aufgelistet, die von der Fabrik versendet wurden. Sie verzeichnen den Empfänger der Waren, den Gegenstand mit Formnummer, die Art der farbigen Dekoration, deren Wert und anderes. Aus der genauen Analyse dieser Bücher würden sich letztlich Aussagen treffen lassen, was die Topseller waren und was nur mäßig abgesetzt wurde und aus welchen Kreisen die Käufer kamen. Darüber hinaus verzeichnen sie ebenso die Artikel, die zu den verschiedenen Ausstellungen geschickt wurden, sodass diese genauer spezifiziert werden können.

Ergänzend dazu sind die angesprochenen Datenbücher von besonderer Wichtigkeit. Darin sind, nach einzelnen Warengattungen sortiert, alle Gegenstände mit dazugehöriger kostenwertmäßiger Kalkulation verzeichnet, die die Fabrik in der Lage war herzustellen. Dadurch, dass in den Datenbüchern auch Artikel enthalten sind, die die „PreisCouranten" und Musterkataloge nicht verzeichnen, diese aber in den Fakturbüchern auftauchen, sind sie eine wichtige Quelle für die Identifizierung verkaufter oder ausgestellter Porzellane.

Aus den überlieferten Schriftwechseln lässt sich deutlich rekonstruieren, wie stark ein Unternehmen der Kunstindustrie von vorrangig wirtschaftlichen Gesichtspunkten bestimmt wurde und enormen Aushandlungsprozessen für die Produktgestaltung unterlag, wobei das Gegenüber der Unternehmensleitung wechselte (verschiedene Absatzmärkte und Kunstkritik). Dies hatte allerdings nicht nur Auswirkungen auf die Serienerzeugnisse, sondern auch, wie gezeigt werden kann, auf die formale und stilistische Gestaltung der ‚Luxusporzellane'.

Aus den angesprochenen Datenbüchern geht hervor, dass für diese Produktionssparte im Falle der Thun'schen Porzellanfabrik der Unternehmensinhaber, Graf Joseph Oswald von Thun, eine wichtige Rolle spielte. Durch seine Aufträge entstanden hochwertige, durch aufwendige, handwerkliche Fertigungsprozesse formal und stilistisch geprägte Luxusporzellane, die dem persönlichen Geschmack und dem Re-

---

16 Der zu bearbeitende Materialbestand beläuft sich auf 80 nicht inventarisierte Kartons mit losen Aktenstücken, 93 Foliobände und 119 Dekorbücher mit ca. 20.000 Dekorvarianten im SOA Pilsen/Plzeň, Außenstelle Nepomuk, und 8 Kartons mit ca. 5.000 Briefseiten im SOA Leitmeritz/Litoměřice, Zweigstelle Tetschen/Děčin.
17 SOA Pilsen/Plzeň, Fond: Thunská porcelánka Klášterec nad Ohří, Bücher 75-116 u. 154a-154f.

präsentationsbedürfnis des Inhabers entstammten und nicht für den freien Markt vorgesehen waren. Da sich das Unternehmen mit diesen Gegenständen aber auch auf internationalen Ausstellungen präsentierte, bestätigt sich die anfangs aufgestellte These, dass der Thun'schen Porzellanfabrik eine besondere künstlerische Stellung innerhalb der böhmischen Porzellanerzeugung beizumessen ist.

Marco Zimmermann

Rudolf Lodgman von Auen: ein Volkstumspolitiker
zwischen Wien, Prag und München

1. Einführung

Den deutschen Vertriebenenverbänden wird oft vorgeworfen, vor allem im Rahmen der Debatte über ein Zentrum gegen Vertreibungen, ihre Vergangenheit nicht genügend aufzuarbeiten. Sicherlich leistet eine Biographie des ersten Sprechers der Sudetendeutschen Landsmannschaft auch vor diesem Hintergrund einen wertvollen Beitrag. Dies ist jedoch nicht der einzige Grund für meine Arbeit. Vielmehr bietet das Leben Lodgman von Auens eine Vielzahl an Überschneidungen mit Wendepunkten der Geschichte der Deutschen in den böhmischen Ländern, an denen er als Handelnder oftmals bedeutenden Anteil hatte.

Wer war Rudolf Ritter Lodgman von Auen?

Als Reichsratsabgeordneter im österreichisch-ungarischen Parlament versuchte Lodgman zu einem Ausgleich mit den nicht-deutschen Völkern der Monarchie zu kommen. Im letzten Jahr vor dem Zerfall der Monarchie war er noch bemüht, Österreich in einen Nationalitätenbundesstaat umzubauen. Nach der Niederlage im Ersten Weltkrieg wurde er Landeshauptmann der Provinz Deutschböhmen. In dieser Funktion versuchte er während der Friedensverhandlungen in St. Germain für die deutsche Bevölkerung in Böhmen eine Volksabstimmung über die Zugehörigkeit zur neu gegründeten Tschechoslowakei durchzusetzen.

Nach dem Scheitern dieser Verhandlungen und der Eingliederung der deutsch besiedelten Gebiete in die Tschechoslowakei gründete er die Deutsche Nationalpartei (DNP), wurde im Parlament Obmann[1] des Klubs der Abgeordneten und Senatoren der DNP und prägte in dieser Funktion den „Negativismus", d. h. die Verweigerung der Mitarbeit am tschechoslowakischen Staat. Diese Verweigerungshaltung sollte im deutschen Lager jedoch nicht von Bestand sein,[2] denn lediglich Lodgman und die DNP, unterstützt von der Deutschen Nationalsozialistischen Arbeiterpartei (DNSAP), hielten eisern an einer totalen Opposition fest. Nach der Wahl im Jahr 1925 schaffte Lodgman es nicht, in seinem Wahlkreis direkt gewählt zu werden.[3] Er zog daraus Konsequenzen und trat von allen Parteiämtern zurück. Anschließend kehrte er auf seinen Posten als Geschäftsführer des Verbandes der Deutschen Selbstverwaltungskörper in der Tschechoslowakei zurück und blieb im öffentlichen Leben vor allem durch seine publizistische Tätigkeit und seine häufige Teilnahme an Duellen in Ehrenangelegenheiten präsent.

---

1 Ähnlich dem deutschen Fraktionsvorsitzenden.
2 Der Bund deutscher Landwirte (BdL) sowie die Christlichsoziale Volkspartei (DCVP) verließen bereits 1922 das Bündnis und äußerten sich positiv zu einer Mitarbeit in der Regierung.
3 Auch die DNP verlor bei der Wahl 1925 (3,4 %) gegenüber der Wahl von 1920 (5,3 %) an Bedeutung.

Nach der Gründung der Sudetendeutschen Partei (SdP) kritisierte er Konrad Henlein und dessen neu gegründete Einigungsbewegung als zu „aktivistisch" und staatstreu. Diese Kritik gipfelte 1938 in einer Denkschrift an Hitler, in der Lodgman der SdP absprach, überhaupt nationalsozialistisch zu sein, und ihr vorwarf, die Prinzipien der Bewegung verraten zu haben.[4]

Über seine Tätigkeit während der nationalsozialistischen Herrschaft ist bisher wenig bekannt. Angeblich habe der 65-Jährige seinen Ruhestand genossen, da er nicht mit der nationalsozialistischen Politik einverstanden gewesen sei.[5] Diese Annahme führte dazu, dass an den „unbelasteten" Lodgman nach dem Krieg die Führung der Sudetendeutschen Landsmannschaft herangetragen wurde. Im Jahr 1947, nach einer abenteuerlichen und bisher ungeklärten Flucht aus der Sowjetischen Besatzungszone, begann er mit dem Aufbau einer „Volksgruppenorganisation",[6] um eine politische Interessenvertretung der Vertriebenen aus der Tschechoslowakei zu schaffen. Wieder wurde für ihn das Selbstbestimmungsrecht der Völker zum leitenden Motiv seiner Arbeit, aus dem er ein Recht der Vertriebenen auf ihre verlorene Heimat ableitete. Im Jahr 1950 gründete Lodgman zusammen mit den Vertretern der bereits bestehenden sudetendeutschen Landesverbände den Hauptverband der Sudetendeutschen Landsmannschaft, dessen Sprecher er wurde. In dieser Funktion war er bis 1959 tätig, dann musste er aus gesundheitlichen Gründen zurücktreten. Er starb am 11. Dezember 1962 in München, kurz vor seinem 85. Geburtstag.

Warum eine Biographie über Lodgman von Auen?

Der biographische Ansatz ermöglicht im Falle Lodgmans nicht nur eine auf seine Person zugeschnittene Untersuchung, sondern auch – vor allem – eine Darstellung der Ereignisse in den deutsch besiedelten Gebieten Böhmens. Hierin liegt der Schlüssel einer politischen Biographie: Um nämlich die Person im Kontext ihrer sozialen und kulturellen Umgebung darzustellen, muss der Eindruck einer „Illusion"[7] vermieden werden. Der Lebensweg Lodgmans wird auf diese Weise zu einer Art roter Faden durch die Geschichte der deutschen Bevölkerung der böhmischen Länder.

Um dies zu erreichen, soll zuerst ein Rahmen gezogen werden, in dem die politischen, sozialen und kulturellen Bedingungen der Deutschen in Böhmen, definiert durch bestimmte Eckpunkte (z. B. Zusammenbruch Österreich-Ungarns, Sprachengesetze in der Tschechoslowakei, Anschluss an das Deutsche Reich, Vertreibung etc.), beschrieben und analysiert werden. Erst dann wird der Bogen zur Person Lodgman geschlagen und

---

4 Denkschrift Lodgmans an Hitler vom 10.4.1938: Warum ich nicht zu Konrad Henlein fand. Staatliches Gebietsarchiv Leitmeritz / Státní oblastní archiv Litoměřice (SOA), Fond Lodgman von Auen, Karton 9.
5 Karl Albert Simon: Rudolf Lodgman von Auen. In: Ders. (Hg.): Festschrift zum 75. Geburtstag des Sprechers der Sudetendeutschen Rudolf Lodgman von Auen. München 1953, S. 13–16, hier S. 15.
6 Zur Theorie der „Volksgruppenorganisation" vgl. Samuel Salzborn: Ethnisierung der Politik. Theorie und Geschichte des Volksgruppenrechts in Europa. Frankfurt/M., New York 2005.
7 Pierre Bourdieu bezeichnet eine Biographie als „Illusion", wenn ein Leben „ohne andere Bindung als die an ein Subjekt, dessen Konstanz lediglich in der des Eigennamens besteht", erzählt wird. Pierre Bourdieu: Die biographische Illusion. In: BIOS. Zeitschrift für Biographieforschung und Oral History 3 (1990), S. 75–81, hier S. 80.

auf einer biographisch-individuellen Ebene untersucht, wie er durch diese Bedingungen geformt wurde und inwieweit er selbst diese Bedingungen beeinflusste.

Eine wichtige Rolle bei der Bewertung von Lodgmans politischem Handeln in der ČSR spielt die Deutsche Nationalpartei, die er als ihr Vorsitzender bis 1926 wesentlich prägt. Daher muss die DNP im Rahmen der Arbeit ausführlich untersucht werden: Welche innerparteilichen Diskussionen gab es? Formte sich Widerstand gegen den negativistischen Kurs Lodgmans und, wenn ja, wie hat er ihn überwunden? Welche Personen blieben ihm aus dieser Periode verbunden, und inwieweit pflegte er weiteren Kontakt mit ihnen? Nach dem DNP-Verbot 1933 nahmen ehemalige Parteimitglieder zur neu gegründeten Sudetendeutschen Partei Konrad Henleins eine äußerst ambivalente Haltung ein.[8] Hierbei soll die Position und der Einfluss Lodgmans, der ein Gegner der SdP und Henleins war, ausgelotet werden.

Ähnliche Fragen stellen sich für seine Zeit als Vorsitzender des Verbands der Selbstverwaltungskörper. Welche Verbindungen knüpfte er dort? Versuchte er seine negativistische Haltung in die Kommunalpolitik zu übertragen? Bemühte er sich, aus der Kommunalpolitik Einfluss auf die ‚große' Politik zu nehmen und, wenn ja, durch welche Kanäle?

Natürlich muss vor allem Lodgmans Haltung zum Nationalsozialismus untersucht werden. Zwar ist bekannt, dass er Hitler das oben erwähnte Telegramm und eine Denkschrift übermittelte; war er aber tatsächlich überzeugter Nationalsozialist – oder nur, wie Simon immer betont, begeistert von dem endlich erfolgten Anschluss an Deutschland?

Die Antworten auf diese Einzelfragen sollen schließlich helfen, Lodgmans Politik in der Bundesrepublik Deutschland zu analysieren. Wieso hat gerade er die Sudetendeutsche Landsmannschaft aufgebaut? Welche Ziele verfolgte er damit, und welche persönlichen Verbindungen begünstigten seine Politik? War er tatsächlich die „Verkörperung all dessen geworden, was für die heimatvertriebenen Sudetendeutschen Heimat, Volk und Vaterland bedeutete",[9] oder war sein Beharren auf dem Selbstbestimmungsrecht der Völker auch in der Bundesrepublik nur eine Fortsetzung der negativistischen Politik der frühen 1920er Jahre?

2. Forschungsstand

Bisher ist keine umfassende biographische Arbeit über Lodgman von Auen verfasst worden. Lediglich sein persönlicher Referent bei der Sudetendeutschen Landsmann-

---

8 1935 riefen die Abgeordneten Ernst Schollich und Othmar Kallina (bis 1933 Abgeordnete der DNP, bis zur Wahl 1935 Mitglieder des Parlamentarischen Klubs der „Völkischen Abgeordneten") die ehemaligen Mitglieder der DNP zum Eintritt in die SHF auf. Brief Schollichs an Freunde und Volksgenossen, Januar 1935, Brief Kallinas an die Schriftleitung der Rundschau, 1.12.1934, Nationalarchiv Prag / Národní archiv Praha (NA), Fond SdP, 13-AA-NA, Karton 28.

9 Karl Albert Simon: Rudolf Ritter Lodgman von Auen. In: Horst Glassl, Otfrid Pustejovsky (Hg.): Ein Leben, Drei Epochen: Festschrift für Hans Schütz zum 70. Geburtstag. München 1971, S. 697–742, hier S. 741.

schaft, Karl Albert Simon, widmete Lodgmans Leben und politischen Aktivitäten mehrere Artikel.[10] Aufgrund fehlenden Zugangs zu den Archiven in der Tschechischen Republik sowie wegen seiner Stellung als enger Vertrauter Lodgmans fehlen diesen Untersuchungen sowohl eine breite Quellenbasis als auch ein kritischer Zugriff.

Lediglich zu einzelnen Abschnitten in Lodgmans Leben liegen bisher historische Analysen vor. Julius Schreitter-Schwarzenfeld[11] veröffentlichte einen sehr kurzen Artikel über Lodgmans Tätigkeit im Verband der Selbstverwaltungskörper. Einige Aussagen über die Entstehung des Negativismus finden sich bei Jörg Kracik[12] und Norbert Linz.[13] In einer weiteren Studie untersucht Linz, neben anderen deutschen Parteien, die DNP, wenn auch denkbar knapp.[14]

Nur der Zeit der deutschböhmischen Landesregierung sind zwei auf umfangreichen Quellenauswertungen beruhende Arbeiten gewidmet: von Susanne Maurer-Horn, die ihren Schwerpunkt auf die Interaktion zwischen Landesregierung und Bevölkerung legt,[15] und Hans Haas, der die Politik der deutsch-österreichischen Regierung gegenüber den neuen deutsch-böhmischen Ländern untersucht.[16]

Von tschechischer Seite liegen zwei Veröffentlichungen vor: Jaroslav Macek[17] beschränkt sich in seinem Artikel aus dem Jahr 1993 darauf, Lodgmans Korrespondenz

---

10 Karl Albert Simon: Rudolf Lodgman von Auen (Anm. 5); Ders.: Ein sudetendeutscher Staatsmann. In: Der europäische Osten 115 (1964), S. 577–581; Ders.: Rudolf Ritter Lodgman von Auen (Anm. 9); Ders.: Rudolf Lodgman von Auen und das deutsch-tschechische Verhältnis. In: Beiträge zum deutsch-tschechischen Verhältnis im 19. und 20. Jahrhundert. München 1967 (Veröffentlichungen des Collegium Carolinum 19), S. 47–77; Ders.: Rudolf Ritter Lodgman von Auen. In: Alois Harasko, Heinrich Kuhn (Hg.): Rudolf Lodgman von Auen. Ein Leben für Recht und Freiheit und die Selbstbestimmung der Sudetendeutschen. Nürnberg 1984 (Veröffentlichungen des Sudetendeutschen Archivs in München 18), S. 9–52.
11 Julius Schreitter-Schwarzenfeld: Rudolf Lodgman von Auen und der Verband der Selbstverwaltungskörper in der Tschechoslowakei. In: Sudetenland. Vierteljahrsschrift für Kunst, Literatur, Wissenschaft und Volkstum 5 (1963), S. 33–36.
12 Jörg Kracik: Die Politik des deutschen Aktivismus in der Tschechoslowakei 1920–1938. Frankfurt/M. 1999 (Europäische Hochschulschriften, Reihe III: Geschichte und ihre Hilfswissenschaften 833).
13 Norbert Linz: Der Bund der Landwirte auf dem Weg in den Aktivismus. Von der Gründung bis zur Regierungsbeteiligung (1918–1926). In: Karl Bosl (Hg.): Die Erste Tschechoslowakische Republik als multinationaler Parteienstaat. München 1979, S. 403–426.
14 Norbert Linz: Die Binnenstruktur der deutschen Parteien im ersten Jahrzehnt der ČSR. In: Karl Bosl (Hg.): Die demokratisch-parlamentarische Struktur der Ersten Tschechoslowakischen Republik. München 1974, S. 201–223.
15 Susanne Maurer-Horn: Die Landesregierung für Deutschböhmen und das Selbstbestimmungsrecht 1918/1919. In: Bohemia 38 (1997), S. 37–55.
16 Hans Haas: Im Widerstreit der Selbstbestimmungsansprüche: Vom Habsburgerstaat zur Tschechoslowakei – die Deutschen der böhmischen Länder 1918 bis 1919. In: Hans Mommsen (Hg.): Der Erste Weltkrieg und die Beziehungen zwischen Tschechen, Slowaken und Deutschen. Essen 2001 (Veröffentlichungen der Deutsch-Tschechischen und Deutsch-Slowakischen Historikerkommission 5, Veröffentlichungen zur Kultur und Geschichte im östlichen Europa 12).
17 Jaroslav Macek: Osobnost předsedy Sudetoněmeckého krajanstva dr. Lodgman v. Auen ve světle dokumentů z jeho pozůstalosti [Die Persönlichkeit des Vorsitzenden der Sudetendeutschen Landsmannschaft Dr. Lodgman v. Auen im Lichte der Dokumente seines Nachlasses]. In: Václav Kural (Hg.): Studie o sudetoněmecké otázce [Studien zu sudetendeutschen Fragen]. Praha 1996, S. 216–231.

mit Hitler abzudrucken; eine weitergehende Analyse liefert er leider nicht. Die noch aus der kommunistischen Zeit stammende Studie von Jaroslav César und Bohumil Černý[18] untersucht die Politik der deutschen Parteien in der Ersten Republik bis zum Münchener Abkommen.

Lodgmans Tätigkeit in der bundesdeutschen Nachkriegsgeschichte wurde in jüngster Zeit anhand mehrerer Untersuchungen zur Sudetendeutschen Landsmannschaft einer tiefergehenden Analyse unterzogen. Neben dem Journalisten Erich Später,[19] der die Sudetendeutsche Landsmannschaft äußerst kritisch beurteilt, ist die Arbeit von Pertti Ahonen[20] zu nennen, der sachlich und auf breiter Quellenbasis die Beziehungen zwischen Vertriebenenorganisationen und den Parteien der BRD analysiert. Die jüngste Arbeit zu diesem Themenkomplex wurde von Tobias Weger[21] vorgelegt, der die Entstehung und Zielsetzung der Sudetendeutschen Landsmannschaft in der frühen Bundesrepublik untersucht und dabei auch die Rolle Lodgmans beleuchtet. Allen neueren Arbeiten ist jedoch gemein, dass sie keine tschechischen Archivbestände einbezogen haben, also auch nicht den in Leitmeritz/Litoměřice lagernden Nachlass.

3. Forschungsprobleme

Im Laufe meiner Forschungen haben sich einige Probleme ergeben. Der von mir geplante Zugang mittels einer „generationellen Biographie" nach dem Vorbild Ulrich Herberts[22] lässt sich leider nicht im gewünschten Umfang realisieren. Lodgman war ein völlig untypischer Vertreter der sudetendeutschen nationalen Politiker. Im Reichsrat in Österreich wurde er als unabhängiger Kandidat als unparteiisch, jung und ohne „Hausmacht" wahrgenommen, während er in seiner aktiven Zeit in der Tschechoslowakischen Republik eher als „alter Kämpe" galt.

Der Hinweis auf der Stipendiatentagung im September 2008 im Bundesinstitut, Lodgmans Persönlichkeit nur auf bestimmte Merkmale seiner Generation zu untersuchen, verspricht mehr Erfolg. Exemplarisch sollen daher seine Mitgliedschaft in einer Studentenverbindung sowie seine Angewohnheit, sich bis ins hohe Alter wegen Ehrenstreitigkeiten zu duellieren, näher betrachtet werden. Ein Modell zur Einordnung und Analyse der Duell-Problematik bietet Ute Frevert.[23]

---

18 Jaroslav César, Bohumil Černý: Politika německých buržoazních stran v Československu v letech 1918–1938 [Die deutschen bürgerlichen Parteien in der Tschechoslowakei in den Jahren 1918–1938]. Praha 1962.
19 Erich Später: Kein Frieden mit Tschechien: Die Sudetendeutschen und ihre Landsmannschaft. Hamburg 2005.
20 Pertti Ahonen: After the Expulsion. West Germany and Eastern Europe 1945–1990. Oxford 2003.
21 Tobias Weger: „Volkstumskampf" ohne Ende? Sudetendeutsche Organisationen 1945–1955. Frankfurt/M. 2008 (Die Deutschen und das östliche Europa. Studien und Quellen 2).
22 Ulrich Herbert: Best. Biographische Studien über Radikalismus. Weltanschauung und Vernunft 1903–1989. Bonn 1996.
23 Ute Frevert: Ehrenmänner. Das Duell in der bürgerlichen Gesellschaft. München 1991.

Zunächst war geplant, im Rahmen der Arbeit auch die Geschichte der DNP darzustellen. Die politische Polizei der ersten Tschechoslowakischen Republik überwachte jede Partei bzw. politische Gruppierung intensiv und fertigte umfangreiche Berichte an. Diese Berichte sollten als Ausgleich für das fehlende Parteiarchiv der DNP herangezogen werden, um die Geschichte der Partei und die Rolle Lodgmans in ihr erfassen und bewerten zu können. Leider sind die Berichte nicht komplett erhalten geblieben und nur ungeordnet einsehbar. Es lassen sich zwar einige singuläre Aktivitäten Lodgmans sowie der DNP anhand der Berichte darstellen, eine umfassende Rekonstruktion sämtlicher Parteiaktivitäten erlauben sie jedoch nicht. So verschob sich Mitte der 1920er Jahre der Schwerpunkt der Beobachtung durch das Innenministerium von den Parteien der deutschen Minderheit hin zu den Parteien und Organisationen der Kommunisten. Auch sind viele Berichte durch das Aussortieren bestimmter Unterlagen in den Archiven vernichtet worden, und das Ordnungssystem wurde durch eine Umstrukturierung nach der kommunistischen Machtübernahme 1948 und erneut nach der samtenen Revolution 1989 mehrmals geändert. Daher sind die Bestände lückenhaft und nicht in ihrer Gänze erfassbar. Zum Glück lässt sich aber Lodgmans politische Tätigkeit in der Tschechoslowakei recht gut durch eine Analyse der gängigen Zeitungen rekonstruieren, die demnächst in Angriff genommen werden soll.

Ein weiteres Problem stellt die Zeit des Nationalsozialismus dar. Simon behauptet in seinen Schriften, Lodgman sei aus Gegnerschaft zum Nationalsozialismus in den Ruhestand getreten und habe keinerlei Funktion innegehabt. Trotzdem muss geklärt werden, ob Lodgman in dieser Zeit einer Tätigkeit nachging, ob er Parteimitglied war und welche Haltung er zum Nationalsozialismus einnahm. Leider ist der Nachlass Lodgmans in Leitmeritz/Litoměřice nur bis zur Gründung des Reichsgaus Sudetenland erhalten und gibt keinerlei Aufschluss über Lodgmans Tätigkeit im Nationalsozialismus, während sein Nachlass in München Unterlagen erst ab 1948 enthält. Allerdings ist es mir gelungen, Teile seines Nachlasses für die Jahre 1938–1942 im Nationalarchiv in Prag/Praha zu finden; bisher habe ich allerdings keinerlei Hinweise auf die verbleibenden Jahre 1943–1945 entdeckt. Ich hoffe, diese zeitliche und inhaltliche Lücke durch die noch ausstehende Überprüfung der Bestände der außerordentlichen Volksgerichte der Tschechoslowakei schließen zu können, da Lodgman nach dem Krieg in Abwesenheit zu sieben Jahren Haft verurteilt wurde.

4. Erste Ergebnisse

Anhand der folgenden drei Thesen möchte ich erste Ergebnisse meiner Archivrecherchen darstellen.

1. Demokratie bestand für Lodgman von Auen nicht aus dem Recht eines Menschen auf individuelle demokratische Vertretung, sondern aus einer kollektiven Vertretung seiner ethnischen Gruppe.

Bereits in den Autonomievorstellungen der Deutschböhmischen Landesregierung, an denen er als Landeshauptmann der Provinz Deutschböhmen mitgewirkt hatte, lässt sich diese Grundhaltung Lodgmans erkennen. So heißt es bereits im ersten Absatz eines Arbeitspapiers:

> Im Zentralparlament sind die Deutschen nach ihrer Stärke vertreten und bilden eine besondere Abteilung. In Fragen, die für die Deutschen von nationaler Bedeutung sind, ist zur Gültigkeit des Beschlusses des Zentralparlaments Zustimmung der Mehrheit der deutschen Abgeordneten notwendig.[24]

Auch in einem Flugblatt von 1925, in dem er seinen Rücktritt als Abgeordneter verteidigt, macht er eine Äußerung zu seinem Demokratieverständnis: „[...] auch im tschechoslowakischen Abgeordnetenhaus war mir die Partei nichts, der völkische Gedanke alles."[25] Beide Aussagen zeigen die negative Einstellung Lodgmans zu einer Demokratie, die nicht das Recht einer ethnischen Gruppe, sondern eines Individuums in den Vordergrund rückt. In Kombination mit seiner alldeutschen Einstellung lassen sich bereits grundlegende Übereinstimmungen mit Elementen des Nationalsozialismus erkennen.

2. Lodgman war schon früh Befürworter der Aussiedlung der Tschechen aus den deutsch besiedelten Gebieten der Tschechoslowakei bzw. dem späteren Sudetengau.

Lodgman wurde immer vorgeworfen, eine Umsiedlung der Tschechen aus dem Sudetengau empfohlen zu haben. Dass er diese These schon zu einem frühen Zeitpunkt vertreten hat, lässt sich nun beweisen. In Dresden nahm er bereits 1925 auf einer Versammlung zu einer eventuellen Umsiedlung wie folgt Stellung:

> Heute sind die Massen eingewanderter tschechischer Lohnarbeiter die eigentlichen Herren und werden natürlich von der tschechischen Regierung mit allen Mitteln unterstützt und gefördert. [...] Eine Reinigung der deutschen Siedlungsgebiete ist dadurch keine wirtschaftliche Frage mehr, sondern eine Frage der politischen Macht, und wird erst zu erreichen sein, wenn die jetzige politische Oberherrschaft des tschechischen Volkes beseitigt werden kann.[26]

3. Lodgman lehnte eine Tätigkeit im Reichsgau Sudetenland bzw. im Deutschen Reich nicht aufgrund seiner Gegnerschaft zum Nationalsozialismus ab, sondern aufgrund persönlicher und inhaltlicher Differenzen zu Henlein und der SdP und vor allem wegen seines ausgeprägten Ehrgefühls.

Lodgman wurde sowohl ein Posten im Innenministerium als auch die Position des Geschäftsführers des Deutschen Städtetags angeboten, er lehnte jedoch beide Stellen ab. Auf die Position im Innenministerium verzichtete er, weil er vorher Rechenschaft zu Gerüchten ablegen sollte, er habe den sozialdemokratischen Bürgermeister von Aussig/Ústí nad Labem, Leopold Pölzl, nach dem Anschluss bei sich versteckt. Lodgman dementierte diese Vorwürfe und erklärte, dass er nur Frau und Tochter

---

24 Entwurf für eine Autonomie der Deutschen in der Tschechoslowakei. SOA Litoměřice, Fond Lodgman von Auen, Karton 4.
25 Flugblatt „Sudetendeutsche" vom 17.11.1925, in dem Lodgman zu seinem Rücktritt aus der aktuellen Politik Stellung bezieht. NA, Fond Úřad říšského protektora (UŘP) [Amt des Reichsprotektors] 114-364-4, Karton 363.
26 Abschrift der Rede Lodgmans vor dem „Nationalen Klub" am 17.3.1925 in Dresden. NA, Fond PMV 225-18, Karton 469.

Pölzls bei sich aufgenommen habe, nachdem dieser nach Prag geflohen sei. Durch die Vorwürfe fühlte er sich jedoch persönlich beleidigt und antwortete dem damaligen DNSAP-Führer Hans Krebs:

> Sie schreiben, Sie hätten mich bereits beim Reichsinnenminister für eine wichtige Stelle im Ministerium vorgeschlagen. Ich danke Ihnen recht sehr, dass Sie in diesen Tagen an mich gedacht haben, [...] aber [es ist mir] nach Ihrem Briefe aus begreiflichen Gründen unmöglich, Ihren Antrag anzunehmen.[27]

Aus persönlichen Briefen geht auch hervor, dass Lodgman sehr betrübt darüber war, kein Amt im Dritten Reich übernehmen zu können; den Grund dafür sah er in seiner Gegnerschaft zur SdP bzw. zu Henlein. So schreibt er in einem Brief an den ehemaligen Senator der DNP Gustav Oberleithner:

> Ich konnte mich leider Gottes nicht ganz der Freude an der Erfüllung meines Jugendtraums hingeben, [...] weil sich Jemand gefunden hat, der meinte, für mich sei im Dritten Reiche Adolf Hitlers kein Platz. [...] Dass mir und meiner Frau dadurch der Anschluss vergällt worden ist, können Sie sich denken [...].[28]

Alle drei Thesen deuten auf eine geistige Nähe Lodgmans zum Nationalsozialismus hin und zeigen, dass er nicht aus inhaltlicher Gegnerschaft auf Positionen im Reich verzichtete. Ausschlaggebend waren eher persönliche Differenzen und Eitelkeiten. Eine große Bedeutung dürfte wohl Lodgmans starkes Ehrgefühl gehabt haben, das in seinem Lebenslauf wiederholt eine Rolle spielte und nun auch verhinderte, dass er im Dritten Reich Karriere machte.

---

27 Denkschrift Lodgmans an Krebs: Wahrheitsgemäße Darstellung der Angelegenheit Pölzl/Krebs/Lodgman. NA, Fond ÚŘP 114-102-5, Karton 100.
28 Brief Lodgmans an Senator Gustav Oberleithner vom 22.10.1938. Ebd.

Annotationen. Neuerscheinungen aus Ostmitteleuropa

Vorbemerkung

Die folgenden bibliographischen Anzeigen beziehen sich auf in den Staaten Ostmittel-, Nordost- und Südosteuropas erschienene Literatur (Monographien, Sammelbände, Zeitschriften und Reihen, Editionen) aus den Wissenschaftsbereichen Geschichte, Kunstgeschichte, Volkskunde / Europäische Ethnologie und Germanistik. Verfasst wurden sie von Wissenschaftlerinnen und Wissenschaftlern aus den genannten Ländern. Berücksichtigt werden Titel, die im weitesten Sinne die Kultur und Geschichte der ehemaligen deutschen Ostgebiete sowie der Siedlungsgebiete der Deutschen im östlichen Europa (mit)betreffen. Um den interdisziplinären Charakter der Rubrik zu betonen, sind die Annotationen wie in den Vorjahren nicht nach Fachgebieten, sondern nach den folgenden – zum Teil historischen – Regionen angeordnet, wobei gelegentliche Probleme bei der regionalen Zuordnung und Abgrenzung unvermeidlich sind:

1. Regional übergreifende Werke,
2. Baltikum,
3. Ostpreußen, Westpreußen, Danzig,
4. Pommern, Neumark,
5. Schlesien,
6. Großpolen, Zentralpolen, Kleinpolen,
7. Böhmen, Mähren, Slowakei,
8. Ungarn, Rumänien, Bukowina,
9. Slowenien, Kroatien, Serbien,
10. Russland und andere GUS-Staaten.

Bei thematisch über die Bereiche ‚Deutsche im östlichen Europa' bzw. ‚deutsch-ostmitteleuropäische Beziehungen' hinausreichenden Sammel- oder Zeitschriftenbänden werden, von Ausnahmen abgesehen, nur die einschlägigen Beiträge angeführt.

Nicht berücksichtigt wurden die vom Deutschen Akademischen Austauschdienst (DAAD) herausgegebenen germanistischen Jahrbücher, die zwar in den Staaten Ostmitteleuropas erscheinen, in Deutschland jedoch leicht zugänglich (d. h. beim DAAD kostenlos erhältlich) sind. Übersetzungen von bereits in deutscher Sprache publizierten Titeln wurden in der Regel nur dann aufgenommen, wenn sie gegenüber der Originalfassung eine inhaltliche Erweiterung, etwa durch ein wissenschaftliches Nachwort, aufweisen.

Die Ortsnamen erscheinen grundsätzlich in ihrer deutschen Form (soweit vorhanden); diese wird bei der ersten Erwähnung durch die in der jeweiligen Landessprache gebräuchliche Form ergänzt, z. B.: Mitau/Jelgava.

Allen Autorinnen und Autoren der Annotationen sowie den Übersetzerinnen sei für ihre Mitarbeit an dieser Stelle sehr herzlich gedankt.

Detlef Henning (Redaktion)

1. Regional übergreifende Werke

András F. Balogh, Harald Vogel (Hg.): „Erliegst du der Götter Abgeschiedenheit". Exil und Fremdheitserfahrung in der deutschen Literatur. Klausenburg/Cluj-Napoca: Klausenburger Universitätsverlag/Presa Universitară Clujeană 2007 (Klausenburger Beiträge zur Germanistik 2). 238 S. ISBN 978-973-610-605-7.

Der zweite Band der von András F. Balogh, Rudolf Gräf, Stefan Sienerth und Rudolf Windisch herausgegebenen germanistischen Reihe beinhaltet die Ergebnisse eines Symposiums, das 2006 von der Universität Klausenburg/Cluj-Napoca und der Pädagogischen Hochschule Ludwigsburg veranstaltet wurde und die Lebenserfahrung des Exils im Spiegel der deutschen Literatur und Kultur thematisierte. Der Tagungsband umfasst 14 Beiträge und gliedert sich in die Kapitel *Allgemeine Aspekte der Fremderfahrung, Vom Fremdsein in der Heimat bis zum Exil, Fallbeispiele aus der deutschen Exilliteratur* und *Fremdheitserfahrungen in der zeitgenössischen Literatur.*

Ana-Maria Pălimariu

Edward Białek, Jan Pacholski (Hg.): „Über allen Gipfeln ...". Bergmotive in der deutschsprachigen Literatur des 18. bis 21. Jahrhunderts. Wrocław: Oficyna Wydawnicza ATUT, Dresden: Neisse Verlag 2008 (Beihefte zum Orbis Linguarum 71). 474 S., 39 Abb. ISBN 978-3-940310-24-8, 978-83-7432-378-9, 3-940310-24-7, ISSN 1426-7241.

Das Gebirge kann in Form neuer Ideen genauso inspirierend auf bildende Künstler und Literaten wie auch auf zwei polnische Germanisten wirken, die eben diese Inspirationsquelle in einem Band dokumentieren. Dabei teilen die Herausgeber des Bandes ihren Enthusiasmus für die Berge mit allen Autoren und Literaten, die in den Beiträgen genannt werden. Von zahlreichen interessanten Texten dürfen hier leider nur einige über Berge und Autoren aus dem östlichen Mitteleuropa angeführt werden: Jürgen Joachimsthaler: *„Ausgesetzt auf den Bergen des Herzens". Ein Fragment von Rainer Maria Rilke*; Maria Kłańska: *Das Bild der Karpaten in deutschsprachiger Galizienliteratur*; Jan Pacholski: *Zwischen Burg und Wald – Adalbert Stifters Böhmerwald* und *Modernes Reisen im Riesengebirge – Theodor Fontanes Geschichten aus Schlesiens höchsten Bergen*; Henk J. Koning: *Die Aussichtslosigkeit des Daseins in Ödön von Horváths Volksstück „Die Bergbahn" (1929)*; Detlef Haberland: *Der Kilimandscharo in Berlin – Werner Bergengruens „Sterntaler"-Novelle*; Wojciech Kunicki: *Iter Sabothicum oder der aufgeklärte Zotten-Berg. Zu den Prägungen des Zobtenberg-Bildes im Buch von Gottfried Heinrich Burghart (1736)*; Edward Białek: *Theodor Körners Riesengebirgsgedichte*; Cezary Lipiński: *Carl Wilhelm Salice-Contessa als Entdecker und Propagator des Riesengebirges.* Weitere Autoren aus Schlesien, die in dem Band behandelt werden, sind Carl Hauptmann (von Agnieszka Gawron), Paul Keller (von Urszula Kawalec), Max Herrmann-Neisse (von Beata Giblak), Arno Lubos (von Eugeniusz Klin), Monika Taubitz (von Justyna Kubocz).

Grzegorz Kowal

Agnieszka Chlebowska, Joanna Nowosielska-Sobel: Obraz wyborów w prasie XIX i XX wieku na Pomorzu, Śląsku i w Wielkopolsce [Das Bild der Wahlen in der Presse des 19. und 20. Jahrhunderts in Pommern, Schlesien und Großpolen]. Szczecin:

Wydawnictwo Naukowe Uniwersytetu Szczecińskiego 2007. 445 S., Abb. ISSN 1232-5848.

Das Buch ist das Ergebnis einer Tagung über die Entwicklung der Presse in Pommern, Schlesien und Großpolen im 19. und 20. Jahrhundert. Leitthema ist die Tätigkeit von Presseorganen in Zeiten von Wahlkämpfen. Die Aufsätze bieten nicht nur Beiträge zur Pressegeschichte, sondern ergänzen auch das Wissen über die Bildung offener Gesellschaften oder, anders herum betrachtet, über die Manipulation von Medien in Diktaturen. Mit Hilfe einer Analyse der Inhalte eines oder mehrerer Pressetitel versuchen die Autoren, die Möglichkeiten zur Beeinflussung von Parlamentswahlen aufzuzeigen. Untersucht werden deutsche, aber auch polnische und sogar tschechoslowakische Presseerzeugnisse. So findet man unter anderem eine Analyse der Zeitschrift *Hausfreund*, eines meinungsbildenden Blattes aus der Grafschaft Glatz/Kłodzko im 19. Jahrhundert. Ferner wird die Einstellung der schlesischen Presse gegenüber dem Machtkampf in Deutschland und in der Region gegen Ende der 1920er, Anfang der 1930er Jahre geschildert. Der Nachkriegszeit wird am Beispiel von Pressekampagnen während der Wahlen zum polnischen Parlament in den 1950er, 1960er und 1970er Jahren Aufmerksamkeit geschenkt.

Małgorzata Ruchniewicz

Waldemar Czachur, Marta Czyżewska (Hg.): Vom Wort zum Text. Studien zur deutschen Sprache und Kultur. Festschrift für Herrn Professor Józef Wiktorowicz zum 65. Geburtstag. Warszawa: Instytut Germanistyki Uniwersytetu Warszawskiego 2008. 793 S. ISBN 83-89919-30-3.

Die Festschrift enthält insgesamt 67 Beiträge in deutscher, englischer und polnischer Sprache. Im Vorwort geben die Herausgeber Auskunft über den Jubilar Józef Wiktorowicz, dessen wissenschaftliches Interesse der Geschichte der deutschen Sprache, der Lexikologie, der Lexikographie, der Grammatik, der Phonetik/Phonologie und der historischen Textlinguistik gilt. Folgende Aufsätze sollen Erwähnung finden: Wolfgang Heinemann schreibt über die Eingrenzung und Differenzierung des lexikalischen Bereichs der Privata; Erika Worbs untersucht die Geschichte der deutsch-polnischen Lexikographie im 18. Jahrhundert; Tomasz Czarnecki weist auf mehrfache Entlehnungen im deutsch-polnischen Sprachkontakt hin; Ryszard Lipczuk analysiert nationale Motive bei der Fremdwortbekämpfung in Deutschland; Józef Grabarek rekonstruiert die Nominalformen des Verbs im ältesten Teil des Schöffenbuches der Alten Stadt Thorn/Toruń; Ilpo Tapani Piirainen nimmt das Eidbuch des 17. Jahrhunderts aus dem Staatsarchiv Breslau/Wrocław unter die Lupe; Jörg Meier weist auf die Anfänge deutschsprachiger Kanzleien in Mittel- und Osteuropa hin; Tomasz Pszczółkowski befasst sich mit dem Begriff der „politischen Korrektheit" auf deutschen und polnischen Webseiten; Zenon Weigt beschreibt das Bild der Stadt Lodz/Łódź im 19. Jahrhundert anhand von Pressetexten; Sambor Grucza berichtet über Geschichte und Stand der Fachsprachenforschung in Polen; Lech Kolago rekonstruiert Josef Weinhebers Lehre vom Bau der Gedichte, Katarzyna Grzywka beschäftigt sich mit dem Tiber-Motiv bei Hanns-Josef Ortheil, und Robert Małecki analysiert die Sprache von Botho Strauß.

Lech Kolago

Anna Drążkowska: Odzież dziecięca w Polsce w XVII i XVIII wieku [Kinderkleidung in Polen im 17. und 18. Jahrhundert]. Toruń: Wydawnictwo Uniwersytetu Mikołaja Kopernika 2007. 260 S., Abb., engl. Zusammenfassung. ISBN 978-83-231-2091-9.

Die Arbeit befasst sich mit der Kleidung von Kindern im 17. und 18. Jahrhundert und den Wandlungen, die diese im Laufe jener Zeit erfuhr. Die Verfasserin zeigt typische Eigenschaften von Kinderkleidung für verschiedene Altersgruppen, sie berücksichtigt dabei nationale und regionale Tendenzen in der Kindermode und den Einfluss der westlichen Mode. Betrachtet werden historische Textilien, die aus den Krypten der Kirchen von Tworkau/Tworków (Woiwodschaft Schlesien) und Küstrin/Kostrzyn (Woiwodschaft Lebus, Ostbrandenburg) stammen. Sie verdeutlichen aufgrund der Grenzlage der genannten Regionen den Einfluss der westlichen und der polnischen nationalen Mode. Die Verfasserin arbeitet interdisziplinär, so kommen bei der Untersuchung der Quellen Erkenntnisse aus Kostümkunde, Archäologie, Geschichte und Kunstgeschichte zur Anwendung. In ihrer Zusammenfassung schlägt sie einen Bogen von den Tendenzen in der Kinderkleidung der ersten Hälfte des 17. Jahrhunderts bis zur sog. „reformierten Kleidung", die eine Wende in der Kindermode einleitete.

Anna Bogumiła Kowalska

Wojciech Eckert: Fortyfikacje nadodrzańskie w procesie rozwoju nowożytnej sztuki fortyfikacyjnej w XVII–XIX wieku [Festungen an der Oder zur Zeit der Entwicklung der neuzeitlichen Festungskunst vom 17.–19. Jahrhundert]. Zielona Góra: Oficyna Wydawnicza Uniwersytetu Zielonogórskiego 2007. 480 S., Abb., engl. Zusammenfassung. ISBN 978-83-7481-100-2.

Diese Arbeit beschreibt sechs Festungen an der Oder, die als zusammenhängendes Befestigungssystem betrachtet werden. Der Autor zeigt den Wandel in der Architektur und Baukunst von Festungsstädten, die innerhalb von 250 Jahren an der Oder entstanden. Dieser Zeitraum ist ausreichend lang, um Gesetzmäßigkeiten in der Entwicklung erkennen zu können. Festungsstädte wurden ständig modernisiert, neue Bauwerke errichtet, alte Gebäude umgebaut und ausgebessert. Die Dynamik dieses Prozesses wird bei der Analyse von ikonographischen Materialien, Karten, Plänen und Zeichnungen deutlich. In sechs Kapiteln untersucht Wojciech Eckert die Festungsstädte Cosel/Koźle, Brieg/Brzeg, Breslau/Wrocław, Glogau/Głogów (Schlesien), Küstrin/Kostrzyn (Ostbrandenburg) und Stettin/Szczecin (Pommern).

Maciej Szukała

Grzegorz Hryciuk, Witold Sienkiewicz (Hg.): Wysiedlenia, wypędzenia i ucieczki 1939–1959. Atlas ziem Polski [Aussiedlungen, Vertreibungen und Fluchtbewegungen 1939–1959. Atlas der polnischen Gebiete]. Warszawa: Demart 2008. 240 S., Abb., Karten. ISBN 978-83-7427-391-6.

Dieser Atlas ist eine besondere Publikation. Mit Hilfe von Karten, grafischen Darstellungen, statistischen Tabellen, vielen Fotos, Quellentexten sowie wissenschaftlichen Abhandlungen von bekannten Historikern wird zum ersten Mal ein Panorama der Zwangsmigrationen auf polnischem Gebiet (in den Grenzen der Jahre 1939 und 1945) erstellt. Das Buch beginnt mit einem Einführungskapitel, in dem die nationale Vielfalt der Zweiten Polnischen Republik, des Freistaates Danzig sowie der östlichen Provinzen des Reiches dargestellt wird. In diesem

Teil werden die Grenzveränderungen und die administrative Gliederung in den Jahren 1939–1959 kurz skizziert. Das Kapitel über das Schicksal der Polen beschreibt die Migration unter deutscher und sowjetischer Okkupation, angefangen mit der Flucht und Evakuierung vor der Front 1939 bis hin zu den Umsiedlungen und Repatriierungen in der UdSSR in den 1940er und 1950er Jahren. In dem Kapitel über Juden werden die Politik der Besatzer gegenüber der jüdischen Bevölkerung, die Deportationen in die Ghettos, die KZ- und Vernichtungslager, die Migrationsbewegungen in Form von Repatriierung nach Polen sowie die Emigration nach dem Westen und nach Israel nach dem Zweiten Weltkrieg dargestellt. Das nächste Kapitel ist den Deutschen gewidmet und zeigt deren Migrationsbewegungen in die Gebiete Polens während des Zweiten Weltkrieges. Außerdem werden Maßnahmen der Evakuierung, die Flucht vor der Roten Armee und die Deportationen in das Innere der UdSSR nach 1944 ausführlich behandelt. Der Vertreibung der Deutschen nach 1945 wird sehr viel Platz eingeräumt. Im darauf folgenden Kapitel geht es um das Schicksal der Ukrainer. Es werden die Umsiedlung und Deportation der Ukrainer während des Zweiten Weltkrieges sowie die Aussiedlung aus Polen in der Nachkriegszeit, die sogen. Aktion „Weichsel", und die Deportationen durch die sowjetischen Machthaber ins Innere der UdSSR dargestellt. Das letzte Kapitel beschäftigt sich mit den Zwangsmigrationen von Weißrussen, Tschechen, Slowaken und Litauern.

Krzysztof Ruchniewicz

Greta È. Ionkis: Evrei i nemcy: v kontekste istorii i kul'tury [Juden und Deutsche im Kontext von Geschichte und Kultur]. Sankt Peterburg: Aletejja. Istoričeskaja kniga 2006 (Russkoe sarubež'e. Kollekcija poezii i prozy). 400 S., Abb. ISBN 5-89329-897-7.

Ionkis widmet ihr Buch den jahrhundertelangen Beziehungen zwischen Deutschen und Juden. Es behandelt die Zeit von der Reformation bis zur Gegenwart und berichtet über historische Persönlichkeiten und Künstler. Die Anschauungen von Martin Luther, Gotthold Ephraim Lessing, Johann Wolfgang von Goethe, Friedrich Nietzsche und anderen werden unter neuen Gesichtspunkten kritisch diskutiert. Das Buch enthält viele neue Fakten und eine ungewöhnliche Auseinandersetzung mit bereits bekannten Tatsachen sowie eine Bibliographie zum Thema.

Nadja Wulff

Szabolcs János-Szatmári (Hg.): Germanistik ohne Grenzen: Studien aus dem Bereich der Germanistik. I. Internationale Germanistentagung „Germanistik ohne Grenzen": Oradea, 15.–17. Februar 2007. Bd. 2. Cluj-Napoca: Societatea Muzeului Ardelean, Oradea: Partium 2008 (Schriftenreihe des Lehrstuhls für germanistische Sprach- und Literaturwissenschaft der Christlichen Universität Partium, Großwardeiner Beiträge zur Germanistik). 406 S. ISBN 978-973-8231-73-3.

Der zweite Konferenzband zu einer internationalen Germanistentagung in Großwardein/Oradea/Nagyvárad behandelt internationale und grenzüberschreitende Bezüge und Beziehungen der deutschsprachigen Literatur. Er gliedert sich in die Kapitel „Literatur(en) am Schnittpunkt der Kulturen" (elf Beiträge), „Kakanien als (literarisches) Konstrukt" (drei Beiträge), „Erinnerung und Gedächtnis in der Autobiographie" (sechs Beiträge) sowie „Lesestoffe in/über Ungarn" (fünf Beiträge).

Ana-Maria Pălimariu

Grzegorz Jaśkiewicz, Krzysztof Nycz (Hg.): Neophilologica Sandeciensia 3. Człowiek w kulturze i literaturze [Der Mensch in Kultur und Literatur]. Nowy Sącz: Państwowa Wyższa Szkoła Zawodowa 2008. 150 S. Keine ISBN.

Die vor drei Jahren gegründete Reihe aus Neu Sandez/Nowy Sącz, *Neophilologica Sandeciensia*, präsentiert Forschungsergebnisse aus den Fächern Germanistik und Anglistik. In der dritten Ausgabe befindet sich unter anderem der Beitrag „Das Politische in der Poesie. Zu Günter Grass' Gedichtband ‚Novemberland. 13 Sonette'" von Grzegorz Jaśkiewicz. Der Verfasser zeigt darin Reaktionen des späteren Nobelpreisträgers auf die deutsche Wiedervereinigung.

Grzegorz Jaśkiewicz

Andrzej Kątny (Hg.): Kontakty językowe i kulturowe w Europie. Sprach- und Kulturkontakte in Europa. Gdańsk: Wydawnictwo Uniwersytetu Gdańskiego 2008 (Studia Germanica Gedanensia 17, Sonderband 1). 374 S. ISBN 978-83-7326-541-7, ISSN 1230-6045.

Der Band vereinigt 34 Referate einer am 22./23. September 2007 an der Universität Danzig/Gdańsk abgehaltenen Konferenz. Die Themen umfassen ein breites Spektrum und betreffen besonders folgende Gebiete: Sprache und Kultur, Entlehnungen aus Fremdsprachen, regionale Sprachen, Sprachen der Minderheiten, kontrastive Linguistik, kulturelle Elemente in Übersetzungen und andere. Die meisten Beiträge sind in polnischer, fünf in deutscher und zwei in englischer Sprache verfasst. Grzegorz M. Chromik erörtert gemischte Formen in deutschen Familiennamen polnischer Herkunft und in polnischen Familiennamen deutscher Herkunft in der ehemaligen Sprachinsel Bielitz/Bielsko (Österreichisch-Schlesien). Maciej Szanciło befasst sich in seinem Beitrag in polnischer Sprache mit der Geschichte der deutschen Minderheit im 19. Jahrhundert und zu Beginn des 20. Jahrhunderts in den heutigen östlichen Gebieten Polens. Jan Sikora analysiert aus pragma-semantischer Sicht zweisprachige Publikationen aus der Zwischenkriegszeit in den *Danziger Neuesten Nachrichten*. Grażyna Łopuszańska befasst sich mit dem Danziger Missingsch.

Mirosław Ossowski

Andrzej Kątny (Hg.): Studia Germanica Gedanensia 16. Studien zur Angewandten Germanistik. Gdańsk: Wydawnictwo Uniwersytetu Gdańskiego 2008. 307 S. ISSN 1230-6045.

Der neueste Band der germanistischen Zeitschrift umfasst 16 Beiträge überwiegend zur Linguistik, Übersetzungswissenschaft und Fremdsprachendidaktik, unter anderem einen Beitrag von Renata Budziak über die ältere Geschichte des Deutschen als Fremdsprache in Polen, insbesondere über die Krakauer Ausgabe (1535) eines Schülergesprächsbuchs *Formulae puerilium colloquiorum* (1526) von Sebald Heyden. Wegen ihrer Bezüge zu Danzig/Gdańsk sind auch die Aufzeichnungen von Willi Drost, dem ehemaligen Direktor des Stadt- und Provinzialmuseums zu Danzig, vom 29. August bis 19. September 1939 über den Kriegsbeginn zu erwähnen; sie sind mit einer Vorbemerkung seines Sohnes Prof. Wolfgang Drost versehen. Marek Jaroszewski bespricht in seinem Beitrag die Kommentare der polnischen Zeitung *Gazeta Wyborcza* zum 80. Geburtstag von Günter Grass und zu den Veranstaltungen zum Geburtstag des Schriftstellers in Danzig im Jahre 2007.

Mirosław Ossowski

Lech Kolago (Hg.): Studia niemcoznawcze. Studien zur Deutschkunde. Tom/Bd. XXXVI. Warszawa: Uniwersytet Warszawski, Instytut Germanistyki 2007. 732 S. ISSN 0208-4597.

Der 36. Sammelband der wissenschaftlichen Zeitschrift des Germanistischen Instituts der Universität Warschau/Warszawa enthält insgesamt 85 Beiträge, Aufsätze und Artikel namhafter polnischer, deutscher und österreichischer Wissenschaftler und Künstler zu verschiedenen Themen, eingeteilt in die Bereiche „Kulturwissenschaft", „Literaturwissenschaft", „Sprachwissenschaft und angewandte Sprachwissenschaft", sowie „Buchbesprechungen und Berichte". Den Band eröffnet ein Bericht über die Verleihung der Ehrenstatuetten des „Verbandes Polnischer Germanisten" (VPG) an das Professorenehepaar Margot und Wolfgang Heinemann für besondere Verdienste um die Entwicklung der polnischen Germanistik und der deutsch-polnischen wissenschaftlichen Zusammenarbeit sowie an Dr. Heinz-Rudi Spiegel, der den „Stifterverband für die Deutsche Wissenschaft" vertritt. Józef Wiktorowicz schreibt über die neuere Geschichte der Warschauer Germanistik; Tomasz Pszczółkowski setzt sich mit dem Begriff der Interdisziplinarität auseinander; Lech Kolago befasst sich mit Johann Abraham Peter Schulz' Lehre vom Volkslied und Volksgesang, Katarzyna Grzywka mit dem Roman *Die geheimen Stunden der Nacht* von Hanns-Josef Ortheil; Paweł Zimniak macht Polenbilder in der neuesten deutschen Literatur zum Gegenstand seiner Analyse; Ewa Jarosz-Sienkiewicz beschäftigt sich mit der Lyrik von Joachim Ringelnatz; Anna Zarawska beschreibt biblische und mystische Motive bei Nelly Sachs; Richard Lipczuk nimmt Motive der Fremdwortbekämpfung unter die Lupe; Anna Żółtowska-Milewska geht auf Stereotype und Vorurteile als spezifische Formen und ihre Rolle im Fremdverstehen ein; Renata T. Kopyść analysiert Kafkas Erzählung *Ein Bericht für eine Akademie*; Karin Wawrzynek betrachtet die Symbolik in der Lyrik Rilkes; Beata Bączkowicz befasst sich mit philosophischen Aspekten im Werk Carl Hauptmanns.

Lech Kolago

Lech Kolago (Hg.): Studia Niemcoznawcze. Studien zur Deutschkunde. Tom/Bd. XXXVII. Warszawa: Uniwersytet Warszawski, Instytut Germanistyki 2008. 760 S. ISSN 0208-4597.

Der 37. Band der wissenschaftlichen Zeitschrift des Germanistischen Instituts der Universität Warschau enthält 48 Aufsätze und Artikel zu verschiedenen Themen von polnischen, deutschen und österreichischen Wissenschaftlern und Künstlern, aus den Bereichen „Kulturwissenschaft", „Literaturwissenschaft", „Sprachwissenschaft und angewandte Sprachwissenschaft", sowie 51 „Buchbesprechungen und Berichte". Unter anderem präsentiert Peter Becker Musik für Soloinstrumente von 1950 bis 1965 aus der Bundesrepublik Deutschland und der DDR, befasst sich Katarzyna Grzywka mit dem Fluss-Motiv im Roman *Abschied von den Kriegsteilnehmern* von Hanns-Josef Ortheil, beschäftigt sich Justyna Krause mit der zerstörten Genealogie der Frau in der Erzählung *Komm über den See* von Elisabeth Reichart und untersucht Agnieszka Sochal das Problem der Verantwortung der Wissenschaft für moderne Vernichtungswaffen auf der Grundlage der Theaterstücke von Maria Lazar, Ilse Langner und Hilde Rubinstein. Renata T. Kopyść deutet Eichendorffs „Taugenichts" als Alter Ego des Dichters; Paweł Moskała äußert sich zur Bildlichkeit im Werk Paul Celans. Ferner analysiert Jan Sikora Sprechhandlungen in der Darstellung der wirtschaftlichen Beziehungen der Freien Stadt Danzig mit Polen in den *Danziger Neuesten Nachrichten*; Felicja Księżyk beschreibt Aspekte der sprachlichen Varianz des Deutschen in Oberschlesien.

Lech Kolago

Lech Kolago (Hg.): Studia Niemcoznawcze. Studien zur Deutschkunde. Tom/Bd. XXXVIII. Warszawa: Uniwersytet Warszawski, Instytut Germanistyki 2008. 582 S. ISSN 0208-4597.

Der 38. Band der wissenschaftlichen Zeitschrift des Germanistischen Instituts der Universität Warschau enthält 35 Beiträge von Wissenschaftlern und Künstlern aus Polen, Deutschland und Österreich und ist – wie die früheren Bände – eingeteilt in die Bereiche „Kulturwissenschaft", „Literaturwissenschaft", „Sprachwissenschaft und angewandte Sprachwissenschaft". Es folgen 42 Texte im Abschnitt „Buchbesprechungen und Berichte". Den Band eröffnet ein Nachruf auf den verstorbenen Germanisten Prof. Dr. Dr. h. c. Gerhard Helbig (1929–2008). Die Abteilung „Kulturwissenschaft" vereinigt unter anderem folgende Aufsätze: Ulrich Müller schreibt über Mozart in der Literatur; Jan Iluk präsentiert polnische Stellungnahmen zu einem gemeinsamen internationalen Geschichtsbuch Europas; Herbert Hopfgartner berichtet über die älteste periphere deutsche Kultur in Mitteleuropa, die zimbrische Sprachinsel; Adriana Pogoda-Kołodziejak setzt sich mit dem Motiv der Kreuzritter in *Die Ahnen* von Gustav Freytag auseinander, und Maria Szrajber berichtet über ein Interview aus einem deutsch-polnischen Jugendprojekt. Von den elf Beiträgen aus der Abteilung „Literaturwissenschaft" seien folgende genannt: Katarzyna Grzywka befasst sich mit der Funktion der Dorfkirche in der Erzählung *Hecke* von Hanns-Josef Ortheil, Lech Kolago analysiert die Vertonung der Ballade *Der Woywode „Czaty"* von Adam Mickiewicz durch Carl Loewe; Ewa Jarosz-Sienkiewicz entdeckt Eichendorff-Reminiszenzen im Werk des schlesischen Autors Arnold Ulitz, und Ewa Hendryk berichtet über Formen der Präsentation deutschsprachiger Lyrik im Internet. In der dritten Abteilung „Sprachwissenschaft und angewandte Sprachwissenschaft" konzentriert sich Anna Just auf die Problematik des Übersetzens und der Übersetzung in der frühen Neuzeit, und Krystyna Mihułka beschäftigt sich mit der Problematik der Fremdenfeindlichkeit (nationale und rassistische Vorurteile) in Deutschland.

Lech Kolago

Bartosz Korzeniewski (Hg.): Narodowe i europejskie aspekty polityki historycznej [Nationale und europäische Aspekte der Geschichtspolitik]. Poznań: Wydawnictwo Instytutu Zachodniego 2008 (Prace Instytutu Zachodniego 81). 158 S. ISBN 978-83-87688-88-2.

Der Band enthält Beiträge der Teilnehmer der Konferenz „Nationale und europäische Aspekte der Geschichtspolitik in Deutschland und Polen am Anfang des 21. Jahrhunderts", die im Herbst 2006 vom West-Institut in Posen/Poznań veranstaltet wurde, einer der vielen Initiativen zur Erforschung der Geschichtspolitik in Polen unter wissenschaftlichen Gesichtspunkten. Hauptgegenstand sowohl der Tagungsbeiträge als auch der Diskussion bilden nationale und transnationale Faktoren, die die Geschichtspolitik in Polen und Deutschland seit 1989 beeinflussen. Der Band enthält Arbeiten zu verschiedenen Aspekten der Thematik, unter anderem zu Jahrestagen und Ausstellungen, aber auch zu Theorien der Geschichtspolitik, insbesondere in Verbindung mit der europäischen Integration und den damit zusammenhängenden Möglichkeiten einer grenzüberschreitenden Geschichtspolitik.

Maria Wojtczak

Adina-Lucia Nistor: Vorchristliches und christliches Sonnwend-Brauchtum im deutschen Sprachgebiet. Jul und Weihnachten, Mittsommer und Johanni. Iaşi: Sedcom Libris Verlag 2008. 209 S. ISBN 978-973-670-288-4.

Im Rahmen der kulturwissenschaftlichen Thematik der Beziehung zwischen christlicher Religion und Antike untersucht die Arbeit vorchristliche Elemente im religiösen Brauchtum und Volksglauben der Neuzeit und der Gegenwart im deutschen Sprachgebiet, die sich auf die Winter- und Sommersonnenwende und die Rolle der Licht- und Feuersymbolik in diesen Bräuchen beziehen. Es wird auf die Idee der germanisch-mythologischen Kontinuität im Sinne Jacob Grimms hingewiesen, die heute allerdings entleert und durch die Geschichte gebrochen erscheint. Sowohl die Jul- als auch die Mittsommerfeiern waren Licht- und Feuerfeste, bei denen die Lebenskraft der Sonne durch das Feuer (im Winter Kerzen, Fackelzüge; im Sommer Bergfeuer, brennende Räder und Scheiben) gestärkt werden sollte. Elemente dieser Bräuche sind heute noch im Weihnachts- und Johannisfest erkennbar.

Ana-Maria Pălimariu

Artur Pełka, Karolina Prykowska-Michalak, Horst Fassel, Paul S. Ulrich (Hg.): Migrationen/Standortwechsel. Deutsches Theater in Polen. Łódź: Wydawnictwo Machejek, Tübingen: Institut für Donauschwäbische Geschichte und Landeskunde 2007 (Thalia Germanica 11). 230 S., graph. Darst. ISBN 978-83-91932-99-5.

Der Sammelband umfasst die Beiträge einer vom Lehrstuhl für Drama und Theater an der Universität Lodz/Łódź und der Gesellschaft „Thalia Germanica" organisierten internationalen Tagung in Soczewka bei Płock (22.–24. September 2006). Der erste Teil des Bandes ist dem deutschen Theater in Pommerellen gewidmet. Zwei Abhandlungen befassen sich mit dem Wirken des Theaters in Danzig/Gdańsk: Piotr Kąkol untersucht die Wandlungen in der Danziger Theaterlandschaft im 18. Jahrhundert, während Stephan Wolting die Spielplan- und Personalpolitik am Danziger Theater am Kohlenmarkt zwischen 1919 und 1944 in den Blick nimmt. Paul S. Ulrich analysiert die Spielplangestaltung des Theaters in Elbing/Elbląg im 19. Jahrhundert im Lichte der Statistik. Im zweiten Teil des Bandes mit dem Titel „Migration des deutschen Theaters in Polen" stellt Anna Kuligowska-Korzeniewska die Präsenz ausländischer Theaterensembles in Polen im 18. Jahrhundert dar. Bärbel Rudin befasst sich mit dem Transfer und der Transformation zweier Theaterstücke auf dem Theater in Thorn/Toruń. Karolina Prykowska-Michalak referiert in ihren beiden Beiträgen über deutsche Theatertruppen in Lodz im 19. Jahrhundert und bespricht die Berichte und Kritiken Heinrich Zimmermanns über das deutsche Theater in Lodz. Marek Rajch schildert die Situation des deutschen Stadttheaters in Posen/Poznań zu Beginn des 20. Jahrhunderts. Der dritte Teil ist der Rezeption deutscher und österreichischer Dramen auf polnischen Bühnen nach 1989 gewidmet. Die Beiträge im letzten Teil der Publikation beschäftigen sich mit deutsch-polnischen Motiven im Drama; so analysiert Magdalena Meyerweissflog das Bild des „polnischen Reichstags" in Schillers Demetrius-Fragment. Im letzten Beitrag des Sammelbandes beschäftigt sich Horst Fassel mit dem Schaffen Franz Rheters und dem siebenbürgisch-sächsischen Schauspiel des 17. Jahrhunderts.

Marek Podlasiak

Karolina Prykowska-Michalak (Hg.): Teatr niemiecki w Polsce. XVIII–XX wiek [Deutsches Theater in Polen. 18.–20. Jahrhundert]. Łódź: Wydawnictwo Uniwersytetu Łódzkiego 2008. 357 S., Abb. ISBN 978-83-7525-140-1.

Dieser Band ist das Ergebnis eines durch das Polnische Ministerium für Wissenschaft finanzierten Forschungsprojektes, das von einer Gruppe polnischer Germanisten und Kulturwissenschaftler an der Universität Lodz/Łódź realisiert wurde. Die Erforschung der Geschichte des deutschen Theaters in Polen wurde durch Prof. Dr. Małgorzata Leyko, Leiterin des Lehrstuhls für Drama und Theater an der Universität Lodz, und die internationale wissenschaftliche Theatergesellschaft „Thalia Germanica" angeregt. Das Buchprojekt leitete Dr. Karolina Prykowska-Michalak von der Universität Lodz. Der vorliegende Band besteht aus zwei Hauptteilen. Der erste umfasst Beiträge, die sich mit der Geschichte des deutschen Theaters auf dem heutigen Staatsgebiet Polens vom 18. Jahrhundert bis zum Zweiten Weltkrieg befassen. Den Sammelband eröffnen zwei kurze Einführungen der Herausgeberin und von Frank Schuster. Piotr Kąkol schildert sodann die Theaterlandschaft in Nordpolen im 18. Jahrhundert. Stephan Wolting beschäftigt sich mit dem deutschen Theaterleben in Danzig/Gdańsk in der Zeit von 1920 bis 1945. Elżbieta Nowikiewicz stellt das Wirken des deutschen Theaters in Bromberg/Bydgoszcz bis zum Jahre 1920 und die Tätigkeit des Laientheaters „Deutsche Bühne" in der Zwischenkriegszeit dar. Zwei Einzelstudien betreffen das Theaterleben in Posen/Poznań: Krzysztof Kurek stellt die Zeitspanne von 1793 bis 1806 in den Mittelpunkt, während sich Marek Rajch dem Zeitraum von der zweiten Teilung Polens 1793 bis zur Erlangung der polnischen Souveränität im Jahre 1918 zuwendet. Marek Podlasiak untersucht in zwei Beiträgen die Entwicklung des Theaterlebens in Thorn/Toruń von den Anfängen im 17. Jahrhundert bis zum Jahre 1920. Mit der Geschichte des deutschen Theaters in Lodz befassen sich die Beiträge von Karolina Prykowska-Michalak, die das Theaterleben der Stadt bis zum Jahre 1939 verfolgt, und von Artur Pełka, der den Überlebenskampf des deutschen Theaters in Lodz während der wirtschaftlichen Krise an der Schwelle des Ersten Weltkrieges schildert. Der zweite Teil des Sammelbandes umfasst drei Fallstudien, die sich dem bisher kaum erforschten deutschen Berufstheater im besetzten Polen während des Zweiten Weltkrieges widmen. Elżbieta Nowikiewicz untersucht die Geschichte des deutschen Theaters in Bromberg, Małgorzata Leyko das Wirken des deutschen Theaters in Lodz; Monika Wąsik reflektiert die Tätigkeit des Theaters der Stadt Warschau/Warszawa. Der Sammelband enthält auch einen Anhang mit einer Auswahl von Spielplänen, Archivdokumenten und Fotos, die den Spielbetrieb der Theater in Bromberg, Posen, Lodz und Thorn betreffen.

Marek Podlasiak

Natalija I. Rahmanova (Red.): Germanistika: sostojanie i perspektivy razvitija. Materialy meždunarodnoj konferencii 24–25 maja 2004 [Germanistik: Lage und Entwicklungsperspektiven. Materialien einer internationalen Konferenz vom 24./25. Mai 2004]. Moskva: Moskovskij Gosudarstvennyj Lingvističeskij Universitet 2005. 220 S. Keine ISBN.

Der Sammelband enthält Beiträge der internationalen Tagung „Germanistik: Lage und Entwicklungsperspektiven", die 2004 an der Moskauer Staatlichen Universität für Linguistik stattfand und der namhaften russischen Wissenschaftlerin Ol'ga I. Moskal'skaja gewidmet war. Eine Reihe von Autoren befasst sich mit Problemen der Textlinguistik unter kognitiv-diskursivem Aspekt (A. A. Serebrjakov, O. I. Titkova, A. E. Beljaevskaja und andere). Die Erweiterung der Nominationstheorie (E. E. Anisimova) und die Theorie der Redearten (R. I. Babaeva, S. I. Gorbačevskaja) leisten jeweils einen Beitrag zur Beschreibung des Sprachsystems. Die Dynamik von Sprachprozessen, die Normveränderungen auf der Ebene der Grammatik und der Lexik beeinflussen, wird von L. V. Samujlova und N. A. Gončarova untersucht.

Nadja Wulff

Jacek Schmidt, Roman Matykowski: Granica symboliczna i jej pogranicza w czasach najnowszych [Die symbolische Grenze und das Grenzgebiet in neuesten Zeiten]. Poznań: Wydawnictwo „Awel" 2007. 161 S., Abb. ISBN 978-83-925218-3-9.

Eine Grenze kann, ähnlich wie ein Fluss, die Bewohner beider Seiten trennen oder verbinden. Eine ähnliche Funktion übernehmen auch unsichtbare, mentale Grenzen in den Köpfen. Die 1815 festgelegte Grenze zwischen den Teilungsgebieten Polens trennte über einhundert Jahre lang Großpolen in zwei Gebiete, die unterschiedlichen zivilisatorischen Einflüssen unterlagen: auf der einen Seite den Einflüssen des modernen Staates Preußen bzw. Deutschland und auf der anderen Seite des rückständigen Romanow-Imperiums. Die Folgen dieser Teilung sind noch immer spürbar, obwohl es die Grenze seit neunzig Jahren nicht mehr gibt. Vor allem im Identitätsbewusstsein der Bewohner dieser Gebiete ist die Grenze noch vorhanden. Der Band befasst sich mit dem Phänomen der Gruppenidentität und betont die wissenschaftliche Aufgabe, sich mit der Thematik symbolischer Grenzen und Grenzgebiete zu befassen.

Maria Wojtczak

Stanisław Suchodolski (Hg.), Mateusz Bogucki (Mitarb.): Money circulation in antiquity, the middle ages and modern Times. Time, range, intensity. International Symposium of the 50th Anniversary of „Wiadomości Numizmatyczne", Warsaw, 13–14 October 2006. Warszawa, Kraków: Institute of Archaeology and Ethnology, Polish Academy of Sciences, Wydawnictwo Avlaton 2007. 224 S., Abb. ISBN 978-83-60-448-38-0, 978-83-89499-43-1.

Der Band entstand im Ergebnis einer Tagung anlässlich des 50. Jahrestags der Gründung der numismatischen Zeitschrift *Wiadomości Numizmatyczne* („Numismatische Nachrichten"); er enthält zwölf Artikel polnischer, skandinavischer und tschechischer Wissenschaftler. Die meisten Beiträge befassen sich mit mittelalterlicher Numismatik, doch werden auch keltische Münzfunde in Mähren und neuzeitliche böhmische Münzen vorgestellt. Der Münzumlauf im Skandinavien der Wikinger, in Finnland und Deutschland, an der südlichen Ostseeküste und in Großpolen sowie die ältesten litauischen und böhmischen Münzen sind weitere Themen des Sammelbandes.

Anna Bogumiła Kowalska

Matthias Thumser, Janusz Tandecki, Antje Thumser (Hg.): Editionswissenschaftliche Kolloquien 2005/2007. Methodik – Amtsbücher, digitale Edition – Projekte. Toruń: Towarzystwo Naukowe w Toruniu, Wydawnictwo Naukowe Uniwersytetu Mikołaja Kopernika 2008 (Publikationen des Deutsch-Polnischen Gesprächskreises für Quellenedition 4). 373 S. ISBN 978-83-614-8704-3.

Der vierte vom Deutsch-Polnischen Gesprächskreis für Quellenedition publizierte Band versammelt Ergebnisse seiner 7. und 8. Tagung, die in Berlin im Jahre 2005 und in Thorn/Toruń im Jahre 2007 stattfanden. Die Mitarbeiter des Instituts für Geschichte und Archivkunde der Nicolaus-Copernicus-Universität Thorn und des Friedrich-Meinecke-Instituts der Freien Universität Berlin legen wiederum wichtige Beiträge zu aktuellen Gegenständen der Editionswissenschaft vor. Schwerpunkte bilden folgende Themen: Im ersten Abschnitt behandeln die Verfasser dreier Aufsätze allgemeine Fragen der Methodik von Quelleneditionen im Vergleich zwischen Polen und der Bundesrepublik Deutschland; im zweiten Teil beschäftigen sich sieben Beiträge mit Amtsbüchern als editorischer Aufgabe; im dritten Teil problematisieren ebenfalls sieben Aufsätze die Form der digitalen Edition, und im letzten Abschnitt werden acht Projekte vorgestellt, an denen polnische und deutsche Wissenschaftler beteiligt sind. Der Band verdeutlicht die Unterschiede in der editorischen Praxis in verschiedenen Ländern Europas und die Bedeutung, die der veranstaltende Gesprächskreis über die deutsch-polnischen Fragestellungen hinaus für die Reflexion dieser Unterschiede besitzt. Ein Orts- und ein Personenregister schließen den Band ab.

Piotr Zariczny

Zdzisław Wawrzyniak, Zbigniew Światłowski (Hg.): Studia Germanica Resoviensia 5. Rzeszów: Uniwersytet Rzeszowski 2007 (Zeszyty Naukowe Uniwersytetu Rzeszowskiego, Seria Filologiczna 40). 362 S. ISSN 1643-0484.

Der fünfte Band der an der Universität Rzeszów erscheinenden Reihe *Studia Germanica Resoviensia* umfasst insgesamt 26 Beiträge, darunter drei Rezensionen, einen Bericht und ein Interview mit dem Germanisten Wolfgang Heinemann aus Leipzig. Elżbieta Kowalska schildert in dem Beitrag *Stufen der Freiheit. Zur Vorgeschichte der Judenemanzipation in Deutschland* die juristischen Fragen der Judenemanzipation. Lucyna Wille erörtert das Grundmotiv der Prosa von Max Frisch, die Suche nach Identität. Grzegorz Jaśkiewicz stellt den Wenderoman von Thomas Brussig vor. Rachel Pazdan liefert einen Einstieg in die Rezeptionsästhetik Jauß' und Isers. Estera Boczoń-Głuszko konfrontiert Martin Walser mit Marcel Proust, indem sie zeigt, dass die beiden Autoren die ‚Erinnerung' unterschiedlich auslegen. Unter den Rezensionen findet sich eine Besprechung einer übersetzungswissenschaftlichen Arbeit über den Roman *Unkenrufe* von Günter Grass.

Grzegorz Jaśkiewicz

Zdzisław Wawrzyniak, Zbigniew Światłowski (Hg.): Studia Germanica Resoviensia 6. Rzeszów: Uniwersytet Rzeszowski 2008 (Zeszyty Naukowe Uniwersytetu Rzeszowskiego, Seria Filologiczna 49). 259 S. ISSN 1643-0484.

Der sechste Band der Reihe *Studia Germanica Resoviensia* mit insgesamt 19 Artikeln ist in sieben Abteilungen aufgeteilt: Kultur- und Translationswissenschaft, Literaturwissenschaft, Sprachwissenschaft, Fremdsprachenerwerb und Pädagogik, Rezensionen, Berichte und Interviews. Grzegorz Jaśkiewicz liefert mit seinem Text zur „Existenz von Stereotypen" anhand des Romans von Irmela Brender ... *und schreib mal aus Warschau* und Tina Strohekers Reisebuch *Polnisches Journal* einen Beitrag zur Imagologie. „Stereotypen der langen Dauer" zeigen, dass auch veränderte politische und gesellschaftliche Bedingungen die klischeehafte Optik der Wahrnehmung Polens durch die Deutschen nicht wesentlich verändern.

Grzegorz Jaśkiewicz

2. Baltikum

Liivi Aarma: Põhja-Eesti kogudused ja vaimulikkond 1525–1885 [Gemeinden und Pastoren des Konsistorialbezirks Estland 1525–1885]. Raamat [Buch] 2: Põhja-Eesti vaimulike lühielulood 1525–1885. Kurzbiographien der Pastoren des Konsistorialbezirks Estland 1525–1885. Herdaminne för Estland stift: kortbiografi 1525–1885. Pastors of North Estonia: short biographies 1525–1885. Tallinn: [G. ja T. Aarma Maja] 2007. 338 S., Abb. ISBN 978-9949-150-75-5.

Das Lexikon bietet Kurzbiographien der lutherischen Pastoren Nord-Estlands, deren Amtszeit in den Gemeinden in die Zeit zwischen 1525 und 1885 fällt. Als Quellen dienten früher erschienene Handbücher und Archivquellen. Zur Ermittlung der Daten und zur Überprüfung und Präzisierung älterer Publikationen wurden die Datenbanken der digitalisierten Quellen zur Familiengeschichte des Estnischen Historischen Archivs SAAGA <www.ra.ee/dgs> sowie historische Datenbanken der Universitäten Turku und Helsinki benutzt. Ziel war, möglichst viele Angaben sowohl über die Pastoren selbst als auch über ihre Ehefrauen und Eltern vorzulegen. Neben den biographischen Daten und einer Übersicht über ihre Tätigkeit als Geistliche enthält das Lexikon auch Angaben über ihre kulturhistorische und literarische Wirksamkeit und umfasst je ein Register der Geburtsorte und der Familienangehörigen der Pastoren. Der Band bildet den zweiten Teil des Werkes *Põhja-Eesti kogudused ja vaimulikkond 1525–1885*, dessen erster Teil, der die Listen der Pastoren der Gemeinden enthält, 2005 erschien (siehe *Berichte und Forschungen* 14, 2006, S. 268).[1]

Lea Teedema

Olev Abner, Silja Konsa, Kersti Lootus, Urve Sinijärv (Hg.): Eesti pargid [Estnische Parks]. 1. Tallinn: Keskkonnaministeerium, Muinsuskaitseamet, Varrak 2007. 423 S., Abb., 6 Karten. ISBN 978-9985-3-1296-4.

Den überwiegenden Teil estnischer Parks bilden Parkanlagen von Gütern, aber im Laufe der Zeit wurden auch zahlreiche Stadt-, Kirchen- und Kapellenparks eingerichtet. Seit den 1860er Jahren begann man zudem, Bauernhofparks anzulegen. Mehr als 400 Parkanlagen stehen heute unter staatlichem Schutz. Der vorliegende erste Teil des umfassenden Nachschlagewerkes enthält Beiträge über die Anlagen von Reval/Tallinn, Harrien/Harjumaa, Dagö/Hiiumaa, Ost-Wierland/Ida-Virumaa, Kreis Laisholm/Jõgevamaa und Jerwen/Järvamaa, die unter Denkmal- oder Naturschutz stehen. Das Buch wird durch einen Aufsatz des Historikers Ants Hein eingeleitet („Garten und Zeit. Umrisse der älteren Geschichte der estnischen Gartenkunst"), der einen Überblick über die Entwicklungsgeschichte der estnischen Parks vermittelt und hilft, die folgenden Einzeldarstellungen sowohl zeitlich als auch räumlich miteinander zu verbinden. Diese bestehen aus drei Teilen. Der erste Teil, auf der Grundlage schriftlicher Quellen und Archivmaterialien, behandelt die Entwicklung des Ortes und der Bebauung, soweit sie zum Verständnis der Geschichte des Parks beitragen. Der zweite Teil trägt Ergebnisse von Feldforschungen und von Analysen historischer und aktueller Karten sowie mündlicher Überlieferungen zusammen. Der dritte Teil gibt einen Überblick über die

---

1 Die Übersetzung der Annotationen von Lea Teedema aus dem Estnischen besorgten Vilve Seiler und Imbi Pelkonen.

Flora der Parks. Das Buch ist mit historischen und aktuellen Plänen und Fotos illustriert. Im Anhang wird ein Register der Personennamen und der Parks vorgelegt.

Lea Teedema

Admiral Adam Johann von Krusenstern ja tema aeg. Kiltsi mõisas 2003. ja 2006. aastal toimunud ajalookonverentside ettekanded [Admiral Adam Johann von Krusenstern und seine Zeit. Vorträge der Konferenzen auf dem Gut Ass (Gilsenhof)/Kiltsi 2003 und 2006]. Kiltsi 2007. 104 S., engl. u. russ. Zusammenfassungen. Keine ISBN.

Der Sammelband enthält zehn Vorträge, die 2003 und 2006 auf Tagungen des gemeinnützigen Vereins „Admiral Adam Johann von Krusenstern" unter den Überschriften „200 Jahre seit dem Beginn der Weltumsegelung" und „200 Jahre seit dem Abschluss der Weltumsegelung" gehalten wurden. Die Autoren aus Estland, Russland und Deutschland behandeln in ihren Beiträgen den Verlauf der Expedition und den Konflikt zwischen Krusenstern (1770–1846) und Rezanov, die Haltung Krusensterns den einheimischen Völkern gegenüber, seine Verdienste als Wissenschaftler, Kartograph und Förderer der Ausbildung der Seestreitkräfte sowie seine Rolle bei der Vorbereitung der Südpol-Expedition von Bellingshausen. Ferner wird über den Brief Karl Ernst von Baers an Krusenstern vom 22. Januar 1839, über das Leben und Wirken der Söhne Krusensterns und über sein Familienarchiv im Estnischen Historischen Archiv berichtet. Einleitung und Tätigkeitsbericht des gemeinnützigen Vereins „Admiral Adam Johann von Krusenstern" sind in estnischer, englischer und russischer Sprache veröffentlicht.[2]

Kersti Taal

Darius Antanavičius, Rimvydas Petrauskas (Hg.): Lietuvos didžiojo kunigaikščio Aleksandro Jogailaičio dvaro sąskaitų knygos (1494–1504) [Die Rechnungsbücher des Hofes des litauischen Großfürsten Alexander Jogaila (1494–1504)]. Vilnius: Lietuvos pilys 2007. 511 S. ISBN 978-9986-9071-5-2.

Der Quellenband beinhaltet die ersten erhaltenen Rechnungsbücher des Großfürstentums Litauen. Die Edition erlaubt einen Einblick in das Alltags- und Feiertagsleben am großfürstlichen Hof, der unter der Herrschaft des Großfürsten Vytautas entstand und während der Regierungsjahre Alexanders erweitert wurde. Aufgrund der Fortschritte in der Schriftlichkeit wurde am Ende des 15. Jahrhunderts eine neue Dokumentation in der Kanzlei und der Schatzkammer eingeführt. Tausende kurze und auf den ersten Blick belanglose Einträge über Einnahmen und Ausgaben des Herrschers betreffen die Struktur des Hofes, dessen internationale Zusammensetzung sowie Aspekte, die aus anderen Quellengattungen nicht rekonstruiert werden können. Die Einträge wurden in die litauische Sprache übersetzt, was vor allem für terminologische Zwecke von Bedeutung ist. Der Band enthält neben dem lateinischen Originaltext ein ausführliches Personen- und Ortsregister.

Rimvydas Petrauskas

---

2 Die Übersetzung der Annotationen von Kersti Taal aus dem Estnischen besorgten Vilve Seiler und Imbi Pelkonen.

Daina Bleiere (Red.): Aizvestie. 1949. gada 25. marts. 44 271 [Die Verschleppten. 25. März 1949. 44 271]. Rīga: Latvijas Valsts arhīvs, Nordik 2007. 1. daļa [Teil 1]. 814 S., lett. u. engl. Text. ISBN 978-9984-9548-8-2. – 2. daļa [Teil 2]. 870 S., lett. u. engl. Text. ISBN 978-9984-954-9-9.

Die am Staatsarchiv Lettlands tätigen Historiker Aija Kalnciema, Iveta Šķiņķe, Jānis Riekstiņš, Daina Kļaviņa und andere erforschten von 2002 bis 2007 den Verlauf der dritten großen Massendeportation in Lettland. Sie recherchierten in Archiven in Moskau/Moskva, Omsk und Tomsk. Wegen der Geheimhaltung dieser grausamen Operation unter dem Codewort „Brandung" vermutet man, dass noch heute zahlreiche Dokumente im Archiv des russischen Präsidenten liegen und für ausländische Geschichtsforscher unzugänglich sind. Das vorliegende, insgesamt 1.684 Seiten starke Werk ist jedoch ein großer Schritt vorwärts in der Dokumentation der Verbrechen der sowjetischen Okkupation. Es ist von Bedeutung, dass es nicht nur in Lettisch, sondern auch in Englisch publiziert und damit auch Ausländern zugänglich ist. So können nach 58 Jahren die Namen von 44.271 politisch Verfolgten und ihre Verbannungsstätten in Erfahrung gebracht werden. Die Listen der Verschleppten sind nach Landkreisen alphabetisch geordnet und mit den nötigen Beleghinweisen aus dem Archiv versehen. Die Arbeit enthält auch Strukturanalysen in Lettisch und Englisch, Kartenrekonstruktionen sowie Materialien über die ethnische Zugehörigkeit der von der Deportation vom 25. März 1949 Betroffenen.

Helēna Šimkuva

Alfredas Bumblauskas, Šarūnas Liekis, Grigorijus Potašenko (Hg.): Lietuvos Didžiosios Kunigaikštijos tradicija ir paveldo „dalybos" [Die Tradition des Großfürstentums Litauen und die „Teilung" seines Erbes]. Vilnius: Vilniaus universiteto leidykla 2008. 431 S., lit., engl., poln. u. russ. Texte. ISBN 978-9955-33-275-6, ISSN 1822-4016.

In den letzten Jahren kann ein wachsendes Interesse für die multikonfessionelle und multikulturelle Tradition des Großfürstentums Litauen beobachtet werden. Dieses Erbe ist heute auf die Gebiete fünf moderner Staaten (Litauen, Polen, Weißrussland, Ukraine und Russland) aufgeteilt, was unausweichlich die Frage (meist anachronistischer Natur) nach der Zugehörigkeit dieses Erbes mit sich bringt. In diesem Band versuchen Historiker aus den fünf Ländern und jüdische Autoren, die über die Rolle des Großfürstentums in der jüdischen Geschichte forschen, dem Bild dieses vormodernen Staates und dem Umgang mit seinem Erbe in der jeweiligen Historiographie und Gesellschaft nachzuspüren. Ferner werden Integrationsprozesse beschrieben, die sich im Laufe der Geschichte des Großfürstentums mit unterschiedlicher Intensität vollzogen haben (z. B. die Integration der orthodoxen ruthenischen politischen und kulturellen Eliten, die kirchliche Union usw.). Provozierend lesen sich die Thesen des Soziologen Zenonas Norkus, der mit den Methoden der vergleichenden Imperienforschung das Großfürstentum Litauen als ein vormodernes Imperium beschreiben möchte.

Rimvydas Petrauskas

Rūta Čapaitė: Gotikinis kursyvas Lietuvos didžiojo kunigaikščio Vytauto raštinėje [Die gotische Kursive in der Kanzlei des litauischen Großfürsten Vytautas]. Vilnius: Versus aureus 2007. 543 S., 42 Abb., dt. Zusammenfassung. ISBN 978-9955-34-062-1.

Die Herrschaftszeit des Großfürsten Vytautas (1392–1430) gilt in der Historiographie zu Recht als die Periode der Entstehung der institutionalisierten Kanzlei. Diese Kanzlei wurde von Vytautas stark ausgebaut, unter anderem unter Verwendung von vier Schreibsprachen, und vor allem außenpolitisch genutzt. In der Forschung wurden bisher verschiedene Aspekte dieser Kanzlei behandelt (Struktur, Funktion, Personal), jedoch fehlte bis jetzt eine paläographische Charakteristik der aus der Kanzlei stammenden Dokumente. In der vorliegenden Monographie untersucht die Autorin mit komparativem Blick die Gesamtheit der tradierten Urkunden und Briefe von Vytautas. Dabei betrachtet sie die in der großfürstlichen Kanzlei verwendete gotische Kursive als Bestandteil des europäischen Schreibsystems des späten Mittelalters. Damit wird ein weiterer Weg sichtbar, auf dem das neu christianisierte Land in das kulturelle und politische Beziehungsgeflecht der damaligen europäischen Länder integriert wurde. Unter anderem werden die Schreibweise einzelner Buchstaben (Minuskel und Majuskel), deren Verzierungen und die Besonderheiten sogenannter „Schreiberhände" analysiert. Eine Liste der erhaltenen Dokumente von Vytautas ist beigefügt.

Rimvydas Petrauskas

Edmundas Gimžauskas (Hg.): Lietuva vokiečių okupacijoje Pirmojo pasaulinio karo metais 1915–1918. Lietuvos nepriklausomos valstybės genezė (Dokumentų rinkinys) [Litauen während der deutschen Okkupation im Ersten Weltkrieg 1915–1918. Die Genese des unabhängigen Staates Litauen (Dokumentensammlung)]. Vilnius: Lietuvos istorijos instituto leidykla 2006. 596 S., 8 Karten, dt. u. engl. Zusammenfassungen. ISBN 9986-780-80-2.

Die Sammlung von Dokumenten zu Litauen im Ersten Weltkrieg beruht auf einer von dem litauischen Politiker und Diplomaten Petras Klimas besorgten Publikation aus dem Jahre 1919. Diese wird jedoch durch Einbeziehung neuer, bislang unveröffentlichter Archivmaterialien, die aus dem Deutschen, Englischen, Russischen und Polnischen übersetzt wurden, ergänzt. Den wissenschaftlichen Wert der Publikation machen Kommentare und Beschreibungen der einzelnen Dokumente durch den Herausgeber aus. Das Buch besteht aus drei chronologischen Teilen: von der deutschen Verwaltung (1915–1917) über die Tätigkeit des sogenannten Litauischen Rates (September 1917 bis Oktober 1918) bis zu der Zeit nach dem Ende der deutschen Okkupation (November 1918). Die Veröffentlichung lässt die politischen Verhältnisse während des Ersten Weltkrieges in Litauen und die Staatswerdung des modernen Litauen besser verstehen.

Rimvydas Petrauskas

Andris Grūtups: Ešafots. Par vācu ģenerāļu tiesāšanu Rīgā [Das Schafott. Über die Verurteilung deutscher Generäle in Riga]. Rīga: Atēna 2007. 261 S., Abb. ISBN 978-9984-34-277-1.

Lettlands Historiker versuchen, die Geschichte des Zweiten Weltkrieges auf dem Gebiet der Republik Lettland auch mit der Frage zu verknüpfen, inwieweit die diesbezügliche Historiographie einseitig durch die Perspektive der Siegermächte beeinflusst wurde. Diese Bemühungen werden auch von Andris Grūtups, einem schriftstellernden lettischen Rechtsanwalt, unterstützt. Sein Buch über den berühmten Gerichtsprozess gegen von den Sowjets gefangen genommene Deutsche, der vom 26. Januar bis zum 3. Februar 1946 in Riga stattfand, stellt zwar keine wissenschaftliche Forschung dar, doch der unbestreitbare Wert dieser Publikation liegt darin, dass der Autor über Zugang zu vielen einzigartigen Prozessdokumenten verfügte, die sich im Archiv des NKVD/KGB in Moskau befinden und den Historikern Lettlands bisher nicht zugänglich waren. In dem Buch geht es um einen 1946 vom Stalin-Regime organisierten Schauprozess gegen sieben deutsche Generäle sowie SS- und Wehrmachtsangehörige, darunter Friedrich Jeckeln und Siegfried Ruf. Daneben werden die Geschichte der deutschen Besatzung Lettlands und die Vernichtung der lettischen Juden behandelt. Ausführlich beschreibt Grūtups die öffentliche Hinrichtung durch Erhängen in Riga im Februar 1946 und die Reaktion der Bevölkerung. Den Wert des Buches erhöhen seltene Fotografien aus Archiven Russlands, Deutschlands und Lettlands von den Prozessteilnehmern, darunter auch des in Deutschland bekannten, Anfang 2009 verstorbenen Historikers Peter Krupnikov, der den Prozess als junger Dolmetscher erlebte.

Helēna Šimkuva

Ea Jansen: Eestlane muutuvas ajas. Seisusühiskonnast kodanikuühiskonda [Der Este im Wandel der Zeit. Von der Ständeordnung zur bürgerlichen Gesellschaft]. Tartu: Eesti Ajalooarhiiv 2007. 561 S., Abb., engl. Zusammenfassung. ISBN 978-9985-858-57-8.

Die Monographie gewährt einen Einblick in das 19. Jahrhundert, als in den drei baltischen Provinzen Est-, Liv- und Kurland, später als im übrigen Europa, die überkommene Ständeordnung ins Wanken geriet. Wurde früher die Geschichte der Deutschbalten und der Esten getrennt geschrieben, so hat die Autorin hier einerseits versucht, die estnischen und deutschbaltischen sozialen Schichten nicht lediglich nebeneinanderzustellen, sondern ihre verschiedenartigen soziokulturellen Beziehungen zu erhellen und andererseits keine Geschichte der Esten, sondern eine Geschichte Estlands zu schreiben. Die beiden Hauptmotive des Werkes sind erstens die Darstellung der Gesellschaft und ihrer sozialen und ethnischen Gruppen (Deutschbalten und Esten) im 19. Jahrhundert und zweitens die Schilderung der Partizipation der verschiedenen Schichten am öffentlichen Leben. Ea Jansen verfolgt die Entwicklung der deutschbaltischen Öffentlichkeit und das durch steigende soziale Mobilität veränderte Selbstverständnis der Esten. Ihr besonderes Augenmerk gilt der Presse, die neben der Beschleunigung der Kommunikation auch die Verbreitung neuer Ideen bewirkte. Zwar blieb die Ständeordnung bis zum Ende des 19. Jahrhunderts erhalten und die Herausbildung einer bürgerlichen Gesellschaft stockte; dennoch verursachte der Modernisierungsprozess Veränderungen sowohl bei den deutschen Ständen als auch beim estnischen Bauerntum. Für die Deutschbalten war es eine Zeit der Dekolonisation, für die Esten aber der Emanzipation. Ea Jansen interessiert auch die Frage, warum die Esten nicht germanisiert wurden. Neben Archivmaterialien lagen der Historikerin auch die damalige Publizistik und Presse, Lebenserinnerungen und Briefwechsel als Quellen vor.

Kersti Taal

Ēriks Jēkabsons: Piesardzīgā draudzība: Latvijas un Polijas attiecības 1919. un 1920. gadā [Eine zurückhaltende Freundschaft: Die Beziehungen zwischen Lettland und Polen in den Jahren 1919 und 1920]. Rīga: LU Akadēmiskais apgāds 2007. 244 S., Abb., Karten. ISBN 9984-80256-6.

Die Veröffentlichung gilt den lettisch-polnischen Beziehungen in der Zeit zwischen März 1919 und der Anerkennung Lettlands im Januar 1921. Sie stützt sich auf zahlreiche Quellen und Sekundärliteratur. Analysiert werden Dokumente aus 35 Beständen des Staatsarchivs Lettlands für Geschichte, aus vier Archivbeständen der Republik Polen und Beständen des Zentralen Staatlichen Archivs Litauens. Größtenteils handelt es sich um bisher nicht ausgewertete Berichte von Diplomaten und Leitern der Militärbehörden, unveröffentlichte Handschriften und Dokumente öffentlicher Organisationen. Die Arbeit verwendet auch lettisches, polnisches und litauisches Zeitungsmaterial, das die Stimmungen in den unterschiedlichen Gesellschaften widerspiegelt, und gewährt einen umfassenden Einblick in die Probleme der lettischen Außenpolitik während der Anfangsjahre der Unabhängigkeit, in die Geschichte des Unabhängigkeitskrieges 1919–1920 und in die Entwicklung der Minderheitenproblematik des Landes. Das Buch enthält eine Bibliographie und ein Personenregister.

Helēna Šimkuva

Rūta Kaminska (Hg.): Pilsēta. Laikmets. Vide [Stadt. Epoche. Umwelt]. [Bd. 6]. Rīga: Neputns 2007. 280 S., Abb., engl. Zusammenfassungen. ISBN 978-9984-807-11-9.

Die Vorlesungen zum Andenken an den bekannten baltischen Kunsthistoriker Boris Viper (lettisch Boriss Vipers) fanden 2005 in Riga zum dreizehnten Mal seit 1988 statt. Sie standen wieder unter einem Leitthema und wurden vom Veranstalter, dem Kunsthistorischen Institut an der Kunstakademie Lettlands, in einem Sammelband herausgegeben. 14 Autoren äußern sich zu kunst- und architekturhistorischen Themen mit dem Schwerpunkt Stadt für den Zeitraum vom 16. bis zum 21. Jahrhundert und bringen neue Erkenntnisse zu den Wechselbeziehungen zwischen dem Menschen und seiner urbanen Umwelt: Kristīne Ogle schreibt über „Die urbane Strategie der Societas Jesu und ihre Verwirklichung auf dem Territorium Lettlands", Daina Lāce über „Die Stadtplanung Rigas um die Mitte des 19. Jahrhunderts: das Gegebene und Erwünschte", Iveta Leitāne über „Die Welt und das Bild vom Stetl", Rūta Kaminska über „Das Erbe der sakralen Architektur und Kunst von Dünaburg/Daugavpils im Kontext des Besonderen in Stadt und Land", Elita Grosmane über „Ein vergessenes Phänomen in der Kulturgeschichte Lettlands: das Kurländische Provinzialmuseum", Kristiāna Ābele über „Die ersten lettischen Kunstsalons um 1910 und deren Gestalter", Jānis Zilgalvis über „Die Ausdrucksformen der mittelalterlichen Architektur in der Bebauung von Goldingen/Kuldīga in der zweiten Hälfte des 19. Jahrhunderts", Anita Bistere über „Die Entwicklung der architektonischen Gestalt der von Jānis Frīdrihs Baumanis entworfenen orthodoxen Kirchen", Silvija Grosa über „Die Wiedergabe der Idee vom sozialen Prestige im Dekor des frühen Jugendstils in Riga" und schließlich Rūta Lapiņa über „Das Bild von der Stadt in der lettischen Malerei der 20er und 30er Jahre des 20. Jahrhunderts". Die Texte werden von zahlreichen Abbildungen in hoher Druckqualität begleitet.

Andris Levans

Kunstiteaduslikke uurimusi. Studies on Art and Architecture. Studien für Kunstwissenschaft. (2007), Nr. 4 [16]. Tallinn: Eesti Kunstiteadlaste Ühing / Estonian Society of Art Historians 2007. 151, [1] S., Abb., engl. Zusammenfassungen. ISSN 1406-2860.

Die Sondernummer der Zeitschrift enthält Vorträge, die auf einem Symposium anlässlich des 600. Jahrestages der Ersterwähnung des Klosters Brigitten/Pirita am 16. Juni 2007 gehalten wurden: Kersti Markus: *Pirita klooster 600* („600 Jahre Kloster Brigitten"); Marika Mägi: *Iru linnusest Püha Brigitta kloostrini. Merenduslik kultuurmaastik Pirita jõe alamjooksul* („Von der Burg Iru bis zum Kloster der hl. Brigitta. Die maritime Kulturlandschaft am Unterlauf des Flusses Pirita"); Tiina Kala: *Põhja-Eesti kirikuelu arengujooni 13.–14 sajandil: millisese vaimulikku keskkonda tekkis Pirita klooster* („Entwicklungszüge des nordestnischen Kirchenlebens im 13.–14. Jahrhundert: In welcher geistlichen Umgebung entstand das Kloster Brigitten?"); Ruth Rajamaa: *Pirita kloostri asutamine ja ülesehitamine 1407– 1436 Rootsi allikate valguses* („Gründung und Aufbau des Klosters Brigitten 1407–1436 anhand schwedischer Quellen"); Helen Bome: *„Mina olen tõeline viinapuu ... " Allegooriline motiiv 15. sajandi vormiplaadil Pirita kloostrist* („'Ich bin der wahre Weinstock ...' Ein allegorisches Motiv auf einer Formenplatte aus dem Kloster Brigitten"); Linda Kaljundi: *Pirita klooster Eesti ajaloomälus: mitte ainult kloostri taga metsas* („Das Kloster Brigitten im historischen Gedächtnis Estlands: nicht nur im Wald hinter dem Kloster"); Juhan Kreem: *Ekskurss. Millal on Pirita juubel?* („Exkurs. Wann ist das Jubiläum von Brigitten?").

Lea Teedema

Mart Laar: Sõjakirjasaatjad Saksa armees II maailmasõjas. Ajakirjanduses avaldatud eesti ja saksa rindereporterite artiklid ja luuletused [Kriegskorrespondenten in der deutschen Armee im Zweiten Weltkrieg. In der Presse veröffentlichte Artikel und Gedichte estnischer und deutscher Kriegsreporter]. Tallinn: Grenader/Astlandia Kirjastus 2007. 366 S., Abb. ISBN 978-9949-422-50-0.

Artikel estnischer Kriegskorrespondenten der Jahre 1943–1944 stellen eine zusätzliche Quelle für die Erforschung des Schicksals estnischer Soldaten im Zweiten Weltkrieg dar. Die meisten Berichte der Korrespondenten beziehen sich auf Kriegshandlungen und geben die Stimmung der Verfasser wieder. Die Gründung einer Einheit estnischer Kriegskorrespondenten bei der Estnischen Legion ist für Ende März 1943 belegt. In Estland wurden ihre Berichte vornehmlich in *Rindeleht* („Frontblatt"), *Eesti Sõna* („Das estnische Wort") und in örtlichen Zeitungen veröffentlicht. In den vorliegenden Band wurden Artikel und Gedichte aufgenommen, die die Ausbildung und Kämpfe estnischer Soldaten innerhalb der Wehrmacht an der Ostfront 1943–1944, die allgemeine Mobilisierung in Estland im Februar 1944, die Situation und die Stimmungen an der Front und im Hinterland im Frühjahr und Sommer 1944 sowie die Kämpfe in Estland 1944 betreffen. Das Bildmaterial besteht aus seltenen Fotos und Zeichnungen von Kriegskorrespondenten.

Lea Teedema

Land Rolle des Herzothums Ehstland welche auf befehl des Gerichtshofes der Civil Rechts Sachen vom 28 April 1792 von saemtlichen Kreis-Gerichten ist angefrtigt worden oder Verzeichniß deren im Herzogthum Ehstland belegenen publiquen und privat Gueter mit beygefügter Haacken und Seelen Zahl wie auch die Nahmen der gegenwärtiger Besitzer mit einem doppelten Register der Guether, und der Possessoren versehen [sic]. Einl.: Henning von Wistinghausen, Ivar Leimus. Tallinn 2007 (Eesti Ajaloomuuseum, Thesaurus Historiae I). 378 S. ISBN 978-9985-9713- 5-2, ISSN 1736-5538.

Das Manuskript aus den Beständen des Estnischen Historischen Museums in Reval/ Tallinn erscheint als Faksimiledruck. Das Buch beginnt mit der Hakenzahl verschiedener

Kreise Estlands laut den summarischen Angaben der Revisionen der Schwedenzeit (1680er Jahre) und der Jahre 1765 und 1774. Darauf folgen die Seelenzahl in den Kreisstädten der Revalschen Statthalterschaft aufgrund der Revision von 1782, nach vier Kategorien geordnet: steuerfreie Personen, Kaufleute, Freie Leute und schließlich Erbleute, sowie das Verzeichnis der Seelenzahl in sämtlichen Kirchspielen und Pastoraten. Den Hauptteil der „Land Rolle" bilden verschiedene Angaben über die nach Kreisen und Kirchspielen geordneten Güter: die Namen der Possessores (Besitzer), Hinweise auf die rechtliche Grundlage ihres Besitzrechtes, die entsprechenden Hakenzahlen aufgrund der drei genannten Revisionen und die Anzahl männlicher Seelen laut der Revision von 1782. Das Buch enthält ein Personenregister sowie ein deutsch-estnisches und ein estnisch-deutsches Ortsnamenverzeichnis.

Kersti Taal

Valter Lang: Baltimaade pronksi- ja rauaaeg [Die Bronze- und Eisenzeit im Baltikum]. Tartu: Tartu Ülikooli Kirjastus 2007. 309 S., Abb. ISBN 978-9949-11-525-9.

Diese Monographie ist der erste Versuch, die kulturelle, gesellschaftliche und ökonomische Entwicklung im Baltikum während der gesamten Metallzeit (von ca. 1800 v. Chr. bis 1200 n. Chr.) zusammenzufassen. Sie enthält fünf Kapitel, die chronologisch den Epochen der vorrömischen, römischen, mittleren und jüngeren Eisenzeit folgen. Jedes Kapitel beginnt mit einer historiographischen Übersicht und einer Chronologie. Da die Frühgeschichte des Baltikums noch recht lückenhaft erforscht ist und verschiedene Perioden und Themen in den drei baltischen Ländern ungleich aufgearbeitet sind, wird die Hauptaufmerksamkeit der Beschreibung und Analyse der Altertümer gewidmet. Die größten Unterschiede gibt es in der Erforschung der Gesellschaftsordnung und Landnutzungssysteme. Die Entwicklungen auf den heutigen Territorien Estlands, Lettlands und Litauens werden mit denen im benachbarten Nord- und Osteuropa verglichen. Das Buch enthält ein Register der Altertümer.

Kersti Taal

Latvijas Arhīvi [Archive Lettlands] (2007), Nr. 1–4. Rīga: Latvijas Valsts vēstures arhīvs 2007. Je 180 S., Abb., dt. Zusammenfassungen. ISSN 1407-2270.

Die Zeitschrift *Latvijas Arhīvi* behandelt bedeutsame Fragen der Archiv- und Quellenkunde und erschien auch 2007 wieder viermal. Heft 1 umfasst Artikel zu folgenden Themen: Der Generaldirektor der Archive Lettlands, Valdis Štāls, berichtet über Veränderungen in der staatlichen Archivverwaltung. Die Historikerin und Archivmitarbeiterin Valda Kvaskova bietet eine Übersicht über historische Dokumentensammlungen bedeutender Familien Lettlands. Ēriks Jēkabsons beleuchtet die Unabhängigkeitskämpfe Lettlands 1919–1920 aufgrund von Aussagen von Offizieren der lettischen Armee. Ilze Jermacāne porträtiert Einwohner Lettlands in der Roten Armee 1942–1945 anhand von Soldatenbriefen. Vita Zelče untersucht die Anfänge des lettischen Nationalismus am Beispiel der Zeitung *Mājas Viesis* („Der Hausgast") während der ersten Jahre ihres Erscheinens und der zweiten Hälfte der 1950er Jahre. – In Heft 2 ist der Artikel der Historikerin Pārsla Pētersone über den Nachlass des Architekten Rupert Bindenschuh hervorzuheben. Die Autorin setzt sich mit der architektonischen Leistung Bindenschuhs beim Bau der Kirche von Sankt Matthiä/Matīši auseinander. – In Heft 3 veröffentlicht Valdis Štāls einen Beitrag über die staatlichen Archive Lettlands im Jahr 2006. Valda Kvaskova trägt Archivmaterialien über das Gestüt von Herzog Ernst Johann auf dem Gutshof Holmhof/Sala im 18. Jahrhundert zusammen und analysiert auch die Zusammenarbeit zwischen dem Staatsarchiv Lettlands für

Geschichte und dem Herder-Institut in Marburg. Valda Pētersone wertet anhand von historischen Quellen die Erinnerungen von Hans Johann Otto Baron von Rosen aus. – Heft 4 widmet sich ausschließlich Lebensläufen und der Tätigkeit von Familienangehörigen des berühmten Jungletten Krišjānis Valdemārs (Christian Woldemar) aufgrund seiner privaten und geschäftlichen Korrespondenz. Valda Kvaskova schreibt über Johann Heinrich Valdemārs, Vita Zelče über Marija Valdemāre-Naumane-Medinska und Pārsla Pētersone über Luise Valdemāre.

Helēna Šimkuva

Latvijas Nacionālā vēstures muzeja zinātniskie lasījumi 2004.–2006. Rakstu krājums [Wissenschaftliche Vorlesungen im Lettischen Nationalen Geschichtsmuseum in den Jahren 2004–2006. Sammelband]. Red.: Jevgēnija Svikle. Rīga: Latvijas Nacionālais vēstures muzejs 2007 (Latvijas Nacionālā vēstures muzeja raksti 12). 175 S., Abb., engl. Zusammenfassungen. ISBN 9984-747-10-7.

Die Vorlesungen im Lettischen Nationalen Geschichtsmuseum in Riga geben den Mitarbeitern dieser Einrichtung die Möglichkeit, die Ergebnisse ihrer wissenschaftlichen Bemühungen vorzutragen. Der vorliegende Band aus der Reihe der „Schriften" des Museums bietet eine Auswahl dieser Vorträge, die einen repräsentativen Einblick in die einschlägigen, vom Museum geförderten Forschungsbereiche Archäologie, Ethnographie, Numismatik, Geschichte und Kunstgeschichte bieten und deren Ergebnisse mit Hilfe der im Museum gesammelten Materialien gewonnen wurden: Kristīne Ducmane: „Die durch den Dreißigjährigen Krieg (1618–1648) verursachte Finanzkrise in Deutschland oder die Zeit der sogenannten Kipper und Wipper und ihr Einfluss auf das Territorium [des heutigen] Lettland"; Anda Ozoliņa: „Die schwedischen Münzen des 17.–18. Jahrhunderts und deren Funde auf dem Territorium Lettlands"; Anita Meinarte: „Die Landschaft Lettlands in den Lithographien von Karl Jacob Reinhold Minckelde (1790–1858)" und „Die Porträts der Geschlechter von Hahn und von Fircks in der Sammlung des Lettischen Nationalen Geschichtsmuseums". Eine Chronik zu den vom Museum durchgeführten archäologischen Ausgrabungen 2004–2006 und zahlreiche farbige Abbildungen im Anhang beschließen den Band.

Andris Levans

Latvijas vēsture. Jaunie un jaunākie laiki [Geschichte Lettlands. Neue und neueste Zeit. (2007), Nr. 1–4. Rīga: LU žurnāla „Latvijas vēsture" fonds 2007. Je 120 S., Abb., engl. Zusammenfassungen. ISSN 1407-0022.

Die Zeitschrift setzt sich auch 2007 mit Fragen der lettischen Geschichte des 20. Jahrhunderts auseinander. In den Heften 1 und 2 sind die Artikel von Gints Zelmenis über die Kulturpolitik der Republik Lettland von 1918 bis 1922, von Antonijs Zunda über lettische Diplomaten im Westen während des Zweiten Weltkrieges (1940–1945), von Inesis Feldmanis über die deutsche Okkupationspolitik im Baltikum 1941–1945 und von Aivars Stranga über die Sowjetmacht in Lettland im Jahre 1919 bemerkenswert. – Aus Heft 3 sind besonders die Beiträge von Jānis Lazdiņš, Jurist und Rechtshistoriker, über die völkerrechtliche Kontinuität der staatlichen Unabhängigkeit der Republik Lettland und von Antonijs Zunda über die Baltikumfrage in den internationalen Beziehungen der 1950er Jahre hervorzuheben. – In Heft 4 schreiben Inesis Feldmanis über aktuelle Probleme der Forschung zur lettischen Geschichte während des Zweiten Weltkrieges und Antonijs Zunda über die nationale Widerstandsbewegung gegen das nationalsozialistische Okkupationsregime in Lettland 1941–1945. Das Heft schließt mit einer Arbeit über die Konzepte der wirtschaftlichen Entwicklung Lettlands in den 1920er und 1930er Jahren.

Helēna Šimkuva

Latvijas Vēstures institūta žurnāls [Zeitschrift des Instituts für Geschichte Lettlands] (2007), Nr. 1–4. Rīga: Latvijas Vēstures institūts 2007. Je 210 S., Abb., dt. u. engl. Zusammenfassungen. ISSN 1025-8906.

Mit dem Wechsel der Institutsleitung 2006 kündigten sich Veränderungen auch in der Redaktion der Zeitschrift an, die sich erwartungsgemäß qualitativ auf den Inhalt der vierteljährlich erscheinenden Hefte auswirkten. Die im Jahrgang 2007 veröffentlichten Aufsätze spiegeln ein breites, allerdings fast ausnahmslos von landeshistorischen Themen beherrschtes Spektrum von Forschungsinteressen wider. Die Autoren gehören überwiegend der jüngeren Generation lettischer Geschichtswissenschaftler an. Einige Beiträge seien angeführt: Aus Nr. 1: Vitolds Muižnieks: „Ungewöhnlich gebettete Tote auf Friedhöfen historischer Zeit"; Anete Karlsone: „Vorstellungen der Intelligenz von der lettischen Volkstracht im ausgehenden 19. und beginnenden 20. Jahrhundert (1888–1910)"; Ineta Lipša: „Die gesellschaftliche Moral in Lettland in den 20er und 30er Jahren des 20. Jahrhunderts: Der Aspekt der Kokainsucht"; Juris Pavlovičs: „Legenden über die Ereignisse der Phase des Machtwechsels im Sommer 1941 in Lettland. Analyse der Herkunft der Umstände"; Muntis Auns: „Krüge in Westkurland gegen Ende des 18. Jahrhunderts". In der Rubrik „Historische Quellen" veröffentlicht Uldis Neiburgs eine Dokumentenauswahl zum Thema „Russen aus Lettland in der deutschen Wehrmacht während des Zweiten Weltkrieges". – Aus Nr. 2: Mārīte Jakovļeva: „Kriegshandlungen im Herzogtum Kurland und im Grenzland zu Litauen zu Beginn des Großen Nordischen Krieges von Februar 1700 bis Mai 1703"; Aināŗs Lerhis: „Der Außenhandel Lettlands in den Jahren 1922–1925"; Ilze Boldāne und Dagnoslavs Demskis: „Lettgaller und Polen in Lettgallen: gegenseitige Wahrnehmung und Stereotype" (mit Fortsetzung in Nr. 3); Leo Dribins: „Zwischen Konflikt und Kompromiss. Die Presse der Russen in Riga über die ethnopolitische Orientierung der russischsprachigen Gemeinschaft in Lettland". – Aus Nr. 3: Gustavs Strenga: „Die Dominikanerbrüder aus dem Konvent des hl. Johannes des Täufers in Riga in den historischen Quellen des Mittelalters. Die Problematik der livländischen Herkunft der Brüder"; Dzidra Ozoliņa: „Merkmale der Bodenpolitik der Stadtverwaltung Libau/Liepāja am Ende des 19. und zu Beginn des 20. Jahrhunderts" (mit Fortsetzung in Nr. 4). In der Rubrik „Historische Quellen" stellt Uldis Neiburgs eine Quellenpublikation zum Thema „Teilnehmer der lettischen Widerstandsbewegung in den Gefängnissen und Konzentrationslagern in Nazi-Deutschland" vor. – Aus Nr. 4: Anita Čerpinska: „Riga am Vorabend und während des Krieges von 1812: Stadt und Festung"; Uldis Krēsliņš: „Wahlen zum Rigaer Stadtrat 1917–1931"; Juris Pavlovičs: „Die Erneuerung der lettischen Ortsbezirksverwaltung im nazibesetzten Lettland: Juni–Juli 1941". Muntis Auns berichtet in der Rubrik „Mitteilungen" über das größte Editionsprojekt in Lettland seit den 20er und 30er Jahren des 20. Jahrhunderts, der *Monumente* von Johann Christoph Brotze; die Hälfte der Arbeit sei geschafft. Margarita Barzdeviča und Ieva Ose führen in der Abteilung „Historische Quellen" zu den „Skizzen aus der Zeit des Großen Nordischen Krieges in der Königlichen Bibliothek in Stockholm" hin.

Andris Levans

Latvijas Zinātņu akadēmijas vēstis. A. daļa: Sociālās un humanitārās zinātnes [Mitteilungen der Akademie der Wissenschaften Lettlands. Teil A: Sozial- und Geisteswissenschaften]. Bd. 61 (2007), Nr. 1–6. Rīga: Latvijas Zinātņu akadēmija 2007. 589 S., Abb., dt. u. engl. Zusammenfassungen. ISSN 1407-0081.

Der Teil A der Zeitschrift der Akademie der Wissenschaften Lettlands repräsentiert in gewissem Maße den Stand der Forschungen auf dem Gebiet der Geisteswissenschaften in Lettland. Betrachtet man die Veröffentlichungen im Jahr 2007, drängt sich einem erneut der Eindruck einer stagnierenden Entwicklung auf. Die im Folgenden in Auswahl vorgestellten Aufsätze wurden im Rahmen des einzigen staatlichen Wissenschaftsprogramms Lettlands im Bereich der Geisteswissenschaften, des Projekts „Lettonica", erarbeitetet. Die Themenwahl zeigt ein bereits bekanntes Bild, in dem kaum neue Autoren und neuerschlossene Forschungsfelder auftreten. Aus Nr. 1 ist einzig der Text von Juris Indāns, „Die weniger bekannten Jahre 1940–1944 aus dem Bestehen des Freilichtmuseums", in dem die Geschichte dieser 1924 in Lettland gegründeten Institution erzählt wird, zu nennen. – Aus Nr. 2: Ojārs Spārītis hielt im September 2004 im Schloss Ruhenthal/Rundāle zu Ehren des Kunsthistorikers Imants Lancmanis eine Ansprache, in der er die baltische Kunstgeschichte des 18. und 19. Jahrhunderts hauptsächlich aus einer wissenschaftstheoretischen Perspektive betrachtete und die nun in überarbeiteter Form wiedergegeben wird. Mārīte Jakovļeva stellt in ihrem Aufsatz „Quellen zur Geschichte der Regionen Lettlands: Die Urkundensammlung der Familie von Behr aus dem 17. Jahrhundert im Historischen Staatsarchiv Lettlands" vier bisher nicht gedruckte Texte aus der Zeit von 1632 bis 1666 im deutschen Original und in lettischer Übersetzung vor. – Aus Nr. 3: Anete Karlsone: „Vorläufige Überlegungen zu den Fotografien des ausgehenden 19. und beginnenden 20. Jahrhunderts als Quellen zur Erforschung der Kleidergeschichte in Lettland". – Aus Nr. 4: Renāte Blumberga: „Informationen über die Liven in den Archiven und Bibliotheken Estlands". Die Hefte Nr. 5 und 6 bieten keine nennenswerten Aufsätze.

Andris Levans

Mati Laur, Karsten Brüggemann (Hg.): Forschungen zur Baltischen Geschichte. Bd. 2. Tartu: Akadeemiline Ajalooselts 2007 (Humaniora Historica). 309 S. ISSN 1736-4132.

Der zweite Band des von der Historischen Abteilung der Universität Dorpat/Tartu und der Akademischen Historischen Gesellschaft veröffentlichten Jahrbuches gliedert sich in Aufsätze, Mitteilungen und Besprechungen. Folgende Abhandlungen sind in dieser Ausgabe zu finden: Piret Lotman: *Der Kirchenstreit zwischen schwedischen und deutschen Geistlichen in Narva*; Mārīte Jakovļeva: *Die Beziehungen zwischen Herzog Jakob von Kurland und Russland*; Aivar Põldvee: *Esten, Schweden und Deutsche im Kirchspiel St. Matthias und Kreuz im 17. Jahrhundert*; Ea Jansen: *„Baltentum", die Deutschbalten und die Esten*; Kalervo Hovi: *Veränderungen der Schwerpunkte in der französischen Baltikumpolitik 1918–1927*; Ineta Lipša: *Frauen in den Parlamentswahlen der Republik Lettland 1920–1934*; Ilgvars Butulis: *Auswirkungen der autoritären Ideologie von Kārlis Ulmanis auf die lettische Geschichtsschreibung*; Vita Zelče: *Die ersten sowjetischen Zeitdokumente der Nachkriegszeit: Kalender für das Jahr 1945*; Tõnu Tannberg: *Der Kreml und die baltische Frage 1956*. Unter den Mitteilungen findet sich ein Verzeichnis der im Fachbereich Geschichte verteidigten Promotions- und Habilitationsarbeiten in Lettland 1991–2006 und ein Überblick über die historischen Forschungen in Lettland. In der Abteilung Rezensionen werden 16 in Estland und im Ausland erschienene Bücher über die Geschichte Estlands und der baltischen Staaten vorgestellt.

Kersti Taal

Ivar Leimus: Sylloge of Islamic Coins 710/1-1013/4 AD. Estonian Public Collections. Tallinn 2007 (Estonian History Museum. Thesaurus Historiae II). 446 S., Abb. ISBN 978-9949-15-255-1, ISSN 1736-5538.

Die in dem englischsprachigen Katalog beschriebenen 3.772 Münzen befinden sich im Institut für Geschichte der Universität Reval/Tallinn, im Estnischen Historischen Museum und in mehreren Ortsmuseen, gehörten aber früher verschiedenen Gesellschaften wie der Gelehrten Estnischen Gesellschaft und einstigen Museen wie dem Estländischen Provinzialmuseum. Die Münzen des 9.–12. Jahrhunderts stammen aus Depotfunden oder wurden seit dem Anfang des 19. Jahrhunderts bei archäologischen Ausgrabungen auf Burghügeln, in Siedlungsplätzen und Begräbnisstätten gefunden. Die einzelnen Funde werden ausführlich beschrieben. Angeführt werden Finder, Zeitpunkt und Bestand des Fundes, sein weiteres Schicksal sowie Literatur. Den zweiten Teil des Buches bildet der Münzkatalog mit Fotos der Vorder- und der Rückseite der Münzen, ihren Namen, den Fundorten und anderen Angaben.

Kersti Taal

Ain Mäesalu, Sulev Vahtre, Mati Laur, Tiit Rosenberg, Allan Liim, Ago Pajur: Eesti ajalugu. Kronoloogia, 13000 [e. Kr] – 2006 [Estnische Geschichte. Chronik 13000 v. Chr. bis 2006]. 2. Aufl. Tallinn: Olion 2007. 383 S., Karte. ISBN 978-9985-66-508-4.

Hierbei handelt es sich um eine ergänzte Neuauflage und gleichzeitig eine Fortsetzung der 1994 erschienenen Chronik der estnischen Geschichte, die nunmehr bis zum Jahr 2006 reicht. Das Buch ist keine Übersichtsdarstellung, es werden vielmehr Fakten, Ereignisse und Daten verschiedener Bereiche festgehalten, und die politische Geschichte steht im Vordergrund. Ereignisse in anderen Ländern werden genannt, wenn sie einen Bezug zu Estland haben oder die estnische Geschichte durch sie beeinflusst wurde. Das Werk besitzt ein Personen- und Ortsnamenregister.

Lea Teedema

Mākslas vēsture un teorija. Art History and Theory. Rīga 2007. [H.] 8 u. 9. Je 88 S., Abb., engl. Zusammenfassungen. ISSN 1691-0869.

Die einzige kunsthistorische Fachzeitschrift Lettlands zeichnet sich in erster Linie durch eine hohe wissenschaftliche Qualität der Aufsätze aus. Dass sich Mängel der redaktionellen Arbeit wie etwa vertauschte Bildunterschriften in seltenen Fällen nicht vermeiden lassen, erklärt sich vielleicht durch technische Gründe. Eine Auswahl der interessantesten Texte soll im Folgenden vorgestellt werden. Aus Heft 8: Anna Ancāne: „Die besten Beispiele der holländischen klassizistischen Architektur in Riga – das Reutern-Haus"; Inga Pērkone-Redoviča: „Das lettländische Kino zwischen den beiden Weltkriegen. Merkmale der visuellen Ästhetik"; Imants Lancmanis: „220 Jahre Haberland-Saal. Christoph Haberland und die Stadtbibliothek von Riga"; Aija Taimiņa: „Die Vision von der idealen Bibliothek im ausgehenden 18. Jahrhundert. Die Widmung Christoph Haberlands und Johann Christoph Behrens' für ihre Stadt und ihre Mitbürger". – Aus Heft 9: Kristiāna Ābele: „Die Odyssee des Jakob Belzen, 1870–1937"; Edvarda Šmite: „Das Gemälde Julius Dörings ‚Die Enthauptung Konradins von Hohenstaufen'"; Gita Grase: „Das Ģederts-Eliass-Museum für Geschichte und Kunst der Stadt Mitau/Jelgava". Jedes Heft wird durch einen ausführlichen Rezensionsteil abgerundet.

Andris Levans

Rimvydas Petrauskas (Hg.): Lietuvos valstybės susidarymas europiniame kontekste [Die Entstehung des litauischen Staates im europäischen Kontext]. Vilnius: Versus aureus 2008. 360 S. ISBN 978-9955-34-135-2.

Im Jahre 2003 wurde in Litauen das 750. Krönungsjubiläum von Mindaugas, dem ersten Herrscher Litauens, gefeiert. Diesem Ereignis wurde auch eine internationale Konferenz gewidmet, deren Beiträge nun in gedruckter Form, parallel in Litauisch und Deutsch, vorliegen. Dabei geht es vor allem um den vergleichenden Aspekt der Entstehung mittelalterlicher Staaten. M. Borgolte führt mit seinem Beitrag „Theorie und Praxis des Vergleichs in der europäischen Geschichte des Mittelalters. Der Fall Litauen in makrohistorischer Perspektive" methodologisch in das Thema ein. A. Dubonis versucht, die Einflüsse der Nachbarländer auf die litauische Staatsbildung zu erklären. R. Petrauskas beschreibt den sozialen Wandel in der litauischen Gesellschaft als Folge der Staatsbildung. D. Baronas untersucht das Zusammentreffen der katholischen und orthodoxen Konfessionen auf dem Territorium des damaligen Litauens. In einem breiteren Rahmen analysiert R. Schieffer die Rolle der Kirche bei den Reichsbildungen europäischer Völker des Mittelalters. J. Korpela stellt seine interessanten Thesen zur Entstehung der Kiever Rus' vor. M. Kara behandelt die Anfänge des polnischen Königreiches von einem archäologischen Standpunkt aus.

Rimvydas Petrauskas

Raimo Pullat: Die Nachlassverzeichnisse der Literaten in Tallinn 1710–1805. Tallinna literaatide varandusinventarid 1710–1805. Tallinn: Estopol 2007. 270 S. ISBN 978-9985-9722-1-2.

Die Quellenpublikation enthält die Nachlassverzeichnisse von Intellektuellen, die im Stadtarchiv Reval/Tallinn aufbewahrt werden und aus den Jahren 1710 bis 1805 stammen. 23 Nachlassverzeichnisse belegen den Besitz von Rechtsgelehrten, Ärzten, Lehrern, ständischen Beamten und Pfarrern und ermöglichen es, deren elitäre Lebenswelt, Mentalität und Belesenheit einzuschätzen. Die Veröffentlichung soll helfen, deutlich zu machen, wie die Literaten als ein wichtiger Teil der Revaler Oberschicht den Übergang vom Ancien Régime in die moderne Stadtgesellschaft vollzogen. Die Verzeichnisse ermöglichen ferner Erkenntnisse über die qualitative und quantitative Entwicklung der Buchkultur. Auch Themen wie Kulturkonsum, Moden, Stil und Luxus, Reisen, Kunst und Kunstgeschmack, neue Genussmittel und Kommunikationskultur, Änderungen im Einrichtungsstil und in der Wohnkultur geraten in das Blickfeld. Das Buch enthält ein Orts- und Personenregister.

Kersti Taal

Raimo Pullat (Hg.): Vana Tallinn [Das alte Reval]. XVII (XXII). Tallinn: Estopol 2007. 290 S., Abb., dt. Zusammenfassungen. ISSN 1406-5908.

In dem vorliegenden Band aus der Serie „Vana Tallinn" sind Aufsätze und Rezensionen über in Estland und im Ausland erschienene Bücher veröffentlicht. Der Band enthält folgende Beiträge: Tiina Kala: *Eyne Christlicke kortte Ordinantie ouer dat Junckfrawenn kloster*; Juhan Kreem: „Gastfreundschaft im Livland des 16. Jahrhunderts"; Helve Russak: „Die Bekleidung der Revaler Kaufmannsfamilien anhand der Nachlassverzeichnisse aus der ersten Hälfte des 18. Jahrhunderts"; Gerd Raassalu: „Die deutschsprachigen Kalender aus Reval (Tallinn) 1602–1939"; Tiina Kala: *Registratvr über die ganze Canceley der Köngl: Statt Reval.* Die

Chronik enthält Nachrufe (Voldemar Miller, Elisabeth Harder-Gersdorff) und Übersichten über Tagungen zur Geschichte des Baltikums, die in Reval/Tallinn stattfanden.

Kersti Taal

Vija Rozentāle (Red.): Cēsīm 800. Quo vadis, Cēsis? Vēsture un mūsdienu nosacījumi pilsētas attīstībai. Starptautiskās zinātniskās konferences materiāli. Cēsis, 2006. gada 6.–7. aprīlis [800 Jahre Wenden/Cēsis. Quo vadis, Wenden? Die Geschichte und die gegenwärtigen Grundlagen der Stadtentwicklung. Materialien einer internationalen wissenschaftlichen Konferenz. Wenden, 6.–7. April 2006]. Cēsis: Vidzemes Vēstures un tūrisma centrs 2007. 256 S., Abb., dt. und engl. Zusammenfassungen. ISBN 978-9984-39-235-6.

Das angebliche Alter von 800 Jahren der Stadt Wenden/Cēsis wird aus einer Textstelle des nach 1227 verfassten *Chronicon Livoniae* Heinrichs von Lettland abgeleitet, in der der Chronist zum Jahr 1206 über die Christianisierung der Wenden (*Wendi*, lib. X, cap. 14) berichtet. Der Ort, an dem diese zum Zeitpunkt ihrer Christianisierung nach Abwanderung aus dem westlichen Kurland/Kurzeme siedelten, lag im Gebiet der Letten (*Lethi*) und hieß „die alte Burg der Wenden" (*antiquum castrum Wendorum*). Daher nennt Heinrich diesen Ort auch „Wenden". Der historische Hintergrund ist nicht ganz gesichert. In unmittelbarer Nachbarschaft zur „wendischen Burg" entstand wohl in den 20er Jahren des 13. Jahrhunderts eine Vorläuferin der späteren Ordensburg, deren Ruinen noch heute sichtbar sind. Der vorliegende Band vereint Vorträge eines Symposiums, das aus Anlass des Stadtjubiläums im Frühling 2006 veranstaltet wurde. Einige der Referate seien hier genannt: Jānis Apals: „Wenden und die Wendi"; Peter Johanek: „Herrscherresidenz in einer kleinen Stadt"; Anti Selart: „Die Wenden, die nördlichen Lettgallen und die livländisch-russischen Beziehungen im 13. Jahrhundert"; Ilgvars Misāns: „Wenden in der Geschichte des Deutschen Ordens und der Hanse"; Daumants Vesmanis: „Die wechselvolle Geschichte der Stadt Wenden vom Mittelalter bis zum Ende des 19. Jahrhunderts"; Heinrihs Soms: „Wenden in dem für den Papst zum Geschenk dargebrachten Album ‚Terra Mariana' von 1888"; Tālis Pumpuriņš: „Die Darstellung von Wenden in der historischen und touristischen Literatur des 20. Jahrhunderts" und Māra Caune: „Wenden im 14.–18. Jahrhundert: Planung, Bebauung und Bewohner".

Andris Levans

Rutt Tänav: Põltsamaa lossi sees ja ümber [Schloss Oberpahlen und Umgebung]. Põltsamaa: Põltsamaa muuseum 2007. 254 S., Abb. ISBN 978-9949-15-322-0.

Der Sammelband wurde zum zehnten Jahrestag der Gründung des Museums von Oberpahlen/Põltsamaa 1997 veröffentlicht. Die sieben Aufsätze des ersten Teils behandeln archäologische Ausgrabungen in Oberpahlen und Umgebung, geologische Eigenarten und unterschiedliche Aspekte der örtlichen Geschichte. Die vier Aufsätze des zweiten Teils sind dem Museum gewidmet. Anne Untera gibt in ihrem Beitrag „Die Blütezeiten von Põltsamaa, Major von Lauw und sein Hofkünstler Gottlieb Welté" einen Überblick über die Jahre 1750–1786, als Major Woldemar Johann von Lauw der Besitzer des Gutes Alt-Oberpahlen war. Der Major gründete mehrere industrielle Betriebe, darunter einen zur Herstellung von Porzellan. Mit der industriellen Blüte ging auch eine Förderung der Kunst einher: Zum Lebenswerk des Majors wurde der Ausbau der Schlossanlage zu einem Rokokopalast. Eine wichtige Rolle bei der Innengestaltung spielte der aus Mainz stammende Gottlieb Welté, auch „Hofkünstler" des Majors genannt. Indrek Jürjo („Der Pastor von Pôltsamaa August Wilhelm Hupel als Idealtyp der livländischen Aufklärung") schreibt über August Wilhelm Hupel und die Zeit seines Wirkens in Oberpahlen (1764–1805), als sich der Ort zu einem Zentrum des geistigen Lebens in Livland entwickelte.

Lea Teedema

Regina Rita Trimonienė, Robertas Jurgaitis (Hg.): Kryžiaus karų epocha Baltijos regiono tautų istorinėje sąmonėje [Die Epoche der Kreuzzüge im historischen Bewusstsein der Völker des Ostseegebietes]. Šiauliai: Saulės delta 2007. 328 S. ISBN 978-9955-732-23-5.

Der Band (mit litauischen, englischen, deutschen und russischen Texten) veröffentlicht die Vorträge einer internationalen Tagung, die 2006 in Schaulen/Šiauliai veranstaltet wurde, und dokumentiert den Wandel in der Historiographie der baltischen Länder und ihrer Nachbarn in Bezug auf das herkömmliche Geschichtsbild von Kreuzzugsbewegung, Schwertmission und Deutschem Orden. So stellt z. B. M. Dygo in einem Beitrag neue Überlegungen zu Mission und Kreuzzug zu Beginn der Christianisierung Livlands an. H. Sahanovich analysiert das Verhältnis der Kreuzritter zur orthodoxen Bevölkerung des Großfürstentums Litauen (Ruthenen) und konstatiert Unterschiede im Vergleich zu den heidnischen Litauern. Aufgrund seiner Interpretation der Statuten des Deutschen Ordens, die Erfahrungen aus dem Heiligen Land umsetzten, und der realen preußischen und livländischen Gegebenheiten schließt P. Oliński, dass die Regeln nur in wenigen Fällen einen Bezug auf neu eingetretene Umstände aufweisen. K. Kwiatkowski behandelt die Wahrnehmung der Eroberung Preußens durch den Deutschen Orden in der Literatur des Ordens im 14. Jahrhundert. R. Petrauskas beobachtet die freundschaftlichen Beziehungen zwischen einzelnen Gebietigern des Deutschen Ordens und litauischen Herrschern während der langjährigen Kriegsperioden. S. C. Rowell fragt, inwieweit die Kriegszüge des litauischen Großfürsten Witold/Vytautas gegen die Tataren Ende des 14. Jahrhunderts mit der Ideologie der Kreuzzugsbewegung in Einklang gebracht wurden. Das gleiche Thema setzt R. Trimonienė fort, die das Wissen um die Idee des Heiligen Krieges im inzwischen christlichen Litauen des 15. Jahrhunderts analysiert. Mehrere Beiträge (A. Nikžentaitis, E. Eihmane, J. Trupinda, A. Dziarnovich und A. Gumuliauskas) widmen sich der Erinnerung an die Kreuzzüge in den historiographischen und kulturellen Traditionen der modernen Nationen des Ostseeraumes.

Rimvydas Petrauskas

Anne Untera: Maarjamaa rokokoo. Rokoko in Estland. Gottlieb Welté (1745/49–1792). Näitus Kadrioru kunstimuuseumis. Die Ausstellung im Kunstmuseum Kadriorg. 21.09.2007–20.01.2008. Näitus Mainzi Maakonnamuuseumis. Die Ausstellung im Landesmuseum Mainz. 24.02.–20.04.2008. Tallinn: Eesti Kunstimuuseum 2007. 199, [1] S., Abb. ISBN 978-9985-9756-9-5.

Der zweisprachige Katalog der in Reval/Tallinn im Kunstmuseum Katharinental/Kadriorg und im Landesmuseum Mainz veranstalteten internationalen Ausstellung ist dem Werk eines der interessantesten in Estland wirkenden Künstler des 18. Jahrhunderts, Gottlieb Welté, gewidmet. Die ausgestellten Werke stammen aus dem Landesmuseum Mainz, aus dem

Estnischen Kunstmuseum und aus anderen Sammlungen Estlands. Der aus Deutschland stammende Gottlieb Welté verbrachte die letzten zwölf Jahre seines Lebens in Estland, wo er 1792 verstarb, und nimmt eine wichtige Stellung in der Kulturgeschichte Estlands ein. Von Welté stammen einige der frühesten Werke, die estnische Bauern darstellen. Der Hauptteil seines Œuvres bildet ein wertvolles Beispiel für die in Estland seltene Kunst des Rokoko. So wie die in Estland entstandenen Werke des Künstlers bisher in Deutschland wenig bekannt waren, so waren in Estland sein Wirken in Deutschland und seine grafischen Arbeiten aus dieser Zeit unbekannt. Der erste Teil des Katalogs, der Leben und Werk behandelt, enthält drei Aufsätze, von Anne Untera, der Kuratorin der Ausstellung: *Gottlieb Welté. Eine Reise mit Aufenthalten*, von Dorothee von Hellermann: *Candidatus Pictura. Gottlieb Welté als Künstler des Rokoko und Klassizismus*, und von Norbert Suhr: *Gottlieb Welté als Radierer*. Den zweiten Teil der Veröffentlichung bildet der Ausstellungskatalog. Der Anhang enthält erstmals veröffentlichte Briefe Weltés an Otto Friedrich von Pistohlkors sowie ein Personenregister.

Lea Teedema

Kaspars Zellis (Hg.): Sieviete Latvijas vēsturē. Rakstu krājums [Die Frau in der Geschichte Lettlands. Sammelband]. Rīga: LU Akadēmiskais apgāds 2007. 175 S., Abb., dt. Zusammenfassung. ISBN 9984-80280-9.

Der Sammelband vereinigt 13 Artikel lettischer Historiker und Historikerinnen zu Feminismus und Familiengeschichte. Die Forschungen sind chronologisch gegliedert. Bedeutsam ist der Beitrag von Gundars Ceipe über eine der hervorragendsten Frauen des 18. Jahrhunderts in Livland/Vidzeme, Magdalena Elisabeth von Hallart, deren Leben mit der Bewegung der Herrnhutergemeinden verbunden ist. Gvido Straube gewährt Einblick in das Eheinstitut in Livland und Kurland/Kurzeme, und Ēriks Jēkabsons beschreibt Frauen in den Streitkräften des Russischen Zarenreichs und Lettlands. Juris Ciganovs weist die Teilnahme von Frauen an den Unabhängigkeitskämpfen Lettlands nach, und Valters Ščerbinskis erforscht die Tätigkeit von Frauenkorporationen in den 1920er und 1930er Jahren. Insgesamt betrachtet, eröffnet dieser Sammelband ein neues, bis dahin in der Historiographie Lettlands eigentlich nicht vertretenes Forschungsthema.

Helēna Šimkuva

Māra Zirnīte (Hg.): Dzīvesstāsti: vēsture, kultūra, sabiedrība. Rakstu krājums [Lebensgeschichten: Geschichte, Kultur, Gesellschaft. Sammelband]. Rīga: [ohne Verlag] 2007. 357 S., engl. Zusammenfassung. ISBN 9984-62444-7.

Der Sammelband enthält mehrere Beiträge über die Bedeutung von Lebensgeschichten und deren Nutzen für die Erforschung von Geschichte, Politik, Kultur, Identität und anderen Bereichen einer Gesellschaft. Er entstand im Rahmen des Projektes „Die nationale mündliche Geschichte" am Institut für Philosophie und Soziologie an der Universität Lettlands und widmet sich der „Oral History" in Lettland. Besonders interessant und innovativ ist ein Aufsatz von Agrita Ozola, der aus historischer Sicht eine Analyse wechselseitiger kultureller Wirkungen zwischen einerseits deutschbaltischen Herrenhöfen und dem Adel und andererseits den lettischen Bauern wagt. Die Autorin erkennt an, dass lettische und deutschbaltische Kultur nebeneinander bestanden und sich gegenseitig beeinflussten.

Helēna Šimkuva

3. Ostpreußen, Westpreußen, Danzig

Stanisław Achremczyk: Ośrodek Badań Naukowych im. Wojciecha Kętrzyńskiego w Olsztynie 1961–2005 [Das Wojciech-Kętrzyński-Forschungsinstitut in Allenstein 1961–2005]. Olsztyn: Ośrodek Badań Naukowych im. W. Kętrzyńskiego w Olsztynie 2007. 56 S., Abb. ISBN 978-83-60839-03-4.

In dieser kurz gefassten, jedoch reich illustrierten Informationsbroschüre über das Wojciech-Kętrzyński-Forschungsinstitut in Allenstein/Olsztyn werden die Institutsgeschichte und die Forschungsarbeit des Instituts zur Geschichte der Region präsentiert sowie die Personen vorgestellt, die diese Institution aufgebaut und geleitet haben. In der Rubrik „Wissenschaft" werden zwanzig Forschungsbereiche des Instituts genannt. Viele Tagungsreihen bestehen seit Jahren, etwa „Zwischen Barock und Aufklärung" (sieben Tagungen), „Alltagsleben in den ehemaligen preußischen Gebieten" (elf Tagungen) und „Tage des Kulturerbes des Ermlands" (sechs Tagungen); die Beiträge zu diesen Konferenzen werden zumeist in den Buchreihen des institutseigenen Verlags publiziert. Ein weiterer wichtiger Bereich der Tätigkeit des Forschungsinstituts ist die Bibliothek, die ebenfalls aus der Kulturlandschaft des Ermlands nicht mehr wegzudenken ist. Die hier in einer Printausgabe veröffentlichten Informationen sind auch auf den Internetseiten des Instituts zu finden.

Alina Kuzborska

Stanisław Achremczyk (Red.): Życie codzienne na dawnych ziemiach pruskich: dziedzictwo kulinarne. Praca zbiorowa [Alltagsleben in den ehemaligen preußischen Gebieten: das kulinarische Erbe. Sammelband]. Olsztyn: Ośrodek Badań Naukowych im. Wojciecha Kętrzyńskiego 2007 (Rozprawy i Materiały Ośrodka Badań Naukowych im. Wojciecha Kętrzyńskiego w Olsztynie 233). 111 S. ISBN 978-83-60839-08-9.

Der vorliegende Band der Reihe „Alltagsleben in den ehemaligen preußischen Gebieten" ist der Ernährungsgeschichte und den Kulinaria des Landes gewidmet. Manche Beiträge weichen von der regionalen Thematik ab und beschäftigen sich etwa mit der türkischen oder der italienischen Küche in Reiseberichten. Der größte Teil der Beiträge behandelt verschiedene Aspekte der Esskultur und Kochkunst im Preußenland. Stanisław Achremczyks Thema ist die Küche der Bischöfe von Ermland im 17. und 18. Jahrhundert. Józef Włodarski und Izabela Raszczyk lüften das Geheimnis der Rezeptur des Danziger Goldwassers vom 17. bis zum 20. Jahrhundert. Danuta Bogdan stellt den Speiseplan des Königsberger Konviktoriums in der ersten Hälfte des 17. Jahrhunderts vor. Barbara Krysztopa-Czupryńska schreibt über den Handel mit Lebensmitteln in Elbing im 17. Jahrhundert, Małgorzata Sztąberska über das Alltagsmenü der Masuren im 19. Jahrhundert. Filip Wolański steuert einen Beitrag über kulinarische Vorlieben altpolnischer Reisender bei. Leider gibt es keine fremdsprachigen Zusammenfassungen der Aufsätze.

Alina Kuzborska

Krzysztof Berenthal, Stanisław Sikora, Edward Klamann: Stadt meiner Träume – Danzig, Zoppot, Gdingen. Gdańsk: Tessa [2007]. 160 S., farb. Abb. ISBN 978-83-606966-07-5.

In einem kleinformatigen, aber inhaltsreichen, zugleich auf Polnisch und in anderen Sprachen (Deutsch, Englisch, Französisch, Russisch) herausgegebenen Album werden die Geschichte und die Sehenswürdigkeiten der „Dreistadt" Danzig/Gdańsk, Zoppot/Sopot und Gdingen/Gdynia dargestellt. Der Text ist durch viele Abbildungen von historischen Dokumenten und sehenswerten Örtlichkeiten reich illustriert. Die populäre Publikation ist für Touristen und Liebhaber der drei benachbarten Ostseestädte bestimmt.

Mirosław Ossowski

Indrė Brokartaitė-Pladienė: Deutscher lexikalischer Lehneinfluss in der litauischen Zeitung Ostpreußens „Naujasis Tilžės keleivis" (1924–1940). Vilnius: Dissertation 2007. 166 S. Keine ISBN.

Die Studie untersucht – auf der Grundlage der Kontaktlinguistik – den deutschen lexikalischen Lehneinfluss auf das Preußisch-Litauische, wie er sich in den 1920er und 1930er Jahren in der für die litauische Sprachminderheit bestimmten Tilsiter Zeitung *Naujasis Tilžės keleivis* widerspiegelt. Im theoretischen Teil werden die Repräsentativität der Quelle im Kontext des Preußisch-Litauischen zu Beginn des 20. Jahrhunderts beurteilt und Besonderheiten der Lehnerscheinung in ihren soziokulturellen Zusammenhängen beleuchtet. Im empirischen Teil wird dargestellt, wie die als Folge des deutschen Lehnworteinflusses im Preußisch-Litauischen entstandenen Nominationseinheiten auf Grund bestimmter soziopragmatischer Mechanismen hinzugefügt oder abgestoßen wurden und formale und inhaltliche Transformationen erlebten. Das der Arbeit zugrunde liegende empirische Material ist in einem lexikographischen Anhang angefügt. Es handelt sich um eine komplexe Forschungsarbeit, die sowohl linguistische als auch soziolinguistische Aspekte berücksichtigt und zu den wenigen Arbeiten über deutsch-litauische Sprachkontakte in Ostpreußen im 20. Jahrhundert gehört. Die Doktorarbeit wurde 2007 an der Philologischen Fakultät der Universität Wilna/Vilnius verteidigt; sie verfügt über keine Druckversion.

Sigita Barniškienė

Hanna Domańska: Magiczny Sopot [Magisches Zoppot]. Gdańsk: Polnord, Oskar 2007. 192 S., Abb. ISBN 978-83-89923-24-0.

Die Autorin veröffentlichte bereits mehrere populäre Publikationen über Baudenkmäler und die Geschichte der Region Pommern/Pomorze und der Städte Danzig/Gdańsk und Zoppot/Sopot. In ihrem neuen Buch beschreibt sie architektonisch interessante bzw. geschichtlich relevante, existierende oder auch nicht mehr existierende Gebäude und berichtet über deren Bewohner und ihre Schicksale. Aus den sechzig Darstellungen ergibt sich ein farbiges Bild des früheren Zoppot. So werden z. B. Ludwig Heidingsfeld und seine 1902 gegründete Singakademie (im Haus Brombergstraße 23, heute ul. Andersa), die von Jean Rudolph Claaszen 1903 gebaute Villa (heute Sitz des Stadtmuseums) sowie die evangelische Kirche und der Leuchtturm vorgestellt. Im Buch finden sich ein deutsch-polnisches Straßenverzeichnis, ein Personenregister und ein Verzeichnis der benutzten Literatur.

Mirosław Ossowski

Mirosław Fudziński, Henryk Paner (Hg): Aktualne problemy kultury łużyckiej na Pomorzu [Aktuelle Probleme der Lausitzer Kultur in der Region Pomorze]. Gdańsk:

Muzeum Archeologiczne w Gdańsku 2007. 224 S., Abb., dt. Zusammenfassung. ISBN 83-85824-34-0.

Der Band enthält 15 Beiträge eines Symposiums zur Lausitzer Kultur im nördlichen Polen. Mittels analytischer und synthetischer Methoden werden folgende Themen und Fragestellungen berührt: a) Typen von Siedlungsstrukturen in der späten Bronze- und frühen Eisenzeit in der Region; b) Beziehungen zwischen der Phase der Großendorfer Kultur (faza wielkowiejska) und der Lausitzer bzw. Pommerschen Kultur; c) ausgewählte Aspekte des religiösen Systems und des Bestattungsritus; d) Rekonstruktion von Siedlungsprozessen in der frühen Eisenzeit im Weichselgebiet und -delta; e) Siedlungstypen in der Mikroregion Czersk im Zentrum der Tucheler Heide / Bory Tucholskie; f) die räumliche und chronologische Entwicklung der Siedlung der Górzycka-Gruppe. In den darauf folgenden Beiträgen stehen quellenkundliche Fragen im Mittelpunkt, dabei geht es um die Analyse von Keramiken sowie menschlichen und tierischen Überresten. Arbeiten zur Geschichte der Geländeforschung und eine zusammenfassende Darstellung des gegenwärtigen Wissensstandes zur Lausitzer Kultur beschließen den Band.

Dorota Kozłowska-Skoczka

Mirosław Fudziński, Henryk Paner (Hg.): Nowe materiały i interpretacje. Stan dyskusji na temat kultury wielbarskiej [Neue Materialien und Interpretationen. Der Stand der Diskussion um die Wielbark-Kultur]. Gdańsk: Muzeum Archeologiczne w Gdańsku 2007. 749 S., dt. bzw. poln. Zusammenfassungen. ISBN 83-85824-33-2, 83-85824-22-2.

Der Band versammelt die Vorträge der gleichnamigen Tagung (25./26.11.2004 in Danzig/ Gdańsk), die polnische, deutsche, weißrussische und ukrainische Wissenschaftler gehalten haben. Die 40 Beiträge beleuchten den aktuellen Forschungsstand zur Wielbark-Kultur (Willenberg-Kultur), sowohl in Bezug auf neue archäologische Funde als auch auf Untersuchungen einzelner Kategorien von Quellen in ihrem regionalen und geistig-kulturellen Kontext. Dabei wird auf das Verhältnis der Wielbark-Kultur zu anderen archäologischen Kulturen eingegangen, die in den heute polnischen und angrenzenden Gebieten während der letzten Jahrhunderte des Altertums bestanden, und auf ihr Verschwinden gegen dessen Ende. Weitere Artikel befassen sich mit anthropologischen Untersuchungen menschlicher Überreste aus Grabstätten der Wielbark-Kultur, mit Bevölkerungsgruppen, die in den letzten Jahrhunderten des Altertums und im frühen Mittelalter im Einzugsgebiet von Oder und Weichsel ansässig waren, mit Goldschmiedetechniken und Stoffen als Beispielen für archäologische Sachkultur, mit mineralogischen Untersuchungen, die auf einem Gräberfeld durchgeführt wurden, und mit schriftlichen Quellen zum Aufenthalt der Goten im Gebiet der Weichselmündung. Ein äußerst wichtiger Beitrag resümiert ein Vierteljahrhundert der Erforschung der Wielbark-Kultur seit der bahnbrechenden Konferenz „Probleme der Wielbark-Kultur". Erwähnenswert ist auch die Bibliographie, die den Zeitraum 1981–2005 umfasst. Den Band vervollständigt ein Nachruf auf Ryszard Wołągiewicz, einen der besten Kenner der vorrömischen und römischen Zeit, der den Begriff Wielbark-Kultur in die Forschung eingeführt und erstmals definiert hat.

Krzysztof Kowalski

Gdańskie Gimnazjum Akademickie [Das Danziger Akademische Gymnasium]. Tom [Bd.] I: Szkice z dziejów [Studien zur Geschichte]. Hg. v. Edmund Kotarski. Gdańsk: Wydawnictwo Uniwersytetu Gdańskiego 2008. 418, [1] S., Abb. ISBN 978-83-7326-485-4 (für alle Bände), 978-83-7326-486-1 (Bd. I).

Der erste Teil einer vierbändigen Publikation, die dem 1558 in Danzig/Gdańsk gegründeten und unter diesem Namen bis ins 19. Jahrhundert bestehenden Akademischen Gymnasium gewidmet ist, enthält 15 durch Abbildungen von zahlreichen Dokumenten illustrierte Beiträge. Sie betreffen die wirtschaftlichen Grundlagen (Edmund Kizik), Stiftungen und Mäzenatentum (Edmund Kotarski) sowie die an dem Gymnasium wirkenden Professoren und ihre Fachgebiete Astronomie, Mathematik (Małgorzata Czerniakowska), Philosophie (Mariusz Brodnicki), Geschichte (Lech Mokrzecki), ferner den Polnischunterricht (Regina Pawłowska). Zbigniew Nowak beschreibt die Bibliotheca Senatus Gedanensis 1596–1817. Andere Aufsätze behandeln den Alltag im Gymnasium (Edmund Kizik) sowie die Bereiche Musik (Danuta Popinigis), Gelegenheitsdichtungen (Edmund Kotarski), Theologie (Sławomir Kościelak) und Justizwesen (Tadeusz Maciejewski). Einen historischen Überblick gibt Lech Mokrzecki. Der Band veranschaulicht die Verdienste des Akademischen Gymnasiums um die Danziger Kultur und Wissenschaft.

Mirosław Ossowski

Gdańskie Gimnazjum Akademickie [Das Danziger Akademische Gymnasium]. Tom [Bd.] II: Wybór źródeł z XVI i XVII wieku [Auswahl von Quellen aus dem 16. und 17. Jahrhundert]. Hg. v. Lech Mokrzecki. Gdańsk: Wydawnictwo Uniwersytetu Gdańskiego 2008. 323 S., 10 s.-w. Abb. ISBN 978-83-7326-485-4 (für alle Bände), 978-83-7326-487-8 (Bd. II).

Der Band bietet eine Auswahl von Quellen aus den ersten 100 Jahren des Akademischen Gymnasiums in Danzig/Gdańsk, die editorisch bearbeitet und mit Anmerkungen versehen sind. Sie werden in der Originalfassung (neun Texte auf Latein und ein Text auf Deutsch) sowie in polnischer Übersetzung abgedruckt. Folgende Autoren wurden herangezogen: Andreas Franckenberg (1568), Jacob Fabricius (1628), Johannes Botsaccus (1641, 1642), Johannes Mochinger (1643), Abraham Calovius (1644) und Johannes Maukisch (1655, 1657, 1658). Die Texte betreffen die Schulordnung, Gesetze, Lehrpläne um die Mitte des 17. Jahrhunderts, die Namen der Lehrer, die Anfänge des Gymnasiums, dessen Lehrtätigkeit und organisatorische Fragen. Im Band finden sich ein Lexikon antiker Autoren sowie ein Personenregister.

Mirosław Ossowski

Gdańskie Gimnazjum Akademickie [Das Danziger Akademische Gymnasium]. Tom [Bd.] III: Wybór źródeł od XVI do XVIII wieku [Auswahl von Quellen aus der Zeit vom 16. bis 18. Jahrhundert]. Hg. v. Lech Mokrzecki. Gdańsk: Wydawnictwo Uniwersytetu Gdańskiego 2008. 560, [1] S., s.-w. Abb. ISBN 978-83-7326-485-4 (für alle Bände), 978-83-7326-488-5 (Bd. III).

Der Band besteht aus zwei Teilen, die kritisch edierte Texte in Originalfassung und in polnischer Übersetzung beinhalten. Im ersten Teil finden sich fünf lateinische Texte, die sich auf die 1596 gegründete Bibliotheca Senatus Gedanensis beziehen. Dazu gehören ein *Index Librorum* ... (1596) sowie Texte von Andreas Welsius (1599), Samuel Schelguigius (1675,

1677) und Ephraim Praetorius (1713). Der zweite Teil umfasst ausgewählte Texte aus der Publikation *Acta jubilaei secundi* (Danzig 1759), in der Dokumente zur Feier des 200-jährigen Bestehens des Akademischen Gymnasiums veröffentlicht wurden. Es handelt sich um sieben lateinische Texte – zwei von Gottlieb Wernsdorff, je einer von Ernst August Bertling, Christian Sendel und Michael Christophorus Hanow – sowie eine aus Anlass der Feier gehaltene *Jubelpredigt* in deutscher Sprache von Ernst August Bertling. Der Band enthält ein Register der geographischen Namen und der Personen.

Mirosław Ossowski

Gdańskie Gimnazjum Akademickie [Das Danziger Akademische Gymnasium]. Tom [Bd.] IV: W progach muz i Minerwy [Bei den Musen und der Minerva]. Hg. v. Zofia Głombiowska. Gdańsk: Wydawnictwo Uniwersytetu Gdańskiego 2008. 260, [1] S., Abb. ISBN 978-83-7326-485-4 (für alle Bände), 978-83-7326-489-2 (Bd. IV).

Der vierte Teil der dem Akademischen Gymnasium in Danzig/Gdańsk gewidmeten Publikation beginnt mit einer übergreifenden Darstellung seiner Tätigkeit im 16. und 17. Jahrhundert von Józef Budzyński. Die weiteren sechs Beiträge gelten dem Lateinunterricht von Andreas Aurifaber (Elżbieta Starek), den lateinischen Dichtungen von Achatius Curaeus und J. Ribinius (Zofia Głombiowska), Johannes Hoppius (Agnieszka Witczak), Achatius Curaeus (Izabela Bogumił) und der Ansprache *Oratio in memoriam pacis Oliviensis* von Gottlieb Wernsdorf (Jacek Pokrzywnicki). Krzysztof Głombiowski analysiert die polnische Übersetzung von Xenophons *Anabasis*.

Mirosław Ossowski

Günter Grass: Calcanul [Der Butt]. [Übers. u. Anm.]: Corneliu Papadopol. [Vorw.]: Rodica Binder. Bucureşti: Editura Leda 2008. 654 S. ISBN 978-973-102-097-6.

Da es sich bei dem Roman um kein programmatisches Werk, sondern eher um ein Fantasiespiel handelt, wird er vor allem wegen seiner literarischen Qualitäten übersetzt. Die Übertragung einer der umfangreichsten, wildesten und faszinierendsten Geschichten deutscher Sprache ins Rumänische hilft, das erzählerische Talent und die Person von Günter Grass auch in Rumänien einem breiteren Publikum bekannt zu machen.

Ana-Maria Pălimariu

Sylwia Grochowina: Szkolnictwo niemieckie w Okręgu Rzeszy Gdańsk-Prusy Zachodnie w latach 1939–1945 (obszar II RP) [Das deutsche Schulwesen im Reichsgau Danzig-Westpreußen in den Jahren 1939–1945 (Zweite Republik Polen)]. Toruń: Wydawnictwo MADO 2008. 229 S. ISBN 978-83-89886-90-3.

Die Autorin beschreibt das deutsche Schulwesen in den Jahren des Zweiten Weltkriegs im Reichsgau Danzig-Westpreußen, allerdings nur auf dem bis 1939 zu Polen gehörenden Gebiet, als Teil des gesellschaftlichen Lebens. Sie stützt ihre Arbeit auf Recherchen in den Staatsarchiven von Bromberg/Bydgoszcz, Danzig/Gdańsk und Thorn/Toruń, im Archiv der Neuen Akten (Archiwum Akt Nowych) und im Institut für Nationales Gedenken (Instytut Pamięci Narodowej), beide in Warschau/Warszawa, sowie in den Bundesarchiven Berlin-Lichterfelde und Bayreuth. Die Monographie besteht aus fünf Teilen. Das erste Kapitel betrifft die Struktur des Schulwesens. Im zweiten Kapitel wird die Rolle der Schulen vor dem Hintergrund der ideologisch-politischen Zielsetzung der nationalsozialistischen Germanisierungspolitik charakterisiert. Das folgende Kapitel ist dem System der Schulverwaltung und den Schulbauten gewidmet. Im vierten Kapitel werden die Arbeitsbedingungen, die materielle Situation und die Ausbildung der Lehrer beleuchtet. Im letzten Kapitel analysiert die Autorin das System der Aufnahme in die Schulen, die Schulprogramme und Lehrpläne sowie die didaktischen Hilfsmittel. Sie berücksichtigt auch Erziehungsmethoden, Auszeichnungen und Strafen, den obligatorischen außerschulischen Unterricht, Jugendorganisationen in den Schulen und darüber hinaus die Einstellungen polnischer Schüler gegenüber dem Unterricht in deutschen Schulen.

Mirosław Ossowski

Wojciech Gruszczyński: Wolne Miasto Gdańsk. Przewodnik po mieście [Die Freie Stadt Danzig. Reiseführer durch die Stadt]. Gdańsk: Vellow Faktory, Creative Team 2008. 165, [3] S., 200 s.-w. Abb. Keine ISBN.

Der Autor des Buches, der seit Jahren auf einer Internet-Homepage das Danzig/Gdańsk der Vorkriegszeit präsentiert, ließ sich durch zahlreiche an ihn gerichtete Fragen dazu bewegen, auch einen „Reiseführer" durch das Danzig jener Zeit zu verfassen. Seine eher knappen Darstellungen werden durch zahlreiche Schwarz-Weiß-Bilder illustriert und sind nach folgenden Themen geordnet: die Anfänge der Freien Stadt Danzig und ihre Grenzen; die Anreise nach Danzig; Danziger Straßenbahnen, Behörden, Währung und Polizei; Rechtstadt und Altstadt; Werften und Häfen; die Stadtteile Heubude/Stogi und Langfuhr/Wrzeszcz, der Waldkurort Oliva/Oliwa und Zoppot/Sopot. Im letzten Abschnitt werden das Ende des Freistaates 1939 und der Untergang der Stadt 1945 geschildert.

Mirosław Ossowski

Norbert Honsza, Irena Światłowska (Hg.): Günter Grass. Bürger und Schriftsteller. Wrocław: Oficyna Wydawnicza ATUT, Dresden: Neisse Verlag 2008 (Beihefte zum Orbis Linguarum 70). 518 S. ISSN 1426-7241, ISBN 978-83-7432-356-7, 978-3-940310-34-7.

Im Oktober 2007 feierte Günter Grass und mit ihm die ganze literarische Welt seinen 80. Geburtstag. Man kann sich kaum einen besseren Anlass denken, verfestigte Lesarten zu seinem Werk zu erschüttern und neue Interpretationswege aufzuzeigen. Zwei polnische Germanisten und Herausgeber haben für ihr Projekt Philologen, Linguisten, Historiker, Philosophen, Ingenieure, Musik-, Film- und Theaterwissenschaftler aus der ganzen Welt gewonnen und sie angeregt, bisherige Sichtweisen auf Grass zu revidieren. Man findet in dem vorliegenden Band aktuelle Analysen und Betrachtungen zu beinahe allen Werken des Autors der *Blechtrommel* und zur Rezeption seiner Person, Texte über Tanz, Musik und Küche bei Grass, über sein spektakuläres Bekenntnis von 2006 (Dienst in der Waffen-SS) und dessen Folgen, über die Aufnahme seines Werkes in Polen, Ungarn und Slowenien. Den Band beschließen Prosatexte unterschiedlicher zeitgenössischer Autoren, die dem Nobelpreisträger gewidmet sind.

Grzegorz Kowal

Andrzej Januszajtis: Gdańsk. Przewodnik [Danzig. Reiseführer]. Olszanica: Bosz 2008. 407 S., farb. Abb., engl. Zusammenfassung. ISBN 978-83-7576-023-1.

Der Verfasser des vorliegenden, mit farbigen Bildern und Karten illustrierten Reiseführers durch Danzig/Gdańsk, Andrzej Januszajtis, ist auch Autor von mehreren Büchern und zahlreichen Feuilletons zur Geschichte der Stadt. Nach einer kurzen allgemeinen Einführung bietet das Buch Vorschläge für Besichtigungstouren. Besonders wertvoll sind Januszajtis' historische Erörterungen. Der Autor erklärt den Ursprung der Namen von einzelnen Straßen und Örtlichkeiten, schildert deren Geschichte und erwähnt Persönlichkeiten, die dort früher gelebt haben. Zuweilen beschreibt er Örtlichkeiten aus dem Leben und Werk von Schriftstellern (etwa von Johannes Trojan). Neben dem historischen Stadtzentrum werden auch einzelne Vororte knapp dargestellt, darunter Langfuhr/Wrzeszcz, ein in Reiseführern eher selten erwähnter Stadtteil, den Januszajtis auf immerhin 16 Seiten mit seinen Sehenswürdigkeiten vorstellt. Falsch ist hier jedoch, dass Günter Grass im Labesweg (ul. Lelewela) geboren sein soll. Die Umgebung von Danzig wird dagegen eher knapp geschildert. Der Reiseführer schließt mit praktischen Informationen für Touristen sowie mit einem Verzeichnis der wichtigsten Straßen, Stadtviertel und Objekte.

Mirosław Ossowski

Andrzej Januszajtis: Krzyże Farnej Wieży i inne gdańskie osobliwości [Kreuze des Pfarrturms und andere Danziger Eigentümlichkeiten]. Gdańsk: Wydawnictwo Marpress 2007. 105, [1] S., s.-w. Abb. ISBN 978-83-7528-009-8.

Der Band beinhaltet 94 Feuilletons, die der Autor in den Jahren 2004–2006 in der Danziger Ausgabe der Zeitung *Gazeta Wyborcza* veröffentlicht hat. Januszajtis stellt darin Danziger Sehenswürdigkeiten vor. Er beschreibt ihre Geschichte sowie ihre früheren Funktionen und Beschaffenheiten. Häufig beruft er sich auf historische Dokumente und bemüht sich, historische Rätsel aufzuklären. Er verweist auch auf gängige Missverständnisse, die sich etwa bei der Übersetzung deutscher Ortsnamen ins Polnische ergaben. Der Text ist in fünf Gruppen von etwa gleichem Umfang gegliedert: 1. Häuser, Mühlen, Speicher, 2. Gedenkstätten, Denkmale, Epitaphe, 3. Heilige, Glocken, Kirchen, 4. Baudenkmäler, Stadtviertel und Umgebungen, 5. Menschen, Sitten, Bräuche. Bilder der beschriebenen Objekte runden den Band ab.

Mirosław Ossowski

Jerzy Kiełbik: Miasta warmińskie w latach 1466–1772. Samorząd, społeczeństwo, gospodarka [Die Städte des Ermlands in den Jahren 1466–1772. Verwaltung, Gesellschaft, Wirtschaft]. Olsztyn: Ośrodek Badań Naukowych im. Wojciecha Kętrzyńskiego 2007 (Rozprawy i Materiały Ośrodka Badań Naukowych im. Wojciecha Kętrzyńskiego w Olsztynie 237). 188 S., Abb., dt. Zusammenfassung. ISBN 978-83-60839-14-0.

Dies ist der Versuch einer Überblicksdarstellung zur Geschichte der ermländischen Städte hinsichtlich ihrer Verwaltung, ihrer Bevölkerung und einiger Aspekte der Wirtschaft. Der Zeitrahmen wird von den beiden Zäsuren der Inkorporierung des Ermlands in das Königreich Polen im Jahre 1466 und der ersten Teilung der polnischen Adelsrepublik durch Preußen, Russland und Österreich im Jahre 1772 bestimmt. Alle vier chronologisch angelegten Kapitel behandeln die eingangs erwähnten Themenbereiche; außerdem untersucht der Autor im ersten Kapitel die Entstehung und Entwicklung der Städte sowie ihre Raumordnung. Im Anhang findet man Listen der Stadträte einzelner Städte, eine umfangreiche Bibliographie, ein Abkürzungs- und ein Namenverzeichnis.

Alina Kuzborska

Komunikaty Mazursko-Warmińskie. Kwartalnik. Czasopismo poświęcone przeszłości ziem Polski północno-wschodniej [Masurisch-Ermländische Mitteilungen. Vierteljahresschrift. Zeitschrift zur Geschichte der nordöstlichen Gebiete Polens]. Hg.: Towarzystwo Naukowe i Ośrodek Badań Naukowych im. W. Kętrzyńskiego w Olsztynie, Stacja Naukowa Polskiego Towarzystwa Historycznego (Instytut Mazurski) w Olsztynie. (2007), Nr 1 (255) – 4 (258). Olsztyn: Polskie Towarzystwo Historycznego 2007. 620 S., Abb., dt. Zusammenfassungen. ISSN 0023-3196.

Im Jahre 2007 feierte die Vierteljahresschrift ihren 50. Geburtstag. Das 3. Heft ist diesem Jubiläum gewidmet. Die traditionelle Gliederung der Hefte wurde in den vier Nummern des Jahrgangs im Wesentlichen beibehalten. Neben den „Aufsätzen und Materialien" gibt es die Rubriken „Miscellanea" und – außer im Jubiläumsheft – „Rezensionen und Besprechungen". Den Jahrgang 2007 (Nr. 1) eröffnet der Aufsatz von Marek Radoch „Die Ausgaben der Hochmeister des Deutschen Ordens für Hospitäler in Preußen in den Jahren 1399–1409 (nach dem Ausgabenbuch des Marienburger Schatzmeisters", der die finanzielle Unterstützung der Kranken in den Ordensstiften unter der Herrschaft der beiden Hochmeister Konrad und Ulrich von Jungingen behandelt. Adam Szymanowicz stellt den Wissenschaftler und masurischen Aktivisten Kurt Alfred Obitz (1907–1945) vor. Anna Kostrzewa thematisiert die Aussiedlung der deutschen Bevölkerung aus dem Kreis Lötzen/Giżycko in den Jahren 1945–1948. Mariusz Tomasz Korejwo erörtert die Rolle und Funktion des Erntedankfestes in Allenstein/Olsztyn im Jahre 1978. In der Rubrik „Miscellanea" werden zwei Beiträge deutscher Autoren in polnischer Übersetzung publiziert: „Sprachliche Verhältnisse im südlichen Teil Ermlands im Jahre 1910 nach der Landkarte von Leo Wittschell" von Bernd Sonnberger und „Das Preußenland in den Reisebeschreibungen von Johann Arnold von Brand, Johann Bernoulli, Carl Feyerabend, Christian Gottlieb und Gottfried Peter Rauschnick" von Stefan Hartmann. – Zu Beginn des 2. Heftes berichten Małgorzata Karczewska und Marek Karczewski über archivarische und neue Archäologie im Land der großen masurischen Seen am Beispiel der Vorzeitburg „Heiliger Berg" in Staświny/Staßwinnen. Die folgenden beiden Beiträge haben die Geschichte der Reformation in der Region zum Thema: „Die Grenzen der Toleranz gegenüber reformatorischen Strömungen im katholischen Ermland im 16. Jahrhundert" von Danuta Bogdan sowie „Das Museum der polnischen Reformation in Mikołajki (Nikolaiken)" von Dominik Krysiak, der die Entstehungsgeschichte und die Sammlungen des Museums beschreibt. In der Rubrik „Miscellanea" widmet sich Joanna Szydłowska der Nachkriegsliteratur über die sogenannten „wiedergewonnenen Gebiete", insbesondere der Prosa von Igor Newerly und Marek Domański. In den Rezensionen werden wichtige Publikationen zur Regionalgeschichte diskutiert, darunter das Buch von Andrzej Gąsiorowski „Historische und landeskundliche Reisen im preußischen Grenzland 1466–1939" und die neue Zeitschrift *Pruthenia*, die sich der Geschichte der Prußen und anderer baltischer Völker annimmt. – Das 3. Heft mit dem Titel „50 Jahre" ist, wie erwähnt, abweichend strukturiert: Es besteht aus sieben Beiträgen, die teils eine Rückschau auf den wissenschaftlichen Ertrag der Vierteljahresschrift bieten, teils einen Blick auf andere für die Regionalgeschichte relevante Periodika werfen. Der Chefredakteur Wojciech Wrzesiński leitet die Jubiläumsnummer mit dem Beitrag „Komunikaty Warmińsko-Mazurskie – 50 Jahre Tätigkeit einer Olsztyner Vierteljahresschrift für Geschichte" ein. Der Beitrag von Teresa Borawska, ebenfalls dem Jubiläum verpflichtet, gibt einen Überblick über die Behandlung des Zeitraums vom 10. Jahrhundert bis zur Mitte des 16. Jahrhunderts als Thema der Vierteljahresschrift in den Jahren 1957–2006. Es folgen entsprechende forschungsgeschichtliche Beiträge von Józef A. Włodarski zur Geschichtsschreibung zur Frühen Neuzeit und von Kazimierz Wajda zur Historiographie zum 19. und 20. Jahrhundert. Jerzy Sikorski analysiert die wissenschaftliche Leistung des *Rocznik Olsztyński* („Allensteiner Jahrbuch") in den Jahren 1958–1997, Andrzej Kopiczko die Aufarbeitung der Geschichte der Region in der Jahresschrift *Studia Warmińskie* 1964–2003. Jan Chłosta bietet eine Überblicksdarstellung unter der Überschrift „Die Vergangenheit Ermlands und Masurens als Thema in den nach 1989 gegründeten wissenschaftlichen Regionalzeitschriften". – Heft 4 enthält vier Beiträge zur Regionalgeschichte: Piotr Strzyż beschreibt die Sammlung steinerner Kanonenkugeln auf der Burg Rößel/Reszel; Adam Kucharski befasst sich mit Darstellungen des Königlichen Preußen in ausgewählten Reiseberichten der Zeit von 1600 bis 1772; Danuta Syrwid widmet sich den Beständen der Allensteiner Zeitung *Gazeta Olsztyńska* in polnischen und ausländischen Archiven; Waldemar Brenda spürt der Geschichte der polnischen Konspiration im Grenzgebiet zwischen Ostpreußen und Polen während des Zweiten Weltkrieges nach. Der Allensteiner Mittelalterhistoriker Grzegorz Białuński fragt in der Rubrik „Miscellanea": „Gab es in Seehesten/Szestno eine Komturei des Deutschen Ordens?" In der Rubrik „Polemiken" diskutieren die Historiker Józef Śliwiński und Elżbieta Kowalczyk-Heyman über einen Artikel Śliwińskis zur politischen Zugehörigkeit des Ortes Rajgród im Jahre 1360. Neben polnischen Büchern wird auch das 17. Beiheft der *Zeitschrift für die Geschichte und Altertumskunde Ermlands* besprochen. Den Band beschließen eine wissenschaftliche Chronik und das Inhaltsverzeichnis des Jahrgangs 2007 in den Sprachen Polnisch, Deutsch und Russisch.

Alina Kuzborska

Krzysztof Kopiński, Janusz Tandecki (Hg.): Księga ławnicza Starego Miasta Torunia (1456–1479). Liber scabinorum veteris civitatis Torunensis [Schöffenbuch der Altstadt Thorn (1456–1479)]. Toruń: Towarzystwo Naukowe w Toruniu, Wydawnictwo Naukowe Uniwersytetu Mikołaja Kopernika 2007 (Fontes 99). XXXII, 548 S. ISBN 978-83-87639-90-7.

Die hier publizierte Handschrift des Schöffenbuches der Altstadt Thorn/Toruń bezieht sich auf die Jahre 1456–1479. Sie ermöglicht einen detaillierten Einblick in die Thorner Altstadtbank und ihre Gerichtsbarkeit sowie Aufschlüsse über die materielle und geistige Kultur der Einwohnerschaft. Damit stellt sie eine wichtige Quelle nicht nur zur Stadtgeschichte von Thorn, sondern zur Geschichte des ganzen Landes Preußen dar. Das Buch vermittelt zahlreiche Informationen über den Vermögensstand einzelner Bürger, ihre familiären Beziehungen, Vermögensaufteilungen, Schulden, Zinsen, Versicherungen, Renten, Mieten, den Kauf und Verkauf von Immobilien, die Fürsorge für Minderjährige und alte Menschen und vieles mehr. Besonders deutlich wird die Gerichtspraxis im mittelalterlichen Thorn. Man erfährt Näheres über die Beteiligung von Vertretern der Ritterschaft und der Geistlichkeit, von Frauen und Minderjährigen an Gerichtsprozessen. Von Interesse sind auch Hinweise auf Strafsachen und auf Urteile anderer Gerichte. Handelsgesellschaften und ihre Geschäfte (Darlehen, Kauf und Verkauf von Gärten, Obstgärten oder Weinbergen) werden ebenso beleuchtet wie der Zustand von Gebäuden oder Brunnen. Ein Verzeichnis enthält Aufstellungen über Rüstungen, Schmuck, Geräte des täglichen Gebrauchs und Kleidung. Insgesamt bietet das Buch wertvolles Wissen über die Einwohner der Stadt Thorn und Umgebung wie auch ihre Besucher (Ordensleute, Weltgeistliche und Ritter). Das Buch verfügt über eine ausführliche Einleitung in deutscher Sprache sowie Sach-, Personen- und Ortsregister.

Piotr Zariczny

Jacek Kriegseisen, Ewa Barylewska-Szymańska, Wojciech Szymański (Hg.): „... łyżek srebrnych dwa tuziny." Srebra domowe w Gdańsku 1700–1816. Katalog wystawy w Domu Uphagena lipiec–listopad 2007. „... zwei Dutzend Silberlöffel". Haussilber in Danzig 1700–1816. Ausstellungskatalog im Uphagenhaus Juli–November 2007. Gdańsk: Muzeum Historyczne Miasta Gdańska 2007. 495 S., farb. Abb. ISBN 978-83-89961-24-2, 978-83-921441-7-5.

Der großformatige zweisprachige Katalog enthält unter anderem folgende Aufsätze: von Jacek Kriegseisen über das Danziger Goldschmiedehandwerk im 18. Jahrhundert und zu Beginn des 19. Jahrhunderts, von Ewa Barylewska-Szymańska und Wojciech Szymański über das Tafelgedeck in Danziger Bürgerhäusern, von Jerzy Żmudziński über die Bestellung eines Tafelservice bei dem Danziger Goldschmied Johann Gottfried Schlaubitz für den Marienburger Woiwoden Michał Czapski, von Aleksander Klak über die Besonderheiten des Danziger Tafelsilbers aus der zweiten Hälfte des 18. Jahrhunderts sowie von Tobias Schenk über Polen und Danzig als Absatzmärkte für Berliner Porzellan in der zweiten Hälfte des 18. Jahrhunderts. Darüber hinaus findet sich im Katalog ein Lexikon der in den Jahren 1700–1816 in Danzig tätigen Goldschmiede mit 200 Namen.

Mirosław Ossowski

Adam Kromer: Oliwa [Oliva]. Gdańsk: Polnord – Wydawnictwo Oskar 2007 (Gdańskie Dzielnice). 338, [1] S., Abb. ISBN 978-83-89923-23-3.

Die populärwissenschaftliche Publikation bildet den fünften Band der Buchreihe „Danziger Stadtviertel" und ist dem neben der Rechtstadt am häufigsten besuchten Stadtteil von Danzig gewidmet. Der Autor behandelt ausführlich die Geschichte von Oliva/Oliwa, die zunächst in Zusammenhang mit der Geschichte des Zisterzienserklosters und dann im Kontext der preußischen Verwaltung und der Freien Stadt Danzig beleuchtet wird. Dabei werden auch bedeutende Persönlichkeiten, darunter die Danziger Bischöfe Eduard O'Rourke und Karl Maria Splett, vorgestellt. Der übrige Teil des Buches gilt den lokalen Sehenswürdigkeiten. Auch Abschnitte aus literarischen Werken (unter anderem von Günter Grass), Reiseberichten und Memoiren werden angeführt. Das Buch enthält ein Verzeichnis der Olivaer Äbte, ein deutsch-polnisches Straßenverzeichnis sowie Quellenangaben.

Mirosław Ossowski

Andrzej Liszewski, Tadeusz Sadkowski: Kaszubskie drewniane kościoły. Holzkirchen in der Kaschubei. Wooden churches of Kaszuby. Gdańsk: Wydawnictwo BiT, Beata Żmuda-Trzebiatowska 2006. 111, [1] S., Abb. ISBN 83-924425-0-4, 978-83-924425-0-9.

Der dreisprachige Band ist den in der Kaschubei erhaltenen hölzernen Sakralbauten gewidmet. Im Vorwort erörtern die Autoren kurz die historischen, religiösen, nationalen und sprachlichen Besonderheiten der Region sowie die Merkmale der dortigen, früher oft protestantischen Holzkirchen. Im Buch werden 53 Kirchen aus den Kreisen Bütow/Bytów, Konitz/Chojnice, Schlochau/Człochów, Karthaus/Kartuzy, Berent/Kościerzyna, Lauenburg/Lębork, Putzig/Puck, Stolp/Słupsk und Preußisch Stargard/Starogard Gdański mit Angaben über ihre Geschichte und heutige Funktion, ihre Erbauer, ihre architektonische Form, ihre Ausstattung und deren Schöpfer sowie je einem großformatigen farbigen Foto dargestellt.

Die Autoren heben hervor, dass ihr Buch die erste Veröffentlichung über die traditionelle Sakralarchitektur in dieser Region ist.

Mirosław Ossowski

Grażyna Nawrolska (Hg.): XV Sesja Pomorzoznawcza. Materiały z konferencji 30 listopada – 02 grudnia 2005 [15. Tagung zur Landeskunde der Region Pomorze. Materialien zur Konferenz 30.11.–2.12.2005]. Elbląg: Muzeum Archeologiczno-Historyczne w Elblągu 2007. 531 S., engl. bzw. poln. Zusammenfassung. ISBN 978-83-919291-1-7.

Der Band umfasst 50 Aufsätze, die auf Vorträgen der 15. Tagung zur Landeskunde der Region Pomorze 2005 in Elbing/Elbląg beruhen. Die Texte präsentieren den überwiegenden Teil der Ergebnisse archäologischer Forschungen, die zwischen 2003 und 2005 vor Ort durchgeführt wurden, darunter auch Unterwasseruntersuchungen und begleitende Spezialanalysen zur Anthropologie und Paläobotanik. Angrenzende Regionen wurden einbezogen, wie die Ausgrabungen der Handwerker- und Handelssiedlung und des Gräberfelds aus der Wikingerzeit in Kaup bei Wiskiauten/Mochovoe im Samland. Die Beiträge sind chronologisch geordnet und umfassen den Zeitraum von der Urgeschichte, beginnend mit dem frühen Neolithikum, über früh- und hochmittelalterliche Fundstellen bis zur Neuzeit. Den Band schließt eine Studie zu einem Abschnitt der Geschichte der baltischen Archäologie ab.

Krzysztof Kowalski

Piotr Oliński: Fundacje mieszczańskie w miastach pruskich w okresie średniowiecza i na progu czasów nowożytnych (Chełmno, Elbląg, Gdańsk, Królewiec, Braniewo) [Bürgerliche Stiftungen in preußischen Städten im Mittelalter und am Beginn der Neuzeit (Kulm, Elbing, Danzig, Königsberg, Braunsberg)]. Toruń: Wydawnictwo Naukowe Uniwersytetu Mikołaja Kopernika 2008. 629 S., dt. Zusammenfassung. ISBN 978-83-231-2219-7.

Die umfangreiche und solide Studie beschäftigt sich mit der Geschichte bürgerlicher Stiftungen in den größten Städten des Deutschordensstaates: Kulm/Chełmno, Thorn/Toruń, Elbing/Elbląg und Braunsberg/Braniewo (jeweils Alt- und Neustadt), Danzig/Gdańsk (Recht-, Alt- und Jungstadt), Königsberg (Altstadt, Kneiphof, Löbenicht). Der Verfasser konzentriert sich auf Stiftungen von Kapellen, Altären, Messen, ewigen Lichtern und liturgischen Gegenständen in den Gotteshäusern der Städte und Vorstädte. Das Buch besteht aus sieben Kapiteln, einer Bibliographie, einem umfangreichen Verzeichnis unveröffentlichter und gedruckter Quellen und einem Personenverzeichnis. Im Kapitel I werden bürgerliche Stiftungen des 13. Jahrhunderts beschrieben, die von der Bedeutung und der Attraktivität des Ordens Zeugnis ablegen. In Kapitel III wird die Entwicklung der Stiftungen vom 13. bis zum 16. Jahrhundert geschildert, wobei ein besonderes Augenmerk auf gesellschaftliche und religiöse Veränderungen in den preußischen Städten und ihren Einfluss auf die Stiftungstätigkeit gelenkt wird. Je ein Kapitel behandelt die Stiftungen von Kapellen und Altären, die von Patrizierfamilien, Handwerksbruderschaften und dem Klerus dominiert wurden, und die Stiftungen in städtischen Spitalkirchen und Leprahäusern, die vor allem karitativen Charakter besaßen. Im letzten Kapitel geht es um stifterische Aktivitäten des Bürgertums gegenüber den städtischen Klöstern, die ein attraktiver Begräbnisort für einen Teil der städtischen Eliten waren.

Piotr Zariczny

Henryk Paner (Hg.): Archeologia Gdańska [Danziger Archäologie]. [Bd.] 1. Gdańsk: Muzeum Archeologiczne 2006. 271 S., Abb., engl. Zusammenfassung. ISBN 83-85824-29-4. – [Bd.] 2. Gdańsk: Muzeum Archeologiczne 2007. 191 S. Abb., engl. Zusammenfassung. ISSN 1896–6756. – [Bd.] 3. Gdańsk: Muzeum Archeologiczne 2007. 141 S., Abb., engl. Zusammenfassung. ISSN 1896-6756.

Im Vorwort zu dem ersten Band einer neuen archäologischen Forschungsreihe aus Danzig/Gdańsk nennt der Herausgeber Henryk Paner als dessen Ziel die Publikation von Forschungsergebnissen des Museums für Archäologie in Danzig (Muzeum Archeologiczne w Gdańsku) seit 1988. Mit dieser Reihe soll das Wissen über die lokale Geschichte, über räumliche Entwicklungen der Stadt, über ihre materielle Kultur und ihre Handelsbeziehungen erweitert werden. Im ersten Beitrag beschreibt Paner ausführlich die archäologischen Forschungen in Danzig in den Jahren 1988 bis 2005, deren Ergebnisse er in Verbindung mit einem Überblick über die Forschungen zwischen 1948 und 1986 zusammenfasst. Der Beitrag wird durch Karten, Verzeichnisse und Bilder ergänzt und schließt mit einer Bibliographie der Veröffentlichungen und Forschungsberichte von 1988 bis 2005. Die folgenden Aufsätze stammen von Zbigniew Borcowski, Maciej Szyszka, Beata Możejko, Błażej Sliwiński und Dariusz Kaczor. Robert Krzywdziński berichtet über Forschungen in der Danziger Markthalle, die auf dem Gebiet eines Klosterkomplexes, einer mittelalterlichen Siedlung und eines Friedhofs durchgeführt wurden. Derselben Thematik gelten auch die Texte in den zwei nächsten Bänden der Reihe, die ebenfalls mit Karten, Bildern und Skizzen versehen sind. Bd. 2 enthält zwei Aufsätze von Robert Krzywdziński sowie einen von Judyta J. Gładykowska-Rzeczycka und Beata Iwanek. In Band 3 finden sich neun Beiträge: von Monika Kasprzak (zwei Texte), Magdalena Kowalska, Olga Krukowska, Borys Paszkiewicz, Ewa Trawicka (zwei Texte), Anna Drążkowska (zwei Texte).

Mirosław Ossowski

Straty wojenne Muzeum Miejskiego w Gdańsku [Kriegsverluste des Stadtmuseums zu Danzig]. T. [Bd.] I: Straty w dziedzinie sztuki: malarstwa, rysunku, grafiki, rzeźby [Verluste im Bereich der Kunst: Malerei, Zeichnungen, Grafik, Plastik]. Hg. v. Małgorzata Danielewicz. Gdańsk: Muzeum Narodowe 2005. 269, [1] S., 193 s.-w. Abb. ISBN 83-88669-66-4.

Das Nationalmuseum Danzig (Muzeum Narodowe w Gdańsku) möchte mit einer dreibändigen Publikation versuchen, die hohen Kriegsverluste in den Sammlungen des früheren Stadtmuseums und des Kunstgewerbemuseums zu erfassen. Die Autoren der Beiträge verweisen auf große Schwierigkeiten, da die Dokumentation der Objekte unzureichend erhalten ist. Die Verluste in einzelnen Kunstbereichen betragen schätzungsweise zwischen 40 und 60 Prozent, so sind z. B. von der besonders wertvollen Kabrun'schen Gemäldegalerie nur drei Exponate erhalten. Den Band eröffnet ein Vorwort des Direktors des Danziger Nationalmuseums, Wojciech Bonisławski. Czesława Betlejewska beschreibt die Arbeit des Museums in den Jahren 1870–1945. Die Verluste an Gemälden werden von Krystyna Górecka-Petrajtis, diejenigen an Zeichnungen von Grażyna Zinówko, an Kupferstichen von Kalina Zabuska und an Plastiken von Zbigniew Massowa erörtert.

Mirosław Ossowski

Straty wojenne Muzeum Miejskiego w Gdańsku [Kriegsverluste des Stadtmuseums zu Danzig]. T. [Bd.] II: Straty w dziedzinie rzemiosła artystycznego: meble, bursztyne, metale [Verluste im Bereich des Kunstgewerbes: Möbel, Bernstein, Metalle]. Hg. v. Iwona Ziętkiewicz. Gdańsk: Muzeum Narodowe 2005. 173, [2] S., s.-w. Abb. ISBN 83-88669-76-1.

Der Band enthält einen knappen Aufsatz von Barbara Tuchołka-Włodarska über die kunstgewerblichen Sammlungen im Stadt- und Kunstgewerbemuseum von Danzig/Gdańsk sowie zwei umfangreiche Teile von Czesława Betlejewska über Möbel (etwa 40 Prozent der Bestände sind erhalten geblieben) und von Barbara Tuchołka-Włodarska über Bernstein und Metallgegenstände (wo besonders hohe Verluste zu registrieren sind). In beiden Teilen finden sich kurze Einführungen und Verzeichnisse mit zahlreichen Abbildungen. Die Verluste werden vorwiegend anhand des Inventars des Kunstgewerbemuseums aus den Jahren 1881–1915 und eines Berichts für den Senat der Freien Stadt Danzig aus dem Jahre 1925 dokumentiert.

Mirosław Ossowski

Straty wojenne Muzeum Miejskiego i Muzeum Rzemiosł Artystycznych w Gdańsku [Kriegsverluste des Stadt- und Kunstgewerbemuseums zu Danzig]. T. [Bd.] III: Straty w dziedzinie ceramiki [Verluste im Bereich der Keramik]. Hg. v. Maria Stempowska. Gdańsk: Muzeum Narodowe 2007. 296 S., s.-w. Abb. ISBN 978-83-88669-77-4.

Der Band dokumentiert die Verluste in den Sammlungen des früheren Gewerbemuseums von Danzig/Gdańsk. In der Einleitung wird die Geschichte des Museums dargestellt, dessen Grundlage die 1881 von der Stadt gekaufte, 433 Exponate zählende wertvolle Sammlung von Ludwig Garbe bildete, die hier beschrieben wird. Die Sammelgebiete Garbes gaben die Richtungen für die spätere Entwicklung der musealen Bestände an und bilden auch die Grundlage für die Einteilung der beschriebenen Verluste in dreizehn Bereiche. Der Katalog wurde von Elżbieta Kilarska erarbeitet; die biographischen Anmerkungen stammen von Mirosław Gliński.

Mirosław Ossowski

Ryszard Tomkiewicz: Olsztyński rok 1956. Rola studentów w wydarzeniach [Das Jahr 1956 in Allenstein. Die Rolle der Studenten bei den Ereignissen]. Olsztyn: Ośrodek Badań Naukowych im. Wojciecha Kętrzyńskiego 2007 (Rozprawy i Materiały Ośrodka Badań Naukowych im. Wojciecha Kętrzyńskiego w Olsztynie 235). 212 S., Abb. ISBN 978-83-60839-12-6.

Das Buch beschreibt den politischen Umbruch des Jahres 1956 auf der lokalen Ebene der Hauptstadt der Region Ermland und Masuren, Allenstein/Olsztyn. Im Vordergrund stehen die Unruhen unter den Studenten an der dortigen Landwirtschaftlichen Hochschule sowie Proteste der örtlichen Intelligenz. Der Historiker Ryszard Tomkiewicz, der sich hauptsächlich mit der Nachkriegsgeschichte Allensteins befasst, geht in seiner neuesten Publikation auf die Ziele der Studenten und die Reaktionen der lokalen Machthaber, des Komitees der Polnischen Vereinigten Arbeiterpartei der Hochschule und der Stadtbewohner ein. Das Buch beinhaltet eine Bibliographie, ein Namen- und ein Abkürzungsverzeichnis. Zu bemängeln ist das Fehlen einer fremdsprachigen Zusammenfassung.

Alina Kuzborska

Arkadiusz Wagner: Warsztat rzeźbiarski Chrystiana Bernarda Schmidta na Warmii [Die Bildhauerwerkstatt von Christian Bernhard Schmidt im Ermland]. Olsztyn: Ośrodek Badań Naukowych im. Wojciecha Kętrzyńskiego 2007 (Rozprawy i Materiały Ośrodka Badań Naukowych im. Wojciecha Kętrzyńskiego w Olsztynie 238). 382 S., Abb., dt. Zusammenfassung. ISBN 978-83-60839-15-7.

Diese Biographie ist dem wichtigsten Vertreter der Rokoko-Bildhauerkunst im Ermland, Christian Bernhard Schmidt (1734–1784), gewidmet. Der Künstler erbte die Werkstatt von seinem Vater, Johann Christian Schmidt, in Rößel/Reszel, mit der sich ein Kapitel der Monographie befasst, und eroberte in kurzer Zeit den Markt für Innenausstattungen von Kirchen. Der Verfasser gibt zu Beginn einen Überblick über den Forschungsstand, beschreibt den historischen Hintergrund und liefert eine allgemeine Charakteristik der Skulptur des 18. Jahrhunderts. Den Schluss bildet eine Beschreibung der Organisation und Technik der Arbeit des Künstlers. Die Hälfte des Bandes machen Anhänge aus: ein chronologisches Verzeichnis der Werke des Bildhauers, ein Katalog der Arbeiten aus seiner Werkstatt, ein topographisches Verzeichnis der Arbeiten, Abbildungen, Bibliographie und Personenregister.

Alina Kuzborska

Jarosław Wenta, Sieglinde Hartmann, Gisela Vollmann-Profe (Hg.): Mittelalterliche Kultur und Literatur im Deutschordensstaat in Preußen: Leben und Nachleben. Interdisziplinäres Symposion über die Kultur und Literatur im Deutschordensstaat in Preußen, 22. bis 26. September 2004, Kwidzyn. Toruń: Wydawnictwo Naukowe Uniwersytetu Mikołaja Kopernika 2008 (Sacra Bella Septentrionalia 1). 652 S. ISBN 978-83-23122-99-9.

Dieser Band eröffnet eine neue Buchreihe, die Sammelbände und Monographien zur Thematik der nordeuropäischen Kreuzzüge im Ostseeraum oder im Baltikum vorsieht. Die Herausgeber, Jarosław Wenta (Thorn/Toruń) und Sieglinde Hartmann (Frankfurt a. M.) sowie ihre zahlreichen Partner möchten der Forschung neue Impulse geben, um ein facettenreicheres Bild von den historischen Ereignissen in Zusammenhang mit den mittelalterlichen Kreuzzugsbewegungen in dieser Region zu gewinnen. Das angestrebte Gesamtbild soll zudem neue Möglichkeiten bieten, regionale Besonderheiten zu den Gemeinsamkeiten der europäischen Geschichte in Bezug zu setzen. Mit dem vielversprechenden ersten Band der Reihe werden die Ergebnisse zweier interdisziplinärer Tagungen über Kultur und Literatur im Deutschordensstaat Preußen vorgelegt, die im September 2004 in Marienburg/Malbork und Marienwerder/Kwidzyn stattfanden. Er besteht aus sechs Kapiteln mit insgesamt 36 Beiträgen polnischer und deutscher Mittelalterforscher. Die Gliederung in thematische Schwerpunkte veranschaulicht die Möglichkeiten, die eine interdisziplinäre und vergleichende Behandlung der Geschichte des Deutschordensstaates eröffnet. Dessen Kunst, Schriftkultur, Literatur, Geschichtsschreibung und Nachleben stellen die zentralen Aspekte der Studien dar.

Piotr Zariczny

Joachim Zdrenka: Urzędnicy miejscy Gdańska w latach 1342–1792 i 1807–1814. Spisy [Das Rats- und Gerichtspatriziat Danzigs in den Jahren 1342–1792 und 1807–1814. Verzeichnisse]. Gdańsk: Muzeum Archeologiczne 2008 (Fontes commentationesque ad res gestas Gedani et Pomeraniae 1). 269, [2] S., Abb. ISBN 83-85824-37-5.

Die auf zwei Bände angelegte Publikation zum Rats- und Gerichtspatriziat von Danzig/ Gdańsk in den Jahren 1342–1792 und 1807–1814 ist eine erweiterte und aktualisierte Fassung der von dem Autor 1989, 1991 und 1998 in Band 64, 69 und 96 der *Sonderschriften des Vereins für Familienforschung in Ost- und Westpreußen* mitgeteilten Forschungsergebnisse. Der erste Band, *Spisy*, enthält chronologische Verzeichnisse des Rats- und Gerichtspatriziats. Im Vorwort finden sich Informationen über die Quellen sowie redaktionelle Bemerkungen. In der Einleitung erklärt der Autor die Struktur und die Aufgaben der Verwaltungsorgane im alten Danzig. Der Band enthält zahlreiche Porträts aus den Sammlungen der Danziger Bibliothek der Polnischen Akademie der Wissenschaften (Biblioteka Gdańska Polskiej Akademii Nauk) und des Nationalmuseums in Danzig (Muzeum Narodowe w Gdańsku) sowie ein Personenregister.

Mirosław Ossowski

Joachim Zdrenka: Urzędnicy miejscy Gdańska w latach 1342–1792 i 1807–1814. Biogramy [Das Rats- und Gerichtspatriziat Danzigs in den Jahren 1342–1792 und 1807–1814. Kurzbiographien]. Gdańsk: Muzeum Archeologiczne 2008 (Fontes commentationesque ad res gestas Gedani et Pomeraniae 2). 407 S., farb. u. s.-w. Abb. ISBN 83-85824-37-5.

Der zweite Teil der zweibändigen Publikation enthält Kurzbiographien der zum Rats- und Gerichtspatriziat von Danzig/Gdańsk in den Jahren 1342–1792 und 1807–1814 gehörenden Persönlichkeiten. Soweit Informationen vorhanden sind, werden auch andere Funktionen der betreffenden Personen, etwa in der preußischen Verwaltung, genannt. Die einen Zeitraum von nahezu sechs Jahrhunderten übergreifende Arbeit ist das erste derart umfassende wissenschaftliche Werk über das Patriziat einer Hansestadt. Der Autor verzichtet auf breitere biographische Darstellungen und verweist auf einschlägige Quellen. In den Biogrammen finden sich folgende Angaben: 1. Geburtsdatum und -ort bzw. Datum und Ort der Taufe, 2. Sterbedatum und -ort bzw. Datum und Ort des Begräbnisses, 3. Nach- und Vorname, Beruf und Abstammung der Eltern, 4. Datum und Ort der Eheschließung (bzw. der Eheschließungen) sowie Name, Beruf, Funktion und Abstammung des Vaters der Ehepartnerin, 5. Bildungsweg (Gymnasium, Universität), 6. Berufsweg. Ein Quellenverzeichnis rundet den Band ab.

Mirosław Ossowski

4. Pommern, Neumark

Barbara Adamczewska: Świnoujście na starych pocztówkach. Swinemünde auf alten Fotos. Szczecin: PPH Zapol Dmochowski Sobczyk Spółka Jawna [2006]. 96 S., 94 Abb. ISBN 978-83-60140-18-5, 83-60140-18-9.

Der zweisprachige Bildband enthält Reproduktionen historischer Postkarten mit Ansichten von Swinemünde und Umgebung, die aus dem Museum für Meeresfischerei in Swinemünde (Muzeum Rybołówstwa Morskiego w Świnoujściu) stammen. Die Einleitung gibt einen Überblick über die Geschichte von Swinemünde als Hafenstadt und Ostseebad von den Anfängen bis zum Zweiten Weltkrieg; dabei wird die Bedeutung der Ansichtskarte als historische Quelle betont. Bildunterschriften geben über die dargestellten Gebäude und die

Entstehungszeit der Aufnahmen Auskunft. Die Abbildungen ermöglichen eine virtuelle Besichtigung von Swinemünde, bei der systematisch ein Bild der Stadt und ihrer Bebauung entsteht. Gezeigt werden die Altstadt, die neuen Wohnviertel, öffentliche Gebäude, Kirchen, Villen, repräsentative Hotels und Pensionen, Einrichtungen des Bade- und Kurbetriebs, Strandanlagen, Hafenbauten und -einrichtungen sowie Wasserfahrzeuge und eine Fährüberfahrt. Eine wichtige Rolle spielen auf den Postkarten abgebildete Einwohner und Feriengäste, bekleidet entsprechend der Mode ihrer Zeit. Auch Ostswine/Warszów und das nahe gelegene Ostseebad Pritter/Przytór werden mit ihren repräsentativen Bauwerken vorgestellt.

Ewa Gwiazdowska

Anna Maria Borowska-Stankiewicz, Ewa Hendryk (Red.): Colloquia Germanica Stetinensia. Nr. 15. Szczecin: Wydawnictwo Naukowe Uniwersytetu Szczecińskiego 2007 (Uniwersytet Szczeciński, Zeszyty Naukowe 441). 275 S. ISSN 0867-5791.

Das Heft aus der wissenschaftlichen Reihe der Universität Stettin/Szczecin besteht aus drei Teilen (Sprach- und Übersetzungswissenschaft, Literaturwissenschaft sowie Rezensionen und Berichte), enthält jedoch kaum Texte zur deutsch-polnischen Thematik. Im letzten Teil gebührt dem Beitrag von Ewelina Kamińska Aufmerksamkeit, der sich mit einer literarischen Darstellung der pommerschen Hauptstadt befasst. Es handelt sich dabei um die Besprechung des „Tatsachen-Romans" von Hans-Gerd Warmann *Was bleibt, ist die Hoffnung* (Kückenshagen 2004), in dem auf die letzten Tage des deutschen Stettin, das Leben der deutschen Bevölkerung in den ersten Nachkriegsmonaten sowie die Übernahme der Stadt durch die Polen eingegangen wird.

Ewelina Kamińska

Joanna Chojecka (Hg.): U stóp Góry Chełmskiej. Szkice do dziejów Sianowa [Dicht hinterm Gollen. Skizzen zur Geschichte von Zanow]. Sianów: Feniks 2007. 106 S., Abb. ISBN 978-83-61066-00-2.

Die Texte dieser Anthologie über die Kleinstadt Zanow/Sianów sind der mehrbändigen Ausgabe von Herbert Zielke *Dicht hinterm Gollen* (Husum 1990–94) entnommen. Im ersten Teil des Buches wird das Werk des in Zanow geborenen Lokalhistorikers Zielke grundlegend charakterisiert und gewürdigt, insbesondere die genaue und gründliche Arbeit des Autors, der große Mengen von Materialien zu seiner geliebten, unwiederbringlich verlorenen Heimatstadt zusammengetragen hat. Der umfangreiche zweite Teil enthält eine Übersetzung von Reinhold Raaschs Beitrag *Geschichte der Stadt Zanow* ins Polnische, der 1911 erschienen war und bis heute die einzige Gesamtdarstellung der Geschichte der Stadt darstellt. Im dritten Teil wurden verschiedene Dokumente zusammengestellt, unter anderem die polnische Übersetzung der Abschrift der Gründungsurkunde von Zanow (1343), die nur als Transsumpt von 1348 bekannt ist. Das Buch enthält zahlreiche Abbildungen und Zeichnungen.

Maciej Szukała

Roman Czejarek: Szczecin i okolice na starych pocztówkach. Stettin und seine Umgebung auf alten Postkarten. Szczecin and Its Surrounding Area in Old Postcards. Łódź: Księży Młyn. Dom Wydawniczy Michał Koliński 2007. 134 S., Abb. ISBN 978-83-61253-02-0.

Bei diesem dreisprachigen Bildband handelt es sich um den zweiten Band einer Reihe, die Postkarten aus der Sammlung des Autors mit Ansichten von Stettin/Szczecin aus der ersten Hälfte des 20. Jahrhunderts präsentiert. In einer kurzen Einführung wird die Geschichte der Stadt zur Zeit der ersten Postkarten dargestellt und die besondere Bedeutung von Ansichtskarten als Geschichtsquellen hervorgehoben, die im Falle Stettins aus seiner Kriegs- und Nachkriegsgeschichte resultiert. Zahlreiche verschiedenartige Karten mit Bildern der pommerschen Hauptstadt und ihrer Umgebung wurden für diesen Band zusammengestellt. Die Ansichten werden sorgfältig beschrieben, wobei auch die Geschichte und das heutige Aussehen der Gebäude zur Sprache kommen. Im vorliegenden Band werden weniger bekannte und ungewöhnliche Ansichten gezeigt, etwa von Straßen, die durch das Abtragen der Festung 1873 entstanden sind. Interessant sind Gebäude, die für verschiedene Lebensbereiche und -etappen der Stettiner und ihrer Gäste stehen: Schulen, Geschäfte, Hotels (Victoria, Linden), Gastronomiebetriebe (Kaiserkrone, Monopol, Johannistal, Lindenhof, Sommerlust) und Innenansichten von Theatern (Bellevue, Zentralhallen, Trocadero). Auch Ereignisse (Militärparaden), Fabriken, Stettiner Produkte, Fahrzeuge (Panzerschiff Pommern aus der Werft Vulkan u. a.), Vorstädte des 19. und Neubausiedlungen des 20. Jahrhunderts sowie Ausflugsziele wie der Aussichtsturm in Gotzlow/Gocław werden vorgestellt. Ebenfalls vertreten sind die Stettiner Vororte und ihre Sehenswürdigkeiten: Pölitz/Police, Messenthin/Mściecino, Warsow/Warszewo, Polchow/Pilchowo, Altdamm/Dąbie, Rosengarten/Kijewo, Buchholz/Płonia, Hohenkrug/Struga, Augustwalde/Wielgowo, Finkenwalde/Zdroje, Binower See / Jezioro Binowskie, Sydowsaue/Żydowce, Friedensburg/Widok, Jungfernberg/Dziewoklicz.

Ewa Gwiazdowska

Robert Dawidowski, Ryszard Długopolski, Adam M. Szymski: Architektura modernistyczna lat 1928–1940 na obszarze Pomorza Zachodniego [Architektur des Modernismus in Hinterpommern 1928–1940]. 2., erg. u. korr. Aufl. Szczecin: Walkowska Wydawnictwo/JEŻ 2007. 288 S., s.-w. Abb., Baupläne. ISBN 978-83-924983-4-6, 978-83-918558-4-3.

Den reich illustrierten Band verfassten Architekten der Technischen Universität Stettin/Szczecin. Im Vorwort wird zunächst der Begriff der Moderne in der Architektur des 20. Jahrhunderts einschließlich seiner stilistischen Merkmale reflektiert. Der erste Teil des Buches befasst sich mit der deutschen Herkunft der Moderne; dargestellt wird unter anderem die Tätigkeit von Architekten des Deutschen Werkbundes und des Bauhauses. Der zweite Teil widmet sich der Geschichte und den Errungenschaften der modernen Architektur im ehemaligen Hinterpommern. Ausgewählte Projekte und deren Realisierungen werden vorgestellt und dabei die politische Zäsur des Jahres 1933 berücksichtigt. Eigenständig behandelt wird die Entwicklung moderner Wohnsiedlungen. Den dritten und letzten Teil des Bandes bildet ein Katalog, der 43 Gebäude präsentiert. Er enthält Angaben zum Standort, zu den gegenwärtigen Besitzverhältnissen, zur ursprünglichen und heutigen Nutzung, zur Zeit der Entstehung und gegebenenfalls der Zerstörung der Gebäude, Baubeschreibungen, stilistische Einordnungen, Hinweise der Denkmalpflege, Informationen zum Aufbewahrungsort der Dokumentation, Pläne, Fotografien und zuweilen perspektivische Zeichnungen. Ein Abbildungsverzeichnis mit Quellenangaben, ein Register der Architekten sowie eine Bibliographie schließen den Band ab.

Ewa Gwiazdowska

Małgorzata Duda, Tomasz Duda: Dolina Dolnej Odry. Przewodnik krajoznawczy dla aktywnych [Das untere Odertal. Ein landeskundlicher Führer für Aktive]. Gdynia: Wydawnictwo Region 2008. 118 S., farb. Abb., Karten. ISBN 978-83-7591-024-7.

Der Führer durch das untere Odertal beginnt mit einer Darstellung der geographischen Lage und der geologischen Gegebenheiten der Region. Es folgt eine Aufzählung der Landschaftsparks und sonstiger Naturschutzgebiete. Ferner werden Fahrrad- und Autorouten vorgeschlagen. Wichtig ist dabei jeweils eine Einführung in die Geschichte und Bedeutung der Sehenswürdigkeiten auf dem deutschen und dem polnischen Oderufer. Im Anhang findet man praktische Informationen, darunter Links zu nützlichen, mit der Region verbundenen Internet-Webseiten.

Ewelina Kamińska

Marek Fijałkowski: Drahim. Kronika zamku [Draheim. Chronik der Burg]. Otrębusy: Zakład Poligraficzny Henryk Górowski 2007. 119 S., 155 Abb. ISBN 978-83-903756-2-5.

Auf Initiative des Museums für Motorisierung und Technik in Otrębusy entstand eine reich illustrierte Monographie über die Burg Draheim/Drahim, die im Mittelalter inmitten der Draheimer Seenplatte nahe der Stadt Tempelburg/Czaplinek errichtet wurde. Die Burgruine kann heute besichtigt werden. In zehn Kapiteln wird zunächst die verwickelte Geschichte der Burg unter Einbeziehung der Region dargestellt. Unterrichtet wird man über die aus archäologischen Quellen bekannte Frühgeschichte der Stadt Draheim, die Ordenszeit, den Bau der Burg durch die Johanniter, die Herrschaft der polnischen Starosten, die Geschichte der Burg während der schwedischen Kriege im 17. Jahrhundert und nach der Übernahme durch den Kurfürsten von Brandenburg 1688. Die Verhandlungen über die Rückgabe der Burg, die die polnischen Starosten mit dem Brandenburger führten, sind Thema eines eigenen Kapitels. Die letzten Kapitel behandeln den weiteren Verlauf der Geschichte unter den Preußen und im polnischen Staat. Die Bibliographie umfasst Archivmaterialien und Sekundärliteratur.

Ewa Gwiazdowska

Maria Frankel (Red.): Szczeciński Informator Archiwalny [Informationen des Stettiner Archivs]. Nr. 20. Szczecin: Dokument, Oficyna Archiwum Państwowego w Szczecinie 2007. 217 S., Abb. ISBN 978-83-89341-56-3.

Das 20. Jahrbuch des Stettiner Archivverlags ist Prof. Dr. hab. Kazimierz Kozłowski, 1975–2007 Direktor des Staatlichen Archivs in Stettin/Szczecin, gewidmet. Der erste Teil berichtet über die Emeritierungsfeier von Prof. Kozłowski. Der zweite Teil enthält Paweł Guts Beitrag „Die administrative Einteilung der preußischen Provinz 1918–1939 (Ostpreußen, Pommern, Grenzmark Posen-Westpreußen)" sowie den Text von Maciej Szukała „Der Archivar Rolf Reuter (1909–1945) aufgrund im Staatlichen Archiv Stettin erhaltener Archivalien". Der folgende, deutschsprachige Aufsatz befasst sich mit der Tätigkeit der deutschen Stadtbehörde von der Eroberung Stettins durch die Rote Armee bis zur Übergabe an die polnische Verwaltung: Bernd Aischmann: *Wir alle hatten uns dies ganz anders vorgestellt. Die deutschen Bürgermeister Stettins vom 26. April bis zum 5. Juli 1945*. Roman Stelmach stellt Urkunden und Dokumente aus dem Mittelalter und der Frühen Neuzeit vor, die im Staatlichen Archiv in Breslau/Wrocław aufbewahrt werden. Zwei der zahlreichen weiteren Beiträge sollen noch erwähnt werden: Jan Macholak schreibt über die rechtlichen Grundlagen im Umgang mit nichtöffentlichen Sammlungen und Radosław Gaziński über Archivbestände im Kontext gesellschaftlicher Kommunikation.

Maciej Szukała

Tadeusz Galiński: Rotnowo. Stanowisko paleolityczne i mezolityczne w Dolinie Lubieszowej na Pomorzu Zachodnim [Rottnow. Die paläolithische und mesolithische Fundstelle im Tal von Lübsow in Westpommern (ehem. Hinterpommern)]. Warszawa: Instytut Archeologii i Etnologii Polskiej Akademii Nauk 2007. 174, [4] S., Abb. (Beilage), engl. Zusammenfassung. ISBN 978-83-89499-29-5.

Der Autor stellt archäologische Funde vor, die er bei Ausgrabungen in Rottnow/Rotnowo gewonnen hat. Der Fundort ist in chronologischer, kultureller und funktionaler Hinsicht äußerst komplex, er wurde periodisch von spätpaläolithischen und frühmesolithischen Bevölkerungsgruppen besiedelt, die sich im Spätpleistozän und Frühholozän in Pommern aufhielten. Die Fundstelle liegt am Rand des Urstromtales eines heute kleinen Zuflusses zur Rega. In der zweiteiligen Arbeit werden Feuersteinfunde analysiert und der Charakter der Siedlung interpretiert. Auf der Grundlage der räumlichen Anordnung der Siedlungsrelikte, der Analyse von Rohstoffen und der Technologie des Bestandes an Feuersteinerzeugnissen sowie der Ergebnisse der Radiokarbondatierung zieht der Autor Schlussfolgerungen bezüglich Charakter und Abfolge der paläolithischen Ansiedlungen. Aufgrund seiner Analyse der mesolithischen Bestände unterscheidet der Verfasser ältere (Maglemose-Kultur u. a.) und jüngere Gruppen. Ein reicher Abbildungsteil ergänzt den Band.

Krzysztof Kowalski

Maria Glińska, Rafał Makała (Red.): Sztuka XX wieku w Szczecinie i na Pomorzu Zachodnim. Przemiany i kontynuacje. Materiały z Seminarium Naukowego Szczecińskiego Oddziału Stowarzyszenia Historyków Sztuki, Szczecin 18–19 listopad 2005 [Kunst im 20. Jahrhundert in Stettin und Westpommern (ehem. Hinterpommern). Wandel und Kontinuität. Materialien einer wissenschaftlichen Tagung des Vereins der Kunsthistoriker, Abteilung Stettin, Stettin, 18.–19.11.2005]. Szczecin: Muzeum Narodowe w Szczecinie 2008. 200 S., Abb., dt. Zusammenfassungen. ISBN 978-83-86136-76-6, 978-83-88341-42-7.

Der Band der Bibliothek des Nationalmuseums von Stettin/Szczecin, Reihe Kunstgeschichte, enthält Artikel von 15 polnischen und deutschen Wissenschaftlern und Denkmalpflegern. In die Thematik führt Henryk Dziurla ein, Professor an der Universität Breslau/Wrocław und ehemaliger Stettiner Stadtkonservator. Die Aufsätze sind vier Themenblöcken zugeordnet. Im ersten Teil „Urbanistik und Landschaftsarchitektur" beschäftigen sich Stanisław Latour mit städtebaulichen Entwicklungen nach dem Zweiten Weltkrieg und Marek Ober mit dem Wandel der Kulturlandschaft. Der Beitrag von Bogdana Kozińska erhellt die Entstehungsgeschichte und Funktionsweise der am Stadtrand von Stettin im Kiefernwald gelegenen Siedlung Glambeck/Głębokie. Katja Bernhard analysiert einen nicht verwirklichten Entwurf von Hans Bernhard Reichow für einen modernen Umbau Stettins. Im Teil „Architektur und Bauwesen" gibt Rafał Makała einen Überblick über die Entwicklung der Architektur in Stettin Anfang des 20. Jahrhunderts. Małgorzata Omilanowska informiert über von Walter Gropius entworfene Bauwerke in Pommern. Janusz Nekanda-Trepka befasst sich mit dem Umbau des südlichen Flügels des Stettiner Schlosses der pommerschen Herzöge im 20. Jahrhundert. Der dritte Teil „Malerei, Grafik und Kunstsammler" enthält Arbeiten von Małgorzata Elżbieta Płoszczyńska zu Bühnenbildentwürfen des Stettiner Stadttheaters in der Zwischenkriegszeit und von Ewa Gwiazdowska zum Werk des Stettiner Malers und Grafikers Max Kühn (1888–1970), der die pommersche Architektur dokumentierte. Jan Musekamp erläutert die unterschiedlichen Darstellungsweisen des Greifen, des Wappens des pommerschen Herrschergeschlechts, in Stettin zur deutschen und polnischen Zeit. Cecylia Zofia Gałczyńska stellt die Geschichte der Gemälde- und Grafiksammlung des Städtischen Museums Stettin zwischen 1913 und 1945 dar. Im vierten und letzten Teil „Denkmalpflege und Bildung" betrachtet Barbara Ochendowska-Grzelak die denkmalpflegerischen Theorien von Franz Balke (1889–1972). Lesław Cześnik berichtet über den Verlauf der Rekonstruktion der ursprünglichen malerischen Ausgestaltung im Foyer des ehemaligen Städtischen Museums. Lidia Piotrowska-Cześnik stellt denkmalpflegerische Fragen in Zusammenhang mit der Restaurierung von Skulpturen der alten und neuen Sammlungen des Stettiner Museums. Jadwiga Najdowa widmet sich den Anfängen des Schulwesens mit künstlerischer Ausrichtung in Stettin nach 1945. Jeder Beitrag wird durch eine Bibliographie ergänzt; nach jedem Hauptteil finden sich Tafeln mit Abbildungen.

Ewa Gwiazdowska

Anna Gręzak: Zwierzęta w gospodarce średniowiecznego Kołobrzegu (2 połowa XIII – XV w.) [Tiere in der Wirtschaft im mittelalterlichen Kolberg (2. Hälfte 13. Jahrhundert – 15. Jahrhundert)]. Warszawa: Instytut Archeologii Uniwersytetu Warszawskiego 2007. 182 S. ISBN 978-83-87496-38-8.

Mit ihren Untersuchungen an bei Ausgrabungen entdeckten Tierknochen erweitert die Verfasserin unser Wissen über die Tierwirtschaft in der mittelalterlichen Stadt Kolberg/ Kołobrzeg. Analysiert werden Knochenfunde von zwanzig Grundstücken in vier verschiedenen Teilen der Stadt, die aus der Zeit von Mitte des 13. bis Ende des 14. Jahrhunderts stammen. Dabei wird Fragen zur Tierhaltung, zu den Vermögensverhältnissen der Bewohner bestimmter Stadtteile und zu ihrer möglichen ethnischen Zugehörigkeit nachgegangen. Des Weiteren fragt die Autorin: Wie versorgte man sich mit Fleisch, hielten die Konsumenten die Tiere selbst oder kauften sie Fleischwaren? Verhielten sich die Menschen hinsichtlich ihres Fleischkonsums eher konservativ, oder kam es zu Veränderungen in den Ernährungsgewohnheiten?

Anna Bogumiła Kowalska

Mieczysław Jaroszewicz, Włodzimierz Stępiński (Red.): Żydzi oraz ich sąsiedzi na Pomorzu Zachodnim w XIX i XX wieku [Juden und ihre Nachbarn in Westpommern (ehem. Hinterpommern) im 19. und 20. Jahrhundert]. Warszawa: Muzeum Pomorza Środkowego w Słupsku, Wydawnictwo DiG 2007. 526 S., Abb., poln. u. dt. Zusammenfassungen. ISBN 978-83-7181-488-4, 83-7181-488-7.

Die umfangreiche Veröffentlichung mit Aufsätzen in polnischer und in deutscher Sprache entstand im Ergebnis einer Tagung über Juden in Pommern, die das Mittelpommersche Museum in Stolp/Słupsk unter reger Beteiligung polnischer und ausländischer Wissenschaftler im Mai 2006 durchführte. Verschiedene Fragestellungen zur Situation der Juden vor 1945 werden unter anderem in folgenden Beiträgen beleuchtet: Karlheinz Hellwig: *Näherungen an Otto*

Freundlichs [1878–1943] Kunst: Versuche in Werkstattseminaren in Deutschland und Polen; Anna Wolff-Powęska: „Die katholische Kirche im deutschen Kaiserreich. Zwischen Antijudaismus und Antisemitismus"; Wolfgang Benz: *Emanzipation und Ausgrenzung. Die jüdische Erfahrung im deutschen Kaiserreich und in der Weimarer Republik*; Roman Frister: „Einhundert Jahre unerwiderte Liebe" (über den preußischen Antisemitismus); Gerhard Salinger: *Aspekte zur Geschichte der Juden in Pommern*; Krzysztof A. Makowski: „Betrachtungen zur Identität der Juden im Posener Land im 19. Jahrhundert und ihr Verhältnis zu den polnischen und deutschen Nachbarn"; Wolfgang Wilhelmus: *Stand und einige Probleme der deutschen und deutschsprachigen Forschungen zur Geschichte der Juden in Pommern*; Włodzimierz Stępiński: „Die Geschichte der Juden in der preußischen Provinz Pommern und in Westpommern im 19. und 20. Jahrhundert in der polnischen Historiographie"; Tomasz Ślepowroński: „Die Stellung der Juden in der Geschichte Preußens und Deutschlands im 19. und 20. Jahrhundert in der Landesgeschichte der DDR am Beispiel Vorpommerns"; Bernfried Lichtnau: *Architektonische Spuren jüdischen Lebens in Vorpommern*; Piotr Fiuk: „Die Architektur der Stettiner Synagoge aus dem 19. Jahrhundert"; Ewa Gwiazdowska: „Zum Werk des Malers Julo Levin und des Bildhauers und Grafikers Wilhelm Gross. Zwei Varianten des Expressionismus"; Henryk Romanik: „Skizzen zum Porträt Kösliner Juden am Beispiel von Jacob Salomon Borchardt und Leslie Baruch Brent"; Karl-Ewald Tietz: *Ernst Moritz Arndts Auffassungen zum Judentum und zur polnischen Frage*; Agnieszka Chlebowska: „Das Verhältnis von Vertreterinnen der Stettiner jüdischen Gemeinde zur Frauenbewegung um 1900"; Grzegorz Berendt: „Die antijüdischen Ausschreitungen im Regierungsbezirk Köslin im Jahre 1900 in der Presse"; Kyra T. Inachin: *Der NS-Terror und seine Opfer – Errichtung und Entwicklung des NS-Verfolgungsapparates in der preußischen Provinz Pommern*; Wojciech Skóra: „Die nationalsozialistischen Repressionen gegenüber den polnischen Juden in Hinterpommern 1933–1938"; Maciej Szukała: „Der Antisemitismus im nationalsozialistischen Archivdienst am Beispiel des Staatsarchivs Stettin. Die ‚arische Rassenzugehörigkeit' als Bedingung für den Zugang zu den Archivbeständen in den Vorschriften und der Praxis in der Provinz Pommern 1933–1945"; Paweł Gut: „Die Vorschriften über die Registrierung der natürlichen Bewegung der jüdischen Bevölkerung in Preußen 1847–1874"; Dariusz Szudra: „Das demographische Bild der jüdischen Bevölkerung in Hinterpommern 1871–1939"; Mirosław Opęchowski: „Jüdische Friedhöfe in Pommern. Ihr Zustand und Probleme bei der Pflege"; Jerzy Kalicki: „Der Friedhof von Schivelbein/Świdwin und der Assimilationsprozess der jüdischen Gemeinde in Hinterpommern". Der zweite Teil des Bandes enthält zahlreiche Beiträge zur Situation von Juden in Pommern in der Zeit der Volksrepublik Polen nach 1945.

Maciej Szukała

Edward Jaworski, Grażyna Kostkiewicz-Górska (Hg.): Nowa Marchia: prowincja zapomniana, wspólne korzenie. Materiały z sesji naukowych organizowanych przez Wojewódzką i Miejską Bibliotekę Publiczną w Gorzowie Wlkp. wspólnie z Stiftung Brandenburg w Fürstenwalde od czerwca 2006 r. do lutego 2007 r. [Die Neumark: vergessene Provinz, gemeinsame Wurzeln. Materialien der von der Öffentlichen Woiwodschafts- und Stadtbibliothek Landsberg a. d. W./Gorzow Wlkp. zusammen mit der Stiftung Brandenburg, Fürstenwalde, veranstalteten wissenschaftlichen Tagungen von Juni 2006 bis Februar 2007]. Gorzów Wielkopolski: Wojewódzka i Miejska Biblioteka Publiczna w Gorzowie Wielkopolskim 2007 (Zeszyty Naukowe Wojewódzkiej i Miejskiej Biblioteki Publicznej w Gorzowie 6). 281 S., Abb., Karten. ISSN 1733-1730.

Seit April 2003 wird in der Stadtbibliothek in Landsberg an der Warthe/Gorzów Wlkp. gemeinsam mit der Stiftung Brandenburg das Projekt „Die Neumark, eine vergessene Provinz" entwickelt. Es wurden mehrere gemeinsame Tagungen unter Mitarbeit der Universitäten Stettin/Szczecin, Posen/Poznań und Białystok, der Humboldt-Universität Berlin, des Archivs in Potsdam und des Oderlandmuseums in Bad Freienwalde veranstaltet. Das Ergebnis der Tagungen sind sechs Hefte, die in der Reihe *Zeszyty Naukowe Wojewódzkiej i Miejskiej Biblioteki Publicznej* erschienen sind. Der Schwerpunkt des Projekts betrifft die Verbreitung und Erforschung des gemeinsamen multikulturellen Erbes der Neumark. Im Rahmen des Projekts wird das Besondere an dem Schicksal der Bewohner der sogenannten Westgebiete in der Nachkriegszeit, also Umsiedlungen, Migration, Assimilierung und Suche nach Identität, erforscht, und unter dem Aspekt der „gemeinsamen Wurzeln" diskutiert. Der sechste Band der Reihe mit Beiträgen in polnischer und deutscher Sprache enthält unter anderem Aufsätze von Gerd Heinrich: *Die Neumark und der Siebenjährige Krieg (1756–1763)*, von Werner Vogel: *Die Neumark durch die Jahrhunderte*, von Tadeusz Szczurek über „eine Siedlung in Gorzów Wlkp. vor der Stadtgründung" und von Andrzej Toczewski über das Kriegsgefangenenlager Oflag IIC in Woldenberg/Dobiegniew.

Maria Wojtczak

Kazimiera Kalita-Skwirzyńska, Marcin Kobus, Małgorzata Nowakowska, Barbara Skorodecka, Aleksandra Stachak, Jerzy Tumiłowicz: Ze Stargardu nad Iną do Nowego Warpna. Puszcze, osady, miasta [Von Stargard an der Ihna bis Neuwarp. Urwälder, Siedlungen, Städte]. Szczecin: Wydawnictwo Oficyna In Plus 2006. 272 S., farb. Abb. ISBN 83-89402-41-6.

Die Veröffentlichung, bestehend aus sieben Hauptkapiteln, beginnt mit einer kurzen Beschreibung der Geschichte und Gegenwart der Wälder um Stettin/Szczecin (Buchheide, Gollnower Heide, Uckerheide). Im Weiteren werden die Besonderheiten der Stadt Stargard/Stargard Szczeciński, vieler Stadtteile von Stettin und einiger in der Nähe liegender Dörfer erörtert. Im Mittelpunkt der Untersuchung stehen die Natur und die Dörfer und Kleinstädte um Stettin. Besondere Berücksichtigung finden unter anderem die Gegend um den Madü-See/ Jezioro Miedwie sowie das „Arboretum" im Dorf Glien/Glinna. Im Anhang finden sich unter anderem ein Pflanzen- und Tierverzeichnis, ein Glossar sowie eine Literaturliste, die auch deutsche Veröffentlichungen aufweist.

Ewelina Kamińska

Bogdana Kozińska, Bogdan Twardochleb: Szczecin-Grabowo. Stettin-Grabow. Szczecin: Stowarzyszenie Czas Przestrzeń Tożsamość 2005 (Czas przestrzeń tożsamość 4). 361 S., Abb. ISBN 83-923059-1-4.

Der zweisprachige Band befasst sich mit der Geschichte der Orte Grabow/Grabowo und Bredow/Drzetowo von ihren Anfängen bis in die Gegenwart. Das heutige Stadtviertel Grabowo-Drzetowo liegt im nördlichen Teil von Stettin/Szczecin. Es gehörte zu der an der Oder gelegenen Vorstadt Unterwieck. Grabow war bis Mitte des 19. Jahrhunderts ein Dorf. In der zweiten Hälfte des 19. Jahrhunderts wurde es zu einer selbstständigen Stadt mit einer eigenen Verwaltung, einem Rathaus, Wappen und anderen Merkmalen der Unabhängigkeit. 1900 wurden Grabow und Bredow nach Stettin eingemeindet. Zahlreiche Aspekte werden von den Autoren berührt: Architektur, kulturelles Leben,

Schulwesen, Kirchen, industrielle Entwicklung (besonderes Augenmerk gilt der Werft), Parks und Friedhöfe.

Maciej Szukała

Marek Łuczak: Szczecin-Skolwin. Szczecin-Stołczyn [Stettin-Scholwin, Stettin-Stolzenhagen]. Szczecin: Pomorskie Towarzystwo Historyczne i Zapol Spółka jawna 2007. 208 S., Abb. ISBN 978-83751805-9-6.

Auch diesen fünften Band der Reihe zur Geschichte der Stettiner Stadtteile von M. Łuczak, einem Kenner des alten Stettin, illustrieren zahlreiche Fotos und Postkarten aus dem 20. Jahrhundert aus Sammlungen von Privatpersonen und Kulturinstitutionen. Łuczak befasst sich mit zwei mittelalterlichen Dörfern im Norden der Stadt an der Oder, die im Zuge der Industrialisierung im 19. Jahrhundert eingemeindet wurden. Zunächst wird die historische Entwicklung von Scholwin/Skolwin dargestellt. Zahlreiche Abbildungen zeigen vor allem die Kirche von innen und außen. Die Geschichte und Tätigkeit des wichtigsten Industriebetriebs am Ort, des Papierwerks Feldmühle, wird ebenso beschrieben wie das Alltagsleben. Zur Illustration dienen Ansichten von Straßen und Gebäuden wie der Sparkasse, von Schulen, Restaurants, der Bahnstation, von Wohnsiedlungen und dem nahe gelegenen Gutshof Cavelwisch/Szczecin-Babin. Die Darstellung der Entwicklung von Stolzenhagen/Stołczyn ergänzen Ansichten des gesamten Stadtteils, der Hütte Kratzwiek und einzelner Straßen. Weitere Abbildungen zeigen Bau und Ausstattung der Kirche und den Friedhof. Anschließend berührt der Autor das Schulwesen, die Wohnbebauung und das Wirtschaftsleben von Stolzenhagen, darunter die Ziegelei Lindke, das Chemiewerk Union, die Düngemittelfabrik Fosfan, die Hütte Kraft, den Speicher Gotzlow und die Werft Baltik (heute Forkor). Auch Fotografien von Einwohnern, Lehrern und Fabrikarbeitern sind aufgenommen. Den Band ergänzen die Kurzbiographien des Industriellen Lindke und des verdienstvollen Gemeindevorstehers von Scholwin, Mieczysław Boruta-Spiechowicz, ferner Stadtpläne von 1938 mit Straßenregistern und Verzeichnissen der erwähnten Bauten sowie Reproduktionen wichtiger Dokumente.

Ewa Gwiazdowska

Marek Łuczak (Red.): Szczecin Żelechowa. Züllchow. Szczecin: Pomorskie Towarzystwo Historyczne i Zapol Spółka jawna 2008. 144 S., s.-w. Abb. ISBN 978-83-75-1810-5-0.

Auch in diesem Band mit polnischem und deutschem Text wird die Geschichte eines Stettiner Stadtteils mithilfe alter Fotos und Postkarten aus Sammlungen von Privatpersonen und Kulturinstitutionen der Vergessenheit entrissen. Der jüngste Band der Reihe befasst sich mit einem Industrieviertel und einstigen Dorf im Norden der Stadt an der Oder. Zunächst werden allgemeine Informationen zu dem Stadtteil und seiner Geschichte seit dem Mittelalter gegeben und durch Panoramabilder illustriert. Es folgt ein Abschnitt über die wirtschaftliche Entwicklung des Ortes. Im Zusammenhang mit der Entwicklung der Stettiner Industrie und dem Bau von Verbindungsstraßen in die umliegenden Ortschaften wuchs die Bedeutung von Züllchow und seiner Industrie. Auch verschiedene Aspekte des lokalen gesellschaftlichen Lebens werden behandelt und durch Ansichtskarten veranschaulicht; zu sehen sind das Palais der Kaufmannsfamilie Tilebein, die Erziehungsanstalt Bethesda, das Johanniterkrankenhaus, die Post, das Posthotel, die Lutherkirche, der Friedhof, die Marienkirche, das Veterinärärztliche Amt, das Rathaus, alte und neue Schulgebäude. Informationen zum Bau neuer Wohnsiedlungen in der ersten und zweiten Hälfte des 20. Jahrhunderts schließen sich an. Die Ruinen nach dem Zweiten Weltkrieg sind ebenso abgebildet wie die Industrie-, Wohn- und öffentlichen Gebäude aus der Nachkriegszeit. Der Verfasser nahm ferner die Lebensgeschichten berühmter Einwohner auf; vorgestellt werden Sophie Karoline Auguste von Tilebein, die Stifterin einer Einrichtung für unvermögende Mädchen, und Gustav Jahn, der Direktor einer Erziehungsanstalt. Den Band vervollständigen Reproduktionen wichtiger historischer Dokumente, eine Bibliographie sowie ein Ortsplan von 1936 mit Straßenregister und einem Verzeichnis der Bauten.

Ewa Gwiazdowska

Rolf Meister (Hg.): Alfred Meister 1888–1914. Od akademii do nowoczesnego malarstwa. Szczeciński artysta początku XX wieku. Katalog wystawy w Muzeum Narodowym w Szczecinie 16.05.–10.08.2008. Alfred Meister 1888–1914. Von der Akademie zur modernen Malerei. Stettiner Künstler des frühen 20. Jahrhunderts. Katalog zur Ausstellung im Muzeum Narodowym w Szczecinie 16.05.–10.08.2008. Szczecin: Muzeum Narodowe w Szczecinie 2008. 163 S., 122 Abb. ISBN 978-83-86136-78-0.

Dieser deutsch-polnische Band ist die erste Gesamtdarstellung zu Alfred Meister, dem talentierten Stettiner Maler des frühen 20. Jahrhunderts, der im Ersten Weltkrieg ums Leben kam. Er entstand in Zusammenarbeit der Familie des Künstlers, vor allem seines Neffen Rolf Meister, eines emeritierten Medizinprofessors, mit dem Stettiner Nationalmuseum. Es handelt sich um den Katalog zu einer im Stettiner Museum gezeigten Ausstellung von Werken Meisters aus dem Familienbesitz. Rolf Meister beschreibt das Leben des Künstlers im Kontext der Geschichte der Familien Meister und Devrient, die beide für das kulturelle Leben von Stettin von Bedeutung waren. Im zweiten Kapitel beleuchtet er den beruflichen Werdegang seines Onkels. Prof. Bernfried Lichtnau von der Universität Greifswald skizziert im dritten Kapitel die Situation der pommerschen Kunst gegen Ende des 19. Jahrhunderts und während der ersten Jahrzehnte des 20. Jahrhunderts. Ewa Gwiazdowska analysiert das künstlerische Schaffen Meisters im Kontext der modernen Strömungen der europäischen Kunst, mit denen der Maler während seiner Ausbildung an der Akademie und durch eigene Werkstattstudien in Berührung kam. Der Werkkatalog gliedert sich in Arbeiten aus der Schulzeit und in thematische Abschnitte: Porträts und Gestalten, Stillleben, Landschaften, Akte, der Zyklus „Badende", Kopien und Studien nach klassischen Vorbildern und Plakate; die Zeichnungen werden gesondert gezeigt. Der Band enthält ein Ausstellungsverzeichnis; verschollene Werke werden anhand von Reproduktionen besprochen und chronologisch aufgelistet.

Ewa Gwiazdowska

Jerzy Wohl, Torsten Salzer, Jan Borowiecki: 100 lat Cmentarza Centralnego w Szczecinie: pomnik historii miasta. 100 Jahre Stettiner Hauptfriedhof: ein Denkmal der Stadtgeschichte. [Szczecin]: Agencja Wohl-Press 2007. 239 S., s.-w. u. farb. Abb. ISBN 978-83-917301-1-9.

Die zweisprachige Monographie über den Hauptfriedhof von Stettin/Szczecin behandelt in großzügig illustrierten Kapiteln die Geschichte des Friedhofs, mit ihm verbundene Persönlichkeiten wie den Architekten Wilhelm Meyer-Schwartau, den Direktor Georg Hannig, den Oberbürgermeister Hermann Haken, besonders sehenswerte Grabmäler sowie die reiche Pflanzenwelt. Auch politische Einflüsse und Entwicklungen nach 1945 werden beschrieben, etwa die Zerstörung des deutschen Friedhofs, kommunistische Versuche der Säkularisierung, die Geschichte deutscher und polnischer Kriegsgräber oder die Einrichtung einer Ehrengräberallee zur Zeit der Volksrepublik Polen. Im Anschluss daran werden die gegenwärtigen polnischen Bemühungen um den Erhalt des Friedhofs dargestellt, etwa die Gründung des Vereins für den Stettiner Hauptfriedhof oder die Einrichtung eines im Mai 2007 eröffneten Lapidariums, in dem geborgene deutsche Grabsteine aufgestellt wurden. Die Bedeutung des Friedhofs für deutsche und polnische Stettiner kommt in Zitaten prominenter wie auch einfacher Stadtbewohner zum Ausdruck. Einige kleinere Friedhöfe in der Umgebung von Stettin, auf denen heute alte deutsche Gräber gepflegt werden, finden ebenfalls Erwähnung.

Ewelina Kamińska

Beata Wywrot-Wyszkowska: Skórnictwo w lokacyjnym Kołobrzegu: XIII–XV wiek [Lederverarbeitung in der Gründungsstadt Kolberg: 13.–15. Jahrhundert]. Szczecin: Instytut Archeologii i Etnologii Polskiej Akademii Nauk 2008. 214 S. ISBN 978-83-89499-44-8.

In diesem Band werden die Ergebnisse von Analysen archäologischer Funde zur Lederproduktion in der Gründungsstadt Kolberg/Kołobrzeg vorgestellt. Die Verfasserin zeigt ein facettenreiches Bild des Lederhandwerks einschließlich der Rohstoffgewinnung, Technologie, Produktionsorganisation und des Angebots an Lederprodukten bei örtlichen Handwerkern. Ein weiterer Aspekt sind Fundstücke aus Leder in Untersuchungen zur sozialen und demographischen Struktur der Einwohnerschaft in der spätmittelalterlichen pommerschen Stadt.

Anna Bogumiła Kowalska

Zachodniopomorskie Wiadomości Konserwatorskie [Nachrichten der Westpommerschen Denkmalpflege]. Rocznik [Jg.] II (2007). Szczecin: Zachodniopomorski Wojewódzki Konserwator Zabytków w Szczecinie 2007. 137 S., Abb. ISSN 1896-6349.

Der Band enthält Beiträge zur Denkmalpflege in der Woiwodschaft Westpommern, dem ehemaligen Hinterpommern. Der erste Teil „Studien und Forschungen" umfasst Artikel zu archäologischen Untersuchungen im östlichen Teil Pommerns (Marlena Józefowska), zur Geschichte und zu denkmalpflegerischen Problemen der einstigen Klosteranlage in Kolbatz/Kołbacz (Kazimiera Kalita-Skwirzyńska), zu den denkmalpflegerischen Herausforderungen für die Neustadt von Stettin/Szczecin im 19. Jahrhundert (Tomasz Wolender) und zu den Entstehungsphasen der historischen Stadtanlage von Kallies/Kalisz Pomorski (Olga Kulesza-Szerniewicz). Dorota Bartosz untersucht die Geschichte von Werben/Wierzbno, Krzysztof Mazurkiewicz befasst sich mit dem Stettiner Glasmaler Baldwin Schulze (um 1900), Maria Witek mit denkmalpflegerischen Fragestellungen bezüglich des pommerschen Dorfes Schlawin/Słowino. Małgorzata Jankowska widmet sich dem Barockbrunnen am Stettiner Rossmarkt (pl. Orła Białego). Der zweite Teil des Bandes enthält die Tätigkeitsberichte dreier Institutionen für Denkmalpflege und -dokumentation für das Jahr 2006.

Maciej Szukała

5. Schlesien

Tomasz Andrzejewski: Rechenbergowie w życiu społeczno-gospodarczym księstwa głogowskiego [Die Rechenbergs im sozialen und wirtschaftlichen Leben des Herzogtums Glogau]. Zielona Góra: Oficyna Wydawnicza Uniwersytetu Zielonogórskiego 2007. 385 S., Abb., dt. Zusammenfassung. ISBN 978-83-7481-113-2.

Gegenstand der Abhandlung ist eine der mächtigsten Adelsfamilien im nordwestlichen Niederschlesien. Der Verfasser sichtete unterschiedliche Archiv- und Bücherbestände. Die ersten beiden Teile seines Buches betreffen die wirtschaftliche, soziale und politische Situation im Herzogtum Glogau/Głogów und die Anfänge der Adelsfamilie Rechenberg, ihre Heraldik und die von der Familie benutzten Adelstitel. Im dritten Teil werden die Struktur und Größe der Landgüter, Einkünfte und Belastungen sowie Wirtschaftsformen angesprochen. Thema des vierten Teils sind die Wirtschaftsbeziehungen der Rechenbergs zu den privaten und königlichen Städten des Herzogtums. Der fünfte Teil beschäftigt sich mit der politischen Bedeutung der Familie und ihrem öffentlichen Auftreten. Hier findet man Informationen über die Erziehung und Ausbildung der Kinder sowie die Geschichte einiger Vertreter der Familie. Der letzte Teil untersucht die künstlerischen Ambitionen der Rechenbergs (Profangebäude, sakrale Stiftungen, sepulkrale Denkmäler). Das Buch enthält einen illustrierten Anhang mit der Genealogie unterschiedlicher Familienlinien, einer Güterauflistung derer von Rechenberg sowie einem Katalog der sepulkralen Denkmäler.

Krzysztof Ruchniewicz

Zofia Bandurska: Ikonografia Wrocławia. Pocztówki [Ikonographie Breslaus. Postkarten]. Wrocław: Muzeum Narodowe we Wrocławiu 2008. 274 S., 789 Abb. ISBN 978-83-86766-54-9.

Der Band ist ein eigenständiger Teil der Veröffentlichungen des Nationalmuseums Breslau/Wrocław im Rahmen der Jubiläumsausstellung der Einrichtung. Die abgebildete Sammlung von Ansichtskarten aus der Zeit vor 1945 mit Breslauer Motiven zählt 789 Exemplare und geht auf die Kollektion der Bibliothek des Schlesischen Museums für Kunsthandwerk und Altertum in Breslau zurück. Dieser Grundbestand wurde durch den fortlaufenden Zukauf bei Auktionen in ganz Polen erweitert. Einführend beschreibt die Autorin die Entstehung der Sammlung, die mit Breslau verknüpften Themengruppen sowie Techniken der Herstellung der Postkarten. Den Anfang des Katalogs bilden Ansichten der repräsentativen Gebäude der Stadt. Der zweite Teil des Katalogs hat einen topographischen Zuschnitt und präsentiert Motive aus den ältesten Stadtteilen (Dominsel, Sandinsel, Altstadt, Ring, Universität, Schweidnitzer Straße usw.) und, in weiteren Abschnitten, aus den Vorstädten. Den einzelnen Kapiteln sind Kartenausschnitte mit den älteren und neueren Breslauer Stadtteilen beigegeben. Jeder Katalogeintrag enthält Informationen unter anderem zum Objektnamen, zum Entstehungsdatum, zu Bildkommentaren auf den Vorder- und Rückseiten und zum Herausgeber der Ansichtskarten. Das Einführungskapitel ist ins Deutsche übersetzt.

Maria Zwierz

Adam Bednarski: Architektura jednorodzinnych zespołów mieszkaniowych w Gliwicach z lat 1919–1939 [Die architektonische Gestaltung von Einfamilienhaussiedlungen in Gleiwitz in den Jahren 1918–1939]. Gliwice: Muzeum w Gliwicach 2007 (Muzeum w Gliwicach, Seria Monograficzna 14). 195, [35] S., Abb., Karten, engl. u. dt. Zusammenfassungen. ISBN 978-83-89856-15-9.

Die Veröffentlichung beschäftigt sich mit der Architektur der Einfamilienhaussiedlungen in Gleiwitz/Gliwice aus der Zwischenkriegszeit. Hintergrund der Untersuchung bildet die Wohnsituation in Europa um die Jahrhundertwende, die auch für die Gleiwitzer Siedlungen bestimmend wurde; hier wurden insbesondere Wohnkonzepte aus Österreich, der Weimarer Republik und dem Dritten Reich wichtig. Der Autor beschreibt auch die architektonische Tätigkeit Karl Schabiks und Hans Sattlers, die einen großen Einfluss auf die Bautätigkeit in Gleiwitz ausübten. Einen wichtigen Punkt bildet die Untersuchung der architektonischen Gestaltung und der architektonischen Formsprache der Gleiwitzer Siedlungen, vor allem bezogen auf die Verteilung (Lokalisierung) in der Stadt, die Urbanistik der Wohnanlagen, die Typologie der architektonischen Form sowie die architektonischen Details der Anlagen. Die Arbeit fragt insbesondere, worin der besondere Charakter der in den Jahren von 1919 bis 1939 entstandenen Einfamilienhaussiedlungen in Gleiwitz besteht, und untersucht deren konservatorischen Zustand. Eine gute Ergänzung bilden das Bildmaterial sowie die Dokumentation von Architekturzeichnungen der besprochenen Objekte.

Joanna Beszczyńska

Edward Białek, Hubert Unverricht (Hg.): Literarisches Liegnitz. Wrocław: Oficyna Wydawnicza ATUT, Dresden: Neisse Verlag 2008 (Beihefte zum Orbis Linguarum 76). 276 S. ISSN 1426-7241, ISBN 978-3-940310-29-3, 978-83-7432-410-6.

Die Veröffentlichung stellt Schriftsteller vor, die in Liegnitz/Legnica wirkten und deren Schicksal für eine kurze oder längere Zeit mit der niederschlesischen Stadt verbunden war. Die Themen der Autoren des 20. Jahrhunderts kreisen zum großen Teil um den „ungeheuren Verlust" (L. F. Helbig) durch Flucht und Vertreibung. Dem Leser werden unter anderen Anna Elisabeth von Schleebusch, Caspar Kirchner, Johannes Hönig, Hans Zuchhold, Hermann Stehr, Carl und Gerhart Hauptmann, Kurt Heynicke, Horst Lange, Ursula Höntsch, Dietmar Scholz und Therese Chromik nähergebracht.

Grzegorz Kowal

Bogumiła Burda: Szkolnictwo średnie na Dolnym Śląsku w okresie wczesnonowożytnym (1526–1740) [Das ‚mittlere Schulwesen' in Niederschlesien in der Frühen Neuzeit (1526–1740)]. Zielona Góra: Oficyna Wydawnicza Uniwersytetu Zielonogórskiego 2007. 306, [14] S., Abb., dt. Zusammenfassung. ISBN 978-83-7481-136-1.

Das Buch untersucht die Entwicklung des ‚mittleren Schulwesens' in Niederschlesien unter dem Einfluss von Reformation und Gegenreformation. Die Monographie füllt eine Lücke, die es in der historischen Forschung über diesen Schultyp bisher gab. Da die Archivmaterialien verstreut lagern, war eine umfangreiche Recherche in Breslau/Wrocław, in anderen niederschlesischen Archiven und Bibliotheken sowie in Berlin und Krakau/Kraków notwendig. Im ersten Kapitel der Arbeit wird das Schulwesen in den katholischen und protestantischen Regionen Niederschlesiens beschrieben. Es folgen Ausführungen zu den Curricula und den pädagogischen Leitgedanken. Das dritte Kapitel beschäftigt sich mit den materiellen Grundlagen, vor allem den Schulgebäuden. Der vorletzte Abschnitt informiert über die jesuitischen und protestantischen Lehrer. Den Schluss bildet ein Kapitel über die Schüler; dabei werden ihre Abstammung und ihre Lebensverhältnisse sowie die Karrieren ausgewählter Absolventen analysiert.

Małgorzata Ruchniewicz

Bogusław Czechowicz: Visus Silesiae. Treści i funkcje ideowe kartografii Śląska XVI–XVIII wieku [Visus Silesiae. Inhalte und Ideenfunktionen der Kartographie Schlesiens im 16.–18. Jahrhundert]. Wrocław: Wydawnictwo Uniwersytetu Wrocławskiego 2008. 222 S., Abb., engl. Zusammenfassung. ISBN 978-83-229-2946-9.

Das Buch analysiert wertvolle kartographische Werke über Schlesien von 1544 bis 1800. Den Autor interessieren dabei weniger die Karten als solche als vielmehr ihre plastische Nähe zu Landschaftsdarstellungen, die auch Ideen transportieren. Anhand konkreter Beispiele zeigt er, wie sich der Inhalt einer Karte auf die emanzipatorischen Bestrebungen der schlesischen Provinz und das Streben von Städten und Fürstentümern nach einer besonderen Position übertrug. Darüber hinaus wecken dekorative Elemente wie Kartusche oder allegorische Szenen die Aufmerksamkeit des Verfassers. Am Beispiel von Grenzregionen zeigt Czechowicz die Veränderungen in der Wahrnehmung der Zugehörigkeit dieser Gebiete.

Małgorzata Ruchniewicz

Edward Długajczyk, Wacław Gojniczek, Barbara Kalinowska-Wójcik (Hg.): Archiwa i archiwalia górnośląskie [Oberschlesische Archive und Archivalien]. Katowice: Wydawnictwo Uniwersytetu Śląskiego 2008. 172 S., Abb., dt. u. engl. Zusammenfassungen. ISBN 978-83-226-1639-0.

Das Buch enthält fünf Studien von vier polnischen und einem tschechischen Historiker zu ausgewählten Fragen betreffend Archivalien und deren Sicherung. Jeder Beitrag umfasst eine Einführung des Autors und behandelt eine Quelle oder informiert über den Inhalt des besprochenen Archivbestandes. Es werden Adelsmatrikel aus der Terlicko-Pfarrei im Teschener Schlesien aus den Jahren 1679–1766, das Kopierbuch des Landgutes Pruchna vom Anfang des 18. Jahrhunderts, Juden-Matrikel und andere Urkunden zur Registrierung von Geburten, Eheschließungen und Sterbefällen der Juden im Gebiet des ehemaligen Österreichisch-Schlesien (1784–1945) sowie die Akten der oberschlesischen jüdischen Gemeinde in den Sammlungen des ehemaligen Gesamtarchivs der deutschen Juden in Berlin vorgestellt. Der letzte Artikel beschäftigt sich mit einem Gerichtsverfahren wegen Urkundenvernichtung im Woiwodschaftsamt für Innere Angelegenheiten in Kattowitz/Katowice in den Jahren 1989/90.

Krzysztof Ruchniewicz

Henryk Duda: Sucha. Z dziejów miejscowości i parafii [Suchau. Aus der Geschichte des Ortes und der Pfarrei]. Opole: Wydział Teologicznego Uniwersytetu Opolskiego 2007. 206 S., Abb., dt. Zusammenfassung. ISBN 978-83-60244-59-3.

Das Dorf Suchau/Sucha in der Nähe von Groß Strehlitz/Strzelce Opolskie wurde zum ersten Mal im Jahre 1311 urkundlich erwähnt. Neben gedruckten Quellen hat der Autor der vorliegenden Arbeit auch die Gemeinde- und Kreisakten sowie die Akten der Schulbehörde und der Pfarrei ausgewertet. Im ersten Teil der Monographie beschreibt er die geographische Lage und das Klima und erläutert den Namen des Dorfes. Die nächsten beiden Teile sind chronologisch aufgebaut. Zunächst skizziert der Verfasser die Geschichte des Dorfes und der Pfarrei im Mittelalter, angefangen mit den ältesten Siedlungsspuren; sodann beschäftigt er sich mit dem Schicksal des Dorfes bis 1945. Im Abschnitt über die Zeit nach dem Zweiten Weltkrieg berichtet er über die wichtigsten Ereignisse in der Ortsgeschichte sowie der Geschichte der Pfarrei, der freiwilligen Feuerwehr und der Schule. Zur Illustration sind viele Tabellen und Fotos abgedruckt.

Małgorzata Ruchniewicz

Ryszard Ergetowski: Silesiaca. Biblioteki – studenci – uczeni [Silesiaca. Bibliotheken – Studenten – Gelehrte]. Wyboru dokonała i wstępem opatrzyła [Auswahl und Einleitung von] Ewa Libura. Wrocław: Wydawnictwo Uniwersytetu Wrocławskiego 2005 (Acta Universitatis Wratislaviensis 2625). 396 S. ISSN 0239-6661, ISBN 83-229-2527-1.

Ewa Libura hat aus über 300 Aufsätzen von Prof. Ryszard Ergetowski, die dieser während seiner vieljährigen wissenschaftlichen Arbeit verfasst hat – Schwerpunkte seiner Forschungen waren die polnisch-deutschen Beziehungen, die Teilungen Polens, die Bibliotheksgeschichte und die Geschichte der deutschen Slawistik –, insgesamt 23 Texte für die vorliegende Publikation ausgewählt. Die unterschiedlichen Texte verbindet die Beschäftigung mit Menschen, die zur Kultur und zur Wissenschaft Schlesiens, in denen Breslau/Wrocław einen besonderen Platz einnimmt, einen beachtenswerten Beitrag geleistet haben. Ergetowski erinnert den polnischen Leser an anerkannte Persönlichkeiten des Geisteslebens des Landes und versucht überdies diejenigen vor dem Vergessen zu bewahren, die trotz ihrer unbestreitbaren Leistungen noch nicht im Gedächtnis etabliert sind. Das Panorama der erwähnten Schlesier ist breit und umfasst unter anderen August Mosbach, Jacob Caro, Carl Franz van der Velde und Raphael Löwenfeld.

Grzegorz Kowal

Rafał Eysymontt (Hg.): Integracja i dezintegracja w krajobrazie miast i miasteczek [Integration und Desintegration in der Stadtlandschaft]. Wrocław: Stowarzyszenie Historyków Sztuki Zarząd Główny 2006. 245 S., 121 Abb., dt. u. engl. Zusammenfassungen. ISBN 978-83-8841-36-6.

Der Band versammelt die Ergebnisse einer Tagung der Hauptkommission für Denkmalpflege des Kunsthistorikerverbandes sowie der Breslauer und Danziger Abteilung des Polnischen Kunsthistorikerverbandes. Die Tagung fand vom 7. bis 9. Oktober 2005 in Breslau/Wrocław und Danzig/Gdańsk statt. Thema ist die integrative Rolle des städtischen Umfelds, von Fortifikationen, städtischen Grünanlagen sowie verschiedenen Konzepten der Schaffung von städtischer Geschlossenheit durch Modernisierung. Der Betrachtungszeitraum reicht vom Mittelalter bis in die Gegenwart. Ein wichtiges Element zur Schaffung geschlossener Stadtbilder ist die Verbindung von historischen Stadtteilen und den neuen Bezirken, die nach Kriegszerstörungen errichtet wurden. Dieses Thema behandeln Lorenz Frank am Beispiel von Mainz und Hanna Grzeszczuk-Brendel und Gabriela Klause am Beispiel Posen/Poznań. Der Beitrag von Jacek Friedrich über den Wiederaufbau von Danzig untersucht die Versuche der Identitätsstiftung durch Architektur innerhalb einer neu zusammengesetzten städtischen Gemeinschaft. Weitere Texte analysieren die Situation in Breslau und Niederschlesien. Grzegorz Podruczny schreibt über die preußische Militärarchitektur in Schlesien in den Jahren 1740–1806, Iwona Binkowska über die Schleifung der Befestigungsanlagen und die Schaffung von Parkanlagen in den Städten Schweidnitz/Świdnica, Brieg/Brzeg, Liegnitz/Legnica, Reichenbach/Dzierżoniów und Glogau/Głogów.

Maria Zwierz

Piotr Gerber: Architektura przemysłowa Wrocławia w początkach industrializacji [Industriearchitektur am Beginn der Industrialisierung]. Wrocław: Wrocławskie Wydawnictwo Naukowe 2007. 135 S., 103 Abb., engl. Zusammenfassung. ISBN 978-83-7374-040-2.

Der Band behandelt erstmals in umfänglicher Weise die Entwicklung des Industriebaus in der frühen Industrialisierungsphase Breslaus, d. h. in den Jahren 1830–1870. Fast das gesamte Archivmaterial, auf dem die Arbeit basiert (vor allem Architekturpläne und Kartenmaterial), ist hier erstmals veröffentlicht. Der Autor zieht Vergleiche zum englischen Industriebau, der damals vorbildhaft für ganz Europa war, sowie zu anderen Industriezentren im preußischen Staat. Dies ermöglicht eine Kontextualisierung des Entwicklungsstandes der Breslauer und der niederschlesischen Industriearchitektur. Die Untersuchung rekonstruiert ein unbekanntes Bild der Stadt, da ein Großteil der besprochenen Objekte nicht mehr existiert. Vor dem Hintergrund der wirtschaftlichen Entwicklung werden die städtischen Regionen mit der größten Dichte an Industriebauten, die räumliche Gestaltung der Fabrikkomplexe, Gebäudetypen und ihre Funktion, Baukonstruktionen und Materialien behandelt. Die Einleitung und alle Bildunterschriften im Band sind auch in englischer Version vorhanden.

Maria Zwierz

Stefan Gierlotka: Bazylika Ojców Franciszkanów św. Ludwika i Wniebowzięcia Najświętszej Maryi panny w Katowicach-Panewnikach. Stulecie konsekracji (1908–2008) [Die Franziskaner-Basilika St. Ludwig und Mariä Himmelfahrt in Kattowitz-Panewnik. Das Jahrhundert der Konsekration (1908–2008)]. Katowice: Wydawnictwo Naukowe Śląsk 2008. 220 S., Abb. ISBN 978-83-7164-531-0.

Die Franziskaner-Basilika St. Ludwig in Kattowitz/Katowice ist einer der schönsten neoromanischen Bauten in Oberschlesien. Dieses Buch wurde als Bildband konzipiert und enthält zahlreiche Fotografien, aber auch reiches Faktenmaterial. Neben der ausführlich dargestellten Geschichte der Kirche und des Klosterkomplexes befasst sich der Autor vor allem mit der Kunst und Architektur der Basilika, aber auch mit Konsekration, Ausbau und baulichen Entwürfen. St. Ludwig ist ein bedeutender Ort für die oberschlesischen Gläubigen, an ihn knüpfen sich wichtige Traditionen und Bräuche wie etwa das einmal im Jahr stattfindende Ablassfest, das mit einer feierlichen Messe und dem Verkauf von besonderen Leckereien oder Spielzeug verbunden ist. Obwohl die Publikation keine wissenschaftliche Untersuchung im engeren Sinne darstellt, bildet sie eine detailreiche Quelle für die Mikrogeschichte von Panewnik/Panewniki, einem heutigen Stadtteil von Kattowitz.

Joanna Beszczyńska

Joachim Glensk: Czarna księga prasy śląskiej [Schwarzbuch der schlesischen Presse]. T. [Bd.] 1: Górny Śląsk [Oberschlesien]. Opole: Instytut Śląski w Opolu 2006. 591, [1] S. ISBN 978-83-7126-218-3. – T. [Bd.] 2: Śląsk Cieszyński – prasa niemiecka [Teschener Schlesien – deutschsprachige Presse]. Opole: Instytut Śląski w Opolu 2007. 224 S., Abb., dt. u. engl. Zusammenfassung. ISBN 978-83-7126-228-9.

Thema des ersten Bandes ist die Geschichte der polnischen Presse in Oberschlesien vor 1939, also der Presse, die unter preußischer, deutscher und österreichischer Herrschaft herausgegeben wurde, unter Berücksichtigung damaliger Gerichtsdokumente. Das Augenmerk des Verfassers liegt auf den Methoden zur Einschränkung und Unterdrückung der politischen Aktivitäten der polnischen Minderheit im Pressewesen. Quellengrundlage bilden Archivmaterialien von Ämtern und Gerichten, die gegen Verleger und Zeitungsautoren vorgingen. Zeitungen, die im ersten Band behandelt werden, sind z. B. *Katolik* („Der Katholik"), *Gazeta Opolska* („Oppelner Zeitung") und *Gwiazdka Cieszyńska* („Teschener Sternchen"). Der Großteil des zweiten Bandes untersucht die Unterdrückungsmaßnahmen und gerichtlichen Sanktionen gegen die deutsche Presse dieser Region. Der Autor stellt unter anderem die Tätigkeit der Zensur, die Gerichtsprozesse, die solchen Presseorganen von polnischer oder deutscher Seite gemacht wurden, sowie die Reaktionen der polnischen Presse auf die Schwierigkeiten der deutschen Presse dar. Aufgrund der vorliegenden Untersuchung wird es möglich, die juristische Behandlung der polnischen und der deutschen Presse aus jener Zeit zu vergleichen.

Krzysztof Ruchniewicz

Agnieszka Gryglewska: Wrocławskie hale targowe 1908–2008 [Breslauer Markthallen 1908–2008]. Wrocław: Muzeum Architektury we Wrocławiu, Wydawnictwo Via Nova 2008. 72 S., 61 Abb. ISBN 978-83-89262-49-3, 978-83-60544-39-6.

Im Oktober 2008 erinnerte man an die Einweihung der beiden repräsentativen, fast identischen Breslauer Markthallen vor 100 Jahren. Eine davon ist bis heute an der ul. Piaskowa (Ritterplatz) am Rande des Stadtzentrums erhalten. Die zweite befand sich an der heutigen ul. Kolejowa (in der Schweidnitzer Vorstadt); sie wurde 1945 zerstört und 1973 endgültig abgetragen. Beide Hallen entwarfen der Stadtbaurat Richard Plüddemann und der Ingenieur Heinrich Küster. Die Backsteinbauten wurden in vereinfachten neogotischen Formen errichtet. Fassade und Giebel erhielten Jugendstildekor aus Naturstein. Die statischen Berechnungen erstellten die Ingenieure der ausführenden Breslauer Firmen „Lolat-Eisenbeton" und „Carl Brandt". Die Autorin verfolgt die Baugeschichte der Hallen und erläutert ausführlich den Wechsel von der ursprünglich geplanten Stahlkonstruktion zur Ausführung in Eisenbeton. Die erhaltenen Baupläne, die Konstruktion, das Nutzungskonzept, Baustil und Baudetails sowie die Ausstattung der einzelnen Marktstände werden genau beschrieben. Dazu gehört auch die moderne technische und sanitäre Ausrüstung der Bauten: Kühlhäuser mit Feuchtigkeitskontrolle, mechanische Lüftungen und funktionale Aufzüge. Im Schlusskapitel werden zeitgenössische Beurteilungen der Breslauer Hallen und ihre Stellung innerhalb der Architekturgeschichte erörtert. Sie gehörten zu den frühesten europäischen Beispielen der Verwendung von Eisenbeton in öffentlichen Gebäuden. Der Band enthält ein Verzeichnis der erhaltenen Baupläne zu beiden Hallen und ihrer Autoren, ein Kalendarium der Baugeschichte sowie Kurzbiographien der Architekten.

Maria Zwierz

Marek Hałub, Anna Mańko-Matysiak (Hg.): Śląska Republika Uczonych. Schlesische Gelehrtenrepublik. Slezská vědecká obec. Vol. 3. Wrocław: Oficyna Wydawnicza ATUT, Dresden: Neisse Verlag 2008. 852 S., 21 Abb., dt., poln. u. tschech. Zusammenfassungen. ISSN 1733-2699, ISBN 978-83-7432-359-8, ISBN 978-3-940310-35-4.

Auch der vorliegende dritte Band setzt das Vorhaben des ersten Bandes aus dem Jahr 2004, die wissenschaftliche Landschaft Schlesiens vor dem europäischen Hintergrund detailliert und aus möglichst vielen Perspektiven (analytisch – synthetisch, Quellenforschung, Hermeneutik) vorzustellen, fort. Schlesien erscheint dabei als ein Gebiet, dessen Erforschung noch manches Defizit aufweist. Von den zahlreichen und interessanten Beiträgen, teilweise in deutscher Sprache, können hier nur wenige erwähnt werden: Norbert Willisch: *Maria Göppert-Mayer. Eine erstaunliche Karriere – trotz mannigfacher Barrieren*; Wojciech Kustrzycki und Bożena Schneider: „Karl Heinrich Bauer – Chirurg, Philosoph und Humanist"; Waldemar Kozuschek: „Das jüdische Krankenhaus in Breslau und der letzte Chefarzt von dessen chirurgischer Abteilung Dr. med. Siegmund Hadda (1882–1977)"; Marek Pelczar: „Alois Alzheimer – die Lebensgeschichte eines Arztes und das ‚Rätsel' einer Krankheit"; Walter Dittrich: *Leben und Wirken bedeutender Physiker an der Universität Breslau bis 1933*; Arno Herzig: *Die Angelus Silesius-Rezeption durch Wilhelm Bölsche zu Beginn des 20. Jahrhunderts*; Józef Koredczuk: „Ernst Theodor Gaupp, Vater der schlesischen Rechtsgeschichte"; Hans-Joachim Girlich: *Caspar Neumann (1648–1715)*. „*Der evangelischen Kirchen und Schulen in Breslau Inspector*"; Thomas Wünsch: *Johannes Sacranus von Auschwitz (1443–1527): Religiöse Polemik aus dem Geist des Humanismus*.

Grzegorz Kowal

Blasius Hanczuch, Ronald Mrowiec, Piotr Sput: Koniec wojny w Raciborzu i na Raciborszczyźnie w świetle źródeł historycznych i wspomnień świadków. Śladami naszej przeszłości – rok 1945 na Raciborszczyźnie. Das Ende des Krieges in Ratibor und im Ratiborer Land nach Quellen und Erinnerungen der Zeitzeugen. Racibórz: Wawoczny 2007. 280 S., Abb. ISBN 978-83-89802-34-7.

In dieser Veröffentlichung werden historische Quellen und Erinnerungen von Zeitzeugen publiziert, die einen Bezug zu den Ereignissen gegen Kriegsende im Gebiet von Ratibor/Racibórz haben. Die Autoren stellten Quellen zusammen zum Verlauf der Evakuierung des deutschen Militärs und der deutschen Verwaltung des Kreises Ratibor sowie zu den Folgen der im Januar 1945 begonnenen Offensive der Roten Armee, also den Kämpfen um das Gebiet um Ratibor, zum Umfang der Kriegszerstörungen, zum Verhalten der sowjetischen Soldaten, zu den Ursachen des Niederbrennens von 70 Prozent der Ratiborer Bebauung und zum Verhältnis zwischen einheimischer Bevölkerung und Roter Armee bzw. polnischer Verwaltung. Die Publikation ist zweisprachig. Alle Materialien sind sowohl in polnischer als auch in deutscher Sprache abgedruckt.

Janusz Mokrosz

Bodo Heimann: Historie Mistrza Eckharta [Geschichten von Meister Eckhart]. Red.: Grzegorz Kowal. Wrocław: Oficyna Wydawnicza ATUT, Wrocławskie Wydawnictwo Oświatowe 2008 (Poetae Silesiae). 93 S. ISBN 978-83-7432-401-4.

In der Reihe *Poetae Silesiae* wurden dem polnischen Leser bis jetzt ausschließlich deutsche, durch Geburtsort, Wohnort oder Themenauswahl mit Schlesien verbundene Autoren vorgestellt. Künftig soll die Auswahl um polnische und tschechische Autoren, die zwischen Neiße und Oder gelebt und gewirkt haben, erweitert werden. Bisher erschienen in der Reihe innerhalb von zwei Jahren acht Bände, die jeweils mit einem wissenschaftlichen Nachwort versehen sind. Das vorliegende Büchlein stellt die Kurzprosa des gebürtigen Breslauers Bodo Heimann vor, Geschichten, die von dem ersten in deutscher Sprache schreibenden Mystiker Meister Eckhart handeln und durch ein intertextuelles Gewebe geprägt sind.

Grzegorz Kowal

Robert Heś: Uzbrojenie rycerskie na Śląsku w XIV wieku [Die Bewaffnung der Ritter in Schlesien im 14. Jahrhundert]. Wrocław, Racibórz: Wydawnictwo i Agencja Informacyjna WAW 2007. 160 S., Abb. ISBN 978-83-89802-42-2.

Thema der Arbeit ist eine der interessantesten und mannigfaltigsten Perioden in der Geschichte der Verteidigungs- und Angriffswaffen von berittenen Kriegern (nicht nur aus dem Ritterstand). Bei den Recherchen wurden unterschiedliche Schrift- und Bildquellen genutzt. Das Buch besteht aus sechs Kapiteln. Das erste Kapitel hat Einführungscharakter und erläutert dem Leser die politische, gesellschaftliche und wirtschaftliche Lage Schlesiens im 14. Jahrhundert. Die nächsten Kapitel betreffen die Bewaffnung und die sonstige Ausstattung der berittenen Krieger. Das umfangreiche zweite Kapitel behandelt Verteidigungswaffen wie Helme und unterschiedliche Rüstungs- und Schildarten. Im nächsten Kapitel beschäftigt sich der Verfasser mit Angriffswaffen wie Schwertern, Lanzen und Streitäxten. Die Beschreibung von Kampf- und Signalzeichen macht das vierte Kapitel aus. Die letzten zwei Kapitel handeln von Kampfpferden und ihrer Ausrüstung. Der Text wird durch zahlreiche Zeichnungen ergänzt.

Małgorzata Ruchniewicz

Hanna Honysz, Jan Mokrosz (Red.): Europa, Śląsk, Świat Najmniejszy [Europa, Schlesien, Engere Heimat]. Hg.: Studenckie Koło Naukowe Historyków, Instytut Historii, Uniwersytet Śląski. Katowice, Rybnik 2007 (Europa, Śląsk, Świat Najmniejszy 1). 262 S., Abb. ISBN 978-83-920857-2-0.

Die Publikation „Europa, Schlesien, Engere Heimat" (Letzteres wörtlich: „kleinste Welt") ist eine Gemeinschaftsarbeit unter der Redaktion von Hanna Honysz und Jan Mokrosz, herausgegeben von der Rybniker Sektion des Wissenschaftlichen Studentenkreises der Historiker des Instituts für Geschichte der Schlesischen Universität. Die einzelnen Beiträge wurden von Studierenden dieser Hochschule verfasst. Der zweite Teil des Bandes behandelt ausgewählte Themen der schlesischen Geschichte, und der dritte Teil präsentiert Arbeiten zu speziellen Aspekten der Geschichte einzelner schlesischer Orte wie z. B. Bad Königsdorff-Jastrzemb/Jastrzębie Zdrój, Kreuzenort/Krzyżanowice, Ratibor/Racibórz und Rybnik. Dass die Veröffentlichung überdies Texte zur mittelalterlichen Weltgeschichte, zur Heraldik, zu den historischen Hilfswissenschaften und zur Soziologie beinhaltet, macht ihren besonderen Reiz aus und soll verdeutlichen, dass Weltgeschichte, Regionalgeschichte und Lokalgeschichte zusammenhängen und sich gegenseitig beeinflussen.

Janusz Mokrosz

Mateusz Kapustka, Jan Klipa, Andrzej Kozieł, Piotr Oszczanowski, Vit Vlnas (Hg.): Schlesien, die Perle in der Krone Böhmens. Geschichte – Kultur – Kunst. Praha: Národní Galerie 2007. 403 S., 265 Abb. ISBN 978-80-7035-339-4.

Die Publikation, die auch in polnischer, tschechischer und englischer Sprache erhältlich ist (*Śląsk – perła w Koronie Czeskiej. Historia, kultura, sztuka*; *Slezsko – perla v České koruně. Historie, kultura, umění*; *Silesia – a pearl in the Bohemian Crown. History, Culture, Art*), ergänzt den von Andrzej Niedzielenko und Vit Vlnas herausgegebenen Katalog der Ausstellung, die 2006 und 2007 in Polen und Tschechien präsentiert wurde. Der vorliegende Band ist trotz seiner thematischen Verbindung mit dem Ausstellungskatalog eine eigenständige Publikation mit 11 Beiträgen einschlägig arbeitender Autoren. Der Einführung dient ein umfangreicher Beitrag des tschechischen Historikers Radek Fukal, der die Kultur und Geschichte der Region vorstellt. Zahlreiche Facetten der gemeinsamen Geschichte Böhmens und Schlesiens werden von Lenka Bobkova, Radek Fukal und Mateusz Goliński erörtert. Die künstlerischen Verbindungen in der „Goldenen Ära" der Luxemburger behandeln Milena Bartolova, Romuald Kaczmarek und Dalibor Prix. Auch die Kultur des Manierismus unter Rudolf II. und das Barockzeitalter, das mit der Annexion Schlesiens durch Preußen endete, werden untersucht. Zur Barockkultur, mit besonderem Schwerpunkt auf Architektur und Kunst, schreiben Henrik Dziurla („Schlesische Klöster als Zentren böhmischer Kunst in der Barockzeit"), Mojmir Horyna („Die Architektur der Dientzenhofer als Individualstil und allgemeines Stilphänomen") und Jan Wrabec („Die böhmische Strömung in der Barockarchitektur Schlesiens"). Es gibt wenige historische Regionen in Europa, die ein derart vielfältiges Kulturerbe besitzen wie Schlesien. Der Band bringt dem Leser das künstlerische Phänomen einer Kultur zwischen Polen, Böhmen und Deutschland, die sich in den Beziehungen zu den Nachbarländern formierte, nahe. Eine umfangreiche Bibliographie und ein Ortsregister schließen den Band ab.

Maria Zwierz

Andrzej Kurek: Niemieckie więzienia sądowe na Śląsku w czasach Trzeciej Rzeszy [Deutsche Gerichtsgefängnisse in Schlesien im Dritten Reich]. Kraków: Oficyna Wydawnicza „Impuls" 2007. 231 S., graph. Darst., engl. u. dt. Zusammenfassungen. ISBN 978-83-922446-1-5, 978-83-7308-863-4.

Gegenstand des Buches ist die Darstellung des Systems deutscher Gerichtsgefängnisse auf dem Gebiet Ober- und Niederschlesiens im Dritten Reich. Der Autor stützt sich dabei auf Materialien, die in polnischen, deutschen und österreichischen Archiven vorhanden sind, zudem auf gedruckte Quellen, Erinnerungen und Berichte von Häftlingen. Im ersten Teil des Buches werden das Funktionieren der Gerichtsgefängnisse in Schlesien, ihre Geschichte, Größe, bestimmte architektonische Lösungen, Arten der Vollzugsstrafen und die Anzahl der Häftlinge beschrieben. Den letzten Teil bildet eine Analyse und Bewertung des Strafvollzugs in den Gefängnissen in Schlesien. Die Arbeit wird durch eine Liste von schlesischen Häftlingen polnischer Nationalität, die in den Gerichtsgefängnissen inhaftiert waren, ergänzt. Im Anhang finden sich eine umfangreiche Bibliographie und eine polnisch-deutsche Ortsnamenkonkordanz.

Agnieszka Palej

Jakub Lewicki: Roman Feliński architekt i urbanista. Pionier nowoczesnej architektury [Roman Feliński, Architekt und Städtebauer. Pionier der modernen Architektur]. Warszawa: Wydawnictwo Neriton, Stowarzyszenie Konserwatorów Zabytków 2007. 208 S., 150 Abb., dt. Zusammenfassung. ISBN 978-83-7543-003-5.

Der Band stellt erstmals in umfassender Form das architektonische und publizistische Schaffen eines der herausragenden polnischen Architekten der ersten Hälfte des 20. Jahrhunderts vor. Feliński (geb. 1886 in Lemberg/L'viv/Lwów, gest. 1953 in Breslau/Wrocław) studierte an der Technischen Universität Lemberg und der Technischen Hochschule München. Er realisierte an die 150 Bauten, von denen einige zu den innovativsten Beispielen der Moderne in Polen zählen, z. B. das Warenhaus Magnus in Lemberg, und wirkte mit am Bebauungsplan für Gdingen/Gdynia. Der Autor behandelt Felińskis architektonisches und städtebauliches Werk aus seiner Zeit in Lemberg (1910–1918), in Warschau/Warszawa (1919–1944) und in Niederschlesien (1945–1953). Dabei zeigt er bislang unbekanntes Material aus dem Besitz der Tochter des Architekten, etwa Entwürfe für Mausoleum und Friedhof der russischen Soldaten in Breslau sowie für Wiederaufbau und Ausstattung des Woiwodschaftsamts (in der ehemaligen NS-Gauleiterzentrale) in Breslau. Grundlegend ist der Werkkatalog, der auch ein Verzeichnis der wissenschaftlichen Arbeiten und Veröffentlichungen des Architekten enthält.

Maria Zwierz

Sebastian Ligarski, Tomasz Przerwa (Hg.): Dzierżoniów – wiek miniony. Materiały pokonferencyjne [Reichenbach – das vergangene Jahrhundert. Konferenzmaterialien]. Wrocław: Instytut Pamięci Narodowej 2007. 350 S., Abb. ISBN 978-83-9264417-3-5.

Der Band besteht aus 22 Beiträgen zu unterschiedlichen Aspekten der Geschichte von Reichenbach/Dzierżoniów, einer mittelgroßen Stadt in Niederschlesien, vom Ende des 19. Jahrhunderts bis hin zu den 1990er Jahren. Die ersten vier Texte betreffen die Geschichte der jüdischen Minderheit in den Jahren 1870–1950, die der deutschen Minderheit in den Jahren 1945–1956 sowie die der Sinti und Roma nach 1945. In den nächstfolgenden Aufsätzen wird die Stadt als inoffizielles Zentrum des Eulengebirges nach dem Zweiten Weltkrieg dargestellt. Darüber hinaus wird die architektonische Landschaft der Stadt in der Nachkriegszeit untersucht. Die weiteren Texte befassen sich mit dem Kulturleben nach 1945, vor allem mit den Reichenbacher Literaturtagen (Dzierżoniowskie Dni Literatury). Zwei Artikel beschäftigen sich mit der örtlichen Wirtschaft. Der Geschichte der Reichenbacher NSDAP, der Tätigkeit des Sicherheitsdienstes, der Geschichte der PVAP und den politischen Repressionen während der NS- und der Stalinzeit wird viel Platz eingeräumt. Das Buch schließt mit der Beschreibung Reichenbachs unter dem Kriegsrecht in den 1980er Jahren.

Małgorzata Ruchniewicz

Andrzej Linert: Bernard Krawczyk i jego teatry [Bernard Krawczyk und seine Theater]. Katowice: Muzeum Śląskie, Wydawnictwo Naukowe Śląsk 2008. 224 S., Abb., engl. u. dt. Zusammenfassung. ISBN 978-83-7164-563-1.

Die Publikation ist dem populären Schauspieler an oberschlesischen Bühnen Bernard Krawczyk gewidmet. Krawczyk ist zurzeit am Musiktheater Gleiwitz/Gliwice tätig; einen wichtigen Teil seiner schöpferischen Arbeit bilden aber auch die Rollen von Schlesiern und die filmerische Zusammenarbeit mit Kazimierz Kutz. Bekannt ist Krawczyk ferner durch eine der Hauptrollen in der Fernsehserie „Samstag in Bytków" (Bytków ist ein Stadtteil von Kattowitz/Katowice). Seine emotionale Verbundenheit mit Oberschlesien machte ihn zu einem repräsentativen oberschlesischen Schauspieler. Die Kritik zählt ihn zu einem der hervorragendsten Gegenwartsschauspieler Schlesiens derjenigen Generation, die noch vor 1930 geboren wurde. Seine Biographie steht dabei stellvertretend für das Schicksal der älteren Generation oberschlesischer Künstler und deren Verwobenheit mit der schwierigen Geschichte des Landes.

Joanna Beszczyńska

Aleksandra Lipińska: Wewnętrzne światło. Południowoniderlandzka rzeźba alabastrowa w Europie środkowo-wschodniej [Inneres Leuchten. Südniederländische Alabasterplastik in Ostmitteleuropa]. Wrocław: Wydawnictwo Uniwersytetu Wrocławskiego 2007 (Acta Universitatis Wratislaviensis 3001, Historia Sztuki 25). 580 S., 257 Abb., engl. Zusammenfassung. ISBN 978-83-229-2889-9, ISSN 0329-6661, 0860-4746.

Der Band ist die erweiterte Version einer Doktorarbeit zur Alabasterplastik, die im 16. und 17. Jahrhundert in Werkstätten der Niederlande entstand. Über Kunstimporte gelangten die Werke nach Ostmitteleuropa, wo sie in Museen, Privatsammlungen und Kirchen erhalten, manchmal jedoch nur noch in Archivaufzeichnungen überliefert sind. In ihrer Charakterisierung des Verbreitungsgebietes der Objekte kommt die Verfasserin zu dem Schluss, dass das Mäzenatentum der deutschen protestantischen Fürsten, etwa des Kurfürstentums Brandenburg unter den Hohenzollern, hierbei von entscheidender Bedeutung war. Zu dieser Gruppe zählt A. Lipińska auch das historische Ordensland Preußen. Weitere Zentren der Verbreitung waren Städte der polnischen (Krakau/Kraków, Danzig/Gdańsk, Posen/Poznań) oder der böhmischen Krone (Prag/Praha, Breslau/Wrocław). Im letzten Fall war die größte Abnehmergruppe das protestantische Patriziat. Nachdem im ersten Teil der Monographie die materialspezifischen, stilistischen und ökonomischen Bedingungen der Entstehung der Objekte erläutert wurden, bieten die nächsten Kapitel eine Zusammenstellung von Alabasterplastiken in Kirchen- und profanen Innenräumen. Der beeindruckend umfangreiche Katalog, gegliedert unter anderem in Abschnitte über Alabasteraufsätze, Hausaltärchen und Reliefs, bildet, wie die Autorin unterstreicht, einen eigenständigen Teil der Arbeit. Eine reichhaltige Bibliographie schließt den Band ab.

Maria Zwierz

Piotr Łukaszewicz (Red.): Ikonografia Wrocławia [Ikonographie Breslaus]. T. [Bd.] I: Grafika [Grafik]. Oprac. [Beiträge von] Ewa Halawa, Magdalena Szafkowska, Krystyna Bartnik. Wrocław: Muzeum Narodowe we Wrocławiu 2008. 366 S., 742 Abb. ISBN 978-83-86766-59-X.

Die imponierende zweibändige *Ikonografia Wrocławia* erschien aus Anlass des 60-jährigen Jubiläums des Nationalmuseums in Breslau/Wrocław. Begleitet wurde das Jubiläum von der Ausstellung „Das Antlitz der Stadt" mit verschiedenen Stadtansichten, die von November 2008 bis Januar 2009 im Museum gezeigt wurde. Jeder Katalogeintrag enthält neben der Abbildung des Objekts Angaben zu Technik, Verbreitung, Entstehung, Urheberschaft und Erwerbsgeschichte. Zusätzliche detaillierte Informationen liefern Beschreibungen der jeweiligen Grafik, begleitet von Hinweisen auf weiterführende Literatur. In einer umfassenden Einführung von Piotr Łukaszewicz, die zusätzlich auch in deutscher Sprache abgedruckt ist, wird die Sammlung charakterisiert, die sich in großen Teilen aus den Beständen früherer Breslauer Museen zusammensetzt. Der Autor beschreibt die Ausstellungen des nicht mehr existierenden Museums für Kunsthandwerk und Altertum und die dort gezeigten Gegenstände aus der Breslauer Geschichte. In diesem Kontext werden bedeutende Breslauer Künstler wie Adalbert Woelfl, Adolf Dressler, Bernhard Mannfeld und andere Maler und Grafiker vorgestellt. Das zweite Breslauer Museum, das Schlesische Museum der Schönen Künste, verfügte über bedeutende Sammlungen, auch wenn dort nicht systematisch Breslauer Kunstgegenstände gesammelt wurden. Erläutert wird ferner die Situation der Breslauer Museen nach 1945 und deren Sammlungsgeschichte.

Maria Zwierz

Piotr Łukaszewicz (Red.): Ikonografia Wrocławia [Ikonographie Breslaus]. T. [Bd.] II: Rysunek i akwarela, obrazy olejne, dioramy, medalierstwo, rzemiosło artystyczne [Zeichnungen, Aquarelle, Ölzeichnungen, Dioramen, Medaillenkunst, Kunsthandwerk]. Oprac. [Beiträge von] Ewa Halawa, Magdalena Szafkowska, Krystyna Bartnik, Elżbieta Gajewska-Prorok, Magdalena Karnicka, Jolanta Sozańska, Jacek Witecki. Wrocław: Muzeum Narodowe we Wrocławiu 2008. 328 S., 473 Abb. ISBN 978-83-86766-59-X.

Der zweite Band des Katalogs umfasst neben Zeichnungen, Aquarellen und Ölbildern mit Breslauer Motiven verschiedene Bereiche des Kunsthandwerks: Medaillen, Glas, Porzellan, Metallverarbeitung und Dioramen, welche die Stadtlandschaft abbilden. Obgleich beide Bände jene Bestände der Breslauer Museen betreffen, die infolge des Zweiten Weltkrieges stark ausgedünnt wurden, bietet der Katalog eine reiche Informationsquelle für die Beschäftigung mit der Geschichte und Kunst der Stadt. Sehr hilfreich sind die biografischen Anmerkungen, das Sach- und Namenregister sowie die reproduzierten Illustrationen der beschriebenen Kunstgegenstände.

Maria Zwierz

Jerzy Maroń: Wojna trzydziestoletnia na Śląsku. Aspekty militarne [Der Dreißigjährige Krieg in Schlesien. Militärische Aspekte]. Wrocław, Racibórz: Wydawnictwo i Agencja Informacyjna WAW 2008. 280 S., Abb., dt. Zusammenfassung. ISBN 978-83-89802-50-7.

Das Buch setzt sich mit einer der wichtigsten Perioden der neuzeitlichen Geschichte Schlesiens auseinander. Unter Auswertung zahlreicher schlesischer und böhmischer Quellen entwirft der Verfasser ein breites Panorama der militärischen Handlungen in diesem Gebiet in den Jahren 1626–1648. Das Buch besteht aus drei Teilen. Der erste Teil umfasst Ausführungen über militärische Organisation und Taktik in der ersten Hälfte des 17. Jahrhunderts, über Bewaffnung, Soldatenrekrutierung, Führungsgrundsätze und Stabsarbeit. Der zweite Teil konzentriert sich auf die Beschreibung der Kriegshandlungen in der Provinz. Gegenstand des letzten Teils ist die Finanzierung und Unterbringung der militärischen Einheiten in Schlesien, wobei unter anderem die Beteiligung der Städte an der Finanzierung des Krieges dargestellt wird. Im Anhang findet der Leser Tabellen über die Struktur einiger Militäreinheiten sowie über die Unterhaltskosten der Truppen und die Unterhaltsausgaben schlesischer Städte.

Krzysztof Ruchniewicz

Jerzy Maroń, Stanisław Rosik: Lutynia 1757. Bitwa i pamięć. Leuthen 1757. Schlacht und Gedächtnis. Wrocław: Wydawnictwo Chronicon 2007. 56 S., Abb. ISBN 978-83-925181-1-2.

Der schmale zweisprachige, mit vielen Fotos ausgestattete Band besteht aus zwei Teilen, geschrieben von zwei Historikern aus Breslau/Wrocław. Der erste Teil, verfasst von S. Rosik, greift in Form eines Essays das Thema der Erinnerung an die Schlacht bei Leuthen/Lutynia auf, eines der wichtigsten Ereignisse der neuzeitlichen Geschichte Schlesiens. Der Autor beschreibt die unterschiedlichen Formen von Erinnerung vor 1945, die Politik des Vergessens in der Zeit nach dem Zweiten Weltkrieg sowie das heute stattfindende Gedenken. Im zweiten Teil, aus der Feder von J. Maroń, werden die wichtigsten Daten über den Siebenjährigen Krieg, die strategischen und operativen Voraussetzungen der Schlacht, ihr Verlauf und ihre Folgen dargestellt.

Krzysztof Ruchniewicz

Janusz Mikitin, Grzegorz Grześkowiak: Policja województwa śląskiego 1922–1939 [Die Polizei der Woiwodschaft Schlesien in den Jahren 1922–1939]. Warszawa: Wydawnictwo ZP 2008. 81 S., Abb. ISBN 978-83-925916-9-6.

Es handelt sich um eine Pionierarbeit zur Geschichte der polnischen Staatspolizei in der Woiwodschaft Schlesien. Das erste Kapitel beschäftigt sich mit der Entstehung der Polizei in der Zwischenkriegszeit, die, auf der Autonomie der Woiwodschaft basierend, selber einen autonomen Charakter hatte. Im zweiten Kapitel erörtern die Autoren den Rechtsstatus, die Struktur, das Schulungssystem und die Sportaktivitäten der Polizei. Darüber hinaus wird den Fragen der Beteiligung der Polizeikräfte am Maiumsturz 1926 und an der Besetzung des Olsa-Gebietes 1938 nachgegangen. Im dritten Kapitel werden die Besonderheiten der Polizei der Woiwodschaft Schlesien, die sich von der Polizei der Zweiten Republik unterschied, sowie das Schicksal der Polizisten nach Ausbruch des Zweiten Weltkrieges (unter anderem in sowjetischer Haft) ausführlich behandelt. Das Buch schließt mit kurzen Biographien der Hauptkommandanten und ihrer Stellvertreter.

Małgorzata Ruchniewicz

Jan Mokrosz (Red.): Trudne bogactwo pogranicza [Der problematische Reichtum des Grenzgebietes]. Hg.: Studenckie Koło Naukowe Historyków, Instytut Historii, Uniwersytet Śląski. Katowice, Rybnik 2008 (Europa, Śląsk, Świat Najmniejszy 2). 299 S., Abb. ISBN 978-83-920857-3-7.

Auch der zweite Band der Serie „Europa, Schlesien, Engere Heimat" ist wie der erste (s. o.) ein Ergebnis studentischer Forschungen der Rybniker Sektion des Wissenschaftlichen Studentenkreises der Historiker vom Institut für Geschichte der Schlesischen Universität. Er thematisiert das nationale Problem auf oberschlesischem Gebiet. Daneben beinhaltet er auch Beiträge aus dem Bereich der Mikrogeschichte des Gebiets um Ratibor/Racibórz und Rybnik. Der erste Teil „Im Raum des Grenzgebietes" beschreibt unter anderem den polnisch-tschechischen Konflikt auf der Hochebene von Leobschütz/Głubczyce und im Gebiet um Teschen/Cieszyn/Český Těšín. Daneben wird die komplizierte gesellschaftliche und politische Situation Oberschlesiens nach dem Ersten und dem Zweiten Weltkrieg behandelt. Im zweiten Teil mit dem Titel „Um die Herzsprache" setzen sich die Studenten mit der Frage nach dem Schicksal der Bewohner des Grenzgebietes auseinander, die entgegen einer allgemeinen Assimilationspolitik ihr Kulturerbe zu bewahren versuchten.

Janusz Mokrosz

Andrzej Niedzielenko, Vit Vlnas (Hg.): Schlesien, die Perle in der Krone Böhmens. Drei Blütezeiten der gegenseitigen Kunstbeziehungen. Praha: Národní Galerie 2006. 553 S., Abb. ISBN 80-7035-335-X.

Der großzügig illustrierte und äußerst ansprechend edierte Ausstellungskatalog entstand im Rahmen eines polnisch-tschechischen Gemeinschaftsprojekts des Kupfermuseums in Liegnitz/Legnica, der Staatsgalerie Prag/Praha und der Universität Breslau/Wrocław, das eine Ausstellung (in Liegnitz, 2006, und Prag, 2006/2007) und zwei wissenschaftliche Konferenzen umfasste und an der über 80 Kunsthistoriker und (Kultur-)Historiker aus Tschechien und Polen mitwirkten. Es handelt sich um die erste derart breit angelegte Präsentation des künstlerischen Austauschs zwischen Böhmen und Polen. Dieser Kulturtransfer wurde in der Vergangenheit entweder marginalisiert oder einseitig interpretiert. Die enorme Vielfalt an Objekten und die Breite der schlesisch-böhmischen Kulturbeziehungen zwangen zur Konzentration auf die künstlerisch repräsentativen Epochen. Im ersten Teil des Katalogs wird (analog zur Ausstellung) die „Goldene Ära" der Luxemburger von der zweiten Hälfte des 14. bis zum Anfang des 15. Jahrhunderts dargestellt. Zu den hier gezeigten Gegenständen gehören Tafelbilder, Skulpturen, Codices und Goldschmiedearbeiten. Der zweite Teil mit dem Titel „Im Glanz des Rudolfinischen Prags" ist den künstlerischen Kontakten zur Zeit der Herrschaft Rudolfs II. (1576–1612) gewidmet. Die präsentierten Werke schlesischer Künstler sind ein Beweis für die Ausstrahlungskraft der damaligen Prager Eliten in Schlesien. Thematisiert wird zudem der Beitrag schlesischer Künstler und Mäzene für das Kunstschaffen in der Hauptstadt des böhmischen Königreichs. Der dritte Teil des Katalogs mit dem Titel „Die barocke Ausstrahlung von Klöstern und Palästen" umfasst schlesische und böhmische Kunstgegenstände aus der Zeit vom Ende des Dreißigjährigen Krieges (1648) bis zur preußischen Inbesitznahme Schlesiens (1740): Skulpturen und Bilder, Zeichnungen, Ölskizzen, Grafiken und geschliffenes Glas. Ergänzt wird der Band durch einen reichhaltigen Anhang, in dem unter anderem ausgewählte Dokumente – vor allem aus tschechischen Archiven – sowie Gegenstände aus dem Bereich der Numismatik dargeboten werden. Ferner finden sich Kurzbiographien der Künstler, ein Ortsverzeichnis und eine umfangreiche Bibliographie. Das Werk liegt auch in polnischer, tschechischer und englischer Sprache vor: *Śląsk – perła w Koronie Czeskiej. Trzy okresy świetności w relacjach artystycznych Śląska i Czech*; *Slezsko – perla v české koruně. Tři období rozkvětu vzájemných uměleckých vztahů*; *Silesia – a pearl in the Bohemian Crown. Three Periods of Flourishing Artistic Relations.*

Maria Zwierz

Dominik Nowakowski: Siedziby książęce i rycerskie księstwa głogowskiego w średniowieczu [Die mittelalterlichen Ritter- und Herzogsburgen des Herzogtums Glogau]. Wrocław: Wydawnictwo Instytutu Archeologii i Etnologii PNA 2008. 641 S., Abb., dt. Zusammenfassung. ISBN 978-83-89499-48-6.

Absicht dieser Arbeit über Verteidigungs- und Residenzbauten auf dem Gebiet des ehemaligen Herzogtums Glogau/Głogów ist die Schließung einer Forschungslücke. Der chronologische Rahmen der umfangreichen Monographie reicht von der Mitte des 13. bis zur ersten Hälfte des 16. Jahrhunderts. Der Verfasser wertete neben schriftlichen und ikonographischen Quellen aus jener Epoche auch jüngere Materialien der schlesischen Provinz nach 1785, Daten aus Ausgrabungen sowie architektonisch-historische Analysen aus. Auf diese Weise katalogisierte er 273 Objekte. Die ersten beiden, einführenden Kapitel des Buches vermitteln einen Überblick über die territoriale Einteilung Schlesiens sowie die Siedlungsgeschichte und Geschichte des Herzogtums Glogau. Daran anschließend werden Umfeld und Siedlungsstrukturen der Ritter- und Herzogsburgen dargestellt. Es folgen Untersuchungen zu Fragen der Entstehungszeit, der Stifterpersonen und der Funktionen der Burgen sowie ein Versuch, die Burgen miteinander zu vergleichen. Eine Katalogisierung der Burgen bildet den Abschluss der Publikation.

Małgorzata Ruchniewicz

Kinga Pacek: Życie muzyczne Bolesławca w XIX wieku [Das Musikleben Bunzlaus im 19. Jahrhundert]. Bolesławiec: Muzeum Ceramiki 2006. 106 S., Abb., dt. Zusammenfassung. ISBN 83-909097-3-1.

Thema dieser wegweisenden Studie ist das Musikleben des alten Bunzlau/Bolesławiec. Die Quellengrundlage bilden vor allem Zeitungen der jeweiligen Epoche, die über die Musikereignisse in der Stadt ausführlich berichteten. Das Buch besteht aus acht Kapiteln, die den verschiedenen, am Musikleben beteiligten Gruppen gewidmet sind. Zu Beginn geht die Autorin auf die Musik an den Bunzlauer Schulen ein, vor allem am Königlichen Waisenhaus, an den Lehrerseminaren und evangelischen Gymnasien. Als zweites wird das Schicksal der Stadtorchester und ihrer Dirigenten, vor allem in den Jahren 1859–1915, angesprochen. Darauf werden die wichtigsten Gesangsvereine der Stadt vorgestellt. Die letzten zwei Kapitel handeln von den Musikdarbietungen der Bunzlauer Kirchen (Oratorienaufführungen) und des Stadttheaters (Opernvorstellungen). Die Verfasserin erwähnt darüber hinaus auch die populäre Musik, z. B. Tanzmusik. Im letzten Kapitel geht sie auf den Handel mit Notenbüchern und Musikinstrumenten in der Stadt ein, die hauptsächlich der Hausmusik dienten.

Małgorzata Ruchniewicz

Grzegorz Poźniak, Piotr Tarliński (Hg.): Śląskie organy. Materiały konferencji organoznawczej zorganizowanej przez Zakład Muzyki Kościelnej i Wychowania Muzycznego Wydziału Teologicznego Uniwersytetu Opolskiego oraz Studium Muzyki Kościelnej w dniu 25 kwietnia 2007 roku [Schlesische Orgeln. Materialien einer orgelkundlichen Tagung, veranstaltet von der Abteilung für Kirchenmusik und Musikerziehung der Theologischen Fakultät der Universität Oppeln und des Zentrums für Kirchenmusik am 25. April 2007]. Opole: Redakcja Wydawnictwo Wydziału Teologicznego Uniwersytetu Opolskiego 2007. 142 S., Abb. ISBN 978-83-60244-63-0.

In diesem Sammelband geht es um die Geschichte des Orgelbaus und der Orgelmusik in Schlesien im 17. und 18. Jahrhundert. Der Großteil der Beiträge betrifft die Instrumente selbst und reicht von technischen Daten über die Personen der Orgelbaumeister und die Geschichte der Nutzung der Orgeln bis hin zu ihrer Restaurierung. Beschrieben werden Orgeln aus Grüssau/Krzeszów, Leuthen/Lutynia, Hindenburg/Zabrze und Breslau/Wrocław. Darüber hinaus werden die Orgelbaufirmen der Gebrüder Rieger, von Joseph Habl und Theodor Böhme porträtiert.

Krzysztof Ruchniewicz

Tomasz Przerwa, Grzegorz Podręczny (Hg.): Twierdza srebrnogórska [Die Festung Silberberg]. II. Wojna 1806–1807 – miasteczko [Der Krieg von 1806–1807 – das Städtchen]. Wrocław: Oficyna Wydawnicza ATUT 2008. 208 S., Abb. ISBN 978-83-7432-351-2.

Der vorliegende Band ist bereits der zweite mit Studien über die Geschichte der Stadt und der Festung Silberberg/Srebrna Góra (vgl. *Berichte und Forschungen* 15, 2007, S. 380), diesmal zur Zeit Napoleons. Am Anfang stehen die Kriegshandlungen des Jahres 1807 und die Anwesenheit polnischer Einheiten in Schlesien im selben Jahr. Es folgen Aufsätze über Desertionen und die Versorgung der Truppen sowie über Befestigungen. Besondere Aufmerksamkeit weckt eine Untersuchung über die Folgen der Kämpfe für das niederschlesische Städtchen und die Funktion des Festungsgefängnisses. Abschließend werden unterschiedliche Aspekte der Geschichte Silberbergs in der Neuzeit und im 20. Jahrhundert, wie beispielsweise die Anfänge der Festung, ihre Sicherung in der Zwischenkriegszeit und die Entwicklung des Bergbaus, behandelt. Auch die Zeit nach 1945 wird, etwa in einem Artikel über jüngste Projekte zur touristischen Nutzung der Festung, angesprochen.

Małgorzata Ruchniewicz

Roczniki Sztuki Śląskiej [Jahrbücher zur schlesischen Kunst]. Bd. 28. Wrocław: Muzeum Narodowe we Wrocławiu 2007. 300 S. ISSN 0557-2231.

Bislang wurden in den „Jahrbüchern zur schlesischen Kunst" folgende Teile der Bibliographie zur Kunst in Schlesien publiziert: in Band 5 für die Jahre 1945 bis 1953, in Band 7 für die Jahre 1964 bis 1967, in Band 9 für die Jahre 1970 und 1971, in Band 10 für die Jahre 1976 bis 1978. Die vorliegende Bibliographie, die den gesamten aktuellen Band einnimmt, umfasst den langen Berichtszeitraum von 1975 bis 2000 und enthält 6.747 Positionen. Das vorgestellte Material ist nicht nur umfangreich, sondern auch in fachlicher Hinsicht vielfältig, umso mehr als die aufgenommenen Publikationen Schlesien in seinen ältesten historischen Grenzen betreffen. Die Einträge sind in folgende Kategorien untergliedert: Übergreifende Arbeiten, Architektur, Städtebau, Topographie, Plastik, Malerei, Grafik und Zeichnungen. Ebenso berücksichtigt sind Fotografie, Kunsthandwerk und Volkskunst. Ein Autorenindex sowie ein Ortsregister erschließen den Band.

Maria Zwierz

Joanna Smreka: Kościół św. Jakuba w Sobótce [Die St.-Jakob-Kirche in Zobten am Berge]. Wrocław: Oficyna Wydawnicza ATUT 2008 (Biblioteka ślężańska). 239 S., 65 Abb. ISBN 978-83-7432-292-8.

Dieses Buch ist das erste der neuen Reihe *Biblioteka ślężańska* („Zobten-Bibliothek"), in der Publikationen über die Stadt Zobten am gleichnamigen Berg und ihre Umgebung veröffentlicht werden. Der vorliegende Band stellt die erste Monographie zur Geschichte der Pfarrkirche in Zobten am Berge dar und beruht auf umfangreichen Archiv- und Bibliotheksrecherchen. Polnische und deutsche Zeugenaussagen über die Tätigkeit der Pfarrei im 20. Jahrhundert wurden einbezogen. Die Geschichte der Kirche, ihrer Erbauung, ihres Umbaus und ihrer Rekonstruktion nach den Kriegszerstörungen sowie das kirchliche Leben bis in die heutige Zeit werden vor dem Hintergrund der Stadtgeschichte dargestellt. Das Buch enthält einen Anhang mit einer Liste der Pfarrer und Vikare, Visitationsprotokollen und Informationen über die Matrikelbücher.

Małgorzata Ruchniewicz

Beata Stuchlik-Surowiak: Barokowe epitalamium śląskie. Kobieta, małżeństwo, rodzina [Das schlesische Barockepithalamion. Frau, Ehe, Familie]. Katowice: Wydawnictwo Naukowe Śląsk 2008. 233 S., Abb. ISBN 978-83-7164-535-8.

Die Epithalamien, also Brautlieder oder Hochzeitsgedichte, bilden eine besonders interessante Quelle der Brauchtumsforschung. Man kann ihnen viele Informationen bezüglich der familialen Rollen der einzelnen Familienmitglieder entnehmen. Anhand von veröffentlichten und unveröffentlichten Epithalamien, aber auch von Predigten, moralischen Abhandlungen und Materialien aus schlesischen Archiven, vor allem Gerichtsakten, versucht die Autorin Informationen zu gewinnen über die Rolle der Frau sowie über die Institutionen der Ehe und der bürgerlichen Familie in Schlesien im 17. und 18. Jahrhundert.

Joanna Beszczyńska

Małgorzata Świder, Mariusz Patelski (Hg.): Opolskie drogi do niepodległości [Oppelner Wege zur Unabhängigkeit]. Opole: Instytut Historii Uniwersytetu Opolskiego, Przedsiębiorstwo Związkowe „Solpress" 2007. 231 S. ISBN 978-83-913247-8-3.

Das Buch besteht aus zwölf Aufsätzen über die Entwicklung der antikommunistischen Opposition im Oppelner Gebiet/Opolszczyzna. Es ist in zwei Themenblöcke eingeteilt. Der erste besteht aus Texten über das Schicksal der Kowalczyk-Brüder, die wegen der Sprengung des Oppelner Festsaals verurteilt wurden, in dem 1971 Feierlichkeiten der Polizei stattfinden sollten. Der zweite Teil des Bandes umfasst Beiträge über den Zustand des Kriegsrechts, vor allem über die Ereignisse im Oppelner Raum, über die Hilfe für die Internierten sowie über die Reaktionen der Bundesrepublik Deutschland und der Tschechoslowakei.

Krzysztof Ruchniewicz

Hubert Unverricht: De Musica in Silesia. Zbiór artykułów [De Musica in Silesia. Gesammelte Aufsätze]. Hg. v. Piotr Tarlinski. Opole: Redakcja Wydawnictw Wydziału Teologicznego Uniwersytetu Opolskiego 2007 (Z dziejów kultury chrześcijańskiej na Śląsku 45). 795 S., Notenbeispiele, poln. Zusammenfassungen. ISBN 978-83-60244-67-8.

Die Festschrift wurde anlässlich des 80. Geburtstags von Prof. Hubert Unverricht herausgegeben. Sie sollte bereits fünf Jahre zuvor zu seinem 75. Geburtstag erscheinen; dieses Vorhaben konnte jedoch aus finanziellen Gründen nicht verwirklicht werden. Zwei Ziele verfolgt der Sammelband: Zum einen wird die Bedeutung Schlesiens in der Geschichte der Musik in Ostmitteleuropa betont, zum anderen werden die Leistungen Unverrichts für die Erforschung der schlesischen Musik hervorgehoben. Gleichzeitig würdigen die Texte seine über fünfzigjährige wissenschaftliche Tätigkeit in Forschung und Lehre.

Grzegorz Kowal

Hubert Unverricht (Hg.): Życiorysy Legniczan i mieszkańców Ziemi Legnickiej 1241-1945 [Lebensbilder von Liegnitzern und Einwohnern des Liegnitzer Landes 1241-1945]. 2 Bde. Legnica: Wydawnictwo Edytor. Niemieckie Towarzystwo

Społeczno-Kulturalne 2008. Bd. 1: 404 S. ISBN 978-83-61176-12-1. Bd. 2: 389 S. ISBN 978-83-61176-16-9.

Das zweibändige Lexikon, das zuerst in einer deutschen Fassung erschienen ist (*Liegnitzer Lebensbilder des Stadt- und Landkreises*, 2001ff.), präsentiert Porträts mit Angaben über Leben und Tätigkeit von etwa 500 Menschen, deren Schicksal mit Liegnitz/Legnica und dessen Umland verbunden war. Es handelt sich dabei sowohl um Personen, die in Liegnitz oder im Landkreis Liegnitz geboren sind und gelebt haben, als auch um Menschen, die dort nur vorübergehend ansässig waren (dies betrifft z. B. Offiziere mit ihrem ständigen Ortswechsel). Geboten werden Informationen über Schriftsteller (mit bibliographischen Daten), bildende Künstler, Offiziere, Industrielle, Journalisten und andere Persönlichkeiten von der mittelalterlichen Schlacht bei Liegnitz 1241 bis zur Vertreibung 1945. Neu ist, dass die biographischen Artikel vorwiegend von gebürtigen Liegnitzern verfasst wurden.

Grzegorz Kowal

Dariusz Węgrzyn: Aparat bezpieczeństwa państwa wobec środowisk narodowych na Górnym Śląsku i w Zagłębiu Dąbrowskim w latach 1945–1956 [Der Sicherheitsapparat und die nationalen Kreise in Oberschlesien und im Dombrowaer Kohlenbecken in den Jahren 1945–1956]. Katowice: Societas Vistulana 2007. 439 S. ISBN 978-83-88385-94-0.

Thema des Buches ist die Nachkriegsgeschichte der konservativen antikommunistischen Opposition in Oberschlesien und im Dombrowaer Kohlerevier und ihre Bekämpfung durch den kommunistischen Sicherheitsapparat. Vor allem Gerichtsakten und Akten des Sicherheitsdienstes bilden die Quellengrundlage dieser Arbeit. In sieben Kapiteln wird ein Überblick über die Instrumente und Methoden des Sicherheitsapparates (Agentennetz, Beweisführung, Beobachtung und andere Formen der operativen Arbeit, Zusammenarbeit mit sowjetischen Organen) und einzelne Aktionen des Geheimdienstes gegen den politischen Gegner gegeben.

Krzysztof Ruchniewicz

Małgorzata Wójtowicz: Dawne szpitale Wrocławia [Historische Krankenhäuser in Breslau]. Wrocław, Jaworzyna Śląska: Muzeum Przemysłu i Kolejnictwa na Śląsku w Jaworzynie Śląskiej 2007. 112 S., 107 Abb., engl. Zusammenfassung. ISBN 978-83-924-508-0-1.

Der Band behandelt die Architektur der Breslauer Krankenhäuser des 19. und frühen 20. Jahrhunderts, einer Schlüsselepoche hinsichtlich des medizinischen Fortschritts ebenso wie der funktionalen Gestaltung des Krankenhausbaus. Dies ist die erste detaillierte Forschungsarbeit zu diesem Architekturtyp in Breslau/Wrocław. Der erste Teil – „Die Architektur der Breslauer Krankenhäuser und der Krankenhausbau nach der Französischen Revolution" – setzt die Entwicklung des Krankenhauswesens in der schlesischen Hauptstadt in Bezug zu den zeitgenössischen Neuerungen der französischen Architektur und der Entstehung des Pavillonsystems. Der zweite Teil behandelt die Geschichte und Bauhistorie der 27 Breslauer Krankenhäuser, beginnend mit dem Allerheiligen-Hospital des 16. Jahrhunderts, bis hin zum Garnisonslazarett der nationalsozialistischen Zeit. Die Zusammenschau der beiden Abschnitte zeigt, inwieweit die allgemeinen europäischen Tendenzen des Krankenhausbaus ihren Widerhall in Breslau fanden. Die Darstellung basiert auf Quellenstudien (Archivalien und gedruckte Quellen) sowie auf den Bauplänen der Objekte im Bauarchiv des Breslauer Architekturmuseums (Muzeum Architektury we Wrocławiu, Archiwum Budowlane Miasta Wrocławia). Einige der Pläne sind im ersten Teil des Buches publiziert. Der zweite Teil wird illustriert durch historische Postkarten aus der Sammlung Dr. Hans-Guido Weiser, die sich heute im Museum für das Industrie- und Eisenbahnwesen in Schlesien (Muzeum Przemysłu i Kolejnictwa na Śląsku) in Königszelt/Jaworzyna Śląska befinden.

Maria Zwierz

Maria Zwierz (Hg.): Wrocławskie dworce kolejowe [Breslauer Bahnhöfe]. Wrocław: Muzeum Architektury we Wrocławiu 2006. 302 S., 208 Abb. ISBN 83-89262-30-4.

Das Buch ist die Begleitpublikation der gleichnamigen Ausstellung, die vom 15. September bis 31. Oktober 2006, zum 160-jährigen Jubiläum der Bahnverbindung zwischen Berlin und Breslau, in den Räumen des Architekturmuseums in Breslau/Wrocław gezeigt wurde. Die Autoren behandeln die Architektur der Breslauer Bahnhöfe (Janusz Dobesz), die Entwicklung der Eisenbahntechnik auf der Strecke Berlin–Breslau (Michał Jerczyński) und die Geschichte des Bahnknotenpunktes Breslau vor dem Hintergrund der Entwicklung des schlesischen Eisenbahnnetzes (Janusz Gołaszewski). Im Katalogteil der Publikation wird auf die Geschichte der Breslauer Bahnhöfe, von denen es bis zu sechs gab, und ihre architektonischen Besonderheiten eingegangen. Zusätzlich gezeigt werden ausgewählte Bahnhöfe der neuen Stadtteile und Siedlungen, das Direktionsgebäude der Bahngesellschaft auf dem rechten Oderufer, die Gebäude der Kaiserlichen Bahndirektion und der zentralen Oberschlesischen Bahnverwaltung sowie die Wohngebäude der Bahnbeamten. Wichtig, insbesondere für polnische Leser, ist zudem der Abdruck von zehn deutschsprachigen Quellentexten. Sie beziehen sich auf die Eröffnung einzelner Bahnlinien oder die Projektierung von Bahnhöfen; andere berichten über den Verlauf der Bauarbeiten. Der Band enthält ferner Kurzbiographien von Architekten und Baumeistern. Das reichhaltige Abbildungsmaterial zeigt unter anderem etliche Architekturentwürfe (vor allem aus der zweiten Hälfte des 19. und vom Anfang des 20. Jahrhunderts), Archivfotos, Ansichtskarten und zeitgenössische Fotos. Letztere geben einen Eindruck vom gegenwärtigen Zustand der Bahnhöfe und der zugehörigen historischen Gebäude: Maschinenhallen, Lokomotivschuppen, Wassertürme, Bahnsteige, Wartehallen und Gaststätten.

Agnieszka Gryglewska

6. Großpolen, Zentralpolen, Kleinpolen

Elżbieta Dąbrowska: Groby, relikwie i insygnia. Studia z dziejów mentalności średniowiecznej [Gräber, Reliquien und Insignien. Studien zur mittelalterlichen Mentalitätsgeschichte]. Warszawa: Instytut Archeologii i Etnologii PAN 2008 (Collectio archaeologica, historia et ethnologica 2). 376 S., dt. Inhaltsverz. ISBN 978-83-89499-32-5, ISSN 1896-8899.

Elżbieta Dąbrowska untersucht in ihrer dreiteiligen Arbeit die Begräbnisriten der Kirchen- und Ordensgeistlichkeit im Mittelalter, die Geschichte des Reliquienkults und die Insignien geistlicher Machthaber. Im ersten Teil befasst sich die Autorin mit Zeremonien bei Begräbnissen der höheren Geistlichkeit in Polen, Beisetzungen von Bischöfen im Mittelalter, der Entstehung von mittelalterlichen Bestattungsbräuchen und den Gräbern der Piastenfamilie. Ihre Themen im zweiten Teil sind mittelalterliche Reliquien sowie der ursprüngliche Ort der Grabstätte und die Rezeption der Reliquien des hl. Adalbert (Św. Wojciech). Mittelalterliche Bischofsstäbe sind Gegenstand des dritten Teils.

Anna Bogumiła Kowalska

Radosław Gaziński: Prusy a handel solą w Rzeczypospolitej w latach 1772–1795 [Preußen und der Salzhandel in der polnischen Adelsrepublik 1772–1795]. Warszawa: Wydawnictwo DiG 2007. 356 S. ISBN 83-7181-490-9, 978-83-7181-490-7.

Die Arbeit befasst sich mit der Organisationsweise und Tätigkeit der Preußischen Salz-Handlungs-Compagnie in Polen, eines wichtigen Instruments der preußischen Wirtschaftspolitik gegenüber der Rzeczpospolita. In fünf Kapiteln geht der Autor den Fragen nach, ob diese Politik in den letzten 23 Jahren des Bestehens der polnischen Adelsrepublik, bezogen auf den Salzhandel, ökonomisch erfolgreich war, in welchem Umfang preußisches Salz nach Polen geliefert wurde und auf welche Hindernisse die Tätigkeit der Preußischen Salz-Handlungs-Compagnie in Polen traf. Er kommt zu dem Schluss, dass sie nur einen Teilerfolg erzielte. Die Preußische Salz-Handlungs-Compagnie beherrschte nicht den gesamten polnischen Salzmarkt, obwohl sie zeitweise über eine Monopolstellung verfügte. Österreich wollte eigenes Salz gewinnbringend verkaufen und stand daher Preußen im Weg. Aufgrund dieser Rivalität erzielte Preußen nicht die erhofften Gewinne in Polen.

Maciej Szukała

Marek Grajek: Enigma: bliżej prawdy [Die Enigma: nahe an der Wahrheit]. Poznań: Dom Wydawniczy „Rebis" 2007. 691 S., Abb. ISBN 978-83-751-0103-4.

Das Wissen über die Rolle polnischer Wissenschaftler bei der Entschlüsselung der Enigma-Chiffre im Zweiten Weltkrieg ist weiterhin lückenhaft. Es stützt sich vor allem auf wenige ältere Informationen. Um die Leistung der polnischen Helden gebührend zu würdigen, ist es nötig, die historische Perspektive zu erweitern. Die Entschlüsselung der Chiffre ist nicht nur unter dem Aspekt des Kampfes zwischen Geheimdiensten, sondern auch als eine mathematische und kryptologische Herausforderung zu betrachten. Nur aus dieser Sicht ist es möglich, die erfolgreiche Dechiffrierung objektiv zu bewerten. Der Verfasser zeigt die bahnbrechende und entscheidende Rolle der polnischen Kryptologen und Mathematiker und bietet die umfassendste Darstellung der Enigma-Geschichte, die es auf dem polnischen Buchmarkt gibt.

Maria Wojtczak

Tomasz Jurek, Izabela Skierska (Hg.): Fontes et historia. Prace dedykowane Antoniemu Gąsiorowskiemu [Fontes et historia. Festschrift für Antoni Gąsiorowski]. Warszawa: Instytut Historii Polskiej Akademii Nauk 2007. 282 S., Abb. ISBN 978-83-88909-61-0.

Die Festschrift anlässlich des 70. Geburtstags von Prof. Antoni Gąsiorowski umfasst historische Arbeiten zum Finanzwesen der Universität Krakau/Kraków, zur Ausbildung von Prälaten und Kanonikern des Domkapitels in Posen/Poznań gegen Ende des Mittelalters und zu bisher unveröffentlichten Dokumenten aus Großpolen aus dem 13. und 14. Jahrhundert. Weitere Themen sind die Höfe polnischer Könige im 16. Jahrhundert, die Zeitpunkte von Krönungen, Hochzeiten und Begräbnissen polnischer Herrscher im Mittelalter und eine verschollene Chronik der Dominikaner aus dem 13. Jahrhundert.

Anna Bogumiła Kowalska

Henryk Kocój: Plany II rozbioru Polski w polityce Berlina w latach 1791–1792. Fryderyk Wilhelm II i jego dyplomacja w przeddzień II rozbioru Polski [Pläne der zweiten Teilung Polens in der Politik Berlins in den Jahren 1791–1792. Friedrich Wilhelm II. und seine Diplomatie im Vorfeld der zweiten Teilung Polens]. Kraków: Wydawnictwo Uniwersytetu Jagiellońskiego 2007. 526 S., Abb., franz. Vorwort u. Zusammenfassung. ISBN 978-83-233-2273-3.

Die umfangreiche Veröffentlichung versammelt einige Hundert der wichtigsten, in französischer Sprache verfassten Briefe und Eilnachrichten preußischer Diplomaten, vor allem aus dem Jahr 1792. Aus ihnen gehen die wesentlichen Grundsätze der Politik Preußens gegenüber dem polnischen Staat am Vorabend der Zweiten Teilung Polens hervor. Es handelt sich um Briefe des preußischen Königs Friedrich Wilhelm II. aus seinen Korrespondenzen mit den preußischen Gesandten in St. Petersburg, Warschau, Dresden und in der Türkei, dem General Hans Rudolf von Bischoffwerder in Wien, den preußischen Ministern von Alvensleben, Finck von Finckenstein und von der Schulenburg sowie weiteren Personen. Ein Anhang enthält ein Faksimile des Originals der Eilnachricht Bischoffwerders aus Wien an Friedrich Wilhelm II. vom 6. März 1792.

Agnieszka Palej

Rafał Kościański, Rafał Leśkiewicz (Hg.): Z archiwum Oddziału Instytutu Pamięci Narodowej w Poznaniu: studia nad zasobem [Aus dem Archiv der Zweigstelle des Instituts für Nationales Gedenken in Posen. Studien zum Bestand]. Warszawa, Poznań: Instytut Pamięci Narodowej, Komisja Ścigania Zbrodni przeciwko Narodowi Polskiemu 2008 (Studia i Materiały IPN 13). 263 S. ISBN 978-83-60464-71-7.

Im Archiv der Zweigstelle des Instituts für Nationales Gedenken in Posen/Poznań wurden zahlreiche Dokumente der kommunistischen Unterdrückungsorgane gesammelt. Der Band enthält Aufsätze und Erläuterungen zu einzelnen Archivaliengruppen. Außerdem sind hier Texte zu finden, die die Geschichte und Struktur des genannten Archivs betreffen.

Maria Wojtczak

Lodzer Zeitung. 25 lat. Wydanie jubileuszowe 1863–1888. Artykuły dotyczące Łodzi, Zgierza i Pabianic (Reprint z 1888 roku) [Lodzer Zeitung. 25 Jahre. Jubiläumsausgabe 1863–1888. Artikel über Lodz, Zgierz und Pabianitz (Reprint aus dem Jahre 1888)]. Hg. v. Piotr Sętkowski. Łódź: Piątek Trzynastego 2007. 80 S., Abb. ISBN 978-83-7415-102-3.

Die Publikation ist ein Reprint der Jubiläumsausgabe der *Lodzer Zeitung* aus dem Jahre 1888, die von ihrem seinerzeitigen Herausgeber Jan Petersielge zusammengestellt worden war. Die

Artikel der damaligen Lodzer Journalisten gewähren heute interessante Einblicke in das Leben der Einwohner der Stadt sowie der Nachbarorte Zgierz und Pabianitz/Pabianice, darunter auch der deutschen Minderheit, im 19. Jahrhundert. Neben Berichten aus dem Alltag finden sich weitere Meldungen zu unterschiedlichen Themen und ein umfangreiches Adressbuch mit einem Personen- und Firmenverzeichnis. Von kulturhistorischer Bedeutung sind auch die originellen Kleinanzeigen und Werbetexte aus der damaligen Zeit. Die Publikation ist reich illustriert.

Anna Byczkiewicz

Maria Eliza Steinhagen: Azyl nad Porońcem. Powojenne losy rodziny Kruschów. Wspomnienia [Asyl am Poroniec. Das Nachkriegsschicksal der Familie Krusch. Erinnerungen]. Łódź: Wyd. Literatura 2008. 176 S., Abb. ISBN 978-83-61224-38-9.

Die Memoiren Maria Eliza Steinhagens, der Nachfahrin einer einst in Lodz/Łódź bekannten deutschen Fabrikantenfamilie, sind ein persönlicher Beitrag zur Geschichte der Lodzer Familie Krusch. Das Buch ist nicht die erste Publikation der Autorin über die Geschichte dieser Familie. In *Azyl nad Porońcem* erzählt sie vom Nachkriegsschicksal der Familie und dem Versuch, im Karpatenvorland/Podhale ein neues Leben anzufangen. Die Erinnerungen, im Plauderton gehalten, werden durch anekdotenhafte Geschichten und Betrachtungen zur Geologie der Region ergänzt. Die Publikation enthält daneben zahlreiche Fotografien, Skizzen und Bilder anerkannter Künstler des Karpatenvorlandes.

Anna Byczkiewicz

Katarzyna Taborska: Krytyka jako autokreacja. Wizerunki Marcela Reicha-Ranickiego [Kritik als Autokreation. Die Gesichter von Marcel Reich-Ranicki]. Poznań: Wydawnictwo Poznańskie 2008. 169 S. ISBN 978-83-7177-479-9.

Die Verfasserin analysiert die Selbstinszenierung (hier: ‚Autokreation') des Publizisten, Kritikers und TV-Showmasters der Fernsehsendung *Das literarische Quartett*, Marcel Reich-Ranicki, der Jahrzehnte hindurch durch seine Literaturkritiken den deutschen Buchmarkt beeinflusste. Die Publizistik des Autors entwickelte sich in drei Etappen: 1941–1942 im Warschauer Ghetto (Wiktor Hart), in den fünfziger Jahren in Polen (Marceli Ranicki) und seit 1958 in der Bundesrepublik Deutschland (Marcel Reich-Ranicki). Die meisten seiner Arbeiten entstanden in der letzten, dritten Etappe seines Schaffens. Ziel der Studie ist nicht die Suche nach einer durchgängigen psychologischen Identität der verschiedenen öffentlichen Gesichter dieses populären Kritikers, sondern die Analyse seiner Wirkung und die Darstellung der Art und Weise, wie er – fast bis an den Rand medialer Verführung – fasziniert. Es werden auch polnische Kontexte seines Schaffens gestreift.

Maria Wojtczak

Przemysław Urbańczyk: Trudne początki Polski [Die schwierigen Anfänge Polens]. Wrocław: Wydawnictwo Uniwersytetu Wrocławskiego 2008 (Monografie Fundacji Nauki Polskiej, Seria Humanistyczna). 436 S., engl. Zusammenfassung. ISBN 978-83-229-2916-2.

Der Band hinterfragt kritisch zahlreiche etablierte Ansichten über die Anfänge der polnischen Staatlichkeit, so über die Existenz der Staaten der Polanen und Wislanen, die ersten polnischen Städte, die Identifizierung der Hauptstadt des frühen Piastenstaats und seine Grenzen sowie die Etymologie von „Polen".

Anna Bogumiła Kowalska

Maria Żemigała: Cegła w budownictwie wielkopolskim w średniowieczu [Ziegel im großpolnischen Bauwesen im Mittelalter]. Łódź: Instytut Archeologii i Etnologii Polskiej Akademii Nauk 2008. 192 S., graph. Darst. ISBN 978-83-89499-40-0.

Diese Arbeit befasst sich mit einem seit dem 13. Jahrhundert äußerst wichtigen Baumaterial, dem Ziegelstein. Die Autorin unterzieht die umfassende Ziegelsammlung, die sie aus zahlreichen Bauten und Ausgrabungsstätten im heutigen Polen zusammengetragen hat, einer statistischen Analyse. Ihr Hauptaugenmerk richtet sie auf Großpolen, insbesondere die Fundstellen in Kalisch/Kalisz, Lentschitza/Łęczyca und Bolesławiec nad Prosną. Sie beschreibt drei Hauptphasen in der Entwicklung des Ziegelbauwesens in diesem Gebiet. Gemeinsame Werkstätten von Ziegelmachern und Maurern, in denen ein Ziegelmacher einen Maurer mit Steinen versorgte, bestanden bis Ende des 14. Jahrhunderts, danach erfolgt die Aufspaltung der beiden Berufe. Ziegel wurden zu einer frei verkäuflichen Ware, und dies beschleunigte die Vereinheitlichung der Maße. Im zweiten Viertel des 16. Jahrhunderts entwickelte sich ein freier Markt im Bauwesen; nun wurde mit Ziegeln auch überregional gehandelt, und Maurer konnten frei angeheuert werden.

Anna Bogumiła Kowalska

Katarzyna Zimmerer: Zamordowany świat. Losy Żydów w Krakowie 1939–1945 [Die ermordete Welt. Das Schicksal der Juden in Krakau 1939–1945]. Kraków: Wydawnictwo Literackie 2008. 283 S., Abb. ISBN 978-83-08-04184-0.

Die Veröffentlichung stellt das Schicksal der jüdischen Einwohner von Krakau/Kraków während der nationalsozialistischen Besatzung im Zweiten Weltkrieg dar. Vor dem Krieg bildeten die Juden 25 Prozent der Bevölkerung der Stadt an der Weichsel. Die Autorin versucht, die einzelnen Phasen der sogenannten Endlösung der Judenfrage, der Verfolgung und Ermordung der Juden, in Krakau vom Einmarsch der deutschen Truppen bis zur Bildung des Krakauer Ghettos und das im Laufe der Zeit immer unerträglichere Alltagsleben im Ghetto zu rekonstruieren. Sie lässt dabei sowohl die historischen Tatsachen als auch die Erinnerungen von Überlebenden sprechen. Den Abschluss des Buches bildet die kurzgefasste Geschichte des Konzentrationslagers in Płaszów. Im Anhang findet man Anmerkungen, ein Literaturverzeichnis und ein Personenregister.

Agnieszka Palej

Justyna Żychlińska: Recepcja „importu" nordyjskiego na ziemiach polskich we wczesnych fazach kultury łużyckiej [Die Rezeption des nordischen „Imports" in den polnischen Gebieten in den frühen Phasen der Lausitzer Kultur]. Poznań: Wydawnictwo Poznańskie 2008. 307 S., Abb., dt. Zusammenfassung. ISBN 978-83-7177-587-1.

Der Band befasst sich mit den Beziehungen zwischen Nordeuropa und dem späteren polnischen Gebiet von 1350 bis 900 v. Chr., also in der Frühzeit der Lausitzer Kultur. Es wird rekonstruiert, wie Elemente der nordischen Kultur das polnische Gebiet allmählich durchdrangen und adaptiert wurden. Das erste Kapitel stellt verschiedene Kategorien von Quellen detailliert vor, so z. B. Schmuckstücke, Toilettenzubehör, Waffen und Bronzegeräte. Im zweiten und dritten Kapitel werden die Kulturräume Skandinaviens, Norddeutschlands und Polens während der Bronzezeit dargestellt. Das vierte Kapitel analysiert den Diffusionsprozess des nordischen „Imports", wobei Gegenstand, Zeit und Ursache des Eindringens genau erläutert werden. Die Autorin bezieht diesen „Import" in das System des Fernhandels und Tausches ein und zeigt, dass mindestens zwei Handelswege bestanden haben können, nämlich der Wasser- und der Landweg. Das fünfte Kapitel erfasst den Zustrom nordischer Gegenstände und ihre Rezeption auf polnischem Gebiet im Hinblick auf Ökonomie, Kult und Gesellschaft.

Dorota Kozłowska-Skoczka

7. Böhmen, Mähren, Slowakei

Ján Botík: Etnická história Slovenska [Ethnische Geschichte der Slowakei]. Bratislava: LÚČ 2007. 231 S., Abb. ISBN 978-80-7114-650-6.

Ján Botík hat in seinem Buch das Thema der ethnischen Identität der Völker und Nationen, die auf dem Gebiet der Slowakei lebten, bearbeitet. Das Kapitel „Die Deutschen" ist den Einwanderern aus deutschen Ländern im 13. Jahrhundert und später gewidmet. Die Kultur und das Leben der deutschen Bewohner der einzelnen Regionen der Slowakei vom Mittelalter bis ins 20. Jahrhundert werden mit Methoden der Europäischen Ethnologie analysiert. Dabei werden auch kleinere Gruppen und Kulturen wie die der Zipser, Gründler, Buliner, Habanen und anderer behandelt.

Igor Zmeták

Lukáš Fasora: Svobodný občan ve svobodné obci? Občanské elity a obecní samospráva města Brna 1851–1914 [Ein freier Bürger in einer freien Gemeinde? Bürgerliche Eliten und die kommunale Verwaltung der Stadt Brünn 1851–1914]. Brno: Matice moravská, Masarykova univerzita 2007 (Země a kultura ve střední Evropě 6). 381 S., Abb. ISBN 978-80-86488-43-1.

Fasora analysiert die Entwicklung einer modernen Kommunalverwaltung in Brünn/Brno und ihr Funktionieren. In Zusammenhang damit berücksichtigt er auch die Entstehung moderner lokaler Bürgereliten und stellt drei Fragen. Erstens: Wie entstand in der zweiten Hälfte des 19. Jahrhunderts die bürgerliche Gesellschaft in Brünn, einer Industriestadt mit langer Gewerbetradition und zugleich einem Verwaltungszentrum? Zweitens: Wie gestalteten die lokalen Eliten die kommunale Selbstverwaltung und wie legitimierten sie sich? Und drittens: Welchen Zusammenhang gibt es zwischen dem mentalen Wandel im Bürgertum und der gesellschaftlichen und technischen Modernisierung? Das Buch behandelt einzelne soziale und berufliche Gruppen, die Politisierung des öffentlichen Lebens in jener Zeit und die Bedeutung von familiären Beziehungen für die Bildung bürgerlicher Eliten. Als Quellen benutzt der Autor statistische Daten, Archivmaterial und Memoiren; als Darstellungsform bedient er sich des kollektiven Biogramms. Im Anhang zum Text finden sich Kurzbiographien der Mitglieder der Gemeindeausschüsse und zahlreiche Fotos.

Jana Nosková

Lukáš Fasora, Jiří Hanuš, Jiří Malíř (Hg.): Moravské vyrovnání z roku 1905: možnosti a limity národnostního smíru ve střední Evropě. Sborník příspěvků ze stejnojmenné mezinárodní konference konané ve dnech 10.–11. listopadu 2005 v Brně [Der Mährische Ausgleich von 1905: Möglichkeiten und Grenzen für einen nationalen Ausgleich in Mitteleuropa. Sammelband mit Beiträgen der gleichnamigen internationalen Tagung vom 10.–11. November 2005 in Brünn]. Brno: Matice moravská pro Výzkumné středisko pro dějiny střední Evropy: prameny, země, kultura 2006 (Země a kultura ve střední Evropě 3). 387 S., Abb., tschech., dt. u. engl. Zusammenfassungen. ISBN 80-86488-36-5, 978-80-86488-36-3.

Der in der Reihe „Land und Kultur in Mitteleuropa" erschienene Tagungsband umfasst 28 Studien in tschechischer, deutscher und englischer Sprache von Historikern aus acht Staaten. Hauptthema bildet der Mährische Ausgleich von 1905 als Beispiel für eine mögliche Lösung der Nationalitätenfrage und nationaler Probleme in der Österreichisch-Ungarischen Monarchie. Einzelne Beiträge widmen sich auch verwandten Themen, etwa ähnlichen Versuchen in anderen Ländern der Habsburgermonarchie, nationalen Konflikten in der gesamten Monarchie oder Kontinuitäten bei der Suche nach Lösungen der Nationalitätenfrage in der ersten Hälfte des 20. Jahrhunderts. Sie dokumentieren auch den Einfluss des Mährischen Ausgleichs auf das Alltagsleben und seine Wirkung auf verschiedene soziale Gruppen und Berufe auf lokaler und Landesebene. Einige Aufsätze thematisieren zeitgenössische politische Diskussionen und Begriffe wie z. B. nationale Autonomie, Minderheitenrecht, nationale Gleichheit oder nationale Identität.

Jana Nosková

Lukáš Fasora, Jiří Hanuš, Jiří Malíř (Hg.): Občanské elity a obecní samospráva 1848–1948 [Bürgerliche Eliten und Gemeindeselbstverwaltung 1848–1948]. Brno: Centrum pro Studium Demokracie a Kultury 2006. 387 S., dt. Zusammenfassung. ISBN 80-7325-091-8.

Der Sammelband mit Texten in tschechischer, deutscher, slowakischer und polnischer Sprache bietet 29 Vorträge einer internationalen Tagung in Brünn/Brno, die sich mit Problemen bürgerlicher Eliten und ihrer Beziehung zur Kommunalverwaltung sowie ihren Kontakten zu anderen Gesellschaftsschichten auseinandersetzen. Als Vergleichsgrundlage dienen Materialien über verschiedene Städte. Entsprechend den Untersuchungszielen sind die einzelnen Studien in drei Teile gegliedert. Geographisch sind im dritten Teil des Sammelbandes auch Städte der böhmischen Länder vertreten. Was die Typologie der Städte betrifft, befassen sich die Autoren überwiegend mit größeren Städten, mit traditionellen Verwaltungszentren oder mit stark industrialisierten Städten.

Jana Nosková

Lukáš Fasora, Jiří Hanuš, Jiří Malíř (Hg.): Sekularizace českých zemí v letech 1848–1914 [Die Säkularisation der böhmischen Länder in den Jahren 1848–1914]. Brno: Centrum pro Studium Demokracie a Kultury 2007 (Quaestiones quodlibetales 3). 139 S., dt. Zusammenfassung. ISBN 978-80-7325-117-8.

Der Sammelband enthält neun, überwiegend von Historikern verfasste Beiträge. Absicht der Herausgeber war, den gegenwärtigen Forschungsstand in Böhmen und Mähren zum Thema darzustellen sowie künftige Forschungsfragen zu formulieren. Probleme der deutschsprachigen Bevölkerung Mährens werden vor allem in den Studien von Martin Markel und Jaroslav Šebek diskutiert. Markel konzentriert sich in seinem Beitrag „Anfänge der christlich-sozialen Bewegung in Südmähren" auf die politische Tätigkeit dieser Bewegung in Niederösterreich und Südmähren und beschreibt auch ihre antisemitische Rhetorik. Šebek befasst sich in seinem Aufsatz „Säkularisierungstendenzen und deren Einfluss auf die Entwicklung der deutschen katholischen Aktivitäten in den tschechischen Ländern an der Wende vom 19. zum 20. Jahrhundert" mit einem Vergleich zwischen tschechischen und deutschen nationalen Bewegungen und mit der Entstehung eines deutschen katholischen politischen und kirchlichen Lebens.

Jana Nosková

Lukáš Fasora, Jiří Hanuš, Jiří Malíř, Libor Vykoupil (Hg.): Člověk na Moravě v první polovině 20. století [Der Mensch in Mähren in der ersten Hälfte des 20. Jahrhunderts]. Brno: Centrum pro Studium Demokracie a Kultury 2006. 503 S., dt. Zusammenfassung. ISBN 80-7325-105-1.

Der Band präsentiert 32 Kurzbiographien interessanter, heute noch bekannter oder aber vergessener Persönlichkeiten, die in der ersten Hälfte des 20. Jahrhunderts in Mähren gewirkt haben. Er knüpft an eine ähnliche Publikation mit Lebensläufen aus dem 19. Jahrhundert an. Anhand der sozialen und beruflichen Schicksale der einzelnen Personen wird auch der Wandel der Sozialstruktur der mährischen Gesellschaft in jener Zeit deutlich, die durch Modernisierung, Nationalismus, Sozialismus, Säkularisation und den Zerfall der traditionellen monarchischen Werte gekennzeichnet ist. Das Buch ermöglicht es, Lebensgeschichten von Repräsentanten der „alten Zeit" mit denen von Repräsentanten der „neuen Zeit" zu vergleichen.

Jana Nosková

Tomáš Kasper: Výchova či politika? Úskalí německého reformě pedagogického hnutí v Československu v letech 1918–1933 [Erziehung oder Politik? Hindernisse der deutschen reformpädagogischen Bewegung in der Tschechoslowakei in den Jahren 1918–1933]. Praha: Karolinum 2007. 270 S. ISBN 978-80-246-1410-6.

Hauptthema bilden ausgewählte erziehungspolitische Aspekte der sudetendeutschen reformpädagogischen Bewegung in den Jahren 1918–1933. Das Buch ist in zwei Teile gegliedert. Im ersten Teil analysiert der Autor vor allem die deutsche Jugendbewegung. Am Beispiel der Entwicklung zweier Jugendverbände, des Deutschen Turnverbandes in der Tschechoslowakei und des Sudetendeutschen Wandervogels, zeigt er deren Tendenz hin zu einer nationalpolitisch motivierten Erziehung. Der zweite Teil des Buches ist der sudetendeutschen Schulreformbewegung gewidmet und untersucht deren Vorschläge und Konzepte, die in Zusammenhang mit verschiedenen pädagogischen Reformvorschlägen stehen. Die Untersuchung stützt sich auf zeitgenössische Zeitschriften der deutschen Jugendbewegung (*Burschen heraus, Sudetendeutscher Wandervogel, Blätter vom frischen Leben, Weg, Junge Front, Der junge Deutsche*), zeitgenössische Fachperiodika der sudetendeutschen Grund- und Mittelschullehrer (*Freie Schulzeitung, Deutsche Bürgerschulzeitung, Mitteilungen aus dem höheren Schulwesen*) sowie auf Archivquellen.

Jana Nosková

Tomáš Kasper, Dana Kasperová (Hg.): Češi, Němci, Židé v národnostním Československu. Pohledy na školství a vědu [Tschechen, Deutsche, Juden in der Nationalitäten-Tschechoslowakei. Ein Blick auf Schulwesen und Wissenschaft]. Liberec: Technická univerzita v Liberci 2006. 74 S. ISBN 80-7372-134-1.

Den Inhalt des Sammelbandes bilden sechs Beiträge zu der internationalen Tagung „Češi a Němci – sousedé ve společném státě 1918-1938" („Tschechen und Deutsche – Nachbarn in einem gemeinsamen Staat 1918-1938"), die vor allem das Alltagsleben von Tschechen, Deutschen und Juden in der Tschechoslowakei der Zwischenkriegszeit thematisieren. Tobias Weger widmet sich Fragen der nationalen Identität und ihrer Konstruktion und analysiert den „Mythos des 4. März". Jaroslav Koťa beschreibt Ideen des tschechischen Philosophen Emanuel Rádl und beleuchtet tschechisch-deutsche philosophische und wissenschaftliche Polemiken. Tomáš Kasper vergleicht die politischen Ansichten tschechischer und deutscher Lehrer. Dana Kasperová zeigt anhand statistischer Daten die erfolgreiche Integration der jüdischen Schüler und Studenten in die öffentlichen tschechischen und deutschen Schulen. Blanka Soukupová schildert vor dem Hintergrund der zionistischen Bewegung das Phänomen nationaler Identifikation und deren Einfluss auf die Erziehung. Karl Braun analysiert volkskundliche Forschungen an der deutschen Prager Universität und ihre Konzeptionen.

Jana Nosková

Stanislav Kokoška, Thomas Oellermann (Hg.): Sudetští Němci proti Hitlerovi. Sborník německých odborných studií [Sudetendeutsche gegen Hitler. Sammelband deutscher Fachstudien]. Praha: ÚSD 2008 (Sešity Ústavu pro soudobé dějiny ČSAV 42). 231 S. ISBN 978-80-7285-101-0.

Die zehn während der letzten Jahre entstandenen Beiträge des vorliegenden Sammelbandes widmen sich der Geschichte des sudetendeutschen Widerstandes gegen den Nationalsozialismus. Die Publikation erscheint im Rahmen eines Beschlusses der tschechischen Regierung vom 24. August 2005, der allen ehemaligen Bürgern der Tschechoslowakei, insbesondere deutscher Nationalität, die auf dem Gebiet der Tschechoslowakei gelebt und während der Aggression Hitlers der Republik gegenüber loyal geblieben waren, sich aktiv am Kampf für ihre Befreiung beteiligt haben oder durch das nationalsozialistische Regime verfolgt worden sind, ihre Anerkennung ausspricht.

Kristina Kaiserová

František Kubů: Chebský městský stát. Počátky a vrcholné období do počátku 16. století [Der Stadtstaat von Eger. Anfang und Blütezeit bis zum Beginn des 16. Jahrhunderts]. České Budějovice: Veduta 2006. 212 S., Abb., Karten, dt. Zusammenfassung. ISBN 80-86829-15-4.

Das Buch stellt zum erstenmal in der tschechischen Forschungsliteratur die Geschichte des mittelalterlichen Stadtstaates von Eger/Cheb dar, eines mächtigen Stadtstaates, der nach Ansicht des Autors keine Parallele in den böhmischen Ländern im Mittelalter hatte und bereits vor den Hussitenkriegen alle wesentlichen Elemente eines selbständigen politischen Gebildes aufwies. Der Autor beschreibt die Stadtstaaten des mittelalterlichen Römischen Reiches im Allgemeinen, sodann die Entstehung, Ausdehnung und Verwaltung des Stadtstaates von Eger im 14. und 15. Jahrhundert. Ferner stellt er die Geschichte der Region von der Mitte des 14.

Jahrhunderts bis zum Anfang des 16. Jahrhunderts dar. Weitere Themen sind die bewaffneten Streitkräfte des Stadtstaates von Eger, seine Beziehungen zu den Adeligen in der Umgebung und schließlich die letzten zwei Jahrhunderte seiner Existenz. Ein eigenes Kapitel widmet Kubů der Egerer Forstordnung von 1379, die eines der ältesten Dokumente dieser Art in Mitteleuropa ist. Das Buch enthält ein Personen- und Ortsregister.

Jana Nosková

Jiří Majkov: Status sudetské části arcidiecéze pražské v letech 1938–1946 [Der Status des Sudetenteiles der Prager Erzdiözese in den Jahren 1938–1946]. Olomouc: Společnost pro dialog církve a státu 2008. 216 S. ISBN 978-80-904046-2-5.

Der Verfasser befasst sich mit der Geschichte eines Teiles der Prager Erzdiözese, des Vikariats Schlackenwerth/Ostrov, das 1938 auf dem vom Deutschen Reich okkupierten Gebiet der Prager Erzdiözese entstand und bis 1945 existierte. Die Arbeit zeigt die organisatorische Struktur, Kompetenzen und Formen der Tätigkeit des Generalvikariats Schlackenwerth. Als Quellen dienen dem Autor vor allem Archivalien der Kanzlei des Generalvikariats (heute im Nationalarchiv in Prag/Praha), offizielle kirchliche Rundbriefe der Diözese und Aussagen von Rudolf Salzer, dem letzten Administrator des Pfarrbezirks Schlackenwerth. Im ersten Kapitel des Buches wird die Situation der Kirche in der Tschechoslowakei in der Zwischenkriegszeit beschrieben. Das zweite Kapitel befasst sich mit der Geschichte der Prager Erzdiözese während dieser Zeit und im Zweiten Weltkrieg sowie mit der Entstehung des Generalvikariats. Das dritte Kapitel widmet sich der Situation in der Prager Erzdiözese nach ihrer Aufteilung in zwei Staaten und der Tätigkeit des Generalvikariats. Das Schlusskapitel untersucht Bemühungen der deutschen Bevölkerung um die Schaffung einer selbständigen Diözese in Eger/Cheb und die Situation im Generalvikariat Schlackenwerth nach dem Zweiten Weltkrieg.

Jana Nosková

Soňa Nezhodová: Židovský Mikulov [Das jüdische Nikolsburg]. Brno: Matice moravská 2006 (Knižnice Matice Moravské 19). 423 S., Abb. ISBN 80-86488-28-4.

Die jüdische Gemeinde in Nikolsburg/Mikulov war von der Mitte des 16. Jahrhunderts bis 1851 Zentrum des mährischen Rabbinats. Die Autorin schildert den Beginn der jüdischen Besiedlung von Nikolsburg – die erste schriftliche Erwähnung stammt von 1369 – und verfolgt die Geschichte chronologisch bis zum Untergang der jüdischen Gemeinde 1938. Einige Kapitel des Buches sind thematisch ausgerichtet und beschäftigen sich mit wichtigen Persönlichkeiten der Nikolsburger jüdischen Gemeinde, mit der josephinischen Gesetzgebung, mit jüdischen Nikolsburger Vereinen und Stiftungen sowie mit dem jüdischen Viertel und Friedhof in Nikolsburg. Die Themen der letzten Kapitel sind die Assimilation der Juden und das Zusammenleben von Juden, Deutschen und Tschechen in der ersten Hälfte des 20. Jahrhunderts. Die Autorin arbeitet vor allem mit Archivquellen, zeitgenössischen Zeitungen und für die jüngsten Jahre auch mit Interviews von Zeitzeugen und Überlebenden der Schoah.

Jana Nosková

Soňa Nezhodová, Doubravka Olšáková, Vilém Prečan (Hg.): In memoriam Johann Wolfgang Brügel. Sborník z konference věnované Johannu Wolfgangu Brügelovi, která se uskutečnila v Hustopečích, jeho rodném městě, dne 13. září 2006 [In memoriam Johann Wolfgang Brügel. Sammelband anlässlich des Johann Wolfgang Brügel gewidmeten Symposiums, das am 13. September 2006 in seiner Geburtsstadt Auspitz stattfand]. Hustopeče: Město Hustopeče, Ústav pro soudobé dějiny AV ČR 2007. 278 S., Abb., dt. Zusammenfassung, ISBN 978-80-86103-98-3.

Der Sammelband beruht auf Referaten – vierzehn Studien und persönlichen Erinnerungen –, die auf einer Tagung in Auspitz/Hustopeče vorgetragen wurden und sich mit zwei Themen befassten: zum einen mit dem Leben und Schaffen von Johann Wolfgang Brügel (1905–1986), einer wichtigen Persönlichkeit der deutsch-tschechischen Geschichte, Journalist, aktiver deutscher Sozialdemokrat in der Tschechoslowakei der Zwischenkriegszeit, Autor des 1967 veröffentlichten Buches *Tschechen und Deutsche*, zum anderen mit Fragen der deutsch-tschechischen Beziehungen vor allem nach 1945: den deutschen Antifaschisten und Sozialdemokraten in der Tschechoslowakei und ihren Schicksalen nach 1945 sowie einem Projekt der Regierung der Tschechischen Republik zur Dokumentation von Schicksalen aktiver Gegner der Nationalsozialisten. Die Beiträge sind von österreichischen, deutschen und tschechischen Historikern verfasst und teilweise auf Deutsch publiziert.

Jana Nosková

Jaroslav Otčenášek: Němci v Čechách po roce 1945. Na příkladu západního Podještědí [Die Deutschen in Böhmen nach 1945. Das Beispiel der westlichen Jeschken-Region]. Praha: Etnologický ústav AV ČR, Scriptorium 2006. 207 S., Abb., dt. u. engl. Zusammenfassungen. ISBN 80-85010-92-5, 80-86197-82-4.

Der Ethnologe Jaroslav Otčenášek beschäftigt sich in seiner Arbeit mit der deutschen Minderheit in der Tschechoslowakei nach dem Zweiten Weltkrieg, insbesondere in der Jeschken-Region, der Umgebung von Haida/Nový Bor, Steinschönau/Kamenický Šenov, Röhrsdorf/Svor, Zwickau/Cvikov und Deutsch Gabel/Jablonné v Podještědí. Das Buch basiert auf der Auswertung von Archivmaterialien und der Lokalpresse sowie auf in den Jahren 1998–2004 geführten Interviews mit Deutschen, die in dieser Region leben. Otčenášek dokumentiert die Geschichte der deutschen Minderheit in der Tschechoslowakei nach 1945 und geht ein auf die politische Lage, die Problematik fehlender Minderheitenrechte, die spätere Anerkennung als Minderheit, die Organisationen der Minderheit, die Aussiedlung in die Bundesrepublik Deutschland, das kulturelle Leben der Minderheit sowie die Problematik der Assimilation. Der Autor nimmt auch die Veränderungen in den Blick, die mit dem kommunistischen Regime und der neuen ethnischen Situation aufgrund der Vertreibung der Deutschen und der Ankunft der Remigranten nach 1945 eingetreten sind. Er beschäftigt sich ferner mit der „Wiedergeburt" der deutschen Minderheit in der Tschechoslowakei bzw. der Tschechischen Republik nach 1989.

Jana Nosková

Michaela Peroutková: Vyhnání. Jeho obraz v české a německé literatuře a ve vzpomínkách [Vertreibung. Ihr Bild in der tschechischen und deutschen Literatur und in Erinnerungen]. Praha: Libri 2008. 204 S., 5 Abb. ISBN 978-80-7277-345-9.

Die Kultur- und Literaturwissenschaftlerin Michaela Peroutková setzt sich mit der Darstellung der Vertreibung der Deutschen aus der Tschechoslowakei in der Belletristik und den Erinnerungen von Zeitzeugen auseinander. Sie bedient sich dabei der Methoden der Oral History: Ihre Interviewpartner waren fünf Tschechen, fünfzehn Deutsche und eine Jüdin. Im Zentrum ihres Interesses stehen individuelle und kollektive Erfahrungen der Vertreibung aus tschechischer und deutscher Perspektive. Die Autorin versteht ihre Arbeit als Versuch, die mentale Welt beider Bevölkerungsgruppen anhand literarischer Texte und Aussagen von Zeitzeugen über das tschechisch-deutsche Zusammenleben zwischen 1918 und 1945/46 phänomenologisch zu erfassen. Sie vergleicht die Einstellungen der Interviewten zu den Schlüsselereignissen der Jahre 1918–1945 und weist stereotype Vorstellungen und die Bildung eines kollektiven Gedächtnisses nach. Aus der tschechischen und deutschen Belletristik wurden Romane und Erzählungen von Pavel Kohout, Václav Řezáč, Karel Ptáčník, Jaroslav Durych sowie von Jörg Berning und Josef Mühlberger für die Analyse ausgewählt.

Jana Nosková

Jiří Pešek (Hg.): Německé menšiny v právních normách 1938–1948. Československo ve srovnání s vybranými evropskými zeměmi [Deutsche Minderheiten in Rechtsnormen 1938–1948. Die Tschechoslowakei im Vergleich mit ausgewählten europäischen Ländern]. Brno, Praha: Doplněk, Ústav pro soudobé dějiny AV ČR 2006. 601 S. ISBN 80-7239-201-8, 80-7285-076-8.

Dieses Buch ist das Resultat des internationalen Projektes „Die Rechtsnormen der Tschechoslowakei 1938–1948 und die Deutschen im Vergleich mit anderen europäischen Ländern". Es analysiert die sogenannten Beneš-Dekrete (vor allem die Dekrete Nr. 5, 12, 33, 35 und 108), aufgrund deren die Deutschen in der Tschechoslowakei ausgebürgert und enteignet wurden und die die Rechtsgrundlagen für die Vertreibung bildeten. Die Rechtsnormen der Tschechoslowakei werden mit der Gesetzgebung anderer europäischer Staaten verglichen, die sich nach dem Zweiten Weltkrieg ebenfalls mit den Fragen des Umgangs mit Kollaborateuren und der Behandlung deutscher Minderheiten zu beschäftigen hatten. Dargestellt wird die Situation in der Tschechoslowakei, in Jugoslawien, Ungarn, Polen, Dänemark, Belgien, Frankreich, Italien und in der amerikanischen Besatzungszone. Wichtig für die Analyse waren nicht nur der Inhalt der Gesetze, sondern auch deren Entstehung und tatsächliche Wirkung. Die Untersuchung fragt auch nach der Rolle der deutschen Minderheiten vor, während und nach dem Zweiten Weltkrieg, nach verschiedenen Plänen der Exilregierungen, die die deutschen Minderheiten betrafen, nach dem jeweiligen einheimischen Widerstand und den politischen Schritten nach dem Ende des Zweiten Weltkriegs. Der Abdruck von Rechtsdokumenten vervollständigt die Veröffentlichung.

Jana Nosková

Jiří Petráš: Česko-německá problematika v Českých Budějovicích po skončení druhé světové války [Die tschechisch-deutsche Problematik in Budweis nach dem Ende des Zweiten Weltkrieges]. České Budějovice: Jihočeské muzeum 2007. 163 S., 7 Abb. ISBN 978-80-86260-65-5.

Der Historiker Jiří Petráš untersucht die Aussiedlung und Vertreibung der deutschen Bevölkerung aus Budweis/České Budějovice und dessen unmittelbarer Umgebung (Gemeinden Vierhöf/Čtyři Dvory, Pfaffenhöf/Kněžské Dvory, Schindelhöf/Šindlovy Dvory, Hodowitz/Hodějovice, Lodus/Mladé und Dürnfellern/Suché Vrbné). Der Verfasser gliedert die Aussiedlung und Vertreibung der Deutschen in vier zeitliche Etappen (Mai und Juni 1945, bis zum Ende 1945, 1946 und von Ende 1946 bis Anfang der 1950er

Jahre). Er schildert die Situation in Budweis nach der Befreiung, die Vorbereitungen für die Aussiedlung und Vertreibung und die Aussiedlung und Vertreibung selbst, wobei er detailliert auf einzelne Transporte und Personen eingeht. Auch beschreibt er das Internierungs- und Arbeitslager in der Roudenská-Straße in Budweis und das Sammellager in Dürnfellern. Die Arbeit basiert vor allem auf Archivmaterial (Archiv des Innenministeriums in Prag/Praha, Staatsarchive in Wittingau/Třeboň, Budweis u. a.), teilweise auch auf Pressemitteilungen und veröffentlichten Erinnerungen von Zeitzeugen. Die Monographie wird durch ein Personen- und Ortsregister erschlossen. Im Anhang ist eine Liste mit den Namen der in den Jahren 1945–1948 verstorbenen Deutschen, Ermordeten oder Selbstmörder, veröffentlicht.

Jana Nosková

Problematika historických a vzácných knižních fondů Čech, Moravy a Slezska [Die Problematik der historischen und wertvollen Buchbestände in Böhmen, Mähren und Schlesien]. Bd. 16. Brno, Olomouc: Sdružení knihoven České republiky, Vědecká knihovna v Olomouci 2008. 256 S., Abb. ISBN 978-80-7053-276-8.

Der 16. Band dieses buchwissenschaftlichen Periodikums vereint Referate der XVI. internationalen Tagung zur Geschichte der Buchkultur im November 2007 in Olmütz/Olomouc. Der Vortrag über die Topographie mährischer Städte von Lucie Heilandová behandelt Kupferstiche von Franz Hogenberg aus Köln, Matthäus Merian aus Frankfurt a. M., Tobias Lotter und Johann Baptist Homann. Zur Geschichte der Akademie der bildenden Kunst in Wien wurde ein unbekanntes Manuskript von Hans Petr Cerroni entdeckt. Cerroni (1735–1826) ist Autor des Werkes *Skitze einer Geschichte der bildenden kunste in Mähren*.

Igor Zmeták

Zdeněk Procházka: Putování po zaniklých místech Českého lesa. Wanderungen durch die verschwundenen Ortschaften des Böhmischen Walds. I. Domažlicko. Osudy 50 zaniklých obcí, vsí a samot. Kreis Taus. Die Geschicke von 50 verschwundenen Dörfern, Weilern und Einöden. Domažlice: Nakladatelství Českého Lesa 2007. 287 S., Abb. ISBN 978-80-86125-78-7.

Die zweisprachige Publikation bietet zunächst eine kurze Geschichte des Böhmerwaldes. Ausführlicher wird die Geschichte dieses Gebietes nach dem Zweiten Weltkrieg und der Entstehung des Eisernen Vorhanges dargestellt. Der Autor beschreibt die Arbeit der Grenztruppen (Pohraniční stráž) und den Bau der Sperrzone, die vor allem in den 1950er Jahren die Errichtung von Grenzposten und die Liquidierung ganzer Dörfer zur Folge hatte. Persönliche Erinnerungen des Autors an seine Wanderungen durch das Grenzgebiet in den 1960er, 1970er und 1980er Jahren bilden ein weiteres Kapitel des Buches. Hauptteil der Veröffentlichung ist ein anhand der tschechischen Ortsnamen alphabetisch geordnetes Verzeichnis der verschwundenen Dörfer. Zu jedem Schlagwort (von Friedrichshof/Bedřichov bis zu Großgorschin/Velký Horšín, insgesamt 50 Orte) findet man eine kurze historische Beschreibung des Dorfes, seiner Lage und seines heutigen Zustandes. Einzelne Ortsbeschreibungen sind durch historische und zeitgenössische Fotos und Karten veranschaulicht.

Jana Nosková

Karel Řeháček: Němci proti Československu na západě Čech (1918–1920) [Deutsche gegen die Tschechoslowakei in Westböhmen (1918–1920)]. Plzeň: [Karel Řeháček] 2008. 182 S., Abb., Faksimile. ISBN 978-80-254-3358-4.

Die Haltung der deutschen Bevölkerung in den böhmischen Ländern war nach der Gründung des neuen Vielvölkerstaates Tschechoslowakei 1918 diesem gegenüber kritisch. Dies galt vor allem in den ethnisch gemischten Gebieten der neuen Republik, besonders in den Grenzregionen, zu denen auch Westböhmen zählte. Als Reaktion auf die Entstehung der Tschechoslowakei bildeten sich hier Ende Oktober und Anfang November 1918 vier autonome Provinzen. Im böhmischen Westen hielt sich die Mehrheit der deutschsprachigen Bevölkerung zur Provinz Deutschböhmen. Die erfolgreiche Unterdrückung dieser Entwicklung stabilisierte zwar den neuen Staat, bei den Bewohnern Deutschböhmens prägte diese bittere Erfahrung jedoch nachhaltig ihr Bewusstsein.

Kristina Kaiserová

Jaroslav Šebek: Mezi křížem a národem. Politické prostředí sudetoněmeckého katolicismu v meziválečném Československu [Zwischen Kreuz und Nation. Das politische Milieu des sudetendeutschen Katholizismus in der Tschechoslowakei während der Zwischenkriegszeit]. Brno: Centrum pro Studium Demokracie a Kultury 2006. 334 S. ISBN 80-7325-085-3.

Der Autor befasst sich mit dem noch nicht erforschten Thema des deutschen politischen Katholizismus in der Tschechoslowakei während der Zwischenkriegszeit. Er analysiert vor allem die Entwicklungen innerhalb der Deutschen Christlich Sozialen Volkspartei, behandelt deren Entstehung, Formierung, Programm, Eingliederung ins politische System, das Auftreten von Meinungsunterschieden innerhalb der Partei, aber auch die Entwicklung katholischer Vereine. Er untersucht ferner die Beziehungen der Volkspartei zu tschechischen und slowakischen katholischen Parteien sowie zu anderen deutschen politischen Parteien in der Tschechoslowakei. Der Autor belegt am Beispiel dieser Partei nicht nur die strukturellen und mentalen Veränderungen des deutschen kirchlichen Milieus in der Tschechoslowakei, sondern auch den allmählichen Wandel der politischen Einstellungen innerhalb der deutschen Minderheit im Lande. Im breiteren Kontext wird auch die Entwicklung des europäischen Katholizismus (z. B. die Enzyklika Quadragesimo anno) berücksichtigt. Den Text ergänzt ein Namenregister.

Jana Nosková

Matěj Spurný (Hg.): Proměny sudetské krajiny [Der Wandel der Sudeten-Landschaft]. Domažlice, Praha: Nakladatelství Českého Lesa, Antikomplex 2006. 238 S., Abb. ISBN 80-86125-75-2.

Der Sammelband mit 22 Aufsätzen beschäftigt sich mit den sogenannten Sudeten – definiert vom Herausgeber als Grenzregionen der Tschechischen Republik – als einem spezifischen Landschaftstypus, der von einer langen spezifischen Geschichte geprägt und von entscheidenden Veränderungen nach 1945 (der Vertreibung der deutschen Bevölkerung, dem Rückgang der Einwohnerzahl, dem kommunistischen Regime, der sozialistischen Wirtschaft) beeinflusst wurde. Die Autoren der einzelnen Beiträge (Historiker, Literaturwissenschaftler, Ökologen, Naturwissenschaftler, Architekten, Lokalpolitiker, Journalisten und Unternehmer) stellen die Frage, welche Einflüsse die Landschaft dieser Grenzgebiete bestimmt haben und noch bestimmen, wie sich die Region in Zukunft entwickeln sollte, wie ihr geschichtliches Erbe bewahrt und ihre Natur geschützt und vernünftig genutzt werden könnte. Die Untersuchungen sind nicht nur historisch ausgerichtet, sondern beziehen sich auch auf gegenwärtige Probleme. Der Verein Antikomplex e. V. versteht den von ihm herausgebrachten Sammelband als einen Beitrag zu einer weiterführenden Diskussion.

Jana Nosková

Matěj Spurný (Hg.): Sudetské osudy [Sudeten-Schicksale]. Praha: Antikomplex 2006. 214 S., Abb. ISBN 80-86125-74-2.

Das Buch besteht aus siebzehn Interviews mit Personen, deren Schicksale durch die besondere Geschichte des tschechischen Grenzgebiets geprägt wurden. Die Interviewten wurden so ausgewählt, dass die gesellschaftliche Heterogenität im Grenzgebiet deutlich wird. Trotzdem beansprucht das Buch keine Repräsentativität. Die Interviewten gehören drei verschiedenen Gruppen an: Die erste Gruppe umfasst Personen (Deutsche und Tschechen), die vor dem Zweiten Weltkrieg in den sogenannten Sudeten (der Herausgeber benutzt das Wort als Synonym für einen spezifischen Landschaftstypus an der Grenze, er ist sich aber der politischen und historischen Zusammenhänge des Begriffes bewusst) geboren sind. Die zweite Gruppe bilden Menschen, die die sogenannten Sudeten nach dem Zweiten Weltkrieg neu besiedelt haben (tschechische Remigranten, Angehörige anderer Nationen). Zur dritten Gruppe zählen die Tschechen, die nach dem Zweiten Weltkrieg aus dem Binnenland ins Grenzgebiet gekommen oder dort erst nach dem Zweiten Weltkrieg geboren sind. Die Interviewten erzählen ihre Lebensgeschichte, suchen nach Identität und beschreiben ihre Heimatgefühle.

Jana Nosková

Martin Veselý: Do krytu! Letecká válka a protiletecká ochrana v severozápadních Čechách 1939-1945 [In Deckung! Luftkrieg und Luftschutz im nordwestlichen Böhmen 1939-1945]. Ústí nad Labem: Univerzita J. E. Purkyně 2008 (Acta Universitatis Purkynianae Facultatis Philosophicae, Studia historica 7). 323, [23] S., Abb. ISBN 978-80-7414-000-6.

Inhalt des Buches ist die Vorbereitung des nordwestböhmischen Teiles des einstigen Regierungsbezirks Aussig auf den Luftkrieg. Es handelte sich um die am meisten gefährdete Region des Reichsgaues Sudetenland. Analysiert werden das damalige Luftschutzsystem und der Einsatz der Bevölkerung sowie die Auswirkungen des Luftkrieges auf das Leben im Reichsgau Sudetenland in den Jahren 1943-1945.

Kristina Kaiserová

Ondřej Zatloukal, Pavel Zatloukal (Hg.): Luk & lyra. Ze sbírek Arcidiecézního muzea Kroměříž [Bogen & Leier. Zu den Sammlungen des Erzdiözesanmuseums in Kremsier]. Olomouc: Muzeum Umění Olomouc, Arcidiecezní muzeum Kroměříž 2008. 343 S., Abb., Pläne. ISBN 978-80-87149-13-3.

Der Katalog der gleichnamigen Ausstellung mit Stücken aus den Sammlungen des Museums des Erzbistums in Kremsier/Kroměříž stellt die schönsten Kunstwerke der habsburgischen

Erzbischöfe von Olmütz/Olomouc vor, die als Kunstmäzene zu ihrer Zeit mit dem kaiserlichen Hof in Wien wetteiferten. Der Katalog ordnet historische Bücher, Werke der bildenden Kunst, der Musik und Architektur verschiedenen Kulturepochen zu. Deutsche Kultur und deutsche Künstler sind in diesem repräsentativen Kunstband vom Mittelalter (z. B. der Meister des Augustiner-Altars von Nürnberg) bis ins 19. Jahrhundert (z. B. Ludwig van Beethoven und Friedrich Nietzsche) vertreten.

Igor Zmeták

8. Ungarn, Rumänien, Bukowina

Györgyi Bindorffer (Hg.): Változatok a kettős identitásra kisebbségi léthelyzetek és identitásalakzatok a magyarországi horvátok, németek, szerbek, szlovákok, szlovének körében [Variationen doppelter Identität. Lebenssituationen von Minderheiten und Identitätsformen bei den Kroaten, Deutschen, Serben, Slowaken und Slowenen in Ungarn]. Budapest: Gondolat 2007. 300 S. ISBN 978-963-961085-9.

Der Sammelband thematisiert die diachronen und synchronen Assimilierungsprozesse der deutschen Minderheit und anderer Minderheiten in Ungarn. Der Beitrag der Herausgeberin über ihre vergleichende Untersuchung der doppelten Identität in zwei ungarndeutschen Ortschaften, Tscholnok/Csolnok und Wehmend/Véménd, geht auf eine mehrjährige Forschungsarbeit (2002–2005) zurück. Györgyi Bindorffer geht dabei von der Tatsache aus, dass die ungarndeutsche Minderheit keine homogene Gruppe bildet, da sich die einzelnen, oft isolierten Gemeinden in ihrer Sprache und Kultur unterschiedlich entwickelten. In ihrer ausführlichen Studie kommt sie zu dem Ergebnis, dass sich die Bewohner der untersuchten Siedlungen zunächst Schwaben nannten und sich viele erst in der dritten Generation als Deutsche bezeichneten. In Bezug auf eine Minderheitenidentität kann zwar von einer Stärkung gesprochen werden, dies hängt allerdings nicht unbedingt mit der Kenntnis der deutschen Sprache zusammen.

Enikő Dácz

Stevan Bugarski (Hg.): Lyceum Temesvariense. Liceul Timișorean. Das Temeswarer Lyzeum. Temesvári Lyceum. Temišvarski Ličej. Timișoara: Editura Tempus 2008. 604 S. ISBN 978-973-1958-01-9.

Dem 1841 mit einer Philosophischen Abteilung gegründeten Lyceum Temesvariense wurde 1845 eine Akademie für Rechtswissenschaften angegliedert, die erste nicht-konfessionelle Hochschule der Hauptstadt des Banats. Leider war die Entwicklung dieser Anstalt bis heute noch nicht Gegenstand wissenschaftlicher Forschung. Die vorliegende Untersuchung ist außergewöhnlich sowohl hinsichtlich des Umfangs als auch der Viersprachigkeit (Rumänisch, Ungarisch, Deutsch und Serbisch) des Bandes. Der Autor liefert uns eine bis ins Detail gründlich recherchierte geschichtliche Darstellung, auf Originaldokumenten basierende Statistiken, eine Reihe von Materialien aus dem aufgearbeiteten Dokumentarfonds sowie verschiedene andere Belege über eine für Temeswar/Timișoara bedeutende Bildungsstätte. Den Texten sind Fotos beigegeben, die das Temeswarer Lyzeum sowie diejenigen Personen zeigen, die es gegründet, unterstützt und beseelt haben.

Stelian Mândruț

Ulrich Burger, Rudolf Gräf (Hg.): Klausenburg. Wege einer Stadt und ihrer Menschen in Europa. Cluj-Napoca: Presa Universitară Clujeană 2007 (Veröffentlichungen des Deutschen Instituts der Babeș-Bolyai Universität Klausenburg, Reihe Urkunden und Quellen 2). 253 S. ISBN 978-973-610-621-7.

Die jüngere Vergangenheit und die Gegenwart von Klausenburg/Cluj-Napoca sind eng mit dem mitteleuropäischen Raum verbunden. Die Herausgeber beabsichtigen mit diesem Sammelband, einem interessierten Lesepublikum verschiedene Aspekte der Geschichte der Stadt bekannt zu machen, aber auch weitere Forschungen anzuregen. Die Verfasser der 19 Beiträge beleuchten spezifische Fragestellungen zu einzelnen Bereichen von Politik, Wirtschaft und Kultur. Einen besonderen Bezug zur deutschen Bevölkerung der Stadt haben folgende Aufsätze: Adinel Ciprian Dincă: *Die Benediktinerabtei von Appesdorf und die mittelalterlichen Anfänge der Siedlung Klausenburg*; Edit Szegedi: *Klausenburg im Zeitalter der Reformation und der Konfessionalisierung*; András F. Balogh: *Ungarische, deutsche und rumänische Autoren in Klausenburg*; Sorina Paula Bolovan, Ioan Bolovan: *Die Bevölkerung der Stadt Klausenburg im 20. Jahrhundert*; Keno Verseck: *Gegeneinander, Nebeneinander, Miteinander. Über das Leben in einer wirklich multikulturellen Stadt*.

Stelian Mândruț

Vasile Ciobanu, Sorin Radu (Hg.): Partide politice și minorități naționale din România în secolul XX [Politische Parteien und nationale Minderheiten in Rumänien im 20. Jahrhundert]. Vol. [Bd.] II. Sibiu: Editura Universității „Lucian Blaga" 2007. 400 S. ISBN 978-973-7865-57-1.

Der Band dokumentiert die Ergebnisse eines interdisziplinären und internationalen Symposiums. Fachleute aus dem In- und Ausland beleuchten aufgrund veröffentlichter und unveröffentlichter Quellen die Lage der Minderheiten und die Minderheitenpolitik der Parteien in Rumänien im 20. Jahrhundert. Unterschiedliche Aspekte dieses komplexen Themas werden dabei behandelt. So schreiben Alin Spânu über die Lage der Minderheiten in Siebenbürgen zu Beginn des Jahres 1920, Sorin Radu über die Einstellungen der siebenbürgischen Minderheiten im Lichte der Informationen der Polizei- und der Sicherheitsdirektion, Vasile Ciobanu über die Minderheitenpolitik der Regierung Goga-Cuza, Valentin Vasile über die deutschen Grundschulen in Rumänien in den Jahren 1940–1944, Gavril Preda und Petre Opriș über eine Stellungnahme der kommunistischen Behörden vom 31. Mai 1958 zur Emigration von Angehörigen der Minderheiten in Rumänien, Liviu Țăranu über die rumänisch-westdeutschen Wirtschaftsbeziehungen und die deutsche Minderheit in Rumänien zu Beginn der 1970er Jahre, Stephanie Danneberg über die politischen Beziehungen zwischen den Siebenbürger Sachsen und den Rumänen Siebenbürgens in den Jahren 1900–1914, Tom Kowohl über die soziale Dimension dieser Beziehungen, Lucian Robu über das kollektivistische Modell und seine Propagierung in der bildenden Kunst der Jahre 1949–1956 durch rumänische Künstler und solche aus den Reihen der Minderheiten.

Stelian Mândruț

Andrei Corbea-Hoișie, Alexander Rubel (Hg.): Transcarpathica. Germanistisches Jahrbuch Rumänien 3/4 (2004–2005). București: Editura Paideia 2008. 336 S. ISSN 1583-6592.

Die vorliegende Nummer des von George Guțu und Reimar Müller herausgegebenen Jahrbuchs behandelt die Erinnerungskulturen des 20. Jahrhunderts in Mittel- und Südosteuropa mit Beiträgen von Peter Plener, Jacques Le Rider, Gert Mattenklott, Gabriel Horațiu Decuble, Alexander Rubel, Sigurd Paul Scheichl, Bianca Bican (über siebenbürgisch-sächsische Identitätsdiskurse zu Beginn der Zwischenkriegszeit), Markus Fischer, Ioana Crăciun, Susanna Lulé (über Herta Müller) und Ana-Maria Pălimariu. Ein weiteres Thema sind Interferenzen in Mittel- und Südosteuropa im 20. Jahrhundert, mit Beiträgen von Mariana Bărbulescu, Grigore Marcu, Delia Eșian, Roxana Nubert (zum Weiblichkeitsbild in der rumäniendeutschen Gegenwartsliteratur), Delia Magdalena Leca, Cornelia Cujbă und Isabel Buchwald. Ferner dokumentiert Astrid Agache die Korrespondenz zwischen den ehemaligen Jassyer Professoren Karl Kurt Klein und Traian Bratu. Buchbesprechungen runden den Band ab.

Ana-Maria Pălimariu

Maria Erb, Elisabeth Knipf-Komlósi (Hg.): Tradition und Innovation. Beiträge zu neueren ungarndeutschen Forschungen. Budapest: ELTE, Germanistisches Institut 2007 (Ungarndeutsches Archiv. Schriften zur Sprache, Literatur, Kultur und Geschichte der Deutschen in Ungarn 9). 326 S. ISBN 978-963-463-859-7.

Der Sammelband bietet einen umfassenden Überblick über die gegenwärtige Forschung zum Sprachgebrauch der Ungarndeutschen. Dabei präsentiert er, wie im Titel versprochen, seinen Analysegegenstand im Spannungsfeld zwischen Tradition und Innovation. Das Begriffspaar ist zugleich auf die angewandten wissenschaftlichen Methoden beziehbar. Die zehn Studien sind soziolinguistischer, systemlinguistischer und psycholinguistischer bzw. pressegeschichtlicher Art. Der Band wird mit einem kritischen Aufsatz von Edit Altbäcker eröffnet, der die ungarndeutsche *Neue Zeitung* zum Thema hat und deren Entwicklung seit 1992 verfolgt. Koloman Brenner nimmt eine kurze Bestandsaufnahme der phonetischen Sichtweise in der ungarndeutschen Dialektologie vor und präsentiert neue experimentelle Methoden, die in diesem Bereich angewendet werden können. Éva Márkus thematisiert die deutschen Mundarten im Ofner Bergland. Die sich anschließenden Aufsätze reflektieren die Verbindung von Sprache und Identität. Györgyi Bindorffer fragt anhand von zwei Fallbeispielen auf der Grundlage von Interviews aus den letzten Jahren nach dieser Verbindung und nach der Konsequenz von Zweisprachigkeit; Zsuzsanna Gerner stellt sich die Aufgabe, aufgrund einer Befragung die Rolle der Bildungseinrichtungen bei der Identitätsbildung der Ungarndeutschen zu erforschen. Maria Erb behandelt das spannende Thema ethnischer Stereotype und Vorurteile. Verschiedenen Fragen des Sprachgebrauchs wenden sich Fallstudien von Elisabeth Knipf-Komlósi, Adelheid Manz und Monika Jaeger-Manz zu. Nach der grammatikalischen Untersuchung einer südungarischen deutschen Mundart wird die Sprachkompetenz der Ungarndeutschen in Baja sowie von mehrsprachig sozialisierten Kindern in Südungarn betrachtet. Csaba Földes analysiert aufgrund empirischer Untersuchungen die bilinguale sprachkommunikative Praxis als Code-Umschaltung.

Enikő Dácz

Horst Fassel: Bühnen-Welten vom 18.–20. Jahrhundert. Deutsches Theater in den Provinzen des heutigen Rumäniens. Mapamondul scenic din sec. al 18-lea până în sec. al 20-lea. Teatrul de limbă germană în provinciile României de azi. Cluj-Napoca: Presa Universitară Clujeană 2007 (Seria Karl Kurt Klein 3). 422 S. ISBN 978-973-610-617-0.

Die hier vorgelegten Arbeiten des bekannten Sprach- und Literaturwissenschaftlers sind zum größten Teil in sehr unterschiedlichen Sammelbänden und Periodika erschienen. Der Autor bietet Studien zur Entwicklung der Spielpläne bei den Stadt- und den Minderheitentheatern, zu den Beziehungen zu anderssprachigen Kulturinstitutionen, zur Abhängigkeit der Theaterlandschaft von kulturpolitischen Entscheidungen, zum Bezug zwischen Repertoiregestaltung und Theaterkritik oder zur Einwirkung des Publikums auf die Entscheidungen der Theatermacher. Indem der Verfasser darstellt, wie die Bühnenschriftsteller der Region das Identitätsbewusstsein von Minderheitengruppen geprägt haben, erfüllt er Desiderate der Forschung. Weitere Desiderate werden aufgezeigt, wenn er darauf hinweist, dass die Erforschung der regionalen Theatergeschichte mehr als bisher das Zusammenwirken der Institution Theater mit den beteiligten Direktoren, Darstellern, Regisseuren, Bühnenbildnern, Dramatikern usw. berücksichtigen müsse.

Stelian Mândruţ

George Guţu, Doina Sandu (Hg.): Interkulturelle Grenzgänge. Akten der Wissenschaftlichen Tagung des Bukarester Instituts für Germanistik zum 100. Gründungstag, Bukarest, 5.–6. November 2005. Bucureşti: Editura Universităţii din Bucureşti 2007 (GGR-Beiträge zur Germanistik 16). 464 S., Abb. ISBN 978-973-737-230-7.

Der den Sammelband eröffnende umfangreiche Teil „Historizität und Interkulturalität. Literaturwissenschaftliche Streiflichter" versammelt innovative Beiträge, die chronologisch den Bogen vom Mittelalter bis zur rumäniendeutschen (Johann Lippet, Hans Bergel, Dieter Schlesak) und deutschen Gegenwartsliteratur spannen. Die Beiträge stammen von Ioana Crăciun-Fischer, Vasile V. Poenaru, Sorin Toma, Leyla Cosan, Carmen Elisabeth Puchianu, Ana-Maria Pălimariu, Patricia Sanda, Maria Berceanu, Romaniţa Constantinescu, Sorin Gădeanu, Markus Fischer, Raluca Rădulescu, Maria Irod und Mirela Ioniţă. Den zweiten Themenkomplex des Sammelbandes bilden sprachwissenschaftliche Studien zur intra- und interlingualen Kommunikation. Wichtige Akzente setzt hier vor allem der Aufsatz von Volker Hoffmann zur Neubearbeitung von Hermann Pauls *Deutschem Wörterbuch* (1992–2002). Sigrid Haldenwang vermag in ihrem Beitrag interessante Bezüge zwischen dem *Siebenbürgisch-Sächsischen Wörterbuch* und dem *Deutschen Wörterbuch* der Brüder Grimm herauszuarbeiten. Hinzu kommen übersetzungstheoretische Abhandlungen von Gabriel H. Decuble, Mihai Draganovici, Adriana Maria George (über Alfred Margul-Sperber) und George Guţu (über Immanuel Weissglas). Der linguistische Themenbereich wird abgerundet durch Spezialuntersuchungen zur Dialektologie (Hermann Scheuringer und Ioan Lăzărescu), zur Pragmalinguistik (Cornelia Cujbă) und Phraseologie (Doris Sava) sowie zum Spracherwerb (Heidi Flagner). Der dritte Themenbereich behandelt die Sprachvermittlung im Kulturtransfer. Der vierte Teil betrifft Aspekte der Geschichte der Germanistik und umfasst Aufsätze von Stefan Sienerth (über Bernhard Capesius), Ileana Maria Ratcu (zur Germanistik an der Universität Czernowitz/Černivci), Astrid Agache (über Karl Kurt Klein und Traian Bratu), Bianca Bican und Corina Petrescu sowie bis in die Gegenwart hineinführende Beiträge von Cornelia Eşianu (zur Identität rumänischer Germanisten und Germanistinnen) und Martin Stangl (über die Österreich-Bibliothek Bukarest/Bucureşti).

Ana-Maria Pălimariu

Karl Ludwig Lupșiasca: Höhepunkt ihrer Geschichte. Eine Geschichte des Banater Berglands in der Zeitspanne 1920–1948. Reșița: Editura Banatul Montan 2006 (Deutsche Vortragsreihe Reschitza 30). 381 S. ISBN 973-87344-7-9, 978-973-87344-7-0.

Die Publikation des Kultur- und Erwachsenenbildungsvereins in Reschitza/Reșița enthält eine Vielzahl von Beiträgen von unterschiedlichem Umfang, die der Verfasser aus diversen Anlässen über das Banater Bergland geschrieben hat. Dargestellt werden dieser historisch-geographische Raum und seine Bewohner in der Zwischenkriegs- und Nachkriegszeit; eine Zäsur wird mit der seit Ende 1947 massiv vorangetriebenen kommunistischen Umgestaltung des Landes gesetzt. In vergleichender Weise werden Aspekte der politischen, sozialen und Wirtschaftsgeschichte sowie Momente des kulturellen, künstlerischen, musikalischen und Sportlebens, nicht zuletzt bedeutende Persönlichkeiten der Region vorgestellt. Auch das deutsche Schul- und Kirchenwesen wird thematisiert, ferner die Reaktion der deutschen Minderheit auf die Diskriminierungen am Ende der 1930er und in den 1940er Jahren. Der Autor zeichnet auf diese Weise ein Panorama der Entwicklung der deutschen Gemeinschaften des Banater Berglands in ihrer Koexistenz mit anderen ethnischen, sprachlichen und konfessionellen Gruppen bis zum Jahr 1948.

Stelian Mândruț

Béla Németh: Német-Bóly nagyközség története [Geschichte der Großgemeinde Bohl/Német-Bóly]. Bóly: Önkormányzat [Selbstverwaltung] 2007. 258 S. ISBN 978-963-06-2085-7.

Das Buch von Béla Németh über Bohl/Német-Bóly erschien bereits 1900 in Fünfkirchen/Pécs auf Deutsch, als der größte Teil der Siedlung deutschsprachig war. Der Verfasser beabsichtigte ursprünglich, das Buch auch in ungarischer Sprache zu veröffentlichen, dies gelang aber nicht. Erst jetzt übersetzte Éva Rózsás den Text ins Ungarische. Es werden die Siedlungsgeschichte des Ortes beschrieben und die Familie Batthyány und ihre Nachkommen vorgestellt (z. B. Adam [II] Batthyány, Ludwig und Karl Batthyány sowie Johann Philipp Batthyány). Die Familie erhielt das Land, auf dem die Siedlung entstand, im 18. Jahrhundert durch kaiserliche Schenkung.

Edina Zvara

Ildikó Németh (Hg.): Sopron város és vármegye tanintézeteinek iratai Győr-Moson-Sopron Megye Soproni Levéltárában, 1707–1945 (1950). Repertórium [Die Dokumente der Stadt und des Komitats Ödenburg im Archiv des Komitats Győr-Moson-Sopron (Raab-Wieselburg-Ödenburg) zu Ödenburg/Sopron, 1707–1945 (1950). Repertorium]. Sopron: Győr-Moson-Sopron Megyei Soproni Levéltár 2007. 224 S. ISBN 963-8327-27-8, 978-963-8327-27-7.

In den letzten Jahren gilt die Schulgeschichte neben der Familiengeschichte als eines der beliebtesten Forschungsgebiete im Archiv von Ödenburg/Sopron. Mit dem vorliegenden Repertorium der in diesem Archiv lagernden Schuldokumente der Stadt Ödenburg und des Komitats Ödenburg möchte die Herausgeberin die wissenschaftliche Arbeit erleichtern. Das Findbuch listet Dokumente für den Zeitraum zwischen 1707, dem Jahr der ältesten auffindbaren Namenslisten von Schülern und Lehrern des Benediktiner- bzw. Jesuitengymnasiums, und dem Ende des Zweiten Weltkriegs auf. Das Repertorium erwähnt alle Schulen vor 1945, sodass das Schicksal der einzelnen Institutionen bis hin zu ihrer Verstaatlichung bzw. ihrer Aufhebung verfolgt werden kann.

Edina Zvara

Serinela Pintilie, Claudiu-Lucian Topor: Istorici români şi lumea germană în a doua jumătate a secolului XIX [Die rumänischen Historiker und die deutsche Welt in der zweiten Hälfte des 19. Jahrhunderts]. Iaşi: Casa Editorială Demiurg 2008. 236 S., dt. Zusammenfassung. ISBN 978-973-152-071-1.

Dieses Buch beschäftigt sich mit den Einflüssen der deutschen Historiographie auf die rumänischen Historiker Mihail Kogălniceanu, Alexandru I. Xenopol, Ioan Bogdan, Dimitrie Onciul und Nicolae Iorga. Ferner werden siebenbürgische Historiker und ihr Wirken innerhalb des deutschsprachigen Raums sowie deutsche Einflüsse auf die rumänische Geschichtsdidaktik behandelt.

Ana-Maria Pălimariu

Carmen Elisabeth Puchianu (Hg.): „Der Stoff, aus dem unsere Träume sind ...". Kronstadt/Braşov: Aldus Verlag 2008 (Kronstädter Beiträge zur Germanistischen Forschung, Reihe Academica 10). 305 S. ISSN 1842-9564.

Der Sammelband beinhaltet 22 Aufsätze deutscher und rumänischer Wissenschaftler zu Themen der rumäniendeutschen, darunter speziell der siebenbürgischen, und der deutschen Literatur. Er gliedert sich in die Abschnitte „Literaturwissenschaft. Rumäniendeutsche Gegenwartsliteratur", „Siebenbürgische Tradition", „Deutschsprachige Moderne und Postmoderne", „Zwischen Kulturen", „Sprachwissenschaft. Zwischen Theorie und Praxis" und „Didaktik und Methode. Modelle angewandter Didaktikwissenschaft".

Ana-Maria Pălimariu

Tünde Radek, Anikó Szilágyi (Hg.): Hausgeschichten. Studien zur ungarndeutschen Kultur in Transdanubien. Veszprém: Veszprém Megyei Múzeumi Igazgatóság 2006. 363 S., Abb. ISBN 963-7208-90-9.

Der Band fasst die Beiträge einer Konferenz in Wesprim/Veszprém zusammen, die im Jahr 2004 im Anschluss an eine Wanderausstellung mit dem Titel „Hausgeschichten. Deutsche Spuren in den Donauländern" stattfand. Die 19 Aufsätze lassen sich vier thematischen Bereichen zuweisen. Die ersten sieben Studien erforschen mit Hilfe von geschichts- und archivwissenschaftlichen bzw. ethnographischen Methoden ungarndeutsche Ortschaften in Transdanubien. Aufgezeigt und mit Hilfe von Bildern veranschaulicht werden die Siedlungsmuster und die Bauweise der Häuser; dabei werden bestimmte Zusammenhänge, z. B. zwischen Erbregelung und Grundstücksgestaltung, erläutert. Ausführungen dieser Art machen das Buch auch für ein breiteres Publikum interessant. Die folgenden fünf Beiträge beschäftigen sich mit den Siedlungsprozessen im 20. Jahrhundert und deren Einfluss auf das Leben der Ungarndeutschen. Der Aussiedlung und dem dadurch veränderten Verhältnis der Menschen zu ihren Häusern kommt eine maßgebende Rolle zu. Der nächste thematische Block umfasst drei Aufsätze, die sich mit sakralen Dingen in ungarndeutschen Häusern sowie Grundstücken in Transdanubien beschäftigen. Die gut erläuterten Beispiele lassen vor dem Leser eine untergegangene Welt lebendig werden, die ihm durch viele Fotografien auch visuell nahegebracht wird. In den abschließenden vier Aufsätzen werden die Lebensweise der Menschen, der Alltag und die Feste rund um das Haus dargestellt. Zahlreich angeführte Beispiele bezeugen die traditionsreiche Vergangenheit der Ungarndeutschen, belegen aber auch die Bemühungen, Bräuche zu bewahren oder teilweise neu zu schaffen.

Enikő Dácz

Walter Rastätter, Erhardt Fraymayer (Hg.): Lăcașe de cult construite de coloniștii germani în Dobrogea. Gotteshäuser errichtet von den Dobrudscha-Deutschen. Constanța: Editura Punct Ochit 2006. 115 S., Abb. ISBN 973-87725-4-0, 978-973-87725-4-0.

Der vom Demokratischen Forum der Deutschen in Rumänien mit Unterstützung der evangelischen Kirchengemeinde von Konstanza/Constanța herausgegebene Band enthält kurze historische Darstellungen über die Lage und die Entwicklung der in den Jahren 1840 bis 1940 entstandenen deutschen Gemeinden in der Dobrudscha und über die von ihnen errichteten Kirchen und Bethäuser. Von der Anwesenheit der Dobrudscha-Deutschen in mehr als 30 Ortschaften zeugen bis heute die spezifische Bauart der Häuser, die breiten Straßen, die Architektur der Kirchen und manches andere. Die wichtigsten Gotteshäuser wurden errichtet in Atmadscha/Atmagea (1861), Malkotsch/Malcoci (1890), Tschukurowa/Ciucorova (1893), Karamurat/ Mihail Kogălniceanu (1898), Cogealia (1903, heute eine Wüstung), Sarighiol/Albești (1905), Mamuslia (1906), Kodschalak/Cogealac (1909), Teghirghiol/Techirghiol (1923), Karatai/Nisipari (1924), Tariverde (1928) und Kulelia/Culelia (1934).

Stelian Mândruț

Ioana Rostoș: Czernowitzer Morgenblatt. Eine Monografie. Suceava: Editura Universității din Suceava 2008. 473 S., Abb. ISBN 978-973-666-272-0.

In dieser Dissertation werden Struktur und Einfluss der Zeitung *Czernowitzer Morgenblatt* auf die im gesamten Rumänien lebenden Minderheiten in der Zeitspanne von 1918 bis 1940 untersucht. Vor dem geschichtlichen Hindergrund bespricht die Autorin die Polemiken in dem Blatt und würdigt seine journalistischen Leitfiguren Julius Weber und Alfred Margul-Sperber. Neben der pressetheoretischen Analyse der Zeitung rekonstruiert sie auch die Struktur ihrer Sparten und Rubriken. Ein großzügiger Anhang mit vielen Abbildungen rundet das Buch ab.

Ana-Maria Pălimariu

Mária Rózsa: Magyarországi német nyelvű sajtó. 1921–2000. Bibliográfia. Deutschsprachige Presse in Ungarn, 1921–2000. Bibliographie. Budapest: OSZK-Gondolat 2006 (Nemzeti téka). 202 S., Abb. ISBN 963-200-501-5.

Im Jahrbuch *Berichte und Forschungen* 2001 und 2003 wurde bereits eine von Mária Rózsa zusammengestellte Bibliographie der deutschsprachigen Zeitungen und Zeitschriften Ungarns für den Zeitraum von 1850 bis 1920 veröffentlicht. Der angezeigte Band setzt diese Bibliographie für die Jahre 1921 bis 2000 fort. Die Bibliographie enthält die Beschreibungen von mehr als fünfhundert gänzlich oder teilweise deutschsprachigen Periodika der Landes- und der Lokalpresse. Es handelt sich dabei um Organe der Politik, der Wirtschaft, verschiedener Industriezweige, zahlreicher Wissenschaftsgebiete, der Kunst sowie um Presseerzeugnisse im Dienst des Tourismus oder des Sprachstudiums.

Edina Zvara

Gabriella Schmidt, Hetényi Ádám (Hg.): Buch der Erinnerungen. Dunaszekcső: Minderheitenselbstverwaltung der Seetscher Deutschen. 2008. 192 S., Abb. Keine ISBN.

Wie bereits der Titel ausdrückt, versammelt das zweisprachige Büchlein eine Sammlung von Erinnerungen an die Vertreibung der Ungarndeutschen. Nachdem in der Einleitung einige geschichtliche Fakten über die Zeit nach dem Zweiten Weltkrieg genannt wurden, folgt ein kurzer Überblick über die Geschichte der Deutschen in Seetsche/Dunaszekcső. Dabei geht es weniger um eine wissenschaftliche, ins Einzelne gehende Darstellung als vielmehr um eine allgemeine Einführung in die Geschichte einer kleinen deutschen Gemeinde, deren kollektives Gedächtnis das Buch skizzieren bzw. verstärken möchte. Die im Anschluss wiedergegebenen Erinnerungen einzelner Personen, die Mosaikstücken ähnlich zuletzt ein ganzes Bild ergeben, belegen neben der Atmosphäre jener Zeit die Verwirrung, die verzweifelte Lage und die Angst einer Minderheit, die sich nur schwer für eine Nationalität entscheiden konnte, da sich ihre Angehörigen überwiegend zwei Kulturen zugehörig fühlten.

Enikő Dácz

Imre Sipos [Hg.]: Az üldözöttek találkozása: a németek kitelepítése és a felvidékiek betelepítése Somogydöröcskén. Reidl József, Melicher Erzsébet és sorstársaik elbeszélése alapján írta Sipos Imre [Treffen der Verfolgten: Aussiedlung von Deutschen und Ansiedlung von Oberländern in Deretschke/Somogydöröcske. Anhand der Erzählungen von József Reidl, Erzsébet Melicher und ihrer Schicksalsgefährten geschrieben von Imre Sipos]. Miklósi: Szt. János Apostolról és Remete Szt. Pálról Nevezett Szerzetesek 2007 (Életsorsok a XX. században 3). 75, [28] S., Abb. ISBN 978-963-06-2007-9.

Deretschke/Somogydöröcske galt noch Anfang des 20. Jahrhunderts als eine durchwegs von Deutschen bewohnte Siedlung. Nach der Türkenherrschaft kolonisierte der Gutsherr Graf János Hunyady Nepomuk die Umgebung meist mit Ansiedlern aus den Dörfern des Komitats Tolnau/Tolna (also nicht direkt aus Deutschland). Um 1758 kamen weitere deutschsprachige Siedler aus den Gemeinden Kalas/Kalaznó, Nána, Kleintormasch/Kistormás, Großsäckl/Nagyszékely, Kiek/Kéty, Jenk/Gyönk, Warschad/Varsád und Wiekatsch/Bikács hinzu. Die Vorfahren, etwa 70 Familien, dürften zwischen 1711 und 1720 aus Württemberg nach Deretschke gekommen sein. József Reidl wurde 1924 geboren; über seine Lebensgeschichte, die in dem vorliegenden dritten Band der Reihe „Lebensschicksale im 20. Jahrhundert" erzählt wird, kann man die Geschichte der Dorfgemeinde kennen lernen. Im Jahr 1946 kam es auch in Deretschke zur Vertreibung der deutschsprachigen Bewohner. Von den beinahe tausend Einwohnern wurden etwa 900 Namen in die Listen der auszusiedelnden Personen eingetragen.

Edina Zvara

Romeo Soare, Ioan Aldea: Studiu monografic Băgaciu [Bogeschdorf. Monographische Studie]. Târgu Mureș: Editura Ambasador 2007. 295 S. ISBN 973-9737-19-8.

Die Arbeit hat den Charakter einer kleinen Enzyklopädie der Gemeinde Bogeschdorf/Băgaciu in Siebenbürgen. Sie behandelt die Geographie, Geologie, Hydrographie, Geschichte, Wirtschaft, Gesellschaft, Kultur und Religion dieses im Kokelland / Podişul Târnavelor gelegenen, gegen Ende des 13. Jahrhunderts erstmals erwähnten Ortes und zeigt ein Modell der Multikulturalität und der interethnischen Koexistenz auf. Ausführlich gehen die Verfasser auf die Ansiedlung und auf die wirtschaftliche und kulturelle Bedeutung der Siebenbürger Sachsen ein und beschreiben deren Organisationsformen auf Ortsebene. Desgleichen werden die moralischen Einstellungen und das öffentliche Auftreten dieser Gruppe geschildert. Auch die Rolle der Traditionen, der gemeinsamen Feste, der Kirche und der Schule sowie der bedeutenden Persönlichkeiten des Ortes wird in diesem Kontext analysiert. Korrekt werden die Aussiedlung der Siebenbürger Sachsen aus der Gemeinde und die daraus resultierenden Folgen dargelegt.

Stelian Mândruţ

Claudiu-Lucian Topor: Germania, România şi războaiele balcanice 1912–1213 [Deutschland, Rumänien und die Balkankriege 1912–1213]. Iaşi: Editura Universităţii „Alexandru Ioan Cuza" 2008. 323 S. ISBN 978-973-703-310-9.

Die Veröffentlichung untersucht die Beziehungen zwischen Deutschland und Rumänien in den Jahren vor dem Ersten Weltkrieg. Es geht dabei um die Rolle Rumäniens in den Balkanplänen des Auswärtigen Amtes in Berlin. Die Untersuchung geht unter Benutzung deutschsprachiger Dokumente der Frage nach, warum Rumänen und Deutsche in den ersten Jahren des Ersten Weltkrieges nicht auf derselben Seite kämpften. Der Autor vertritt dabei die Meinung, Rumänien habe wegen der zweideutigen Haltung Deutschlands im Konflikt mit Bulgarien während der Balkankriege 1912–1913 eine ähnliche Positionierung nach Ausbruch des Ersten Weltkriegs versucht, indem es seine Neutralität erklärte, anstatt mit seinen Verbündeten Deutschland und Österreich-Ungarn in den Krieg zu ziehen.

Ana-Maria Pălimariu

Hedvig Ujvári: Dekadenzkritik aus der „Provinzstadt". Max Nordaus Pester Publizistik. Budapest: Argumentum 2007. 291 S. ISBN 978-963-446-414-3.

Max Nordau (1849–1923), Arzt, Journalist und Essayist, durch sein kulturkritisches Buch *Die conventionellen Lügen der Kulturmenschheit* berühmt geworden und zum bedeutendsten Zionisten nach Theodor Herzl aufgestiegen, prägte mit seinem späteren Hauptwerk *Entartung* die Geistes- und Begriffsgeschichte des Fin de Siècle. Bis zum Ersten Weltkrieg schrieb er für zahlreiche europäische und nordamerikanische Zeitungen Feuilletons. Die im letzten Jahrzehnt entstandene Nordau-Forschung ist bislang auf die ersten dreißig Jahre seines Schaffens kaum eingegangen. Die vorliegende Arbeit untersucht Nordaus literarische Tätigkeit während dieser Pester Jahre. Dabei wird der Versuch unternommen, über 300 neu ermittelte Feuilletons aus dem *Pester Lloyd* und dem *Neuen Pester Journal* zu erfassen, zu systematisieren und in den historischen und literaturgeschichtlichen Kontext einzuordnen. Die etwa 100 Veröffentlichungen über die Wiener Weltausstellung im Jahre 1873 werden hier zum ersten Mal gesammelt und behandelt. Die Monographie gewährt auch Einblick in neu entdeckte Dokumente. So erhellen Prüfungsprotokolle Nordaus Studienzeit, seine Europareisen und seine journalistische Tätigkeit zwischen 1867 und 1876. Deutlich wird, dass Nordaus Übersiedlung nach Paris vor dem Hintergrund der

Assimilationsbestrebungen der ungarischen Juden eher als eine Ausnahmeerscheinung zu bewerten ist.

Hedvig Ujvári

Ferenc Zeiss: Törökbálint. Egy nagyközség története [Großturwall. Die Geschichte einer Großgemeinde]. 2., erw. Aufl. Törökbálint: Önkormányzat-Német Kisebbségi Önkormányzat 2006. 455 S., Karten, Noten. ISBN 963-06-0723-9.

Gemäß dem Bericht des Jesuitenordens an die Leitung des Komitats Pest aus dem Jahre 1701 sollen bereits 1699 die ersten deutschen Siedler aus Bayern und Österreich nach Großturwall/Törökbálint gekommen sein. Die vorliegende Publikation dokumentiert die Geschichte einer ungarländischen, einst deutschsprachigen Großgemeinde bis zum Februar 1946, d. h. bis zur Vertreibung der Donauschwaben. Sie stellt die verschiedenen Epochen der Siedlungsgeschichte, aber auch der ungarischen und europäischen Geschichte dar, die mit der Stadt und ihren Bewohnern zusammenhängen. Diese wurden 1946 in drei Eisenbahnzügen außer Landes verbracht. Der erste der Züge gelangte nach Karlsruhe, der zweite nach Göppingen und der letzte nach Backnang.

Edina Zvara

9. Slowenien, Kroatien, Serbien

Renata Bakota: Rudolf Steiner. Zagreb: Sipar 2007. 219 S., Abb. ISBN 978-953-6415-53-3.

Als Ergebnis siebenjähriger Forschungen zeichnet diese Biographie den Lebens- und Schaffensweg des in Donji Kraljevec, einem kleinen Dorf in der kroatischen Region Zwischenmurland/Međimurje, geborenen Esoterikers und Philosophen Rudolf Steiner (1861–1925) nach. In sieben Kapiteln (Kindheit auf dem Dorfe, Gymnasium in Wiener Neustadt, Studium in Wien, Aufenthalt in Weimar, Leben in Berlin, Tod in Dornach) wird detailliert auf Steiners geistige Entwicklung hin zum Begründer einer eigenen anthroposophischen Lehre eingegangen, die aus Elementen verschiedener Geisteswissenschaften, christlicher Mystik, einigen Ideen der Rosenkreuzer und Aspekten idealistischer Philosophien zusammengesetzt ist und bis heute in Teilen der modernen Gesellschaft durch Konzepte wie Waldorfpädagogik, biologisch-dynamische Landwirtschaft, anthroposophische Medizin und die Bewegungskunst Eurythmie eine dauernde Wirkung ausübt.

Rikard Puh

Vladimir Ilić: Preovladavanje prošlosti u Vojvodini [Vergangenheitsbewältigung in der Vojvodina]. 2. Aufl. Zrenjanin: Gradska narodna biblioteka Zrenjanin „Žarko Zrenjanin", Biblioteka Polis 2003. 199 S. ISBN 86-7284-052-6.

Ilić geht es in seiner Monographie um Verbrechen gegen die Menschlichkeit in der Vojvodina während des Zweiten Weltkrieges. Die zweite, unveränderte Ausgabe des ein Jahr zuvor erschienenen Buches untersucht die aktuellen ethnischen Verhältnisse zwischen Serben, Ungarn, Juden, Kroaten und Deutschen in der Vojvodina sowie den Einfluss von historischen Ereignissen auf die Bildung nationaler Identitäten. Erforscht werden auch die politischen Verhältnisse in der Vojvodina im Hinblick auf politische Toleranz.

Miodrag Vukčević

Branimir Kovačević: Ljudi moga vremena. Suza za Bleiburg 2 [Menschen meiner Zeit. Eine Träne für Bleiburg 2]. Zagreb: [Selbstverlag] 2007. 388 S., Abb., engl. u. dt. Zusammenfassungen. ISBN 953-99568-2-X.

Dieser Band geht auf die Problematik kroatischer Vergangenheitsbewältigung ein und behandelt die am meisten kontrovers beurteilten Jahre der kroatischen Geschichte. Der erste Teil geht mit dem Thema absichtlich weniger wissenschaftlich um und gibt stattdessen polemischen und vergleichenden Gesichtspunkten Raum. So wird in dem ausführlichen Kapitel „Entschädigungen (und Entschuldigungen)", das sich mit der Haltung vieler Länder und Nationen auseinandersetzt, die sich konsequent bei ehemaligen Kriegsgegnern für die an ihnen begangenen Gräuel entschuldigt haben, auch die Lage der Volksdeutschen in Jugoslawien bzw. in Kroatien angesprochen. Das totalitäre kommunistische System habe nach dem Zweiten Weltkrieg die ursprünglich 200.000 im damaligen Kroatien lebenden Deutschen häufig enteignet oder ihren Besitz konfisziert, um sie in der Folgezeit zum großen Teil zu vertreiben. 1991 lebten in Kroatien nur noch etwa 2.500 Deutsche und Österreicher. Im zweiten Teil des Buches erinnern sich zwanzig Überlebende an die Bleiburger Massaker, als 1945 unmittelbar nach Kriegsende jugoslawische Partisanentruppen zuvor entwaffnete Kriegsgegner, zahlreiche kroatische, slowenische, deutsche und andere Zivilisten sowie Kriegsgefangene ohne Gerichtsverfahren ermordeten und die Opfer in der Folgezeit in Jugoslawien stigmatisiert wurden.

Rikard Puh

Nadežda Radović: Vojvodina – snovi i konflikti (Nestanak trećine stanovnika Vojvodine nakon Drugog svetskog rata) [Vojvodina – Träume und Konflikte (Das Verschwinden eines Drittels der Bewohner der Vojvodina nach dem Zweiten Weltkrieg)]. Novi Sad: Vojvođanska akademija nauka i umetnosti 2007 (Živa istorija). 222 S., Abb. ISBN 978-86-85889-12-7.

Die mit Fotografien illustrierte Monographie wurde in der Editionsreihe *Živa istorija* („Lebendige Geschichte") veröffentlicht. Als Redakteurin führte Nadežda Radović Interviews mit Gesprächspartnern verschiedener Altersgruppen aus unterschiedlichen sozialen Schichten zum Rahmenthema der deutschstämmigen Bevölkerung und ihrer Geschichte in der Vojvodina. In drei Themenkreisen befassen sich die Gespräche mit der Rolle der Frau in Gesellschaft und Politik der Region. Vergangenheitsbewältigung wird so aus der Perspektive von Frauen beschrieben.

Miodrag Vukčević

Zaneta Sambunjak: Heretičko bogoslovlje u strukturi srednjovisokonjemačke književnosti i hrvatskih srednjovjekovnih apokrifa [Häretische Theologie in der Struktur der mittelhochdeutschen Literatur und der kroatischen mittelalterlichen Apokryphen]. Zagreb: Demetra 2007. 398 S., Abb. ISBN 978-953-225-095-6.

Das Buch, ursprünglich eine Dissertation, beschäftigt sich mit den Verbindungen zwischen deutscher und kroatischer mittelalterlicher Literatur. Es ist in vier Abschnitte unterteilt: Zunächst wird die Frage nach den Vergleichsmöglichkeiten slawischer und deutscher Literatur gestellt. Im zweiten Teil wird auf grundlegende Themenkomplexe eingegangen wie Magie, Heidentum, ketzerische Ideen und andere, worauf im dritten Abschnitt der als relevantester Vergleichsgegenstand gesehene Archetypus des Grals beschrieben und gedeutet wird. Schließlich werden Berührungspunkte beider Literaturen behandelt. Die Untersuchung lässt den Schluss zu, dass zahlreiche Aspekte ihren Weg von Ost nach West genommen haben.

Rikard Puh

Stjepan Seder: Plitki grobovi [Seichte Gräber]. Sremski Karlovci: NUDO (Nemačko udruženje za dobrosusedske odnose) 2006. 221 S., Abb. ISBN 86-904645-5-7.

Die beim Deutschen Verein für gute nachbarschaftliche Beziehungen in Karlowitz/Sremski Karlovci erschienene Veröffentlichung ist Beispiel für eine Erinnerungsliteratur, die geschichtliche Probleme aufarbeitet, welche generationenübergreifend die Beziehungen zwischen Deutschen und Serben geprägt haben. Die Illustrationen von Denkmälern erinnern an das Vorhandensein von Gräben, die nur schwer überbrückt werden können. So bleiben sie Mahnstätten und eine Aufforderung zur steten Vergangenheitsbewältigung. Rezensionen zu dem Werk verfassten Nadežda Radović und Tomislav Bekić.

Miodrag Vukčević

Nenad Novak Stefanović: Zemlja u koferu [Ein Land im Koffer]. Beograd: Karganović 2007. 149 S., Abb. ISBN 978-86-910881-0-1.

Zemlja u koferu stellt thematisch die Fortsetzung des mittlerweile in sechster Auflage erschienenen Buches *Jedan svet na Dunavu* („Eine Welt an der Donau") dar. Nenad Stefanović beschäftigt sich mit der Gegenwart und Erinnerungskultur der aus der Vojvodina stammenden Donauschwaben, die in die Vereinigten Staaten ausgewandert sind. Die einzelnen Stationen einer USA-Reise des Autors bilden die Kapitel des Buches und erzählen von seinen Eindrücken und Bekanntschaften mit Deutschstämmigen aus der Vojvodina. In Gesprächen, Rundgängen und Briefwechseln durchdringen sich Erinnerungen an die unmittelbaren Nachkriegsjahre, die in Hunger- und Todeslagern verbracht wurden, und an eine interkulturelle Lebensweise gegenseitig und rufen beim Autor ebenfalls Erinnerungen wach. Verschiedene literarische Kurzformen (Dialog, Interview, Tagebuchaufzeichnungen, Briefe) dokumentieren, wie eine Kultur unabhängig von räumlicher und zeitlicher Distanz weiterleben kann.

Miodrag Vukčević

Mira Miladinović Zalaznik: Deutsch-slowenische literarische Wechselbeziehungen II. Leopold Kordesch und seine Zeit. Ljubljana: Znanstvena založba Filozofske fakultete, Oddelek za germanistiko z nederlandistiko in skandinavistiko 2008 (Slovenske germanistične študije 2). 192 S., Abb. ISBN 978-961-237-231-6.

Für die deutsch-slowenischen literarischen Beziehungen waren im 19. Jahrhundert nicht nur literarische Werke, sondern auch die deutschsprachige Presse auf dem Gebiet des heutigen Slowenien von Bedeutung. Die vorliegende Untersuchung beschäftigt sich mit Leopold Kordesch, einem Krainer Literaten slowenischer Herkunft und deutscher Zunge, der von der Forschung bisher wenig beachtet wurde. Nicht zuletzt der Fund seiner handgeschriebenen Autobiographie wirft ein neues Licht auf das schwierige, von politischen Konflikten belastete Verhältnis zwischen Slowenen und Deutschen. Kordesch, der Sohn eines Richters in Triest/Trieste/Trst, gründete 1838 in Laibach/Ljubljana das belletristische Journal *Carniolia* und betreute es drei Jahre lang redaktionell. Gleichzeitig bemühte er sich erfolglos um die Erlaubnis zur Herausgabe einer slowenischen politischen Zeitung. 1843 gab er die erste Krainer Landwirtschaftszeitung in slowenischer Sprache *Kmetijske in rokodelske novice* heraus. 1845–1849 war er Redakteur der *Laibacher Zeitung* und ihrer Beilage *Illyrisches Blatt* und bemühte sich um die Gründung einer Universität und eines slowenischen Theaters in Laibach. Kordeschs Korrespondenz bezeugt seine zahlreichen Kontakte nicht nur zu Krainer Autoren, so z. B. zu Heinrich Costa, Friedrich Emanuel Eurich, Anastasius Grün, Jakob Löwenthal, Luisa Pessiak, Joseph Matthieu Roqquerol, Gustav Rudolph Puff, Peter von Radics und Adolf Ritter von Tschabuschnigg. Neben Kordesch behandelt die Autorin auch an den Beispielen des Vormärzdichters Anastasius Grün und seines Kärntner Kollegen Adolf von Tschabuschnigg das problematische Nebeneinander der Deutschen, die von einem traditionellen Sendungsbewusstsein getragen waren, und der Slowenen, die nach nationaler Identitätsfindung strebten, im 19. Jahrhundert. Ein Personen- und ein Sachregister erschließen den Band.

Mira Miladinović Zalaznik

Tanja Žigon: Peter Pavel pl. Radics (1836–1912), kranjski polihistor, ter njegovo raziskovanje nemškega gledališča v Ljubljani [Der Krainer Polyhistor Peter Paul von Radics (1836–1912) und seine Untersuchungen zum deutschen Theater in Laibach]. Ljubljana: Dissertation. Oddelek za germanistiko z nederlandistiko in skandinavistiko Filozofske fakultete Univerze v Ljubljani 2008. 403 S., Abb. Keine ISBN.

Tanja Žigons Dissertation stellt die erste profunde wissenschaftliche Arbeit über den Krainer Journalisten, Publizisten, Redakteur und Kritiker Peter Pavel Radics dar. Der Autorin gelang es durch umfangreiche Recherchen in Laibach/Ljubljana, Wien, München, Oberösterreich und Agram/Zagreb, Radics' Biographie zu rekonstruieren und zu dokumentieren. Radics wurde in Adelsberg/Postojna in einer deutsch-ungarischen Familie, deren Adelsdiplom Žigon fand, geboren, lernte als Schüler in Laibach Slowenisch, studierte in Wien, arbeitete dort sowie in Agram und Laibach als Redakteur (*Agramer Zeitung, Triglav, Laibacher Zeitung* u. a.). Die Autorin fand heraus, dass er zusammen mit Ludwig Germonig 1874 in Wien den Grillparzer-Verein gründete, dessen Existenz bis jetzt unbekannt war und zu dessen Mitgliedern auch Anastasius Grün zählte. Es gelang ihr nachzuweisen, dass Radics zu den fruchtbarsten Autoren seiner Zeit zählte. Er veröffentlichte insgesamt 640 Publikationen (einige auch in Slowenisch), von denen bisher nur ein Bruchteil bekannt war, darunter 78 Bücher. Als Historiker erforschte er das Krainer Geschlecht Auersperg und schrieb die erste wissenschaftliche Monographie über den Krainer Polyhistor Johann Weichard Valvasor. Bei der Auswertung seines Nachlasses stellte sich heraus, dass Radics außerordentlich viel Material zum deutschen Theater in Laibach gesammelt und publiziert hatte. Žigon wirft auch einen Blick auf die Rolle von Radics' Frau Hedwig. Sie gründete 1886 in Laibach die erste öffentliche Leihbibliothek, publizierte vor allem Literaturkritiken und schrieb nach dem Tod ihres Mannes dessen Aufsatz über die Krainer Literatur für Castles *Deutsch-österreichische Literaturgeschichte* zu Ende, in dem sie die slowenische Literatur eingehend würdigte. Besonders wertvoll ist Žigons Arbeit nicht zuletzt durch zahlreiche Abbildungen aus Radics' Nachlass und Privatarchiv und durch das im Anhang wiedergegebene Nachlassinventar.

Mira Miladinović Zalaznik

10. Russland und andere GUS-Staaten

V[iktor] F. Dizendorf: Nemcy v istorii Rossii. Dokumenty vysšich organov vlasti i voennogo komandovanija. 1652–1917 [Die Deutschen in der Geschichte Russlands. Dokumente der höheren Machtorgane und der Militärkommandaturen. 1652–1917]. Red.: A. N. Jakovlev. Moskva: Meždunarodnyj Fond „Demokratija", Materik 2006 (Rossija. XX vek, Dokumenty 39). 784 S., engl. Zusammenfassung. ISBN 5-85646-165-7.

Das Leben von Deutschen im Russischen Reich während der vergangenen Jahrhunderte spiegelt sich auch in einer großen Zahl von Dokumenten wider. Einen wichtigen Platz darunter nehmen staatliche Dokumente ein, vor allem Akte der Gesetzgebung, die das Leben der Deutschen in Russland umfassend regelten. Zum ersten Mal ist hier nun der Versuch unternommen, alle maßgeblichen Gesetze und Verordnungen bezüglich der deutschen Kolonisten in der Zeit von 1652 bis zur Oktoberrevolution 1917 in einem Band zusammenzufassen. Viele Dokumente sind mit Anmerkungen und Kommentaren versehen, unter anderem zu den Namen der Deutschen, die in den Dokumenten erwähnt werden; hilfreich ist ein Namenregister. Der Dokumentenband wurde von der Öffentlichen Akademie der Wissenschaften der Russlanddeutschen erarbeitet.

Nadja Wulff

Viktor Kriger: Rejn – Volga – Irtyš: iz istorii nemcev Central'noj Azii [Rhein – Wolga – Irtysch: aus der Geschichte der Deutschen in Zentralasien]. Almaty: Dajk-Press 2006. 276 S. ISBN 9965-798-05-2.

Der Sammelband enthält Arbeiten zu den Deutschen Kasachstans und Zentralasiens in Vergangenheit und Gegenwart sowie über den politischen Einfluss des Russischen Reiches und der Sowjetunion auf das Schicksal der Deutschen Zentralasiens. Einen größeren Raum nehmen Untersuchungen zur Haltung der Deutschen gegenüber verschiedenen Staatsorganen ein. Im letzten Teil des Buches findet man einige publizistische Beiträge sowie Rezensionen und Erinnerungen an den Vater des Verfassers, dessen Biographie in gewisser Hinsicht für die deutschsprachige Intelligenz der Nachkriegszeit typisch war.

Nadja Wulff

L[judmila] V. Masalkina (Red.): Nemcy v Prikam'e. XX vek: Sbornik dokumentov v dvuch tomach [Die Deutschen am Fluss Kama. 20. Jahrhundert. Dokumente in zwei Bänden]. T. [Bd.] 2: Publicistika. My – iz trudarmii [Publizistik. Wir – die aus der Arbeitsarmee]. Perm': Puška 2006. 184 S., Abb. ISBN 5-98799-026-2.

Der Sammelband beinhaltet Materialien zum Schicksal der Russlanddeutschen, die am Fluss Kama lebten. Die Dokumente stammen von Zeitzeugen der Geschehnisse vor 60 Jahren. Betroffene sind ethnische Deutsche aus der Ukraine, von der Krim, aus dem Nordkaukasus und aus der Wolgarepublik, die in den Jahren des Zweiten Weltkrieges (1941–1945) in die Arbeitsarmee einberufen wurden und in den Forst-, Erdöl- und Baubetrieben sowie den Kohlebergwerken in der

Region Perm/Perm' arbeiteten. Das Buch wendet sich an einen breiten Leserkreis und kann als ergänzende Lektüre zur Geschichte des Zweiten Weltkrieges benutzt werden.

Nadja Wulff

Russkaja germanistika. Ežegodnik Rossijskogo Sojuza Germanistov [Russische Germanistik. Jahrbuch des Russischen Germanistenverbandes]. Bd. 1. Moskva/ Moskau: Jazyki Slavjanskoj Kul'tury 2004. 292 S. Keine ISBN.

Das Jahrbuch enthält Beiträge russischer Germanisten zu verschiedenen Themenbereichen und Problemen der modernen Germanistik in Russland. Žerebin beschäftigt sich mit der Geschichte der vergleichenden Methode; Belobratov widmet seinen Aufsatz der Rolle von Viktor Žirmunskij in der russischen Germanistik; Avetisjan setzt sich mit dem Einfluss Goethes auf die russische Germanistik auseinander; Jakuševa thematisiert in ihrem Beitrag den Faust-Stoff, und Dudkin behandelt Fragen des „russisch-deutschen" Faust; Israpova diskutiert die Poetik von Friedrich Schlegel; Zusman befasst sich mit der Tätigkeit von Boris Puriševs und der Germanistik an russischen Hochschulen; Lagutina arbeitet über russische Archivdokumente als Quelle germanistischer Forschung; Erochin widmet seinen Aufsatz den Forschungen zur deutschen Romantik in Russland; Chanmurzaev beschäftigt sich mit dem Werk Ludwig Tiecks in der russischen Literaturwissenschaft.

Nadja Wulff

V[asilij] A. Staroverov: Sekretnyj proekt „Nemeckaja ‚Tanečka'". Nemeckij sled v sovetskom atomnom proekte 1945–1949 gg. [Das geheime Projekt „Deutsche ‚Tanečka'". Die deutsche Spur im sowjetischen Atomprojekt 1945–1949]. Moskva: Rus' 2005 (Iz sekretnych i ličnych archivov). 270 S., Abb. ISBN 5-8090-0033-9.

Das geheime Projekt „Tanečka" bedeutete die Übernahme deutscher Atomwissenschaftler durch die Sowjetunion gegen Kriegsende und ihre Einbettung in die sowjetische Atomforschung der ersten Nachkriegsjahre. Das Buch behandelt die Frage, wie in den Jahren 1945–1949 das Wissen deutscher Wissenschaftler und Fachleute um Technologien, Ausrüstung und Rohstoffe für den Bau der ersten sowjetischen Atombombe genutzt wurde. Seit kurzem zugängliche Archivmaterialien machen es möglich, den Anteil der russischen Geheimdienste an der erfolgreichen Realisierung des Projekts neu zu bewerten. Das Buch wendet sich an Fachleute und alle, die sich für die moderne Geschichte der Geheimdienste interessieren.

Nadja Wulff

Mitarbeiterinnen und Mitarbeiter

Prof. Dr. Sandro Barbera †, Università di Pisa, Dipartimento di Linguistica, via S. Maria 36, 56126 Pisa, Italien.

Doc. Dr. Sigita Barniškienė, Vytauto Didžiojo universitetas, Vokiečių ir prancūzų filologijos katedra, Donelaičio g. 52, 44244 Kaunas, Litauen.

Joanna Beszczyńska, Mgr., Uniwersytet Śląski w Katowicach, Instytut Historii, Zakład Historii Archiwistyki i Historii Śląska, ul. Bankowa 11, 40-007 Katowice, Polen.

Prof. Dr. hab. Józef Borzyszkowski, Instytut Kaszubski, ul. Straganiarska 20–22, 80-837 Gdańsk, Polen.

Prof. Dr. Barbara Breysach, Uniwersytet Warmińsko-Mazurski, Instytut Neofilologii, Zespół Filologii Germańskiej, ul. Ks. Feliksa Szrajbera 11, 10-007 Olsztyn, Polen.

Dr. Anna Byczkiewicz, Uniwersytet Łódzki, Katedra Literatury i Kultury Niemiec, Austrii i Szwajcarii, ul. Sienkiewicza 21, 90-114 Łódź, Polen.

Enikő Dácz, Szegedi Tudományegyetem, Germanisztika Intézet, Egyetem u. 2. II. em., 6722 Szeged, Ungarn.

Julia Derzsi, Kornis Ferenc 30/D, 535600 Odorheiu Secuiesc, Rumänien.

Cornelia Eisler, M. A., Bundesinstitut für Kultur und Geschichte der Deutschen im östlichen Europa, Johann-Justus-Weg 147a, 26127 Oldenburg.

Prof. Dr. Manfred Engel, Taylor Chair of the German Language and Literature, Queen's College, High Street, Oxford OX1 4AW, Vereinigtes Königreich Großbritannien und Nordirland.

Prof. Dr. Silke Göttsch-Elten, Christian-Albrechts-Universität zu Kiel, Seminar für Europäische Ethnologie/Volkskunde, Olshausenstr. 40, 24098 Kiel.

Dr. Agnieszka Gryglewska, Politechnika Wrocławska, Instytut Historii Architektury, Sztuki i Techniki, ul. Bolesława Prusa 53–55, 50-317 Wrocław, Polen.

Dr. Ewa Gwiazdowska, Muzeum Narodowe w Szczecinie, ul. Staromłyńska 27, 70-561 Szczecin, Polen.

Detlef Henning, M. A., Institut für Kultur und Geschichte der Deutschen in Nordosteuropa, Conventstr. 1, 21335 Lüneburg.

PD Dr. Gunther Hirschfelder, Rheinische Friedrich-Wilhelms-Universität Bonn, Institut für Germanistik, Vergleichende Literatur- und Kulturwissenschaft, Abt. Kulturanthropologie/Volkskunde, Am Hofgarten 22, 53113 Bonn.

Dr. Grzegorz Jaśkiewicz, Uniwersytet Rzeszowski, Instytut Filologii Germańskiej, al. Rejtana 16B, 35-959 Rzeszów, Polen.

Kristina Kaiserová, PhDr. Ústav slovansko-germánských studií Univerzity J. E. Purkyně, Brněnská 2, 400 96 Ústí nad Labem, Tschechische Republik.

Dr. Heinke M. Kalinke, Bundesinstitut für Kultur und Geschichte der Deutschen im östlichen Europa, Johann-Justus-Weg 147a, 26127 Oldenburg.

Dr. Tomasz Kałuski, Uniwersytet Zielonogórski, Instytut Historii, al. Wojska Polskiego 69, 65-762 Zielona Góra, Polen.

Dr. Ewelina Kamińska, Uniwersytet Szczeciński, Instytut Filologii Germańskiej, ul. Rycerska 3, 70-537 Szczecin, Polen.

Prof. Dr. hab. Lech Kolago, Uniwersytet Warszawski, Instytut Germanistyki, ul. Browarna 8–10, 00-311 Warszawa, Polen.

Dr. Piotr Korduba, Uniwersytet Adama Mickiewicza w Poznaniu, Instytut Historii Sztuki, al. Niepodległości 4, 61-874 Poznań, Polen.

Svetlana Korzun, Universität Stuttgart, Historisches Institut, Lehrstuhl für Geschichte der Frühen Neuzeit, Heilbronner Str. 7, 70174 Stuttgart.

Dr. Grzegorz Kowal, Uniwersytet Wrocławski, Instytut Filologii Germańskiej, pl. Nankiera 15, 50-140 Wrocław, Polen.

Anna Bogumiła Kowalska, Mgr., Instytut Archeologii i Etnologii Polskiej Akademii Nauk, Oddział w Szczecinie, ul. Kuśnierska 12/12a, 70-536 Szczecin, Polen.

Krzysztof Kowalski, Mgr., Muzeum Narodowe w Szczecinie, Dział Archeologii, ul. Staromłyńska 27, 70-561 Szczecin, Polen.

Dorota Kozłowska-Skoczka, Mgr., Muzeum Narodowe w Szczecinie, ul. Staromłyńska 27, 70-561 Szczecin, Polen.

Dr. Alina Kuzborska, Uniwersytet Warmińsko-Mazurski, Instytut Neofilologii, Zespół Filologii Germańskiej, ul. Ks. Feliksa Szrajbera 11, 10-007 Olsztyn, Polen.

Magdalena Lemańczyk, M. A., Wyższa Szkoła Turystyki i Hotelarstwa w Gdańsku, Katedra Nauk Społecznych, ul. Miszewskiego 12/13, 80-239 Gdańsk, Polen.

Dr. Andris Levans, Latvijas Universitāte, Vēstures un filozofijas fakultāte, Latvijas vēstures katedra, Brīvības bulv. 32, 1054 Rīga, Lettland.

Dr. Stelian Mândruț, Institutul de Istorie „George Barițˮ, Str. Napoca 11, 400088 Cluj-Napoca, Rumänien.

Thomas Miltschus, Pistorisstr. 19, 04229 Leipzig.

Janusz Mokrosz, Mgr., Uniwersytet Śląski w Katowicach, Instytut Historii, Zakład Historii Archiwistyki i Historii Śląska, ul. Bankowa 11, 40-007 Katowice, Polen.

Jana Nosková, PhD., Etnologický ústav Akademie věd České republiky, v. v. i., pracoviště Brno, Veveří 97, 602 00 Brno, Tschechische Republik.

Prof. Dr. hab. Mirosław Ossowski, Uniwersytet Gdański, Instytut Filologii Germańskiej, ul. Wita Stwosza 55, 80-952 Gdańsk, Polen.

Dr. Agnieszka Palej, Uniwersytet Jagielloński, Instytut Filologii Germańskiej, al. Mickiewicza 9–11, 31-320 Kraków, Polen.

Dr. Ana-Maria Pălimariu, Universitatea „Alexandru Ioan Cuzaˮ, Facultatea de Litere, Catedra de Germanistică, Bd. Carol I 11, 700448 Iași, Rumänien.

Dr. Rimvydas Petrauskas, Vilniaus Universitetas, Istorijos fakultetas, Universiteto g. 7, 01513 Vilnius, Litauen.

Anna Poczobutt, M. A., Uniwersytet Adama Mickiewicza w Poznaniu, Instytut Historii Sztuki, al. Niepodległości 4, 61-874 Poznań, Polen.

Dr. Marek Podlasiak, Uniwersytet im. Mikołaja Kopernika, Katedra Filologii Germańskiej, Fosa Staromiejska 3, 87-100 Toruń, Polen.

Rikard Puh, Sveučilište u Zagrebu, Filozofski fakultet, Odsjek za germanistiku, Ivana Lučića 3, 10000 Zagreb, Kroatien.

Karoline Riener, M. A., Heinrich-Heine-Universität Düsseldorf, Germanistik II, Universitätsstr. 1, 40225 Düsseldorf.

Prof. Dr. Ritchie Robertson, Professor of German, St John's College, St Giles, Oxford OX1 3PJ, Vereinigtes Königreich Großbritannien und Nordirland.

Prof. Dr. hab. Krzysztof Ruchniewicz, Uniwersytet Wrocławski, Instytut Historyczny, ul. Szewska 49, 50-139 Wrocław, Polen.

Dr. Małgorzata Ruchniewicz, Uniwersytet Wrocławski, Instytut Historyczny, Zakład historii gospodarczej, ul. Szewska 49, 50-139 Wrocław, Polen.

Maik Schmerbauch, Hauptstr. 1b, 37308 Bodenrode.

Prof. Dr. Joachim J. Scholz, 300 Washington Avenue, Washington College, Chestertown, MD 21620, Vereinigte Staaten von Amerika.

Prof. Dr. Helēna Šimkuva, Nīcgales iela 20-53, 1035 Rīga, Lettland.

Jochen Stollberg, Zachengrundring 69, 01328 Dresden.

Dr. Maciej Szukała, Archiwum Państwowe w Szczecinie, ul. Św. Wojciecha 13, 70-410 Szczecin, Polen.

Kersti Taal, Tartu Ülikooli Raamatukogu, W. Struve 1, 51003 Tartu, Estland.

Lea Teedema, Ajalooarhiiv, J. Liivi 4, 50409 Tartu, Estland.

Dr. Hedvig Ujvári, Pázmány Péter Katolikus Egyetem, Bölcsészettudományi Kar, Kommunikáció Intézet, Egyetem út 1, 2087 Piliscsaba-Klotildliget, Ungarn.

Dr. Péter Varga, Eötvös Loránd Tudományegyetem, Germanisztikai Intézet, Középeurópai Németnyelvü Zsidó Kultúra Kutatócsoport, Rákóczi u. 5, 1088 Budapest, Ungarn.

Dr. Miodrag Vukčević, Univerzitet u Beogradu, Filološki fakultet, Katedra za nemački jezik i književnost, Studentski trg 3, 11000 Beograd, Serbien.

Ilka Waßewitz, Jankovcová 31, 170 00 Praha 7, Tschechische Republik.

Kristina Wiethaup, Hauffstr. 23, 42289 Wuppertal.

Prof. Dr. hab. Maria Wojtczak, Uniwersytet im. Adama Mickiewicza, Instytut Filologii Germańskiej, al. Niepodległości 4, 61-874 Poznań, Polen.

Dr. Nadja Wulff, Ėntuziastov 40-II-276, 195279 Sankt-Peterburg, Russland.

Univ.-Doz. Dr. Mira Miladinović Zalaznik, Univerza v Ljubljani, Filozofska fakulteta, Oddelek za germanistiko, Askerčeva 2, 1000 Ljubljana, Slowenien.

Dr. Piotr Zariczny, Uniwersytet im. Mikołaja Kopernika, Katedra Filologii Germańskiej, Fosa Staromiejska 3, 87-100 Toruń, Polen.

Marco Zimmermann, Suitbertusstr. 101, 40223 Düsseldorf.

Mgr. Igor Zmeták, PhD., Slovenská národná knižnica, Odbor správy historických knižničných dokumentov a fondov SR, Nám. J. C. Hronského 1, 036 01 Martin, Slowakische Republik.

Edina Zvara, PhD., Szegedi Tudományegyetem Bölcsészettörténeti Kar Könyvtártudományi Tanszék, Egyetem u. 2, 6722 Szeged, Ungarn.

Maria Zwierz, Muzeum Architektury we Wrocławiu, ul. Bernardyńska 5, 50-156 Wrocław, Polen.

www.ingramcontent.com/pod-product-compliance
Lightning Source LLC
Chambersburg PA
CBHW081327230426
43667CB00018B/2859